KB129112

상담의 이론과 실제

김춘경 · 이수연 · 이윤주 · 정종진 · 최웅용 공저

Theory and Practice of Counseling

2판 머리말

이 책이 처음 세상에 나온 지 어느새 5년이 지났다. 감사하게도, 그동안 『상담의 이론과 실제』라는 이름으로 만든 이 상담입문서가 유용하다는 인사를 여러 번 들었다. 이 세상에는 여전히 상담을 필요로 하는 사람들이 많고 이에 따라 효율적인 상담 서비스를 제공하기 위해 공부하고자 하는 사람들이 많다는 의미일 것이다. 여러 독자들에 따르면 이 책은 주요 이론가 혹은 학자의 생애와 업적을 먼저 제시하여 각 이론의 배경과 형성과정, 변화과정을 이해한 후 주요 개념을 접하게 한 점, 상담실제로 자연스럽게 연결되어 상담의 목표와 과정을 이해하고, 이것이 구체적인 상담기법으로 적용되는 과정을 사례와 함께 볼 수 있다는 점에서 흐름과 체계가 매우 유익하다고 한다. 이 책을 쓴 저자들로서는 우리의 고심과 의논이 독자들에게 도움이 된다는 것을 확인하는, 무엇과도 견줄 수 없는 값진 기쁨이었다.

학지사에서 2판 작업을 권했을 때, 우리 저자들은 이러한 기쁨을 바탕으로 하여 독자들에게 더 유익한 책이 되게 하자고 흔쾌히 의견을 모을 수 있었다. 개정판의 기본적인 방향은 첫째, 기존의 각 장을 그대로 유지하되 그 내용을 더 정확하게 하고, 둘째, 각 장의 상담이론이 실제와 보다 유기적으로 연결되도록 사례를 보다 풍성하게 담고, 셋째, 최신의 흐름을 반영한 하나의 장을 추가하도록 하는 것으로 정했다. 그리고 문단과 문장의 흐름을 보다 원활하게 하고 참고문헌을 더 정확하게 갖추는 것도 세심하게 검토하기로 했다. 이에 따라 새롭게 수용전념치료(ACT)가 하나의 장으로 추가됐고, 상담사례가 없었던 장에도 상담사례가 들어가 자리를 잡았다. 그리고 1판에서 미처 보지 못한 여러 오류를 바로잡고 가다듬어 2판은 전체적으로 더 읽기 편하고 믿을만 해졌다.

새롭게 추가된 장 '수용전념치료'는 정종진이, 참고문헌은 정종진과 최웅용이 세심하게 교정에 임했다.

1판 작업 때에 비해 시간이 많이 걸리지 않을 거라는 예상과는 달리 2판으로 거듭나는 것 역시 상당한 정도의 시간과 노력을 필요로 했다. 다들 눈코 뜰 사이가 없을 정도로 바쁜 일정 속에서 주말을 이 책과 함께 보내거나 밤 시간 혹은 새벽 시간에 작업을 하기도 했다. 대부분의 저자가 1판 작업 때에 비해 일이 더 많아지고 바빠져서 개정작업을 위한 시간을 내는 데 어려움이 있었지만 문자메시지로 의견을 주고받으면서 각자 맡은 장을 완성하였다.

『상담의 이론과 실제』 2판은 1판에 비해서 훨씬 만족스럽게 변신했지만, 이 역시 완벽하지 못환 것이 사실이다. 하지만 독자들이 이 책을 찾아 읽고 우리가 일할 수 있는 한, 더 좋은 내용을 담도록 계속 노력할 것이다.

이 책을 읽고 여러 칭찬과 개선점을 보내 주신 독자 여러분에게 먼저 깊은 감사를 전한다. 독자들 중에서도 더 열렬한 독자였던 우리의 여러 학생들에게도 이 자리를 빌려 고마운 마음을 전한다. 또 언제나 편안하게 작업할 수 있도록 배려하고 관심을 가져 주신 학지사 김진환 사장님에게도 깊은 감사의 마음을 전한다.

2016년 8월

저자 일동

1판 머리말

상담이란 도움을 필요로 하는 내담자와 도움을 주는 전문적인 상담자 간의 관계 형성을 통해 내담자의 자기이해, 문제예방과 해결, 삶의 질 향상 등 바람직한 인간적 성장과 변화를 조력하는 과정이다. 상담의 목표는 내담자가 지닌 문제를 제거·감소하거나 예방·치료하며, 긍정적이고 적극적인 인간특성을 형성하고 강화하는 데 있다. 따라서 상담은 교육적·발달적·진단적·예방적·교정적·처방적인 기능을 갖고 있으며, 인간의 삶과 불가분의 관계를 지닌다.

이런 점들로 인해 교육학·심리학·사회사업학·정신의학은 물론이고 철학, 종교학 심지어 경제학이나 정치학에서도 상담에 대한 관심이 깊으며, 대학이나 대학원에서 상담을 전공하는 학생들뿐만 아니라 비전공자나 일반인들까지도 상담에 많은 관심을 갖고 공부하고 있다. 최근 들어 상담의 수요가 계속 증가하고 있고, 사회적인 분위기도 상담의 필요성과 중요성을 크게 인식해 가고 있는 추세다. 이제는 가정과 학교, 지역사회, 공공기관 등 곳곳에서 다양하게 상담활동이 펼쳐지고 있다. 오늘날의 사회를 가히 '상담의 시대' 라고 일컬어도 지나치지 않을 정도다.

이 책은 그러한 상황과 추세에 부응하여 상담을 전공하는 학생들과 상담 실제에 종사하고 있는 상담자원봉사자 및 전문상담교사, 그리고 상담에 관심이 있는 일반인들에게 상담에 대한 기초를 체계적으로 다지는 데 도움을 주기 위해 만든 상담입문서다. 상담을 처음 공부하는 사람들에게 필요한 것은 상담(심리치료를 포함하여)의 어느 특정 이론이나 기법이 아니라 주요한 이론들을 치우침 없이 두루 살펴봄으로써 각 상담이론에서의 인간관, 상담목표, 상담과정, 상담기법을 이해하는 일이다. 따라서 이 책에서는 어느 특정 상담이론을 강조하지 않고 상담의 기초 또는 이론과 실제에 관한 광범위한 견해를 상담입문자들이 알기 쉽도록 그 주요 사항을 간추려 제시하고자 노력하였다.

이 책은 상담의 기초(1장), 정신분석(2장), 대상관계상담(3장), 분석심리학적 상담(4장), 개인심리학적 상담(5장), 실존주의적 상담(6장), 인간중심 상담(7장), 게슈탈트 상담(8장), 행동주의 상담(9장), 합리·정서·행동치료(10장), 인지행동치료

(11장), 교류분석(12장), 현실치료(13장), 밀턴 에릭슨의 상담(14장), 해결중심 상담(15장) 등 총 15개의 장으로 구성하였다. 1, 4, 6장은 정종진, 2, 3, 13장은 이수연, 5, 8, 15장은 김춘경, 7, 9, 14장은 이윤주, 10, 11, 12장은 최웅용이 맡아 집필하였다. 1장 상담의 기초에서는 상담의 의의를 비롯하여 상담의 운영 기관과 유형, 상담의 과정과 기법, 그리고 상담자의 자질과 윤리에 대해 다루었고, 2~15장까지는 구체적인 상담의 이론과 실제에 관하여 각 이론별로 주요 학자의 생애와 업적, 인간관, 주요 개념, 상담의 목표와 과정, 상담의 기법과 적용이라는 5개의 내용 틀로 구성하여 설명하였다. 또한 각 장의 말미에는 토의주제를 제시하였고, 책의 맨 뒤에는 부록을 두어 여러 종류의 작업지(worksheet)를 함께 실었다. 토의주제는 각 장을 공부하면서 개별적으로나 소집단으로 복습과 심화학습을 하는 데 활용할 수 있으며, 작업지는 상담실습을 위한 유용한 활동 자료가 될 것이다.

이 책을 내면서 저자들은 특별한 감회와 애정을 가지게 된다. 왜냐하면 같은 지역에서 상담공부와 상담활동을 전개해 온 동학의 교수들이 함께 작업한 작은 결실을 맺게 되었고, 특히 한국연구재단의 지원을 받아 '상담학 사전 편찬' 이라는 연구 과제를 공동으로 수행하는 과정에서 일차적으로 작업한 자료를 모아 이 책을 완성하였기 때문이다. 집필 과정 동안 다섯 명의 공저자가 모여 상담이론을 정하고 어떻게 내용을 구성할지 그 체제에 대해 협의하면서 나눈 학문적 우애는 서로에게 더없는 기쁨과 보람이 되었다.

원고를 집필하는 과정에서 몇 차례 논의를 거치고 서로 크로스 체킹하면서 읽고 수정했지만, 그래도 여전히 미흡한 부분이 있을 것이다. 좋은 상담입문서로 거듭날 수 있도록 미흡한 부분은 계속 수정 · 보완해 나갈 예정이다. 모쪼록 이 책이 상담자, 정신건강전문가, 사회사업가 등 상담에 입문하여 전문적 조력을 직업이나 봉사활동으로 준비하는 사람들에게, 상담에 관한 폭넓은 이론과 실제를 학습하고 전문적인 상담자로 성장해 나가는 데 초석과 디딤돌이 되기를 기대한다. 끝으로 이 책의 출간을 독려하고 성원을 보내 주신 학지사 김진환 사장님과 원고에 생명을 불어넣어 예쁜 책으로 탄생할 수 있도록 편집과 교정에 애써 주신 백소현 님께 깊이 감사드린다.

2010년 9월

저자일동

차례

Chapter 01 상담의 기초

상담은 상담자와 내담자의 공동 노력에 의해서 내담자의 변화를 초래하기 위한 조력활동(helping service)이다. 조력활동에 참여하는 전문가로서 상담자는 효과적인 조력을 위해 전문적 지식과 기술을 갖추어야 한다. 상담과정에서 상담자의 전문적 자질은 상담결과에 영향을 주며, 이와 더불어 자의든 타의든 조력을 필요로 하는 내담자의 다양한 특성은 상담활동에 영향을 준다. 내담자의 변화를 위해 상담자가 어느 시점에서 어떤 반응과 기법을 사용할 것인지에 대한 판단에는 상담자가 갖고 있는 지식과 기술 외에 경험을 바탕으로 한 지혜가 요구되기도 한다. 따라서 상담전문직은 과학(science)이면서도 예술(art)이라고 말할 수 있다.

상담자는 진행되는 상담과정을 통해 '내담자의 변화'라는 상담목표를 달성하기 위해 노력한다. 내담자의 행동변화 촉진, 적응기술 향상, 의사결정 향상, 인간관계 형성과 유지 능력 향상, 잠재력 개발 촉진이라는 다섯 가지 상담목표(George & Cristiani, 1995)를 달성하기 위해 상담자는 참여적이며 촉진적인 역할을 수행한다. 형성된 상담관계를 바탕으로 상담자는 사회적 영향을 준다(노안영, 2005). 이 장에서는 이러한 내담자의 변화를 초래하는 역동적인 조력활동인 상담에 대한 기본적인 이해를 도모하기 위해 상담의 의의, 상담의 유형, 상담의 과정과 방법 그리고 상담자의 자질에 대해서 살펴보기로 한다.

1 상담의 의의

1) 상담의 개념

(1) 상담의 정의

상담(counseling)이란 무엇인가? 이 질문에 대해 명확하게 대답하는 것은 쉬운 일이 아니다. 왜냐하면 상담이 다루는 문제가 바로 인간의 문제인데 인간에 대한 통일된 관점을 가지기 어렵다는 점, 상담은 어려움을 겪고 있는 사람의 문제를 해결해 주는 전문적 절차라 할 수 있는데 인간의 행동적·심리적 변화가 상담이 아닌 다른 절차에 의해서도 해결될 수 있다는 점, 그리고 상담에 종사하고 있는 전문가들 사이에서도 상담의 본질에 대한 생각에 서로 차이가 있다는 점 때문이다(이장호, 정남운, 조성호, 2005). 따라서 여기서는 국내에서 활동하고 있는 상담심리학자들의 상담에 대한 정의 몇 가지를 살펴보고, 이를 토대로 공통 요소를 추출하여 상담에 대한 정의를 내려 보고자 한다.

이장호(1995: 3)는 "상담이란 도움을 필요로 하는 사람(내담자)이 전문적 훈련을 받은 사람(상담자)과의 대면관계에서 생활과제의 해결과 사고, 행동 및 감정 측면의 인간적 성장을 위해 노력하는 학습과정이다."라고 정의하였다.

정원식, 박성수, 김창대(1999: 17)는 "상담이란 개인적 문제를 해결하도록 할 뿐만 아니라 다른 문제가 제기될 때 이를 적극적으로 다루어 행복과 성공을 이루어 낼 수 있는 힘을 북돋아 주는 것이다."라고 정의하였다.

홍경자(2001: 76-77)는 "상담이란 상담자가 내담자와의 관계에서 촉진적인 의사소통을 통하여 내담자가 개인적인 문제에 대한 자기 이해와 자기지도력을 터득하도록 도와주는 과정이다. 그리하여 현재의 문제를 효과적으로 해결하고 장차 일어날 수 있는 삶의 문제에 대한 조망과 해결 능력을 갖게 되어 자기효능감과 자족감을 느끼도록 인도하는 일련의 학습과정이다."라고 정의하였다.

노안영(2005: 19)은 “상담은 전문적 훈련을 받은 상담자와 조력을 필요로 하는 내담자가 상담활동의 공동 주체로서 내담자의 자각 확장을 통해 문제 예방, 발달과 성장, 문제 해결을 달성함으로써 내담자의 삶의 질을 향상시키기 위해 함께 노력하는 조력과정이다.”라고 정의하였다.

천성문 등(2009: 17)은 “상담이란 전문적 훈련을 받은 상담자와 심리적 어려움 때문에 타고난 잠재력을 마음껏 발휘하지 못하는 내담자 간의 상호작용을 통하여 내담자의 문제를 해결할 뿐만 아니라 내담자가 행복한 삶을 살아가도록 돕는 과정이다.”라고 정의하였다.

이상의 상담에 대한 정의에서는 몇 가지 공통된 요소가 발견된다. 첫째, 상담활동이 성립되기 위해서는 도움을 받는 내담자, 도움을 주는 상담자, 그리고 도움을 받는 내담자와 도움을 주는 상담자 간 관계(상담관계)의 세 가지 요소가 갖추어져야 한다는 것이다. 둘째, 상담자는 상담에 관한 전문적 지식과 기술을 습득한 이른바 전문적 훈련을 받은 사람이라는 것이다. 셋째, 내담자는 자발적이건 비자발적이건 도움을 필요로 하는 사람이라는 것이다. 넷째, 상담은 내담자의 문제를 해결하거나 새로운 행동변용, 즉 학습이 이루어지도록 노력한다는 것이다. 다섯째, 상담은 인간적 성장, 행복한 삶, 삶의 질을 추구하는 활동이라는 것이다. 여섯째, 상담은 조력의 과정이라는 것이다.

이러한 여섯 가지 공통된 요소를 토대로 상담의 개념을 정의하면, 상담이란 ‘도움을 필요로 하는 내담자와 도움을 주는 전문적인 상담자 간의 관계 형성을 통해 내담자의 자기 이해, 문제 예방과 해결, 삶의 질 향상 등 바람직한 인간적 성장과 변화를 조력하는 과정’이라고 할 수 있다.

(2) 상담과 생활지도 및 심리치료와의 관계

상담이 무엇인지 이해하기 위해서는 생활지도, 심리치료(psychotherapy)의 개념을 이해하는 것이 필요하다. 왜냐하면 상담의 개념을 논의할 때 생활지도와 상담, 그리고 심리치료와 상담이 같은 것인지 혹은 다른 것인지, 다르다면 어떤 점에서 다르고 구분하는 경계가 무엇인지가 항상 논란거리가 되기 때문이다.

생활지도는 사람들이 자신이 선호하는 생활방식을 선택하는 것과 같이 자신의 삶에 영향을 미치는 중요한 선택을 하도록 돕는 과정이다. 생활지도와 상담을 구별하는 한 가지는 생활지도가 내담자들이 가장 가치 있다고 여기는 것들을 선택하도록 돕는 데 초점을 둔다면, 상담은 내담자들을 변화시키는 데 초점을 둔다는 것이다. 생활지도의 초기 활동 대부분은 학교나 진로지도 센터에서 이루어졌는데, 그것은 성인들이 학생들의 의사결정을 돕는 것이었다. 여기서 의사결정은 대체로 진학이나 진로에 대한 선택이었다. 이때의 대인관계는 평등하지 않은 것이었고, 경험이 적은 사람이 경험이 많은 사람으로부터 인생의 방향을 찾는 데 도움을 받는 관계였다. 아이들이 오랫동안 부모, 종교지도자, 그리고 코치들로부터 생활지도를 제공받아 왔으며, 이러한 생활지도를 통해 아이들은 자신과 세계를 이해해 왔다. 이런 형태의 생활지도는 아직도 유용하다. 어느 시대, 어떤 연령을 막론하고 사람은 때때로 의사결정을 위해 도움을 받아야 할 필요가 있기 때문이다. 이런 점 때문에 생활지도는 전문적인 상담에서 제공하는 중요한 부분의 하나가 되었다(Gladding, 2014).

우리나라 교육계에서는 생활지도와 상담을 개념적으로 구분하는 경향이 있다. 생활지도가 주로 복장 및 두발 상태, 학교생활의 기본 규칙(예: 지각, 수업태도), 기본예절(예: 정숙한 실내 통행, 윗사람에 대한 인사) 등에 관한 지도를 의미한다면, 상담은 학업부진이나 교우관계 곤란 혹은 진학이나 진로문제와 같은 개인적인 문제에 대해서 학교의 전문상담교사나 담임교사와 상의하는 것을 의미한다(김계현 외, 2009). 학교에서의 상담은 생활지도의 대표적인 방법 중 하나로 이해되기도 한다. 학교의 생활지도 활동에는 학생조사, 정보 제공, 학생상담, 진로지도, 정치(placement) 활동, 심리교육 등이 있으며, 상담은 이런 활동 중의 하나라는 것이다(이재창, 2005; 황응연, 윤희준, 1983). 반면에 상담을 생활지도의 한 가지 '방법' 으로 보지 않고 생활지도의 '원리' 라는 확대된 개념으로 해석하는 입장도 있다. 즉, 상담의 원리에 입각한 생활지도를 말한다(박성희, 2006). 이런 입장에 따르면 생활지도의 양상은 수용, 공감, 존중, 지원과 지지 등 상담의 원리와 기법을 어떻게 적용했는지에 따라서 크게 달라지고, 상담의 원리가 적용되지 않은 생활지도는 일방적 훈육이나 권위주의적 지도와 다를 바 없게 된다는 것이다.

전통적으로 심리치료는 심리 내적, 개인 내적, 성격적인 것과 결부된 심각한 문제와 갈등에 초점을 두어 왔다. 심리치료는 충분한 회복에 관심이 있다(Casey, 1996). 심리치료는 분석적인 치료에 기초하고 있는데, 특히 현재보다는 과거, 변화보다는 통찰, 치료자의 중립성, 전문가로서의 치료자의 역할을 강조한다. 그리고 심리치료는 단기치료(6개월 이내에 진행되는 8~12회기 치료)보다는 장기치료(6개월 이상 2년간 진행되는 20~40회기 치료)를 더 선호하는 것으로 보인다. 또한 심리치료는 외래(지역사회 기관 등에서 상담받는 외래치료)보다는 입원(정신병원 같은 입원치료 시설에서의 치료)을 더 선호하는 것으로 알려져 있다(Gladding, 2014).

이처럼 과거엔 상담과 심리치료 사이에 차이가 있다는 입장이 강했다. 이 입장에서는 상담과 심리치료가 다루는 문제의 심각성과 접근방식의 깊이에 차이가 있다고 본다. 상담은 적절히 기능하는 내담자를 다루는 반면에, 심리치료는 신경증이나 정신병리상의 문제를 가진 환자를 다루고, 상담자가 문제의 예방과 교육 및 경미한 적응상의 문제에 개입하는 일을 하는 반면에, 심리치료자는 이미 정상적인 생활기능이 파괴된 정신이상자를 치료한다는 것이다. 이는 내담자 문제의 심각성에 따라 그에 접근하는 목표나 문제의 해결방식 또한 달라진다는 것인데, 상담이 '발달-교육-예방'을 목표로 삼는 활동이라면 심리치료는 '교정-적응-치료'를 목표로 삼는 활동이며, 상담이 이미 존재하는 것을 발달시키는 것이라면 심리치료는 성격의 틀을 새롭게 바꾸는 것이라는 주장이 그것이다. 이러한 주장은 상담과 심리치료의 관계를 하나의 연속선상에 표시 가능한 것으로 보고, 곤경에 처한 사람을 돕는다는 차원에서 둘은 같은 활동이지만 상담은 비교적 가볍고 경미한 문제 쪽에 치우쳐 있는 반면에, 심리치료는 무겁고 심각한 문제 쪽에 치우쳐 있다는 것이다.

또한 상담과 심리치료 사이에 차이가 있다는 입장은 두 분야의 활동에 중첩되는 바도 많지만 본질상 그들이 하는 일이 다르다는 것이다. 상담은 사고의 합리성과 환경의 영향력을 강조하고 내담자의 일상생활상의 문제를 다루는 반면에, 심리치료는 개인 내면의 역동성을 강조하고 심층 심리세계를 다룬다는 것이다. 그래서 상담자는 교육·훈련, 자아실현을 위한 각종 프로그램의 운영 등에 주로 참여하고, 심리치료자는 치료실에서 성격을 교정하기 위한 치료를 주로 수행한다는 것이다. 이 입장에 따르면 상담은 개인생활에 대한 종합적 접근을 시도하기 때문에 존재 전체로서의 사람과 인격을 다루는 데 비해, 심리치료는 문제로 부각된 특정 측면에 관심을 두기 때문에 문제가 된 존재의 특정 측면을 주로 다룬다. 그리고 상담자는 개인의 존엄성, 개성, 고유성 등과 같이 검증하기 어려운 내면세계와 개인 자아의 가치를 존중하는 철학적 사유와 접근방식을 선호하는 데 비해, 심리치료자는 성격론, 정신병리론, 체계화된 임상기법 등 공적으로 검증이 가능한 엄격한 과학적 절차를 선호

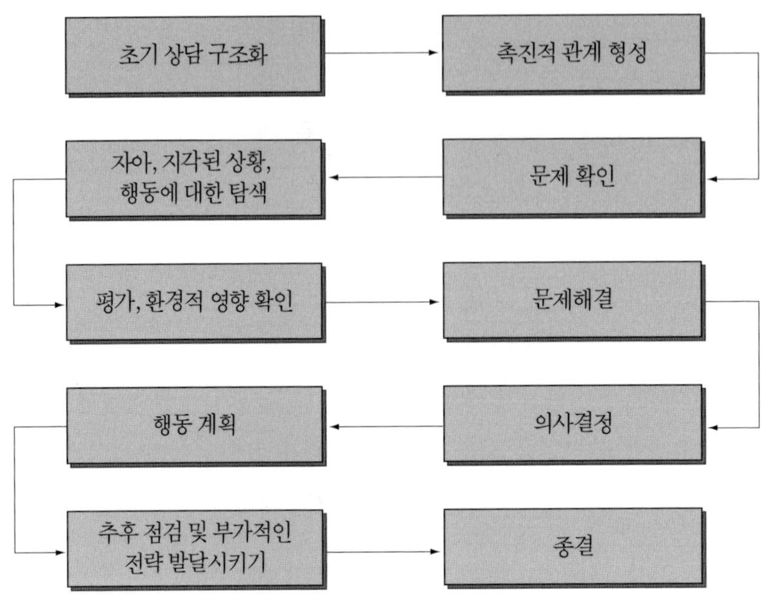

그림 1-1 상담과 심리치료 과정의 유사성

한다. 또한 상담자는 내담자와 대등한 수평적 관계에서 상호작용을 하는 데 비해, 심리치료자는 심리치료 행위를 통해 환자에게 일방적으로 영향을 주는 권위자로 기능한다(박성희, 2006).

그렇지만 오늘날에 와서는 심리치료와 상담 간에 차이가 거의 없어지고 있다. 일부 상담이론은 보통 치료이론으로 불리고 있을 뿐만 아니라 상담이나 치료 상황에 동일하게 사용된다. 또한 상담과 심리치료의 과정은 [그림 1-1]에서 보는 바와 같이 종종 유사하게 중복된다(Gladding, 2014).

상담과 심리치료를 거의 같은 것으로 보는 입장에서는 상담과 심리치료의 이론에 다른 내용이 없고(Patterson, 1973), 상담자가 하는 활동과 심리치료자가 하는 활동을 구분하기 어렵다는 것이다(Corey, 2013). 상담전문가나 심리치료 전문가에게 자기 분야의 주요 이론을 제시하라고 하면 거의 유사한 내용들을 내놓는다. 이러한 사실은 두 분야의 이론 소개 서적에 분명히 나타난다. 정신분석, 행동주의, 인본주의, 인지주의, 형태주의, 현실치료, 교류분석, 가족치료 등 똑같은 이론과 내용이 상담 서적과 심리치료 서적에 공히 나타난다. 동일한 것은 커다란 이론틀만이 아니다. 그 이론틀 내에서 상담의 효과를 끌어내기 위해 동원하는 전략, 기법, 상담과정 등에도 거의 차이가 없다. 예를 들면, 상담자와 심리치료자는 이론을 공유할 뿐만 아니라 경청, 질문, 해석, 조언, 정보 제공, 평가, 지지 등 근본적으로 동일한 활동을 한다(Wedding & Corsini, 2014). 상담을 하기 위해 동원되는 대화전략과 심리치료를 하기 위해 동원되는 대화전략이 같은 것이라면 굳이 상담과 심리치료의 대화를 구분할 필요가 없을 것이다.

2) 상담목표

상담목표는 내용이나 방법 또는 이론이나 분야에 따라 차이가 있지만, 대체로 그것이 지니고 있는 특징에 따라 소극적 목표와 적극적 목표로 구분할 수 있다(정원식 외, 1999). 소극적 목표란 제거하거나 감소시킴으로써 달성될 수 있는 것이고, 적극적 목표란 새롭게 형성시키거나 증가시킴으로써 달성될 수 있는 것이다. 이 두 가지는 상담목표로서 상호 모순되는 것이라기보다 상호 보완적인 관계에 있다.

(1) 소극적 목표

사람들은 불편이나 고통을 경험할 때, 혹은 새로운 환경에 적응하지 못하거나 쉽게 해결할 수 없는 문제에 당면했을 때 상담을 받게 된다. 이런 경우 자주 설정되는 상담목표는 다음과 같다.

① 문제해결

내담자 스스로 문제라고 생각하는 것을 해결할 수 있도록 돕는 것이 상담의 목표다. 상담은 현재 내담자가 고통받고 있거나 해결하기 원하는 문제에 초점을 맞추고 문제를 집중적으로 관리할 수 있는 힘을 길러 다른 문제까지도 스스로 해결할 수 있게 돕는 데에 그 목표가 있다.

② 적응

내담자의 다양한 욕구를 다루어 훌륭하게 적응할 수 있도록 해 주는 것이 상담의 목표다. 내담자의 자아 욕구와 환경 사이에 갈등이 생기거나 내담자의 다양한 내적 욕구들 사이에 갈등이 심해지면 자아의 통합이 어려워지고 전체적 삶의 균형이 무너질 수도 있다. 그러므로 상담은 내담자의 욕구와 환경 사이에서 혹은 내담자의 다양한 내적 욕구들 사이에서 생기는 갈등과 대립을 해소하여 삶 자체가 지장을 받지 않도록 하는 데에 그 목표가 있다.

③ 치료

내담자의 심리적 상처를 치료해 주는 것이 상담의 목표다. 상담에서의 치료는 신체적 질병이나 정신적 질환을 치유하는 것보다 마음의 상처를 치료하는 데에 더 역점을 둔다. 불안, 갈등, 좌절, 분노, 스트레스 등은 현대 인류가 겪고 있는 심리적 상처를 상징적으로 보여 주고 있다. 인간의 마음 상처는 자연적으로 치유되는 경우도 있지만 오래 아물지 않은 상태로 있거나 더 커지는 경우도 있다. 마음의 상처 자체가 주는 고통이 무척 크며 인간의 삶에 광범한 영향을 미치기 때문에 상담은 내담자의 심리적 상처를 치료하는 데에 목표를 두기도 한다.

④ 예방

폭력, 가출, 범죄나 비행, 성격장애, 신경증과 정신병 등 인간이 가질 수 있는 문제를 사전에 예방하는 것이 상담의 목표다. 교육, 직업, 성격, 결혼, 여가 등 광범한 삶의 문제를 장기적으로 예방하고, 발달과정에서 제기되는 장애나 문제를 사전에 방지하고 대비하여 바르게 성장할 수 있게 하는 것이 상담이 추구하는 목표이기도 하다.

⑤ 갈등해소

내담자가 심리적 및 대인 간 갈등을 극복하고 해소하도록 돕는 것이 상담의 목표다. 인간의 심리적 갈등은 개인이 내적으로 경험하는 욕구들 간의 충돌과 대립을 가리킨다. 인간은 이러한 심리적 갈등을 극복하면서 정신적으로 성숙하기도 하지만 만성적으로 지속되는 심리적 갈등은 삶에 나쁜 영향을 준다. 또한 가족관계, 교우관계, 상사와 부하 관계, 이성관계 등 사람과 사람 사이에 발생하는 대인 간의 갈등은 자연스럽고 사회적 성숙의 기회가 될 수도 있지만 고통스러워 정신이상의 원인이 될 수도 있다. 따라서 가정, 학교, 사회, 직장 등 일생생활에서 인간관계의 갈등을 해소하는 것이 상담의 목표가 되는 것은 자연스러운 일이다.

(2) 적극적 목표

상담의 적극적 목표는 긍정적 인간 특성을 형성하고 강화시키는 것이다. 상담을 통해서 달성해야 할 긍정적이고 적극적인 인간의 특성은 다양하겠지만, 그중 대표적인 몇 가지를 살펴보면 다음과 같다.

① 긍정적 행동변화

가정, 학교, 사회, 직장 등의 생활에서 내담자로 하여금 보다 생산적이고 만족스러운 삶을 누릴 수 있는 적극적이고 긍정적인 행동의 변화를 가져오게 하는 것이 상담의 목표다. 자신과 다른 사람 그리고 복잡한 환경에 대하여 바른 통찰력을 가지게 되어 긍정적으로 사고하고 바람직한 가치관을 형성하도록 하며, 증오와 의심 등의 부정적 정서를 극복하고 사랑과 믿음 등의 긍정적 정서를 발달시키도록 하는 것이 상담이 추구하는 목표다.

② 합리적 의사결정

교육, 직업, 결혼 및 기타 수많은 선택과 결정에서 합리적이고 현실적이며 논리적이고 융통성 있는 의사결정을 하도록 지원하는 것이 상담의 목표다. 인간의 삶은 크고 작은 의사결정의 계속적 과정이라고 할 만큼 선택과 결정이 큰 비중을 차지하고 있다. 선택과 결정을 비합리적이고 비현실적으로 하게 되면 개인적 불행과 실패가 될 수 있을 뿐만 아니라 사회적 손실이 클 수도 있다. 그래서 상담은 내담자로 하여금 합리적이고 현실적으로 의사결정을 하도록 도와야 한다. 의사결정은 내담자의 몫이다. 상담에서는 개인이 선택하고 결정하기 위해 필요한 정보를 제공하고, 의사결정에 개입하는 정서적 문제나 심리적 특성을 확인하고 분석하며, 장애가 되는 측면은 극복하도록 한다. 상담에서 선택과 결정의 필요를 내담자가 인식하고 그에 요구되는 정보를 이해 · 수용 · 수집 · 평가하는 긍정적이고 적극적인 태도를 기르는 것이 무엇보다 강조된다.

③ 전인적 발달

잠재적 능력을 개발하고 다양한 인간 특성을 조화롭게 발달시키는 것이 상담의 목표다. 잠재적 능력을 발견하여 개발하고 개인의 여러 가지 특성을 균형 있게 발달시키는 것은 상담에서 해야 할 주요 과제의 하나다. 조화와 균형을 이루지 못하면 개인의 심리적 안정이 깨지고 사회적 적응이나 인격적 통합이 어려워진다. 그러므로 상담은 개인의 신체적 · 심리적 · 사회적 · 문화적 측면이 균형 있고 조화롭게 발달할 수 있게 하여 하나의 통합적 인격체로서 전인의 모습을 조형해 내도록 해야 한다.

④ 자아존중감

자아개념은 성격의 발달은 물론 인간의 적응행동 등 삶 전체에 걸쳐 영향을 미치므로 긍정적 자아개념을 형성하고 발달시키는 것이 상담의 목표다. 자아개념의 주요 성분인 자아존중감은 자아의 다양한 경험을 의미 있게 통합할 때 이루어진다. 자아와 환경에 관해 대립과 모순, 갈등과 부조리 같은 것을 넘어 조화와 균형을 이루고 그 가운데 자기 자신의 참된 가치를 발견할 때 건실한 자아존중감이 형성된다. 따라서 자아존중감은 성공적 경험만을 통해서 이루어지는 것이 아니라 실패와 좌절 속에서 그것과 씨름하는 강인한 자아상을 보게 될 때 도리어 발달한다. 자아의 부정적 요소와 긍정적 요소의 대립과 모순을 넘어서 참된 자아의 가치와 의미를 발견하도록 하는 것은 상담과정에서 자연스럽게 이루어져야 할 주요 목표다.

⑤ 개인적 강녕

개인적 강녕을 누릴 수 있도록 돕는 것이 상담의 목표다. 강녕이란 건강하고 편안하다는 의미로 신체적인 것만을 가리키는 것이 아니라 사회적으로 평화롭고 안정되어 있으며 정신적으로 굳세고 흔들림이 적은 것을 가리킨다. 상담은 내담자로 하여금 신체적 · 심리적 · 사회적 · 도덕적 · 경제적으로 건강하고 안정되어 있을 뿐만 아니라 의연하고 평화로운 가운데 보람을 느끼는 삶을 살아가도록 하는 데에 그 목표가 있다.

이상과 같은 상담의 소극적 및 적극적 목표에서 엿볼 수 있듯이 상담은 여러 가지 기능을 갖고 있다. 교육적 기능, 발달적 기능, 진단적 기능, 예방적 기능, 교정적 기능, 처방적 기능이 그것이다.

3) 상담의 기본 원리

상담은 개인이 가진 문제를 해결하고 적응활동을 증진시킴으로써 건전한 자아 형성을 통한 성장을 돕는 것이다. 따라서 전문적 소양을 가진 상담자가 상담을 전개할 때에는 반드시 일정한 기본 원리에 바탕을 두어야 한다. 그 기본 원리에 대해 살펴보면 다음과 같다(김헌수, 김태호, 2006).

(1) 개별화의 원리

개별화(individualization)의 원리란 내담자의 독특한 성질을 알고 이해하며, 적응을 잘할 수 있도록 각 개인을 원조함에 있어서 상이한 원리나 방법을 활용하는 것이다. 인간은 개인차가 있으므로 개인의 욕구 충족에 따르는 행동의 권리를 갖고 의무를 다하는 개인을 존중해야 하며, 따라서 상담자는 내담자의 개성과 개인차를 인정하는 범위 내에서 상담을 전개해야 한다. 개별화의 원리를 지키기 위해서 상담자는 편견이나 선입견으로부터 탈피해야 하고, 인간 행동의 유형과 원리에 대해 전문적으로 이해해야 하고, 내담자의 말을 경청하고 세밀하게 관찰해야 하고, 내담자의 보조에 맞추어 진행해야 하고, 내담자의 감정변화를 민감하게 포착해야 하며, 내담자와 견해차가 있을 때 앞을 내다보는 능력을 갖고 적절한 선택을 해야 한다. 개별화를 위한 구체적 방법은 다음과 같다.

- 상담면접의 시간이나 환경 분위기에 세밀한 배려를 해야 한다.
- 특별 시설이나 상담실을 이용함으로써 비밀 준수와 신뢰감을 의식하도록 해야 한다.
- 약속시간을 엄수하되, 만약 어겼을 때는 납득할 수 있는 이유를 제시하고 설명해 주어야 한다.
- 충분한 사전 준비를 갖추어야 한다.
- 내담자 자신의 활동을 적극 권장해 주어야 한다.
- 지도방법에 융통성을 갖도록 해야 한다.

(2) 의도적 감정표현의 원리

의도적 감정표현(purposeful expression of feelings)은 내담자가 자신의 감정, 특히 부정적 감정을 표현하려는 자신의 욕구에 대한 인식이다. 즉, 사람은 누구나 정당하고 잘한 일에 대하여 떳떳하게 표현할 수 있는 의사표현의 자유도 있지만, 반대로 부정적 자기 감정을 표현할 수 있는 자유도 있다는 것이다. 특히 상담자는 내담자가 가지고 있는 감정을 자유롭게 의도적으로 표현하도록 온화한 분위기를 조성해 주어야 한다. 의도적 감정표현의 원리를 지키기 위해서 상담자는 압력이나 긴장으로부터 내담자를 완화시켜 주고, 내담자 개인을 이해하고, 심리사회적 지지를 보이면서 그의 부정적인 감정표현 자체를 진정한 문제로 인식하고, 내담자의 감정표현을 비난하거나 낙심시키지 않고, 인내로써 경청해야 하며, 내담자가 자기표현을 유감없이 발휘할 수 있도록 해야 할 것이다. 상담에 있어서 의도적 감정표현의 원리는 다음과 같다.

- 내담자가 긴장을 풀도록 제반 조치를 강구해야 한다.
- 허용적 태도 조성을 위하여 내담자의 감정표현을 경청해야 한다.
- 내담자의 감정표현을 적극적으로 자극하고 격려해야 한다.
- 적절한 속도로 상담을 이끌어야 한다.
- 비현실적인 보장이나 너무 빠른 초기의 해석을 삼가야 한다.

(3) 수용의 원리

상담자는 내담자에게 따스하고 명랑하며 친절하면서 수용(acceptance)의 자세와 태도를 가져야 한다. 내담자를 하나의 인격체로서 존중하고 있다는 것을 말이나 행동으로, 특히 비언어적 단서인 얼굴 표정을 통해 잘 전달해야 한다. 상담자는 내담자의 의견에 동의하지 못할 경우에는 동의하지 않는다는 사실을 분명히 전달하되, 그 표현이나 자세는 어디까지나 온화해야 한다. 상담자가 권위적이거나 강압적인 자세를 취하면 상담관계는 깨지고 만다. 따라서 내담자 중심으로 그의 진정한 욕구와 권리를 존중하며 감정이나 태도를 적극적으로 이해할 수 있어야 한다. 수용의 대상은 선한 것만이 아니고 진정한 것, 있는 그대로의 현실이어야 한다. 또한 수용의 목적은 치료적인 데가 있기 때문에 다음과 같은 측면이 갖춰져야 한다.

- 상담면접은 내담자 중심으로 진행해야 한다.
- 내담자의 자조의 욕구와 권리를 존중해야 한다.
- 상담자는 기꺼이 자기 행동을 관찰하며 직업적인 이해와 책임에 비추어 평가해야 한다. 즉, 상담자가 내담자에게 정서적으로 반응할 수 있기 위해서는 먼저 자기의 감정이나 태도를 이해할 수 있어야 한다.
- 상담자의 반응은 상담실에서 이루어져야 한다.

이와는 반대로 수용의 원리에 장해가 되는 요소는 다음과 같다.

- 인간의 행동양식에 관한 불충분한 소양
- 상담자가 자기의 생활 속에 현실적으로 처리할 수 없는 갈등을 갖고 있음(그러면 내담자의 현실적 갈등도 처리할 수 없게 됨)
- 상담자의 감정을 내담자에게 이전하는 것
- 상담자의 편견과 선입견
- 보장할 수 없으면서도 말로만 안심시키는 것
- 수용과 시인(是認)과의 혼동
- 내담자에 대한 상담자의 경멸적 태도
- 과잉 동일시

(4) 무비판적 태도의 원리

무비판적 태도(nonjudgemental attitude)란 상담자가 내담자의 문제에 대해서 유죄다 혹은 무죄다, 책임져야 한다, 나쁘다는 식의 말이나 행동을 삼가야 한다는 뜻이다. 내담자는 자기의 잘못이나 문제에 대하여 결과를 나무라거나, 책임을 추궁하거나, 잘못을 질책하는 것을 두려워한다. 내담자는 죄책감, 열등감, 불만감, 고독감 등을 가지고 있기 때문에 타인의 비판에 예민하여 당연히 자기 자신을 방어하고 안전을 추구하려고 한다. 따라서 상담자는 객관적으로 내담자의 행동, 태도, 가치관 등을 평가해야 하며, 어떠한 문제에 대하여 유죄다 혹은 무죄다, 책임져야 한다, 나쁘다는 등의 과격한 언어로 다루어서는 안 된다. 무비판적 태도의 원리를 지키기 위해서 상담자는 다음과 같은 자세를 견지해야 한다.

- 선입관의 지배를 받아서는 안 된다. 상담자도 인간인 이상 어떤 유형의 사람을 좋아하고 어떤 유형의 사람은 싫어할 수 있다. 싫어하는 유형의 사람에게 무비판적이고 호의적으로 대하기란 쉬운 일이 아니다. 의식적이 아니더라도 무의식적으로 언어와 행동에 그와 같은 감정을 표현할 수 있다. 그러나 상담자는 선입관을 버리고 색안경을 쓴 채 내담자를 주관적으로 보지 않도록 노력해야 한다.
- 내담자에게 보조에 맞추어 상담을 하지 않고 내담자의 발언을 자주 가로막고 성급한 결론으로 이끌어서는 안 된다. 만약 상담자가 그러한 태도를 취할 경우 내담자에게는 심판적이고 비판적인 사람이라는 인상을 갖게 하여 상담의 실패를 자초할 수 있다.
- 상담자가 지니고 있는 어떠한 유형의 틀에 내담자를 집어넣으려는 인상을 주지 말아야 한다. 유사한 경우의 내담자를 비교나 예시로 참고할 목적으로 삼는다는 것은 내담자로 하여금 자기를 어떤 틀 속에 집어넣으려는 인상, 즉 심판적인 태도로 오해하게 만들기 쉽다. 따라서 내담자가 거부적이고 자기 방어적인 행동을 취하게 되어 상담의 실패를 가져올 수 있다.
- 내담자가 상담자에 대해서 적의와 같은 부정적 감정표현을 할 수 있다는 것을 알아야 한다. 내담자가 특정인에게 자신의 적대적 감정을 전이시키려는 현상을 흔히 볼 수 있다. 이 경우에 상담자가 그 같은 방어기제에 대한 사전 지식이 없다면 내담자를 이해할 수도 없으려니와 무비판적 태도의 유지도 불가능하다. 그러므로 내담자의 그 같은 감정표현도 그를 이해하고 문제를 해결하는 데 도움이 된다는 자세를 가지고 여유 있게 내담자의 문제에 대해 객관적으로 바라볼 수 있어야 한다.

(5) 자기결정의 원리

상담과정에 있어서 상담자는 나아갈 방향을 스스로 결정하고 선택하려는 내담자의 자기결정(self-determination)을 존중하며 그 같은 욕구를 결정할 수 있는 잠재적 힘을 자극하여 활동할 수 있도록 지도해야 한다. 그러나 내담자가 자기결정과 선택의 자유, 권리, 욕구가 있다고 해서 무조건적으로 도와주자는 것은 아니다. 자기결정과 선택의 자유, 권리, 욕구는 내담자의 능력이나 법률 및 도덕규범, 사회기관 내에서만 이루어질 수 있다는 한계를 벗어나서는 안 된다. 이를 위해 상담자는 다음과 같은 원칙을 지켜야 한다.

- 내담자가 자기 수용을 할 수 있도록 도와주어야 한다.
- 내담자의 잠재능력, 즉 장점과 능력을 발견 · 활용함으로써 인격적 발전을 도모할 수 있도록 자극을 주어야 한다.
- 내담자에게 법률, 제도, 사회, 시설 등의 광범한 사회적 지원을 알게 함으로써 자기 선택 및 결정의 참고자료로 삼도록 해야 한다.
- 내담자가 자기결정을 할 수 있도록 상담자는 분위기를 조성해 주어야 한다. 수용적 태도나 심리적 지지를 보내는 것이 그 한 가지 방법이다.
- 상담자는 문제해결을 위한 중요한 책임을 자기가 지고 내담자에게는 사소하고 부차적인 역할만을 하도록 해서는 안 된다. 오히려 그 반대의 입장이 되어야 한다.
- 내담자가 바라는 서비스는 무시한 채 내담자의 사회적 · 정서적 생활에 대한 사소한 조사까지도 강행하려는 자세는 금물이다.
- 내담자를 직간접으로 조정하려는 상담자의 자세는 삼가야 한다. 그 같은 방법은 내담자를 무시하고 상담자 자신의 판단에 따라서 행동의 방법을 선택하게 하려는 것이기 때문이다.
- 강제적으로 설득해서는 안 된다. 왜냐하면 내담자의 선택의 자유, 권리, 욕구 등을 무시함은 물론 그와 같은 능력의 함양을 약화시키기 때문이다.

(6) 비밀보장의 원리

상담과정 중 명심해야 할 사실은 상담자가 내담자와의 대화의 내용을 아무에게나 이야기하는 습관을 버리고 반드시 비밀을 보장(confidentiality)해 주어야 한다는 것이다. 상담은 본질적으로 내담자가 상담자를 신뢰하는 데에서 이루어진다. 따라서 어떠한 경우에 놓여 있는 문제라도 비밀을 지켜 주어야 한다. 상담자의 윤리 가운데 가장 중요한 것은 내담자의 비밀을 보장하는 것이다.

2 상담의 운영기관과 유형

1) 상담 운영기관

상담은 어디에서 이루어지는가? 내담자를 대상으로 상담이 실시되는 대표적인 상담기관은 다음과 같다(김계현, 1997; 김창대 외, 2011; 천성문 외, 2009).

(1) 학교 상담센터

학교는 상담과 불가분의 관계라고 할 만큼 밀접한 관계를 가지고 있다. 학생의 학교생활 적응, 학업, 교우관계, 가정 및 가족, 비행 및 학교폭력 문제 등 여러 종류의 문제에 관여하며, 문제가 심해지기 전에 미리 발견하여 조치를 취하는 예방의 기능을 중요시한다. 대부분의 중·고등학교에는 상담실이 있어 전문상담교사와 진로진학상담교사가 배치되어 있으며 초등학교에서는 담임교사 혹은 상담자원봉사자에 의해서 상담이 이루어지고 있다. 각 지역교육청은 전문상담순회교사를 두고 있으며, 각급 학교에는 Wee Class를, 그리고 교육청 단위로는 Wee Center라는 상담실을 설치하여 상담활동을 강화하고 있다.

(2) 대학 학생상담센터

대학에는 여러 가지의 상담소가 있다. 크게 보면 심리 및 개인적 문제를 다루는 상담소, 진로 및 취업 지원을 위한 상담소, 성희롱 및 성폭력 관련 상담소가 있다. 심리 및 개인적 문제를 다루는 상담소는 주로 학생생활연구소, 학생상담소, 학생생활상담소, 정신건강상담소 등의 이름을 사용한다. 학생생활연구소는 2000년대 초반까지는 그 설치를 법령으로 정한 이른바 법정기관이었으나, 현재는 각 대학의 자율에 의해 상담기관을 설치하고 그 명칭도 자율적으로 사용하도록 제도가 바뀌었다. 그동안 학생생활연구소는 대학생들의 정신건강 문제, 학내 동료 및 이성과의 대인관계 문제, 대학생들의 자기발전을 위한 프로그램, 자기 이해를 위한 심리검사, 신입생 및 재학생의 생활실태와 정신건강에 대한 조사연구, 학업문제를 도와주는 공부방법 훈련 프로그램, 진로 및 취업을 도와주는 프로그램 등 대학생활의 적응을 도와주는 다양한 개인상담과 집단상담 및 관련 프로그램을 실시해 왔다. 최근에는 진로 및 취업 문제를 주로 다루는 상담소가 별도로 설치되어 경력개발센터, 취업지원상담소, 종합인적개발센터 등의 다양한 이름을 사용하고 있다. 성희롱 및 성폭력 관련 상담소는 2002년 이래 모든 대학이 의무적으로 설치하도록 되어 있는데, 대학에 따라서 상담소를 독립적으로 설치한 곳도 있고, 학생생활연구소 등에 부설로 설치한 곳도 있다.

(3) 아동 상담센터

아동성폭력 사건이 급증하면서 여성가족부가 그 대처방안으로 '해바라기 아동센터'를 설립 · 운영하고 있다. 여성가족부가 지원하는 아동성폭력전담센터인 '해바라기 아동센터'는 의사, 임상심리사, 상담전문가들이 성폭력 피해자와 그 가족을 통합 지원하는 센터다. 이 아동센터는 해마다 증가하는 아동성폭력 사건에 대해 효과적이고 실효성 있는 대응체계와 성폭력 피해아동 중심의 종합진료지원체계 구축의 필요성이 제기됨에 따라 2004년에 처음 설립되었다. 성폭력 피해아동의 신체적 · 정신적 피해에 대한 종합진료체계를 구축하여 수사 증거자료 확보 등을 위한 응급처치, 소아정신과 · 아동심리학자 등 전문가 그룹에 의한 후유증 치료를 실시함으로써 성폭력 피해아동의 건강한 성장과 함께 부모 및 보호자의 정신건강을 증진하는 것을 그 목적으로 하고 있다. 전국 10개소가 운영되고 있으며, 각 지역별 센터는 24시간 아동성폭력 신고 및 접수, 아동의 후유증 치료 및 상담, 무료 법률 지원 등 아동의 보호 환경 지원, 아동성폭력 인식 개선 활동, 가해자 집단치료, 재발 방지 프로그램 등의 활동을 하고 있다.

(4) 청소년 상담센터

청소년 문제가 급격히 증가하고 심각한 사회문제로 대두되면서 YMCA, YWCA 등 일부 사회기관과 경찰청이나 지방자치단체에서 그 대처방안으로 청소년 상담센터를 설립 · 운영하여 왔다. 그러다가 1990년대 초에 「청소년기본법」이 제정되면서부터 국가적 지원을 받게 되어 중앙정부 산하기관인 한국청소년상담원(구 청소년대화의광장)을 비롯하여 16개 각 시 · 도에 종합청소년상담지원센터(구 종합청소년상담실), 각 시 · 군 · 구 지역에 청소년지원센터(구 청소년상담실)가 설치되어 활발한 상담활동을 하고 있다. 청소년상담센터는 청소년이 상담을 받으러 찾아오는 상담뿐만 아니라 도움이 필요하다고 판단되는 청소년들을 적극적으로 찾아가는 형태의 상담, 즉 아웃리치(out-reach) 활동을 펼치고 있다. 또한 지역의 여러 기관이나 자원봉사자들을 상담센터와 연계하여 위기청소년 지원 사업을 벌이는 CYS-Net(Community Youth Safety Net)를 개발하여 새로운 시스템의 상담 서비스를 제공하고 있다. 한국청소년상담원 및 지역의 청소년 상담센터들은 각 지역의 학교들과 연계하여 상담활동을 시행하고 있다. 가장 대표적인 것이 또래상담인데, 각 학교에서 실시하는 또래상담에 대해서 상담센터가 전문적 지원을 해 주고 있다.

(5) 사설 민간 상담센터

국가 또는 공공법인에서 운영하는 상담센터가 공익을 위한 것이어서 비용이 저렴하거나 무료로 이용할 수 있다면, 개인이나 사설단체 혹은 사단법인이 설립하여 운영하는 상담센터는 일정한 상담비를 지불해야 한다. 최근 상담심리 전문가나 임상심리 전문가들이 부쩍 늘면서 유료 상담소를 개업하는 사례가 많아지고 있다. 내담자들은 사설 민간 상담센터에서 상담을 받는 경우 공립 상담센터에 비해 높은 비용을 지불해야 하는 만큼 상담효과에 대한 기대치가 높은 편이다. 따라서 제대로 된 상담효과를 내기 위해 상담자는 많은 수련과정과 훈련을 거쳐야 한다. 그렇지만 전문적 수련 경력이 불명확한 사람이 전문상담을 표방하고 개업하는 사례도 있어서 차후 관련 학회를 주축으로 민간 상담센터 개설과 운영에 관한 법률이 국가 차원에서 제정되어야 할 것이다. 각종 전문 상담자가 되기 위해 수련을 받고 있는 상담자 수가 계속 증가하는 추세이기 때문에 사설 민간 상담센터의 개소와 운영은 늘어날 전망이다.

(6) 복지기관 상담센터

많은 사회복지, 아동복지, 부녀복지, 노인복지 기관이 상담활동을 전개하고 있다. 복지기관은 기본적으로 사회사업 혹은 사회복지의 개념에 의해서 설립 · 운영된다. 따라서 복지기관에서 상담활동을 하는 사람들은 대체로 사회사업학이나 사회복지학의 배경을 가지고 사회복지사 자격을 취득한 자들이다. 그들이 상담활동을 하는 영역이 과거에는 저소득층과 부녀자, 아동, 노인, 장애인에게 보호나 도움을 제공하는 사업 중심이었으나, 최근에는 상담 서비스라는 개념을 부가하여 청소년 선도, 가족복지, 가족치료 등 좀 더 질 높은 복지 서비스를 제공하고 있다.

(7) 직업 · 취업 상담센터

1997~1998년 외환위기로 인해 국제통화기금(IMF)의 원조를 받게 된 것을 계기로 실업문제가 우리 사회에 크게 대두되었고, 2007년 전 세계적인 금융위기로 인해 실업문제가 더욱 심화되었다. 실업문제, 미취업문제 등은 개인적인 문제일뿐만 아니라 국가적인 문제로 인식됨에 따라 정부에서는 직업능력의 개발, 직업 탐색과 발견, 직업 변경, 취업 등의 영역에서 대대적으로 상담활동을 하기 시작했다. 노동부에서는 전국 각 지역에 고용센터(구 고용지원센터, 고용안정센터)를 설치하여 실업급여 업무를 비롯한 취업지원, 진로개발 등의 상담 업무를 활발하게 전개하고 있다. 또한 한국고용정보원, 한국직업능력개발원 등에서는 직업상담에 대한 기초연구, 상담도구 개발 등의 연구개발 업무를 시행하고 있다. 그리고 직업상담을 담당하는 전문가를 배출하는 직업상담사 1 · 2급 국가자격제도를 2000년부터 운영하고 있다.

(8) 기업 · 산업 상담센터

노동부에서는 일정 인원 이상의 근로자(피고용인)를 둔 기업의 경우 상담실을 설치하여 근로자들의 고충을 처리해 주고, 여성 근로자들의 권익을 지켜주도록 권고하고 있다. 그리하여 기업체에서 사원 및 가족들의 심리, 교육, 직장 적응의 문제들을 상담할 수 있는 전문 상담실을 설치 · 운영하는 사례가 점차 늘고 있다. 기업체에서 상담원을 고용하는 방식은 크게 두 가지다. 하나는 상담원을 그 기업의 피고용인으로 고용하는 경우이고, 다른 하나는 외부 기관의 독립된 상담원과 계약을 맺는 경우다. 최근 일부 대기업과 외국계 기업들을 중심으로 회사 내에 상담센터를 설치하고 전문상담사를 고용하는 추세에 있다. 또한 기업의 근로자 상담을 전문으로 수행하는 상담회사, 즉 피고용인 원조 프로그램, 전직지원이나 경력개발 등의 업무를 수행하는 회사가 설립되면서 직장인들을 주 고객으로 하는 형태의 상담이 증가하고 있다.

(9) 종교기관 상담센터

기독교, 가톨릭, 불교 등의 성직자 및 수도자들은 신도들의 신앙적 고민과 갈등뿐만 아니라 그들의 부부갈등이나 고부갈등과 같은 가족관계 문제를 비롯한 생활상의 고민에 대해서도 상담해 주는 역할을 자주 하게 된다. 따라서 성직자와 수도자들은 오래전부터 상담심리학에 대해 관심을 가지고 있었으며 목회상담과 같은 과목이 그들의 교육과정에 정식으로 채택되어 있다. 학부 및 대학원에서 상담전공을 설치하고 있는 신학과정도 있다. 또한 최근에는 종교기관에서 성직자나 수도자가 아닌 전문 상담자를 채용하여 활동케 하는 곳도 있다.

(10) 정신과 상담센터

종합병원의 정신과, 대규모 및 개인 정신과병원에서도 각종 상담활동이 이루어지고 있다. 정신과에서는 약물치료를 비롯한 의학적 처치방법을 주로 사용하지만 상담을 비롯한 각종 심리치료 및 교육치료도 실시하고 있다. 따라서 정신과에서의 상담은 의사에 의해서만 이루어지는 것이 아니라 심리학자, 사회복지사, 특수교육 전문가, 예술치료사 등에 의해서도 이루어진다. 다만, 그들의 상담 및 치료 활동은 기본적으로 의사에 의해서 지도 · 감독된다는 점이 비의료기관에서의 상담과 다른 점이라 할 수 있다.

2) 상담의 유형

상담은 분류 기준에 따라 다음과 같이 여러 가지 유형으로 나눌 수 있다.

(1) 내담자의 상담기간

상담은 상담자가 한 내담자 혹은 한 사례를 몇 차례에 걸쳐서 만나느냐에 따라 단기상담과 장기상담으로 구분할 수 있다.

① 단기상담
② 장기상담

절대적인 기준이 있는 것은 아니지만 단기 정신역동적 상담에서는 7~50회 정도, 지지적 상담에서는 15회 미만을 단기상담 회기로 규정하고 있다. 상담기간이 길어짐에 따라 내담자는 상담 비용과 함께 상담에 참여해야 하는 시간이 늘어나는 것에 대한 부담이 커지게 되어 자신의 문제가 보다 짧은 기간에 신속히 해결되기를 원하는 경우가 많고, 전통적인 장기상담에서 목표로 하는 과거 경험의 탐색과 성격의 재구성을 기대하지 않는 경우가 많다. 더구나 단기상담이 장기상담과 비교하여 효과 면에서 큰 차이가 없다는 연구결과들이 나오고 있어 상담의 단기화에 대한 관심은 더욱 커지고 있는 추세다. 그러나 단기상담을 단순히 장기상담을 축소한 의미로서 이해하거나 기간만 짧은 것으로 여기고 상담을 진행해서는 안 된다. 단기상담은 상담의 목표를 빠른 시간 내에 구체적으로 설정하고 그 목표를 해결하는 데 초점을 맞춘다는 측면을 강조해야 한다(천성문 외, 2009).

(2) 내담자의 발달단계

인간은 사회에 적응하기 위해 발달단계에 따른 발달과업(development tasks)을 완수해야 한다. 내담자의 문제는 대체로 발달단계에 부합한 행동을 하지 못하거나 해당 발달과업을 완수하지 못한 것과 관련 있는 경우가 많다. 따라서 상담자는 내담자가 발달단계에 따라 겪는 신체적 · 심리적 · 사회적 발달 특징에 대한 지식과 경험을 갖는 것이 중요하다. 내담자의 발달단계에 따라 아동상담, 청소년상담, 성인상담, 노인상담으로 구분할 수 있다.

① 아동상담

3, 4세에서 초등학교를 마치는 시기인 12세까지의 아동을 대상으로 조력활동이 이루어지는 상담을 말한다. 아동상담의 대상은 주로 지적 · 언어적 · 사회적 · 정서적 측면에서의 발달과업을 이루지 못하거나 부적절한 행동을 보이는 정신지체, 자폐증, 주의력결핍 과잉행동장애, 학습장애, 의사소통장애 등 발달장애로 진단된 아동들이다.

② 청소년상담

대략 13~18세에 해당되는 중 · 고등학교 시기의 청소년들을 대상으로 조력활동이 이루어지는 상담을 말한다. 이 시기의 청소년들은 친구나 이성 관계, 비행, 정체감 혼란, 학업, 진로 등의 문제로 고민하는 경우가 많으며, 따라서 이러한 문제의 해결을 위한 조력활동에 주력하게 된다.

③ 성인상담

대략 19~60세의 성인을 대상으로 조력활동이 이루어지는 상담을 말한다. 성인 내담자들이 겪는 문제는 다양하다. 결혼해서 가족을 이루고 가족과 사회를 위해 일하는 과정에서 성인들은 다양한 이유로 스트레스, 우울 등과 같은 심리적 문제를 가질 수 있다. 부부문제, 가족문제, 실직문제 등으로 인해 침체된 성인들이 상담소를 찾는 경우가 많다.

④ 노인상담

60세 이후 노인기에 해당하는 사람들을 대상으로 조력활동이 이루어지는 상담을 말한다. 상담자는 노인들이 가지는 특별한 요구와 문제, 즉 노령이라는 연령에서 비롯되는 다양한 심리적 문제들을 이해하여 은퇴 후에도 생산적이고 의미 있는 삶을 영위할 수 있도록 조력해야 한다.

(3) 내담자의 구성 인원

상담에 참여하는 내담자의 구성 인원에 따라 개인상담과 집단상담으로 구분할 수 있다. 개인상담은 상담에 참여하는 내담자가 한 명이며, 집단상담은 두 명 이상으로 구성된다.

① 개인상담

내담자 1인을 상대로 조력활동이 이루어지는 상담을 말한다. 개별상담 혹은 일대일상담이라고 부르기도 한다. 정신건강 문제나 성격문제를 비롯하여 내담자가 심각한 심리적 문제를 가진 경우 이 개인상담의 형태를 가정하고 이론이 구성되고 상담기법이 개발된 것이다. 개인상담에서 상담자는 내담자와 계약을 체결하여 내담자가 달성하고자 하는 목표가 달성되면 상담을 종결한다.

② 집단상담

심리적 문제가 심각하지 않은 내담자들이 모여 집단을 형성하고, 그들이 전문적인 상담자와 함께 서로 신뢰하고 허용적인 분위기 속에서 자기 이해와 자기 수용 및 자기 개방을 촉진하는 상호작용을 함으로써 태도와 행동을 변화시키고, 문제를 해결하며, 나아가 잠재능력을 개발하는 것을 목표로 조력활동이 이루어지는 상담을 말한다. 집단상담에 참여하는 구성 인원은 연령, 문제 유형, 문제 심각성 등에 따라 달라질 수 있지만 일반적으로 8～12명이 바람직하다.

(4) 내담자의 문제내용

내담자가 경험하거나 호소하는 문제내용은 수없이 많기 때문에 그것이 무엇이냐에 따라 상담 유형도 여러 가지로 구분할 수 있다. 대표적인 몇 가지를 살펴보면 다음과 같다.

① 정신건강상담

내담자가 갖는 다양한 신경증적 및 정신증적 문제에 대한 상담을 말한다. 내담자가 갖는 심리적 문제는 사회적 적응이나 직무 수행을 어렵게 하고 그 정도가 심해지면 정신장애가 된다. 정신건강 상담자는 미국정신의학회(American Psychiatric Association: APA, 2013)에서 발간한 정신장애 편람의 내용을 숙지하고 내담자의 정신건강 상태를 평가하고 진단할 수 있는 능력을 갖추어야 한다.

② 진로상담

내담자가 자신의 적성과 능력에 부합하는 진로를 선택하여 직업을 구하고 생산적인 직무를 수행할 수 있도록 조력하는 상담을 말한다. 특히 학교에서 이루어지는 진로상담은 학생들의 진로발달을 위해 교과활동을 통한 진로교육과 함께 그들이 당면하는 진학, 직업 선택과 관련하여 다양한 진로 정보를 제공하고 자기 이해, 자기 탐색, 직업 탐색의 과정, 진로계획 및 진로 의사결정을 돕는 데 역점을 둔다.

③ 학습상담

전체적인 교육활동 속에서 개개인의 학생이 의욕적으로 학습에 전념하고 나아가 스스로 공부방법을 개선하여 성적을 향상시키도록 조력하는 상담을 말한다. 특히 부적절한 학습습관과 학습방법이나 학습기술의 부족으로 자신의 능력을 제대로 발휘하지 못하여 학업에 대한 스트레스나 심리적인 문제를 갖고 있는 학생들을 대상으로 이루어지는 경우가 많다.

④ 비행청소년상담

법률적 · 관습적 가치규범을 어기고 사회적 이탈행동을 하는 청소년들을 대상으로 사회적으로 바람직한 적응력 향상, 비행 원인의 탐색 및 해결, 바람직한 의사결정 능력 배양 등을 목적으로 조력활동이 이루어지는 상담을 말한다. 청소년 비행은 대부분 또래나 선후배와의 유착관계를 바탕으로 일어나는 경우가 많다. 따라서 상담자가 비행청소년들을 상담할 때는 직접적 개입을 통해 그러한 유착관계를 차단시키는 것이 중요하다. 비행청소년상담에서는 심각한 비행을 사전에 방지할 수 있는 예방 차원의 상담이 무엇보다 중요하다.

⑤ 성상담

내담자가 자신이 가지고 있는 성문제에 대한 통찰력을 갖고 적절히 해결해 갈 수 있도록 조력활동이 이루어지는 상담을 말한다. 성에 대한 호기심, 자위행위, 성욕구 발산, 이성관계 문제뿐 아니라 사회적으로 문제가 되는 성희롱, 성폭력, 성지향성 등에 걸쳐 성에 관련된 문제는 다양하다. 성상담에서는 내담자의 성문제에 따라 성에 대한 정확한 정보를 제공하거나, 성에 대한 상황대처 능력을 강화하거나 혹은 성에 대한 부정적 감정과 상처를 치유하게 된다.

⑥ 물질남용과 중독상담

알코올, 니코틴, 약물과 같은 물질남용과 도박이나 게임 중독에 빠져 자기통제력을 상실한 내담자로 하여금 부적절한 자기 파괴 습관의 탐닉에서 벗어날 수 있도록 조력활동이 이루어지는 상담을 말한다.

⑦ 가족문제상담

자녀가출, 가정폭력, 아동학대, 부부갈등 등은 역기능적 가족에서 비롯되는 경우가 많다. 가족 구성원 중 한 사람이 지닌 문제를 가족관계에서 생겨난 가족 내의 문제로 보고 가족체계에 변화를 줌으로써 가족 구성원의 증상을 치유하는 것이 가족상담이다. 최근에는 내담자가 가진 많은 문제가 역기능적 가족에서 비롯된다고 보면서 가족을 하나의 체계로 보고 가족치료(family therapy)를 적용하는 경우가 증가하고 있다.

⑧ 위기상담

예기치 않았던 환경적인 자극이나 그 밖의 이유로 자신이나 타인의 생명을 해칠 수 있는 위급한 상황에 있는 내담자를 대상으로 조력활동이 이루어지는 상담을 말한다. 위기(危機)란 위험과 기회의 두 가지 개념을 동시에 갖고 있다. 즉, 위험 속에 기회(chance in danger)가 있다는 것을 의미한다. 내담자가 아무리 위급한 상황에 직면해 있다 하더라도 상담자가 위기관리 능력을 갖고 적절한 조치를 취하면 극복할 수 있다.

⑨ 목회상담

목회상담자는 내담자의 종교적 영성과 관련된 문제, 즉 내담자가 신에 대한 믿음과 관련된 문제나 종교적 갈등을 해결하도록 조력한다. 목회상담자는 내담자가 성경, 불전, 코란 등과 같은 경전에서 강조하는 사랑과 자비를 바탕으로 삶을 영위하기를 강조한다.

(5) 내담자의 조력수단

상담자가 내담자를 조력하기 위해 사용하는 주요 도구나 수단 혹은 보조자료가 무엇인가에 따라 다음과 같은 여러 유형의 상담과 치료가 있다.

① 전화상담

상담자와 내담자가 전화를 이용하여 대화를 나누면서 이루어지는 상담을 말한다. 전화상담은 내담자가 남한테 쉽게 털어놓지 못할 사적인 비밀을 가졌거나, 상담자로부터 자신의 문제와 관련된 정보를 제공받는 것만으로도 해결될 수 있는 구체적인 문제를 가졌거나, 정서적 지지를 통해 나아질 수 있는 그다지 심각하지 않은 문제를 가졌거나, 자살을 시도하기 직전과 같은 응급 상황에 있는 경우에 특히 도움이 된다.

② 서신상담

내담자가 상담자와 편지를 주고받으면서 자신의 심리적 문제에 대해 도움을 받는 상담을 말한다. 내담자가 말보다는 글을 통해 자신을 더 잘 표현할 수 있는 경우, 또 지리적으로 멀리 떨어져 있거나 교도소 등 특정 시설에 수용되어 있어 다른 상담방식을 이용할 수 없을 때처럼 상담자와 직접 또는 전화를 이용해 만날 수 없는 경우에 서신상담을 통해 상담이 이루어질 수 있다.

③ 사이버상담

컴퓨터와 통신기술이 결합된 가상의 공간에서 이루어지는 상담을 말한다. 즉, 내담자가 전자우편(E-mail), 게시판, 문자채팅, 화상채팅, 데이터베이스, 멀티미디어 등과 같은 인터넷 통신수단을 이용하여 자신의 심리적 문제에 대한 이해와 해결을 시도하는 것이다.

④ 놀이치료

훈련된 치료자가 심리적 문제를 가진 내담자를 돕기 위해 체계적으로 놀이의 치료적 힘을 적용시키는 대인관계 과정을 말한다. 놀이치료(play therapy)는 심리역동적인 측면과 발달적인 원칙에 기본을 둔 심리치료의 한 방법으로, 아동이 인형이나 찰흙, 게임, 퍼핏, 미술재료 등의 놀이도구를 통해 다양한 상상력을 동원하여 자신의 정서적인 어려움을 표현하고 완화하도록 도움을 주기 위한 것이다. 치료자와의 상호적인 대인관계를 통하여 아동은 감정의 정화(catharsis)가 일어나고 고통이 감소되며 충동이 조절되는 교정적인 정서 경험을 하게 된다.

⑤ 미술치료

미술과 치료의 합성어로서 심리치료에 미술을 도구로 활용하는 것을 말한다. 즉, 미술치료(art therapy)는 그림, 조소, 디자인, 공예 등 다양한 미술매체를 활용하여 어려움을 겪고 있는 내담자를 심리적으로 진단하고 치료하는 것이다. 미술치료에서는 내담자가 미술작품을 만들고, 상담자는 치료목표에 따라 내담자의 미술과정에 개입하면서 미술을 매개로 내담자의 심리적 문제를 해결해 나간다.

⑥ 음악치료

음악과 치료의 합성어로서 심리치료에 음악을 도구로 활용하는 것을 말한다. 즉, 음악치료(music therapy)는 음악을 활용하여 내담자의 심리적 문제를 치료하는 활동이다. 음악치료를 위한 활동으로는 즉흥연주, 적극적인 음악감상과 상상, 창작과 작곡 및 노래 만들기, 악기 연주와 합창 및 합주 등이 있다. 이러한 음악활동을 체계적으로 사용하여 내담자의 신체와 정신 기능을 향상시켜 삶의 질을 개선하고 보다 나은 행동의 변화를 가져오게 하는 것이 음악치료다.

⑦ 독서치료

내담자의 문제 상황과 관련 있는 책, 잡지, 신문, 시, 문학작품 등의 독서자료를 활용하여 치료자와의 토론, 글쓰기, 그림 그리기, 역할극 등의 상호작용을 통하여 내담자의 심리적 문제를 해결하는 활동을 말한다. 독서치료(bibliotherapy)는 독서자료를 읽거나 들은 후에 토론이나 역할놀이, 창의적 문제 해결 활동 등 구체적으로 계획된 활동을 함으로써 문제에 대한 통찰력을 이끌어 내도록 돕는다.

⑧ 원예치료

식물을 이용하여 사회적 · 정서적 · 신체적 장애를 겪고 있는 사람의 육체적 재활과 정신적 회복을 추구하는 활동을 말한다. 원예치료(horticultural therapy)는 정원과 경작을 뜻하는 원예와 몸과 마음의 질병을 약물 투여나 수술 없이 고친다는 뜻의 치료의 합성어다. 씨를 뿌리고, 이것이 잘 자라도록 온갖 정성으로 가꾸고, 그 결과로 활짝 핀 꽃을 보면서 사람들이 느끼는 기쁨과 희열을 치료 목적에 이용하는 것이다. 원예치료에는 정원 가꾸기, 식물 재배하기, 꽃을 이용한 작품 활동 등이 포함된다. 치료 대상자는 이런 활동을 통하여 운동능력을 향상시키고, 성취감과 자신감을 증진시킬 수 있으며, 재배하는 꽃이나 식물의 향기를 맡음으로써 정신적인 안정을 얻는다. 이 밖에도 원예치료활동을 통해 원예작물 재배기술을 습득함으로써 향후 직업을 얻는 데 도움이 되기도 한다. 원예치료사는 업무의 성격상 원예학과 더불어 정신의학, 상담심리학, 재활의학, 사회복지학, 간호학 등 다양한 분야를 이해하고, 이를 적용할 수 있는 능력이 있어야 한다(서강훈, 2013).

⑨ 사이코드라마

모레노(Jacob Levy Moreno)에 의해 창시된 사이코드라마(psychodrama)는 psyche(정신)와 drama(dram: 저항을 극복하는 행동)의 합성어로, 마음의 긴장과 갈등을 상상력이라는 인간의 기본적 특성을 이용하여 드라마적인 상황으로 표현하는 심리극이다. 사이코드라마는 내담자가 단순히 자신의 문제에 대해 말로 표현하지 않고 주인공이 되어 행위로 표현하도록 돕는다. 결국 사이코드라마는 언어뿐만 아니라 몸과 마음을 도구로 삼아 심리적 문제를 표현하고 해결해 나가는 과정에서 드라마, 즉 연극의 형식을 취한 것이라 할 수 있다. 디렉터는 사이코드라마 과정에서 여러 기법을 사용하여 주인공의 갈등을 명료하게 표현하도록 함으로써 자신을 객관적으로 볼 수 있는 기회와 억압되어 왔던 감정을 분출시킬 수 있는 기회를 제공하고, 내담자가 그러한 자신의 여러 모습을 내적으로 통합할 수 있도록 도와준다.

⑩ 이야기치료

화이트와 엡스톤(White & Epston, 1990)에 의해 개발된 이야기치료(narrative therapy)는 인간은 각자가 자신의 이야기에 의해 삶을 영위하고 있고, 우리가 가지고 살아가는 이야기는 사회적 진공상태 속에서 만들어지는 것이 아니며, 이야기 속에는 담론이 깊숙이 담겨 있으며 지배적인 담론을 해체하는 것은 사람의 새로운 가능성을 높여 준다는 기본 가정을 하고 있다. 이야기치료는 문제가 문제이지 사람이 문제인 것은 아니라는 신념을 갖고, 내담자가 새롭고 신선한 언어로 자신의 경험을 기술하도록 조력하는 데 목표를 두고 있다. 이러한 새로운 언어는 내담자로 하여금 문제가 되는 생각이나 감정 혹은 행동에 대한 새로운 의미를 개발하게 해 준다. 이러한 목표를 달성하기 위해 상담자는 내담자가 자신의 문제를 외재화하도록, 즉 내담자를 문제로부터 분리시킴으로써 죄의식을 감소시키고 가족 구성원과 친구관계에 참여하여 문제를 해결하도록 조력한다.

3 상담의 과정과 대화기술

1) 상담과정

상담은 한두 번의 짧은 만남으로 소기의 성과를 거두기도 하지만, 대개는 여러 차례의 지속적인 만남을 필요로 한다. 이러한 여러 번의 되풀이되는 만남의 과정에서 상담은 시작되고, 전개되며, 반전을 거듭하다가, 결국 종결에 이르게 되는 것이다. 학자들은 이를 상담의 단계 또는 과정이라 부른다(이장호 외, 2005). 상담의 단계 혹은 과정을 나누는 방식은 학자와 이론에 따라 다소 차이가 있다. 노안영(2005)은 상담의 과정을 상담을 원하는 내담자와의 첫 만남으로 이루어지는 접수면접의 단계, 내담자가 상담자에게 자신의 문제를 털어놓을 수 있는 신뢰관계 형성의 단계, 내담자가 자기 탐색을 확장하도록 촉진하는 탐색의 단계, 내담자의 자기 탐색을 통한 자각에 의해 이루어지는 문제의 본질에 대한 통찰과 이해의 단계, 그리고 내담자의 문제 해결을 위한 실행의 단계, 상담을 마무리하는 종결의 단계의 여섯 단계로 구분하고 있다. 하지만 상담의 단계를 초기, 중기, 종결의 세 단계로 나누는 것이 가장 일반적이다. 각 상담 단계마다 상담자가 보다 주력해야 할 일들이 있으며, 이를 제대로 잘 진행해 나갈 때 상담은 순조롭고 효율적으로 진행될 수 있다. 상담의 각 단계마다 주력해야 할 일들을 간략히 제시하면 다음과 같다(이장호 외, 2005; 천성문 외, 2009).

(1) 초기단계

상담의 초기단계란 상담자와 내담자 간의 첫 만남이 이루어지는 순간에서부터 시작하여 이후의 몇 번의 만남을 말한다. 초기단계에서 상담자가 해야 할 일들은 대체로 다음과 같다.

첫째, 내담자와 신뢰할 수 있고 안정된 상담관계를 형성하는 것이 필요하다. 상담관계 형성은 앞으로 진행될 상담의 성패를 결정할 정도로 중요하다. 내담자가 상담자를 신뢰할 수 있으면 자신의 개인적인 고충을 털어놓을 수 있지만, 그렇지 못하면 자신의 이야기를 마음 놓고 할 수 없게 되어 상담의 효과를 기대하기 어렵기 때문이다. 따라서 상담이 제대로 진행되기 위해서는 상담자와 내담자 간에 서로 존중하고 신뢰하고 이해하는 관계가 형성되어야 한다.

둘째, 상담자는 내담자의 문제가 무엇이고, 언제부터 그 문제가 발생하였으며, 왜 상담센터에 오게 되었는지 등의 질문을 통해 내담자의 문제를 구체적으로 파악해야 한다. 즉, 내담자가 호소하는 어려움에 대한 체계적 이해와 평가가 필요하다.

셋째, 문제를 파악하고 내담자가 계속 상담을 받고자 하면 상담에 대한 안내를 한다. 즉, 상담이 어떻게 진행되는지, 상담에서 어떤 도움을 받을 수 있고 그것을 위해 내담자 자신은 무엇을 어떻게 해야 하는지, 상담을 얼마나 자주 하고 오래 할 것인지 등에 관해 자세한 안내를 한다.

넷째, 내담자의 문제가 파악되고 내담자가 상담을 원하면 상담을 통해 도움을 받고자 하는 것이 무엇인지 구체적인 상담목표를 설정한다. 목표를 설정할 때는 상담자가 일방적으로 정하지 말고 내담자와 함께 협의하여 내담자가 상담에 보다 적극적으로 참여하도록 한다. 상담목표가 설정되면 상담자와 내담자가 힘을 합하여 문제를 해결하기 위한 단계로 들어간다. 내담자가 그동안 문제를 해결하기 위해 어떤 노력을 하였는지 알아보고, 상담목표에 효과적으로 도달할 수 있는 상담전략을 수립한다.

(2) 중기단계

중기단계에서는 내담자를 변화시키기 위한 구체적인 시도들이 행해진다. 즉, 초기단계에서 드러난 내담자의 문제들에 대한 본격적인 해결이 이 단계에서 시도된다. 이런 점에서 중기단계를 '작업 혹은 문제 해결 단계'라 부르기도 한다. 구체적인 문제 해결 방법은 내담자가 가진 심리적 문제의 성질이나 유형에 따라 달라진다.

내담자의 문제를 해결해 나가기 위한 구체적 방법은 곧 상담자가 앞으로 어떻게 상담을 진행해 나갈 것인가에 대한 상담계획이다. 이러한 상담계획은 내담자의 문제, 상담목표, 환경적 요인, 상담자의 이론과 경험, 상담자의 전문성 등 다양한 요인을 고려하여 가장 효과적인 방법을 찾아 세워야 한다. 그 과정에서 내담자의 기대, 선호, 능력 및 자원은 효과적인 상담계획을 세우는 데 고려해야 할 중요한 준거가 된다.

상담이 진행되면서 상담목표에 맞춰 문제를 해결해 나가는 동안 내담자에게 변화가 없거나 저항이 일어나기도 하는데, 이때 상담은 큰 어려움에 부딪히게 된다. 이러한 일이 발생하면 상담자는 그 이유를 정확히 이해하고 적절한 대책을 세워야 한다. 또한 상담이 진행되는 동안 상담자와 내담자는 모두 내담자가 변화하고 있는가에 관심을 기울여야 한다. 내담자에 따라 변화가 눈에 띄게 나타나는가 하면 아주 서서히 나타나는 경우도 있다. 또 내담자는 자신의 변화를 자각하기도 하고 주위 사람들로부터 변했다는 이야기를 듣고 자신의 변화를 알아차리기도 한다. 상담자는 이러한 변화를 예의 주시하면서 상담과정에 대한 평가를 계속하며 상담의 효율성을 검증해 보게 된다.

(3) 종결단계

상담 초기에 합의한 목표를 달성하게 되면 상담을 마무리하는 과정에 들어가게 된다. 상담자는 상담관계를 종결하기 전에 내담자가 관계를 마칠 준비가 되어 있는지 평가하여 적절하게 다루어야 한다. 상담자와 내담자는 종료시기를 정하고 미래 계획을 이야기하며 상담기간이 더 필요한지에 대해 논의한다. 갑자기 상담을 종결하기보다는 종결하기 몇 주 또는 몇 달 전부터 준비하는 것이 좋다. 1주에 한 번 하던 상담이라면 2주 또는 3주에 한 번 하는 식으로 천천히 간격을 늘리면서 상담을 종결하는 것이 좋다. 또한 상담자는 내담자와 함께 상담에서 배운 것과 변화된 것을 살펴보고 해결되지 않은 것은 무엇인가를 알아본다.

상담을 종결하게 되면 내담자는 상담자에게 고마움을 표시하고 상담 종결에 따른 상담자와의 이별에 대한 자신의 감정을 표현한다. 이때 상담자는 내담자가 이별에 대한 자신의 감정을 충분히 터놓고 이야기할 수 있도록 한다. 내담자는 상담 종결 후에 자신의 문제가 재발하지 않을지, 상담자 없이도 자신이 문제를 잘 해결해 나갈 수 있을지에 대해 두려움을 느낀다. 상담자는 내담자의 그런 감정을 충분히 이해하고 받아 주면서 내담자에게 스스로 독립해서 성장해 나갈 수 있다는 용기와 힘을 실어 주어야 한다. 또한 이 상담을 마지막으로 완전히 끝나는 것이 아니며 내담자가 어려움을 겪을 때 다시 상담을 할 수 있다고 이야기해 준다.

2) 상담의 대화기술

내담자가 상담의 과정에 적극적으로 참여하도록 도우려면 상담자는 다양한 대화

기술을 갖추어야 한다. 상담자와 내담자 간의 대화는 치료적이거나 도움을 줄 수 있는 대화이어야 한다(Knapp, 2015). 상담자가 상담의 과정에서, 특히 상담의 초기와 중기단계에서 내담자가 표현하는 감정, 행동, 생각을 이해하기 위해 많이 사용하는 대화기술로는 다음과 같은 것들이 있다.

(1) 관심 기울이기

상담관계 형성을 위해 초기에 상담자는 내담자를 조력하기 위해 전적으로 그에게 관심을 기울이고 있다는 것이 전달될 수 있도록 해야 한다. 내담자에 대한 관심을 가시적으로 보여 주기 위해 상담자가 사용할 수 있는 몇 가지 중요한 비언어적 기술이 있다. 이 기술은 각 단어의 머리글자를 따서 SOLER로 요약된다(Egan, 2010).

S는 Squarely(바로)에서 따온 것이며, 상담자는 내담자를 바로(Squarely) 바라 봐야 한다는 것이다. 내담자를 바로 쳐다보며 그에게 관여하고 있다는 자세를 취하는 것은 '나는 당신과 함께 있다. 당신에게 도움이 되고 싶다.'라는 뜻을 전달한다. 내담자에게 말을 하면서 고개를 다른 곳으로 돌리고 있다면 관심이 별로 없다는 메시지를 전달하게 된다. 여럿이 둘러앉아 있을 때에도 사람들은 어떻게 해서든 자신이 말을 걸려는 사람 쪽으로 향하려고 노력한다. 몸을 내담자에게 바로 향하는 것은 그에게 관심을 갖고 있다는 사실을 전달해 준다. 정면으로 쳐다보는 것이 부담을 준다면 약간 비스듬히 보아도 좋다. 중요한 것은 바라보는 각도가 아니라 상담자가 나타내는 관심의 질이다.

O는 Open(개방적인)에서 따온 것이며, 상담자는 개방적인(Open) 자세를 취해야 한다는 것이다. 팔짱을 끼고 있거나 다리를 꼬고 앉아 있는 것은 상대방에 대한 관심이나 돕고자 하는 마음이 별로 없다는 신호로 여겨질 수 있다. 개방적인 자세는 내담자와 내담자가 하는 말에 마음을 열고 있다는 신호가 될 수 있다. 여기서 '개방'이라는 말은 문자 그대로 받아들여도 좋고 은유적으로 받아들여도 좋다. 다리를 꼬고 있다고 해서 내담자에게 관심이 없다는 뜻은 아니다. 그러나 중요한 것은 '지금 내가 취하고 있는 자세는 내가 마음을 열고 있고 또 도움을 줄 태세를 갖추고 있다는 사실을 내담자에게 얼마나 잘 전달하고 있는가?' 하고 자문해 볼 필요가 있다는 점이다. 상담자가 공감적이고 개방적인 마음을 갖고 있다면 자세를 통해 이를 보여 주어야 한다.

L은 Lean(기울이다)에서 따온 것이며, 상담자는 이따금 내담자 쪽으로 몸을 기울여야(Lean) 한다는 것이다. 상담자는 내담자에게 관여하고 있다는 자연스러운 표시로 그를 향해 몸을 앞으로 기울인다. 중요한 것은 상체의 움직임으로 내담자를 향해 몸을 앞으로 기울였다 뒤로 뺐다 할 수 있다는 것이다. 내담자를 향해 약간 기울이는 것은 '나는 당신과 함께 있다. 당신과 당신이 하는 말에 관심이 있다.'는 뜻을 전달한다. 반대로 몸을 뒤로 젖히는 자세는 '당신에게 별 흥미가 없다.' 혹은 '따분하다.' 는 메시지를 주기 쉽다. 그러나 몸을 지나치게 앞으로 기울이거나 그런 자세를 너무 자주 취하면 내담자에게 부담을 주거나 친밀감을 강요하는 듯한 인상을 줄 수 있다. 넓은 의미에서 볼 때 내담자를 향해 몸을 기울이는 것은 그와의 의사소통을 촉진시키는 일종의 신체적 유연성이나 반응성을 가리킨다. 그리고 신체적 유연성은 정신적 유연성을 반영하기도 한다.

E는 Eye contact(시선 접촉)에서 따온 것이며, 상담자는 내담자와 적절한 시선 접촉(Eye contact)을 유지해야 한다. 내담자와 좋은 시선 접촉을 유지한다는 것은 '당신과 함께 있다. 당신에게 관심이 있고, 당신의 이야기를 듣고 싶다.' 는 메시지를 전달해 준다. 물론 이따금 시선을 다른 곳으로 돌려도 문제가 되지는 않는다. 너무 빤히 바라본다는 느낌을 주지 않으려면 가끔 눈길을 돌릴 필요도 있다. 그러나 너무 자주 시선을 피한다면 내담자와 함께 있거나 내담자에게 관여하기를 꺼린다는 암시를 주거나, 상담자가 무언가 불편해 한다는 인상을 줄 수 있다.

R은 Relaxed(이완된)에서 따온 것이며, 상담자는 편안하고 이완된(Relaxed) 자세를 취해야 한다. 편안한 자세는 두 가지 사실을 뜻한다. 첫째, 조바심하거나 주의를 흩뜨리는 표정을 짓지 않는다. 그렇지 않으면 내담자는 무엇이 상담자를 불편하게 하는지 의아하게 생각할 것이다. 둘째, 개인적 접촉과 표현의 도구인 몸짓을 편안하고 자연스럽게 한다. 이러한 기술을 자연스럽게 사용하면 내담자를 편안하게 해 줄 수 있다.

(2) 경 청

경청(listening)은 내담자의 이야기를 주의 깊게 귀담아듣는 태도로 말의 내용뿐만 아니라 말하려는 의도와 심정을 주의 깊게 정성 들여 듣는 것이다. 내담자의 말에 대한 경청은 상담을 이끄는 주요 요인이다. 경청은 내담자에게 생각이나 감정을 자유롭게 표현할 수 있도록 북돋아 주며, 자신의 방식으로 문제를 탐색하게 하며, 상담에 대한 책임감을 느끼게 한다. 적극적 경청은 내담자가 하는 이야기의 내용을 파악하는 것은 물론이고 그의 몸짓, 표정, 음성 등에서 나타나는 미묘한 변화를 알아차리고 그 저변에 깔려 있는 심층적인 의미와 감정을 감지하여 그것을 표현하는 과정을 포함한다.

상담자가 경청을 할 때는 내담자의 말을 적극적으로 듣는 것뿐 아니라 내담자에게 자신이 그의 말을 주목하여 듣고 있음을 전달해 줄 필요가 있다. 예를 들어, 상담자는 내담자가 말할 때 진지한 관심이 있음을 나타내는 눈길을 보내고, 자연스럽게 이완된 자세를 취하며, 내담자의 말을 가로막거나 내담자의 발언 중에 질문을 던지거나 새로운 문제를 제기하지 않도록 하는 것이 필요하다.

(3) 장단 맞추기

장단 맞추기는 상담자가 대화하는 내담자의 분위기와 이야기 흐름에 장단을 맞추어 주는 반응으로서 상담자가 내담자의 말을 이해하거나 동의한다는 것을 나타내는 짧은 말이나 행동이다. 이것은 내담자가 수용되고 있다는 것을 반영하면서 지속적으로 이야기할 수 있도록 힘을 불어넣어 준다.

장단을 맞추는 언어표현은 대개 짧은 어구로 이루어진다. "으음." "음, 그렇군요." "아, 그랬어요?" "그래서요?" "거참 재미있군요." "아, 저런!" 등의 짤막한 반응, "어디 한번 들어 봅시다." "조금 더 자세히 이야기해 줄 수 있겠습니까?" "참 재미있는 생각이군요." "그때 무척 충격이 컸겠습니다." "그게 아주 중요한가 보지요?" 등 대화를 촉진하는 반응은 대화의 분위기를 우호적으로 만들어 대화의 흐름을 부드럽게 이어 준다. 언어적인 것이 아니라 할지라도 내담자를 주목하는 행동과 얼굴 표정, 고개를 끄덕이는 행동, 상담자의 부드럽고 수용적인 어조와 억양 등도 장단 맞추기의 예로 볼 수 있다.

장단 맞추기는 상담자가 말한 내용 중 특정 부분에 선택적인 주의를 기울이게 함으로써 대화의 내용을 통제하는 방법으로도 활용될 수 있다. 내담자가 풀어 놓은 말 중에 특정한 부분에 장단을 맞추어 주면 내담자의 주의는 그곳에 쏠리게 되어 상담 대화가 그 부분에 집중되는 결과를 가져올 수 있다. 미국에서 수행된 한 연구(Ivey & Simek-Downing, 1980)에 의하면 내담자가 풀어 놓은 긴 대화의 마지막 부분에 핵심 문제가 발설되는 경우가 많다고 하는데, 이런 경우 상담자가 마지막에 언급한 문제에 장단을 맞춤으로써 그 부분에 대한 탐색을 보다 정밀하게 수행할 수 있다(박성희, 2006).

(4) 명료화

명료화(clarification)는 내담자의 말에 내포되어 있는 뜻을 내담자에게 명확하게 말해 주거나 분명하게 말해 달라고 요청하는 것이다. 다시 말해서, 명료화는 내담자의 실제 반응에서 나타난 감정이나 생각 속에 암시되었거나 내포된 의미를 내담자에게 보다 분명히 말해 주거나 상담자가 내담자의 반응을 이해할 수 없을 때 분명하게 다시 말해 줄 것을 요청하는 것이다.

내담자가 말하는 의미가 모호하거나 혼란스러울 때에는 "이해가 잘 안 됩니다. 당신이 말하고자 하는 바를 좀 더 분명하게 말해 주십시오." "예를 들어서, 다시 말해 주시겠습니까?" "나는 당신이 직업에 대해서 느끼는 감정이 어떤지 정확히 모르겠습니다." 등과 같이 말할 수 있다. 이때 내담자에게 언급해 주는 내용은 어디까지나 내담자의 표현 속에 포함된 것으로 상담자가 판단하는 것이다. 즉, 명료화의 자료는 내담자 자신은 미처 충분히 자각하지 못하는 의미나 관계다. 내담자가 애매하게만 느끼던 내용이나 불충분하게 이해한 자료를 상담자가 말로 정리해 준다는 점에서 명료화는 내담자에게 자기가 이해를 받고 있으며 상담이 잘 진행되고 있다는 느낌을 갖게 해 준다. 그리고 명료화는 내담자로 하여금 미처 생각하지 못했던 측면을 다시 생각하도록 하는 자극제가 된다(이장호, 정남운, 조성호, 2005).

명료화 기법이 효율적으로 활용되려면 네 가지 단계를 고려하는 것이 바람직하다(Cormier, Nurius, & Osborn, 2009). 첫째, 내담자가 언어적 혹은 비언어적으로 표현한 실제 메시지의 내용을 확인한다. 둘째, 들은 메시지 중에서 애매한 부분, 혼란스러운 부분, 더 확인할 필요가 있는 부분을 찾아낸다. 셋째, 명료화해야 할 내용을 적당한 말로 표현한다. 대체로 의문형으로 표현하는 것이 좋다. 넷째, 내담자의 반응을 듣고 관찰함으로써 명료화의 효과를 평가한다.

(5) 재진술

재진술(paraphrasing)은 내담자의 메시지에 표현된 핵심 인지내용을 되돌려 주는 기법으로서 내담자가 표현한 바를 상담자의 언어로 뒤바꾸어 표현하는 것이다. 내담자의 대화 메시지를 분석하면, 모종의 정보를 표현하거나 상황 또는 사건을 기술하는 인지 측면의 내용과 그 내용에 대해 내담자가 느끼는 감정이나 정서적 색조와 관련된 정서 측면의 두 가지 요소가 발견될 수 있다(Cormier et al., 2009). 인지 측면의 내용은 관계된 사람들, 대상, 상황, 사건, 생각, 의견, 판단, 행동, 경험 등을 포함하고, 정서 측면의 내용은 기쁨, 즐거움, 행복감, 슬픔, 분노, 역겨움 등 감정 혹은 정서를 나타내는 모든 것을 포함한다. 따라서 되돌려 주기 반응은 내용 되돌려 주기와 정서 되돌려 주기로 구분할 수 있는데, 재진술은 전자인 대화의 인지 측면의 내용에 강조를 두는 데 반해서 아래의 반영은 후자인 내담자의 정서 측면의 내용에 강조를 두는 대화기술이다.

재진술은 내담자에게 자신의 말이 제대로 이해되고 있는지 판단할 수 있는 정보를 제공한다. 그리하여 내담자가 의도한 내용과 맞아떨어지면 안심하고 이야기를 계속 전개시키고, 의도한 내용이 잘못 전달된 경우에는 상담자의 이해내용을 교정함으로써 대화의 맥을 잡아 나갈 수 있다. 내용 되돌려 주기인 재진술은 내담자의 대화를 발전 혹은 확장시키고, 자신의 대화내용을 정확히 이해하는 상담자와 함께 있다는 인식이 내담자의 자기 탐색을 격려하여 보다 자유로운 내면세계의 탐사를 가능케 한다. 또한 재진술은 대화의 주제를 통제하고 초점을 찾아가는 기능을 하기도 한다.

(6) 반 영

반영(reflection)이란 내담자의 메시지 속에 담겨 있는 감정 혹은 정서를 되돌려 주는 기법으로서 내담자가 말한 내용 자체보다는 그 뒤에 숨어 있는 감정을 파악하고 그것을 다시 내담자에게 전달하는 것이다. 반영은 내담자의 감정이나 정서에 초점을 맞춘다는 점을 제외하면 재진술과 유사한 대화기술이다. 그러나 정서 되돌려 주기인 반영이 내담자에게서 끌어내는 반응은 내용 되돌려 주기인 재진술과 전혀 다르다. 예를 들어 보면, 다음과 같다(박성희, 2006).

아동: 엄마는 말 그대로 자기 말만 해요. 자기만이 제일 중요하고 자기가 항상 중심이라고 생각해요. 그래서 엄마와 함께 있으면 항상 엄마 혼자 떠들어요.

저는 아예 대꾸할 생각도 안 하지요.

교사: 엄마가 자기 말만 너무 심하게 해서 엄마와 아예 대화를 하지 않는다는 말이구나(내용 되돌려 주기: 재진술).

아동: 예, 엄마가 자기 말만 하지 말고 내 말도 들어 주었으면 좋겠어요. 왜 그렇게 자기만 생각하고 잘난 척하는지 이해가 안 돼요.

교사: 엄마에 대해 실망감, 좌절감이 심한 것 같구나(정서 되돌려 주기: 반영).

아동: 예, 엄마 잔소리만 일방적으로 들어야 하니 몹시 답답하고 대화가 통하지 않아 무척 괴로워요.

상담을 하다 보면 내담자의 말이나 행동에 한 가지 감정이 아니라 동일한 대상에 대한 모호하고 양가적인 감정이 깔려 있는 경우를 볼 수 있다. 상담자는 서로 일치하지 않거나 불분명한 이런 감정의 상태를 발견하여 내담자에게 반영해 주어야 한다. 또한 상담자는 내담자가 말로 표현하는 것뿐만 아니라 자세, 몸짓, 억양, 눈빛 등으로 표현하는 것에 대해서도 반영해 줄 필요가 있다.

반영은 내담자로 하여금 자신이 표현하고 싶은 깊은 속내를 이해받고 있다는 느낌을 주어서 상담자에 대한 친밀감과 내담자의 자기 개방 수준을 심화시켜 보다 적극적으로 자신의 내면을 드러내게 한다. 또한 반영은 내담자가 느끼는 감정을 정확하게 변별해 주는 데도 도움이 된다. 내담자가 추상적이고 모호하게 표현하는 정서에 구체적인 이름을 붙여 준다거나 내담자가 숨기려는 정서를 드러내 밝혀 줌으로써 내담자 자신의 정서에 대한 인식을 새롭게 할 수 있는 계기가 되기도 한다.

(7) 요 약

요약(summarization)은 내담자가 표현했던 주요한 주제를 상담자가 정리해서 말로 나타내는 것이다. 상담자 자신의 요약하는 능력과 내담자로 하여금 상담과정에서 오간 대화의 내용 중 주요한 점을 요약해 보도록 돕는 능력은 내담자가 자신의 문제에 초점을 맞추고 도전하게 하는 기술로 사용될 수 있다. 요약은 내담자가 상담에 적극 참여하도록 준비시키고, 산발적으로 드러낸 생각과 감정에 초점을 맞추게 하고, 특정 주제를 마무리 짓도록 하며, 특정 주제를 보다 철저하게 탐색하도록 자극할 수 있다(Brammer & MacDonald, 2003). 요약은 특히 상담을 시작하는 도입 부분에서나 상담이 잘 풀리지 않을 때, 그리고 내담자에게 새로운 시각이 필요할 때 유용하다.

상담을 시작할 때, 특히 내담자가 무슨 말로 시작해야 할지 모를 때, 상담자가 지난 시간에 했던 상담 내용을 요약해 주면 내담자가 자신이 했던 말을 단순히 반복하는 것을 막을 수 있다. 이러한 요약은 내담자에게 압박을 가하지 않으면서 앞으로 나아가도록 한다. 또한 요약은 상담이 어디로 가고 있는지 잘 모를 때 상담의 초점을 찾을 수 있게 해 준다. 상담할 때 나아갈 길이 막히게 되는 이유 중 하나는 상담자가 내담자에게 같은 말을 계속해서 반복하도록 내버려 두기 때문이다. 다시 말해서, 상담자가 내담자로 하여금 자신의 이야기에 더 깊이 들어가게 하고, 가능성과 목표에 초점을 맞추게 하며, 필요로 하고 원하는 것을 얻을 수 있도록 하는 전략을 세우도록 돕지 않고 같은 말만 반복하게 했기 때문이다. 그리고 내담자에게 새로운 시각이 필요할 때 요약을 해 주면 좋다. 여기저기 산발적으로 흩어져 있던 것들을 한데 모으면 내담자가 좀 더 큰 그림을 보다 더 명확하게 보게 되는 경우가 많기 때문이다.

요약은 내담자가 나아갈 방향을 찾지 못할 때, 즉 상담 중에 대화를 할 때나 실제로 행동으로 옮기는 과정에서 도움이 될 수 있다. 상담자가 언제나 요약을 해 주기보다는 때로는 내담자에게 주요 문제에 대해 요약해 보도록 하는 편이 나을 때도 있다. 이렇게 할 때 내담자는 상담과정에 좀 더 주도적으로 참여하게 되고, 핵심적인 내용들을 종합해 보게 하며, 또 앞으로 나아갈 수 있다. 내담자에게 요약해 보도록 요구하는 것은 내담자를 시험해 보는 것이 아니기 때문에 필요하다면 상담자가 내담자를 거들어 요약을 함께 짜 맞춰 나갈 수 있다(Egan, 2010).

(8) 구체화

구체화(concreteness)는 내담자의 메시지 중에 불분명하고 불확실한 부분, 애매모호해서 혼란을 주는 부분, 내담자 고유의 지각이 반영되어 선뜻 이해하기 어려운 부분 등을 정밀하게 확인하는 것이다. 다시 말해서, 구체화는 내담자로 하여금 자신의 체험내용과 내면세계를 명확히 드러내어 표현하게 함으로써 내담자 이해를 돕고 상담과제의 전모를 파악하는 데 도움을 주는 대화기술이다. 앞서 언급한 명료화가 내담자 메시지의 전후 문맥을 분명히 하기 위한 기법이라면, 구체화는 내담자가 사용하는 언어내용의 정체를 구체적으로 확인하는 기법이라는 점에서 차이가 있다.

따라서 상담자는 내담자에게 중요한 의미가 있을 법한 내용에 대해서는 상식 수준에서 이해된다고 그냥 넘어가지 말고 그 뜻을 철저히 밝혀야 한다. "엄마 잔소리가 싫어서 가출하고 싶어요."라는 내담자의 말에서 "잔소리가 싫어서"라는 진술을 자명한 것으로 받아들이지 말고, 잔소리가 싫다는 것이 정확히 무슨 뜻인지 확인해야 한다. 엄마가 잔소리가 많다는 것인지, 엄마 잔소리의 내용이 싫다는 것인지, 엄마가 잔소리하는 방식이 문제인지 등을 구체적으로 확인해야 한다. 특히 감정과 정서를 표현하는 어휘들은 개인에 따라 엄청나게 다른 의미를 내포할 수 있으므로 철저한 검색이 필요하다(박성희, 2006).

(9) 직 면

직면(confrontation)은 내담자의 사고, 감정, 행동에 있는 어떤 불일치나 모순에 도전하는 상담자의 반응이다. 상담자의 직면을 통한 도전은 내담자에 관련되어 있으나 문제 해결에 방해가 되는 모순, 불일치, 왜곡, 회피, 게임, 변명, 속임수, 연막치기, 각종 방어기제에 초점이 맞추어진다. 직면의 목적은 내담자의 성장을 방해하는 방어에 대한 도전으로 이끄는 것이다.

직면을 통하여 모순된 언행을 지적하는 일, 직면에 대한 내담자의 반응을 분석하는 일은 모두 내담자를 새로운 통찰로 이끌어 바람직한 변화를 유도하는 수단으로 활용되어야 한다. 상담자의 분노를 표출하거나 뚜렷한 목적 없이 직면기법을 사용하는 것은 절대 피해야 한다. 두 가지가 모순된 내담자의 메시지는 다섯 가지 유형으로 구분되며 그에 따른 대화의 예를 제시하면 다음과 같다(Cormier et al., 2009).

- 언어와 비언어 행동

  내담자: "저는 편안합니다."(언어 메시지)라고 말하면서 손을 꼬집고 비튼다(비언어 메시지).

  상담자: "말로는 편안하다고 하면서 손을 꼬집고 비트는군요."

- 언어 메시지와 취하는 행동

  내담자: "저는 그녀에게 전화를 걸겠어요."(언어 메시지)라고 말해 놓고 다음 주에 와서 전화를 걸지 않았다(취한 행동)고 보고한다.

상담자: "전화를 걸겠다고 말해 놓고서 지금까지 당신은 전화를 걸지 않았군요."

• 두 개의 언어 내용

내담자: "저는 정말로 그 사람을 사랑합니다(언어 메시지 1). 하지만 그는 자주 저를 미치도록 짜증나게 만듭니다." (언어 메시지 2)

상담자: "당신은 자신이 그를 사랑할 때도 많지만 그에게 엄청 짜증날 때도 많다는 것을 알고 있군요."

• 두 개의 비언어 내용

내담자: 내담자가 동시에 웃고(비언어 행동 1) 운다(비언어 행동 2).

상담자: "당신은 동시에 웃고 우는군요."

• 언어 메시지와 상황

내담자: 아이가 부모의 이혼에 진저리를 치면서 부모가 다시 결합하는 것을 돕기 원한다고 말한다.

상담자: "민호야, 너는 부모님이 다시 결합하는 것을 돕고 싶다고 했지? 그런데 부모님이 헤어질 때 아무런 역할도 하지 못했잖니? 이 두 가지를 어떻게 연결해야 할까?"

두 가지 언어나 행동 사이의 모순이나 불일치를 맞닥뜨리게 하는 것 이외에 메시지에 숨겨 있는 내용을 드러내는 것도 직면에 포함된다. 직면반응은 내담자로 하여금 자신을 변호하거나 혹은 자신의 새로운 모습을 반성적으로 돌이켜 보는 좋은 계기가 될 수 있다.

(10) 정보 제공

정보 제공(information-giving)은 상담자가 내담자에게 사실이나 자료, 의견 자원의 형태로 정보를 제공하는 것이다. 인간이 경험하는 갈등과 문제는 정확한 정보와 사실 확인만으로 해결의 실마리를 찾을 수 있는 경우가 많다. 실제 상담을 하다 보면 무지와 정보의 부족이 내담자의 문제 원인으로 드러날 때가 더러 있다. 일부 사례를 바탕으로 남들에게는 아무 문제가 없는데도 자신에게만 매사 일이 꼬인다고 생각하는 이른바 머피의 법칙, 직장 상사의 가벼운 핀잔을 확대 해석하여 그가 자신을 미워한다고 생각하는 과잉일반화 현상 등은 정확한 정보와 자료를 제공해 줌으로써 해결 가능하다. 주어진 상황에 대처하는 대안들에 대한 무지가 문제의 원인인 경우에도 정보 제공이 문제 해결의 실마리가 될 수 있다.

(11) 자기 개방

자기 개방(self-disclosure, 자기 개방자기 혹은 자기 노출이라고도 함)은 상담자가 상담과정에서 자신의 생각, 감정, 경험, 가치, 판단, 정보, 생활철학 등을 내담자에게 드러내는 것이다. 내담자의 이야기를 듣다 보면 상담자는 자신의 경험이나 생각을 열어 놓는 것이 내담자에게 도움이 될 것이라는 판단이 들 때가 있다. 내담자가 현재의 갈등을 자기만 겪는 혼자만의 문제로 지각하고 있거나, 상담자의 유사한 경험이 도움을 줄 수 있다고 여기거나, 대답을 절실히 원하는 내담자의 질문이 있을 때 상담자는 자신에 관한 이야기를 털어놓을 수 있다. 자기 개방은 상담자와 내담자 간 대화의 상호성을 허용함으로써 촉진적 인간관계를 형성하는 데 큰 도움이 되기도 한다.

자기 개방은 자기 관련 진술과 자기 개방 진술로 구분할 수 있다. 전자는 상담자가 내담자나 관계에 대한 자신의 생각이나 감정을 내담자에게 이야기하는 것이고, 후자는 상담자가 직접적으로 내담자나 관계에 관련되지 않은 자신의 생활에 대한 것을 내담자에게 개방하는 것이다. 내담자는 상담자가 문제가 되는 사태와 관련된 그의 생각이나 경험을 풀어 놓을 때 긴장하여 주의를 집중하게 되고 상담자의 이야기 내용에 비추어 자신이 처한 사태를 점검하게 됨으로써 자신의 문제와 문제 해결에 관한 새로운 조망과 시각을 갖게 될 수 있다.

(12) 질 문

상담자는 내담자의 말을 잘못 들었거나 이해할 수 없을 때, 내담자가 자신의 말을 이해했는지 알아보고자 할 때, 내담자가 지금까지 표현해 온 생각이나 감정을 보다 명확하게 탐색하도록 할 때, 내담자를 보다 충분히 이해하기 위해 자세한 정보를 필요로 할 때, 더 하고 싶은 말이 있는데도 말을 계속하기 어려워하는 내담자를 격려할 때 질문(question)을 사용하게 된다. 신중하고 적절하게 활용되는 질문은 상담의 훌륭한 수단이 되지만, 불투명하거나 지나치게 많은 질문은 오히려 상담의 진행을 방해할 수 있다.

상담자의 질문은 가능하면 내담자가 '예'나 '아니요'로 대답하는 폐쇄형 질문보다 내담자 자신의 느낌과 견해를 표현하게 하는 개방형 질문이 더 바람직하다. 또한 질문은 단일한 것이어야지 한꺼번에 이중 삼중으로 너무 많은 것을 묻는 것이어서는 안 된다. 질문은 되도록 간결하고 명확하여 알아듣기 쉬워야 하며, 일단 질문을 한 다음에는 잠시 멈추고 기다리면서 내담자에게 귀를 기울여야 한다. 대답을 빨리 해야 한다는 심리적 압박을 받으며 하는 답변은 그렇게 중요하거나 의미 있는 답변이 되기 힘들다. 요컨대, '예' 나 '아니요'로 대답하지 않도록 개방형 질문을 사용하고, 내담자의 자기 탐색으로 이끄는 질문을 사용하고, 너무 많은 질문은 하지 않는 것이 좋다(Brammer & MacDonald, 2003).

(13) 해 석

해석(interpretation)은 내담자가 명확하게 의식하지 못하는 것에 대한 여러 가지 형태의 교육적 설명이다. 즉, 내담자에게 어떤 의미를 전달하고자 하는 상담자의 시도라고 볼 수 있다. 해석은 겉으로 보기에 따로따로 분리되어 있는 말이나 사건들의 관계를 연결 짓거나 방어, 감정, 저항 또는 전이를 설명해 주는 형태로 이루어질 수도 있고, 주제, 흐름, 사고방식 또는 내담자의 행동이나 성격 속의 인과관계를 지적해 주는 형태로 이루어질 수도 있다(천성문 외, 2009). 해석은 내담자가 받아들일 준비가 되어 있다고 판단될 때 조심스럽게 하는 것이 중요하다. 즉, 내담자가 거의 깨닫고는 있지만 확실하게 개념화하지 못하고 있을 때 해석을 해 주어야 효과적이다. 받아들일 준비가 되어 있지 않을 때 해석하면 내담자는 심리적인 균형이 깨져 몹시 불안해할 수 있다.

대체로 상담의 초기단계에서는 감정의 반영을, 그다음에는 내담자의 성격과 태도를 명료화하는 해석을 많이 하게 된다. 구체적인 내용의 해석과 보다 심층적인 해석은 상담관계가 형성되는 중반기까지는 보류하는 것이 일반적이다. 내담자의 성격을 파악하지 못했거나 해석의 실증적 근거가 없을 때에는 해석을 하지 말아야 한다. 감정의 반영에서는 어느 감정이 내담자에게 가장 중요하고 의미가 있는지 판단하고,

감정의 명료화에서는 내담자가 원래 제시한 것보다 더 많은 의미를 추가하여 반응한다. 따라서 상담자가 내담자의 감정을 반영하고 명료화하는 것은 해석적인 반응과 완전히 별개의 것이 아니며 모두가 하나의 연속체에 속한다고 보아야 할 것이다. 상담자의 반영, 명료화, 직면, 해석은 각기 다르게 표현되지만 반응내용의 정도와 깊이에 차이가 있을 뿐이다(이장호 외, 2005). 내담자가 새로운 지각과 이해를 받아들이려 하지 않을 때에는 저항이 일어나 내담자의 자기 탐색을 감소시키는 결과를 가져올 수 있다. 그러므로 해석이 내담자에게 위협을 주지 않도록 유의해야 한다. 또한 내담자가 자기의 내면적 감정을 드러내게 하지 않는 방어수단으로 이용하지 않도록 너무 지적인 측면에 치우친 해석을 하지 않아야 한다.

(14) 침 묵

상담과정에서는 간혹 내담자가 말을 하지 않아서 침묵(silence)이 지속되는 경우가 있다. 이러한 침묵이 언제 발생했느냐와 내담자와 상담자 중 누구에 의해서 시작되었느냐에 따라서 그 의미가 평가될 수 있다. 상담 초기에 일어난 침묵은 대개 내담자의 당황과 저항을 의미한다. 상담이 진행됨에 따라 침묵은 내담자의 여러 가지 감정과 생각을 간접적으로, 그러나 힘 있게 전달하는 의미를 띠게 된다. 이러한 침묵을 해석하고 처리하는 것이 상담자의 역할 중 하나라고 볼 수 있다. 내담자가 보이는 침묵의 의미와 그에 따라 상담자가 취해야 할 일에 대해서 살펴보면 다음과 같다(이장호 외 2005).

첫째, 상담관계가 제대로 이루어지기도 전에 일어난 침묵은 대개 부정적이며 두려움의 한 형태로 해석된다. 이것은 상담자가 자기를 어떻게 볼 것인가에 대한 불안 때문에 일어난다.

둘째, 내담자의 생각이 바닥났거나 다음에 무슨 말을 해야 좋을지 헤매는 경우다. 또 어느 정도 대화가 오고 간 후 이제는 본격적인 상담과정으로 들어가려는 의미도 있다. 이때 상담자가 "심각한 말을 시작하는 것은 언제나 어렵지요." 와 같은 말로써 침묵의 난관을 타개해 나갈 수 있다.

셋째, 상담자 개인에 대한 적대감에서 오는 저항이나 불안 때문에 생기는 침묵이다. 이것은 대개 내담자가 상담자에게 호출되어 왔거나 다른 누가 보내서 상담실에 왔을 경우에 나타나게 된다. 내담자는 상담자 쪽에서 먼저 말을 꺼내기를 기다리고 상담자의 말에 간단하게 대답하면 되는 분위기가 되기 쉽다. 저항적인 침묵에서는 상담자와 내담자가 서로 빤히 쳐다보면서 마치 눈싸움을 하는 것 같은 장면이 연출될 수 있다. 이것은 상담자가 먼저 질문을 하거나 말을 꺼내야 한다는 내담자의 생각과 '어떻게 돌아가는지 기다려 보자.'는 식의 태도 때문인 경우가 많다. 이때 상담자는 "지금 말하고 싶지 않은 모양이군요." 하는 식으로 경계심을 풀어 주거나 침묵에 대해 어떻게 생각하는지 말해 보도록 청하는 것이 좋다.

넷째, 내담자가 자신의 느낌을 표현하려고 최대한 노력하는데도 말로 잘 표현하기 힘든 경우다. 이러한 때에는 상담자가 "말로 표현할 수 있을 때까지 가다릴 테니까, 안심하고 천천히 말하셔도 됩니다." "당신이 말하고 싶은 것을 표현하기 힘든 것 같은데 그렇습니까?" 와 같은 말로 안심시켜 주는 것이 필요하다. 또는 "당신의 생각이 어떻게 돌아가고 있는지 약간 힌트를 준다면 내가 말로 나타내기 쉽도록 도와드리고 싶습니다." 와 같이 적극적인 자세를 취할 수도 있다. 만약 부끄러움 때문에 침묵을 지키는 내담자가 있다면 "우리가 여러 번 만나서 이야기해 왔는데, 당신은 어머니에 대해서는 한마디도 이야기를 하지 않은 것 같습니다." 와 같이 필요하다고 생각되는 주제를 제공하여 침묵을 깰 수도 있다.

다섯째, 내담자가 상담자에게서 재확인을 바라거나 상담자의 해석 등을 기대하여 침묵에 들어간 경우다. 이러한 형태의 침묵은 상담자가 쉽게 간파할 수 있고, 비교적 쉽게 적절한 반응을 해 줄 수 있다.

여섯째, 내담자가 방금 이야기했던 것에 관해서 계속 생각하고 있는 경우다. 이때에는 상담자가 원칙적으로 침묵을 방해하지 말아야 한다. 그래야만 내담자는 사고의 연속성을 중단하지 않고 이야기된 주제를 계속 진전시킬 수 있다.

일곱째, 침묵은 내담자가 이전에 표현했던 감정 상태에서 생긴 피로를 회복하고 있다는 것으로 해석되기도 한다. 상담자는 이때 침묵을 조용히 받아들이는 것이 바람직하다.

한편, 상담자 쪽의 침묵은 진지한 경청과 함께 사용되면 좋은 상담기법이 될 수 있다. 상담자가 특별히 다른 어떤 것도 하지 않고 내담자의 이야기를 묵묵히 들어 주는 것이다. 내담자가 열심히 자신을 표현하고 있을 때, 내담자의 이야기를 들으면서 상담자에게 특별히 응대할 만한 내용이 떠오르지 않을 때, 상담자가 말로써 응대하지 않고 신체언어(body language)만으로 대화하는 것이 훨씬 더 바람직하다고 생각될 때 침묵을 지키며 내담자의 이야기 속으로 몰입해 들어가는 것이 큰 도움이 된다. 상담자의 침묵은 입을 열어 말을 하지 않을 따름이지 상담자의 온 신경을 내담자에게 쏟아가며 열심히 귀 기울여 듣는 것을 의미한다. 상담자가 침묵을 지키며 경청하는 것은 내담자에게 스스로 숙고할 수 있는 시간을 주며 또한 말을 하도록 촉진하는 효과가 있다.

4 상담자의 자질

상담은 기본적으로 상담자와 내담자 간의 인간적인 관계를 기초로 이루어지기 때문에 상담자의 자질에 따라 상담의 효과는 달라지게 마련이다. 상담자가 어떠한 자질을 갖추고 있느냐에 따라 똑같은 상담의 이론이나 기법을 적용하더라도 내담자에게 전혀 다른 영향을 미칠 수 있다. 따라서 상담의 효과는 상담자의 자질에 달려 있다고 해도 과언이 아니다. 그렇다면 내담자에게 최대의 도움을 줄 수 있는 상담자에게 요구되는 자질은 무엇인가? 여기서는 상담자가 갖추어야 할 자질을 인간적 자질과 전문적 자질로 나누어 살펴본 후, 상담자의 윤리에 대해서도 알아보기로 한다.

1) 인간적 자질

어떠한 이론이나 기법을 사용하든 간에 상담의 실제 과정에서 내담자와 직접 상호작용하면서 내담자의 변화를 촉진해 나가는 주체는 바로 총체적인 인간인 상담자다. 그러므로 상담자가 어떠한 인간적 자질을 갖추고 있는가는 상담관계 형성 및 내담자의 변화 촉진에 큰 영향을 미치게 된다. 상담의 효과에 긍정적으로 기여하는 상담자의 인간적 자질은 다음과 같다(정원식 외, 1999).

(1) 인간에 대한 깊은 관심

상담은 인간관계를 기초로 하여 인간을 변화시키는 과정이며, 상담자는 그 역할 수행을 위해 다양한 종류의 인간과 상호작용을 하게 된다. 그러므로 인간의 행동 및 문제에 대한 깊은 관심과 호기심을 갖지 않고서는 상담자 역할을 감당할 수 없다. 따라서 상담자에게는 자기 자신 및 내담자의 행동과 그 이면의 동기에 대해 깊이 이해하고 탐구하는 지적인 관심이 요구된다. 이런 인간에 대한 지적인 관심과 더불어 타인을 돕고자 하는 온정적인 마음이 있어야 한다. 로저스(C. Rogers)가 모든 상담관계의 기초로 제시했던 내담자에 대한 무조건적인 존중은 내담자를 진심으로 돌보고 격려하고자 하는 마음 없이 인위적인 연습이나 훈련만으로는 표현될 수 없다. 상담자는 내담자가 어떠한 사람이든, 어떠한 문제를 지니고 있든 간에 내담자를 선입견 없이 그의 필요에 따라 융통성 있게 도움을 줄 수 있어야 한다. 그러기 위해서는 인간에 대한 사랑과 따뜻한 태도를 기본적으로 갖추고 있어야 한다.

(2) 원숙한 적응상태

한 인간으로서 자신의 내면세계에 아무런 문제나 갈등을 갖고 있지 않은 상태에서 상담자 역할을 수행하기는 어렵다. 상담자는 자신의 내면적인 문제와 갈등을 해결하기 위한 동기에서 상담을 직업으로 선택하는 경우가 많다. 상처를 입은 경험이 있는 상담자들은 그 상처를 치료적으로 활용할 때 훨씬 공감적이고 민감하며 효과적으로 내담자의 상처를 치료할 수 있다. 이러한 의미에서 상담자가 원숙한 적응상태를 지니고 있다는 것은 자신이 아무런 갈등을 갖고 있지 않다는 것이 아니라, 자신의 개인적 갈등을 긍정적으로 극복하고 그것을 치료적으로 활용할 수 있을 만큼 심리적으로 안정되어 있다는 것이다. 만약 상담자가 원숙한 적응상태에 있지 않은 가운데 상담을 하게 되면 내담자에게 의도적으로 혹은 무의도적으로 막대한 피해를 입힐 위험이 있다. 상담교육자들은 자신의 문제를 해결하지 못한 채로 상담을 할 때 내담자에게 미칠 수 있는 비윤리적이고 무책임한 영향을 방지하기 위해서 훈련과정에서 자신이 직접 상담을 받아 자기 문제를 분명하게 통찰해야 한다고 권하고 있다. 그리고 훈련 이후에도 상담자들은 다양한 형태의 슈퍼비전을 지속적으로 받아 자신의 내면적 갈등이 내담자에게 부정적인 영향을 주지 않도록 끊임없는 자기 성찰 및 평가를 계속해야 한다.

(3) 자신과 타인의 감정 인식 및 수용 능력

상담자는 상담과정을 통해 내담자 및 자기 자신의 다양한 감정을 여러 강도로 체험하게 된다. 상담자는 내담자의 어떠한 감정이 어떠한 강도로 표현되든지 그것을 편안하고 침착하게 수용하고, 나아가 내담자가 자유롭게 자기의 감정을 표현하도록 격려할 수 있는 능력이 요구된다. 내담자가 언어적 · 비언어적으로 표현하는 감정을 상담자가 인식하지 못하거나 수용하지 못할 때, 상담관계는 피상적이 되고 내담자는 자신이 이해받고 있다는 느낌을 갖기 어렵다. 그러므로 상담자는 내담자가 경험하는 다양한 감정의 세계와 폭에 대해 스스로 편안함을 느낄 수 있어야 한다. 로저스가 상담관계 형성을 위한 기본 요소의 하나로 제시하고 있는 진실성(genuineness)은 바로 이 점을 강조하는 상담자의 자질이다. 즉, 상담자는 상담관계에 있어서 내담자가 자신과 자신의 문제에 대하여 지니고 있는 자기 자신의 감정을 투명하게 이해하고 그것을 치료적으로 활용할 수 있어야 한다.

(4) 대화에 대한 편안함

기본적으로 상담은 상담자와 내담자 간의 대화를 통해서 진행된다. 그러므로 상담자는 상대방의 이야기를 듣고 말하는 것을 편안해하고 또 이러한 대화를 즐길 수 있는 사람이어야 한다. 사람을 만나 대화하는 것이 피곤하고 부담스러운 사람이 내담자의 말을 적극적으로 경청하고 그 내면의 본질을 이해하기는 매우 어려운 일이다.

(5) 의미 있는 인간관계 형성 및 유지 능력

진실하고 의미 있는 상담관계는 내담자의 변화를 유발 · 촉진할 수 있는 기본적인 조건이다. 치료적으로 의미 있는 상담관계를 형성하기 위해 상담자에게는 타인과의 친밀성을 지탱하고 유지할 수 있는 능력(tolerance of intimacy)이 요구된다. 상담자가 치료적으로 의미 있는 관계를 맺기 위해서는 모호함을 수용할 수 있는 힘을 갖고 있어야 한다. 상담을 받으러 오는 내담자들은 대개 상황적으로, 심리적으로 혼돈상태에 있다. 또 내담자들은 짧은 기간에 명확한 답을 얻을 수 있는 간단한 문제보다는 인내를 요구하는 문제들을 지니고 있는 경우가 많다. 따라서 이러한 혼돈과 모호한 인간문제의 본질 및 이와 관련된 내담자의 고통을 수용할 필요가 있다. 그리하여 상담자 자신이 피상적이고 직접적인 해답을 즉각 제시하기보다는 내담자가 스스로 답을 찾아가도록 상당한 인내를 가져야 한다. 초심 상담자의 경우 내담자의 변화가 빨리 나타나지 않으면 자신의 전문적 능력에 대해 쉽게 좌절하거나 혹은 내담자에게 책임전가를 하는 경우가 많다. 성공적인 상담결과에 연연하지 않고 내담자의 치유능력을 진실로 신뢰하며 내담자의 변화 속도와 정도를 정확하게 이해할 때, 상담자는 진실한 의미의 친밀성을 내담자에게 전달할 수 있다.

(6) 자기 성찰적 태도

상담자는 자신이 원하든 원치 않든 상담과정을 통해 하나의 모델로서 내담자에게 제시된다. 그러므로 내담자에게 당면한 시급한 문제를 해결해 주는 일 외에도 더 깊이 이해하고 활용할 수 있는 상담과정을 통해 인간적 잠재성을 제시해 줄 필요가 있다. 파버(Farber, 1985)는 심리적 마음자세(psychological-mindness)를 상담자의 중요한 자질로 제시하고 있는데, 이는 자신이나 타인의 행동, 사고, 감정의 의미와 동기를 성찰할 수 있는 기본적 특질을 의미한다. 실제로 이러한 심리적 마음자세를 많이 지니고 자신과 자신의 상담활동에 대해 끊임없이 성찰하는 상담자들은 전문적인 자질을 높여 갈 수 있다. 상담자의 자기 성찰적 자세는 의식적으로 혹은 무의식적으로 내담자에게 전달되면서 삶의 문제와 그 본질을 깊이 성찰할 수 있도록 도와준다. 그렇게 되면 삶에 대한 이해의 폭도 넓어지고 그 질도 향상될 것이다.

2) 전문적 자질

상담은 일반적인 대화와는 달리 내담자가 호소하는 심리적 불편이나 증상을 경감시켜 주는 문제해결적 목표, 그리고 내담자가 내면적인 자유를 회복하고 자신이 가지고 있는 수많은 가능성과 잠재력을 발휘할 수 있도록 성격을 재구조화하여 인간적 발달과 인격적 성숙을 이루도록 하는 성장 촉진적 목표를 지닌다. 상담자가 이러한 상담목표를 충실히 달성하기 위해서는 그에 필요한 전문적 지식과 경험을 미리 갖추는 것이 필요하다. 상담자의 전문적 자질이란 이러한 지식과 경험 및 이해를 제대로 갖추는 것을 뜻한다. 이러한 자질을 갖추지 않은 사람이 행하는 상담은 전문상담이 아니다. 따라서 상담자에게는 내담자의 문제를 해결하고 내담자의 성장을 촉진하기 위해 인간적 자질 이상의 전문적 자질이 요구된다. 상담자의 전문적 자질은 다음과 같다(이장호 외, 2005).

(1) 상담이론에 관한 이해

상담이론은 비행할 때의 나침반과 같은 역할을 한다고 볼 수 있다. 상담이론을 통해 현재 내담자가 처한 심리적 좌표를 제대로 읽어 낼 수 있고 상담이 앞으로 나아가야 할 방향을 가늠할 수 있다. 나침반 없이 비행항로를 잡을 수 없듯이, 상담이론 없이는 내담자가 호소하는 문제를 제대로 이해할 수 없으며 제대로 치료할 수도 없다. 체계적이고 효율적인 상담 진행은 상담자가 상담이론에 대해 깊고 해박한 지식을 갖출 때에 가능하다. 상담이론은 인간의 부적응 혹은 이상 행동을 체계적으로 기술하고, 그 발생 이유나 과정을 설명하며, 이를 토대로 앞으로 일어날 일들을 예측하여 궁극적으로는 그러한 행동을 변화시키려는 목적을 가진다. 이러한 목적을 달성하기 위해 상담이론은 인간에 대한 기본적 관점, 이상행동 또는 정신병리의 발달과정, 변화를 일으키는 구체적 방법에 관한 내용을 포함한다. 따라서 상담자는 이러한 상담이론에 관한 전문적 지식을 갖추고 있어야 내담자의 이상행동이나 심리적 문제의 원인에 대한 정확한 진단과 내담자의 변화를 일으키기 위한 구체적인 상담 및 치료 방법의 적용을 통해 문제해결적 및 성장 촉진적 상담목표를 달성할 수 있다.

(2) 상담방법에 대한 이해

상담이론은 상담이 나아가야 할 전반적인 방향을 설정해 주는 역할을 함으로써 상담이 제대로 된 길을 가도록 유도해 준다. 그러나 그 길을 가는 실제적인 방법, 즉 구체적인 상담 진행방법은 상담자가 그에 대해 얼마나 숙련된 지식과 경험을 가지고 있느냐에 달려 있다고 해도 과언이 아니다. 전문적인 상담자는 효율적인 상담방법들을 잘 숙지함으로써 내담자에게 바람직한 변화가 일어나도록 잘 짜인 상담을 진행해 나갈 수 있다. 상담은 진행 흐름상 대체로 초기, 중기, 종결의 세 단계로 구성되며 상담의 각 단계마다 상담자가 주력해야 할 일들이 있기 때문에 상담자는 이를 숙지하여 상담을 진행해 나가야 한다. 또한 상담의 각 단계들은 일련의 면접들로 구성되기 때문에 전문적인 상담자가 되려면 상담면접의 구체적 진행방법에 대한 이해를 갖추어야 한다. 예를 들어, 내담자와 직접 얼굴을 맞대고 앉았을 때 대화를 어떤 식으로 진행해야 보다 중요하고 의미 있는 정보를 이끌어 낼 수 있는지, 내담자가 문제를 해결하고 자기에 대해 보다 나은 이해와 통찰을 얻도록 하기 위해서는 대화를 어떻게 구성해야 하는지 등에 대한 숙련된 지식과 경험을 갖추어야 한다. 그리고 상담의 목적은 내담자가 가진 문제를 해결하는 데 있으므로 문제 유형에 따라 적절하고 효율적인 상담방법을 적용해야 한다. 상담에서 행해지는 문제 해결의 구체적 방법은 내담자가 호소하는 문제 증상의 종류나 성질에 따라 달라지기 때문에 모든 유형의 문제 증상에 대해 동일하게 적용되는 하나의 상담방법이란 없다. 따라서 각각의 문제 증상들에 알맞은 상담방법을 적용하는 것은 상담에서 매우 중요하다.

(3) 상담실습 경험과 훈련

상담에 대한 해박한 지식을 갖추었다고 해서 상담을 잘할 수 있는 것은 아니다. 훌륭한 상담자가 되기 위해서는 상담에 대한 지식 이외에 상담실습 경험과 훈련이 필요하다. 이는 의과대학을 다니면서 습득한 의학 지식을 가지고 인턴 및 레지던트 수련과정을 거치며 임상 경험을 쌓는 것과 같다. 전문적 상담자로 활동하기 위해서는 폭넓고 다양한 실습 경험과 훈련과정을 거쳐야 한다. 상담자들은 대개 자신이 행한 상담사례에 대해 자격을 갖춘 선배 상담자에게 일일이 점검받는 과정을 통해 상담에 대한 실전 감각을 익혀 나간다. 그 과정에서 무엇이 잘되었고 무엇이 잘못되었는지를 낱낱이 파악하여 잘못된 점들을 하나씩 고쳐 나가는 것이다. 요컨대, 다른 사람을 돕는 직종으로서 상담의 진가를 충분히 발휘하기 위해서는 풍부한 실습 및 훈련지도 경험을 거쳐야 할 것이다.

한편, 미국심리학회(APA) 산하 상담심리학 분과연구회에서는 상담자에게 필수적으로 요구되는 전문적인 지식을 다음과 같은 8개의 영역으로 공식적으로 규정한 바 있다.

- 성격에 대한 이해(성격이론, 성격의 발달, 이상성격의 특징, 성격에 영향을 미치는 사회문화적 요인 등)
- 사회환경에 대한 지식(직업세계에 대한 이해, 사회복지기관의 활동에 관한 지식과 정보, 청소년에게 주어지고 있는 사회환경의 현황 등)
- 개인의 진단평가에 대한 지식과 기술(개인차의 이해, 측정이론, 각종 심리검사의 실시와 이해, 투사법 등)
- 상담 이론과 실제에 대한 충분한 시식(상담의 원리, 상담의 과정과 절차, 상담사례

연구, 면접방법 등)

- 상담실습(상담과정에 대한 엄격한 감독실습, 상담과정에서 일어나는 여러 가지 위급 상황에 대한 대처 및 극복 경험 등)
- 연구방법과 통계적 기술
- 상담자로서의 책임과 윤리강령에 대한 이해 및 실천
- 상담이 적용되는 분야에 대한 기본적 이해

3) 상담자의 윤리

상담 상황에서는 상담자가 지켜야 할 윤리가 있다. 이러한 윤리는 상담과정에서 상담자가 내담자에 대해 어떤 방식으로 행동해야 할 것인가에 대한 근거를 제공하는 역할을 한다. 상담자의 전문적 자질에 속하는 것이기도 하는 상담자의 윤리는 상담자를 보호하고 어떤 윤리적인 판단이 필요한 상황에서 좀 더 현명한 선택과 결정을 할 수 있도록 도와주기 위해 필요하다. 따라서 상담자는 한국상담학회(www.counselors.or.kr)나 한국상담심리학회(www.krcpa.or.kr) 등에서 제정한 윤리강령을 준수해야 한다. 다음에 제시된 내용은 상담에서 흔하게 일어나는 비윤리적 행동 중 일부다(ACA, 2005; Herlihy & Corey, 2015).

- 비밀보장 위반
- 상담자가 자신의 전문성을 초과하는 것
- 상담 업무 태만
- 자신이 모르는 전문 지식을 알고 있다고 주장하는 것
- 내담자에게 특정한 가치를 강요하는 것
- 내담자로 하여금 의존적이 되게끔 하는 것
- 내담자와 성적인 행동을 하는 것
- 이중관계(상담자의 역할이 사적인 것 혹은 직업적인 관심사로 인해 내담자와 다른 관계로 얽히는 것)와 같은 개인적 관심으로 인한 마찰
- 과금 부과와 같은 의심스러운 금전 처리 방식
- 부적절한 홍보

• 표절

이 중에서 상담자의 윤리적 책임과 관련된 핵심적인 문제들로는 비밀보장, 유능성, 내담자와의 전문적 관계성 유지 등이 있다(김헌수, 김태호, 2006).

(1) 비밀보장

상담자는 내담자의 허가 없이는 내담자에 관한 어떤 정보도, 심지어 상담을 받았다는 사실조차도 제3자에게 노출해서는 안 된다. 다만, 내담자가 자신 또는 다른 사람의 생명을 위협할 가능성이 있다고 판단되거나 연소자가 어떤 형태로든 학대를 받고 있다는 사실이 보고되는 경우는 예외가 될 수 있다. 상담자는 상담관계가 이루어지기 전에 이러한 경우는 불가피하게 비밀보장의 원칙을 준수할 수 없음을 내담자에게 알려 줄 책임이 있다. 내담자의 비밀을 보장하기 위해 상담자는 모든 상담기록 및 파일들을 다른 사람들이 접근할 수 없는 안전한 곳에 보관하고, 상담자 교육을 위해 상담내용을 공개하고자 하는 경우에는 내담자에게 모든 내용이 내담자 개인을 식별할 수 없는 범위에서 이루어짐을 설명하고 사전에 내담자의 승인을 얻은 후에 상담내용을 공개해야 한다.

내담자의 비밀보장과 관련하여 또 한 가지 상담자가 유념해야 할 점은 내담자의 상담내용을 흥미로운 이야깃거리로 전락시키면 안 된다는 것이다. 남에게 털어놓을 수 없는 내담자의 깊은 개인적 사건들을 열심히 들어 주고 도와주는 것은 결코 쉽고 즐거운 과정이 아니라 상당한 수준의 스트레스를 유발시키는 일이다. 상담자는 내담자의 시시콜콜한 개인사들을 소재로 수다를 떨어 그 스트레스를 떨쳐 버리려는 유혹을 받을 때가 많다. 이런 경우 상담자는 자칫 내담자의 개인적 신분을 드러내는 정보를 흘릴 수도 있고, 더 나아가 내담자를 수다의 주인공으로 삼을 수도 있다. 이렇게 되면 상담자는 깊은 의미에서 그 내담자에 대한 인간적인 존중과 소중히 여기는 마음보다는 자신의 스트레스 경감을 중시함으로써 전문적 윤리성을 상실했다고 보아야 할 것이다.

(2) 유능성

내담자가 상담자를 찾을 때는 상담자가 자신의 어려움을 해결하는 데 어떤 식으로든 도움을 줄 수 있을 것이라는 기대를 한다. 이러한 내담자들에게 상담자가 도움을 줄 수 있기 위해서는 기본적으로 능력이 있어야 한다. 일단 상담자의 유능성은 전문적인 교육, 훈련, 임상 경험 및 전문자격증을 통해 일차적으로 표현된다. 그렇지만 이러한 증거물들이 상담자의 능력을 그대로 보장하지는 못한다. 상담자는 내담자를 도와주는 과정에서 그 내담자의 인성 및 문제의 특성을 고려하여 가장 효과적인 상담기법을 선택할 수 있는 능력을 지니고 있어야 한다. 그러나 사실 상담자가 모든 문제를 언제나 유능하게 다루어 나가리라 기대하기는 어렵다. 상담자마다 교육 · 훈련 및 자신의 특성에 따라 발휘할 수 있는 영역이 다르기 때문이다.

한편, 상담자는 자신의 정서적 스트레스 때문에 내담자에게 제공할 수 있는 유능성을 저해하지 않도록 철저한 자기 성찰이 필요하다. 아무리 유능한 상담자라도 자기의 개인적인 스트레스가 해결되지 못한 상태에서는 내담자에게 최선의 서비스를 제공하기 어렵기 때문이다. 그러므로 상담자는 자신의 개인적 생활로부터 오는 스트레스나 상담자 역할을 감당하는 것 자체에서 오는 스트레스를 해결하는 방법을 모색하여야 한다.

(3) 내담자와의 전문적 관계성 유지

전문적 관계성은 내담자와의 상호작용을 통해 이루어지는 것이다. 그러므로 명백한 전문적 관계를 유지하지 못한다면 상담자가 아무리 유능하다 해도 내담자에게 진정한 도움을 줄 수 없다. 여기서 내담자와 전문적 관계를 유지한다는 것은 상담자가 내담자에게 냉담하고 경직된 태도를 지녀야 한다는 것이 아니라 내담자와 심리적인 거리를 유지해야 한다는 것을 의미한다.

내담자와의 관계 설정과 관련된 상담자의 윤리성 문제는 내담자와 성적인 관계를 맺는 경우와 내담자와 이중관계(dual relationship)를 맺는 경우의 두 가지 방향에서 논의되어 오고 있다. 상담자가 내담자와 성적인 관계를 맺는 경우 내담자에게 양가적인 감정 경험, 죄책감, 공허감, 성적인 혼돈, 신뢰할 수 있는 능력 상실, 역할과 관계 설정에 대한 혼돈, 감정적인 유약성, 억압된 분노, 자살 가능성, 인지적 기능의 약화 등 부정적이고 치명적인 피해를 줄 수 있다. 따라서 상담자와 내담자가 성적인 관계를 맺는 것은 어떠한 경우에도 정당화될 수 없다. 내담자에 대해 상담자가 성적인 매력을 느끼는 것 자체는 비윤리적인 것이 아니나, 상담자는 자신의 이러한 감정을 신속하고 주의 깊게 알아차리고 조심스럽게 다루어 갈 윤리적 책임이 있다. 상담자와 내담자가 상담관계 이외에 다른 사회적 · 경제적 · 전문적 관계를 맺는 이른바 이중관계를 맺는 경우 내담자의 복지를 우선으로 하기 어렵고, 상담 이외의 관계로 인해 상담과정 자체가 침해받을 가능성이 많아진다. 내담자와 이중관계를 맺는 것은 치료적 관계의 전문적 속성을 왜곡하고, 이해의 갈등을 초래하고, 상담자의 인지적 과정에 영향을 주며, 상담관계로 인해 다른 관계에서 내담자에게 피해를 줄 수 있고, 상담자가 객관성과 공정성을 잃게 할 수 있다고 보고되고 있다.

토/의/주/제

1. 상담과 심리치료의 개념적 의미에 대해 조사해 보고 두 개념 간의 차이 혹은 관계에 대해 자신의 견해를 그 이유와 함께 밝혀 보시오.
2. 여러분이 살고 있는 지역사회에 어떤 전문 상담기관이 있는지 알아보고 두 군데를 방문하여 어떤 형태의 상담이 어떻게 진행되고 있는지 조사하여 발표해 보시오.
3. 내담자의 문제와 조력수단에 따른 상담의 유형 중에서 여러분이 관심을 갖고 있는 것을 하나 골라 그 상담의 의미, 목표, 과정, 기법, 적용(혹은 상담사례)에 대해 살펴보시오.
4. 상담의 초기 · 중기 · 종결 단계에서 상담자가 보다 주력해야 할 일은 무엇인지 설명해 보시오.
5. 상담의 대화기술인 명료화, 재진술, 반영, 요약, 구체화, 직면, 해석이란 무엇인지 예를 들어 설명해 보시오.
6. 로저스가 상담관계의 기본 조건으로 제시한 무조건적 존중, 공감적 이해, 진실성(솔직성, 일치성)이 왜 상담자에게 요구되는 자질인지 동료들과 논의해 보시오.

Chapter 02 정신분석

정신분석(psychoanalysis)에서는 개인의 사고, 감정, 행동이 심리내적 원인에 의해 결정된다고 본다. 프로이트는 개인이 겪는 갈등은 내부에 존재하는 어떤 정신적 원인이 작용한 결과이며, 따라서 그러한 원인이 제거되지 않는 한 심리적 문제는 결코 해결되지 않는다고 본다. 특히 무의식은 인간 정신의 가장 깊고 중요한 부분이며 개인의 행동을 이해하는 단서가 된다. 프로이트는 인간의 의식 밖에 있는 무의식이 정신세계의 대부분을 차지하며, 인간의 행동을 지배하고 행동 방향을 결정한다고 믿었다. 따라서 개인의 행동을 결정하는 정신적 원인의 실체, 즉 무의식의 내용과 그 과정을 분석하는 것이 정신분석의 핵심이라고 하였다. 그는 개인의 성격구조를 변화시키고, 본능적 충동에 따르지 않고 보다 현실적인 행동을 선택할 수 있도록 자아를 강화시키는 데 치료의 초점을 두었다. 이 장에서는 프로이트의 기본 개념을 중심으로 인간의 심리구조를 이해하고, 욕동에 따른 성격발달 과정과 심리분석 과정에 관련된 주요 개념들을 살펴보고자 한다.

1 프로이트의 생애와 업적

Sigmund Freud(1856~1939)

지그문트 프로이트(Sigmund Freud)는 당시 오스트리아 모라비아 지방의 프라이베르크에서 직물상을 하던 유대인 야곱 프로이트(Jakob Freud)와 아말리 나타우젠(Amalie Nathausen) 사이에서 3남 5녀 중 맏이로 태어났다. 그의 부모는 당시의 경제적 어려움에도 불구하고 아들의 명석한 지적 능력을 키워 주기 위해 모든 노력을 기울였으며 그가 유대교적 이상에 따라 지혜로운 학자가 되기를 원했다. 1859년 프로이트 일가는 오스트리아 비엔나로 이주하여 그곳에서 자녀들의 교육적 뒷바라지를 하였다. 프로이트는 김나지움에 재학하는 동안 학업성적이 우수하여 거의 매년 수석을 차지하였을 뿐만 아니라 고전적이고 아름다운 문장력으로도 주목을 받았다. 1873년 비엔나 대학교 의과대학에 입학하여 1881년 26세 때 의학박사 학위를 취득했다.

의과대학 재학기간 동안 그는 비엔나 대학교 생리학 실험실의 책임자이자 19세기의 위대한 생리학자 중 한 사람이었던 에른스트 폰 브뤼케(Ernst von Brücke) 교수의 지도하에 생리학을 공부하면서 그의 급진적인 견해에 매료되었다. 특히 "살아 있는 유기체는 화학과 물리학의 법칙이 적용되는 하나의 역동적 체계"라는 브뤼케의 견해는 프로이트에게 큰 영향을 미쳤다. 그 외에도 "에너지는 변형될 수는 있어도 파괴될 수는 없으며, 따라서 에너지가 체계의 한 부분에서 사라지면 그것은 반드시 체계의 다른 부분에 나타난다."라는 헬름홀츠(Helmholtz)의 에너지 보존의 법칙에 영향을 받았다. 프로이트는 이와 같은 역학의 법칙들을 인간의 심리현상에도 적용시켜 역동심리학으로서의 정신분석을 창안하였다(Hall, 1954).

프로이트의 학문적 관심은 의학과 관련된 다양한 영역으로 확장되었다. 1874년부터 1876년까지 프란츠 브렌타노(Franz Brentano)의 철학 세미나에 참석했으며 그 외 물리학, 생물학, 동물학 등의 분야에도 호기심을 갖고 몰두하였다. 1875년부터 1878년까지는 스승 카를 클라우스(Carl Claus)의 동물학 실험실에서 일하기도 하였는데, 클라우스는 다윈(Darwin)의 진화론을 지지하는 헤켈(E. H. Haeckel) 학파에 속해 있었다. 이러한 학문적 인연은 후일 프로이트의 발생학적 사고에 영향을 미쳤다.

프로이트는 1884년 종합병원 신경과 의사로 자리를 잡게 되면서 점차 전문가로서의 입지를 구축하였고, 이듬해에는 프랑스 파리로 건너가 당시 히스테리 최면술 연구로 명성을 얻고 있던 소르본느 대학교의 쟝 마르탱 샤르코(Jean Martin Charcot)가 일하던 병원에 머물게 되었다. 19세기 중반의 프랑스에서는 히스테리, 몽유병, 다중성격 등과 같은 증상을 치료하기 위해 최면술을 적용하는 것이 유행이었다. 프로이트는 자신의 임상 경험을 통해 최면술에 의한 히스테리 치료효과에 대해서 회의를 갖게 되었지만, 그럼에도 불구하고 당시 샤르코의 강의와 임상적 실험에 깊은 흥미를 느꼈다. 최면술을 통해 환자의 손과 발이 마비되거나 마비가 풀리는 것을 직접 목격한 프로이트는 신체적 마비가 주된 증상인 히스테리가 심리적 원인에 의해 발생할 수 있으며 이러한 증상의 이면에는 무의식이 작동하고 있음을 확신하게 되었다. 샤르코와의 만남은 프로이트로 하여금 신경학자에서 정신병리학자로 전환하게 하는 중요한 계기가 되었다(Hjelle & Ziegler, 1981). 파리에서 돌아온 후 발표한 일련의 논문들은 정신병리에 대한 전통적인 관점에 반하는 내용이었는데, 그는 히스테리 증상은 뇌의 기질적인 문제가 아니며 충격적인 경험을 소화할 수 없기 때문에 유발된다고 주장하였다.

1886년에 비엔나로 돌아온 프로이트는 마르타 베르나이스(Martha Bernys)와 결혼하여 세 딸과 두 아들을 두었는데, 세 딸 가운데 안나 프로이트(Anna Freud)는 후일 유명한 아동정신분석가가 되었다. 비엔나에서 프로이트는 의사인 요제프 브로이어(Joseph Breuer)로부터 환자가 자신의 증세에 관해 이야기하는 것만으로도 히스테리 증상이 치료된다는 새로운 방법을 알게 되었다. 그리하여 그는 브로이어의 방법인 정화법(catharsis)을 시도하여 그것이 환자 치료에 효과적임을 알게 되었고, 브로이어와 함께 정화법 치료사례들에 관한 저서 『히스테리에 관한 연구(Studies in Hysteria)』(1895)를 출판하기도 하였다. 그러나 이 저서가 완성된 후 두 사람은 히스테리에 있어서 성적(性的) 요인의 중요성에 관한 견해 차이로 결국 결별하게 되었고, 프로이트는 최면요법이나 정화법과는 또 다른 자유연상법(free association)을 개발하여 임상치료에 적용하기 시작하였다(Hall & Lindzey, 1978; Hjelle & Ziegler,

1981). 그는 성적 갈등이 히스테리 증상의 원인이라고 하는 자신의 주장을 굽히지 않았다는 이유로 마침내 1896년에 비엔나 의사회로부터 탈퇴당하기도 하였다.

프로이트는 어머니와의 관계에서는 비교적 갈등이 적었으나 아버지와의 관계는 복잡했다. 1896년 아버지의 죽음을 겪으면서 프로이트는 의식적-무의식적 죄의식으로 매우 고통스러워했다. 그는 당시 자신의 꿈의 의미를 탐색함으로써 성격발달의 역동에 대한 새로운 통찰을 얻을 수 있었다. 이것은 그가 자기 분석에 몰입하게 된 결정적인 계기가 되었으며 후일 정신분석을 구축하는 태동이 되었다. 또한 이 시기에 프로이트는 환자로부터 얻는 자료들을 확인하기 위해 자기 자신의 무의식을 집중적으로 분석하기 시작하였다. 자신의 꿈을 분석하고 자신의 마음에 떠오르는 온갖 생각들을 탐색함으로써 자기 내면의 역동을 이해할 수 있었다.

그리하여 프로이트는 환자들과 자기 자신의 분석으로부터 얻은 지식을 근거로 정신분석의 기초를 이루는 개념들을 발전시켰다(Hall, 1954; Hall & Lindzey, 1978). 그 결과로 1900년 그의 이론에 관한 최초의 위대한 업적인 『꿈의 해석(The Interpretation of Dream)』이 출간되었다. 이 저서가 출판된 후 프로이트는 정신병리학회로부터 무시당했지만 곧 의료계뿐만 아니라 일반 대중들 사이에서 명성이 높아지게 되었다. 1902년에는 젊은 의사들이 정신분석의 이론과 실제에 관심을 갖고 연구하기 위해 모여들어 정기적인 모임을 갖게 되었고, 후일 이 모임은 비엔나 정신분석학회(Vienese Psychoanalytic Society)로 발전하게 되었다.

1909년 프로이트는 미국의 클라크 대학교 총장 스탠리 홀(Stanley Hall)의 초청을 받아 미국으로 건너가서 여러 차례 강연을 하는 등 세계적으로 유명해지기 시작했다. 이 시기를 전후하여 추종자들이 늘어나기도 했지만, 한편으로는 브로이어, 아들러, 융과 같은 동료와 후학들이 프로이트가 인간 행동의 동기로서 성적 충동을 주장하는 입장에 반대하여 자신들의 독자적인 이론이나 학파를 만들기도 했다.

1914년 무렵에는 히스테리 환자들이 실제 일어난 것처럼 보고하는 외상(trauma) 혹은 무의식적 환상이 병의 원인이 된다는 점을 간파하고 새로운 사실을 깨닫게 되었다. 실재적(實在的) 현실 외에도 심리내적인 현실이 존재한다는 것이다. 여기서 프로이트는 무의식적 환상의 기능과 그것이 지닌 힘을 발견하게 되었다. 임상 경험을 통해 프로이트는 환자들이 호소하는 성적 외상의 내용은 실재적 사건에 근거한 것이 아니라 환자 자신의 공상과 상상에 의해 만들어진 것이라고 믿게 되었다. 실재하는 사건 자체보다는 환자의 내적 욕망과 공상이 신경증 증상을 초래하는 주된 원인이라는 것을 깨달은 프로이트는 환자 내면의 무의식적인 심리적 역동을 탐색하고 분석하는 데 치료의 초점을 두게 되었다. 또한 아동들도 무의식적인 환상과 더불어 성에 관심을 갖게 되며 그들 나름대로 성에 대해 미숙한 해석을 함으로써 의미를 왜곡시킬 수 있다는 아동기 성욕이론을 정립하였다. 이로 인해 프로이트는 아동의 순수성에 대한 금기를 깼다는 이유로 사회적 비난과 질타를 받았다. 1920년대에 접어들어서는 무의식(unconsciousness)과 억압(repression)에 관해 집중적으로 연구하였고, 그 후 종교, 도덕성, 문화 등의 주제에 관심을 갖고 연구하며 다수의 저서들을 출판하였다.

프로이트는 매우 창조적이고 열정적으로 일에 몰입하여 하루에 무려 18시간이나 연구에 전념하는 경우도 자주 있었다. 이러한 집필의 결과로 정신분석에 관련된 그의 전집은 총 24권이나 된다. 그의 학문적 생산성은 구개암(具蓋癌)에 걸렸던 생애 후반까지 계속되었다. 생애 마지막 20년 동안 그는 수십 번의 수술을 받았으며 끊임없는 고통 속에 살다가 1939년 런던에서 숨을 거두었다. 그의 정신분석 접근은 코페르니쿠스(N. Copernicus)의 지동설이나 다윈(C. Darwin)의 진화론에 필적할 만큼 인간 이해에 대한 지평을 넓혔다는 평가를 받고 있으며, 오늘날 상담이나 심리치료 분야에서 중요한 이론적 · 임상적 기반이 되고 있다.

2 인간관

프로이트에 의해서 창시된 정신분석은 인간 심리에 대한 결정론과 무의식이라는 두 가지 기본적인 개념에 기초를 두고 있다. 인간 행동은 비합리적인 힘, 무의식적 동기, 생물학적이고 본능적인 충동에 의해 영향을 받는다(Freud, 1949, 1957, 1967). 19세기에 다윈은 『종의 기원(On the Origin of Species)』을 통해 진화론을 주창하였는데, 프로이트의 정신분석은 인간을 생물학적 존재로 보는 당시의 시대정신을 반영하고 있다.

프로이트의 결정론적 관점에 의하면 아무런 원인도 가지지 않는, 즉 저절로 발생하는 현상이란 없다. 그 어떤 원인이 반드시 있었기 때문에 그 결과로 인간은 기쁘고 괴롭고 또 분노한다. 사람들의 희로애락(喜怒哀樂)을 결정하는 것은 외부의 환경적 조건이라는 견해를 가진 학자들도 있지만, 프로이트는 이와 정반대의 입장을 취했다. 즉, 인간 행동을 결정하는 것은 환경의 외적 조건보다 오히려 개인의 심리내적 조건이라는 것이다. 이러한 심리결정론(psychic determinism)에서는 개인의 사고, 감정, 행동이 심리내적 원인에 의해 결정된다고 본다. 개인이 겪는 갈등은 내부에 존재하는 어떤 정신적 원인이 작용한 결과이므로 그 원인이 제거되지 않는 한 심리적 문제는 결코 해결되지 않는다. 따라서 개인의 사고, 감정, 행동을 결정하는 정신적 원인의 실체를 규명하고자 하는 것이 정신분석이 추구하는 궁극적 목표다.

인간은 현재 자신의 행위를 결정하고 그에 따른 책임을 질 수 있는 주체적 존재라기보다는 과거 성장기 동안의 생활 경험에 의해 전적으로 영향을 받는 존재다. 정신분석에서는 생애 초기 6년 동안의 발달적 경험을 강조하고 있는데, 과거 어린 시절의 경험과 심리성적 에너지는 무의식적인 동기와 갈등으로 잠재되어 있다가 개인의 현재 행동에 영향을 미친다고 본다(Arlow, 1989; Baker, 1985). 인간에 대한 이러한 결정론적인 관점은 우리로 하여금 주어진 어떤 현상을 있는 그대로 이해하는 것에서 한 걸음 더 나아가 이면의 그 무엇을 발견하려는 '분석적 태도'를 취하게 한다. 적절하고 타당한 원인을 이해할 때까지는 '원인이 무엇인가?'라는 질문을 끊임없이 던지는 자세가 필요하다.

또한 정신분석에서는 개인이 즉각적으로 자각하거나 통제할 수 있는 범위를 넘어서 있는 그 어떤 힘, 즉 무의식의 영향을 받는다고 보았다. 프로이트는 비이성적인 힘인 본능적 추동(drive)이나 무의식적 동기가 인간의 행동을 결정한다고 주장한다. 삶의 목표가 고통을 피하고 쾌락을 추구하는 데 있으므로, 인간 행동은 생물학적인 욕구와 본능을 충족시키려는 욕망에 의해 동기화되며 비합리적인 무의식의 지배를 받는다. 본능은 프로이트 이론의 핵심으로서 원초아 내에 저장되어 있는 심리 에너지로 구성된다. 프로이트는 이중 본능 이론(dual instinct theory)을 통해 본능을 크게 삶의 본능과 죽음의 본능의 두 가지 범주로 분류하였다(윤순임 외, 2000).

- 삶의 본능: 즐거움, 쾌락, 만족을 추구하는 모든 활동은 삶의 본능(eros)이라는 범주에 포함된다. 프로이트는 그의 초기 이론체계 내에서 성적 에너지를 일컫는 용어로 리비도(libido)를 사용하였지만, 후기에는 성적 에너지뿐만 아니라

모든 삶의 본능의 에너지를 지칭하는 용어로 리비도의 개념을 확장시켜 사용하였다. 삶의 본능은 굶주림, 갈증, 배설, 성욕 등과 같이 유기체가 생존하는 데 필요한 기본적인 것들이며, 또한 성장, 발달, 창조성을 추구함으로써 개인과 인류의 생존과 발전에 기여한다.

- 죽음의 본능: 인간은 때로 자기 자신이나 타인을 죽이거나 해치려는 무의식적 소망을 갖고 있는데 이것을 죽음의 본능(thanatos)이라고 한다. 인간의 공격적 욕구는 바로 죽음의 본능에서 비롯된다.

이와 같이 프로이트는 삶의 본능과 죽음의 본능이 인간으로 하여금 특정 행동을 하도록 추동하는 강렬한 결정요인이라고 보았다.

3 주요 개념

1) 의식 수준

프로이트는 정신세계를 심층적으로 분석했다. 그는 1900년 발표한 『꿈의 해석』에서 지형학적 모형(topographical model)에 근거하여 인간의 정신세계와 성격구조를 설명하였다. 정신의 지형학적 모형은 정신의 형태, 구조, 생성 원인, 발달을 탐색하고 더 나아가 그것들의 역할과 기능을 밝혀내는 데 목적이 있다. 프로이트(1949, 1957, 1967)는 인간의 정신 영역을 의식, 전의식, 무의식의 세 가지 의식 수준으로 설명한다.

(1) 의식

의식(意識, the conscious)은 개인이 현재 각성하고 있는 모든 경험과 감각, 즉 사고, 지각, 감정, 기억 등을 포함한다. 의식 영역은 전체 정신세계 중에서 극히 일부에 불과하며, 따라서 일상생활의 일부분만이 의식의 범위에 속한다. 생리적 욕구나 심리적 욕구가 존재할 때 혹은 외부 자극이 존재할 때, 개인이 그 욕구나 자극 대상에게 관심을 집중함으로써 의식 작용이 발생한다. 그러나 의식 속에 있던 내용은 개인의 주의나 관심이 다른 곳으로 돌려지게 되면 곧 전의식이나 무의식 속으로 사라져 버린다.

(2) 전의식

전의식(前意識, the preconscious)은 지금 현재에는 의식되고 있지 않지만 조금만 노력하면 곧 의식 속으로 떠올릴 수 있는 생각이나 감정들을 포함한다. 전의식을 '잠재의식' 혹은 '이용 가능한 기억'이라고도 한다. 예를 들어, 길을 가다 만난 동창생의 이름, 지난주에 일어났던 사건, 자신의 생일, 부모의 고향, 자신이 좋아하는 음식 등과 같이 조금만 신경 쓰면 알아낼 수 있는 정신세계다. 프로이트는 전의식이 의식과 무의식을 연결해 주는 가교 역할을 한다고 보았다. 일상생활의 경험 중에서 우리가 의식적으로 주의를 기울이지 않게 되는 것들은 전의식으로 사라지고, 그 후에는 더 깊은 무의식 속으로 사라진다.

(3) 무의식

무의식(無意識, the unconscious)은 자신의 힘으로는 의식 속으로 끌어올리기 어려운 심적 내용을 포함하며, 용납될 수 없는 생각, 감정, 기억 혹은 충동이 억압되어 있는 곳이다. 의식상태에 두기에는 너무 위협적이거나 고통스러운 경험들은 대부분 무의식상태로 잠복하게 된다. 지극히 무섭거나 극도로 창피하거나 너무 괴로웠던 심리적 경험들은 계속해서 기억하기보다 차라리 잊어버리는 것이 낫다. 기억, 즉 의식으로부터 없애 버리는 것이다. 그렇게 할 수 있는 한, 계속해서 무서워하거나 창피해하거나 괴로워할 필요가 없다. 하지만 없애 버리고자 했던 기억들은 결코 완전히 사라지지는 않는다. 그러한 기억들은 무의식의 저장고 속에서 마음의 방어가 약해지기만을 기다리고 있을 뿐이다. 무의식의 저장고에 있어야 할 고통스러운 기억들이 마음의 방어력이 약해진 틈을 타고 의식상태로 올라오려고 하는 과정에서 심리적 증상이 드러난다. 이런 측면에서 볼 때 심리적 증상은 무의식의 활동결과라고 볼 수 있다.

무의식은 인간 정신의 가장 깊고 중요한 부분이며 개인의 행동을 이해하는 단서가 된다. 프로이트는 인간의 의식 밖에 있는 무의식이 정신세계의 대부분을 차지하며 인간의 행동을 지배하고 행동 방향을 결정한다고 믿었다. 따라서 무의식의 내용과 그 과정을 분석하는 것은 정신분석의 핵심이라고 할 수 있다.

프로이트 이전에 이미 18세기와 19세기의 많은 철학자들은 무의식적인 경험이 행동에 영향을 미칠 수 있다고 주장했다. 그러나 프로이트는 이러한 철학자들과는 달리 무의식의 세계를 보다 과학적·경험적으로 연구했으며, 무의식이란 추상적이고 가설적인 것이 아니며 구체적으로 검증될 수 있는 현실이라고 주장했다.

프로이트는 의식구조를 빙산에 비유하였다. 마치 빙산의 대부분이 수면 아래에 가려져 있는 것처럼 마음의 대부분은 의식의 표면 아래에 있는 무의식 영역에 속해 있다고 하였다. 무의식에 관한 연구와 이론은 '모든 심리적 현상은 의식적인 것'이라는 신화를 뒤엎고, 인간이 의식하는 것은 빙산의 일각에 불과하다는 점을 인식시켜 주었다. 심리적 현상을 모두 의식적인 것으로 환원할 수는 없다는 것이다. 무의식은 인식되지 않지만 행동에 지대한 영향을 미치며 신경증적 증상이나 행동의 근원이 된다.

이러한 무의식의 존재는 직접적으로 알 수 없으므로 다음과 같은 다양한 임상적 증거를 통해 간접적으로 확인할 수 있다.

- 최면후 암시(post-hypnotic suggestion): 상대방에게 최면을 건 상태에서 "당신은 오늘 2시에 ○○○에게 전화를 걸게 될 것입니다."라고 하면, 그는 최면에서 깨어난 후 시계가 2시를 알리면 최면에서 지시받은 행동인 전화를 거는 행동을 하게 된다. 왜 전화를 걸었는지 그 이유를 물으면 그는 "나도 몰라요. 괜히 전화를 하고 싶었어요."라든지 혹은 다른 그럴듯한 이유를 들어 자신의 행동을 설명하려고 한다.
- 꿈: 무의식적인 욕구, 소망, 갈등은 꿈이라고 하는 상징적인 표상을 통해 간접적인 충족을 시도한다. 배고픈 사람은 흔히 맛있는 음식이 가득 차려진 잔칫상 앞에 앉아 있는 꿈을 꾼다. 그렇게 해서라도 현실에서 즉각적으로 충족될 수 없는 음식에 대한 욕구를 부분적으로 또 일시적으로나마 해결하고 욕구를 충족시키려고 한다.
- 말의 실수(slips of the tongue): 질병이나 피로에 의해 주의력이 분산되는 경우가 아님에도 불구하고 실언을 하게 된다. 예를 들어, 의장이 개회인사에서 "의회의 '폐회'를 선언합니다."라고 말했다는 것은 그가 의회를 빨리 폐회해 버리고

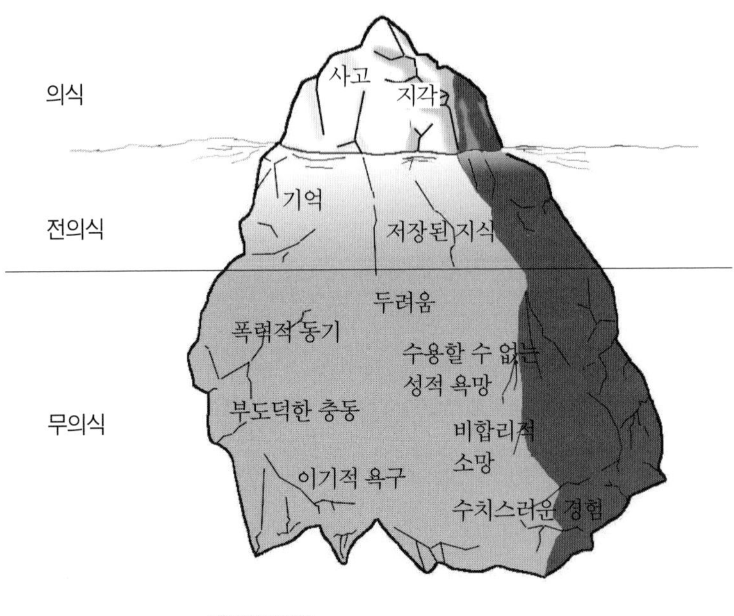

그림 2-1 인간 정신의 지형학적 모형

출처: 강진령(2009).

싶었던 의도가 공공연하게 표현되어 나온 것이다.

- 망각: 자아를 위협하거나 혹은 의식 수준에서 용납되기 어려운 불쾌한 생각은 쉽게 잊혀진다.

이와 같이 프로이트는 인간의 심리세계를 3개의 층으로 구분하고 가장 깊은 곳에 있는 무의식을 강조했기 때문에 그의 정신분석을 심층심리학(depth psychology)이라고 한다. 인간의 정신세계는 마치 빙산처럼 대부분 의식으로 떠오르지 않고 무의식 속에 잠겨 있다. 심층심리학은 이와 같은 무의식을 연구하며, 일상적인 정신생활을 무의식에 근거하여 설명하고자 한다.

2) 성격구조

프로이트는 1923년에 출판한 자신의 저서 『자아와 원초아(The Ego and the Id)』 서문에서 성격의 구조론이라는 용어를 처음 사용하였다. 구조론에 의하면 인간의 성격은 원초아, 자아, 초자아의 세 부분으로 이루어진다. 출생 시의 인간은 본능적인 욕구를 포함하는 원초아상태라고 할 수 있다. 그러나 성장하는 동안 현실과 접촉하게 되면서 점차 현실 적응, 불안에 대한 방어, 마음의 평형조절, 본능적 욕구조절 등의 기능을 담당하는 자아가 발달하게 된다. 그리고 도덕적 교훈과 이상(ideal)을 포함하는 초자아는 4~5세 즈음 형성된다.

프로이트는 인간의 심리세계를 에너지 체계로 보았는데, 세 가지 성격 구성요소 중 어느 곳에 더 많은 심리적 에너지가 집중되는가에 따라 그 개인의 행동 및 성격특성이 결정된다. 한정된 심리적 에너지를 서로 많이 차지하기 위해 삶의 매 순간에 원초아, 자아, 초자아는 성격구조 안에서 서로 갈등적인 상황에 놓이게 된다.

이러한 세 가지 구성요소는 고대 그리스 철학자인 플라톤(Plato)이 제안한 인간 정신의 세 가지 구성요소와 유사하다. 플라톤은 인간 정신이 욕구(appetite), 이성(reason), 영혼(spirit)의 세 가지 요소로 이루어져 있으며, 이 세 요소 간에 끊임없는 갈등과 긴장 상태가 유지된다고 보았다. 플라톤은 인간의 정신을 두 마리의 말이 이끄는 이륜전차에 비유하여 설명하였다. 두 마리 말 중에서 '길들여지지 않는 거친 말'은 욕구에, '철저하게 훈련된 순종적인 말'은 영혼에, 그리고 이 두 마리 말을 통제하며 전차를 몰아가는 '마부'는 이성에 각각 비유했다.

(1) 원초아

원초아(id)는 독일어의 3인칭 대명사 'es(그것)'에서 유래된 용어로 영어의 'it'와 같은 의미다. 생물학적 구성요소로서 자아와 초자아에 필요한 심리적 에너지의 원천이자 생득적·생물학적 반사 및 충동과 본능이 자리 잡고 있는 곳이다. 개인은 출생 당시 원초아 자체라고 할 수 있다. 원초아에는 인류가 계통발생적으로 계승해 온 원시적인 것뿐만 아니라 유아기 이후 개체발생적으로 억압해 온 것이 담겨 있다. 세 가지 성격구조 중에서 가장 강력한 힘을 지니고 있는 원초아는 쾌락 원리(pleasure principle)에 따라 고통을 최소화하고 유기체의 긴장해소를 궁극적인 목적으로 한다.

쾌락 원리는 욕구의 즉각적인 만족을 추구하는 원칙으로 쾌감을 추구하고 불쾌감을 회피하는 것이다.

원초아는 식욕, 배설욕, 성욕, 수면욕 등과 같은 본능적 욕구를 즉각적으로 충족시키기 위해 외부의 현실이나 도덕을 고려하지 않은 채 비논리적이고 맹목적으로 작용한다. 그러나 현실에서는 본능적 욕구를 있는 그대로 충족시키기 곤란한 상황들이 대부분이기 때문에 결국 그 욕구들은 무의식적으로 억압될 수밖에 없고, 그러한 무의식화된 욕구들은 숨겨진 채로 개인의 의식적인 삶에 영향을 미친다. 원초아는 본능적 욕구를 충족하기 위해 두 가지 전략, 즉 반사작용과 일차 과정(primary process)을 사용한다. 눈 깜박임이나 재채기와 같은 생득적인 자동적 반응은 반사작용에 해당된다. 반면, 음식을 떠올리거나 꿈을 꾸는 것과 같이 욕구를 충족시켜주는 대상의 이미지를 상상함으로써 긴장을 해소하는 것을 일차 과정이라고 한다.

(2) 자 아

자아(ego)는 원초아의 일부가 변형된 것으로 현실세계와 접촉하는 성격의 한 부분이다. 지형학적 모형에서 자아는 의식과 전의식, 그리고 무의식의 모든 영역에 걸쳐 있기는 하지만 대부분 의식 영역에 속한다. 신생아는 원초아 덩어리이지만, 이후 성장 과정 동안 외부세계와의 접촉을 통해 억제와 간섭 등의 다양한 요구에 직면하게 되면 원초아가 수정되면서 자아가 발달하게 된다. 아동에 대한 외부 현실의 영향력이 증가하는 것에 비례하여 자아도 점차 형성된다.

자아의 주된 임무는 원초아에 담긴 내적인 본능적 욕구, 초자아의 도덕적이며 양심적인 요구, 그리고 현실세계 간의 갈등을 중재하는 일이다. 원초아와 초자아 간의 갈등을 조절하고 외부세계와의 상호작용을 유지하는 자아는 성격의 집행자라고 불리기도 한다. 원초아가 외부 현실을 무시하고 무의식 수준에서 기능한다면, 자아는 객관적인 현실세계와 중재하기 위해 존재한다.

자아는 정신적 심상과 현실세계의 대상 간을 구분할 수 있으며 현실 원리(reality principle)에 입각하여 욕구를 만족시키거나 긴장을 감소시킬 대상을 발견할 때까지 심리적 에너지 방출을 지연시킬 수 있다. 자아는 유기체의 욕구를 만족시키기 위해 합리적이고 현실적인 방법을 사용한다. 현실적 사고과정을 통해 작용하고, 반응할 환경의 특성을 검토하고 선정하며, 어떤 욕구를 어떤 방법으로 충족시킬 수 있을 것인지를 판단하는데, 이러한 현실적 사고과정을 이차 과정(secondary process)이라고 한다.

자아는 현실감각, 현실검증, 현실적응이라는 세 가지 측면에서 내부세계와 외부 현실 사이를 연결한다. 첫째, 현실감각은 영아의 신체적 감각이 증가하면서 동시에 발달한다. 신체 내부에서 느껴지는 것과 신체 외부에서 느껴지는 것을 각각 구분하는 능력이 중요하다. 둘째, 현실검증은 내면의 환상과 외부 현실 간을 구분하는 능력이다. 현실검증 능력은 정신병 상태 여부를 판단하는 중요한 잣대다. 셋째, 현실적응은 과거에 경험했던 것을 근거로 새로운 환경변화에 적응해 가는 능력이다. 이를 위해 충동을 조절할 수 있고 외부로부터 부여되는 책무를 수행할 수 있어야 한다.

자아는 원초아의 본능적 욕구들이 현실에 잘 부합되지 않는 한, 그것의 직접적인 충족을 허락하지 않는다. 이 경우 자아는 현실에 맞는 보다 합리적인 방식으로 욕구를 충족시키는 방법을 택한다. 만약 그것도 가능하지 않는 경우, 자아는 본능적 욕구들이 전혀 의식되지 못하도록 억압시켜 버린다.

(3) 초자아

초자아(superego)는 성장하는 과정에서 부모로부터 영향을 받은 전통적 가치관, 사회 규범과 이상, 그리고 도덕과 양심이 자리 잡는 곳이다. 초자아는 성격의 도덕적 · 사회적 · 판단적 측면을 반영한다. 원초아가 쾌락을 지향한다면, 초자아는 완전과 완벽을 지향한다. 또한 자아가 현실을 추구한다면, 초자아는 이상을 추구한다. 따라서 초자아는 도덕이나 가치에 위배되는 원초아의 충동을 견제하며, 자아의 현실적 목표들을 도덕적이며 이상적인 목표로 유도하려고 한다. 성격의 도덕적 기능에 해당되며 현실보다는 이상을, 쾌락보다는 완성을 위해 당위 원리(should principle)에 따라 작용한다.

무엇이 옳고 그른지, 어떤 것을 해야 하고 어떤 것을 하지 말아야 하는지 등을 판단하는 것은 모두 초자아의 임무다. 인간이 무언가 잘못된 행동을 했을 때 수치심과 죄책감을 느끼는 것은 모두 초자아의 작용 때문이다. 초자아는 양심(conscience)과 자아이상(ego-ideal)이라는 두 가지 하위체제를 갖고 있다. 흔히 아동의 좋은 행동은 부모로부터 보상을 받고 나쁜 행동은 처벌을 받는다. 이러한 경험을 통해 처벌받은 행동은 양심의 일부가 되고, 긍정적인 행동은 자아이상의 일부가 된다. 양심은 잘못된 행동에 대해 처벌이나 비난을 받는 경험에서 생기는 죄책감이다. 본능적인 욕구를 억제하고 충동이 바람직한 형태로 표출되도록 유도하는 기능을 하며, 이러한 것이 실패했을 때 자아를 처벌하는 역할을 한다. 한편, 자아이상은 옳은 행동에 대해 긍정적 보상을 받는 경험을 통해 형성되는데, 바람직한 행동규범을 제시하는 역할을 하며 성실성이나 충실성과 같은 부모의 목표와 가치관을 동일시함으로써 형성된다. 자아이상이 형성되는 데에는 세 가지 심리표상이 작용한다. 첫째는 존경스럽고 전지전능한 부모의 표상이며, 둘째는 부모나 그 외 다른 사람들로부터 인정받거나 칭찬받은 경험이 토대가 되어 형성된 이상적인 자기상이다. 셋째는 중요한 사람들과 이상적인 관계를 맺었던 관계 그 자체다. 이러한 세 가지 심리표상이 혼합되어 자아이상을 형성한다.

양심에 어긋난 행동을 했다고 느낄 때 죄책감을 느끼며, 자아이상에 따라 생활하지 못했다고 여길 때 수치심을 느낀다. 지나치게 강한 초자아는 오히려 행동을 위축시키고 긴장이나 불안을 가중시킬 수 있으며 죄책감, 우울, 열등감에 사로잡히게 한다. 그러나 초자아가 건강하게 형성되지 못할 경우 비양심적이고 반사회적인 행동을 하게 된다. 성격구조 내에서 초자아의 발달이 미약하여 도덕적이고 윤리적인 의식이 부족한 상태를 초자아 결손(superego lacunae)이라고 한다.

성격구조의 세 가지 요소 중에서 어느 요소가 더 많은 심리적 에너지를 갖고 통제력을 확보하고 있는지에 따라 개인의 행동 및 성격 특성이 결정된다. 자아나 초자아보다 원초아가 심리적 에너지를 더 많이 갖고 있는 경우, 그 개인은 논리적이고 현실적이거나 규범적이기보다는 욕망의 충족에 더 많은 관심을 두고, 소망을 충족시키거나 긴장과 고통을 즉각적으로 해소시키려는 방식으로 행동하는 경향성을 나타낸다. 반면, 초자아가 심리적 에너지를 상대적으로 더 많이 좌우하는 경우, 그 개인은 소망의 충족이나 현실적인 대안을 선택하기보다는 오히려 완벽성을 추구하고 사회적 규범에 부합되는 행동을 하려는 경향성을 나타낸다.

3) 불 안

불안은 정신분석에서 매우 중요한 개념으로서 그 어떤 것을 하도록 동기화시키는 긴장상태를 의미한다. 정신분석 초기 이론에서는 불안을 신경증의 핵심으로 여기고 참을 수 없는 욕동과 그와 연관된 생각들이 불안을 유발한다고 보았다. 리비도가 정상적인 성적 행위를 통해 표출되지 못할 때 불안으로 변화된다고 보았다. 이것을 불안의 일차 이론 혹은 독성이론(toxic theory)이라고 한다. 그러나 정신분석 이론의 구조 모형이 정립된 이후 프로이트의 불안에 관한 이론이 수정되었는데, 불안은 갈등의 결과로 생기며 자아방어를 요청하는 일종의 신호라고 여겼다. 한정된 심리적 에너지에 대한 원초아, 자아, 초자아 간의 갈등이 통제 수위를 넘어설 때 불안이 유발된다. 불안은 원초아나 초자아가 자아에게 위험이 임박했음을 알리는 신호로서, 적절한 반응양식을 모색하라는 일종의 경고다. 통제할 수 없는 불안은 자아를 위협하게 되는데, 이때 자아가 합리적이고 직접적인 방법으로 불안을 제거할 수 없는 경우에는 비현실적인 방법, 즉 자아방어기제에 의존하게 된다. 불안에는 현실적 불안, 신경증적 불안, 도덕적 불안의 세 가지 유형이 있다. 세 가지 불안은 모두 개인에게 불쾌한 경험이라는 점에서 공통점이 있다. 그러나 현실적 불안은 원인이 외부에 존재하는 반면, 신경증적 불안과 도덕적 불안은 그 원인이 개인 내부에 존재한다는 점에서 차이가 있다.

(1) 현실적 불안

현실적 불안(reality anxiety)은 불안의 원인이 외부에 있다고 해서 객관적 불안(objective anxiety)이라고도 하며, 기본적으로 공포(phobia)와 유사한 특징이 있다. 자아가 외부세계의 현실을 지각하여 느끼는 불안으로 실제적인 위험으로부터 개인을 보호하는 데 기여한다. 불안의 정도는 실제 위험에 대한 두려움의 정도와 비례한다. 예를 들어, 맹수가 덮쳐 올 때 느껴지는 불안이나 차가 과속할 때 느껴지는 불안이 이에 해당된다. 현실적 불안은 위험을 피하기 위해 무엇인가를 해야 한다는 경고를 담고 있다는 측면에서 적응적인 가치가 있다. 예컨대, 교통사고에 대한 불안은 안전운전을 하도록 만들며, 낙제에 대한 불안은 공부에 집중하도록 만든다. 이러한 현실적 불안은 신체적 상해나 물질적 · 심리적 결핍을 예방하는 데 기여한다.

(2) 신경증적 불안

신경증적 불안(neurotic anxiety)은 그 원인이 개인의 내부에 존재하는데, 원초아와 자아 간의 갈등에서 비롯된 불안이다. 막대한 힘을 가진 원초아에 의해 충동적으로 표출된 행동 때문에 혹시 처벌받지 않을까 하는 무의식적인 두려움이다. 원초아의 충동이 의식으로 분출되어 나온다는 위협에 대한 반응이다. 성욕과 공격성의 지배를 받는 원초아의 본능적 충동을 자아가 통제할 수 없을 것이라는 두려움과 긴장감에 따른 정서반응이라고 할 수 있다. 자아가 원초아의 본능적 위협을 감지할 때 언제나 불안을 느낀다. 원초아에 대한 자아의 의존에서 유발되는 불안으로, 아동이 충동적 행동을 했을 때 부모나 다른 권위자로부터 처벌받은 경험이 학습된 것으로, 현실에 근거해서 형성된다. 신경증적 불안을 경험할 때에는 그 불안의 원인을 의식하지 못하는 것이 특징이다. 신경증적 불안이 심리적 압박감을 증가시킬 경우 이성을 잃고 충동적 행동을 하게 된다. 충동적인 행동이 초래하는 결과가 오히려 불안 그 자체보다 덜 고통스럽기 때문이다. 신경증적 불안이 과도할 경우에는 신경증(neurosis)이나 정신병(psychosis)으로 발전되기도 한다.

(3) 도덕적 불안

도덕적 불안(moral anxiety)은 초자아에 대한 자아의 의존에서 비롯된 불안으로, 도덕적 기준에 위배되는 생각이나 행동을 했을 때 유발된다. 초자아와 자아 간의 갈등에서 비롯된 불안으로서 본질적으로 자신의 양심에 대한 두려움이다. 만약 도덕적 원칙에 위배되는 본능적 충동을 표현하도록 동기화되면 초자아는 수치심과 죄의식을 느끼게 되는데, 이때 죄의식이 심할 경우 자신의 죄를 속죄받기 위해 고의적으로 처벌받을 행동을 저지르기도 한다. 예를 들어, 범죄 후 쉽게 검거되도록 범죄 현장에 증거를 남기는 행동은 그 개인이 내면의 죄의식을 견디다 못해 처벌을 받고자 하는 불안감에서 비롯된 것이다. 과도한 도덕적 불안은 신경쇠약(neurasthenia)을 초래하기도 한다.

4) 자아방어기제

인간은 기본적으로 불안을 원치 않으며 그것으로부터 벗어나기를 원한다. 따라서 인간은 불안으로부터 자신을 보호하기 위해 다양한 방어기제를 사용한다. 자아가 불안을 의식적인 수준에서 적절하고 합리적으로 다룰 수 없을 때는 무의식적으로 현실을 거부하고 왜곡하는 방어기제(defense mechanism)가 동원된다. 원초아 속에 포함되어 있는 사회적으로 용납될 수 없는 욕구나 충동 등의 사실적 표현과 이에 맞선 초자아의 압력 때문에 발생하는 불안으로부터 자아를 보호하기 위한 전략과 탈출구라고 할 수 있다.

모든 방어기제에는 두 가지 공통점이 있는데 현실을 부정하거나 왜곡시킨다는 점과 무의식 수준에서 작용한다는 점이다. 방어기제는 크게 네 가지 유형으로 분류될 수 있다. 첫째, 실제를 인식하는 기능을 전적으로 망각시켜 거의 언제나 병적으로 만들어 버리는 자기애적 방어(narcissistic defenses) 유형이다. 가장 원시적인 형태로 정신병 환자에게서 흔히 나타나는데, 현실을 재배치하거나 재구성하기 때문에 현실 적응 능력이 매우 낮다. 이 유형에는 부정, 망상적 투사, 왜곡 등이 속한다. 둘째, 사회적으로 수용하기 힘든 행동을 하도록 만들기 때문에 성인기에 접어들어서는 대부분 포기되는 미성숙한 방어(immature defenses) 유형이다. 현실이나 사람들로부터 야기된 고통과 불안을 처리할 수 있는 방어기제로 심각한 우울증 환자, 성격장애 환자, 청소년과 같이 대부분 외부세계 적응에 곤란을 겪는 사람들에게서 주로 나타난다. 행동화, 퇴행, 분열성 환상, 신체화, 동일시 등이 이에 속한다. 셋째, 현실세계에서의 적응력이 떨어지는 신경증적 방어(neurotic defenses) 유형으로 강박신경증, 히스테리 환자, 심한 스트레스 상황에 놓여 있는 사람들에게서 흔히 나타난다. 장기적으로 대인관계, 직장생활, 일상생활 등에서 역기능적 갈등이 초래된다. 억압, 반동형성, 전치, 합리화, 해리, 주지화 등이 이에 속한다. 넷째, 성숙한 방어(mature defenses) 유형으로 사랑, 일, 즐거움을 경험하기 위해 개인의 능력을 최대한 활용하는 유형이다.

방어기제는 불안을 극복하고 불안에 압도되지 않도록 자아를 보호하는 기능을 함으로써 실패에 대처하고 긍정적인 자아상을 유지하는 데 도움이 된다는 점에서 적응적 가치가 있다. 그러나 방어기제를 지속적으로 과도하게 사용하여 현실을 회피하는 생활양식이나 성격 특성으로 굳어지게 될 때에는 자기 성장을 방해하는 병리적인 것이 된다. 개인의 발달수준과 경험하는 불안의 정도에 따라 사용되는 방어기제의 유형은 달라지는데, 대표적인 방어기제는 다음과 같다(강진령, 2009; 윤순임 외, 2000).

(1) 부 인

부인 혹은 거부(denial)는 힘든 현실의 외상적 상황을 무시함으로써 불유쾌한 현실을 깨닫기를 거부하는 것이다. 즉, 의식화된다면 도저히 감당하지 못할 생각, 욕구, 충동, 현실적 존재를 무의식적으로 부정하는 것을 뜻한다. 전쟁이나 재난과 같은 비극적 상황에 직면했을 때 이를 받아들이기에는 너무 고통스러운 나머지 현실에 대해 스스로 눈을 감아 버린다. 암으로 죽어 가면서도 자신은 암이 아니고 의사의 오진이라고 주장하거나, 애인이 자신을 버렸으나 아직도 자신을 사랑한다고 믿는 경우가 이에 해당한다.

(2) 억 압

억압(repression)은 고통스럽거나 위협적인 경험, 생각, 감정 등을 의식으로부터 분리하는 것이다. 사회적 · 윤리적으로 용납될 수 없다고 생각되는 욕구나 충동 그리고 생각들을 자신의 무의식 속으로 감춰 버린다. 예를 들어, 어머니가 살해되는 장면을 목격하는 것과 같은 외상적인 사건은 너무나 고통스러운 경험이기 때문에 의식으로부터 제거되고 무의식 속으로 억압된다. 그러나 억압된 내용은 무의식 속에 남아 있어서 현재 행동의 동기로 작용한다. 사건이나 경험을 완전하게 억압한다는 것은 어렵기 때문에 그러한 억압된 욕망은 종종 꿈, 농담, 말의 실수 등으로 간접적으로 나타나기도 한다. 한편, 억압은 무의식적인 과정이며 의식적으로 잊으려고 하는 억제(suppression)와는 구별된다.

(3) 투 사

투사(projection)는 자기 스스로 혹은 사회적으로 용납되지 않는 충동이나 생각을 무의식적으로 다른 사람이나 사물에게 전가하는 것이다. 자신의 결점을 타인이나 환경의 탓으로 돌려 비난함으로써 자신의 결함이나 약점 때문에 갖게 되는 위협이나 불안으로부터 자아를 보호하고자 하는 방어기제다. 예를 들어, 자신의 성적이거나 공격적인 충동을 '내가 아닌 다른 사람들'이 가지고 있다고 본다. 그리하여 딸에게 성적 매력을 느끼는 아버지는 딸이 자신을 유혹한다고 주장할 수도 있다. 그렇게 함으로써 그는 자신의 수용될 수 없는 욕망을 인식하거나 다룰 필요가 없게 된다.

(4) 치 환

치환 혹은 전위(displacement)는 자신의 본능적 충동을 위협적인 대상이 아닌 보다 안전한 대상에게로 이동시켜서 발산하는 것이다. 치환은 원래의 대상 혹은 사람에게 심리적 에너지를 향하기 어려울 때 다른 대상 혹은 사람에게로 향하게 하는 것이다. 직장 상사로부터 심한 추궁을 당한 남편이 퇴근 후 집으로 돌아와서 아내와 자녀들에게 화풀이를 하거나, 시어머니에 대한 불만과 공격심을 직접적으로 표현하는 대신 설거지하면서 그릇 닦는 소리를 요란하게 내는 행위가 치환의 예다. 또는 부모에게 꾸중을 들은 형이 동생에게 자신의 분노와 욕구불만을 표출하는 것이나 강아지를 발로 걷어차는 것도 이에 해당된다.

(5) 반동형성

반동형성(reaction formation)은 받아들일 수 없는 충동이나 욕구로부터 벗어나기 위해 그와는 정반대되는 행동을 하는 것을 의미한다. 불안을 야기하는 욕망에 정반대되는 의식적 태도나 행동들을 과장되게 함으로써 자신의 그러한 욕망들을 인식했을 때 야기되는 불안에 직면할 필요가 없어지게 된다. '미운 아이 떡 하나 더 준다'는 속담은 반동형성에 해당된다. 미운 사람에게 더욱 잘해 줌으로써 자신의 부정적인 생각이나 태도가 드러나지 않도록 감추는 것이다. 사랑이라는 가면으로 깊은 증오심을 숨길 수도 있고, 지나친 친절로 잔혹성을 은폐할 수도 있다. 강한 성적 충동을 감추기 위해 오히려 성에 대해 지나친 혐오감을 드러내는 행동을 하거나 좋아하지 않는 손님을 더욱 극진하게 대접하는 주인의 행동은 전형적인 예다.

(6) 합리화

합리화(rationalization)는 용납되기 어려운 충동이나 행동을 도덕적 · 합리적 · 논리적으로 설명함으로써 비판으로부터 자신을 보호하여 자존심을 유지하고자 하는 일종의 기만형 방어기제다. 그럴듯한 이유를 들어 자신의 무능이나 실패를 두둔하고자 하는 것으로서 고의적인 거짓말이나 변명과는 다르다. 예를 들어, 이솝 우화에서 여우가 포도를 먹고 싶어 하지만 키가 작아서 딸 수 없어서 못 먹게 된 포도를 쳐다보면서 "저 포도는 아직 익지 않아서 신맛이 너무 강해. 난 안 먹을 거야."라고 말하는 경우가 이에 해당된다.

(7) 승 화

승화(sublimation)는 억압된 충동이나 욕구의 발산 방향을 사회적으로 인정되거나 가치 있는 쪽으로 옮겨 실현함으로써 그 충동이나 욕구를 충족시키는 방어기제를 의미한다. 즉, 성적 에너지를 사회적으로 허용되고 때로는 칭찬까지도 받을 수 있는 다른 경로로 전환하는 것이다. 예를 들어, 공격적 충동을 체육활동으로 전환하면 내면의 욕구를 표출할 수 있을 뿐만 아니라 부수적으로 다른 사람들의 칭찬까지도 받을 수 있게 된다. 공격성을 권투로 해소한다든지, 혹은 성적 리비도를 그림이나 예술로 해소한다든지 하는 행위도 이에 해당된다. 욕구의 표출 상대를 대치시켰다는 점에서는 치환과 유사하지만, 승화의 경우에는 대치된 욕구 충족의 대상이 보다 높은 문화적인 가치를 지닌다.

(8) 퇴 행

퇴행(regression)은 현재의 심리적 갈등으로 좌절을 경험하게 되면 이를 피하기 위해 이전의 발달단계로 되돌아가는 것을 뜻한다. 심각한 스트레스나 극단적인 곤경에 직면할 때 미성숙하고 부적절한 행동에 매달림으로써 불안에 대처하려고 한다. 예를 들어, 동생이 태어나자 갑자기 잠자리에 오줌을 싸거나 어리광을 부리는 경우가 이에 해당된다. 초등학교에 처음 입학해서 새로운 학교환경에 적응하지 못하는 아동들의 경우에는 울기, 손가락 빨기, 선생님에게 매달리기 등과 같은 유아적 행동을 나타내기도 한다.

(9) 동일시

동일시(identification)는 자기보다 더 훌륭하다고 판단되는 인물 혹은 집단과 강한 정서적 유대를 형성하여 부분적으로나 전반적으로 그들의 행동을 모방하는 것이다. 열등감을 느끼게 될 때 자신을 성공적인 사람이나 조직과 동일시함으로써 자신이 가치 있다고 지각되기를 바란다. 그리하여 자기 가치감을 고양시키고 자기 실패감으로부터 스스로를 보호한다. 청소년이 유명 연예인의 복장이나 행동을 모방해서 따라 하는 것이나 자녀가 동성 부모의 행동을 모방하여 성역할 행동을 하는 것도 동일시 행동에 해당된다.

(10) 보상

보상(compensation)은 자신의 부족한 부분을 감추기 위해 약점을 지각하지 않거나 혹은 어떤 긍정적인 특성을 발전시키는 것이다. 체격이나 성격의 다른 측면을 발전시킴으로써 열등감이나 나약함을 감추는 것에서도 찾아볼 수 있다. 학업성적이 부진한 학생은 명랑한 성격을 발전시킬 것이며, 특정 신체장애를 가진 사람은 다른 신체적인 영역에서 두각을 나타낼 수 있다. 보상기제는 개인의 자아개념에 부정적인 영향을 미치는 것들을 보상하기 위해 긍정적인 특징들을 과장하는 것으로서 직접적으로는 적응적 가치가 있다.

(11) 주지화

주지화(intellectualization)는 불편한 감정을 조절하거나 최소화하기 위해 지나치게 추상적으로 사고하거나 일반화함으로써 감정적 갈등이나 스트레스를 처리하고자 하는 방어기제다. 예를 들어, 감정을 억누르고 장황한 논리를 주장하는 경우나, 어머니의 죽음이 받아들이기 어려울 정도로 슬프기 때문에 다른 사람에게 마치 신문에 난 기사를 전하듯 무감각하게 이야기하는 경우다.

5) 심리성적 발달단계

프로이트는 쾌감과 만족감의 근원인 인간의 신체 부위에 초점을 두고 개인의 성격발달을 설명했다. 심리성적 발달이론(psychosexual development theory)에 의하면, 인간의 성격은 구강기, 항문기, 남근기, 잠복기, 성기기의 다섯 단계를 거치면서 발달해 나간다. 개인의 성격은 출생 이후부터 약 6세경까지 해당되는 유아기 동안의 경험들에 의해 그 기본 구조가 형성되며 그 후 정교화 과정을 거치면서 발달해 나간다. 심리성적 발달단계는 생물학적 발달 측면에서 볼 때 생존의 본능적 쾌락이 집중되는 단계라고 할 수 있다.

리비도는 성적 추동 에너지를 의미하는데, 출생 시에 나타나는 리비도는 일련의 단계를 거쳐 발달해 간다. 프로이트는 쾌락을 주는 성적 추동 에너지가 신체의 어느 부위에 집중(cathexis)되는가에 따라 발달의 각 단계를 명명하였다. 삶의 본능이자 성적 본능이 지니고 있는 리비도는 출생 직후 먼저 입에 집중되며, 점차 성숙해 감에 따라 항문과 생식기 등의 다른 신체 부위로 옮겨 간다. 프로이트가 말하는 성(性)이란 단순히 성교(性交)만이 아니라 쾌감을 주는 모든 것을 포함한다. 예를 들어, 빠는 것, 배설이나 보유하는 것, 만지는 것과 같은 신체운동뿐만 아니라 심지어 물거나 꼬집거나 하는 잔인한 행동까지도 포함된다. 그리하여 발달단계의 명칭들도 각 발달시기에 있어서 성적 흥분이 가장 민감한 신체 부위에 따라 명명된 것이다.

각 발달단계에서 추구하는 욕구가 적절하게 충족되면 다음 단계로의 이행이 자연스럽게 이루어지고 건강한 성격을 형성하게 된다. 그러나 각 단계에서 욕구가 지나치게 충족되거나(방임) 결핍되면(좌절) 다음 단계로 넘어가는 데 지장을 초래하게 되고, 성인이 되어서도 그 단계에 고착(fixation)되어 성격 형성에 문제를 갖게 된다. 고착은 심리성적 발달의 초기단계를 원만하게 거치지 못했을 때 특정 발달단계와 대상에 얽매여 있는 상태를 뜻한다(김헌수, 김태호, 2006; 노안영, 2005; Hall & Lindzey, 1978; Hjelle & Ziegler, 1981).

(1) 구강기

구강기(oral stage)는 출생 시부터 약 1세까지의 시기로, 리비도가 입에 집중되어 입을 통한 쾌감으로 만족감을 느낀다. 이 기간 동안 만족의 주요 원천은 먹는 것으로서 성적으로 민감한 부위인 입술과 구강을 자극한다. 배고플 때 괴로움을 느끼게 되면 젖을 빨고 삼키는 행동에서 포만감이나 만족감을 느낀다. 유아는 구강 부위의 자극을 통해 사회적 · 물리적 환경에 접촉하고, 구강 부위는 그러한 접촉을 매개하는 일차적 수단이 된다. 유아는 리비도의 일차적 대상인 어머니의 젖을 빨면서 어머니에게 전적으로 의존한 상태에서 이 세상에 대한 지각을 배우게 된다.

구강기를 어떻게 보내느냐는 장차 성격 특질(character trait) 형성에 큰 영향을 준다. 이 시기에 고착된 성격을 구강형 성격(oral character)이라고 하는데, 구강기에 욕구가 과잉 충족되거나 과잉 결핍되면 후일 성장하여 의존적이거나 자기중심적인 구강형 성격이 되며, 폭음, 흡연, 과식 등 입과 관련된 문제 행동적 특성을 나타낸다. 그러나 요구가 적절하게 충족될 경우 자신감, 관대함, 신뢰감, 독립성 등의 안정된 성격 특질을 갖게 된다.

이 시기는 다시 구강 의존기와 구강 공격기로 구분된다. 출생 직후부터 약 6개월 경까지를 구강 의존기 혹은 구강 수용기라고 하는데, 유아는 어머니에게 의존하여

젖을 빨면서 이 세상에 대한 지각을 배우고 외부 환경과의 관계를 확립해 나간다. 그 후 약 6개월경부터 1세까지는 구강 공격기 혹은 구강 가학기에 해당된다. 치아가 생기면서 서서히 고형식의 음식을 씹고 깨무는 것을 배우는데, 입으로 빠는 것뿐만 아니라 치아로 물어뜯는 것을 통한 쾌감이 추가된다. 구강 가학적인 특성은 물어뜯고, 먹어 치우고, 파괴하는 원시적 소망 및 환상과 연관된다.

(2) 항문기

항문기(anal stage)는 약 2~3세에 해당되며 리비도가 항문 근처에 집중되어 배변이나 배뇨와 같은 본능적 욕구가 쾌락의 근원이 된다. 항문 괄약근을 조절할 수 있는 신경근육의 성장으로 신체에 대한 자율성을 획득하게 되고 대소변을 참거나 배출하는 경험을 통해 쾌감을 얻는다. 아동의 관심은 신체 그 어느 부위보다도 항문이나 요도에 집중되며, 이때 아동은 생전 처음으로 외부 환경에 의해 자신의 욕구와 충동이 억제됨을 경험하게 된다. 성격 형성은 본능적 충동인 배설과 외부적 현실인 배변훈련과 관련되어 결정된다. 아동에게 있어서 배설물을 방출하는 것은 쾌락이지만, 이 시기에 접어들면서 배변훈련의 시작과 함께 그러한 쾌락을 지연시키는 것을 배우게 된다. 아동은 이제 즉각적인 배설을 통해 느끼던 만족감을 어느 정도 지연시키는 것을 배워야 한다. 대소변을 참거나 배설할 때 쾌감을 느끼게 되는데, 배설조절과 같이 자신의 신체 근육을 자율적으로 조종하고 통제하는 것을 통해 능동적인 성격을 발달시킨다.

그러나 배설행동을 두고 부모와 갈등을 겪으면서 부모에 대한 애증, 즉 양가감정(ambivalence)을 갖게 되기도 한다. 배변훈련에 따른 칭찬과 처벌은 아동의 성격 형성에 큰 영향을 미친다. 배변훈련을 둘러싼 부모와 아동 간의 갈등은 다음과 같은 상황에서 유발되거나 한층 더 심각해질 수 있다.

- 배뇨 · 배변에 관여하는 척추신경은 보통 생후 1년 반에 발달이 완료되는데, 간혹 이러한 신경조직 발달이 채 완성되지 않은 상태의 아동에게 부모가 무리하게 대소변을 가리라고 요구할 때
- 아동이 바지를 벗고 입을 능력이 생기기 전에, 또는 화장실 · 변기 등이 어디에 있는지 알지 못하는 경우에 부모가 무리하게 대소변 가리기를 요구할 때

- 대소변을 싼다고 부모가 벌주거나 야단칠 때
- 혼자서 화장실 가는 것을 겁내거나 양변기 속이나 재래식 화장실 안에 자기가 통째로 빠져 버리지 않을까 하고 겁내는 것은 이 시기 아동들에게서 일반적으로 나타나는 현상인데도 이를 이해하지 못하는 부모가 계속 배변 가리기를 요구할 때

만약 배변훈련이 순조롭게 진행되지 않으면 아동은 배변훈련에서 느끼는 좌절감에 대해 두 가지 방식으로 반응할 수 있다. 먼저 부모가 금지한 시간과 장소에 고의적으로 배변을 함으로써 부모의 요구를 거절하는 것이다. 만약 아동이 이러한 행동을 좌절을 감소시키기 위한 대안적인 행동으로 여기고 자주 하다 보면 항문공격형 성격을 발달시키게 된다. 아동이 배변훈련의 좌절에 반응할 수 있는 두 번째 방식은 배설을 보유하는 것이다. 배변을 자신의 신체 내에 보유함으로써 만족을 느끼고 부모를 통제하고자 하는 아동은 후일 고집이 세고 구두쇠와 같은 특성을 나타내는 항문보유형 성격으로 자라나게 된다.

따라서 이 시기에 배변훈련이 적절하게 이루어지면 자율적이고 창조적인 성격이 형성되어 긍지감이 높고, 독립적이며, 수치심이 없고, 자기주장을 하는 원만한 성격이 된다. 그러나 배변훈련을 너무 빨리 시작하거나 지나치게 엄격하면 오히려 완고하고, 완벽을 추구하며, 고집스럽고, 때로는 지나친 순종을 보이는 등 항문고착형 성격을 갖게 된다.

(3) 남근기

남근기(phallic stage)는 약 4~6세에 해당되는 시기로서 리비도가 생식기에 집중된다. 아동은 남아의 신체와 여아의 신체 간의 차이점을 인식하기 시작하며, 성에 대한 호기심, 성적 환상, 자위, 성역할 동일시, 성역할놀이 등과 같은 행동을 나타낸다. 아동은 자신의 성기를 만지거나 환상을 통해 쾌감을 느낀다. 남근기의 갈등은 아동이 반대 성인 부모에 대해 지니고 있는 무의식적 근친상간의 욕망과 관련이 있다.

거세불안(castration fear), 오이디푸스 콤플렉스(Oedipus complex), 남근선망(penis envy), 엘렉트라 콤플렉스(Electra complex) 등과 같은 심리적 현상이 나타난

다. 거세불안과 오이디푸스 콤플렉스는 남아가 환상과 행동을 통해 반대 성의 부모에게 갖게 되는 성적 소망에서 비롯된다. 남아는 아버지를 경쟁자이며 위협적 존재로 여긴다. 또한 그는 아버지와 어머니가 특별한 관계에 있음을 지각하고, 아버지에 대해 질투심과 적개심을 갖게 된다. 이때 연약한 남아는 힘 있는 적대자인 아버지가 자신의 남근을 잘라 내지 않을까 두려워하게 되는데, 이를 거세불안이라고 하며 그 결과로 나타나는 갈등이 오이디푸스 콤플렉스다.

점차 남아는 이성의 부모에 대해 갖고 있는 이러한 욕망과 동성의 부모에 대해 갖고 있는 적대감으로 인해 죄책감을 느끼고, 결국 동성의 부모와의 동일시(identification)를 통해 이 갈등을 해소해 나가게 된다. 오이디푸스 콤플렉스를 해결하기 위해 남아는 아버지를 강한 동일시의 대상으로 받아들인다. 이 동일시 과정을 통해 부모의 규범과 그가 속한 사회의 규범을 내재화하게 되고 점차 자아와 초자아가 발달한다. 오이디푸스 콤플렉스의 원만한 해결은 건강한 성정체감 형성과 초자아 및 자아의 발달을 촉진하는 긍정적인 결과를 가져온다. 그러나 아버지와 동일시하면서 이러한 오이디푸스 콤플렉스를 원만하게 해결하지 못하면 퇴행적인 행동이 나타나고 여아처럼 행동하는 등 후일 청소년기 성정체감(gender identity) 확립에 큰 혼란을 겪을 가능성이 높다.

남아의 거세불안과 상반되게 여아는 남근선망을 갖는다. 여아는 남아에게 있는 남근이 자신에게는 없다는 것을 발견하고 자신의 성기를 잃어버렸다고 믿으며 남근을 부러워한다. 오이디푸스 콤플렉스에 대응되는 여아의 콤플렉스는 엘렉트라 콤플렉스(Electra complex)라고 한다. 여아는 이 시기 동안 사랑의 대상을 점차 어머니로부터 아버지에게로 옮겨 가기 시작한다. 어머니에게 남근이 없다는 것을 발견하고는 그에 대해 부정적인 감정을 느끼며 남근선망을 갖게 된다. 이때 여아는 남근이 있는 아버지의 관심과 애정을 끌기 위해 어머니와 경쟁하게 되는데, 만약 어머니와 더 이상 경쟁할 수 없음을 깨닫게 되면 어머니와의 동일시를 통해 어머니의 행동 특징을 모방하고 초자아를 발달시키게 된다.

남근기의 발달이 순조롭지 않으면 남아의 경우 거세불안이 해결되지 않아 권위에 지나치게 복종하고 두려워하거나 매사에 경쟁적이 된다. 남근기에 고착된 성인 남성은 자신의 남자다움과 강인함을 드러내려고 하기 때문에 경솔하고 과장된 행동 특성을 나타낸다. 한편, 여아의 경우에도 남근선망에 의한 열등감이 해소되지 않아

지나친 경쟁심을 보이기도 한다. 남근기에 고착된 성인 여성의 경우에는 성적 관계에서 난잡하고 유혹적이며 경박한 행동 특성을 나타내기도 한다. 또한 이 시기에 해결되지 못한 오이디푸스 콤플렉스와 엘렉트라 콤플렉스는 동성애, 성전환증(transgender), 발기불능, 불감증 등으로 나타나기도 한다. 그러나 이 시기를 원만하게 넘기면 건강한 성정체감을 확립하게 되고 성적 호기심을 생산적으로 사용할 수 있게 된다.

(4) 잠복기

잠복기(latency stage)는 약 7～12세에 해당되는 시기로 잠재기라고도 한다. 성격구조의 세 요소인 원초아, 자아, 초자아가 거의 형성되고, 리비도가 휴지기에 접어들기 때문에 성적이고 공격적인 욕구나 충동적 욕구가 외부적으로 표현되지 않고 통제된다. 아동의 관심은 외부세계와 인간관계로 옮겨 간다. 본능적 욕구가 잠재화되므로 이성에 대한 관심은 감소하고 오히려 동성의 친구들과 어울리게 되는 사회화가 이루어진다. 정신 에너지는 자아를 발달시키는 데 사용되어 학업에 관심을 쏟고 장차 삶을 영위하는 데 필요한 기술 습득과 훈련에 집중된다. 또한 아동의 관심은 가족들로부터 벗어나 외부 환경으로 확대되어 친구들과 교사, 지역사회 내 타인들에게 관심을 갖게 된다. 학교활동, 취미, 스포츠, 우정관계 등을 통해 성적 충동을 승화시킨다.

이 시기를 무난히 넘기면 학업이나 활동에 있어서 성취감을 느끼고 대인관계도 원만해져 자신감과 적응능력이 높아진다. 그러나 이전 발달단계의 과제들이 미해결 상태로 남아 성적 · 공격적 충동이 잘 제어되지 못한다면 학업에 지장을 받게 되고, 누적된 학업 실패는 열등감을 유발한다. 또한 두려운 나머지 내면의 충동들을 과도하게 제어하다 보면 오히려 성격발달을 정체시키게 되고, 외현상 조숙한 듯 보이지만 실제로는 심각한 강박적 성격으로 발전할 가능성이 높다.

(5) 성기기

심리성적 발달의 마지막 단계인 성기기 혹은 생식기(genital stage)는 사춘기 이후 시기를 일컫는데 사춘기에 시작되어 성인기 내내 지속된다. 이 단계에서 나타나는 청소년의 발달 특징은 급격한 신체적 성장에 따른 호르몬의 변화다. 따라서 이전 단계에 잠재되어 있던 리비도가 다시 활성화되어 성적 욕구가 강해지고 이성에 대한 관심과 인식이 증가한다. 근친상간에 따른 죄책감 없이 이성과 성숙한 감정적 교류를 할 수 있으며, 집단활동과 미래직업에 대한 계획을 수립하고 결혼과 가족부양을 위해 준비하는 등 보다 현실지향적이고 이타적인 사회화를 추구하는 시기다.

이전 발달단계에서는 심적 부착(cathexis)이 다분히 자애적(narcissistic)이었으나 성기기에서는 순수한 대상선택(object-choice)으로 바뀌게 된다. 또한 부모로부터 심리적으로 독립하여 독자적인 주체성을 확립하고 급격한 신체발달을 정신적으로 원만하게 통합해야 하는 발달과제를 갖고 있다. 성인기를 준비하기 위해 부모로부터 심리적인 독립을 추구하고, 근친상간이 아닌 성숙한 이성관계를 확립하며, 독자적인 정체성을 모색하고, 자신에게 부여된 역할을 맡아 실험적으로 수행해 나가는 시기다.

4 상담의 목표와 과정

1) 상담목표

정신분석은 내담자의 무의식을 의식화하고 자아를 강하게 하여 본능의 요구보다는 현실에 바탕을 둔 행동을 취할 수 있도록 조력하는 데 그 목표가 있다. 무의식의 역할을 이해하는 것은 행동의 본질과 동기를 파악하는 데 있어 핵심적이다. 무의식 속에 억압된 충동들은 비록 인식되지는 않지만 행동에 직접적으로 혹은 간접적으로 영향을 미친다. 억압된 무의식의 내용은 모든 신경증적 증상이나 부적응의 근원이 된다. 따라서 정신분석을 통해 증상의 의미, 행동의 원인, 그리고 적응을 방해하는 억압된 감정이나 충동을 규명하고 그것을 자유롭게 표현할 수 있도록 촉진함으로써 무의식을 의식화시킨다. 내담자는 자신의 현재 행동의 적절성과 부적절성을 탐색할 수 있게 되고, 나아가 자신의 문제 행동의 원인을 통찰할 수 있게 된다. 또한 정신분석은 개인의 성격구조를 변화시키고, 본능적 충동에 따르지 않고 보다 현실적인 행동을 선택할 수 있도록 자아를 강화시키는 데 초점을 둔다(Corey, 1998).

2) 상담과정

정신분석 과정은 내담자의 문제나 상황 및 상담자의 접근방법에 따라 매우 다양하다. 정신분석의 일반적인 과정은 다음과 같다(김헌수, 김태호, 2006; 이현림, 2008).

- 내담자가 갈등이나 부정적 감정 등과 같이 도움을 필요로 하는 심리적 상태를 말하기 시작한다.
- 상담 장면에서 내담자가 신경증적 증세를 보인다(전이신경증).
- 상담자는 자유연상, 꿈의 분석, 최면 등을 통해 내담자의 신경증적 갈등을 탐색한다.
- 상담자는 내담자의 언어내용에서 갈등의 핵심, 주제내용과 관련된 행동 측면을 추리해 낸다.
- 상담자는 전이 장면에서 내담자의 갈등이 표출되도록 한다.
- 상담자는 내담자의 저항적 언어반응을 해석한다.
- 상담자의 해석에 대한 내담자의 반응 및 수용을 격려한다.
- 내담자의 신경증 증상이 감소 혹은 제거되기 시작한다.
- 내담자의 부정적 감정이 해소되고 정신 에너지가 해방된다.
- 내담자에게 보다 적절한 언어반응과 자아통제력 및 통찰이 형성된다.

한편, 알로우(Arlow, 1989)는 정신분석이 초기 시작단계, 전이의 발달단계, 전이의 훈습단계, 전이의 해결단계로 진행된다고 보았다.

- 초기 시작단계: 내담자가 분석에 적절한 사람인지와 그가 제시한 문제가 정신분석에 적합한지를 평가하여 상담계약을 맺고, 상담관계를 발전시키며, 내담자의 문제에 대한 기본적인 역동을 파악하는 단계다. 니콜라이(Nicholi, 1988)

는 분석에 적합한 내담자의 다섯 가지 능력을 제시하였다(노안영, 2005 재인용). 첫째, 치료동맹을 맺을 수 있는 능력이 있어야 한다. 둘째, 치료 작업을 위한 충분한 시간과 경제능력이 있어야 한다. 셋째, 치료적인 퇴행을 견딜 수 있는 능력과 퇴행으로 인한 불안을 극복할 수 있는 능력이 있어야 한다. 넷째, 전이신경증을 형성할 수 있어야 한다. 다섯째, 환상과 현실을 구별할 수 있는 능력이 있어야 한다.

- 전이의 발달단계: 정신분석은 곧 내담자의 전이와 저항을 분석하는 작업이라고 할 만큼 전이는 중요하게 다루어진다. 내담자가 과거에 부모나 다른 사람들에게 느꼈던 감정을 현재의 상담자에게 동일하게 느끼는 것을 전이(transference)라고 한다. 상담자는 분석과정 동안 중립적이고 익명적인 태도를 유지함으로써 상담자에 대한 내담자의 전이를 유발시키고, 유발된 전이를 내담자가 지닌 문제 상황과 관련하여 해석해 준다. 한편, 상담자가 내담자와의 관계에서 갈등을 느끼고 내담자를 싫어하거나 좋아할 수가 있다. 이러한 현상을 역전이(counter transference)라고 하는데, 상담자가 과거에 경험한 인물에 대한 느낌을 현재의 내담자에게 치환시키는 것이다. 역전이가 발생하면 상담자 자신의 감정이 부각되어 내담자 문제에 대해 객관적인 태도를 유지하기 곤란하며 이로 인해 상담에 방해가 된다. 따라서 상담자는 내담자에 대한 자신의 감정에 주의를 기울이면서 역전이가 일어나지 않도록 조심해야 한다.
- 전이의 훈습단계: 정신분석의 중기단계의 초점은 내담자로 하여금 전이신경증을 훈습하게 하여 전이와 저항을 분석하는 데 있다. 훈습(working-through)은 내담자의 통찰을 변화로 이끄는 것을 방해하는 저항을 반복적이고 점진적으로 정교하게 탐색하는 것을 의미한다. 이 단계에서는 상담자로부터 얻은 통찰이 내담자 자신의 문제 해결에 효과적으로 적용될 수 있도록 내담자가 자신의 행동과 태도를 변화시키고자 노력한다. 내담자는 훈습을 통해 통찰의 효과가 일상생활에 일반화되도록 한다.
- 전이의 해결단계: 전이의 분석이 종결되는 단계로서 상담자에 대한 내담자의 무의식적이고 신경증적인 애착을 해결하게 된다. 내담자가 상담자에 대해 형성한 애착과 의존 등의 문제를 해결할 수 있도록 조력하며, 상담의 종결에 따른 내담자의 감정을 처리하는 데 관심을 둔다.

5 상담의 기법과 적용

1) 상담기법

정신분석의 대표적인 기법으로는 자유연상, 꿈분석, 전이분석, 저항분석, 해석, 훈습 등이 있다(김헌수, 김태호, 2006; 김형태, 2003; Arlow, 1989; Baker, 1985).

(1) 자유연상

자유연상(free association)은 내담자로 하여금 마음속에 떠오르는 것이면 무엇이든지 이야기하도록 하는 방법이다. 아무런 제한 없이 고통스러운 것이든 즐거운 것이든 어떤 내용이나, 논리적이고 조직적이고 의미 있는 이야기가 아니더라도, 그리고 아무리 사소한 것이라 하더라도 의식에 떠오르는 것이면 모든 것을 이야기하도록 한다. 억압된 무의식의 내용을 탐색하기 위해 사용하는 기법으로서 어떤 검열이나 자기비판도 개입되지 않아야 한다.

대개 내담자는 긴 안락의자에 눕고 상담자는 내담자의 옆이나 머리 뒤에 보이지 않는 위치에 앉는다. 긴 안락의자를 사용하는 것은 내담자를 이완시키고 어린 시절로 되돌아가는 퇴행이 일어나도록 해 주어 분석에 효과적이기 때문이다. 이때 상담자가 내담자의 머리 뒤에 앉는 것은 내담자로 하여금 혼자라는 느낌을 갖게 하고 자신의 감정이나 주의에 집중하도록 하여 사고의 흐름을 방해하지 않기 위해서다. 상담자는 내담자에게 마음을 비우고, 아무리 사소하고 고통스럽고 부적절한 것이라 하더라도 마음속에 떠오르는 대로 무엇이든지 모두 이야기하라고 지시한다.

이때 내담자는 어린 시절의 경험이나 잊혀진 장면, 사건을 떠올리거나 그러한 경험과 관련된 억압된 감정을 표현한다. 주로 어린 시절의 성적인 경험이나 충격적인 사건이 억압되어 있는 경우가 많은데, 이러한 억압된 내용은 불안과 신경증을 유발시킨다. 내담자는 이러한 기억을 떠올리는 것에 대해 저항하지만, 분석과정을 통해 이와 같은 저항이 내담자 자신도 의식하지 못하는 어떤 정신적인 힘에 의해서 이루어진다는 것을 깨닫게 된다. 상담자는 내담자가 연상하는 내용으로부터 내담자의 증상과 관계되는 무의식적 자료들을 끌어내고, 그 의미를 해석해 주며, 내담자로 하여금 자신의 문제 증상과 관련된 무의식적 내용들에 관해 통찰을 얻도록 한다.

(2) 꿈분석

내담자의 무의식적 자료는 꿈분석(dream analysis)을 통해서도 얻을 수 있다. 잠을 자는 동안에는 무의식에 대한 자아의 방어가 약해지므로 억압된 욕구와 본능적 충동들이 의식의 표면으로 보다 쉽게 떠오른다. 꿈은 그날 낮에 경험한 일, 잠자면서 듣는 소리나 감각적인 자극, 배고픔과 같은 신체적인 상태, 잠재적 사고나 욕구 등 다양한 요인에 의해 형성될 수 있다. 프로이트는 꿈을 "무의식에 이르는 왕도"라고 하였다. 잠재된 생각과 소망은 자아의 무의식적인 방어와 초자아의 무의식적 검열을 통해 응축되고 전위되고 꿈으로 상징화된다. 신경증적인 증상이 그렇듯이 꿈도 잠재적 소망과 무의식적인 방어 간 타협의 소산이다. 소망과 방어 간의 타협이 잘 안 되면 꿈은 '수면의 수호자'로서의 역할을 할 수 없게 되고, 따라서 잠자는 동안 방어가 허술해져서 억압된 내용들이 표면화된다.

꿈은 무의식적인 소망, 욕구, 두려움 등이 표출된 것이다. 꿈분석은 꿈의 내용이 갖는 상징들을 탐구하여 숨겨져 있는 의미를 파악하는 작업이다. 꿈은 '현시적 내용(manifest content)'과 '잠재적 내용(latent content)'의 두 가지 수준의 내용을 담고 있다. 현시적 내용은 바로 꿈속에 나타나는 구체적인 꿈의 내용들을 뜻한다. 반면, 잠재적 내용은 너무나 고통스럽고 위협적인 것들로서 무의식적인 동기들을 담고 있으므로 숨겨져 있고 상징적으로 드러난다. 따라서 꿈을 분석할 때에는 꿈의 현시적 내용이 아니라 상징적으로 드러나 있는 동기와 갈등, 즉 잠재적 내용에 초점을 둔다. 또한 내담자로 하여금 꿈이 시사하는 현재 상황에 대한 이해뿐만 아니라 과거의 중요한 타인과의 경험도 인식하도록 돕는다. 상담자는 꿈분석을 통해 내담자의 무의식 속에 억압되어 있는 욕구를 찾아내고 내담자로 하여금 해결되지 않은 자신의 문제들에 대한 통찰력을 얻도록 도와준다.

(3) 전이분석

전이분석(transference analysis)은 내담자가 상담자에게 나타내는 전이현상을 분석하는 것을 뜻한다. 정신분석에서 상담자의 주된 업무의 하나는 내담자의 전이를 유도하고 그것을 해석하는 것이다. 전이란 내담자가 인생 초기의 의미 있는 대상과의 관계에서 발생했으나 억압되어 무의식에 묻어 두었던 감정, 신념, 욕망을 자기도 모르게 상담자에게 표현하는 현상을 의미한다. 정신분석이 진행되면 내담자는 과거에 경험한 타인과의 관계, 특히 부모나 주요 양육자와의 관계에서 형성된 경험들을 상담자를 통해 재현하는데, 이러한 전이가 결정적인 치료요소가 된다. 내담자는 상담자에게 감정을 전이함으로써 현재의 어려움을 야기시키는 초기의 인생갈등을 정서적으로 다시 경험하게 된다.

전이는 내담자가 상담자에게 부여하는 모든 투사의 총합이라고 할 수 있다. 그러나 상담자에 대한 내담자의 감정이나 태도를 무조건 전이로 생각해서는 안 된다. 내담자의 반응행동이 현재 상황에 비추어 보아 실제적인 이유가 있는 행동이라면 그것은 전이가 아니다. 상담관계에서 전이현상이 발생하면 내담자는 상담자에 대한 지각이 왜곡되어 상황에 걸맞지 않는 경험과 행동양식을 나타낸다. 과거의 의미 있는 대상과의 관계 양상이 활성화되어 과거 경험들이 상담자와의 실제 관계에서 다시 생생해진다. 전이에는 긍정적 전이와 부정적 전이의 두 가지 형태가 있다. 긍정적 전이는 내담자가 상담자를 특별히 좋아하고 이상적인 인물로 보게 되는 것을 뜻한다. 반면, 부정적 전이는 내담자가 상담자를 이유 없이 두려워하거나 미워하게 되는 것을 의미한다. 두 가지 형태의 전이 모두 해결되지 않은 아동기의 갈등이 재현되고 있는 것으로 본다.

정신분석의 성공 여부는 내담자의 전이를 이해하고 어떻게 다루느냐에 달려 있다. 내담자로 하여금 전이되는 감정의 실제와 환상 사이를 구별할 수 있도록 도와주며, 이러한 전이분석을 통해 왜곡된 관계를 재정립하도록 돕는다. 상담자의 분석을 통해 전이 감정이 해소되면 내담자는 과거의 영향으로부터 벗어나게 되고 보다 정서적으로 성숙한 상태에 도달할 수 있다.

(4) 저항분석

저항분석(resistance analysis)은 내담자가 치료과정에서 보여 주는 비협조적이고 저항적인 행동의 의미를 분석하는 작업을 뜻한다. 저항은 내담자가 상담에 협조하지 않는 모든 행위를 포함한다. 내담자는 억압된 감정이나 생각들을 회상할 수 없거나 혹은 그 표현을 주저하는 경향을 보인다. 상담 약속을 어긴다거나, 특정한 생각, 감정, 경험 등을 드러내지 않거나, 상담과정에서 아무런 의미도 없는 말만 되풀이하거나, 중요한 내용을 빠뜨리고 사소한 이야기만 하거나 하는 것도 저항의 한 형태다. 정신분석에서는 내담자가 저항을 하는 데에는 그럴 수밖에 없는 이유가 있다고 여긴다. 내담자가 자신의 억압된 충동이나 감정을 자각하게 되면 불안이 유발되는데, 이때 이러한 불안으로부터 자아를 방어하고자 하는 무의식적 역동성이 곧 저항으로 나타난다. 무의식의 저장고에 숨겨진 내용들을 인식하는 것은 내담자에게는 고통스러운 일이다.

일반적으로 사람들은 고통스러운 것을 회피하고자 한다. 그렇기 때문에 내담자가 저항을 보인다는 것은 곧 내담자의 억압된 고통스러운 무의식적 자료가 의식의 표면으로 올라오려 하고 있음을 뜻한다. 이러한 측면에서 저항은 치료적인 의미를 지닌다고 볼 수 있다. 저항은 상담의 진전을 저해하고 내담자가 무의식적 욕구를 적극적으로 표출하는 것을 방해하므로 저항을 분석하고 해석하는 작업은 중요하다. 따라서 내담자의 갈등을 근본적으로 해결하기 위해서 상담자는 내담자의 저항 이유를 지적하여 내담자로 하여금 직면하게 해야 한다. 상담자는 내담자의 주의를 집중하게 하고 저항들 가운데서도 가장 명백한 저항현상을 해석해 준다. 저항을 분석하는 목적은 내담자가 자신의 저항행동의 원인을 통찰하도록 도와줌으로써 그것을 잘 처리할 수 있도록 하는 데 있다.

(5) 해 석

해석(interpretation)은 내담자가 자유연상에서 보고한 자료, 꿈의 자료, 실언, 증상, 전이, 저항 등의 내용과 그 의미를 깨닫도록 지적하고 설명하고 가르치는 상담자의 치료활동을 뜻한다. 해석을 통해 상담자는 내담자의 무의식적인 내용을 의식화하도록 촉진하며 내담자로 하여금 자신의 무의식에 대한 통찰을 얻게 한다.

해석은 일반적으로 네 단계로 이루어진다. 첫째, 내담자를 특정 사실이나 체험에 직면하게 한다. 둘째, 직면한 사실이나 사건, 의미 등에 대해 보다 날카롭게 초점을 잡아 명료화한다. 셋째, 상담자는 여러 상황과 정보, 그리고 지금 여기에서 일어나는 경험들을 파악하고 유추한 것을 전체적인 맥락 속에서 추론하여 내담자에게 설명해 준다. 넷째, 분석과정에서 해석된 것을 총합하고 해석과 더불어 유발된 저항을 극복해 나간다.

해석은 몇 가지 원칙에 따라 이루어져야 효과를 거둘 수 있다. 첫째, 해석을 시도하는 시기의 적절성이다. 적절하지 못한 때에 해석을 하면 내담자가 거부반응을 일으킬 수 있기 때문이다. 해석하려는 내용이 내담자의 의식 수준에 가까이 왔을 때 하는 것이 원칙이다. 내담자가 해석을 받아들일 준비가 되어 있지 않는데도 상담자가 때이른 해석을 하는 것을 조기해석이라 한다. 아무리 정확한 해석이라 하더라도 내담자가 미처 수용할 준비가 되어 있지 않다면 통찰의 효과를 기대할 수 없고 저항만 불러일으키게 된다. 둘째, 내담자가 소화해 낼 수 있을 정도의 깊이까지만 해석해야 한다. 상담자는 내담자 스스로 미처 깨닫지 못했지만 견딜 수 있고 자신의 것으로 인정할 수 있을 것 같은 표면적인 자료부터 시작해서 심도 깊은 내용으로 점진적으로 확대시키면서 해석 수준을 조절하는 것이 필요하다. 셋째, 저항이나 방어의 저변에 깔려 있는 무의식적 감정 및 갈등을 해석하기에 앞서 그 저항과 방어를 먼저 지적해 줄 필요가 있다.

(6) 훈습

훈습(working-through)이란 내담자가 이전에는 회피했던 무의식 자료를 정확히 이해하고 통합하여 일상생활에 적용할 수 있을 때까지 상담자로부터 반복적인 해석과 지지를 받는 과정을 의미한다. 익숙해질 때까지 이 과정을 연습한다는 의미에서 훈습이라고 한다. 정신분석이 진행되면서 내담자는 자신의 갈등과 심리적 방어기제를 이해하기 시작하고 이에 대한 통찰을 갖게 되지만, 내담자가 한 번 통찰했다고 해서 바로 마음속의 갈등이 사라지거나 심리적인 문제가 즉각 해결되는 것은 아니다. 지금까지 익숙하게 사용해 왔던 방식대로 자아가 작용하기 때문이다. 상담을 통해 얻은 통찰은 실생활 속에서 실천에 옮겨져야만 그 효과를 거둘 수 있다. 따라서 내담자가 인지적 차원에서뿐만 아니라 감정적으로 자신의 갈등을 이해하고 자각하여 내적으로 심리적인 변화가 나타나기까지는 지속적으로 훈습 작업이 이루어져야 한다.

2) 상담사례

다음의 상담내용은 월버그(Wolberg)의 정신분석에서 내담자의 자유연상, 저항해석, 꿈분석 등의 기법이 어떻게 적용되는지를 보여 주는 사례다. 내담자는 공포증을 가진 38세의 여성이다(이장호, 2000 재인용).

내담자: 그래서 걷기 시작했어요. 그러다가 박물관 뒤로 가서 공원을 가로질러 가기로 결정했지요. 그렇게 걷고 있는데 아주 흥분되고 신나는 기분이 들었어요. 관목 숲 옆에 벤치가 보이길래 거기 앉았는데, 내 뒤로 뭔가 바스락거리는 소리가 들려 겁이 났어요. 숲 속에 남자들이 숨어 있지 않나 하는 생각이 들었는데, 언젠가 그 공원에 성도착자들이 있다는 기사를 읽었거든요. 내 뒤에 누가 있는 것 같았어요. 불쾌했지만 한편으론 흥분되기도 했답니다. 아버지 생각이 나는군요. 흥분되는 기분이에요. 발기된 남근이 생각나요. 아버지와 연결되어 있어요. 그 점에 대해 뭔가 생각날 듯한데 뭔지 모르겠어요. 기억의 가장자리에 머물러 있는 것 같아요. (침묵)

상담자: 음. (침묵) 기억의 가장자리라구요?

내담자: (급하게 숨을 쉬며 매우 긴장하고 있는 듯 보인다.) 어렸을 때 아버지와 함께 잠을 잤어요. 재미있는 느낌이 드네요. 피부가 콕콕 쑤시는 것 같은 재미있는 느낌이 들어요. 이상한 기분인데요. 장님처럼 뭔가 안 보이는 느낌, 정신이 흐릿해지는데요. 내가 보는 것에 얼룩이 번져 가는 것 같아요. 공원을 산책한 이후 이런 느낌이 생겼다 말았다 해요. 마음이 빈 것 같아요. (원저자 월버그는 내담자의 이 반응을 억압의 출현이라고 본다. 억압과 함께 지적 기능이 방해를 받고, 억압되었던 것이 의식화됨으로써 생기는 불안에 대처하는 방편이라고 설명하고 있다.)

상담자: 마음이 흐릿해지는 것은 보고 싶지 않은 것을 마음에서 몰아내는 방법일 수 있겠죠. (월버그는 이러한 내담자의 증상을 저항으로 해석한다.)

내담자: 금방 생각이 났는데요. 아버지는 옷을 벗고 있는 상태에서 돌아가셨어요. 마음 속에 아버지가 보여요. 그렇지만 아무것도 볼 수가 없었어요. 생각을 분명히 할 수가 없었어요. 나는 자랄 때 남자와 여자의 차이를 알지 못하게끔 자라났지요. 아버지가 무서웠지만, 그래도 아버지를 사랑했어요. 내가 아주 어렸을 때는 토요일과 일요일 밤에는 아버지와 함께 잠을 잤어요. 너무나 따스하고 편안했지요. 그보다 더 따뜻하고 편안한 건 없었어요. 기분도 좋았고, 지금은 온몸이 콕콕 찌르는 것 같아요. 아버지와 함께 잠을 잘 수 있었던 날은 멋진 휴일이었죠. 더 이상은 기억이 안 나요. 마음에 얼굴이 있어요. 긴장되고 두려워요.

상담자: 그 얼굴이 당신의 삶을 오염시켜 왔군요. 당신은 지금 그 뭔가를 기억해 내는 것이 두려운 모양입니다. (월버그는 내담자의 저항에 초점을 맞춘 것이라고 설명한다.)

내담자: 예, 맞아요. 하지만 어떻게 할 수가 없어요. 내가 어떻게 할 수 있겠어요? 어떻게?

상담자: 지금 어떤 생각이 마음에 떠오르나요?(자유연상을 위한 전형적인 질문이다.)

내담자: 지난 일요일엔 위통으로 고생했어요. 우울하고 겁에 질렸죠. 소리 내어 울었어요. 어머니에게 매달리고 싶었어요. 그렇지만 채울 수 없는 욕구를 인식하는 것만으로 무슨 소용이 있겠어요? 그날 밤 꿈을 꾸었어요. 많은 장교들이 내 여동생의 방에 있었어요. 질투를 느꼈죠. 내게는 관심이 없었거든요. 그러다가 내가 물 위에 서 있었는데, 다리가 없는 한 남자가 물 위를 걸어왔어요. 아주 자신 있게 걷더군요. 그에게 다리가 어디 있냐고 물었더니, 자기가 다리가 있을 때는 강하고 남자다웠노라고 말하더군요. 그다음엔 꽃을 봤어요. 그다음엔 황폐한 거리에 서 있었어요. 야위고 늙은 말이 도살될 순서를 기다리고 있더군요. 나는 겁에 질렸고 매스꺼웠어요. 나는 꽃을 안고 있었는데 모두들 형편없다고 비난했어요. 나는 별로 좋지 않다고 느꼈어요. 그게 전부예요.

상담자: 꿈과 관련해 어떤 생각이 떠오르죠? (상담자는 꿈을 분석하기 위해 내담자에게 자유연상을 시키고 있다.)

내담자: 장교들이 내 동생과 어머니에게는 키스를 했는데 내게는 안 한 것 같아요. 아버지는 동생과 어머니에게는 모든 것을 주었는데 내게는 아무것도 안 준 것처럼 생각이 돼요. 난 내 동생이 장교들과 함께 있는 방을 들어가 보고 싶었는데 어머니가 허락해 주지 않더군요. 미칠 것 같았어요. 꿈에는 이런 부분도 있었어요. 상자에 콘돔이 들어 있었는데, 내 동생은 그걸 가져도 좋지만 나는 가져서는 안 되는 것처럼 느꼈어요. 불구가 된 사람처럼 박탈당하고 무력하게만 느껴졌지요. 물 위를 걷던 사람은 틀림없이 나 자신이었을 거예요. 나는 걷긴 했지만 마치 절름발이처럼 걸었죠. 강하고 싶어요. 남자들은 강하죠. 아버지는 내가 강하게 성장하도록 해 주지 않으셨죠. 내 동생은 남편이 있지만 나는 없어요. 동생은 모든 것을 가지고 있어요. 나는 아무것도 없어요. 가치 있는 것은 아무것도 없어요. 난 항상 강해지길 바랐어요. 난 남자애가 되기도 하고, 또 남근을 가지는 환상을 자주 그려 보곤 했지요. 꿈속의 그 꽃은 아마도 내 여성다움을 가리키는 건가 봐요. 난 나 자신에게 아무런 가치도 두지 않죠. 이제 알겠군요. 아버지가 내게 관심을 기울여 주지 않는 것에 대해 얼마나 괴로워하고 원망했는지 알겠어요. (내담자는 계속해서 자신의 근친상간적 소망과 거세불안과 남근선망을 연결지어 나간다.)

토/의/주/제

1. 자신이 주로 사용하고 있는 방어기제를 탐색하고 집단 내에서 다른 집단원들과 함께 나누어 보시오.
2. 전이와 역전이를 정의하고 그것이 상담관계에 미치는 영향을 설명하시오.
3. 정신분석적 접근의 적용 가능성과 한계점을 각각 토의하시오.

Chapter 03 대상관계상담

대상관계상담(object relations counseling)은 프로이트의 정신분석의 한계를 인식하고 그에 대한 반동으로 형성되었다.

대상관계상담의 주요 학자들은 심리구조, 특히 자아의 발달은 초기 대상관계의 복잡한 산물이며 단순히 욕동이 좌절된 결과가 아니라는 견해를 공통적으로 지니고 있다. 성격발달은 자율적으로 동기화된 대상관계의 내재화 과정이라고 파악한다. 따라서 대상관계이론은 타자와의 관계가 내재화되는 것을 토대로 개인의 성격발달과 병리적 현상을 설명하고자 한다. 상담의 일차적인 목표는 초기 관계 경험에서 유래한 대상관계를 수정하는 데 있다.

그러나 대상관계상담이라는 명칭하에 있는 다양한 접근의 이론체계와 연구는 통합된 관점을 제시하지 못하고 있다. 각 학자의 이론은 그들의 가정, 원칙 그리고 주요 개념들에 있어서 상이하기 때문에 단일한 이론체계로 설명하기 곤란하다. 심지어 가장 대표적인 대상관계이론들조차도 이론체계를 설명하는 전문용어들이 매우 다양한 맥락에서 사용되고 있으며 여러 가지 다른 의미를 내포하고 있다. 또한 각 이론은 대상관계의 특정 요소에 초점을 맞추어 이론을 구축해 놓고 있는데, 어떤 이론은 분열과 투사적 동일시 같은 심리적 기제를 강조하는 반면, 어떤 이론은 대상관계가 개인의 발달에 영향을 미치는 방식을 강조한다. 따라서 이 장에서는 대상관계상담에 속하는 대표적인 학자들의 이론적 개념과 임상 적용을 위한 함의들을 각각 살펴보고자 한다.

1 주요 학자의 생애와 업적

1) 로널드 페어베언

Ronald D. Fairbairn
(1889~1964)

로널드 페어베언(Ronald D. Fairbairn)은 영국의 에든버러에서 엄격한 칼뱅주의자였던 아버지와 가족에 대한 기대가 컸던 어머니 사이에서 독자로 태어났다. 에든버러 대학교에서 윤리학을 공부하고, 스트라스부르그와 맨체스터 등에서 철학과 신학을 수학하면서 그리스 연구에 몰두하였다. 제1차 세계대전 중 병사들의 심리적 장애를 목격한 후 의학과 심리학에 관심을 갖게 되었다. 그리하여 1919년부터 의학공부를 시작하고 프로이트의 정신분석에 매료되었다. 어니스트 코넬(Ernest Connell)로부터 2년 동안 분석을 직접 받았으며, 1926년 의학과 정신의학 훈련과정을 모두 마치고 스코틀랜드에서 분석가로 활동하기 시작했다. 1927년부터 1935년까지 에든버러 대학교에서 심리학을 가르쳤고, 대학과 연계된 병원의 정신과에서 환자 진료를 담당하기도 했다. 또한 아동 및 청소년 클리닉을 운영하면서 비행청소년 및 성적 피학대 청소년을 치료하기도 하였다. 1931년에는 영국정신분석학회 준회원으로 가입하여 1939년 정회원이 되었다.

페어베언은 37세 때 약학을 공부한 상류층 여성 메리 고든(Mary More Gordon)과 결혼했다. 두 사람 사이에는 모두 다섯 자녀들이 있었는데, 그중에서 쌍둥이 두 명은 출생 당시 사망하였고, 이로 인해 페어베언과 아내 사이의 관계가 악화되기도 했다. 더구나 연구와 집필 작업에 몰두했던 페어베언과 알코올중독자였던 메리는 서로를 위한 안정된 결혼생활을 유지하는 것이 어려웠다. 그러나 강한 종교적 신념과 자녀들에 대한 걱정으로 이혼을 할 수 없었던 이 부부는 1952년 메리가 갑작스럽게 사망할 때까지 불편한 결혼생활을 유지해야만 했다. 그 후 1959년 자신의 비서였던 매리언 매킨토시(Marian Mackintosh)와 재혼하였다.

이러한 힘든 개인적인 생활에 비해, 페어베언은 1930년대와 1940년대부터 자신의 임상적 경험과 정신분석에 대한 새로운 견해를 적극적으로 발표하기 시작했다. 생물학적 모형을 심리학적 모형으로 확대한 페어베언은 단일 자아(unitary ego)는 유전적으로 대상관계를 향해 연동된 것이라고 주장하였으며, 욕동(drive)을 인간 환경 내에서 통합, 개성화, 인식 등에 대한 노력으로 정의하고 있다. 정신병리 발달에 있어서 환경적 좌절의 중요성을 강조하였는데, 유아가 부모의 나쁜 면을 내면화하고 그와 동일시함으로써 그러한 관계, 기억, 환상, 애착 등이 억압된다고 보았다. 그의 학문적 업적은 영국 내에서뿐만 아니라 미국에서도 인정받았으며, 정신분석의 이론적 한계를 지적하고 심리역동에 대한 새로운 관점을 제시하면서 대상관계이론의 토대를 마련하였다. 동시대에 활동한 멜라니 클라인(Melanie Klein)과도 지속적인 교류를 유지하였는데, 말년에 건강이 악화되어 여행이 곤란했을 때조차도 클라인의 장례식에 직접 참석하는 등 두 사람 간의 학문적 우정을 보여 주었다. 오늘날 페어베언의 이론은 그에게 직접 분석을 받았던 건트립(H. Guntrip)에 의해 더욱 정교하게 정리되고 확장되었다.

2) 멜라니 클라인

Melanie Klein(1882～1960)

프로이트와 동시대의 임상가로 활동한 멜라니 클라인(Melanie Klein)은 1882년 오스트리아 비엔나의 헝가리계 유대인 가정에서 4남매 중 막내로 태어났다. 아버지는 의사였지만 그 당시 확산되어 있던 반유대주의적 사회 분위기로 인해 의사로서의 직업을 유지하는 데 어려움이 많았다. 따라서 가족의 생계는 주로 어머니가 가게를 운영하는 것으로 이루어졌다.

그녀의 삶은 상실과 혼란으로 특징지을 수 있는데, 이러한 생애 경험은 후일 그녀의 신경증에 영향을 미친 것으로 추론된다. 그녀의 전기문에서도 클라인의 가족은 신경증적 가족으로 표현된다. 성장기 동안, 아버지가 언니 에밀리(Emilie)를 더 좋아하고 어머니도 오빠 에마누엘(Emanuel)만을 사랑했던 것에 대해 클라인은 심한 질투심을 느꼈다. 더구나 또 다른 언니였던 시도니(Sidonie)가 8세 때 죽은 사건은 클라인의 삶에 있어서 상실의 시작이었다. 클라인은 어머니-오빠-자신 간의 협력 구도를 설정하여 자신을 무시했던 아버지-언니 간의 연합 구도에 맞섰다. 그녀는 어머니를 사랑과 헌신의 상징적인 인물로 이상화했으며, 어머니와 마찬가지로 오빠를 숭배하였다. 20대 초 결핵 진단을 받고 떠돌이 생활을 하면서 가족의 경제적 짐이 되었던 오빠가 1902년에 결국 죽게 되자 클라인은 가장 고통스러운 상실을 경험하게 되며, 그 후 1914년 어머니마저 사망하였다. 가족이 일찍 사망하는 슬픔을 겪은 클라인은 성격적으로 상당히 우울해질 수밖에 없었다.

클라인은 원래 의사가 되려고 했으나 아버지의 죽음과 가정의 경제적 어려움으로 인해 뜻을 이루지 못하였다. 그러나 19세에 약혼한 후 비엔나대학교에서 역사와 미술을 공부하고, 의과대학에도 들어갈 수 있었다. 1903년 화공기술자였던 약혼자 아서 클라인(Arthur Klein)과 결혼하고 세 명의 자녀를 두었으나 산후우울증과 자녀양육에 따른 부담감으로 인해 결혼생활이 행복하지 못했다. 1910년 가족과 함께 부다페스트에 정착한 후 만성 우울증을 치료받기 위해 산도르 페렌치(Sandor Ferenczi)에게 분석을 받았다. 페렌치의 도움과 격려에 힘입어 그녀는 우울증을 극복하고 그 당시 미개척 영역이었던 아동 정신분석 분야에 관심을 갖고 공부하기 시작하였다. 1917년 프로이트를 처음 만났고, 1919년에는 헝가리연구회(Hungarian Society)에서 *The Development of a Child*라는 논문을 발표하고 부다페스트 정신분석협회의 회원으로 가입했다. 1921년 그녀는 남편 곁을 떠나 자녀와 함께 베를린으로 갔으며, 오랜 양육권 분쟁 끝에 1926년 이혼하였다.

독일에 건너온 후 1924년부터 카를 아브라함(Karl Abraham)에게서 분석을 받았는데, 이러한 분석의 도움으로 그녀는 오랜 상실의 고통을 극복할 수 있었으며 이를 계기로 보다 창의적인 임상활동에 전념하게 되었다. 영국 정신분석학계의 지도자였던 어니스트 존스(Ernest Jones)의 권유로 1927년 막내 아들 에리히(Erich)와 함께 영국으로 이주해서 죽을 때까지 런던을 중심으로 활동하였다. 아동에게 있어서 놀이는 불안을 통제하는 상징적인 방법이며 초기경험과 연관된 생각을 표현하는 수단이 된다고 믿었던 클라인은 1932년 아동분석에 관한 관찰과 이론을 정리하여 *The Psychoanalysis of Children*이라는 저서를 발표하였다.

3) 하인즈 코헛

Heinz Kohut(1913 ~ 1981)

하인즈 코헛(Heinz Kohut)은 1913년 비엔나로 귀화한 유대인 가정에서 태어났다. 제지 관련 사업가였던 아버지 페릭스 코헛은 매우 교양 있는 사람으로서 음악에도 소질이 있어 피아니스트를 지망할 정도였다. 이 재능은 아들 하인즈 코헛에게도 이어져 그도 상당한 피아노 실력이 갖고 있었다. 그는 비엔나 대학교에서 의학수련을 받은 후 제2차 세계대전이 시작되자 미국의 시카고로 건너가서 정신분석 수련과 교육을 받았다. 시카고 대학의 신경정신과에서 신경학을 배우고 가르치면서 시카고정신분석연구소(Chicago Institute for Psychoanalysis)에서 분석을 받았다. 1953년부터는 이 연구소에서 교육 스태프로 근무하였으며, 그 후 사망할 때까지 이 연구소를 중심으로 치료, 교육, 연구 활동에 종사하였다.

코헛은 1950년대와 1960년대에 걸쳐 미국정신분석협회의 산하 위원회에서 다양한 활동을 하였으며 1964년에는 회장직을 맡게 되었다. 이러한 그의 업적이 인정되어 뉴욕정신분석협회로부터 하르트만상을 수상하기도 하였으며, 지그문트 프로이트 기록보관서(Sigmund Freud Archives)의 부회장과 국제정신분석협회 부회장도 각각 역임하였다. 그의 중요한 두 저서 『자기 분석(The Analysis of the Self)』(1971)과 『자기의 회복(The Restoration of the Self)』(1977)에는 자기(self)를 중심으로 심리발달을 이해하고자 한 그의 핵심적인 노력이 잘 드러나 있으며, 1981년 사망할 때까지 자신의 이론을 확장시켜 나갔다. 그의 자기심리학(self psychology)은 역동이론(drive theory), 자아심리학(ego psychology), 대상관계이론(object relations theory) 등과 함께 정신역동 접근의 주요 이론으로 인정받고 있다.

2 인간관

전통적인 정신분석과 달리, 대상관계상담은 인간의 심리구조를 생물학적 긴장해소 차원이 아니라 인간 상호작용 차원에서 조명한다. 인간은 본능적 욕구에 의해 유발된 긴장을 감소시키기 위해 동기화되는 것이 아니라 대인관계를 형성하고 유지시키고자 하는 욕구에 의해 동기화된다는 것이다. 정신분석이론의 욕동모델이 대상관계이론의 관계모델로 확장되었다고 볼 수 있다(Greenberg & Mitchell, 1983). 여기서 '대상(object)'이라는 용어는 전통적으로 타자들과의 관계를 반영할 때 사용되는 개념이므로 '인간 대상'을 지칭하는 것으로 이해된다(Kernberg, 1976). 개인이 어떻게 관계 속에서 자기 자신과 다른 사람들에 대한 표상을 형성하며, 이러한 내면화된 표상들이 자신과 주변 사람들에 대한 지각과 경험, 관계양식과 문제에 어떤 영향을 미치는가를 이해하는 데 유용한 이론적 틀을 제공한다.

3 주요 개념

1) 페어베언의 주요 개념

페어베언은 욕동이론에 근거한 프로이트의 성격발달 관점에 한계를 느끼고 자아에 초점을 둔 대상관계 개념들을 이론화했다(Fairbairn, 1949, 1951). 유아는 원초아 덩어리이며 욕동이 좌절될 때 자아가 파생되어 나온다는 프로이트의 견해와 달리, 그는 충동이 의식적이든 무의식적이든 자아구조 내에 이미 존재하며 이에 자아는 욕동에 종속되지 않고 그 자체로 자율성을 갖는다고 주장한다. 자아는 출생 시부터 전체로서 존재하며, 초기 유아적 의존단계에서의 불만족스러운 대상관계로 인해 자아의 분열이 일어난다.

대상과의 경험이 성격발달의 핵심이다. 리비도는 처음부터 대상을 추구하도록 되어 있으며 자아 안에 존재한다. 페어베언은 성격발달에서 쾌락 원리가 갖는 중요성을 거부하고, 리비도는 쾌락을 추구하는 것이 아니라 현실적인 대상을 지향한다고 가정했다. 쾌락은 그 자체를 위해 추구되는 것이 아니라 대상을 추구한다는 것이다(Fairbairn, 1944). 페어베언은 이러한 자신의 주장을 뒷받침하기 위해 인간이 보여주는 대상에 대한 애착과 헌신적인 행동을 예로 들었다. 신경증 환자가 자신에게 고통을 주는 대상에게 왜 그렇게 집착하는지에 대해 프로이트의 쾌락 원리는 아무런 설명도 해 주지 못하였다. 이에 대해 페어베언은 신경증 환자가 나쁜 대상에게 애착을 나타내는 것은 생존에 도움이 되기 때문이며, 설령 그것이 나쁜 대상이라고 하더라도 대상과의 접촉이 전혀 없는 것보다는 낫기 때문이라고 주장한다. 프로이트가 주장하는 것처럼 만일 개인이 쾌락 자체만을 추구한다면 나쁜 대상이 내재화되는 현상이 설명되지 못하며 대상에 대한 애착은 더 이상 쾌락의 근원이 되지 못한다(이재훈 역, 2004).

성격발달은 곧 자아의 발달을 의미하며, 자아발달은 대상과 관계하는 방식의 변화를 의미한다. 페어베언은 클라인처럼 초기 어머니-아동 관계의 중요성을 강조했는데, 특히 관계에서 나타나는 의존성의 작용에 초점을 두고 발달단계를 설명하였다. 그에 의하면 모든 아동은 유아적 의존 단계, 과도기적 단계 그리고 성숙한 의존 단계라는 세 단계의 발달시기를 거친다(이영희 외 역, 2005; 이재훈 역, 2004).

(1) 유아적 의존 단계

유아적 의존 단계(infantile dependence stage)에서 유아는 최초의 주요 양육자, 즉 어머니와 심리적으로 합일화(incorporation)된다. 유아의 생존은 어머니가 존재해야 가능하며 존재하는 어머니가 어떻게 조율해 주는지에 달려 있다. 유아는 어머니와 전혀 분화되어 있지 못하며 의존 대상과 완전하게 동일시한다. 유아는 어머니와 철저하게 합일화되어 자아와 대상 간의 구분이 희미하며 이러한 상태에서 대상과 동일시하는 현상이 나타나는데, 이를 일차적 동일시(primary identification)라고 부른다. 일차적 동일시는 자아와 대상 사이의 구별에 기초하여 대상처럼 되는 것을 의미하는 이차적 동일시(secondary identification)와는 다른 개념이다. 이차적 동일시는 세 번째 발달단계인 성숙한 의존 단계에서 나타나는 대상관계 양태다.

유아적 의존 단계에서 의존 대상인 어머니와 합일화되는 주된 통로는 바로 젖가슴이다. 대부분의 경우 어머니는 유아의 욕구를 충족시켜 주기 때문에 좋은 대상으로 경험된다. 그러나 어머니가 유아의 접근을 거부하고 욕구를 충족시켜 주지 못할 때 젖가슴에 대한 유아의 욕망은 좌절을 경험하게 된다. 대상이 나타나지 않을 경우 유아는 자신의 젖가슴 빨기 행동이 대상을 파괴시켰다고 여기며, 자신의 욕망이 대상을 사라지게 만들었다고 하는 두려움에 빠진다. 유아의 관점에서 대상에 대한 자신의 욕망은 대상의 존재를 위협하는 것이 되고, 따라서 대상에 대한 갈망과 대상의 부재에 대한 두려움 사이에 갈등이 유발된다. 페어베언은 이러한 불만족스러운 대상을 경험하는 것으로부터 비롯된 갈등을 분열적 자리(schizoid position)라고 부른다. 유아적 의존 단계에서 만족스러운 대상관계를 확립하지 못할 경우 분열적 상태라고 하는 정신병리 현상이 초래되는데, 분열적 상태에 놓인 사람의 가장 큰 비극은 자신의 사랑이 대상을 파괴하는 것으로 인식된다는 점이다. 따라서 외부의 실제 대상을 사랑하는 것이 두렵기 때문에 그 대상과 일정한 거리를 두고 거부한다. 대상으로부터 리비도를 철회하여 모든 신체적 · 감정적 접촉을 포기하며, 나아가 외부세계 전반에 대한 흥미를 상실하고 모든 것을 무의미하게 여기게 된다.

이러한 분열적 상태에서 유아는 대상 상실에 대한 불안에 대처하기 위해 대상을 내재화하여 나쁜 대상 부분을 통제하고자 한다. 내재화된 대상은 양가적으로 경험되는데, 유아는 어머니를 '좋은 대상'과 '나쁜 대상'으로 나누고, 이 두 요소를 서로 분열시킴으로써 위협받지 않고 의존성의 끈을 유지하고자 한다. 내재화된 대상들은 병렬적 자아 분열을 거쳐 독특한 자아상태의 발생을 야기한다. 즉, 만족스러운 대상은 분열되지 않은 채 중심자아(central ego)로 남는다. 그러나 유아는 자신의 사랑이 거절되었다는 고통과 불안을 다루기 위해 불만족스러운 대상을 '흥분시키는(exciting)' 대상과 '거절하는(rejecting)' 대상으로 나누고 그것들을 억압한다. 이러한 대상의 내재화는 결국 자아를 리비도적 자아(libidinal ego)와 반리비도적 자아(anti-libidinal ego)로 나누는 심리적 분열을 초래한다. '흥분시키는' 대상은 리비도적 자아를 발생시키는데, 이것은 중심자아보다 더 유아적이며 덜 현실적이다. '거절하는' 대상은 내적 파괴자(internal saboteur)로 구조화되어, 불만족스러운 대상으로 인해 야기된 공격성을 사용하여 흥분시키는 대상과 연결된 리비도적 자아를 억압한다. 중심자아(수용된 대상)가 내적 파괴자(거절하는 대상)와 리비도적 자아(흥분시키는 대상)를 억압하고, 또다시 내적 파괴자가 리비도적 자아를 억압하는 심리구조가 형성된다.

정신병리적 행동은 이러한 자아의 극단적인 분열로 인한 것이다. 어머니의 나쁜 대상 부분을 통제함으로써 어머니의 좋은 대상 부분을 보호하려는 유아의 시도는 내적 경험 전체를 억압하는 결과를 초래한다. 고통스러운 부분이 억압되기 때문에 유아는 의식적인 통제를 따를 수 없고, 그 결과 내적 좌절감을 경험하게 된다.

(2) 과도기적 단계

과도기적 단계(transitional stage)는 첫째 단계와 셋째 단계를 연결하는 교량 역할을 한다. 초기의 일방적 의존에서 벗어나 성숙한 상호의존의 관계로 이동하는 중간 단계에 해당된다. 이 시기의 아동은 대상과 자신을 구별하기 위해 거절하는 기술을 사용하게 되는데, 이와 동시에 여전히 대상에 의존하고 있다. 대상에 대한 양가감정이 지속되면서 아동은 대상을 수용할 필요성과 거절할 필요성을 모두 느낀다.

만약 이전 단계인 유아적 의존 단계에서 대상관계가 만족스러웠다고 한다면, 아동은 두 번째 단계인 과도기적 단계에서 이제 대상을 양분할 수 있고 거절을 통하여 자아분화를 자연스럽게 성취해 나갈 수 있게 된다. 아동은 일차적 동일시에 근거하지 않은 대인관계를 형성할 수 있게 된다. 그러나 동시에 아동은 여전히 어머니에게 의존하고 있기 때문에 새로운 유형의 양가감정에 직면하게 된다. 즉, 아동이 외적 대상과 너무 가까워지면 퇴행적인 동일시에 빠지게 될 것이고, 따라서 새롭게 형성되는 분화된 자아개념이 위태롭게 된다. 반대로 아동이 대상과 너무 멀어지게 되면 버림받는 두려움에 직면하게 될 것이다. 이러한 갈등은 과도기적 단계의 아동이 외적 대상과의 관계에서 경험하는 불안의 원천이다. 이러한 과도기를 거치면서 유아기적 의존 단계의 유대를 포기할 수 없거나 포기하지 않으려는 사람은 정신병리적 증상을 나타낸다.

과도기적 단계의 특징은 말러(Mahler)가 제시한 분리-개별화(separation-individuation) 과정과 유사하다. 자기-대상 경계를 상실하지 않으면서도 의미 있는 유대관계를 유지하는 가운데 양육자로부터 자연스럽게 분리되어 나오는 것이 바로 이 단계의 발달과제다. 아동은 대상을 상실하지 않으면서도 거절하는 법을 배워야 한다. 아동은 자기와 대상 간의 분화를 유지하면서 동시에 의존적인 대상관계를 형성하는 법을 배워야 한다. 이 발달과제를 성공적으로 성취할 때 아동은 보다 성숙된 상호의존 단계로 나아갈 수 있다.

(3) 성숙한 의존 단계

성숙한 의존 단계(mature dependence stage)에서 아동은 분화된 대상과의 상호 의존적인 유대를 유지할 수 있게 된다. 유아의존성의 자기중심성은 과도기적 단계를 거치는 가운데 성인기의 이타적 관대함으로 발전하게 되는데, 성숙한 의존 단계에서는 분화된 대상과 보다 성숙된 관계를 맺을 수 있게 된다. 완전한 분화를 통해 비합일적인 성숙된 대상관계를 형성하며, 그 결과 외적 대상은 그 자체로 수용될 수 있게 된다. 건강한 자아발달을 위해서는 수용된 대상과 거절된 대상 모두 외재화(exteriorized)되어야 한다. 페어베언은 성숙한 의존 단계로의 변화는 결코 완벽하게 이루어지지 않으며 과도기적 단계의 불완전함이 전 생애에 걸쳐 존재한다고 보았다.

2) 클라인의 주요 개념

클라인은 전통적인 정신분석 원리를 내담자들에게 적용하는 가운데 정신분석의 한계를 인식하고 대상관계이론을 구축하였다. 그녀는 프로이트의 욕동이론에 기초하고 있으면서도 자아발달과 정신병리를 설명하기 위해 내적 대상관계의 중요성을 강조했다. 즉, 프로이트의 이중욕동이론에 기초하고 있는 것이다. 그녀는 유아가 리비도적 충동과 파괴적 충동을 갖고 태어나며 성격발달은 이러한 욕동들의 발달과 그것들 간의 관계에 달려 있다는 프로이트의 견해를 수용하였다.

그러나 리비도를 강조한 전통적 정신분석이론과 달리 공격적 욕동이 리비도보다 더 병인적일 수 있으며 정신분석적 개입은 이러한 공격성에 초점을 두어야 한다고 주장했다(이재훈 역, 2004). 페어베언은 공격성을 리비도적 욕구의 좌절에 따른 이차적인 파생물로 개념화한 반면, 클라인은 공격성이 선천적이고 생애 초기의 대상관계에서 매우 중요한 역할을 한다고 보았다. 또한 그녀는 자아의 중요성을 강조하면서 동시에 충동을 적극적으로 해석하는 임상기법을 소개하였다. 정신분석을 발전시킨 그녀의 공헌은 무엇보다도 대상관계이론이 구축되기 시작하던 초창기에 페어베언 등과 더불어 성격발달 연구에서 선구자적 역할을 했다는 점이다. 또한 그녀는 분석적 해석에 있어서 공격성 요소를 강조하고 또 직접 아동을 대상으로 임상을 실시하면서 아동들에게 보다 효과적인 놀이치료 기법을 개발했다.

유아의 심리구조에 대한 클라인의 관점은 좋은 대상과 나쁜 대상 간의 역동적인 상호작용에 초점을 두고 있다. 클라인은 유아가 공격성과 내적 대상을 처리해 가는 방식을 자리(position)라는 개념으로 제시하며, 아동의 성격발달을 편집적 자리와 우울적 자리로 설명하였다. 유아에게 있어서 세상은 좋음과 나쁨으로 이분화되어 있다. 유아는 좋은 곳 혹은 나쁜 곳에 자기 자신을 자리매김해야 한다. 좋은 대상 혹은 나쁜 대상에게 자신을 위치시킨 후 그 대상과 관계를 맺으며 다양한 모습의 자기 자신을 새롭게 자리매김해 간다.

(1) 편집적 자리

대상관계 발달에 있어서 생후 3~4개월경에 나타나는 편집적 자리(paranoid position)는 죽음의 본능을 중심으로 전개된다. 유아는 첫 대상인 젖가슴과 접촉하게 되는데, 이러한 초기 자아의 최초 대상관계와 관련된 경험들은 파괴적인 공격적 욕동에 관련되어 있다. 클라인은 유아가 어머니의 젖가슴과 관계하는 방식을 함입, 투사적 동일시, 그리고 분열 등의 개념으로 설명한다(이형득 외, 1984). 자아는 리비도를 갖고 태어나지만 동시에 자신의 파괴성에 대한 불안도 갖고 태어나므로, 유아의 타고난 공격적 욕동은 멸절불안(annihilation anxiety)과 박해불안(persecutory anxiety)을 유발한다. 따라서 초기 자아(primitive ego)는 멸절불안을 완화시키는 기제를 작동시켜야 하는데, 가장 최초의 신뢰할 만한 기제는 바로 투사(projection)다. 유아는 자신의 공격성과 그에 따른 불안을 어머니의 젖가슴에 투사한다(Klein, 1948, 1957).

어머니가 제공하는 만족과 좋은 신체 다루기는 유아의 발달에 큰 영향을 미친다. 좋은 수유와 좋은 신체 다루기는 좋은 젖가슴에 투사되는 반면, 부정적인 수유 경험과 나쁜 신체 다루기는 나쁜 젖가슴에 투사된다. 자아 내에 있던 파괴성의 위협은 나쁜 젖가슴에 투사되어 이제 나쁜 젖가슴에 의해 공격받는 환상을 유발한다. 함입(inclusion)은 외부 세계에서 인식한 것을 자기 내부로 가져오는 환상을 의미한다. 좌절을 유발시키는 외부 대상은 함입과정을 통해 두려움이나 공포를 주는 내면의 박해자가 된다.

아이는 자신의 파괴적인 충동을 다루기 위해 불쾌한 감정을 먼저 대상에게 투사하는데, 그 후 투사한 대상으로부터 공격받는 위험을 줄이고 통제하기 위해 자아는 나쁜 젖가슴을 내사한다. 투사와 내사의 순환과정은 하나의 불안을 완화시키기기는 하지만 동시에 또 다른 불안을 불러일으킨다. 초기 자아는 나쁜 대상을 젖가슴에 투사하는 동시에 그 대상과 동일시함으로써 공격성을 통제하려고 노력한다. 유아는 대상이 지닌 공격성을 통제함으로써 자신의 공격성을 통제하려고 하는데, 이러한 현상을 투사적 동일시(projective identification)라고 한다. 이때 좋은 대상 경험과 나쁜 대상 경험 간의 상대적인 균형에 따라 투사적 동일시의 효과는 달라진다. 만일 좋은 내적 대상이 어느 정도 힘을 갖고 있다면 투사적 동일시는 공격받을 것이라는 불안을 약화시킬 것이다. 그러나 좋은 대상 경험이 약하게 형성되어 있다면 유아는 대상의 파괴성을 통제할 수 없다고 느끼게 되고 대상의 재내사를 시도한다. 그 결과 외부로부터 통제되는 느낌을 갖게 되는데, 이러한 위험스러운 내사는 자신이 타인의 마음과 신체를 통제할 수 있다고 믿는 편집적 망상의 원인이 된다.

환상 속의 파괴적 공격으로부터 좋은 젖가슴을 보호하기 위해 유아는 젖가슴을 좋은 측면과 나쁜 측면으로 분열(splitting)시킨다. 분열은 아직 자아기능이 취약한 유아가 어머니의 좋은 부분과 나쁜 부분을 통합하지 못하고 이를 양분하여 한 측면만을 의식하고 다른 측면은 의식에서 배제시키고자 하는 것을 의미한다. 분열의 결과, 어머니라는 대상은 유아의 의식세계에서 아직 전체 대상(whole object)이 아닌 부분 대상(part object)으로 지각되고 경험된다. 특히 어머니의 부정적인 측면이 의식 차원에서 경험될 때 어머니의 긍적적인 측면은 의식 차원으로부터 배제되어, 마치 어머니가 완전히 나쁜(all bad) 사람인 것처럼 지각된다(김진숙, 김창대, 이지연 역, 2007). 대상의 분열은 젖가슴에 파괴적 충동을 투사하는 것과 동시에 일어난다. 따라서 분열은 편집적 자리의 일차적인 방어기제다. 분열을 통해 자아는 좋은 대상이 상처 입을지도 모른다는 불안을 감소시킬 수 있다.

편집적 자리에서는 투사, 내사, 투사적 동일시, 분열, 이상화, 전능성, 부인과 같은 방어기제가 사용된다. 이러한 방어기제는 생득적인 공격성과 관련된 불안을 다루기 위해 사용되는데, 그것들이 어느 정도 사용되는가에 따라 편집적 자리에의 고착 여부, 즉 정신병리가 결정된다. 이러한 방어에 의존하는 자아구조는 자기애적 성격장애나 경계성 성격장애와 같은 심각한 성격병리를 구성한다. 모든 정신병리의 공통점은 자아가 자신의 공격성을 투사함으로써 결국 위험에 처하게 되었다고 느끼는 데 있다.

유아의 정서적 건강은 초기 대상과의 긍정적인 애착관계를 형성할 수 있는 정도에 달려 있으며, 또한 파괴적 충동과 리비도적 충동 간의 상대적 균형에 달려 있다. 만일 초기의 대상관계 경험이 긍정적이고 또 타고난 리비도가 충분히 강해서 좋은 대상을 내재화하게 되면, 건강한 자아는 분열기제를 중단하고 좋은 대상과 나쁜 대상이 동일한 대상임을 인식하고는 두 대상을 통합하게 된다. 좋은 대상과 나쁜 대상 그리고 좋은 자기와 나쁜 자기 사이에서 적절한 균형을 이룬 자아는 자연스럽게 자아와 대상 간의 통합을 이루게 되지만, 이들 사이의 심한 불균형은 자아의 성장을 방해함으로써 초기 분열상태에 고착시키게 된다. 이러한 불균형은 또한 초자아의 발달을 중단시킨다. 내재화된 나쁜 대상은 지속적인 위협을 가하며, 좋은 대상과 나쁜 대상이 통합되지 못하게 하여 현실적이고 합리적인 초자아 발달을 방해한다. 그 결과 성격은 통합된 초자아 구조 대신에 내재화된 박해 대상의 지배를 받게 된다(이재훈 역, 2004).

(2) 우울적 자리

생후 4개월경에 시작되어 2세까지 지속되는 우울적 자리(depressive position)에서, 유아는 자신이 증오하고 파괴하고 싶은 대상이 자신이 사랑하고 자신에게 만족을 주는 바로 그 대상이라는 사실을 인식하게 된다. 이때 대상관계는 '부분 대상' 수준에서 '전체 대상' 수준으로 확대된다. 유아는 부분 대상이 아닌 하나의 완전한 대상으로서의 어머니와 상호작용하면서, 좋고 나쁨이 동일한 대상에게 생겨날 수 있다는 것을 이해하게 된다. 유아는 이제 어머니를 좋은 존재 혹은 나쁜 존재라고 하는 이분법적인 사고에서 벗어나 어머니를 좋을 수도 있고 나쁠 수도 있는 현실의 존재로 받아들이게 된다.

그러나 아직 환상과 현실 간의 경계가 명료하지 못한 유아에게는 또 다른 불안이 유발된다. 유아는 편집적 자리의 특징적 역할이었던 수동적 희생자의 역할에서 벗어나 우울적 자리에서는 사랑하는 대상을 손상시키고 싶은 욕망을 지닌 행위자로서 자기 자신을 경험한다. 이제 자아보다는 대상이 박해를 받게 되고, 파괴의 위험은 외부가 아닌 자기 내부에 있는 것으로 인식된다. 따라서 파괴적 충동이 사랑하는 대상을 손상시킬 수 있다는 죄책감으로 대치되면서, 공격성에 기인하던 박해불안은 이제 우울불안으로 바뀌게 된다. 클라인은 오이디푸스 콤플렉스를 우울적 자리와 관련지었다. 우울적 자리에서 나타나는 좋은 대상의 상실에 대한 두려움을 오이디푸스 콤플렉스의 근원이라고 보았다. 유아가 사랑과 미움을 통합하고자 애쓰는 것처럼 오이디푸스적 욕동은 우울적 불안과 연결되어 있다.

만약 유아가 환상 속에서 손상된 대상을 고쳐 주고 회복시킬 수 있는 능력이 자신에게 있다고 느낀다면 죄책감이 장애를 유발하지 않는다. 이러한 보상 경험은 이 단계의 고통스러운 죄책감과 우울불안을 극복하는 데 중요한 역할을 한다. 손상된 것을 고쳐 줄 수 있다고 느끼는 능력은 이전 발달단계인 편집적 자리에서 좋은 대상의 내사와 좋은 신체 다루기 경험에 의존한다. 좋은 대상과의 긍정적인 경험은 유아에게 자신의 공격성이 사랑하는 대상에게 치명적인 상처를 입히지 않았다고 느낄 수 있는 기회를 제공하며, 그러한 느낌은 죄책감을 완화시킨다. 부모의 사랑과 좋은 돌봄은 아동의 파괴적 환상과 공격성이 좋은 어머니를 파괴시키지 않았다는 것을 보여 줌으로써 그러한 파괴적 환상과 공격성에 대한 불안을 경감시켜 준다. 성인기 동안의 좋은 대상관계는 우울적 자리의 보상 경험에 달려 있다. 만약 자신의 공격성이 사랑하는 대상을 손상시키고 파괴시킬 것이라고 두려워한다면 그 사람의 사랑관계는 지속적인 불확실성에 시달리게 된다. 한편, 유아는 대상에 대한 염려와 지나친 죄책감으로부터 벗어나기 위해 조증방어(manic defense)라고 하는 방어기제를 사용하기도 한다. 유아는 조증방어를 통해 자신이 사랑하는 대상을 전혀 중요하지 않은 대상처럼 여긴다. 대상이 입은 상처와 손상을 별로 대수롭지 않은 것으로 여기고 문제가 되지 않는다고 무시한다. 그리고 자신은 상상 속에서 우월감을 느끼며 대상을 통제하고 그 위에 군림하는 전능한 존재라는 환상을 갖는다.

3) 코헛의 주요 개념

코헛은 자기애적 성격장애(narcissistic personality disorder)를 가진 내담자를 주로 분석하면서 임상 경험을 쌓았으며 이를 토대로 자신의 이론을 발전시켰다. 프로이트는 자기애적 성격장애를 병리적인 것으로 간주하고 이러한 성격장애를 지닌 내담자는 분석과정에서 전이발달에 어려움을 겪게 된다고 보았다. 이와 달리 코헛은 자기애를 정상적인 발달과정에서 나타나는 중요한 성격발달 요인으로 보았으며, 단지 자기애가 고착될 경우 자기애적 병리현상이 나타난다고 하였다.

정통 정신분석적 훈련을 받았던 코헛은 점차 프로이트의 욕동이론으로부터 이탈하여 '자기(self)'라는 개념을 중심으로 심리구조를 설명하였다. 1977년『자기의 회복(The Restoration of the Self)』을 출판하면서 실질적으로 프로이트의 욕동이론을 포기하였고, 1978년부터 '자기심리학(self psychology)' 용어가 공식화되었다. 코헛을 비롯하여 자기심리학 분야에 속하는 이론가들은 인간심리의 근본 동기가 건강하고 행복한 자기로 발달하고자 하는 욕구라고 믿으며, 모든 정신병리 형태는 자기구조의 결함, 즉 자기의 왜곡이나 자기의 약화에 근거하고 있다고 본다. 코헛은 자기의 이런 모든 결함은 생애 초기 자기-자기대상 관계의 혼란에 기인한다고 주장한다. 또한 오이디푸스 콤플렉스는 더 이상 정신분석의 핵심이 아니라고 주장하고 그것을 분석 장면으로부터 제외하였다(Clair, 1986: 정원철, 2005 재인용).

'자기'는 심리구조의 핵심으로서, 발달과정을 거치면서 얼마나 강하게 응집(cohesion)되느냐가 성격의 구조를 결정한다. 코헛은 자기가 어떻게 대상과의 관계를 통해 경험되고 점차 통합된 자기로 발전해 나가는지에 관심을 두었다. 다른 대상관계 이론가들처럼, 코헛은 심리의 본성을 이해하기 위해 어머니-유아 관계에 초점을 두었다. 그는 어머니와 유아 사이의 강력한 상호작용에 토대를 두고 있는 중요한 역동들을 중심으로 자기발달을 설명하였다. 자기는 공간과 시간을 통해 응집력 있는 하나의 단위로 경험되고 인지되며 감수성과 창의성의 중심이 된다(Kohut, 1977). 건강한 사람은 자기가 잘 응집되고 통합되어 있는 반면, 그렇지 못한 사람은 자기의 강도가 약하다.

유아기의 가장 초기 발달단계는 인식되지 않는 심리적 욕구와 긴장으로 특징지어지는 심리 이전 단계(prepsychological stage)다. 그러나 이 시기에도 유아는 갓 태어난 자기를 갖고 있다. 공감적인 모성적 접촉 자체는 이미 유아에게 자기가 형성될 수 있는 기반을 제공한다. 어머니의 공감적 반응이 없다면, 유아는 비록 자기를 갖고 태어난다 하더라도 자기 가치감(sense of self-worth)을 발달시키지 못한다(이재훈 역, 2004). 초기 유아의 자기감은 일련의 반사와 내적 잠재성에 불과하지만, 부모의 기대와 격려를 통해 그러한 미미한 자기감은 심리의 중심적 조직으로 변형된다(Kohut, 1977). 좋은 자기대상을 만난 유아는 자기대상을 내재화, 즉 변형된 내재화(transmuting internalization)를 할 수 있게 되며 이를 통해 핵심적인 자기(core self)를 만들어 나간다.

유아는 어머니의 호의적인 반응을 통하여 자기 가치감을 느끼게 되는데, 이러한 대상 경험은 정상적 발달의 근간이 된다. 만약 유아의 반사반응(mirroring response) 요구에 대해 어머니가 적절하게 공감해 주지 못하면, 유아는 존재의 전체성과 자존감을 유지하는 데 어려움을 겪게 된다. 공감을 얻지 못한 유아는 자기감이 깨어지고, 오히려 더욱 결사적으로 완벽해지고자 노력하게 되며, 인정받고자 하는 마음을 어머니가 받아 주기를 바라는 의도에서 행동하게 된다. 이러한 자기과시는 과장된 노출증적 자기(grandiose exhibitionistic self)의 한 형태라고 할 수 있다(Gabbard, 2005). 유아는 부모와의 관계를 통해 '부모에게 반영된 자기'를 경험하게 되고 이를 통해 자기 인식을 발달시킨다. 반사(mirroring)는 유아의 욕구에 적절하게 효과적으로 반응하는 것을 의미하며, 이를 통해 유아는 자신의 중요성과 중심성을 확인받는다. 유아는 자신을 세상의 중심으로 경험하며, 자신의 욕구를 충족시켜 주는 주요 타인을 자신의 확장으로 인식한다.

따라서 모성적 환경이 제공하는 돌봄은 유아에게 최초의 자기대상(self-object)으로 경험된다. 자기대상이란 유아의 필요에 반응하여 그러한 역할을 실행하는 사람이나 대상을 의미한다. 코헛에게는 자기대상이 상상적 표상이 아니라 유아의 삶 속에 실제 존재하는 사람들을 의미한다. 특히 유아에게 가장 직접적이고 중요한 대상은 바로 어머니라고 할 수 있다. 유아는 어머니와 자신이 분리된 존재라는 것을 알지 못하며, 어머니가 즉각적으로 자신이 요구하는 것을 충족시켜 주기 때문에 어머니와 자신을 하나라고 느낀다. 이 과정에서 유아는 자기대상, 즉 어머니가 자신의 욕구를 지속적으로 잘 충족시켜 줄 것을 기대하며 그 자기대상을 더 이상화시키고 싶어 한다. 자기대상을 이상화할수록(이상화 욕구) 자신의 전능감이 커지기 때문이다(이재훈 역, 2004). 적절한 양육적 돌봄이 제공된다면 과장된 자기(grandiose self)는 건강한 야망으로 변형되고, 이상화된 부모상은 이상과 가치의 형태로 내재화되기 시작한다(Kohut, 1971). 따라서 내담자가 치료과정 중에 나타내는 자기애적 요구는 자기중심적이고 미숙한 것이 아니라 정상적인 발달과정이라고 수용해야 한다는 것이 코헛의 관점이다.

아동은 성장하면서 차츰 어머니와 자신이 분리된 존재라는 것과 자신이 무력하다는 것을 알게 되면서 어머니를 더욱 이상화하게 되고, 이렇게 이상화된 이미지를 함께 공유하려고 한다. 이 과정에서 자기대상은 '자기(나)'와 '대상(너, 어머니)'으로 변환되며, 이를 통해 아동은 자기와 대상을 제대로 구분하게 되고 점차 더 통합된 자기를 발달시키게 된다. 이 무렵 아동은 부모가 자신보다 힘이 더 세고 뛰어난 존재라는 것을 경험하면서 부모를 이상화하며, 부모로부터의 처벌과 금기를 경험하면서 초자아를 형성해 나간다(정원철, 2005).

적절한 자기감 형성은 성숙하고 독립적인 대인관계를 가능하게 한다. 반면, 부적절한 자기감은 불평등감, 과도한 요구, 심각한 혼란 등으로 특징지어지는 역기능적인 대인관계를 초래한다. 발달시기 동안 아동의 요구에 대해 부모가 과도하게 혹은 부적절하게 반응하면 아동의 자기개념 발달이 방해를 받게 되고 자기도취적 성격이 형성된다. 이러한 사람은 타인으로부터의 관심과 보살핌을 과도하게 지속적으로 요구하기 때문에 대인관계 갈등이 생겨날 수 있다.

4) 정신병리

(1) 페어베언의 정신병리 관점

정신병리에 대한 페어베언의 관점은 성격발달 이론에 기초하고 있다. 가장 초기의 발달단계에서 나타나는 분열적 상태를 근거로 페어베언은 분열성 인격이 가장 심각한 정신병리 형태라고 주장했다. 아동에게 가장 심각한 외상은 자신의 사랑이 거절당하는 느낌이다. 이러한 느낌은 불만족스러운 대상관계에서 발생한 것으로서 수치심과 무력감을 유발시킨다. 대상으로부터 수용받지 못할 경우, 그것은 대상을 소유하려는 욕망을 불러일으키고 결과적으로 정상적인 분열적 상태가 아닌 병리적인 분열적 상태에 빠지게 된다. 즉, 대상을 소유하고자 하는 강렬한 갈망은 대상을 파괴할지도 모른다는 불안을 유발하고, 대상을 향한 모든 접촉은 대상을 파괴하는 공포를 이끌어 낸다. 따라서 대상은 접촉으로부터 벗어나 있을 때에만 비로소 안전하게 여겨진다. 그러나 이러한 접촉 철회는 리비도적 자아로 하여금 현실과의 접촉을 불가능하게 만들고 존재감을 상실하게 만듦으로써 결국 정상적인 자아분열을 방해한다.

이러한 분열성적 갈등, 즉 대상에 대한 강렬한 욕구와 대상과의 접촉이 대상을 파괴할 것이라는 공포 간의 갈등은 분열성 병리를 초래한다. 특히 자기도취적이고 착취적인 태도가 특징인 자기애적 성향을 지닌 사람은 유아적 의존단계에 나타나는 일차적 동일시 태도로 주변 사람들을 대한다. 분열성 내담자는 흥분시키는 대상과 거절하는 대상을 억압하며, 따라서 모든 대상과의 접촉을 피하게 된다. 분열성 병리를 비롯한 모든 형태의 정신병리는 과도기적 단계의 갈등을 다루려는 노력으로 간주된다. 모든 정신병리의 근원에는 의존에 대한 갈망을 수치스러워하고 불안해하는 충족되지 않은 아동기 갈망이 자리 잡고 있다.

(2) 클라인의 정신병리 관점

클라인은 해결되지 못한 우울불안은 다양한 병리적 방어기제를 형성한다고 보았다. 자신의 보상 노력이 부족했다고 느낄 경우, 보상에 대한 욕구는 완벽함에 대한 욕망으로 대치된다. 죄책감이 너무 압도적이어서 그 어떤 보상 노력도 가능하지 않다고 여겨지면 그 죄책감은 억압된다. 그 결과, 초자아는 붕괴되고 손상의 원천은 외재화되어 반사회적 병리를 유발시킨다. 우울적 자리에서 죄책감을 해결하지 못할 경우에는 외적 대상들에게 절망적으로 집착하게 되고 분리불안(separation anxiety)을 느끼게 된다. 사랑하는 대상을 파괴시킬지도 모른다는 무의식적 불안은 대상이 파괴되지 않았다는 것을 끊임없이 확인시켜 주는 접촉을 필요로 한다.

또한 우울적 자리로부터 도피하기 위해 편집적 자리의 분열된 상태로 퇴행하기도 한다. 좋은 대상이 제대로 내재화되어 있지 못할 경우, 우울불안이 과도해지면 상실에 대한 불안을 즉각적으로 완화하기 위해 대상을 분열시킨다. 이전 발달단계로의 이러한 퇴행은 박해불안을 유발시키며 결국 유아는 무기력감에 빠지게 되고, 이 상태에서 유아는 다시 대상을 통제하고 싶은 욕구가 생기면서 우울적 자리로 나아가려는 동기가 유발된다. 이렇듯 편집적 자리와 우울적 자리를 오가는 사이에 공격성의 표적도 대상과 자기 사이를 오가게 되는 병리적 현상이 나타난다.

대상에 대한 의존을 부인하는 것도 우울불안으로부터 도피하려는 시도다. 신경증 내담자는 모든 사랑하는 대상들로부터 도피하면서 그들에게 의존하는 것을 두려워한다. 따라서 대상과의 관계에 헌신하지 못하고 관계를 유지하지 못하게 된다. 이러한 신경증적 패턴은 대상에게 상처를 줄 수 있다고 하는 무의식적 공포가 표현된 양태다. 그 외에도 클라인은 조울증, 섭식장애, 건강염려증 등 다양한 정신병리 현상을 우울적 자리에 고착된 문제로 설명하고 있다.

(3) 코헛의 정신병리 관점

코헛의 관점에서 정신병리는 결국 자기의 혼란이라고 볼 수 있는데, 이것은 생애 초기 어머니-유아 관계의 혼란에 그 근원을 두고 있다. 특히 자기애적 성격장애(narcissistic personality disorder)는 자기의 구조적 장애에 해당된다. 이러한 현상은 과장된 자기(grandiose self)와 이상화된 대상(idealized object)이 현실지향적인 자기 조직으로 통합되지 못할 때 나타난다. 또한 자기심리학자들은 약물남용, 성적 문란, 성도착, 자해, 폭식 등과 같은 대부분의 병리적 증상들이 거세공포의 신경증적 갈등으로부터 비롯되는 것이 아니며, 오히려 허약한 자기가 내적인 결속과 조화를 유지하고자 하는 절박한 시도를 반영하는 것이라고 본다.

코헛과 울프(Kohut & Wolf, 1978)는 자기 병리의 다양한 유형을 다음의 네 가지로 정리하였다(이재훈 역, 2004 재인용).

- 충분한 자극을 받지 못한 자기: 자기대상이 적절한 공감적 반응을 해 주지 않은 결과로 형성된 것으로 지루하고 무감각한 자기 형태다. 성적 문란, 중독 혹은 성도착과 같은 병리적 수단을 사용하여 흥분을 추구하는 경향을 나타낸다.
- 파편화된 자기: 자기대상 반응의 실패로 인해 시간과 공간의 연속성을 상실한 자기 형태다. 건강염려증에 의존하는 경향을 보인다.
- 과도하게 자극받은 자기: 공감 또는 적절한 자기대상 반응의 극단적인 결핍으로 인해 발생한 자기 형태다. 위대함에 대한 원시적 환상에 사로잡힌 채 주목받는 것을 즐기지 못하고, 성공을 즐거워하지 못하며, 비생산적인 모습을 나타낸다.
- 과도한 짐을 지고 있는 자기: 만연된 불안으로 고통받고 있는 자기 형태다. 세상에 대해 끊임없이 적대적인 생각을 갖고 있으며 자기대상의 실패에 대해 편집증적으로 반응하는 모습을 보인다.

4 상담의 목표와 과정

비록 자신의 이론적 견해와 결부된 구체적인 임상적 함의를 제시하지는 못했지만, 페어베언은 내담자가 갖고 있는 정서적 접촉에 대한 깊은 공포를 이해할 때 비로소 상담적 치료가 가능해진다고 보았다. 내담자는 대상을 향한 자신의 사랑이 충분히 좋은 것이 아니라는 두려움과 이로 인한 수치심을 느끼고 있으며, 유아적 의존대상에 대한 퇴행적 갈망을 느끼고 철회적인 행동을 나타낸다. 병리적 증상은 모두 자아분열의 결과로 생긴 것이므로, 분석의 궁극적인 목적은 자아의 분열을 치료하고 인격을 재통합하는 데 있다.

클라인의 경우 상담의 목적은 내담자의 우울한 존재 양식을 보다 더 안전하게 확립하도록 돕는 데 있다. 내담자로 하여금 이상화된 대상이미지와 괴롭히는 대상이미지 간의 분열을 확인하게 하고, 현실의 관계에 대해 보다 균형적인 관점을 가질 수 있도록 조력한다.

코헛의 이론에서 자기대상과의 관계는 단순한 자기애적 욕구의 만족을 넘어서 확장될 필요가 있다. 그렇지 못할 경우 그것들로부터 유래된 내적 구조는 건강한 성인의 기능을 방해하며 병리적인 증상을 초래한다. 코헛에게 정신병리는 유아기의 자기애적 내면화를 극복할 능력이 존재하지 않음을 의미한다. 자기심리학에서는 자기와 자기대상 간의 독립이 불가능하다고 본다. 개인은 자신의 자존감을 유지하기 위해 평생 동안 다른 사람들로부터 인정받고 싶어 하고 공감적 반응을 얻고 싶어 한다. 생애 초기의 원시적인 자기대상으로부터 벗어나 보다 더 성숙하고 적절한 자기대상을 활용할 수 있는 능력을 갖추어 가는 것이 성숙된 성격 형성 과정이라고 볼 수 있다. 따라서 임상 장면에서의 치료목적은 내담자의 약화된 자아를 강하게 만드는 것이며, 그렇게 함으로써 내담자의 자기가 자기 결속을 상실하지 않은 채 적절한 자기대상 경험들까지 잘 인내할 수 있도록 돕는다(Gabbard, 2005).

5 상담의 기법과 적용

1) 상담기법

(1) 페어베언의 상담기법

페어베언은 자아를 다루는 인격적인 대상관계적 해석이 바로 핵심적인 치료방법이라고 하였다(Fairbairn, 1958). 그는 분석가와 내담자 사이의 인격적인 관계가 중요한 치료적 요소라고 했으며, 건강한 자아발달은 만족스러운 대상관계에 기초하여 이루어진다는 것을 치료과정에도 적용하고자 했다. 분석과정의 '인격화(personalization)'에 대한 이러한 강조는 내담자가 나타내는 저항을 다르게 개념화하도록 하였다. 페어베언은 아동기 외상을 노출시키는 것보다는 내담자가 분석가와 갖는 현재의 관계를 분석하는 데 초점을 두어야 한다고 강조한다. 이러한 관점에서 내담자의 저항은 무의식 안에 억압되어 있는 과거의 요소에 대한 것이 아니라 현재의 내적 실재에 대한 것이다. 내담자는 억압된 자아에 대해 방어하며, 인격의 이러한 부분을 치료하려는 분석가의 치료 노력에 대해 저항한다. 즉, 내담자는 자신의 내적 실재가 분석가와 접촉하는 것에 반대한다. 내담자의 내적 실재를 분석관계라고 하는 외적 현실로 가져오려는 분석가의 노력에도 불구하고 내담자는 자신의 폐쇄된 내적 실재에 계속 매달려 있다.

또한 페어베언은 전이란 내담자가 분석가를 자신의 내적 대상관계 세계로 초대하는 시도라고 보았다. 분석가는 내담자의 폐쇄된 내적 세계의 자아구조를 변화시키고자 시도하는 반면, 내담자는 분석가를 자기 세계를 침범하는 위협적인 존재로 인식하고 저항한다. 내담자는 단지 자신의 내적 세계를 유지할 목적으로 자신의 내적 세계와 일치하는 지각체계에 맞추어 분석가를 인식하고 경험할 뿐이다. 전이와 저항에 대한 이러한 재개념화는 지금 여기의 치료 장면에서 드러나는 내담자의 내적 대상관계 세계에 치료의 초점을 맞추게 한다.

페어베언은 분석 장면에서 내담자가 카우치에 눕는 것은 분석가와 내담자 사이의 인격적인 관계 형성을 방해한다고 믿었기 때문에 카우치 사용을 중단하였다. 정신분석의 치료효과는 분석가와 내담자 간의 긍정적인 대상관계를 유지하는 데 좌우되기 때문에 그러한 관계 형성을 위해 적합한 치료환경을 제공하는 것이 분석가의 책임이다. 치료 장면에서 좋은 부모와 같은 인물은 내담자로 하여금 내재화된 나쁜 대상으로부터 자유롭게 하고 탈억압을 가져올 수 있는 안전한 환경을 제공한다. 내재화된 나쁜 대상이 자아의 구조를 형성하고 있기 때문에 그러한 대상들이 의식화될 때 비로소 자아는 재통합되고 건강하게 변화된다. 따라서 분석가와 내담자 간의 인격적인 치료관계는 자아통합을 위한 결정적인 치료요소다.

(2) 클라인의 상담기법

상담 장면에서 클라인은 전통적인 정신분석적 기법에 따라 내담자의 전이와 저항에 초점을 두었다. 그녀는 정신병리의 원인이 공격적이고 시기하는 대상관계에 있다고 보았으므로 부정적 전이에 대한 분석이 정신분석적 치료의 핵심 요소라고 강조했다. 환자는 초기에 경험했던 적대적 대상관계를 분석가에게 투사한다. 이때 전이에 대한 분석가의 해석이 좋고 유익한 것으로 지각될 때 시기심의 대상이 된다. 좋은 해석은 좋은 수유를 상징하므로, 그 좋은 것을 삼켜 버리고 싶은 욕망과 함께 시기심이 나타난다. 분석적인 '좋은 젖가슴'에 대한 시기심을 방어하기 위해 내담자는 분석가의 해석을 거부하며 저항할 것이다. 따라서 분석가의 역할은 이러한 내담자의 저항을 인식하고 해석하는 데 있다. 분석가가 내담자의 전이와 저항에 대한 정확한 해석을 반복함으로써 내담자는 치료 장면에서 '좋은 수유'를 경험하게 되고, 이러한 반복적인 긍정적 경험은 내담자의 병리적 불안을 감소시키고 좋은 대상을 내재화하도록 하여 궁극적으로 자아통합을 돕는다.

클라인은 내담자의 정서적 문제를 해결하기 위해 해석을 적극적으로 활용했다. 정신병리가 편집불안이나 우울불안을 중심으로 구성된 것이든 오이디푸스 갈등을 중심으로 구성된 것이든, 치료 장면에서의 해석은 내담자의 공격적 소망과 그에 따른 불안에 초점을 맞추어야 한다. 정신증과 신경증 간의 차이는 단지 증상의 심각성 차이이므로 모두 동일한 방법으로 치료될 수 있다고 보았다.

클라인은 성인뿐만 아니라 아동에게도 정신분석을 적용할 수 있다고 생각했다. 아동의 정서장애가 성인의 정신병리와 동일한 불안에 근거를 두고 있다고 믿었기 때문이다. 그래서 아동이 제공하는 초기 자료를 심층적으로 해석할 수 있다면 치료가 가능하다고 했다. 아동의 성적 환상을 의식화하는 것은 아동의 불안을 감소시키는 데 도움이 된다. 그러나 이러한 성적 환상의 기저에는 병인적 공격성이 자리 잡고 있으며, 아동은 자기 내부의 공격성이 부모를 위협할 수 있다고 지각한다. 클라인은 부모에 대한 무의식적인 공격적 감정이 모든 아동기 갈등의 중심 요소라고 보았다. 따라서 해석을 통해 아동의 무의식적 소망을 완전히 의식화함으로써 불안을 감소시킬 수 있다고 보았다. 그녀는 아동들의 심리내적 세계에 접근하기 위해 언어적인 기법들보다 인형, 그림 등과 같은 비언어적인 기법들을 적용하여 놀이치료라는 새로운 영역을 만들어 냈다.

(3) 코헛의 상담기법

코헛은 치료과정에서 내담자가 반사전이(mirroring transference)나 이상화 전이(idealized transference) 혹은 이 두 가지를 모두 발전시킨다고 보았다. 반사전이를 통해 내담자는 유아 시절 상황에 적절하도록 자신을 드러내었을 때 어머니가 보여 주었던 무언의 인정과 마찬가지로 분석가도 자신에게 확신을 주고 정당함을 인정해 주기를 기대한다. 코헛은 이것을 과장된 노출증적 자기라고 불렀다. 반사전이에서 내담자는 분석가에게 감탄하는 청중의 역할을 하도록 만든다. 분석가로부터 인정받고 존경받으려는 필사적인 행동을 보이는 내담자들은 반사전이를 나타내고 있는 것이다. 내담자는 어릴 때 어머니로부터 받지 못해서 결핍된 자기애적 자기의 반사를 분석가로부터 받고자 한다.

유아의 과장된 노출증적 자기에 대해 어머니가 반사반응을 제공하지 못하고 공감해 주지 못할 때 유아가 상처를 받을 수 있는 것처럼, 자신의 어머니를 이상화하려는 유아의 욕구에 대해 어머니가 공감해 주지 못하고 이상적인 가치를 지닌 모델 역할을 제공하지 못할 때 유아는 어머니에 의해 상처받게 된다. 한편, 이상화 전이는 내담자가 자신을 치료해 주는 분석가를 전지전능한 사람으로 받아들이는 것이다. 내담자는 이런 이상화 전이를 통해 분석가를 매우 과장되게 바라본다.

치료 초기에 분석가는 내담자로 하여금 관계의 유아적 수준에 머무르도록 기꺼이 허용한다. 그러나 치료가 진행됨에 따라 전이의 자기애적이고 유아적인 측면이 점차 사라지고, 내담자는 보다 성숙한 방식으로 관계를 맺을 수 있게 된다. 전이의 해결, 즉 내담자가 분석가를 긍정적이고 건강한 자기대상으로 바라볼 수 있게 되면서 긍정적으로 변형된 내면화가 가능해진다.

코헛은 주로 자기애적 성격장애 내담자들을 대상으로 임상을 실시하고 그 치료 경험을 토대로 이론을 발달시켰다. 자기애적 성격장애 내담자들은 지나치게 요구가 많고, 자기를 과시하며, 많은 불만을 표출한다. 그들의 자기과시적인 행동 이면에는 수치심과 나약함이 숨어 있다. 이런 내담자 문제의 본질은 유아기의 원시적 자기애(archaic narcissism)에 접근하지 못하는 데 있다. 분석가는 내담자로 하여금 자신의 원시적 자기애를 다시 인식하도록 도와주고, 나아가 자기애를 받아들이고 그것을 적절하게 표현할 수 있도록 조력한다.

상담과정은 일반적으로 두 단계로 구분될 수 있는데, 이는 마치 정상적인 자기 발달의 두 단계와 유사하다. 첫째, 단계는 내담자가 자신을 공감해 주는 '전능한 자기대상'과 만나는(merge with the empathic omnipotent self-object) 단계로서 분석가와의 일체감을 느끼는 단계다. 이 단계에서 분석가는 발생적 해석을 삼가는 대신 내담자를 공감해 주고 인정해 줌으로써 일체감을 느끼도록 만든다. 둘째, 단계는 발생적 해석(genetic interpretation) 단계로서 내담자가 자기대상, 즉 분석가에 대해 피할 수 없는 실망을 경험하는 단계다. 정상적인 유아의 발달과정에서 볼 수 있는 것처럼, 내담자에게는 분석가라는 자기대상의 능력을 자기의 것으로 바꾸는 변형된 내재화(transmuting internalization)가 일어나고 내담자의 자기구조가 발달한다. 이 시기는 내담자의 자기대상 전이가 확실하게 형성되어 있어서 자신의 자기애적 욕구에 대해 분석가가 완벽하게 공감해 주기를 바란다. 그러나 분석가가 적절하게 공감해 주지 않는다고 느끼면 어린 시절의 공감받지 못한 좌절감이 떠오르게 되고, 바로 이때 분석가는 발생적 · 역동적 해석을 통해 내담자의 자기 이해를 도와주게 된다(이무석, 2006).

2) 상담사례

다음은 클라인의 이론에서 투사적 동일시 기제를 보여 주는 사례다(김진숙 외 역, 2007: 129-130).

> 내담자는 좋고 전적으로 나쁜 자기대상 상태에 놓여 있는 32세의 여성이다. 그녀는 정신과 의사가 약물을 재처방해 주는 것을 잊었다는 불평으로 회기를 시작했다. 그녀

는 남편이 그녀가 토요일에 가족과 함께 집에 있기를 원한다고 불평을 터뜨렸다. 그녀는 댄스교실에 간다고 매일 저녁 아이들과 떨어져 있었는데도 남편이 아이들 돌보는 일에 자기 몫을 하지 않으려 한다고 느꼈다. 그녀의 부활절은 공허하고 만족감을 주지 못했다. 그녀의 부모님은 돌아가셨는데 묘지관리인이 묘지를 제대로 관리하지 않았다. 그녀는 자신이 홀대당하고 버림받았다고 느꼈다.

분석가는 그 회기 후반부에 이런 문제를 명료화하는 작업을 하기 시작했다. 그는 그녀에게 처방 약전을 살펴보도록 했다. 그녀는 5회의 재처방이 가능하다는 사실을 발견했으나 여전히 의사가 이 사실을 그녀에게 상기시켜 주었어야 했다고 느꼈다. 그는 이런 사실을 그녀에게 상기시켜 주었음을 분명히 기억한다고 그녀에게 말할 수도 있었으나 말하지 않기로 결정했다. 대신 그는 이렇게만 말했다. "얘기를 들어 보는 사람들이 당신에게 크게 마음을 쓰지 않는다고 느끼는 것 같군요. 그렇다면 힘들었겠네요. 약이 떨어진 지는 얼마나 됐나요?"

그녀는 지난 번 약속이 있기 전에 약이 떨어졌는데 말하지 않았다고 했다. 그녀는 전화를 하지도 않았다. 너무 바빴다. 아이들은 그녀에게 계속 요구하고 고마워할 줄 몰랐다. 아이들은 그녀가 따라다니면서 치우고 먹여 주고 놀아 주기를 원했고, 갖고 있는 장난감에는 관심도 두지 않으면서 새 장난감을 사 주기를 원했다. "때때로 애들이 없으면 좋겠다는 생각이 들어요. 친구와 정말 멋진 시간을 보냈어요. 그 친구는 독신이고 애들이 없어요. 만약 누군가가 이따금씩 나를 도와줄 수 있다면 그렇게 느끼지는 않겠죠. 그런데 아무 도움도 받지 못할 때면 떠나고 싶어요."

이 사례에서 내담자는 다른 사람에게 소홀하게 하고 싶은 마음이 있었다. 그녀는 자신의 이런 특성을 남편과 분석가에게 투사시켰다. 그러고 나서 그녀는 자신의 투사된 측면과 재동일시했고, 다른 사람이 자기에게 소홀했기 때문에 자기도 소홀히 대하고 싶다고 말했다. 이 과정이 바로 투사적 동일시에 해당된다. 분석가나 남편 모두 때때로 내담자에게 관심을 기울이거나 기울이지 않을 수 있다. 그러나 그들이 그녀에게 어느 정도 도움을 주었다는 증거가 있다. 남편은 아내가 댄스 수업을 받을 수 있도록 아이 돌보는 일을 도왔다. 분석가는 재처방전을 써 주었고 전화 요청도 가능하도록 조치해 두었다. 그럼에도 불구하고 내담자는 분석가와 남편의 이러한 행동을 간과했고, 아이들을 보살피는 것을 포기하려는 자신의 소망은 주변 사람에

계서 비롯된다고 여긴다.

다음의 사례는 코헛이 강조한 의미의 공감이 적용되는 것을 보여 주고 있다(김진숙 외 역, 2007: 263-264).

17세 소녀인 내담자는 양어머니의 강요에 의해 치료를 받도록 의뢰되어서 왔다. 그녀는 첫 회기 시작부터 치료가 얼마나 우스꽝스럽고 무가치한지, 그리고 그녀의 치료자가 얼마나 부적절해 보이는지에 대해 이야기했다. "당신도 다른 사람과 똑같아요. 하지만 나는 18세가 될 때까지 엄마가 당신한테 자기 돈을 낭비하도록 할 거예요. 그러고 나면 그만둘 거예요."

"만약 네가 나를 만나지 않겠다고 하면 어떤 일이 생길까?" 라고 분석가가 물었다.

"아마 엄마가 나를 병원으로 보낼 거예요. 그리고 당신도 분명 엄마의 의견에 동의하겠죠. 당신네는 다 한통속이에요."

분석가는 내담자의 항의를 주의 깊게 들었다. 비록 감정이 실제로 사람의 경계를 넘어갈 수는 없지만, 분석가는 이 소녀의 분노를 자기 안으로 받아들이고 있다고 느꼈다. 좀 더 정확히 말하자면, 내담자가 사용하는 단어와 어조 그리고 태도가 분석가에게 짜증을 불러일으켰다. 내담자는 '분석가를 화나게 만들고' 있었다. 분석가는 짜증이 날 뿐만 아니라 거부당한다는 느낌이 들기 시작했다. 분석가는 소녀를 도와주려고 애쓰고 있었는데, 그녀는 그를 거부하고 있었다. 그보다 더 나쁜 것은 소녀가 분석가를 평가절하하고 있는 것이었다. 분석가도 맞받아 거부하고 소녀를 제멋대로 하도록 보내 버리고 싶은 마음이 들면서, '이 아이에게 치료를 받을 준비가 되면 다시 오라고 하면 어떨까……. 대략 5년 후쯤?' 이라고 생각했다.

하지만 분석가는 자신의 충동에 따라 행동하지는 않았다. 대신 그는 내담자가 무의식적으로 그의 감정을 이끌어 내고 있는 상황을 이해하기 위해 대인 간 투사적 동일시 개념을 활용했다. 분석가는 자신을 내담자의 입장에 서게 하여 그 소녀가 어떤 심정일지를 상상해 보았다. 즉, 그는 그녀를 공감했다. 그는 자신의 자기 이미지를 내담자에게 투사했고, 내담자에 대한 대상이미지와 일시적으로 융합된 투사된 자기이미지를 동일시했으며, 그녀의 감정을 좀 더 깊이 이해하려고 노력했다.

그녀는 계속해서 열변을 토했다. 분석가는 "네가 그토록 화가 나는 건 당연하지. 너는 여기에 강제로 끌려와서 나를 만나고 있잖아. 네가 여기 남아 있으면 너는 엄마에게 지고 지배당한다고 느낄 거야. 만일 네가 그냥 가 버린다면 더 나쁜 일이 일어날까 봐 두렵겠지. 나 역시 딜레마에 빠져 있어. 너를 내담자로 받아들이면 나는 강요하는 상황에 참여하는 셈이고, 만약 네 마음대로 가도록 내버려 두면 너를 버리는 셈이지. 너는 어쩌면 거부당하고 버림받았다고 느낄지도 모르겠구나."

내담자는 사실 거부당한다고 깊이 느끼고 있었다. 그녀는 3세 때 엄마의 방치로 인해 그녀의 가족과 강제로 분리되었다. 그녀는 수년간 안정된 위탁가정에서 자랐는데, 그녀가 14세가 되었을 때 반항적인 행동 때문에 공립학교에서 퇴학을 당했다. 그녀의 양어머니는 '치료를 병행하는' 기숙학교에 그녀를 보냈고, 거기에서 그녀는 치료를 시작했다. 2년 반 후에 그녀는 집으로 돌아왔다. 그리고 1년 동안 그녀는 공부도 잘 했고, 남자친구도 사귀었으며, 대체로 올바르게 처신했다. 그런데 남자친구가 가족과 함께 다른 도시로 이사를 갔고, 이에 그녀는 다시 공부를 등한시하고 약물을 남용하며 귀가시간을 지키지 않으려고 했다.

공감(empathy)은 코헛의 치료적 맥락에서 중요한 요소다. 공감은 내담자를 깊이 이해할 수 있는 수단을 제공하며, 분석가의 공감적인 말은 해석적인 기능을 수행한다. 위의 사례에서 분석가는 몇 차례에 걸친 공감적인 대화를 나누었다. 즉, "너는 화가 많이 났구나." "너는 엄마한테 지고 지배당한다고 느낄 거야." "너는 어쩌면 거부당하고 버림받았다고 느낄지도 모르겠구나."라는 분석가의 공감적 발언은 이후의 해석을 위한 토대를 제공한다. 분석가는 "너는 지금 네가 처음엔 너의 친엄마, 그 뒤에는 너의 양엄마, 그리고 이제는 남자친구로부터 거부당하고 다른 곳으로 보내졌다고 느꼈듯이 나도 너를 거부하고 보낼 것이라고 확신하기 때문에 나에게 화가 나겠구나."와 같이 해석을 제시할 수 있을 것이다.

토/의/주/제

1. 대상관계이론에서 전이의 해석에 대한 관점들을 토의하시오.
2. 대상관계이론에서는 내면세계가 의미하는 것을 어떻게 기술하고 있는가? 이것은 의식 및 무의식의 개념과 어떻게 관련지어 설명될 수 있는가?
3. 페어베언, 클라인 그리고 코헛의 이론들을 서로 비교하시오.

Chapter 04 분석심리학적 상담

프로이트와 더불어 20세기에 무의식 이론인 심층심리학(depth psychology)을 이끌었던 대표적 인물은 융(Carl G. Jung)이다. 융은 프로이트와 직업적으로 또 개인적으로 6년간 함께 지내며 정신분석에 심취하여 무의식적 동기(unconscious motivation)의 개념을 발전시키기 위해 노력했다. 이 기간 동안 프로이트는 융을 그의 황태자, 즉 후계자로 보았다. 그러나 초기에 그들의 협력적 노력에도 불구하고 그 후에 융은 프로이트와 결별하였다. 그 이유는 융이 프로이트의 무의식에 대한 환원주의적이고 심리성적인 견해에 반대했고, 또한 프로이트가 초자연적인 것으로 여겼던 현상에 대해 융은 크게 관심을 가졌기 때문이다.

융은 프로이트가 평생을 통해 주장한 심리성적 발달과 인생 초기에 성격이 결정된다는 결정론에 반대하여 인간 정신에 대한 분석을 주관적 체험과 현상학을 바탕으로 체계화하여 보다 새롭고 정교한 이론을 만들었다. 그것이 바로 분석심리학(analytical psychology)이다. 융은 인간 정신의 소인(素因)인 원형이 유전된다는 것과 원형들로 구성된 집단무의식의 개념을 바탕으로 분석심리학을 개발하였다. 융도 프로이트처럼 정신을 의식과 무의식의 구조로 보았지만, 인간이 생물학적인 본능에

● 표 4-1 | 융과 프로이트의 주요 견해 차이점

구분	융	프로이트
리비도의 역할	성뿐만 아니라 다른 삶의 에너지를 포함한 정신 에너지로 봄	인간의 생물학적 성에 제한된 에너지로 봄
성격에 영향을 미치는 힘의 방향	인간의 성격은 과거의 사건들뿐만 아니라 미래에 무엇을 하기를 열망하는가에 의해 결정됨	인간의 성격은 주로 과거의 사건이나 과정들에 의해 결정됨
무의식의 개념 정립	인류의 정신문화의 발달에 초점을 두고 집단무의식이란 개념을 도입하여 무의식의 범위를 확장함	인간 정신의 자각 수준에 초점을 맞추어 무의식의 중요성을 강조함

의해 지배되는 것 이상으로 인류의 역사를 통해 발달된 인간의 정신구조를 이해하려고 시도하였다. 융과 프로이트의 주요한 견해 차이를 요약 · 제시하면 〈표 4-1〉과 같다(Schultz & Schultz, 2013).

무엇보다도 융은 인류 역사를 통해 발달해 온 정신과 개인이 속한 문화적 영향을 바탕으로 형성된 타고난 정신적 소인의 중요성을 강조하였다. 그는 개인의 인생은 무의식의 자기실현 역사이고, 무의식에 있는 모든 것은 표현되려고 노력하며, 성격은 무의식의 조건에서 발현되기를 갈망한다고 보았다. 그리고 융은 언제나 자기 자신의 '마음의 의사'임을 자처하였고, 인간 심리를 해석할 때는 그 해석이 논리적으로 타당한지의 여부보다는 해석을 받은 당사자에게 얼마나 효과적이었는지가 중요하다고 보았다.

1 융의 생애와 업적

융은 1875년 7월 26일 스위스 동북부에 위치한 보덴 호수 근처의 작은 마을인 케스빌에서 태어났다. 아버지는 복음주의 개혁 목사였다. 융은 자신이 문제 있는 양친의 틈에서 자라난 외로운 아이였다고 기술하였다. 어머니는 지배하려 드는 성격이었고, 아버지는 실패자라는 것에 대해 생각하면서 종교적 신앙의 진실을 회의하며 많은 시간을 보냈다. 융은 아동기의 많은 시간을 꿈의 의미와 그가 경험했던 초자연적인 환상에 깊이 빠져서 보냈다. 융의 일부 아동기 경험들은 훗날 그의 이론화에 매우 중요한 역할을 했다. 유년 시절과 청년 시절을 통해 그의 가장 큰 즐거움은 자연을 탐구하고 희곡, 시, 역사, 철학 등과 같은 그 자신이 선택한 책들을 읽는 것이었다.

Carl G. Jung(1875~1961)

융이 처음에 사랑한 것은 고고학이었으며, 이 관심은 이후의 연구에 큰 자취를 남겼다. 그러나 그는 어느 날 꿈에서 의사가 되겠다는 확신을 얻었고, 1902년에 바젤 대학교에서 「이른바 신비적 현상들의 심리학과 병리학에 대하여(Zur Psychologie und Pathologie sogenannter occulter Phänomene)」라는 논문을 쓰고 의학박사 학위를 받았다. 취리히 대학교의 정신병 진료소에 들어가 정신분열증 연구로 유명한 블로일러(E. Bleuler) 밑에서 일했다. 1903년 엠마 라우센바흐(Emma Rauschenbach)와 결혼하여 다섯 자녀(아들 1명, 딸 4명)를 두었다. 1905년에 융은 바젤 대학교에서 정신병리학을 강연했다.

인간의 마음에 대한 융의 호기심은 바로 프로이트의 연구와 연관되었다. 융은 1900년에 프로이트의 『꿈의 해석』(1900)을 읽은 후 정신분석학에 관심을 가지고 1906년 프로이트와 서신 왕래를 시작했고, 이듬해인 1907년에 프로이트를 만나 13시간 동안 대화를 나누었다. 융과 프로이트는 서로를 크게 존경하였고 1909년에 미국으로 같이 강연 여행을 떠나기도 했다. 사실상 프로이트는 융을 아들처럼 대하며 자신의 후계자로 지명하였고, 국제정신분석학회의 회원들에게 융을 초대회장으로 뽑아 주도록 설득하여 1911년에 융은 국제정신분석학회 회장이 되었다. 그러나 융은 프로이트의 이론에 모두 동의하지는 않았는데, 특히 모든 무의식적 사건을 성적 충동으로 환원시키려 하는 것을 반대했다. 융은 무의식이 종교적 · 정신적 욕구를 포함해 여러 종류의 욕구들을 지니고 있다고 보았다. 1912년에 융은 자신의 독자적인 견해를 펴기로 결심하였고, 1913년에 마침내 두 사람은 결별하였다. 융은 1914년 국제정신분석학회의 회장직을 사임하고 몇 달 후 학회에서 아주 탈퇴했다. 그때부터 융은 계속해서 자신의 이론을 분석심리학이라 칭하고, 그 후 그의 순수한 이론적인 체계를 언급할 때 '복합심리학(complex psychology)'이라 했다(Jacobi, 1973). 복합심리학이란 용어는 그의 이론이 단순한 의식심리학 또는 모든 것을 단순히 본능적인 요소의 결과로만 보는 프로이트 학파의 정신분석학과 같은 다른 심리학 이론과 비교해서 지극히 복잡한 정신적 맥락(psychic context)에 관한 것이라는 점을 강조하기 위해 사용한 것이다.

프로이트와 헤어지고 나서 융은 그의 발판을 잃게 되었고, 내적 혼란으로 고통을 받았으며 이는 약 3년 동안 지속되었다. 그는 무시무시하고 매우 상징적인 꿈을 꾸기 시작했으며, 깨어 있는 동안에도 무서운 시각적 체험을 하게 되었다. 예를 들면, 그는 알프스가 점점 커지고 거대한 노란색 파도가 수천 명의 사람들을 휩쓸어 바다를 핏빛으로 만드는 환상을 보았다. 그 다음해에 제1차 세계대전이 일어났는데, 그는 자신이 본 환상이 자신을 초월한 어떤 사건들에 대한 메시지를 전달해 주는 것으로 믿었다.

융은 자신이 정신병 수준에까지 이르렀음을 깨달았으나, 그럼에도 그는 무의식—내부로부터 솟아나 그를 부르는 모든 것—에 자신을 맡기기로 결심했다. 이는 그에게 일어나는 일들을 이해할 수 있는 유일한 기회였다. 그래서 그는 점차 더 깊은 심연으로 빠져 들어감을 종종 느끼게 하는 가공할 내적 여행을 시작했다. 각 영역에서 그는 태고의 상징과 심상들을 보았으며, 아득한 옛날로부터 온 악마, 유령, 묘한 형상들과도 이야기를 나누었다. 이 기간 동안 외부세계의 지지 기반이 되어 준 것은 그의 가족과 전문가로서 쌓아 온 그의 기량이었다. 그렇지 않았더라면 내부에서 솟아나는 심상들로 인해 틀림없이 완전히 미쳐 버렸을 것이라고 융은 말했다(Jung, 1961).

약 4년 후, 그는 서서히 자신의 내적 의문의 목표를 발견하기 시작했다. 이는 융 자신이 기하학적 도형들, 즉 원과 사각형으로 구성된 상징들을 그리고 있음을 점차 깨닫게 되었을 때였다. 나중에 그는 이 상징들을 '만다라(mandala)'라고 불렀다([그림 4-1] 참조). 이 그림은 어떤 기본적인 통일성이나 전체성, 다시 말해 그의 존재의 중심에 이르는 통로를 나타내고 있다. 융은 자신이 정신병적 상태에 있을 때의 일들에 대해 "나는 나를 어디로 데려가는지도 모른 채 나 자신을 어떤 흐름에 맡겨야만 했다. 하지만 내가 만다라를 그리기 시작할 무렵 모든 것들, 다시 말해 내가 지나온 모든 통로와 내가 밟아 온 모든 발걸음이 어느 한 점, 곧 하나의 중앙점으로 거슬러 올라감을 보았다. 만다라가 그 중심임이 점차 내게 뚜렷해졌다." (Jung, 1961: 196)라고 말했다.

그림 4-1 의식을 깨우는 만다라

출처: Jacobi(1973).

이처럼 융은 자신의 균열을 새로운 개인적 통합에 이르는 데 필요한 내적 여행이라고 이해하기 시작했다. 그러나 그런 생각을 굳히게 된 것은 약 8년 후 그가 묘하게 중국풍으로 보이는 만다라를 꿈꾸고 나서 그 이듬해에 만다라를 '생의 통일성의 표현'이라고 논하는 중국 철학서를 받게 된 때였다. 따라서 그는 자신의 체험이 영적 전체성에 대한 무의식적인 보편적 물음과 합치되고 있음을 믿게 되었다.

융은 무의식과 그 상징들에 대한 탐구를 자신의 나머지 생애 동안 중심적인 과제로 삼았다. 그는 꿈과 환상을 꾸준히 탐색했고, 또한 여러 문화의 신화와 예술을 폭넓게 연구하면서 그것들 속에서 보편적이고 무의식적인 갈망과 긴장의 표현을 발견하고자 했다. 융은 생애의 마지막을 개인치료, 여행, 독서, 공부를 하며 보냈다. 이러한 경험을 통해 그의 관찰은 자신의 계속적인 자기분석 및 자기반성과 결합되었고, 이는 막대한 양의 저서를 출간하고 수많은 강연을 이끌었다. 융은 1961년 6월 6일 스위스의 퀴스나흐트의 자택에서 사망하였다. 그의 저서들은 길고 짧은 것을 모두 합해서 130편이나 되고, 그 가운데 책으로 된 것은 약 35권이다. 그의 저서들은 대부분 유럽 언어와 몇 개의 다른 언어로 번역되어 처음에는 심리학과 거리가 먼 것 같은 과학에서까지도 계속적으로 증가하는 관심을 받아왔다(Jacobi, 1973). 융의 전집은 영국과 미국에서도 출판되었다.

융이 다른 동료들과 함께 집필한 마지막 저서인 『인간과 그의 상징(Man and His Symbols)』(1964)은 그가 죽기 전에 써서 죽은 후에 출간되었는데, 이 책에서 그는 삶의 마지막 부분에서 초점을 두었던 문화, 영혼성, 원형들 간의 교차에 대해 설명하였다. 국제분석심리학회(International Association for Analytical Psychology)가 1966년에 취리히에서 융의 이론에 관심을 갖고 있는 사람들을 교육하는 기관으로서 창설되었다. 국제분석심리학회에서는 융 학파의 분석자가 되기를 원하는 사람들을 위한 국제공인 자격 코스를 제공하고 있다. 융의 아이디어, 특히 내향성과 외향성이라는 성격 지향성과 사고와 감정, 감각과 직관의 네 가지 심리적 기능에 대한 설명으로 잘 알려진 『심리적 유형(Psychological Types)』(1921)은 성격유형검사로서 널리 활용되고 있는 MBTI(Myers-Briggs Type Indicator)의 큰 기초가 되었다. 융의 아이디어는 아동 놀이치료, 미술치료, 심리치료에서의 상징적 삶의 통합에 영향을 주었다.

2 인간관

융은 어떤 다른 이론가보다도 무의식을 상당히 강조하였다. 프로이트가 성격 형성에 있어서 무의식의 효력이 중요하다고 우리에게 일깨워 준 사람이라면, 융은 우리 모두가 가지고 있는 그 감추어진 내적인 삶을 보다 깊은 차원으로 이끌어 준 사람이다. 융은 무의식의 부분으로서 인간 각자가 삶을 영위해 가면서 쌓아 가는 경험뿐만 아니라 모든 인간의 종족과 인간 이전의 동물 조상들이 축적한 경험도 포함시켰다. 따라서 그는 인간을 긴 역사의 산물로, 생물학적 유전뿐만 아니라 문화적 · 정신적 유전을 선조로부터 물려받은 존재로 보았다.

융에 따르면 인간의 많은 고통과 절망, 그리고 무감각하고 목표도 없고 무의미하다는 느낌들은 성격의 무의식적 기초와의 접촉 상실로 인해서 초래되는 것이다. 그리고 그러한 접촉 상실은 주로 과학과 이성을 삶의 지표로서 신봉하는 추세가 증가되고 있는 탓이다. 우리는 너무 한쪽에만 치우쳐 있어서 무의식을 희생시켜 버리고 의식적 · 합리적 존재임을 강조하고 있는 것이다. 우리는 미신적인 신앙으로부터 해방되었으나 그 과정에서 영혼의 가치와 자연과의 합일(合一)을 상실하였다. 바꾸어 말하면, 우리는 비인간화되어 버렸다. 그래서 우리는 자신을 의미가 없는 혹은 사람과의 관계를 맺지 않는 존재로 느끼며 무용성과 공허감에 압도되어 있다고 느낀다는 것이다. 융은 이러한 우리 시대의 일반적인 신경증은 과거와의 영적 결합의 상실로 인한 직접적인 결과이며, 그 치료방법은 성격의 무의식 세력과의 접촉을 회복하는 길밖에 없다고 보았다(Schultz, 1977).

인간 본성에 대한 융의 견해는 프로이트의 견해와는 다르다. 융은 인간의 성격이 어떤 아동기의 경험과 원형에 의해 부분적으로 결정될 수 있다는 점에서는 프로이트와 견해를 같이하지만, 근본적으로 결정론적 입장은 아니며 인간의 자유의지와 자발성을 인정하고 있다.

천성(nature)이냐 양육(nurture)이냐에 대해서 융은 중간쯤의 입장을 취하고 있다. 자기실현을 향한 충동이나 경향성은 타고난 것이지만, 경험과 학습에 의해서 촉진될 수도 있고 방해받을 수도 있다고 보았다.

삶의 궁극적 · 필연적 목적은 융의 여러 저술에서 분명하게 설명되어 있는데, 프로이트의 긴장완화의 목적과는 상당히 다르다. 융에 의하면 인간 성격의 목적은 개성화(individuation) 혹은 자기실현(realization of the self)에 있다. 그는 개성화의 과정을 독특한 개인, 단 하나의 동일체적 존재가 되어 가는 것이라고 정의하였다. 개성화의 과정은 또한 자기 자신이 되어 간다는 뜻이 내포되어 있어서, 우리는 개성화를 자신답게 되는 것 또는 자기실현으로 해석할 수 있다. 융은 이러한 목적을 완전히 성취하기란 좀처럼 어렵지만(융은 완전히 개성화된 성격의 소유자로 예수와 석가를 예로 들었다) 끊임없이 인간으로 하여금 그 목적을 추구하도록 동기를 부여한다고 말했다.

융은 또한 아동기 경험의 중요성에 대해 프로이트와는 다른 입장을 갖고 있다. 그는 아동기 경험이 인간의 성격에 영향을 미치기는 하지만 전적으로 인간의 성격 형성을 좌우하지는 않으며, 인간은 중년기의 경험 및 미래에 대한 희망과 기대에 의해서 보다 많은 영향을 받는다고 보았다.

융은 각 개인은 독특한 존재이지만 인생의 전반부에만 그러하다고 믿었다. 개성화 혹은 자기화 수준이 중년기에 어느 정도 달성되면 성격의 어느 한 측면이 계속해서 지배하지 않는 이른바 '보편적 성격(universal personality)'을 발달시킨다는 것이다. 그때 개인의 독특성은 사라지며, 개인은 더 이상 특정 심리적 유형에 속하는 것으로 묘사될 수 없게 된다.

비록 융은 사회심리적 이론가들만큼 인간성에 대해 그렇게 낙천적이지는 않았지만, 프로이트보다는 긍정적이고 희망적인 인간상을 우리에게 제시하였다. 인간성에 대한 융의 낙천적 태도는 그의 성격발달에 대한 견해에서 잘 나타나 있다. 그에 따르면 개인은 끊임없이 성장하고, 발달하고, 확장하고, 개선하며, 앞으로 나아가고자 노력하는 존재다. 인간은 개별적으로나 집단적으로 앞을 바라보면서 앞을 향해 나아가며, 프로이트가 가정했던 것처럼 발달과 변화 및 진보는 아동기에 멈추는 것이 아니라 끝이 없는 영원한 과정이라는 것이다. 이처럼 융은 인간을 항상 지금 이 순간보다 더 좋아지고 나아지려는 희망을 갖고 있는 존재로 보았다(Schultz & Schultz, 2013).

다음과 같은 융의 분석심리학적 체계에 대한 기본 가정(Corsini & Wedding, 2008; Patterson & Watkins, 1996)은 융의 인간관을 이해하는 데에 도움이 될 것이다.

- 성격은 집단무의식과 그것의 활동에 의해 영향을 받는다.
- 자아에 수용될 수 없는 무의식적 요소는 개인무의식에 머무르게 된다.
- 콤플렉스는 활동적 원형 이미지 주변에서 형성되어 작용한다.
- 자아는 무의식과 외부세계를 중재한다.
- 자기는 전체를 의미하며 조직화된 원형이다.
- 원형은 집단무의식의 기관으로서 기능한다.
- 무의식적인 내적 세계인 정신적 현실은 외적 세계처럼 중요하다.
- 융의 심리학은 오이디푸스 시기의 갈등보다 그 이전의 중요한 경험, 불안, 방어에 관심을 둔다.
- 성격의 성숙은 평생에 걸쳐 이루어지며 생의 후반기에 개성화 과정에서 촉진될 수 있다.
- 자기조절 체계인 정신은 건설적인 무의식적 보상의 원리를 이용한다.
- 정상적 자아방어와 병리적 자아방어는 자기조절적인 정신 내에서 갈등을 다루기 위해 대립되는 힘이다.
- 정신은 자발적으로 심리적 전체, 의식과 무의식의 동합, 자기 치료를 추구한다.

- 퇴행은 적응적 의미를 가질 수 있으며 자아와 자기에 대한 기여로 일어난다.
- 정신 에너지는 정신적 과정과 표상에 기여하는 일반적인 가설적 에너지다.
- 개성화 과정은 개인의 심리적 유형과 관련해서 생애에 걸쳐 진행된다.

3 주요 개념

융의 분석심리학적 이론을 이해하는 데에 기초가 되는 몇 가지 주요 개념들을 살펴보기로 한다(Crain, 2000; Hall & Nordby, 1973; Schultz, 1977; Wehr, 1969).

1) 정신구조

융의 분석심리학에서는 인격 전체를 정신(psyche)이라고 부른다. 프시케라는 라틴어는 본래 영(靈, sprit) 또는 혼(魂, soul)을 의미했으나 근대에 와서는 정신의 과학을 심리학(psychology)이라고 말하는 것처럼 정신(mind)을 의미하게 되었다. 정신은 의식적 · 무의식적인 모든 사고, 감정, 행동을 포함한다. 정신이라는 이 개념은 인간은 본래부터 하나의 전체라는 것이 융의 근본 사상임을 뒷받침해 준다. 융에 의하면 인간은 이미 전체성을 갖고 있고 하나의 전체로서 태어나며, 인간이 일생을 통해 해야 할 일은 타고난 전체성을 최대한 분화, 일관성, 조화를 이루도록 발전시키는 것과 그것이 제각기 흩어져 제멋대로 움직이고 갈등을 일으키는 여러 체계로 분열되는 것을 막는 것이다. 정신분석학자로서 융이 해야 할 일은 환자가 잃어버린 전체성을 되찾고 정신을 강화하여 장래의 분열에 저항할 수 있도록 돕는 것이었다. 그러므로 융에게는 정신분석의 궁극적인 목표가 정신통합인 것이다.

정신은 다종다양하지만 상호작용을 하는 수많은 체계와 수준으로 이루어져 있다. 융의 견해에 따르면 정신은 세 가지의 분리된, 그러나 상호작용하는 체계인 의식 부분인 자아와 무의식으로 이루어져 있다. 융은 정신에 있어서 의식부가 중요하기는 하지만 무의식보다는 훨씬 덜 중요하다고 보았다. 그는 무의식을 인류의 창조적 노력과 정신적 열망의 근원이라고 가정하면서 무의식에는 개인무의식(personal unconscious)과 집단무의식(collective unconscious)이라는 두 가지 수준의 무의식이

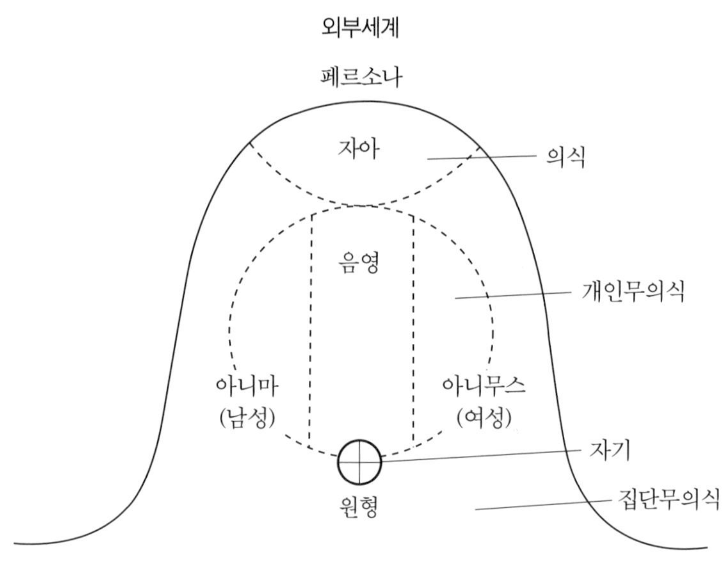

그림 4-2 융 이론에서의 정신구조

출처: Crain(2000).

있으며, 집단무의식이 정신의 가장 중요한 부분이라고 생각했다.

(1) 자 아

자아(ego)는 의식적인 마음이며, 언제 어느 때나 우리가 알 수 있는 지각, 기억, 사고 및 감정으로 되어 있다. 우리는 일생을 통해 광범위한 자극을 계속적으로 받고 있으며 그 자극이 너무도 많기 때문에 효율적으로 다 주위를 기울일 수 없다. 따라서 우리 주변에 있는 갖가지 자극들 중에서 선택해서 지각하지 않으면 안 된다. 우리는 해롭거나 위협적인 자극들은 물론 무의미하고 부적절하고 보잘것없는 자극들을 걸러내지 않으면 안 된다. 자아는 이러한 중요한 기능을 수행한다. 감각이나 관념 혹은 기억이 자아에 의해 의식 속으로 인지되고 받아들여지지 않는다면 보이지도 들리지도 사고되지도 않을 것이다. 따라서 자아는 '의식에 이르는 문지기'로서 의식을 지배하고 있다고 할 수 있다.

우리 의식의 상당 부분은 자아가 갖는 정신 에너지의 방향, 즉 외향성(extraversion)의 태도와 내향성(introversion)의 태도에 의해서 결정된다. 외향성은 의식을 외적 세계 및 타인에 향하게 하는 성격태도이고, 내향성은 의식을 자신의 내적 · 주관적 세계로 향하게 하는 성격태도다. 외향적인 태도를 가진 사람은 객관적 현실의 외부 세계를 지향한다. 그들은 대인관계가 솔직하고, 사교적이며, 타인들과의 진실한 교제를 즐기는 영향이 있다. 반면에 내향적인 태도를 가진 사람은 내적 · 주관적 삶에 방향을 두며, 내성적이고 위축되어 있고 부끄러워하는 경향이 있다. 이 두 가지의 태도는 외부 대 내부의 상반된 방향을 나타내고 있는데, 융은 모든 인간은 어느 한 쪽의 부류에 속할 수 있다고 느꼈다. 사람이 살아감에 있어서 이들 태도 중의 어느 하나가 우세하여 행동과 의식을 지배하게 되는 것이 보통이다. 이 말은 다른 태도가 완전히 무시된다는 뜻이 아니다. 그 태도는 여전히 존재하며, 다만 의식의 부분으로서 존재하지 않을 뿐이다. 그것은 개인무의식의 부분이 되며 그 속에서 여전히 행동에 영향을 미칠 수가 있다.

의식부에는 외향성 혹은 내향성 외에도 다른 것이 있다. 융은 이를 심리적 기능(psychological functions)이라고 소개했다. 이 역시 우리 주변의 세계와 내부의 세계, 즉 우리의 외적 세계와 내적 세계를 지각하고 반응하는 방식이다. 융은 모든 외향적인 사람들 혹은 모든 내향적인 사람들이 똑같은 것은 아니라는 것, 다시 말해 그들은 세계에 대한 태도가 합리적이냐 혹은 비합리적이냐 하는 점에서 다르다는 것을 발견하였다. 합리적 기능은 사고하기(thinking)와 느끼기(feeling)가 있다(사고-감정 차원). 이들은 실제로 정반대의 기능이지만, 둘 다 경험에 대해 판단하고 평가하며 또 경험을 조직하고 분류한다. 비합리적 기능에는 감지하기(sensing)와 통찰하기(intuiting)가 있는데(감각-직관 차원), 이들은 이성을 사용하지 않는다. 감지하기가 감각기관을 통해서 현실을 경험하는 것이라면, 통찰하기는 육감이나 일종의 비감각적인 경험을 토대로 하고 있다는 점에서 둘은 정반대의 기능인 것이다.

세계에 대한 우리의 기본적인 지향이라는 점에서 보면, 한 가지의 태도만이 지배적인 것과 마찬가지로 기능에 있어서도 한 가지의 기능만이 의식부에 지배적이고 다른 세 기능은 개인무의식의 부분이 된다. 합리적 기능과 비합리적 기능의 상반성 때문에 그 두 가지 기능 중 어느 한쪽 기능만이 한 인간에게 있어서 지배적이며, 또한 언제 어느 때나 사고와 감정 중에서 그리고 감각과 직관 중에서 어느 하나만이 우세하다. 결국 두 가지의 태도와 네 가지의 기능이 상호작용하여 여덟 가지의 심리적 유형이 형성된다. 외향적이거나 내향적인 사람은 네 가지의 기능들 중에서 어느 하나의 기능에 의해 지배받을 수 있다. 예컨대, 외향적인 사람은 감각형의 기능을,

내향적인 사람은 사고형의 기능을 수행할 수 있다.

융은 심리적 태도와 기능을 조합하여 [그림 4-3]에서 보는 바와 같이 여덟 가지의 심리적 유형인 외향적 사고형, 외향적 감정형, 외향적 감각형, 외향적 직관형, 내향적 사고형, 내향적 감정형, 내향적 감각형, 내향적 직관형이 결정된다고 보았다. 인간의 타고난 성격유형을 검사하기 위해 많이 사용되고 있는 MBTI는 이러한 융의 이론에 기초하고 있다.

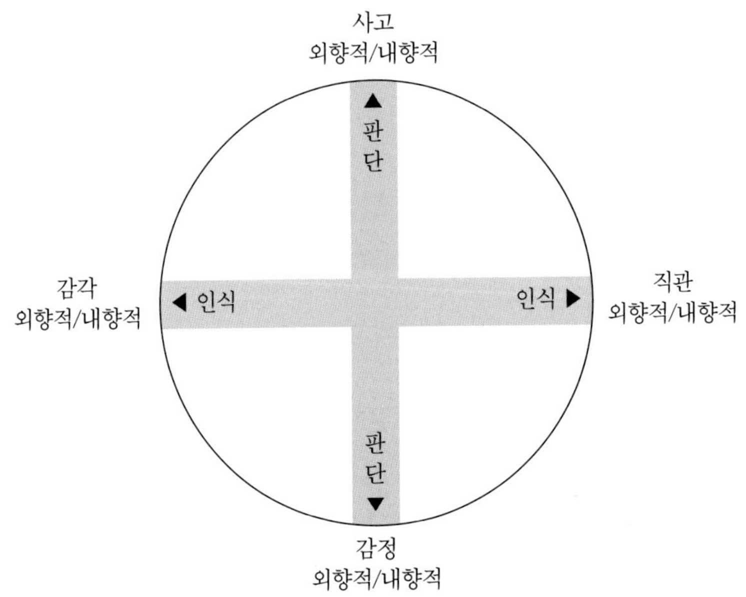

그림 4-3 융학파의 나침반: 판단과 인식

(2) 개인무의식

개인무의식(personal unconscious)은 무의식부에서 보다 상부에 있고 보다 표면에 있으며, 본질적으로 의식 속에 더 이상 남아 있지는 않지만 쉽게 의식부로 떠오를 수 있는 자료의 창고 혹은 저장소다. 이 자료는 중요한 것이 아니기 때문에 의식적인 인상을 주기엔 너무 약해서 의식에 도달할 수 없는 망각된 기억들과 너무 위협적인 것이어서 자아에 의해 억압 · 억제된 기억들과 외상들로 이루어져 있다.

주어진 시간에 우리가 얼마나 많은 경험을 의식할 수 있는가에 대해서는 한계가 있다. 어느 순간에든 한 가지 혹은 두세 가지의 생각과 경험밖에 주의를 기울일 수가 없다. 다른 기억이나 생각들은 현재 몰두하고 있는 기억이나 생각들을 위해 자리를 양보하려고 옆으로 밀려나지 않으면 안 된다. 예컨대, 우리는 수많은 정보(전화번호, 주소, 이름, 심상 및 과거의 사건, 기억 등)를 가지고 있다. 우리는 우리의 전화번호를 알고 있지만 항상 그것을 생각하고 있지는 않다. 그러나 우리가 필요로 할 때는 즉시 의식부 안에서 인식될 수 있도록 상기해 낼 수가 있다. 이처럼 의식부와 개인무의식 사이에는 서로 빈번한 왕래가 있다. 지금 공부하고 있는 분석심리학의 내용으로부터 지난밤에 했던 일의 기억이나 내일 할 일에 대한 계획으로 여러분의 주의가 옮겨질 수도 있다. 우리는 개인무의식을 우리의 감정, 사고 및 기억들을 모두 담고 있는 서류철에 비유할 수 있다. 별 노력 없이 특정의 기억을 뽑아 내어 잠시 검토한 후 제자리에 갖다 놓고 다음 생각이 날 때까지 잊어버리는 것이다.

개인무의식의 한 가지 중요한 국면은 융이 콤플렉스(complex)라고 부른 것인데, 이것은 하나의 공통된 주제에 관한 정서와 기억 및 사고의 무리(clusters)다. 어떤 의미에서 콤플렉스란 전체 정신 속에 있는 보다 작은 정신이며, 어떤 것에 강하게 집착하는 특성을 갖고 있다. 예컨대, 우리가 어떤 사람이 열등 콤플렉스를 갖고 있다고 말할 때는 그 사람이 열등감 혹은 권력에 사로잡혀 있으며, 이러한 집착이 그의 행동에 크게 영향을 미친다는 것을 의미한다. 그러나 콤플렉스를 가진 사람은 콤플렉스가 인식되는 의식부의 부분이 아닌 개인무의식 속에 있기 때문에 자기가 콤플렉스에 의해서 얼마나 통제받고 있는가를 알지 못한다. 콤플렉스는 실질적으로 우리 주변의 모든 것, 즉 세계를 어떻게 지각하며 어떤 가치와 흥미와 동기를 가질 것이냐 하는 것을 결정한다.

요컨대, 개인무의식은 살아가면서 축적되어 있는 억압된 기억 · 환상 · 소망 · 외상 · 욕구의 저장소로서, 개인무의식에는 성격의 착한 면과 악한 면을 모두 갖고 있는 음영(shadow)이 존재한다. 융은 성격의 그림자 측면을 분석을 통해 통합함으로써 정신 치유와 완전성이 이루어질 수 있다고 믿었다.

(3) 집단무의식

융은 처음에는 콤플렉스가 어린 시절의 외상 사건에서 생긴다고 믿었으나 후에는 훨씬 더 깊은 경험에서 비롯된다는 것을 깨닫게 되었다. 그는 콤플렉스가 종(種)의 진화사(進化史)에서 어떤 경험, 즉 유전기제를 통해서 한 세대에서 다음 세대로 전달되는 경험에 의해 영향을 받는다고 느꼈다. 마치 우리 각자가 자신의 과거의 모든 경험을 모아서 정리 · 보존해 온 것처럼 인류도 그렇게 해 왔다는 것이다. 이러한 보편적인 진화 경험의 저장소인 집단무의식(collective unconscious)은 정신의 가장 접촉하기 어렵고 가장 깊은 수준에 존재하며 개인의 정신 토대가 된다. 초개인적 구조로서 이미지, 상징, 신화가 원시인으로부터 현대인으로 전수된 원형의 가상 창고인 집단무의식은 현재의 모든 행동을 지시하며, 따라서 정신에 있어서 가장 강력한 힘을 발휘한다.

그러나 이러한 아주 오랜 옛날의 인간 경험들은 무의식적인 것이며, 따라서 우리는 그것을 인식하지 못한다. 우리는 의식적으로 그것을 기억하거나 상상하지 못한다. 대신에 이러한 아주 오랜 옛날의 경험들은 우리 모두에게 조상들과 똑같은 방식으로 지각하고 사고하고 느끼는 소인(素因)이나 경향성으로 존재한다. 이러한 경향성이 우리의 행동에 실제로 나타나는지의 여부는 앞으로 직면하게 될 특정 경험들에 달려 있다. 예컨대, 우리의 원시 조상들이 어두움을 두려워하였고, 그리하여 우리는 그와 같은 방식으로 행동하는 하나의 소인을 물려받는다. 이 말은 우리 각자가 자동적으로 어두움을 두려워하는 인간으로 성장한다는 것을 뜻하는 것이 아니라 밝은 것을 두려워하기보다는 어두움을 두려워하는 것이 보다 쉽게 학습된다는 뜻이다. 이러한 경향성은 존재하며 그 소인을 현실화시킬 적당한 경험(말하자면 어두움 속에서 악몽으로부터 깨어나는)만을 필요로 한다. 융은 "그가 태어날 세계의 모습은 하나의 허상으로서 이미 그의 내부에 타고난다."(Jung, 1953: 188)라고 하였다.

또 하나의 예로, 융의 이론에 의하면 우리는 어떤 정해진 방식으로 어머니를 지각하는 소인을 갖고 태어난다. 어머니가 일반적으로 과거 세대의 어머니들이 행동했던 것처럼 행동한다는 것을 생각해 보면, 우리의 소인은 우리가 경험하고 있는 현실과 일치할 것이다. 타고난 우리 세계의 본질은 우리가 경험을 지각하고 반응하는 방식을 사전에 결정해 준다. 융은 여러 문화권의 탐구를 통해서 어느 장소, 어느 시대나 이러한 공통된 경험과 유사한 주제 및 상징성을 갖고 있다는 것을 알았다. 그는 또한 이러한 주제들이 자기의 환자들의 환상과 꿈속에서 반복되고 있다는 것을 알아냈다. 고대와 현대 사이의 이러한 일치성은 그로 하여금 어떤 경험들은 수많은 세대를 통해 반복되어 왔기 때문에 영혼 속에 새겨져 있다고 믿게 하였다.

이처럼 종족기억(racial memory)이라고도 불리는 집단무의식은 융이 제안한 독창적인 개념으로 분석심리학의 이론체계에서 가장 핵심적인 개념이다. 집단무의식에는 사람들이 역사와 문화를 통해 공유해 온 모든 정신적 자료, 즉 인류의 보편적인 종교적 · 심령적 · 신화적 상징들과 경험들이 저장되어 있다. 인간 정신의 기초를 형성하는 집단무의식의 기본 구조는 원형으로, 융은 이러한 구조를 생물학적으로 기초가 되면서 타고난 것이라고 믿었다. 집단무의식은 직접적으로 의식화되지는 않지만, 인류 역사의 산물인 신화, 민속, 예술 등이 지니고 있는 영원한 주제의 현시를 통해 간접적으로 관찰될 수 있다.

2) 원 형

보편적인 경험들은 인간 내부에 있는 심상으로서 나타나거나 표현되는데, 융은 이를 원형(archetypes)이라 불렀다. 그의 정의에 따르면 원형이란 인간의 꿈, 환상, 신화 및 예술에서 반복해서 나타나는 우리 조상들의 경험을 대표하는 원시적인 정신적 이미지 혹은 패턴이다. 융은 그의 연구과정에서 탄생, 죽음, 권력, 신(神), 악마, 현세(現世)의 어머니 등과 같은 많은 원형들을 구분하여 논의하였다. 여러 세대를 통해서 전형적이고 계속적으로 반복되어 온 경험만큼이나 많은 원형들이 있다. 원형은 꿈, 신화, 동화, 예술 등에서 나타나는 상징을 통해서만 표현된다(Sharf, 2016). 원형은 인간이 갖는 보편적 · 집단적 · 선험적인 심상들로 융의 분석심리학에서 성격의 중요한 구성요소다.

융은 있음직한 원형들 중에서 몇 개의 원형은 우리의 삶에 특히 중요하다고 믿었다. 원형들은 보다 충분히 발달되고 영향력이 있는 것으로, 그중에는 다음과 같은 것들이 포함된다.

(1) 페르소나

페르소나(persona)라는 말은 본래 배우가 극 중에서 다른 얼굴이나 특정한 역할을 관객들에게 표현하기 위해서 쓰던 가면을 가리키는 말이다. 융은 우리 자신을 우리가 아닌 다른 어떤 것으로 표현하기 위해서 혹은 우리 자신을 숨기기 위해서 쓰는 가면이라는 의미로 페르소나라는 말을 사용하였다. 그것은 연기(演技)를 할 때와 마찬가지로 상황이나 사람에 따라서 그때그때의 요구에 맞추어서 어떤 행동이나 태도를 취하는 것이다.

우리는 살아가면서 많은 역할을 수행하며, 따라서 많은 가면을 쓴다. 판사가 법정에서 쓰는 가면과 여배우와 함께 식사를 할 때에 쓰는 가면은 다른 것이다. 상황에 따라 적절하다고 생각하는 것에 적응하여 다른 사람들이 자신에게 기대한다고 생각되는 방식으로 행동하기 때문이다. 우리 모두가 그러한 수법을 쓰고 있기 때문에 다른 가면을 쓴다는 것이 꼭 해로운 것만은 아니며, 융 역시도 페르소나가 현대생활의 여러 가지 사건에 대처하기 위해서 유용하며 필수적이기까지 하다고 믿었다.

그러나 페르소나는 매우 해로울 수도 있다. 만약 어떤 사람이 페르소나가 정말 자신의 본성을 반영하고 있는 것이라고 믿게 된다면, 그 사람은 더 이상 단순히 그 역할을 하고 있는 것이 아니라 그 역할 자체가 되어 버린다. 그렇게 되면 결과적으로 그 사람의 자아는 오로지 페르소나와만 동일시하여 정신의 다른 측면들이 충분히 발달하지 못하게 된다. 그 사람은 진정한 자기(self)로부터 소원하게 되어 팽창된 페르소나와 축소된 다른 정신의 측면들 사이에 긴장이 생긴다. 이러한 현상은 심리적 건강에 도움이 되지 못한다. 융은 그러한 사람들이 전 생애를 거짓으로 살아왔고, 진정한 자기를 표현하지 않음으로써 자기 자신을 속여 왔다는 것을 보통 중년기 무렵에 자주 깨닫게 된다는 것을 알아냈다.

건강한 정신의 목표는 페르소나를 수축시키고 정신의 다른 측면을 발달시키는 것이다. 물론 모든 역할은 기만적이다. 건강한 사람들과 건강하지 못한 사람들의 차이점은 건강하지 못한 사람들이 다른 사람들은 물론 자기 자신도 속인다는 것이다. 건강한 사람들은 자기가 어떤 역할을 하고 있다는 것을 알고 있으며 동시에 자신의 진정한 내적 본성을 알고 있다.

(2) 아니마와 아니무스

연관된 한 쌍의 원형으로 아니마(anima)와 아니무스(animus)가 있다. 모든 사람은 생물학적으로나 심리학적으로 모두 이성(異性)의 특징과 성격을 지니고 있다. 생물학적인 면에서 양성(兩性)은 모두 이성의 호르몬을 분비하고 있으며, 심리학적인 면에서 모든 사람은 남성적 혹은 여성적 방식으로 행동할 수 있다는 것이다. 다시 말해서, 여성의 성격은 남성적인 성분(아니무스 원형)을 포함하고 있고, 남성의 성격은 여성적인 성분(아니마 원형)을 포함하고 있나는 것이다. 이처럼 융은 남성의 여성적 성격 측면과 여성의 남성적 성격 측면을 원형에 귀착시켰다. 남성 속의 여성적 원형은 아니마, 여성 속의 남성적 원형은 아니무스라고 불렀다. 남성적 원형의 속성은 이성(logos)이고, 여성적 원형의 속성은 사랑(eros)이다.

이러한 원형들은 남녀가 수없이 오랫동안 함께 생활해 온 경험으로부터 발달된 것인데, 함께 생활하는 과정에서 양성은 모두 이성의 성격을 일부 습득하게 되었다. 이러한 원형들을 통해서 우리는 어느 정도 이성을 이해할 수 있다. 다시 말하면, 원형은 이성에게 반응하고 이성을 이해하도록 동기화시키는 집단적 심상으로 작용한다. 남성은 그의 아니마 덕택에 여성의 성질을 이해할 수 있고, 여성은 그녀의 아니무스 덕택에 남성의 성질을 이해할 수 있다. 정신적 건강을 위해서 이러한 원형들이 가지는 중요성은 두 원형이 우리 모두 각자에게서 표출되어야만 한다는 것이다. 즉, 남녀 모두 자기의 성별에 맞는 성격을 나타내면서 동시에 남성은 부드러움과 같은 여성적인 성격을, 여성은 공격성과 같은 남성적인 성격을 표현해야 한다는 것이다. 어떤 사람이 자신의 양성적 본성을 모두 표현할 수 없다면 건강한 성격이 이루어질 수 없다. 만약 그러한 표현이 이루어지지 않는다면 중요한 이성적 성격은 잠복되어 발달하지 못할 것이며, 따라서 성격의 일부가 억제되고 한쪽으로 치우치게 된다. 그리고 융의 견해에 의하면 정신적 건강을 손상시킬 수 있는 이런 편중성은 정신 전체의 충분한 발달과 표현을 저해한다. 정신의 모든 측면들은 조화롭게 발달되어야만 하며, 어떠한 측면도 다른 측면을 희생시켜 가면서 성장되어서는 안 된다.

(3) 음 영

음영(shadow, 그림자)은 본능적으로 번식과 생존에 초점을 둔 정신의 초도덕적이며(도덕과 관계가 없는) 인류 발생 이전의 동물적인 측면으로 인간의 어둡고 사악한 측면을 나타내는 원형이다. 그것은 자아나 자아상(self-image)과 반대되는 개념으로, 우리 자신이 용납하기 어려운 특질과 감정들로 구성되어 있다. 이를테면 지킬 박사에게 있어서 하이드 씨인 것이다. 남자가 흉악한 살인자의 꿈을 꾸거나 여자가 야릇한 창녀의 꿈을 꾸는 경우와 같이, 꿈에서의 음영은 동성의 인물에 투사된다. 우리는 일상생활에서 난처한 상황에 처했을 때 음영을 흔히 볼 수 있는데, 예를 들어 "내가 그랬다니 말이나 돼?" 하며 불쑥 욕설을 내뱉는 경우다. "사람들이 그런 꼴을 하는 건 정말 못 보겠어." 와 같이 음영은 비난하는 말 속에 투사되기도 한다. 그렇게 격렬하게 비난하는 것은 우리 자신에게 있는 그런 속성을 자각하지 않으려고 방어하고 있음을 시사해 주기 때문이다.

대부분의 경우 음영은 긍정적인 자아상과 반대되기 때문에 대체로 부정적이다. 부정적인 측면에서 음영은 사회가 사악하고 죄가 크고 부도덕하다고 생각하는 모든 충동을 포함하고 있다. 그런 까닭에 음영은 인간의 어두운 측면으로서, 다른 사람들과 사이좋게 지내기 위해서는 억압되어야만 한다. 만약 우리가 이러한 동물적이고 원시적인 충동을 억압하지 못한다면 사회의 관습이나 법률과 충돌하기가 쉽다. 그러나 의식적인 자기상이 부정적인 정도를 포함하는 정도에 따라 무의식적인 음영은 긍정적이 된다. 예를 들어, 자신이 매력적이 아니라고 생각하는 젊은 여성은 아름다운 숙녀에 대한 꿈을 꾼다. 그녀는 꿈에서 본 그 숙녀를 어떤 다른 사람으로 생각하지만 실상은 아름다워지고자 하는 그녀 자신의 소망이 나타난 것이라 볼 수 있다. 음영은 동물 본능의 근원일 뿐만 아니라 자발성, 창조성, 통찰력 및 깊은 정서 등 완전한 인간성에 필수적인 모든 특성의 원천이기도 하다. 음영이 완전히 억압당했을 때 정신은 융이 상당히 가치 있다고 생각했던 경험의 원천인 과거의 본능적 지혜로부터 차단당하여 무기력하고 생기가 없어지게 된다. 따라서 긍정적이건 부정적이건 간에 음영과 접하는 것은 중요하다. 자아가 음영의 힘을 조절하여 부정적인 면과 긍정적인 면이 균등하게 표현되도록 할 수 있을 때, 사람은 생기 있고 활력적이며 열정적이고 정서와 의식이 강렬하여 신체적 · 정신적 영역에 모두 주의를 기울이고 반응하게 된다.

(4) 자 기

자기(self)는 아니마와 아니무스와 같은 정신의 갈등적 측면들을 통합한 정신의 측면이다. 융은 자기발달을 인생의 궁극적 목표라고 생각했다. 자기는 정신의 모든 측면의 통일성, 통합성 및 전체성을 향해 노력하는 것을 말한다. 자기가 발달되었을 때 그 사람은 자기와 세계가 조화되어 있다고 느낀다. 발달하지 못했거나 불충분하게 발달된 자기는 정신을 여러 토막으로 풀어 헤쳐 완전한 정신적 건강의 도달을 방해한다. 자기 원형은 정신의 모든 부분을 한데 묶어 균형을 유지하도록 하는 정신의 중심인 의식과 무의식의 양극성 사이의 평형점이다.

완전한 자기 인식이나 자기실현은 어렵고도 힘들고 시일이 오래 걸리는 과업이며 완전히 성취하기는 거의 불가능하다. 인간은 대부분 그것을 위해 끊임없이 노력하지만 거의 도달할 수 없는 삶의 목표다. 이와 같이 자기는 항상 목표를 미래에 두어 사람을 앞으로 끌어당기기 때문에 동기를 유발시키는 힘으로서 작용한다. 자기 인식을 위해서는 자기에 대한 객관적인 지식을 얻는 것이 필요하다. 먼저 자기의 본성을 완전히 알지 못하고서는 자기 자신을 충족시킬 수 없다고 융은 말했다. 이것이 자기 인식으로 접근해 가는 데 그토록 오랜 시간이 걸리는 이유다. 자기 자신에 대한 지식을 갖기 위해서는 훈련, 인내, 지속성 및 여러 해 동안의 고된 작업이 필요하다. 자기 인식을 위해서 요구되는 또 하나의 필요조건은 정신의 모든 체계가 충분히 나타나 발달하는 것인데, 이것은 중년층에 가서야 비로소 이루어진다. 그래서 융은 중년기를 인간의 발달단계에서 정신적 건강을 성취하기 위한 결정적 시기라고 보았다.

융은 자기가 원형적 특성을 지니며, 또한 꿈, 신화, 동화 속에서 지도자나 영웅이나 구세주 인물의 형상을 취하거나 원, 사각, 십자가 등과 같은 전체 상징들을 통해 나타날 수 있다는 것을 우리에게 보여 주고 있다. 자기란 중심점일 뿐만 아니라 의식과 무의식을 포함하는 범위다. 자아가 의식의 중심이듯이, 자기는 이러한 총체성의 중심이다. 그러므로 자기는 의식적인 자아보다 상위적인 범위다.

3) 동시성

동시성(synchronicity)은 융이 사건을 초자연적인 성질로 보기 위해 사용한 주요 개념으로, 그는 동시성을 비인과적 관계들의 원리로서 설명하였다. 그는 단순히 인과적으로는 서로 관련지을 수 없고 분명 어떤 다른 진행관계 속에 놓여 있는 심리적 유사 현상들이 있으며, 이러한 관계는 본질적으로 상대적 동시성이라는 상황 속에서 주어진 것이라고 보았다. 시간이란 결코 어떤 추상개념이 아니라 오히려 구체적인 연속체처럼 보이기 때문에 동시적이라고 표현할 수 있다는 것이다. 그러한 연속체는 상대적 동시성 속의 다양한 장소에서 인과적으로는 설명될 수 없는 유사점을 지니고 있는 자질이나 기본 조건을 내포하고 있는 것으로, 동일한 생각들과 상징들 혹은 심리적 상태들이 동시에 나타나는 경우가 해당된다.

이와 같이 융은 어떤 의미 있는 사건들 중에는 인과성의 결과에 의한 것도 아니며 또 인간의 의도에 의한 결과도 아닌 경우가 있다고 믿었다. 대부분의 심리학자들과 일반인들은 이러한 사건들을 우연의 일치에 의한 것이라고 보지만, 융은 이러한 사건들이 우리가 우리의 집단무의식을 통해 다른 사람들 및 자연과 연결되어 있음을 나타내는 것이라고 보았다. 요컨대, 융이 제안한 동시성 원리는 가능한 인과관계가 전혀 없이 내적으로 지각된 정신적 사건과 이에 일치하는 물리적인 외적 사건이 동시에 일어난다는 것이다. 즉, 인간 정신 내의 주관적 경험과 외부 현실에서 같은 시간에 다른 장소에서 일어나는 객관적 사건 간에 의미 있는 관계가 있음을 주장하는 것이 바로 동시성이다.

4) 확 충

확충(amplification)이란 인류의 거의 모든 시대에 걸친 종교사, 문화사, 정신사의 영역에서 나온 동류(同類)의 혹은 유사한 그림 모티프들을 통해 꿈과 같은 체험을 확장시키고 심화시키는 것이다(Wehr, 1969). 확충의 목적은 꿈, 공상, 환각, 그림 등 인간에게서 생긴 모든 상징적인 의미와 원형의 근원을 이해하는 데 있다(Hall & Nordby, 1973). 융의 확충방식에서는 개개의 꿈 모티브들이 상(像)과 상징, 전설과 신화 등의 유사한 의미를 지닌 동류의 자료를 통해 확장되며, 그로써 그것들의 의미 가능성과 다양한 측면이 보여 주는 온갖 뉘앙스를 갖고 나타나는데, 그것을 통해 결국 각각의 꿈 모티브들의 의미가 뚜렷해진다. 그런 다음 그렇게 확실시된 각각의 의미요소는 꿈 모티브들의 전체 사슬이 명확해져서 결국 자체적으로 최종적인 통일성이 입증될 수 있을 때까지 가장 가까운 의미요소와 재차 결합된다. 이에 분석자의 임무는 대화를 통해 환자 혹은 내담자들이 이러한 상징의 내용들과 친밀해지도록 하면서 다단계적인 치료의 길로 안내하는 것이다.

5) 개성화

자기 속에서의 전체화가 어떻게 이루어지는가를 설명하기 위해 융은 개성화(individuation)란 개념을 사용하였다. 그에 따르면 개성화는 개별 존재가 되는 것을 의미하며, 또 개성이라는 것을 우리가 지닌 가장 내면적이고 비길 데 없는 최후의 유일무이한 특성으로 이해할 때 고유한 자기가 되는 것을 의미한다. 그러므로 그는 개성화를 자기화(selfhood) 혹은 자기실현으로 해석할 수 있다고 하였다. 결국 개성화의 과정이란 독특한 개인, 단 하나의 동일체적 존재가 되어 가는 것이라고 정의할 수 있다.

융은 개성화된 인간을 건강한 인격의 소유자로 보았으며, 그러한 인간의 특성을 다음과 같이 제시하였다(Schultz, 1977).

- 자각: 의식과 무의식 수준에서 모두 자기 자신을 잘 이해하고 있다.
- 자기 수용: 자기 탐색의 시기에 자기에게 드러나는 것을 받아들인다. 자신의 본성(장점과 단점, 성스러운 면과 사악한 면)을 수용한다. 상황에 따라 각기 다른 페르소나를 쓰지만 단지 사회적 편의를 위해서다. 자신이 갖가지 역할을 수행하고 있다는 것을 알고 있지만 그러한 역할과 진정한 자기를 혼동하지 않는다.
- 자기 통합: 성격의 모든 측면들이 통합되고 조화를 이루어 모든 것(이성적 특성, 이전에는 지배적이지 못했던 태도와 기능, 무의식의 총체)이 표출될 수 있다. 생애 처음으로 어떤 측면이나 태도 혹은 기능도 어느 한 가지가 지배를 하던 것에서 벗어나게 된다.
- 자기 표현: 자기 자신을 있는 그대로 나타내고, 솔직한 생각과 기분을 표출한다.
- 인간 본성의 수용과 관용: 모든 인류 경험의 저장소인 집단무의식에 대해 대단히 개방적이고, 인간 상황을 보다 잘 인식하고 관대함을 가지고 있다. 우리 모두에게 영향을 미치는 인류의 유산으로부터 전해지는 힘을 인식하기 때문에 다른 사람들이 행동을 보다 깊이 통찰할 수 있으며, 인류에 대하여 보다 많은 연민의 정을 느낀다.
- 미지와 신비의 수용: 의식 속에 무의식적 · 비이성적 요소들을 끌어들일 수 있다. 꿈과 환상에 주목하며, 한편으로는 이성과 논리를 사용하면서 무의식의 힘으로 그러한 의식의 과정을 조정한다. 초자연적이며 영혼적인 현상에 관심을 갖고 수용한다.
- 보편적 성격: 성격의 어느 한 측면, 즉 태도나 기능 혹은 원형의 어떤 측면에 지배를 받지 않는다. 따라서 특정한 심리적 유형으로 분류하기가 어렵다.

4 상담의 목표와 과정

1) 상담목표

융은 자기 자신과의 합일, 동시에 바로 우리 자신인 인류와의 합일을 상담과 심리치료의 목표로 삼고 있다. 그는 그가 만든 이론의 틀 속에서 이러한 성숙과정을 앞에서 설명한 '개성화'라고 지칭하였다. 융은 이러한 개인성의 자립화 과정이 자유롭게 인정되는 곳에 진정한 공동체가 존재한다고 생각했다. 한편으로는 그러한 공동체 없이는 자신의 내부에서 존재 근거를 발견하는 자립적인 개인도 지속적으로 발전할 수가 없다고 보았다. 융은 또한 개인성과 공동체의 힘 사이의 균형을 찾고자 노력하듯이 기쁨과 고통의 균형을 요구하고 있다. 극한의 고통과 아픔, 운명적인 일이 받아들여지는 것에서 삶은 비로소 전체성과 충만함을 찾는다는 것이다. 그렇기 때문에 상담과 심리치료의 가장 중요한 목표는 환자를 불가능한 행복 속으로 옮겨 놓는 것이 아니라 그에게 고통을 견딜 수 있는 강성과 철학적 인내를 얻을 수 있게 해 주는 것이다(Wehr, 1969).

한편, 치료에 대한 융의 접근을 분석하면서 라이초크(Rychalk, 1981: 228)는 "심리치료의 목적은 환자에게 인생이 전적으로 의식에 의해서만 지배된다는 순진한 믿음을 포기하고 의식과 무의식 사이의 중간에서 성격의 새로운 중심점을 찾도록 설득하는 것이다. 이 과정은 자아 대 음영의 양극성을 인정하는 것에서 시작하며 궁극에는…… '성격의 중심점'에서 균형을 찾게 된다. 이 균형 잡기에서는 자아도 그림자도 선호되지 않는다."라고 말하였다.

이상에서 엿볼 수 있듯이 융의 분석심리학에서 추구하는 상담 및 심리치료의 목표는 내담자 혹은 환자로 하여금 무의식적으로 작동하는 정신 원리를 의식화하고 개성화 혹은 자기실현 과정을 촉진하는 것이다.

2) 상담과정

이러한 목표에 도달하기 위해서 융이 제안한 상담 및 심리치료의 과정은 다음과 같은 고백, 명료화, 교육, 변형의 네 단계로 구분된다(Douglas, 2005: 노안영, 2005 재인용).

- 고백(confession) 단계: 이 단계의 주요한 특징은 내담자의 강렬한 정서 방출과 치료 동맹 형성이다. 내담자는 자신의 개인사를 고백함으로써 정화를 경험하며 의식적 및 무의식적 비밀을 치료자와 공유한다. 치료자는 비판적이고 공감적인 태도를 유지한다. 내담자는 자신의 제한점을 치료자와 나누면서 모든 사람이 약점을 가지고 있다는 것을 자각하면서 인류와의 유대감을 느낀다. 고백을 통해 내담자와 치료자의 치료 동맹 관계가 이루어지면서 내담자는 전이를 형성하게 된다.
- 명료화(elucidation) 단계: 이 단계의 목표는 내담자가 정서적 또는 지적으로 자신의 문제에 대한 통찰을 얻게 하는 것이다. 내담자가 갖는 증상의 의미, 아니마와 아니무스, 음영, 현재 생활 상황과 고통 등이 명료화된다. 또한 현재 겪는 정서적 어려움이나 비현실적 생각과 환상이 아동기에 어떻게 시작되었는가에 대한 해석이 이루어진다. 이 단계에서 전이와 역전이가 탐색된다. 치료의 성공은 전이의 장려에 달려 있다. 융에 따르면 전이는 심리치료의 급소다. 전이는 무의식의 원형적 자료가 치료자에게 투사되는 치료자와 내담자 간의 정서적 화학작용으로, 내담자의 개인적 과거나 아동기의 관계에 의해서 결정되는 것이 아니라 초자연적 혹은 원형적 과거로부터의 투사에 의해서 결정된다. 심리치료는 치료자와 내담자가 전이적 및 역전이적 투사 내에서 어느 정도 변화되는가에 따라서 그 효과가 달라진다. 전이를 이해하는 과정에서 내담자는 치료자가 명료화하는 무의식적인 내용을 표면으로 이끌어 낼 수 있게 된다. 내담자는 명료화 과정을 통해 문제의 기원에 대해 알게 된다.
- 교육(education) 단계: 이 단계에서는 내담자가 사회적 존재로서 부적응적 또는 불균형적 삶을 초래한 발달과정의 문제에 초점이 맞춰진다. 고백과 명료화 단계에서 초점이 개인무의식에 맞춰진다면, 교육단계에서는 내담자의 페르소나와 자아에 초점이 맞춰진다. 그리하여 슬기롭게 현실적인 사회 적응을 할 수 있도록 돕는다. 많은 경우에 내담자는 이 단계를 마치고 치료를 종결한다.
- 변형(transformation) 단계: 이 단계에서는 내담자와 치료자 간의 역동적인 상호작

융을 통해 단순히 사회에 대한 적응을 넘어서 자기실현으로의 변화를 도모한다. 이런 점에서 융은 변형단계를 자기실현 기간으로 기술하였다. 이 단계에 있는 내담자는 의식적 경험과 무의식적 경험에 가치를 둔다. 요컨대, 변형단계의 초점은 내담자의 의식과 무의식을 포함한 전체적 성격의 주인인 자기의 실현을 이루기 위한 과정, 즉 개성화를 지향하는 과정에 맞춰진다.

5 상담의 기법과 적용

1) 상담기법

융의 상담기법은 과학적(객관적)이면서도 초자연적(신비적)인 접근을 모두 포함하고 있다. 그는 다양한 문화와 시대를 탐구하여 그 문화와 시대의 상징, 신화, 종교, 관습에 대해 언급하였다. 융은 환자들의 환상과 꿈을 통해서, 그리고 연금술(alchemy)과 투시(clairvoyance) 및 점성술(astrology)에 대한 탐색을 통해서 자신의 독특한 심리치료이론의 기초를 형성하였다.

융의 치료방법은 색다르면서도 때로는 혼란스럽기조차 했다. 그는 프로이트가 했던 것처럼 환자들을 침대 위에 눕히지 않았다. 융은 "나는 환자들을 침대에 두길 원하지 않는다." (Brome, 1981: 177)라고 말했다. 보통 그와 환자는 안락한 의자에 앉아 서로 얼굴을 마주 보면서 대화를 나누었으며, 융은 종종 환자가 말하고 있는 동안에 창문 너머로 호수를 응시하기도 했다. 때로는 환자를 그의 요트에 태운 채 치료를 시도하기도 했다. 또 간혹 기분이 좋지 않을 때 예약 환자가 오면 "오늘 진료할 수 없습니다. 집에 돌아가 자기 스스로 치료하시기 바랍니다." (Brome, 1981: 185)라는 무례한 말을 하기도 했다고 한다.

기본적으로 융은 단어연상검사, 증상분석, 꿈분석의 세 가지 기법을 사용하였고, 그 외에도 사례사, 상징의 사용, 그림치료와 같은 기법을 사용하기도 하였다.

(1) 단어연상검사

실험 대상 인물에게 일련의 단어들을 읽어 주고 각 단어에 대해 그때그때 연상되

● 표 4-2 | 융의 단어연상검사에 대한 정상인 및 신경증 환자의 반응

자극단어	정상인의 반응	신경증 환자의 반응
파랑	예쁜	색
나무	초록	자연
빵	즐거운	먹기
램프	밝은	점화
부유한	아름다운	돈-잘 모르겠음
죄	많은	나와는 전혀 관계없음
바늘	찌름	꿰맴
수영	건강한	물

는 것을 말하게 하며 소요된 반응시간을 측정하는 단어연상검사(word-association test)는 심리학에서 널리 사용되어 온 실험적 · 임상적 도구다. 1900년대 초에 융이 처음으로 이 기법을 사용했는데, 그는 정서를 이끌어 낼 수 있는 100개의 단어들을 선정하였다. 융은 환자가 각 자극단어에 반응하는 데 걸리는 시간과 각 자극단어의 정서적 효과를 알아보기 위해 생리적 반응을 측정하였다. 〈표 4-2〉는 융의 자극단어들에 대한 정상인 및 신경증 환자의 몇몇 반응을 나타내고 있다.

융은 이 기법을 환자들의 콤플렉스 혹은 저항과 갈등의 영역을 드러내기 위해 사용했다. 단어연상검사가 진행되는 중에 환자들은 강한 정서적 반응을 일으키는 관념이나 기억의 한 무리인 콤플렉스에 부딪히게 된다. 융은 단어연상검사에서 특정 단어에 대한 환자의 반응시간 지연, 연상 불능, 부자연스러운 연상내용 등이 그가 명명한 잠재된 감정의 복합체인 콤플렉스에서 비롯된다는 것을 발견했다(Wehr, 1969). 또한 융은 단어연상검사를 적어도 두 차례의 절도죄를 지은 용의자를 검거하기 위한 거짓말 탐지기로 사용하기도 하였다(Ellenberger, 1970).

(2) 증상분석

증상분석(symptom analysis) 기법은 환자가 경험하고 있는 증상들에 초점을 두면서 환자로 하여금 증상에 대해 자유연상을 하도록 하여 그러한 내용을 해석하는 것이다. 이 기법은 프로이트의 정화법(cathartic method)과 유사한 것이다. 증상에 대한 환자의 연상과 그에 대한 치료자의 해석이 이루어지는 사이에 증상들이 종종 호

전되고, 때로는 말끔히 사라지기도 한다(Schultz & Schultz, 2013). 융은 이 기법이 단지 외상후 스트레스 장애에 도움이 된다고 생각하였다(Sharp, 2016).

(3) 꿈분석

프로이트의 견해와 마찬가지로, 융은 꿈분석(dream analysis)이 '무의식에 이르는 왕도'라고 보았다. 그러나 꿈분석에 대한 융의 접근은 그가 꿈의 인과적 요인들 외에 다른 많은 것에 관심을 두었다는 점에서 프로이트의 접근과는 다르다. 융은 꿈이 무의식적 소망 이상의 것을 나타내고 있다고 믿었으며, 두 가지 기능 혹은 목적을 갖고 있다고 보았다. 첫째, 꿈은 미래 예견적(prospective)이라는 것이다. 즉, 꿈은 개인이 가까운 미래에 예상하고 기대하는 경험과 사건을 준비하도록 도와준다는 것이다. 앞에서 설명한 바와 같이 두 사건이 논리적으로 인과관계 없이 동시에 혹은 근접한 시간에 독립적으로 일어나지만 서로 밀접하게 관련된 의미를 가지는 현상인 동시성의 개념은 꿈의 예견성을 뒷받침해 주는 것이다. 예를 들면, 어떤 사람이 오랫동안 보지 못했던 친구를 꿈에서 보고 다음날 그 친구가 전날 밤에 죽었다는 소식을 듣는 경우다. 둘째, 꿈은 보상적(compensatory)이라는 것이다. 즉, 꿈은 어떤 정신구조의 지나친 발달을 보상함으로써 상반되는 정신과의 균형을 유지하도록 도와준다는 것이다. 이런 점에서 꿈은 적응을 위한 노력이며 성격의 결함을 교정하려는 시도다(Ryckman, 2007). 예를 들면, 매우 수줍어하는 사람이 파티에서 자신이 매우 사교적이고 활발한 역할을 하는 꿈을 꾸는 경우나 사업에 실패한 사람이 벤처기업을 세워 성공한 꿈을 꾸는 경우다.

융은 꿈을 이해하기 위해 일련의 꿈을 분석하는 접근방식을 취하였다. 다시 말해서, 융은 프로이트가 했던 것처럼 각각의 꿈을 개별적으로 해석하기보다는 환자가 일정한 기간에 걸쳐 보고하는 일련의 꿈들을 분석하는 것을 더 선호했다. 이런 방식에 의해서 그는 환자의 꿈들에서 지속적으로 반복해서 나타나는 주제, 논점, 문제를 발견할 수 있다고 믿었다. 융은 또한 꿈분석에 있어서 프로이트의 자유연상법 대신에 확충법(method of amplification)을 사용하였다. 확충법은 환자와 분석가가 상징들의 이해를 확장하려는 시도로 어떤 주제가 탐색될 때까지 같은 상징들을 계속해서 재평가하고 재해석하는 치료기법이다. 자유연상법에서는 환자가 꿈의 한 요소에서 시작하여 하나의 기억이나 사건으로서 원래의 요소가 이끄는 연상이 또 나른 연상을 불러일으켜 그 연상들이 쌓여 일련의 연상을 점점 발전시키게 된다. 융은 원래의 꿈요소가 여전히 남아 있기를 선호했으며, 꿈의 숨겨진 내용과 드러나는 내용을 구별하려고 노력하지 않았다. 대신에 그는 환자에게 하나의 주제가 나타날 때까지 그 요소에 대한 연상이나 반응을 반복하라고 요구하였다.

(4) 사례사

사례사(case history)는 환자의 심리적 장애의 발달사를 추적하기 위해 주로 사용된다. 융은 이 기법이 종종 환자로 하여금 태도의 변화를 일으키는 데 도움이 된다는 것을 발견하였다. 그는 환자로 하여금 과거의 경험에 대해 회상해 보게 함으로써 현재의 신경증을 설명할 수 있는 발달 패턴을 확인하여 생애사를 재구성하도록 요구한다. 그래서 그는 자신의 사례연구를 '생애사의 재구성'이라고 일컬었다.

(5) 상징의 사용

융의 정신모형은 자기와 원형의 개념에 의존한다. 따라서 융은 내담자의 사고, 감정, 행동을 유발하는 충동적 힘의 역동성과 패턴을 상징적으로 생각하고 이해할 수 있는 능력을 강조하였다. 이러한 패턴은 환자의 꿈, 증상, 환상 등에서 상징적이거나 간접적인 형태로 나타날 수 있다. 치료자가 심리적으로 숨은 의미를 이해할 수 있는 능력은 우리의 문화적 저장고인 신화, 동화, 예술작품, 문학, 종교 등에서 발견되는 많은 상징들을 이해함으로써 향상될 수 있다(Seligman, 2001).

상징은 정신의 표현이며 인간성의 모든 면의 투영이다. 상징은 종족적 및 개인적으로 획득되고 저장된 인류의 지혜를 표현하려고 할 뿐만 아니라 개인의 장래 상태를 미리 결정하고 있는 발달의 여러 수준을 나타낼 수도 있다. 인간의 운명, 정신의 장래 발전은 상징에 의해 그 자신에게 나타난다. 그러나 상징에 포함되어 있는 지식은 인간에게 직접 알려져 있지 않기 때문에 이 중요한 메시지를 발견하기 위해서는 상징을 해독해야만 한다. 융에 의하면, 상징의 해독은 두 가지 중요한 목적에서 유용하다. 하나는 상징이 만족되지 않은 본능적인 충동을 만족시키려는 시도를 나타내고 있기 때문에 그 위장된 소망적 욕구를 알아낼 수 있다는 것이다. 다른 하나는 상징이 위장 이상의 것으로 원시적인 본능 충동이 변형되어 문화적인 또는 정신적인 가치를 알아낼 수 있다는 것이다.

상징에는 본능에 의해 인도되는 과거 지향적인 측면과 초월적인 성격의 궁극적 목표에 의해 인도되는 미래 지향적인 측면이 있다. 이것은 동전의 양면과 같아서 어느 면을 사용해도 상징을 분석할 수 있다. 과거 지향적인 분석은 상징의 본능적 기반을 해명하고, 미래 지향적인 분석은 완성, 재생, 조화, 순화 등 인류의 동경을 해명한다. 전자는 인과론적 · 환원적 분석이고, 후자는 목적론적 분석이다. 상징의 완전한 해명을 위해서는 양자가 모두 필요하다. 융은 상징이 넘쳐흐르려는 본능적인 충동과 욕구의 산물에 불과하다는 견해에 이끌려 상징의 미래 지향적인 측면이 무시되어 왔다고 생각했다(Hall & Nordby, 1973).

(6) 그림치료

융이 사용한 또 다른 치료기법은 그림치료(painting therapy)다. 그는 환자로 하여금 무의식적 감정이나 사고를 표현하도록 장려하기 위한 하나의 수단으로 그림을 그리게 하였다. 융은 환자가 그린 그림이 예술적인 가치는 거의 없지만 그의 가장 깊숙한 곳에 자리하고 있는 자기를 표현하는 아주 중요한 수단이 된다고 믿었다. 다시 말해서, 융은 환자가 그린 그림이 그로 하여금 꿈속에서 보았던 상징을 명료화하고, 그가 지닌 문제에 적극적으로 대처하도록 하는 데에 도움이 된다고 보았다. 융에 의하면 그림은 실제로 치료효과가 있으며 자기실현으로 이끄는 출발점이 된다(Ryckman, 2007).

(7) MBTI

성격에 대한 융의 접근방법과 밀접하게 관련되어 있는 평가방법은 브릭스(Katharine Cook Briggs)와 마이어스(Isabel Briggs Myers)가 1920년대에 개발한 MBTI(Myers-Briggs Type Indicator)다. 브릭스는 인간의 성격에 있어서 유사점과 차이점에 관심을 갖게 되었고, 그 문제에 대하여 그녀 자신의 독자적인 연구를 수행하였다. 1923년에 그녀는 융의 『심리적 유형』이란 책을 읽고 자신의 성격에 대한 관점이 융의 관점과 매우 유사하다는 것을 알게 되었다. 그리하여 그녀는 융의 심리적 유형에 이론적 기초를 두고 딸인 마이어스와 함께 오늘날 성격에 대한 연구 및 응용목적을 위해 널리 사용되고 있는 자기보고식 성격유형 검사를 개발하였다. 그 이후로 MBTI는 융의 심리적 유형에 관한 연구를 수행하기 위한 기본적인 방법이 되었다. MBTI는 외향-내향, 사고-감정, 감각-직관, 판단-인식의 네 가지 차원을 조합한 것으로 16가지 성격유형으로 구분하고 있다. MBTI는 부부관계를 비롯한 대인관계의 갈등에서 서로 다른 성격유형을 이해하게 함으로써 상대방의 독특성을 수용하고 인정하게 하여 갈등 해결의 실마리를 제공해 줄 수 있다.

2) 상담사례

내담자는 52세의 여성으로 이혼 경력이 있다. 간호사로서 자신이 풍족하게 살 수 있는 연봉이 보장되어 있지만 전남편을 포함하여 현재 자신이 가까이 지내는 다양한 사람과의 관계에서 생기는 갈등을 다루길 원하고 있다. 그녀는 관계에서 갈등을 겪는 것을 매우 싫어하기 때문에 상대의 신경에 거슬리는 부분에 대해서는 이야기를 회피한다. 이것이 그녀를 더욱 불안과 두통 및 우울감에 시달리게 하고 대인관계를 어렵게 만들고 있다고 호소한다. 다음 상담사례는 내담자의 개인무의식과 집단무의식을 다루고, 특히 원형을 다루고자 하는 상담회기로 넘어가는 방법을 생각하는 데 도움이 되는 하나의 예시다(Ivey, D'Andrea, & Ivey, 2012).

상담자: 상담의 목적 중 하나는 내담자 본인의 삶이 자신이 의식하지 못하는 일에 의해 어떻게 영향을 받고 있는지 이해할 수 있게 돕는 것입니다. 우리는 내담자를 돕는다는 것의 의미를 그들의 무의식적 삶의 한 부분인 어떤 것을 인식하거나 의식하게 되는 것이라고 정의합니다.

내담자: 당신이 무슨 말씀을 하시는 건지 알겠습니다. 가끔 제가 십대였을 때 가장 친한 친구가 했을 법한 일들을 하고 있는 자신을 발견합니다. 저는 그녀가 하곤 했던 일들을 제가 하고 있다는 것을 모르죠. 나중에 돌이켜 보면서 그랬다는 것을 알게 되죠. 이런 것들이 당신이 말한 무의식적 자료가 맞죠?

상담자: 네. 맞습니다. 그것은 몇 년 전에 당신이 친구에게 배웠던 것들의 예입니다. 그러나 나중에 다시 생각해 보기 전까지는 그녀가 당신의 행동의 원천이었다는 것을 알아차리지 못했던 거죠.

내담자: 음. 실제로 또 다른 친구는 제가 한 행동이 우리 둘 모두의 친구였던 그녀를 상기시킨다고 제게 말했어요. 그리고 그 친구가 그렇게 말했을 때, 저는 "오, 이

런, 내가 정말로 알아차리지 못하는 사이에 나의 가장 친한 친구처럼 행동하고 있어."라고 제 자신에게 말했습니다.

상담자: 네. 그것은 우리가 하고 있는 무의식적인 것으로부터 그것을 더 잘 의식하게 되는 것으로 옮겨 가는 것이 무엇인가를 잘 보여 주는 예입니다. 방금 말씀하신 예에서 당신의 친구는 당신이 무의식적인 어떤 것으로부터 당신이 행동을 의식할 수 있는 것으로 옮겨 가는 것을 도왔습니다. 나는 우리가 상담을 하면서 왜 자주 불안해하고, 왜 다른 사람과의 갈등을 해결하지 않으려는 패턴을 갖고 있는지를 이해 하고자 할 때 무의식을 의식하려는 시도를 할 것입니다.

내담자: 그것 참 좋은 아이디어 같네요.

상담자: 좋아요. 우선 우리가 무의식을 의식화하고자 시도할 때 확인해야 할 한 사람의 무의식에는 세 종류가 있습니다. 첫째는 어떤 일에 관한 당신의 개인적인 무의식적 생각과 감정을 살피는 것을 의미합니다. 우리 무의식의 또 다른 부분은 세상에서 어떻게 살아야 하고 행동해야 하는지에 대해 가족에게 배웠지만, 어쨌든 잊어버렸고 무의식에 집어넣어 버린 교훈들에서 생깁니다. 우리 무의식의 세 번째 부분은 대개 사회가 가르쳤지만, 우리가 일상생활에서 그 일들을 할 때 항상 의식하지 못하는 역할과 관련이 있습니다.

내담자: 그렇군요. 제가 왜 불안을 그렇게 느끼고 갈등을 좋아하지 않는지를 알아보기 위해서 이 자료에 관해 계속 이야기하는 것은 좋은 생각 같아요.

상담자: 좋아요. 그럼 계속하도록 하죠.,

(그러고 나서 상담자는 내담자의 개인, 가족, 문화 무의식이 그녀의 불안과 대인관계에서의 갈등을 다루는 것을 꺼리는 것에 기여하는 원형을 탐색하는 과정을 시작하기 위해 "당신의 생각, 기분, 행동이 당신이 여성이라는 사실에 영향을 받고 있다는 것을 어떻게 생각하세요?" "당신의 가족으로부터 좋은 소녀가 되는 것, 착한 여성이 된다는 것에 대해 어떤 교훈을 배웠나요? 이 교훈들은 당신이 타인과 갖는 상호작용 방식과 관련이 있을 수 있습니다." "사회에서 여성에게 일반적으로 가르치는 교훈은 무엇입니까? 이 교훈은 당신이 상담에서 도움을 받고자 하는 문제가 되는 생각, 감정, 행동을 우리가 언제 논의할 것인가를 찾는 데 중요합니다."와 같은 질문을 할 수 있다.)

토/의/주/제

1. 꿈에 대한 프로이트와 융의 견해는 어떻게 다른지 설명해 보시오. 그리고 여러분은 누구의 견해를 지지하는지 그 이유를 자신의 경험사례를 토대로 얘기해 보시오.
2. 융은 인간이 양성성을 갖고 태어난다고 보았다. 여러분이 남성이라면 자신의 내부에 있는 여성성인 아니마를, 여성이라면 자신의 내부에 있는 남성성인 아니무스를 어떻게 개발할 것인지 설명해 보시오.
3. 융이 제안한 동시성의 개념을 설명하고, 일상생활에서 발생하는 동시성의 예를 들어 보시오.
4. 융의 심리적 유형이 기초가 되어 개발된 성격유형 검사인 MBTI를 받아 보고, 자신의 성격유형이 주변 친구들과 어떻게 다른지 비교해 보면서 MBTI가 우리에게 주는 메시지를 논의해 보시오.
5. 여러분이 이성관계에 문제가 있는 친구를 상담한다면 융의 분석심리학적 이론을 어떻게 적용할 것인지 얘기해 보시오.

Chapter 05 개인심리학적 상담

프로이트, 융과 함께 심층심리학의 대부로 불리는 아들러(Adler)는 프로이트와 동시대인으로 9년간 비엔나 정신분석학회에서 프로이트와 함께 정신분석을 연구하였다. 그러나 아들러는 프로이트와의 입장 차이로 그와 결별한 후에 자신만의 이론을 발전시켰다. 프로이트의 인간관이 비판적이고 부정적인 데 반해, 아들러는 긍정적이고 낙관적인 인간관을 가지고 있다. 프로이트는 인간의 성격을 자아, 초자아, 원초아로 구분하고 이 부분들이 서로 배타적인 관계를 맺는다고 보았기 때문에 인간은 그것들 사이의 갈등에서 벗어날 수 없는 존재로 보았다. 반면, 아들러는 인간의 특성을 갈등의 관계로 보지 않고, 자신만의 독특한 생활양식에 의해 설정된 생의 목표를 달성하기 위해 전체성과 통일체를 형성하는 존재로 보았다. 그는 개인의 분리될 수 없는 특성을 강조하기 위해 자신의 연구를 개인심리학(individual psychology)이라고 명명하여 성격의 전체성을 강조하였다. 당대에는 프로이트의 그늘에 가려 빛을 보지 못했으나, 아들러의 사상은 꾸준히 많은 상담자들에게 인정을 받아 오늘날 많은 심리상담 이론에 큰 영향력을 미치며 계속해서 발전하고 있다.

1 아들러의 생애와 업적

Alfred Adler(1870~1937)

알프레드 아들러(Alfred Adler)는 1870년 2월 7일 비엔나 근교의 펜칭에서 중산층의 유대인 상인인 아버지 레오폴트(Leopold)와 가정주부인 어머니 파울린(Pauline) 사이에서 4남 2녀 중 차남으로 태어났다. 어린 시절 아들러는 구루병과 폐렴 등을 앓아 병약하게 지냈고 형 지그문트(Sigmund)에 대한 질투심으로 열등감을 지녔다. 동생의 탄생으로 어머니의 사랑을 동생에게 빼앗기면서, 아들러는 아버지의 보살핌을 받았고 아버지와 친밀한 관계를 유지하였다. 이런 경험은 프로이트의 오이디푸스 콤플렉스를 받아들이는 것을 어렵게 만들었다. 아들러는 3세 때 자기 침대 옆에서 동생이 죽는 것을 경험하게 되는데, 자신의 병약함과 동생의 죽음은 아들러로 하여금 아주 어린 시절부터 의학에 대한 관심을 갖게 하였다.

학창 시절 아들러는 매우 평범한 학생이었고, 수학을 낙제하여 재수강을 하기도 했다. 선생님으로부터 상급학교 진학을 포기하고 구두제화공 기술을 배울 것을 권유 받기도 했는데, 그때 선생님과 상담을 했던 아들러의 아버지는 학업을 계속할 수 있도록 아들러를 격려하였고, 아들러는 분발하여 최우수 학생으로 고등학교를 졸업하였다. 이후 그는 1888년 명문 비엔나 대학교에 입학해서 의학을 공부하였다. 아들러는 의학을 공부하면서 정치, 경제, 사회학 등을 두루 섭렵하였고, 사회문제와 사회적 위치에 대해서도 관심을 가졌으며, 특히 마르크스의 저서를 많이 읽었다. 그는 사회주의 학생연합(Sozialistischen Studentenverein)의 회원으로도 활동하였다. 1897년에 러시아에서 온 라이샤 티모페예브나(Raissa Timofejewna)와 결혼하여 세 명의 딸과 한 명의 아들을 두었다.

아들러는 1898년에 안과의사로 첫 개업을 하였다. 안과의사의 경험에서 그는 눈이 나쁠수록 탐욕스러운 독서가가 되기를 원한다는 놀라운 사실에 주목했고, 인간의 발전은 사람들이 무의식중에 자신의 열등성을 극복하려고 열심히 노력하는 가운데 이루어진다는 진리를 발견했다. 그 후 일반내과에서 신경학과 정신의학으로 전공을 바꾸었다.

1902년 가을, 프로이트는 아들러를 자신의 토론 그룹에 초대했고, 후에 이 모임은 1910년 아들러가 의장이 된 비엔나 정신분석학회로 발전했다. 초기에 프로이트와 아들러는 조화로운 관계를 보였다. 그러나 아들러는 자신의 이론에 대한 엄격한 충성과 획일화에 대한 프로이트의 압력에 반기를 들고 1년 후인 1911년에 정신분석학회를 탈퇴한다. 그 후 사회주의적이고 교육적인 이념을 강조하는 그의 추종자들과 함께 '자유정신분석학회'라는 모임을 결성하고, 1912년에 '개인심리학'의 개념을 가지고 '개인심리학회(Society for Individual Psychology)'를 탄생시킨다.

아들러는 군의관으로 제1차 세계대전에 참전하였다. 제1차 세계대전 이후에는 오스트리아 정부의 부탁으로 신경증 학생들과 그 부모들이 상담을 받을 수 있는 아동상담소를 설립하였다. 이는 현재 지역사회 정신치료소의 선구자적 역할을 한 것으로 볼 수 있다. 그때 그는 교사, 사회사업가, 의사 그리고 다른 전문가들을 양성하는 현장실습 장소로 비엔나 공립학교에 최초의 아동상담소를 설립하였다. 아동상담소에서 아들러는 부모교육, 부모상담 프로그램, 교사교육, 집단상담의 새로운 장을 개척하였다. 지금은 많이 사용하고 있는 것들이 그 시대에는 혁명적인 시도였고, 아들러의 아동상담소는 비엔나와 전 유럽에 걸쳐 빠르게 확산되었다. 아들러는 의사, 교사, 부모와 같은 많은 청중들 앞에서 집단치료와 가족치료를 실시함으로써 내담자와 공식적으로 일한 최초의 사람이었다. 그는 다른 전문가들이 상담의 상호과정을 직접 관찰하여 배울 수 있도록 하기 위해 모의실험(demonstration) 상황을 개최하였다.

아들러는 미국, 네덜란드, 프랑스, 스웨덴, 벨기에, 체코, 독일, 유고슬라비아, 영국, 스코틀랜드 등을 순회하면서 수없이 많은 강연을 하였는데, 이때 많은 추종자들을 만났다. 1926년 미국에서의 첫 순회강연을 가진 이후로 미국 방문은 점점 빈번해졌다. 유럽에서 나치의 압제가 시작되었던 1935년, 사회적으로 평등한 사회에 관한 급진적인 사상을 가졌던 아들러는 미국으로 망명할 수밖에 없었다. 그는 1937년 스코틀랜드 애버딘에서 순회강연 중에 사망하였다. 아들러의 죽음 이후로 그의 연구에 관한 관심은 점점 퇴조되었으며, 아들러의 제자들은 나치정권과 제2차 세계대전으로 유럽 대륙과 그 외 지역으로 흩어지게 되었다. 그들 중 상당수는 미국으로 건너갔는데, 당시 미국에서는 아들러의 사상에 대해 아주 심한 거부반응을 나타냈다.

제2차 세계대전 이후에 개인심리학은 다시 르네상스를 맞이했다. 루이스(V. Louis), 라트너(J. Rattner), 스퍼버(M. Sperber), 특히 드라이커스(R. Dreikurs)와 그의 많은 미국 동료들과 학생들에 의해 아들러의 개인심리학은 다시 조명받기 시작했고, 그 이후 오늘날까지 엄청난 발전을 이루고 있다.

개인심리학의 영향은 자녀양육, 결혼과 가족치료, 학교상담, 인간관계 개선, 부모교육 및 부모상담 등 수많은 분야에서 찾아볼 수 있다. 오늘날 개인심리학은 많은 심리치료 접근들의 선구자로 인식되고 있다. 뉴욕 시의 개업의인 그의 아들 커트 아들러(Kurt Adler)는 자신이 생각하기에 심리치료와 상담에 대한 그의 아버지의 혁신적인 공헌 중에서 가장 중요한 예들을 모아서 제시하였다. REBT의 선구자로 알려진 엘리스(Elllis)는 아들러를 '최초의 인본주의 심리학자'로, 실존상담자인 바텀(Bottome)은 아들러를 '실존주의 심리학의 창시자'로 불렀고, 의미치료의 창시자인 프랭클(Frankl)은 "아들러는 실존주의 정신운동의 선구자이며, 아들러가 성취하고 달성한 바는 코페르니쿠스의 발견에 버금간다."라고 하였다. 욕구이론으로 유명한 매슬로우(Maslow)도 "해가 갈수록 아들러가 점점 더 옳다는 생각을 하게 된다. 그 시대가 아들러를 따라잡지 못했다고 말하고 싶다."라고 하였다. 이 밖에도 아들러의 이론은 로저스의 인간중심, 프랭클의 실존주의, 엘리스의 합리-정서적 접근, 번의 교류분석, 글래서의 현실치료, 그리고 행동치료와 인지행동치료 등의 상담이론에 큰 영향을 미쳤다. 또한 신프로이트 학파로 불리는 에릭슨(Erikson), 프롬(Fromm), 호나이(Horney), 설리번(Sullivan), 번(Berne) 등은 아들러와 관계를 맺지는 않았으나 일찍이 아들러가 강조한 인간발달에 있어 사회적 과정의 중요성을 재발견하여 많은 부분에서 아들러와 같은 입장에서 그들의 이론을 전개하고 있어 그들을 신아들러 학파로 불러야 한다는 주장도 있다(Ansbacher & Ansbacher, 1982; Massay, 1989; Mosak, 1989; Schulz, 1990). 신프로이트 학파에 속한 학자들 중에서도 아들러의 사회적 영향을 강조하는 특성은 호나이와 프롬에게, 성격의 통일성을 강조하는 점은 올포트(Allport)에게, 그리고 인간의 창조적 힘과 과거보다는 미래의 목적이 더 중요하다는 주장은 매슬로우에게 영향을 주었다(Schultz, 1990). 프롬과 호나이, 설리번은 개인심리학을 자신의 체제에 통합했는데, 너무나 많은 부분을 통합했기 때문에 엘런버거(Ellenberger)는 호나이의 심리학을 "아들러의 가르침과 프로이트의 용어를 결합한 것"이라고 말할 정도다. 이론을 도그마화하려 했던 프로이트와는 달리, 아들러는 이론의 체계화보다는 문제를 지닌 자를 실제로 돕는 데 이론의 중점을 두었다. 엘런버거(1970)는 아들러의 심리학을 칸트(Kant), 마르크스(Marx), 니체(Nietzsche)가 기여했던 구체적이고 실용적인 심리학 전통에 포함시키고 있다. 또한 최근에 발달한 필립스(Phillips)의 간섭치료(Interference Therapy), 켈리(Kelly)의 개인구성심리학, 사르트르(Sartre)의 실존심리분석, 모우러(Mowrer)의 통합치료(Integrity Therapy) 등이 아들러의 영향을 받았다.

2 인간관

아들러는 인간을 분할할 수 없는 통합된 총체적인 존재로 보았다. 또한 가치 있고 사회적으로 동기화되며 창의적이고 독립적인 행동을 할 수 있는 존재임을 강조했다. 아들러 학파의 개인심리학 이론을 뒷받침하는 주요 인간관은 다음과 같다.

1) 전체적 존재

아들러는 의식과 무의식, 마음과 육체, 접근과 회피, 양가감정과 갈등의 양극성 개념을 부정하고 인간은 목표를 향해 일정한 패턴으로 인생을 사는 역동적이고 통합된 유기체라고 보았다. 그는 사람의 행동, 사고, 감정을 하나의 일관된 전체로 보았다. 인간을 전체적으로 보아야 한다는 입장을 주장하기 위해서 그는 자신의 이론을 '개인심리학(Individual Psychology)'이라 칭하였다. 여기서 개인이란 내담자 한 사람에게 초점을 맞춘다는 뜻이 아니며, 라틴어에서 따온 나눌 수 없는(in-divide) 전체성의 의미를 지닌 개인(individium)을 뜻한다. 앞서 아들러를 극찬한 매슬로우도 아들러의 전체성 개념에서 개인심리학파의 우수성을 보았다. "내겐 해가 갈수록 아들러가 더욱더 옳다고 느껴진다. 사실이 밝혀짐에 따라 그의 인간에 대한 이론은 더욱 강한 지지를 받는다. 나는 특히 어떤 면에서는 이 시대가 아직 그를 쫓아가지 못하고 있다고 말하고 싶다. 그의 전체성에 관한 강조가 그러하다." (Maslow, 1970)

2) 사회적 존재

아들러는 인간이 본질적으로 사회적 존재이며, 사람의 행동은 사회적 충동에 의해서 동기화되기에 인간의 행동을 이해하려면 사회적 맥락 속에서 해석해야 한다고 제안하였다. 인간은 '사회적 관심'을 발달시킬 능력을 갖고 태어나며, 사회적 관심이 있기 때문에 다른 사람을 이해하고 공감하며 그들과 협동하고 기여할 수 있다는 것이다. 사회적 관심은 훈련을 통해 개발될 수 있고 정신건강의 준거가 된다. 아들러는 긍정적인 생의 의미가 사회적 관심 안에 놓여 있다고 강력하게 믿었다. 이 개념은 다른 사람들과의 협동, 복지에 대한 관심, 사회에 대한 헌신, 인간성에 대한 가치 등을 포함한다.

미성숙한 사회적 관심을 가진 사람들은 범죄, 괴롭힘, 정치적 영향력, 신체적 강인함, 경제적인 힘 등으로 타인을 착취할 수도 있고 고독한 사람이 되어 삶의 많은 영역에서 타인과 관계를 맺지 않고 살 수도 있다. 아들러는 사회적 관심을 지능보다 우위에 두었다. "우리의 문명 속에서 실제적으로 모든 사람은 자신의 개인적인 기술을 열심히 발달시키고 있지만, 정말 중요한 행위는 개인의 우수함에 있는 것이 아니라 그 우수함이 사회에 얼마나 유용하게 기여하는가에 있다."(Adler, 1973a) 예술에 대해서도 아들러는 프로이트와 차이를 보인다. 프로이트는 예술가가 성적 억압에 의해 동기화된다고 주장하였으나, 아들러(1966)는 위대한 예술가는 청중과 맞닿고 청중을 기쁘게 하고자 하는 소망으로 동기화될 수 있다고 보았다.

3) 목표 지향적 · 창조적 존재

인간이 목표 지향적이라는 주장은 아들러를 프로이트와 대별시키는 의견이다. 프로이트는 인간을 미래가 아닌 과거에 의해 움직이는 존재로 보았다. 아들러는 목표, 계획, 이상, 자기결정 등이 인간 행동에 있어서 아주 실제적인 힘이 된다고 주장한 반면, 프로이트는 이런 개념들은 실제로 무의식적 갈등에 의해 형성된 행동에 대한 합리화라고 주장하였다. 더 나아가 목표를 지향하는 인간은 자신의 삶을 창조할 수 있고 선택할 수 있으며 자기결정을 내릴 수 있는 존재인 것이다. 아들러는 인간을 유전과 환경에 반응하는 반응자(reactor)가 아니라 자기가 선택한 목표를 향해 운명을 개척하고 창조해 나가는 행위자(proactor)라고 보았다. 인간은 유전과 환경을 능가하는 제3의 힘, 즉 창조력을 갖고 있기 때문에 무한한 가능성을 갖고 목표를 향해 도전한다. 인간의 독특성은 이러한 '창조적 힘'에 달려 있다고 볼 수 있다. 인간은 자신의 경험에 스스로 의미를 부여하고, 자신의 삶에 부여한 의미에 따라서 삶의 태도와 방식을 달리한다. 그러므로 아들러에게 중요한 것은 개인에게 주어진 환경 자체가 아니라 개인이 그 환경을 어떻게 느끼고 어떻게 해석하는가다.

4) 주관적 존재

아들러는 현상학적인 관점을 수용하여 개인이 세계를 어떻게 인식하느냐 하는 주관성을 강조한다. 아들러는 "모든 경험은 여러 가지의 해석을 낳을 수 있다. 두 사람이 비슷한 경험에서 동일한 결론을 끌어낼 수 없다는 것을 알게 될 것이다."라고 했다. 현실은 객관적이지 않고 주관적이며 공통적이지 않고 개인적이라는 생각은 구성주의자의 견해다(Watts & Pietrzak, 2000).

경험의 총체는 너무 거대해서 완전히 다 볼 수는 없다. 우리는 각자 세계와 그 안에 살고 있는 것에 대한 인지지도를 가지고 있고, 이 지도에 맞추어서 경험하는 사건의 위치를 정한다. 우리가 주의를 기울이거나 무시하는 것은 그것들이 우리가 가진 인지지도의 지형학에 맞는가에 따라 결정된다. 이는 우울한 사람에게서 분명히 나타나는데, 우울한 사람은 길을 걸을 때 눈부신 햇살이 아니라 도랑 사이의 쓰레기에 눈길을 주고 걷는다. 여러분도 영화를 보거나 책을 읽을 때 여러분의 친구들과 다른 방식으로 현상을 경험했을 것이다.

우리가 세계를 인식하고 해석하는 방식이 우리가 행동하는 방식을 결정한다. 어린 시절 경험했던 불행한 사건도 사람마다 상당히 상반되는 의미를 가지게 하고 전혀 다른 결과를 가져다준다. 같은 불행한 경험을 했더라도, 어떤 사람은 이후 그 경험에 머무르지 않고 그것을 발판으로 불행을 이겨 내기 위해 열심히 살아 성공하게 된다. 그 사람은 '내가 겪었던 불행한 상황을 우리 아이에게 다시 경험하게 할 수는 없어. 내 아이들에게는 좀 더 행복한 삶을 살게 해 주어야 해.'라고 생각하며 노력했을 것이다. 그러나 다른 사람은 '인생은 불공평해. 다른 사람들은 늘 잘사는데. 세상이 날 이렇게 만드는데, 내가 어떻게 세상을 더 좋게 할 수 있겠어?'라는 식으로 생각하며, 과거의 불행을 계속 반복하며 살아간다. 사람들 모두는 자신의 해석에 타당한 이유를 가지고 있다. 분명한 것은 그들이 자신들의 해석을 바꾸지 않는 한 그들의 행동은 바뀌지 않을 것이라는 사실이다.

3 주요 개념

1) 열등감과 보상기제

아들러는 열등감이 인생 전반에 걸쳐서 커다란 영향을 미치고 있음을 통찰하고, 열등감이 인간의 삶에 미치는 영향, 특히 열등감과 인간의 정신병리 현상의 관계를 밝혔다. 그는 인간의 심층심리에 자리 잡고 있는 열등감이 모든 병리현상의 일차적 원인이라고 해석하고, 많은 정신병리 현상은 열등감에 대한 이차적인 반응으로 보았다. 그래서 그는 열등감의 개념 없이 정신병리학을 이해한다는 것은 불가능하다고 하면서, "열등감에 관한 연구는 모든 심리학자, 심리상담자 그리고 교육학자들에게 학습장애아, 노이로제 환자, 범죄자, 자살자, 알코올중독자, 성도착증자를 이해하는 데 없어서는 안 되고 또 없어질 수 없는 열쇠임을 증명해 보인다."(Adler, 1973a)라고 하였다.

아들러는 인간은 누구나 열등한 존재로 태어나므로 인간이 된다는 것이 곧 열등감을 갖는 것이라고 말했다. 아들러(1977)는 계통발생학적(phylogenetisch)으로 인간이 육체적으로 약한(열등한) 종족에 속한다는 것과 개체발생학적(ontogenetisch)으로도 인간이 생애 초기에는 육체적으로 아주 약한 존재로서 타인의 도움 없이는 생존조차 할 수 없는 무력한(열등한) 존재라는 사실에 주의를 기울였다. 아들러에게는 열등함이 중요한 것이 아니라 이러한 생득적인 열등함을 인간이 어떻게 받아들이고 대응해 나가느냐가 더 중요하다. 즉, 열등감은 객관적인 원인에서보다는 주관적으로 어떻게 느끼는가가 더 결정적인 영향을 미친다. 여기서는 주관적 감정이 개인심리학의 열등감을 이해하는 데 중요한 역할을 한다. 이런 맥락에서 아들러는 열등성과 열등감의 차이를 분명히 할 것을 강조한다. 느낌(feeling)이란 항상 주관적 해석이고, 일정한 가치판단에 의존하는 것이지, 결코 객관적으로 평가할 수 있는 실제적인 것은 아니다(Adler, 1972).

아들러는 인간이 열등감을 어느 정도 경험하느냐에 따라서 열등감을 갖는 것은 필요하고 나아가 바람직하다고까지 한다. 아들러(1973a)는 "열등감은 연약한 인간에게 자연이 준 축복이다."라고 하면서 열등 상황을 극복하여 우월의 상황으로 밀고 나아가게 하는 힘을 지닌 강한 열등감은 인간이 지닌 잠재능력을 발달시키는 자극제 또는 촉진제로서의 역할을 한다고 강조한다. 더불어 이에 대해서 많은 역사적 인물들을 실례로 제시하고 있다. 역사적으로 위대한 사람들은 열등감을 지녔던 사람들이 많다. 그들은 열등감을 극복한 결과 성공할 수 있게 되었다. 말더듬이였던 데모스테네스는 자기의 신체적 열등감을 극복하기 위해 피나는 노력을 하여 당대의 유명한 웅변가가 되었다. 이 외에도 학력이 없었던 링컨, 신체에 대한 열등감을 지녔던 루스벨트, 가난했던 록펠러, 청각장애의 베토벤, 저능아란 소리를 들었던 소크라테스 등이 열등감을 극복하여 성공한 사람들이다.

아들러(1973a)는 인간의 모든 문화사도 인간의 불안과 열등감을 극복하고자 노력했던 역사라고 보았다. 새처럼 하늘을 날 수 없다는 열등감이 인간을 우주에 갈 수 있게 만들어 주었고, 표범처럼 빨리 달릴 수 없다는 열등감이 인간에게 자동차를 안겨다 주었으며, 허약한 신체를 가졌다는 열등감이 인간을 지구의 생물 중 가장 뛰어난 의학을 가진 존재로 만들어 주었다는 것이다. 만약 인간이 열등감을 느끼고 이를 극복하려는 노력을 하지 않았다면 인간은 참으로 하찮은 존재로 살고 있을 것이며, 인류의 역사는 이렇게까지 발전하지 않았을 것이다. 그리하여 인간의 발달을 위해 무한한 에너지를 발휘할 수 있게 해 주는 것이 열등감이라고 볼 수 있다.

아들러는 교육의 기초와 그 가능성도 열등감에서 찾는다. 아동은 자신의 약함을 극복하려는 욕구에서 교육적 도움을 받아들이게 된다. 그래서 자신의 환경적 요구에 적응하여 자신의 약함을 가능한 한 빨리 극복하려는 노력을 하게 된다. 이와 같이 아들러에게 있어 열등감은 인간의 성장과 발전, 나아가 인류 문명의 발전에 있어 매우 중요한 개념이다. 열등감이 이와 같이 긍정적이고 생산적인 것으로 인식될 수 있는 것은 열등개념과 꼭 붙어 다니는 보상개념 때문이다.

2) 우월의 추구

프로이트가 인간의 행동 동기를 긴장을 감소시키고 쾌락을 얻는 것으로 보았다면, 아들러는 긴장의 감소가 아니라 도리어 완전에의 추구라는 더 많은 에너지와 노력을 요구하며 긴장을 증가시키는 것이 인간 행동의 동기라고 하였다. 아들러는 열등감을 극복하기 위한 노력을 선천적인 것으로 보았다. 자기 완성을 위한 필수요인으로 열등감을 제시하고 열등감을 극복하려는 노력 때문에 인간은 끊임없이 발전할 수 있다고 했다. 인간은 기본적으로 자신의 약점 때문에 생기는 긴장과 불안정감, 그리고 남보다 열등하고 하위에 있다는 사실을 참기 힘들어한다. 그래서 열등의 감정을 극복 또는 보상하여 우월해지고, 위로 상승하고자 하는 목표를 달성하고자 노력한다. 보상은 인간의 열등감을 조정하는 효과가 있다. 인간은 자신의 열등감을 보상하는 방향으로 행동한다. 아들러는 보상의 궁극적인 목적을 우월의 추구라고 하였다. 우월의 추구는 삶의 기초적 사실로서 모든 인간이 문제에 직면하였을 때 부족한 것은 보충하며, 낮은 것은 높이고, 미완성의 것은 완성하며, 무능한 것은 유능하게 만드는 경향성을 말한다. 마이너스에서 플러스로의 우월에의 추구는 끝이 없고, 이것은 완전을 위한 투쟁으로 이어진다. 우리 안에 있는 진리에 대한 추구, 삶의 문제를 해결하고자 하는 욕구는 완전을 향한 갈망을 보여 준다(Ansbacher & Ansbacher, 1982).

인간의 우월 추구를 향한 보상은 긍정적 또는 부정적 경향을 취할 수 있다. 이는 초기 어린 시절에 받았던 인상과 경험, 즉 아동이 어린 시절에 얼마나 깊은 불안감과 열등감을 느꼈는가와 삶의 문제를 극복하는 데 있어 주변 인물이 어떠한 모델이 되어 주었는가에 따라 각기 다른 보상 형태가 이루어진다고 한다. 아동이 어린 시절 열등감 때문에 억압받지 않고 생의 유용한 측면에서 성공의 가능성을 찾는 동안에는 권력을 획득하려는 소망이 실제 성숙과 발전을 위한 노력으로 실현될 수 있고, 이렇게 새로 얻은 능력은 아동의 인성을 강하게 하고 객관적 열등성을 계속해서 극복할 수 있게 한다. 그러나 잘못된 교육 상황이나 부적절한 환경이 아동의 열등감을 더욱 심화시켜 아동이 삶의 유용한 측면에서 정상적인 방법으로 더 이상 자신의 열등감을 극복할 수 없다고 믿게 되면 비뚤어진 방향의 보상을 시도하게 된다. 이 점에 대해 아들러(1966)는 다음과 같이 서술한다. "열등감을 지나치게 억압하면 위험하다. 그렇게 되면 아동은 미래의 삶이 실패하지 않을까 하는 불안 속에서 단순한 보상으로 만족하지 않고 더 많은, 더 먼데 놓여 있는 보상을 획득하려고 한다. 이때 그의 권력과 우월성의 추구는 정도를 넘어 병적으로까지 치닫게 된다."

아동은 스스로 성장할 수 있다는 가능성을 확인할 때, 즉 자신의 열등함이 학습과정의 자극제로서 작용할 수 있다고 판단될 때만 극복의 노력을 한다. 아동이 계속해서 자신의 약함을 재인식하게 되는 어려운 삶의 상황이나 교사의 교육적 미숙함 등은 아동으로 하여금 삶에서 성취감을 느끼거나 자신의 부족함을 극복할 수 있는 가능성을 발견하지 못하게 한다. 이런 상황에서 아동은 비현실적이 되고, 심리적 병리 영역에 속하는 발달장애, 열등 콤플렉스를 지니게 된다(Rattner, 1963).

아들러(1973a)는 자신의 열등감에 강하게 사로잡혀 열등 콤플렉스에 걸린 사람이 절대적 안전과 우월성을 획득하기 위해 노력하며, 자신이 다른 사람들보다 훌륭하거나 위에 있다고 생각하는 거짓 신념을 구체화시키는 것을 관찰했고, 이런 현상을 우월 콤플렉스라고 명명하였다. 우월 콤플렉스는 정상적인 우월성 추구와는 다른 것으로 강한 열등감을 극복하거나 감추려는 하나의 '위장술 또는 속임수'라고 볼 수 있다. 그들의 왜곡된 보상 노력은 열등감을 더욱 강화시키는 악순환을 되풀이하게 한다.

3) 가상적 목적론

프로이트가 현재를 과거의 산물로 간주하는 결정론적 입장을 가진 것과는 달리 아들러는 결정론을 전적으로 부인하거나 무시하지는 않았으나 그보다는 목적론을 더 중요하게 생각했다.

아들러는 인간을 이해하는 데 있어서 인간이 추구하는 에너지의 원천보다는 궁극적 목표를 더욱 중요시했다. 인간은 자신에게 중요하다고 지각된 목표를 향해 나아가는 존재라는 것이다. 그래서 아들러는 행동을 이해하는 데 원인이란 용어를 사용하는 것을 거부하고 목적론적으로 설명한다. 즉, 모든 행동에는 목적이 있고, 설명하기 어려운 행동들도 일단 그들의 무의식적 목표나 목적을 알게 되면 이해할 수 있다고 보았다.

아들러는 개인의 행동을 이끄는 마음속의 중심목표를 가상적 목표(fictional

finalism)라고 하였다(Dinkmeyer & Sperry, 2002). 사람은 가상(fiction, 세상은 어떠해야 한다는) 속에서 생활한다는 한스 바이힝거(Hans Vaihinger)의 관점을 아들러는 그의 목적론에 결부시켰다. 바이힝거는 그의 책 『마치 ~인 것 같은 철학(*Philosophy of As If*)』에서 인간은 현실적으로는 전혀 실현 불가능한 '마치 ~인 것 같은' 상황이 절대적으로 진실인 것처럼 행동하고, 많은 가상적인 생각에 의해서 살고 있다는 흥미로운 견해를 제시하였다. 예를 들면, '모든 사람은 동등하게 만들어졌다.' '목적이 수단을 정당화한다.'와 같은 허구는 현실보다도 더 효과적으로 사람들을 움직이게 한다는 것이다. 가상적 목적론에 대한 주요한 내용들을 안스바허와 안스바허(Ansbacher & Ansbacher, 1982)는 주관적 요소, 무의식적 요소, 창조적 요소로 요약하였다.

프로이트의 결정론적 입장과는 대립되는 아들러의 목표개념은 주관적 요인을 강조한다. 목표는 현재에 경험될 수 있는 객관적인 것이 아니고, 개인이 미래에 투사하는 동기화되고 주도하는 가상적인 것이다. 목적론에다 가상적 개념을 덧붙여서 심리적 사건의 내적 · 주관적 인과관계의 원리를 강조하였다. 그리고 그 목적은 현실적인 것이다. "아들러의 가상적(주관적) 목적은 비록 목표가 의식되지 않는다 하더라도 현실적인 목적이다." (Ansbacher & Ansbacher, 1982)

개인심리학에서 말하는 가상적 목적론에는 무의식적 개념이 들어 있다. 아들러는 최종 목표가 개인에 의해 개별적으로 만들어지지만 일반적으로 쉽게 이해되지 않는다고 했다. 이 외에도 목표는 개인의 열등감에 대한 보상적 측면이 있다. 개인이 열등감을 자각하는 순간부터 인간은 환경에 보다 잘 적응하고 현재의 어려움을 극복하고자 하는 우월의 욕구를 통해서 가상적인 목표를 만들어 내게 된다(Adler, 1973b). 이 가상적인 목표를 추구해 나가면서 자신의 열등감을 극복하고 완전으로 나아가게 된다. 열등감이 클수록 그것을 극복하는 데 목표가 더 필요하다(Adler, 1973b). 목표 자체가 하나의 보상일 수 있다.

아들러는 목표에 성격통합의 원리가 있다고 보았다. 그것은 성격이 작용하는 데 기본적인 지배원리가 된다. 인간은 자기 스스로 목표를 세우고, 행동은 그런 목표 달성이라는 맥락하에서 통합된다. 또한 목표는 개인이 현실세계를 지향하는 데 초점이 된다.

아들러는 인간의 행동이 과거의 경험보다는 미래에 대한 기대에 의해서 더욱 좌우된다고 하였다. 인간의 성격에 대해 강력한 목적론적 접근을 취해 왔기 때문에 미래의 목표를 설정하는 것은 중요하다고 했다. 아들러는 개인의 모든 심리현상은 그의 허구적/가상적 최종 목적을 이해함으로써 설명될 수 있다고 주장하였다. 인간의 궁극적 목적은 가상으로, 실현이 불가능할지도 모르나 행동의 원인, 충동, 본능 등을 넘어서 행위의 최종 설명이 될 수 있다. 즉, 최종의 목적만이 인간의 행동을 설명할 수 있다는 것이다.

4) 공동체감

아들러에게 인간의 열등감 극복과 모든 정신과 문화의 발달은 공동체감 형성과 사회적 관심 없이는 절대로 불가능하다. "인간의 불안은 단지 협력을 통해서만 제거될 수 있다. 이는 개인을 공동체와 묶는 것이다. 자신을 타인과의 연합에서 인식하는 자만이 인생을 평안하게 살아갈 수 있다." (Adler, 1966) 아들러의 개인심리학에서 가장 특수한 위치를 차지하는 부분은 공동체감(Gemeinschaftsgefühl, Community Feeling)이다.

공동체감은 개인의 완전에의 욕구가 완전한 사회로의 관심으로 대체된 것으로, 인간은 사회와 결속되어 있을 때 안정감을 갖게 된다. 강한 열등의식을 지닌 인간은 사회적 승인을 받지 못하면 고립될지 모른다는 불안 속에서 살게 된다. 아들러는 인간이 경험하는 많은 문제들은 자신이 가치 있게 여기는 집단에서 받아들여지지 않을까 하는 두려움과 관련되며 소속감을 느끼지 못할 경우 불안하게 되고, 소속감을 느낄 때 인간은 자신의 문제에 직면하고 용기를 가지고 문제를 다룰 수 있게 된다고 한다.

아들러의 개인심리학은 인간의 행복과 성공은 사회적 결속과 깊은 관계가 있다는 믿음에 근거한다. 이에 대하여 아들러는 다음과 같이 말하고 있다. "문화라는 도구 없이 원시의 밀림에서 혼자 사는 인간을 상상해 보라. 그는 다른 어떤 생명체보다 생존에 부적합할 것이다. 인간의 생존을 위해서 가장 좋은 방법은 공동체 안에 있는 것이다. 그리고 공동체감은 모든 자연적인 약점을 보상하는 데 반드시 필요하고 또 바른 것이다." (Adler, 1966)

아들러는 신경증, 정신병, 범죄, 알코올, 문제아동, 자살 등의 모든 문제는 사회적 관심이 부족하기 때문에 발생한다고 설명한다(Kaplan, 1991). 그는 공동체감이 제대로 발달되었는지의 여부를 정신건강의 척도로 사용하고 있다. 예를 들어, 신경증이란 사회적 관심이나 유익한 행동에 대한 관심 없이 오로지 자기중심적인 우월성을 추구하고자 하는 것이다. 아들러는 신경증을 높은 열등감을 없애기 위해 개인적인 안전을 추구하고자 노력하는 과정에서 생겨나는 '자기 고양' '개인적인 지력' '힘' '즐거움을 얻는 것' '개인적인 우월감' 등을 추구하는 것으로 간주하였다. 이와 같이 신경증이 있는 사람은 자기 소유와 힘, 영향력 등을 증가시키려 하고 다른 사람을 깎아내리고 속이고자 애쓰는 사람이라 할 수 있다.

아들러에 의하면 공동체감은 인간이 사회적 존재로 살아가면서 해결해야 할 삶의 과제를 해결할 수 있는 동기를 제공해 준다. 삶의 과제와 관련해서는 모든 인간은 세 가지의 인연을 가지고 있고, 이와 관련하여 세 가지 삶의 과제를 지니게 된다고 본다(Adler, 1966). 세 가지 인연이란 ① 약한 육체를 지닌 인간이 지구라는 환경과 맺은 인연, ② 자신의 약함과 불완전성 그리고 한계성 등에 의해 다른 인간과 맺는 인연, ③ 인류의 생명을 지속한다는 점에서 두 이성의 만남, 즉 다른 성과의 인연을 말한다. 이 세 가지 인연은 세 가지 삶의 과제, 즉 직업, 우정(사회) 및 이성교제/결혼의 과제와 연결된다. 모삭(Mosak)과 드라이커스(Dreikurs)는 아들러가 암시한 네 번째와 다섯 번째 과제를 제시했다. 네 번째 과제는 우주, 신(神)과 유사한 개념에 대한 반응으로 인간의 영적인 자기(self)를 다루는 것이다. 다섯 번째 과제는 주체로서의 자기(I)와 객체로서의 자기(me)에 성공적으로 대처하는 것과 관련된다.

5) 생활양식

생활양식은 사람들이 행동하고 사고하고 느끼는 이유와 삶의 목적, 자아개념, 가치, 태도 등 개인의 독특성을 설명하는 아들러의 독자적 원리로서 그의 이론의 핵심이 된다. 생활양식은 인생의 초기에 개인의 경험을 조직하고 이해하고 그것을 예언하고 통제하기 위해서 발달시켜 온 개인의 인지조직도다. 아들러는 생활양식이라는 용어를 삶을 향한 개인의 기본적인 정향(person's basic orientations)이라고 설명하였다(Dinkmeyer & Sperry, 2002). 생활양식은 어릴 때부터 자신의 열등감을 극복하고 우월 또는 완전의 목표를 이루는 과정에서 스스로 창조한 자기 나름의 독특한 생활로, 보통 4~5세에 그 틀이 형성되고 그 후에는 거의 변하지 않는다(Adler, 1956). 생활양식은 창조적 자아의 힘, 주관적인 통각 경향, 무의식, 목적 지향적인 전체성, 불변성, 예견성 등 개인심리학의 주요 개념들로서 그 구조를 설명할 수 있다. 아들러는 인간이 유전과 환경의 영향을 받지만 궁극적으로 생활양식은 개인의 창조물로서, 환경에 대한 개인의 독특한 해석이라는 점을 강조한다. 어린 시절의 여러 경험이 생활양식 형성에 영향을 끼치기는 하지만 더 중요한 것은 어린 시절의 중요한 사건이 아닌 과거 사건을 개인이 어떻게 지각하고 해석하는가다. 아들러는 인과론적 원인론을 거부하고, 인간이 목적 지향적인 존재이며 창조적인 존재임을 강조한다(Adler, 1965, 1973a, 1973b). 개인이 창조한 생활양식은 컴퓨터의 디폴트처럼 개인의 생활에 영향을 미친다. 생활양식은 변화될 수 있긴 하지만 확실한 결심을 하고 분명한 노력을 통해서만 가능하다. 아들러는 생활양식의 변화가 생활양식을 유지하면서 일부 태도를 변화시키는 만드는 것보다 훨씬 더 어렵다고 하였다.

대부분의 사람들은 한번 형성된 생활양식을 무의식적으로 따른다. 무의식적이라 하더라도 생활양식의 모든 표현은 목적 지향적이다. 개인의 생활양식을 통해 그가 추구하는 우월의 목표와 그의 독특한 방법 그리고 자신과 세계에 관한 자신의 의견을 이해한다는 것이 개인심리학의 기본 원리다. 상담에서 내담자의 생활양식을 평가하는 것은 내담자의 특정 행동의 숨은 의도, 즉 행동목표를 이해하는 것으로 내담자는 자신이 추구하는 숨은 이유를 알게 될 때, 이해받고, 공감받고 격려받고 있다고 느끼게 된다.

아들러는 각 개인의 독특성을 이해하는 것이 중요하다고 생각하기 때문에 생활양식 유형론을 적극 지지하지는 않지만 그것이 인간의 행동을 이해하는 데 도움이 된다는 점은 인정하였다(Hjelle & Ziegler, 1981; Langenfeld, 1981; Lundin, 1989).

아들러의 생활양식 유형은 사회적 관심과 활동성 수준에 따라서 구분된다. 사회적 관심이 부족하고 활동 수준이 낮은 사회에 무익한 생활양식을 지닌 자들의 유형으로는 지배형, 획득형, 회피형이 있고, 사회적 관심이 높으면서 높은 활동 수준을 보이는 생활양식 유형으로는 사회적으로 유용한 형이 있다(Ansbacher & Ansbacher, 1982; Hjelle & Ziegler, 1981).

유형별 특성을 간단히 살펴보면, 지배형(dominant or ruling type)의 사람들은 사회적 자각이나 관심이 부족한 반면, 활동성은 높은 편이다. 그들은 타인을 배려하지 않고 부주의하고 공격적이다. 그들의 공격성은 경우에 따라서 자신에게 향하기도 하여 알코올중독, 약물중독, 자살의 가능성도 나타낸다. 기생형/획득형(getting type)의 사람들은 자신의 욕구를 다른 사람에게 의존하여 충족시키는 이들로, 자신의 문제를 스스로 해결하려 하기보다는 남에게 의존하여 기생의 관계를 유지하는 데 자신의 힘을 탕진한다. 도피형/회피형(avoiding type)의 사람들은 사회적 관심과 활동성이 다 떨어지는 유형으로 삶의 문제를 아예 회피함으로써 실패의 두려움에서 벗어나려고 한다. 그들은 문제에 대한 의식도 없고 사람들과의 관계에도 관심을 두지 않는다. 사회적으로 유용한 형(socially useful type)은 사회적 관심과 활동성이 모두 높은 유형이다. 이 유형의 사람들은 삶의 과제에 적극적으로 대처하며, 자신의 삶의 문제를 잘 발달된 사회적 관심의 틀 안에서 타인과 협동하여 해결할 수 있는 능력을 갖추고 있고 적절한 행동을 한다(Schulz, 1990). 여기서 사회적 관심은 높고 활동성이 낮은 유형은 실제로 존재할 수 없는 유형이다. 그 이유는 사회적 관심이 높다는 것은 어느 정도의 활동성이 있음을 의미하기 때문이다(Hjelle & Ziegler, 1981; Lundin, 1989).

네 가지의 생활양식 유형과 함께 아들러는 응석의 생활양식이라는 신용어를 사용하여 아동기에 형성된 응석의 생활양식이 개인의 성격 형성에 미치는 '악영향'을 강력하게 경고하였다. 아들러(1973a, 1974, 1976)는 응석을 심리적인 발달을 방해하는 가장 중요한 근원으로 보았다. 프로이트의 오이디푸스 콤플렉스가 그의 신경증과 정신병리학에서 주요한 위치를 자치하는 것만큼이나, 아들러의 응석의 생활양식은 그의 정신병리학에서 매우 중요한 요인이 된다.

아들러는 오이디푸스 콤플렉스를 응석받이 교육의 예술적 산물이라고 비난했다. 프로이트에 의하면 엄마의 사랑을 독차지하고 싶어서 아버지를 제거하려는 아들의 소망으로 아버지에 대한 미움을 나타내는 것이라 하였으나, 아들러는 이는 성적 소망을 나타내는 것이 아니라 엄마에 의해 버릇없이 길들여져서 유약해진 아이의 욕구에 관한 것이라고 해석하였다. 즉, 자신의 세력과 자신의 활동 범위를 제한하는 아버지와의 권력다툼이라는 것이다. 어머니에 의해 응석받이가 되고, 그래서 스스로 어머니로부터 풀려날 수 없는 아이는 자신의 아버지를 가족에서 쫓아내려고 하고 아버지에게 경쟁의식을 느끼게 된다. 이와 같은 모자 간의 공생관계는 아이에게 요구되는 사회 접촉을 계속해서 방해하게 된다(Adler, 1972).

6) 가족구도와 출생순위

한 사람의 생활양식을 이해하기 위해서는 그 개인이 다른 가족원들과 어떤 역학관계에 있는지, 다른 가족들은 무슨 역할을 하는지, 그리고 어떻게 내담자가 그의 삶을 해석하는지, 즉 그가 그 자신과 삶에 관해 이끌어 내는 결론들은 무엇인지를 알아야 한다. 개인의 생활양식을 탐색하고자 할 때 가족구도는 그에 관한 많은 것을 예측할 수 있게 도와준다. 가족구도와 출생순위에 대한 해석은 어른이 되었을 때 세상과 상호작용하는 방식에 영향을 크게 미친다. 아동기에 타인과 관계하는 독특한 스타일을 배워서 익히게 되면 성인이 되어서도 그 상호작용 양식을 답습하기 때문이다.

'가족구도'는 가족의 사회심리학적인 형태를 설명하는 것으로, 각각의 가족 구성원의 성격 특성들, 감정적인 유대, 출생순위, 구성원들 간의 지배와 복종, 연령 차이, 성, 가족의 크기 등이 가족구도의 요인이 된다. 가족구도 요인 중에서 출생순위는 특별히 아동의 생활양식 형성에 큰 영향을 미친다. 출생순위를 안다는 것은 내담자를 이해하는 데 있어 매우 중요한 보편적 법칙을 제시해 주고 있다. 상담자가 내담자의 역동성을 알기 위해 가족 내 내담자의 지위(위치)를 고려하는 것은 필수적이다. 아들러는 한 가정의 형제들 간의 개인적 차이를 유전적 차이나 어린 시절의 외상 등에 의해서가 아닌 형제들 간의 경쟁으로 설명한다. 그는 열등의 경험이 출생의 순위를 통해서 조건 지어져 나갈 수 있음을 제시해 준다(Adler, 1972). 태어날 때 이미 라이벌이 있느냐 없느냐에 따라 서로 다른 상황에서 태어난 아동은 다른 형제를 제치고 부모의 사랑을 차지하는 데 있어서나 가정에서 자신의 위치와 세력을 확실히 하기 위해서 서로 경쟁하게 된다. 형제간의 권력다툼의 과정에서 겪은 실패와 성공, 기대와 실망, 가능성과 장해 등의 경험은 아동이 생활양식을 형성하는 데 영향을 준다.

아들러(1958)는 많은 사람들이 한 가족 내 자녀들이 왜 그렇게 서로 다른지 놀라워한다는 사실을 관찰했다. 한 가족의 자녀들이 같은 환경 속에서 성장한다고 가정하는 것은 잘못된 생각이다. 가족 구성원 전체가 공통으로 지닌 특성이 있지만 출생순위 때문에 자녀들 마다의 심리적인 환경은 서로 다르다.

아들러는 출생순위가 한 사람의 생활양식이나 성격 형성 과정에 매우 중요한 요인임을 강조하였다. 그는 인간이 태어날 때부터 출생순위에 따라 서로 다른 환경,

즉 형제간 관계와 부모의 양육태도 면에서 서로 다른 인간관계 구도 속에서 살아갈 수밖에 없는 현실이 인간의 성격에 커다란 영향을 미친다는 사실을 통찰하고 출생순위로 인간의 성격 또는 생활양식을 파악하였다. 맏이로 태어난 아이는 부모의 사랑과 관심을 독차지하면서 자라게 된다. 그러나 둘째는 날 때부터 경쟁자가 있는 상황에서 태어나면서 손위형제를 이기려는 노력을 하게 된다. 이때 맏이는 자신이 지금까지 독차지하면서 누리던 소중한 것을 동생에게 빼앗기는 경험을 하게 된다. 셋째가 태어나면 형제구도는 또 달라진다. 형제자매 수가 늘어남에 따라 부모와의 관계와 형제자매 간의 관계가 달라지고 그 지위나 위치상에 변화가 온다. 열등감을 인간 이해의 핵심 요소로 제시하고 있는 아들러에게는 출생순위가 한 인간의 열등감 형성과 열등감 극복 기제를 습득하는 데 있어서 매우 중요한 변인이 된다. 이와 같이 출생순위에 따른 개인 특성에서의 차이는 출생순위 자체가 직접적인 변인이라기보다는 출생순위에 따른 부모의 양육태도나 기대에서의 차이, 태어날 때부터 다른 심리사회적 지위와 경쟁적 구도 등 다양한 변인들이 영향을 미쳐 드러나는 현상이다. 아들러가 말하는 출생순위는 심리적 출생순위다(김춘경, 2006).

심리적 출생순위는 일반적으로 한 사람의 지각방식이며, 가족 구성원 내에서 자신의 위치를 해석하는 것으로 정의된다(Greene & Clark, 1970). 개인은 출생순위 때문에 그 출생순위의 사람들에게 공통되는 어떤 특성이나 패턴들을 반드시 보이는 것은 아니다. 그보다 개인의 심리적 위치가 더 중요하다. 모든 사람은 자신의 가족 안에서 스스로 인식된 위치가 있다. 이렇게 인식된 위치는 가정의 출생순위 순서를 나타내는 실제적 출생순위와 같을 수도 있고 다를 수도 있다. 예를 들어, 맏이가 심한 정신지체라면 둘째 아이가 뒤를 이어받아 맏이의 역할을 할 것이다. 또 아이가 사산된 이후에 태어난 아이의 경우는 보통의 경우보다 더 특별한 맏이로 키워질 수 있다.

출생순위에 따른 성격 특성을 살펴보면, 맏이는 리더가 될 수 있는 책임감이 있다. 전형적으로 이러한 아동은 사회적으로 적절한 방법으로 행동하고 즐겁게 사는 성인으로 성장한다. 일반적으로 그들은 규칙을 고집하고 다른 사람 앞에 나서려고 한다(Adler, 1928). 그러나 동생이 태어나면 자신이 좋았던 자리에서 쫓겨났음을 알게 된다. 맏이는 더 이상 독특하거나 특별하지 않다. 맏이는 새로운 인물이 '자신이 누리고 있던 사랑'을 훔쳐갔다고 믿을 수 있다(Corey, 2005). 이와 관련하여 맏이에게는 '폐위당한 왕'이라는 별명이 붙여진다.

둘째 아이는 맏이의 성취에 도달하는 발견하거나 다른 의도를 통한 중요한 위치를 발견하기 위해 맏이의 심리적 위치와 경쟁해야만 한다. 예를 들어, 맏이가 학문적 성취와 즐거움을 통해서 중요성을 발견한다면, 둘째 아이는 맏이와 경쟁하거나 혹은 스포츠를 통해서 중요성을 발견하거나 강한 사회적 관계를 개발하는 능력을 발달시킬 것이다. 이러한 아동은 맏이를 따라잡기 위해서 경주하는 듯하며, 경쟁심이 강하고 대단한 야망을 가진 성격이 된다. 만약 셋째 아이가 태어난다면 둘째 아이는 중간 아이가 된다. 드라이커스와 솔츠(1964)에 따르면 둘째 아이는 셋째인 동생 앞에 서기 위한 행동을 해야 하며, 맏이인 형과 구별되는 분명한 행동을 하기 위해 노력하다. 중간 아이는 맏이와 막내가 하는 것처럼 특별한 위치를 가지지 않는다는 것을 느낄 수도 있고, 이에 낙담한 중간 아이는 인생은 불공평하다는 느낌을 가지거나 속았다는 느낌을 가질 수 있다. 그러나 중간 아이는 갈등이 있는 가족 상황을 결합시키는 조정자나 평화의 사도가 될 수도 있다.

한편, 독자는 거의 대부분 항상 관심의 중심에 있고, 자신의 삶 속에서 중요한 어른과의 관계를 바탕으로 생활양식을 형성한다. 독자는 맏이의 생활양식 특성과 많은 부분이 유사하다. 독자는 맏이들처럼 높은 성취 동기를 가지고 있지만 다른 형제들과 나누거나 협동하는 것을 배우지 못할 수 있으며, 어른으로부터 더욱더 많은 압력을 느낄 수 있다(Gfroerer et al., 2003).

4 상담의 목표와 과정

1) 상담목표

아들러의 상담모델은 의료모델이 아닌 성장모델이라 할 수 있다. 아들러는 사람이 지닌 문제는 사람과 분리된 것이 아니기에 심리상담은 전인격적 치료가 필요하다고 말했다. 그는 아픈 사람과 건강한 사람 사이에 분명한 선이 있다고 말하지 않았다. 개인심리학에서는 내담자를 병든 존재나 치료받아야 할 존재로 보지 않기 때문에 상담의 목표도 증상 제거보다는 열등감을 극복하고, 잘못된 생의 목표와 생활양식을 수정하며, 사회에서 다른 사람과 상호작용할 수 있도록 타인과 동등한 감정을 갖고, 공동체감을 증진시키는 것으로 설정한다(Dreikurs, 1967; Mosak, 1989). 구체적인 상담목표는 열등감 극복하기, 자신의 독특한 생활양식 이해하기, 잘못된 삶의 목표 수정하기, 공동체감 향상시키기 등으로 종합해 볼 수 있다.

2) 상담과정

아들러 상담과정은 다음의 4단계로 구성되어 있다.

- 1단계: 내담자가 상담자에게 이해받고 받아들여진다고 느끼도록 내담자와 공감적 관계를 형성하는 관계 형성 단계
- 2단계: 내담자가 그의 생활양식을 결정하는 동기나 목표는 물론 내담자의 신념과 정서를 이해할 수 있도록 돕는 생활양식 탐색 단계
- 3단계: 내담자의 잘못된 목표와 자기 패배적 행동을 자각하도록 돕는 통찰 단계
- 4단계: 내담자가 문제 행동이나 문제 상황에 대한 대안들을 고려해서 변화를 실행하도록 돕는 재정향 단계

(1) 관계 형성 단계

아들러 학파에서는 상담자와 내담자가 적극적인 파트너로서 평등하고 상호 협력적인 관계를 맺는다. 내담자와 상호 신뢰와 존경을 가지는 것이 중요하다. 상담자에게는 효과적인 도움을 주는 관계를 맺기 위해 필요한 조건, 즉 평등한 존중, 평등한 권리, 평등한 책임감을 제공해 줄 책임이 있다. 내담자는 '상담받는' 소극적인 수용자가 아니라 협력적인 관계에서 적극적으로 개입해야 하는 당사자다.

평등과 책임을 강조하는 것은 '치료받기 위해 상담받으러 간다.'라는 일반적인 생각과는 반대되는 것이다. 아들러 상담에서 내담자는 그들이 그들 자신의 행동에 책임이 있다는 것을 인식해야 한다.

1단계에서 주로 사용하는 상담기술은 참여, 경청, 목표의 확인과 구체화, 공감이다. 다른 상담과 마찬가지로, 내담자와의 치료적 관계는 무엇보다 내담자에게 관심을 가지는 행동과 주의 깊은 경청을 통해 형성할 수 있다. 적절한 관심과 경청은 상

담관계에서 상호 신뢰와 존경을 갖게하는 데 필수적이다. 이러한 분위기는 내담자로 하여금 분명히 이해되고 수용되는 느낌을 가지게 하고, 변화와 움직임에 대해 상담자가 강조하는 가정에 잠재력을 증강시킨다. 내담자를 무조건적으로 수용하고, 내담자가 누구인지에 대한 이해를 함께 발달시키며, 내담자의 강점과 능력을 알려주고 원한다면 변화할 수 있다는 것을 믿도록 격려한다. 내담자들은 그들 자신이 변화의 힘을 가지고 있다고 믿는 상담자의 신뢰를 알아차리게 된다. 이러한 믿음은 내담자로 하여금 그들이 종종 '할 수 없는' 것이라고 보았던 것이 실은 '하지 않았던' 것이라는 사실을 깨닫도록 돕는 것으로 입증된다. 또한 아들러 상담의 기본 개념에서 강조했던 인간 행동의 목적성 이해는 상담 초기부터 나타난다.

상담 초기에 상담자는 내담자들이 도움을 구하고자 하는 이유에 대해서 질문한다. 가장 많이 쓰는 질문은 "만약 이러한 문제가 없었다면 당신의 인생은 어떻게 달라졌겠습니까?" 다. 이러한 질문의 다른 형태로 "당신은 지금 무엇을 하고 있습니까?" 혹은 "만약 이 문제가 없다면 당신이 지금 할 수 없었던 것 중 무엇을 할 수 있겠습니까?" 라고 말할 수도 있다. 이러한 질문은 내담자가 '자신이 가진 문제' 로 인해서 어떤 기본적인 생활과제를 회피하고 있는지를 파악하려는 의도에서 제시한다.

(2) 개인의 생활양식 탐색 단계

두 번째 탐색 단계에서는 생활양식을 이해하는 것과 생활양식이 생의 과업에서 개인의 기능에 영향을 미치는 방식을 이해하는 것이 중요한 목표다. 생활양식은 자신과 타인에 관한 신념, 지각 그리고 감정에 의거해 세워진 구조, 개인의 구성개념이다. 상담자는 내담자의 신념, 지각, 감정을 확인하기 위해 그의 이야기를 주의 깊게 듣는다.

상담자는 가족과 다른 사회적 환경 내에서 그것이 처음부터 어떻게 개발되었는지, 어떤 기본적 확신이 작동하고 있는지, 생활양식이 내담자의 공동체, 직업, 사랑 등에 참여하는 것을 어떻게 방해하고 있는지 등을 포함해 내담자의 생활양식을 이해하려고 한다. 이런 이해를 구하는 것을 생활양식 조사 혹은 생활양식 사정(assessment)이라 한다. 이는 대체로 자유 형식과 구조화된 형식으로 진행된다. 상담자는 새로운 내담자에게 자신의 삶의 이야기를 해 보라는 간단한 질문을 한다. 사람들은 살아온 삶의 전체 이야기를 한꺼번에 할 수 없기 때문에 대략 우리가 겪어 온 사건들과 사람들이 지금 중요하다고 여기는 것들을 이야기한다. 상담자는 삶의 이야기에서 포기나 성취 같은 주제를 골라낼 수도 있고, 이야기의 전반적인 정서적 색채에 이름을 붙이기도 한다. 이런 것들이 생활양식에 대한 주제와 색채가 된다. 생활양식은 자기 자신과 타인, 세계, 현실에 대한 주관적인 인식이나 신념에서 비롯된다. 생활양식은 자아개념, 자아이상, 세계상, 윤리적 확신으로 설명할 수 있다.

생활양식을 조사할 때 주로 쓰는 기법으로는 가족구도 사정, 초기기억, 꿈분석, 기초적인 실수에 관한 분석 등이 있다. 아들러는 내담자를 전체적으로 사정하기 위해 구조화된 면접을 사용했다. 구조화된 면접을 통해 내담자들이 삶의 이야기 중에서 놓치는 것(고의이거나 아니거나)을 빠뜨리지 않으려 노력했다. 아들러가 면접 때 사용한 질문은 다음과 같다.

- 문제 또는 불만이 무엇입니까?
- 처음 증상을 알았을 때 상황이 어땠습니까?
- 지금 상황은 어떻습니까?
- 직업이 무엇입니까?
- 부모님의 특성과 건강에 대해 설명해 보세요. 돌아가셨다면 어떤 병으로 돌아가셨습니까? 부모님과의 관계는 어땠습니까?
- 형제가 몇 명이나 됩니까? 그중 몇 째입니까? 당신에 대한 형제들의 태도는 어떻습니까? 얼마나 오래 형제들과 같이 살고 있습니까? 형제들은 병이 없습니까?
- 아버지나 어머니가 누구를 더 좋아합니까? 어떤 식으로 자녀를 키우셨습니까?
- 어린 시절 욕구의 표현방법을 말해 보십시오(겁 많음, 수줍음, 친구관계 형성 곤란, 난폭함 등).
- 어린 시절 어떤 질병을 앓았습니까? 또 형제들에 대한 태도는 어땠습니까?
- 기억할 수 있는 어린 시절의 가장 초기기억은 무엇입니까?
- 겁이 나면 몸과 마음이 어떤 상태가 됩니까? 가장 무서운 것은 무엇입니까?
- 반대 성(이성)에 대한 태도는 어떻습니까? 어린 시절과 시간이 지난 뒤에는 어떻습니까?
- 가장 관심이 가는 직업이 무엇이었습니까? 그리고 그 직업을 갖지 못했다면 이유는 무엇입니까?

- 야망이 크거나, 민감하거나, 기분발작이 일어나는 경향이 있거나, 현학적이거나 거만하거나, 부끄러움이 많거나, 참을성이 없습니까?
- 현재 주변에는 어떤 사람들이 있습니까? 그들은 참을성이 없거나, 성미가 까다롭거나, 자애롭습니까?
- 잠들 때는 어떻습니까?
- 어떤 꿈을 꿉니까?(떨어지는 꿈, 나는 꿈, 회상하는 꿈, 시험에 대한 예언, 기차를 놓치는 꿈 등)
- 가족력이 있는 질병은 무엇입니까?

면접은 가족구도와 가족 구성원들의 특수한 사회적 위치(성좌 속의 별들의 위치처럼 출생순위, 형제자매에 대한 기술, 형제자매들의 특성 비교, 형제관계, 부모의 특성 등)를 조사하는 것에 중점을 두고 있다. 이 외에도 면접질문에는 초기기억과 꿈 같은 아들러 학파의 주요 개념이 많이 반영되어 있다.

(3) 통찰 단계

세 번째 단계는 통찰력을 가지게 하는 단계다. 내담자의 가족 내에서의 위치와 초기 현상, 꿈, 삶의 우선순위 등에 대한 자료들이 수집되면 상담자는 각 영역을 분리해서 요약하여 내담자의 자신에 대한 관점, 세상에 대한 관점, 그리고 생애 동안 어떻게 행동할지에 관한 무의식적인 결정들에 대한 몇 가지 가설을 형성한다. 이러한 가설들은 내담자와 함께 확인할 필요가 있다. 대부분의 사람들은 그들이 뭔가 잘못되어 있다고 생각하고 상담을 받으러 온다. 상담은 개인이 자신들의 잘못된 생각을 자각하고 왜 자신이 그런 방식으로 행동하는지를 이해하도록 돕기 위한 것이다. 상담자는 내담자를 만나서 탐색과정에서 모은 증거자료들을 가지고 함께 해석을 해나간다. 내담자가 자신의 생활양식, 현재의 심리적인 문제, 잘못된 신념 등 기본적 오류를 깨닫도록 하고 그것이 내담자에게 어떻게 문제가 되는지를 해석한다. 이에 대해 내담자는 동의할 수도 있고 그렇지 않을 수도 있다.

일단 상담자가 내담자의 말을 적극적으로 듣고 전체적 통합의 원리를 적용함으로써 내담자의 생활양식을 이해하게 되면, 상담자는 내담자가 생활양식에 영향을 주는 그의 기본 신념과 인식을 자각함으로써 상담자와 같은 이해에 도달하도록 도울 수 있다. 이때 상담자는 자신의 제안을 강요해서는 안 된다. 내담자에게 생활양식을 이해시키고 그것이 어떻게 해서 그렇게 된 것인지를 분명히 보여 주는 의사소통이 상담관계에 깊은 영향을 주는 치료적 효과를 볼 수 있게 한다. 무엇이 내담자로 하여금 좀 더 효율적으로 행동하지 못하도록 하는지에 대한 통찰은 내담자가 겉으로 드러난 모순을 해결하는 데 도움을 준다. 이로써 내담자는 그들의 잘못된 목적을 버리고 효율적인 행동양식을 추구하게 된다.

(4) 재정향(reorientation) 단계

네 번째 단계는 해석을 통해 획득된 내담자의 통찰이 실제 행동으로 전환되게 하는 단계다. 이는 행동을 유발하기 위한 다양한 능동적(적극적) 기술들이 사용되는 단계로 내담자가 가장 어려워하는 단계다. 상담자는 내담자가 잘못된 생각을 여전히 유지하고자 할 때 그것을 지적할 수 있다. 달성할 수 있는 과제를 내담자와 함께 정한다. 이러한 것들은 사적인 논리에 대한 도전이고, 내담자가 자신의 삶에서 가지고 있던 장애물을 깨트리는 것이다. 또한 그것은 내담자를 위한 새로운 행동들이다. 상담자는 내담자가 새로운 행동을 어떻게 경험했는지 들을 수 있어야 하고 내담자가 변화를 성취해 가는 것을 축하해 줘야 한다. 이는 내담자가 변화하려는 열망이 얼마나 강한가에 달려 있다. 내담자가 과거의 잘못된 신념, 행동, 태도를 버리고 새로운 생활양식과 사회적 관심을 갖도록 도와야 한다. 상담자는 내담자에게 사회적 접촉을 시범으로 보여 주고 내담자가 그것을 다른 사람에게 실시해 보도록 격려한다.

내담자는 삶의 요구에 직면할 용기를 얻어야 한다. 이는 오랫동안 지녀온 확신인 회피적 행위와 불가능한 목표 추구를 포기하는 일이 될지도 모른다. 재정향은 통찰을 행동으로 전환시킨다. 내담자는 회피해 왔던 위험을 감수하는 것이 생각보다 나쁘지 않다는 것을 발견하게 된다. 재정향 단계에서는 유리한 점에 초점을 두는데, 이는 많은 내담자들이 자신의 문제에 너무 깊이 몰두하여 자신의 강점을 개발하는 것을 잊어버리기 때문이다. 약점을 받아들이는 것은 필요하지만 강점을 보충하는 것에 더 많이 집중해야 한다.

5 상담의 기법과 적용

1) 상담기법

아들러는 상담기술에 대해서는 거의 언급하지 않았으나, 그의 후학들이 아들러의 이론에 기초하여 구체적인 기술들을 개발하였다. 개인심리학에서는 내담자에게 스스로 변화할 수 있는 능력이 있다고 믿기 때문에 그러한 믿음을 내담자에게 보여 줄 수 있는 상담기법을 사용한다.

(1) 질문기법

상담에서 질문은 전통적으로 진단적 또는 치료적 목적으로 사용되어 왔다. 진단적 질문은 증상과 초기 생활을 결정한 요소에 대한 정보를 도출해 내는 반면, 치료적 질문은 한 번이나 그 이상의 접수면접과 회기평가 후에 이루어지고 통찰과 변화에 초점을 둔다. 아들러 상담에서 활용되는 주요한 질문 유형에는 순환질문(circular questions), 반사질문(reflexive questions), 전략질문(strategic questions) 등이 있다.

'순환질문'은 개인의 대인관계와 가족관계를 묘사하는 데 사용하고, 관계의 일방적 인과성보다는 순환성에 기초하여 형성된 것으로 개인과 연관되는 패턴을 이끌어 내고 생활사를 구조화하기 위한 초석을 형성한다. 순환질문의 예는 다음과 같다. "당신 말고 당신 아내의 우울에 대해 걱정하는 사람은 누가 있나요?" "당신이나 당신 딸 중에 누가 더 걱정을 많이 하나요?" "당신의 아내가 우울할 때 당신은 어떻게 반응하나요?" "당신은 그녀의 반응에 어떻게 반응하나요?" "당신의 딸이 이것에 어떻게 반응하나요? 당신은 당신의 딸의 반응에 어떻게 반응하나요?"

'반사질문'은 순환적 가정에 기반을 두고 있고 간접적으로 또는 일반적인 방식으로 가족이나 내담자에게 영향을 주고자 한다. 이런 질문은 내담자가 새로운 견해나 맥락을 발견하도록 도움을 준다. 이 기술의 의도는 개인이나 가족 구성원들의 문제해결 자원을 촉진시키고 동원하기 위한 것이다. 그런 질문들은 개인이나 가족 구성원들로 하여금 현재의 지각 또는 행동에 대한 의미에 대해 생각하도록 하고 대안을 고려하도록 한다. 이 질문은 해결중심 상담의 기적질문의 원형이다. 반사질문의 대표적인 예는 "만약 내가 마술 지팡이나 마법의 약이 있어서 당신의 증상을 즉각적으로 제거해 준다면 당신의 삶은 어떻게 달라질까?" 다. 이 질문에 대한 내담자의 답을 통해 상담자는 내담자가 가장 두려워하는 것이나 회피하고 있는 것을 직접 이해할 수 있게 된다.

'전략질문'은 전략적 치료 접근의 주요 부분이다. 이 질문의 목적은 치료적 범위에서 개인의 행동을 변화시키는 것이다. 전략질문은 개인, 부부, 가족들에게 내면적으로나 외현적으로 영향을 미치는 가장 강력한 방식이다. 전략질문의 예는 다음과 같다. "만약 다음 주 동안 당신이 정오까지 침대에 누워 있기보다 매일 아침 식사를 만든다면 어떤 일이 일어날까요?" "왜 당신은 그녀를 깨우려고 더 노력하지 않지요?" "그녀가 과도하게 약물을 복용했을지도 모른다는 공포에 직면하는 것과 매일 아침 일찍 일어날 것이라고 확신하는 것 중 어느 것이 더 편한가요?"

(2) 단추 누르기 기법

단추 누르기 기법은 내담자가 자신이 자신의 감정을 창조하는 것임을 깨닫도록 돕는 데 사용되는 기법으로, 자신이 원하는 장면을 자의적으로 상상해 보면(마음의 단추를 누르면) 그에 따라 원하는 정서를 스스로 만들 수 있다는 사실을 알게 하는 것이다.

상담자는 내담자들이 자신이 선택한 사고에 의해 자신의 감정을 창조해 낼 수 있음을 알기를 원한다(Mosak, 1989). 아들러는 내담자에게 단추를 누르는 것을 상상해 보라고 하고 눈을 감고 자신의 인생에서 아주 행복했던 사건을 상상하라고 요청한다. 그들은 그때 좋은 감정을 다시 경험하라는 요청을 받는다. 다음으로 내담자는 굴욕과 실패와 같은 불쾌한 사건을 상상하고 그때 기분을 다시 느껴 보라는 요청을 받는다. 그러고 나서는 행복한 사건을 다시 상상하고 행복감을 다시 경험하도록 한다. 그는 이 기법을 반복하면서 내담자가 앞뒤로 바꿔 가며 단추를 누르도록 하고 다음과 같이 말한다. "두 개의 누름단추를 드리겠습니다. 행복단추와 우울단추입니다. 당신이 행복단추를 누르면 행복한 생각을 하고 행복한 감정을 느낄 것입니다. 만약 우울단추를 누른다면 불쾌한 생각과 불쾌한 감정이 느껴질 것입니다. 그러나 당신이 다음 주에 왔을 때 여전히 우울하다면, 나는 당신에게 선택할 수 있는 행복단추가 있는데 왜 계속 우울을 느낄 것을 선택했는지 설명해 달라고 요청할 것입니다." 아들러는 내담자가 무엇을 생각하느냐를 통제함으로써 그 순간에 그들의 느낌을 내적으로 통제할 수 있다는 것을 실감하도록 했다.

(3) 수프에 침 뱉기

수프에 침 뱉기는 개인을 이전의 행동으로부터 분리시키려고 할 때 아주 효과적으로 사용하는 기법이다. 상담자가 내담자의 잘못된 인식, 생각 또는 행동을 간직하고 '침을 뱉으면', 내담자는 그와 같은 것을 더 이상하지 않거나 주저하게 될 것이다. 아들러는 이 기술을 '깨끗한 양심에 먹칠하기'라고도 언급했다. 상담자가 자신의 관찰이 정확할 때 '그럴 수도 있다…….' 하는 그것을 내담자에게 명확하게 보여 줄 수 있으면 내담자는 자기 파괴적 행동을 계속 할 수는 있겠지만 더 이상 이전처럼 편하게 할 수는 없을 것이다. 내담자는 더 이상 감춰진 의미에 무지할 수 없게 된다.

(4) '마치 ~인 것처럼' 행동하기

아들러는 '마치 ~인 것처럼(as if)' 기법을 개발했다. 내담자가 바라는 행동을 실제 장면이 아닌 가상 장면에서 '마치 ~인 것처럼' 해 보게 하는 것, 또는 바람직한 자신의 모습을 상상함으로써 실제로 그렇게 되도록 하는 것이다. 이는 내담자가 미래의 사건, 신념 또는 바라는 행동을 예견하고 가장하거나 행동하는 인지적, 행동적 또는 인지-행동적 개입으로 정의될 수 있다. '마치 ~인 것처럼' 기법은 미래목표를 당기는 데 기반을 두고 있다. 그것은 관념적이거나 가상적이고 개개인의 독특한 생활양식에 달려 있다. 예를 들어, 전화만 하면 말을 못해서 필요한 때가 되어도 전화하는 것을 피하려고 하는 내담자의 경우 스스로 '마치 ~인 것처럼' 기법을 사용할 수 있다. 전화를 해야 할 때, 내담자가 자신의 친구인 영자의 흉내를 낸다고 생각하고 전화를 한다. 영자는 전화를 아주 잘하는 친구다. 이 경우 '난 그냥 영자인 척하고 걔가 하는 대로 따라 해 보려고 노력할 뿐이야.'라고 생각하며 실제로 그렇게 해 보면 효과를 볼 수 있다.

이 기법은 내담자의 현재 신념과 문제 인식을 변화시키기 위해, 통찰력을 제공하기 위해, 내담자가 새로운 행동과 신념을 시작할 때 재정향을 용이하게 하거나 실제 행동을 변화시키기 위해, 자존심 · 자신감 · 개념 · 적성 등의 변화에 용기를 복돋워 주기 위해, 그리고 문제가 있는 행동의 목적과 목표를 새로운 방향으로 돌리기 위해 사용한다.

(5) 과제 설정하기

과제 설정하기는 바람직한 행동이나 목표를 설정하여 그것을 꾸준히 반복 실천해 보도록 하는 방법이다. 상담자는 전화문제가 있는 친구에게 숙제를 내줄 수도 있다. 예를 들어, 스스로 하루에 한 번 무슨 일이 있어도 전화를 해 보도록 하는 것이다. 상담자는 처음에는 전화하는 것 자체를 목적으로 하여 굳이 대화를 안 해도 되는 전화를 하기 위해 딴 집에 전화를 걸어서 "거기가 ○○네 집인가요?"를 물어보게 한다. 그다음에는 식당에 전화를 걸어 영업시간을 알려 달라고 하는 등 하기 쉬운 과제 목록을 내담자와 함께 만들어 수행하게 한다. 쉬운 상황에서의 성공 경험은 좀 더 위협적인 상황도 덜 두려워하게 하고, 자신의 두려움이 어리석었음을 깨닫고 두려움에서 벗어나게 한다. 공동체감과 사회적 관심을 중요하게 여기는 상담자들은 노숙자 식사봉사, 야학, 양로원 노인이나 장애아 돌보기 등의 공동체 봉사과제를 자주 내준다.

(6) 자기 포착하기

원하지 않는 행동을 시작하는 순간을 포착하는 것이다. 문제 행동이 작동하기 시작하는 순간을 좀 더 빨리 알아채서 더 이상 진행되지 않게 하는 방법이다. 음주나 흡연, 과식 등의 문제가 되는 행동은 이미 오랫동안 습관화되어 자동적으로 하게 되는데, 그런 것들을 변화시키기 원한다면 그것들이 작동하기 시작하는 순간을 좀 더 잘 알아챌 필요가 있다. 포착하기를 반복 연습하다 보면 부적응 행동의 좋지 않은 결과가 상상되어서 행동을 변화시킬 수 있게 된다. 사람들의 흡연이나 과식 등을 멈추도록 돕는 상담자들은 보통 그들에게 담배나 음식에 대해 계속 기록하라고 한다. 그런 활동이 그 행동에 대한 자각을 증진시켜 그들로 하여금 탐닉에 빠지게 하는 것을 볼 수 있도록 해 준다. 중요하게 해야 할 일이 있는데 그 일이 어려운 과제일 경우, 사람들은 그 과제에서 교묘하게 피하는 습관이 있다. 즉, 학위논문을 써야 할 때 미뤘던 메일 답장하기, 책상정리, 안부 전화하기 등의 다른 일들을 먼저 하게 되면 정작 해야 할 어려운 과제는 다시 미뤄지게 된다. 이때 '자기 포착하기' 기법을 사용해 손쉬운 일에 시간을 배분하기보다 어려워도 우선 해야 할 중요한 과제에 마음을 다잡고 몰두하게 한다.

(7) 역설기법

역설기법은 바라지 않거나 바꾸고 싶은 행동을 의도적으로 반복 실시하게 함으로써 역설적으로 그 행동을 제거하거나 그 행동에서 벗어날 수 있게 하는 방법이다. 내담자가 없애기를 바라는 양식을 더 늘리거나 강하게 만들기를 요청하는 것이 이상하게 보이겠지만, 이런 아들러 기법은 다른 여러 심리치료에 남아 있다. 예를 들어, 가족상담에서 사용하는 역설적 의도를 들 수 있다. 고통스러운 감정을 낳는 습관이 끊임없이 반복된다면 그것은 그 자체로 혐오스럽게 될 것이다. 어떤 금연 프로그램은 이런 현상을 사용하여 내담자가 할 수 있는 만큼 아플 때까지 줄담배를 피우도록 하는 회기로 상담을 시작하기도 한다. 또한 불면증 환자에게 밤새 자지 말고 있으라는 요청을 하는 형식을 취하거나, 걱정이 많은 사람에게는 멈추지 말고 모든 것에 대해서 걱정만 하면서 걱정 없는 생각은 하지도 말라고 말하기도 한다. 내담자가 삶이 불공평하다는 확신에 찬 사람이라면, 아들러는 그 사람에게 아무리 사소한 것이라도 그것에 대해서 계속 불평을 하라고 요청했을 것이다. 역설적 제안으로 작업을 하는 기제는 복잡하다. 어쩌면 많은 습관들이 그 강도를 더해 가면 지겹고, 고통스럽고, 웃기고, 재미있는 것이 될 수도 있다. 저항하는 것을 포기하고 결과가 그리 나쁘지 않다거나 그렇게 만족스럽지는 않다는 것을 알고 안도감을 느낄지도 모른다. 그리하여 스스로 절제를 하게 될 수도 있다.

아들러와 드라이커스는 증상을 유지하기 위해서 사람들이 그것에 대항하여 싸워야 한다고 가르쳤다. 이 역설은 종종 효과적인데, 내담자가 원조를 요청하러 올 때 상담자가 내담자에게 그동안 행해 오던 행동을 하라고 말하기 때문이다. 더 이상 싸우지 않게 되어 내담자는 선택에서 자유로울 수 있다. 아들러는 심리상담에서 역설적 개입을 서구 문명에서 사용한 첫 번째 사람으로 알려져 있다(Mozdzierz, Macchitelli, & Lisiecki, 1976).

(8) 초기기억

아들러는 사람들이 자신의 사적인 논리의 신념과 생각을 강화해 주는 것들을 기억한다는 사실을 발견했다. 그는 초기기억(초기 6개월부터 8세까지 선별된 기억들)이 개인이 자기 자신과 다른 사람, 삶을 어떻게 지각하는지, 삶에서 무엇을 갈구하는지, 삶에서 무엇이 일어날 것이라고 예견하는지에 대한 간략한 틀을 제시해 준다고 믿었다. 사람이 자신의 무수한 경험들로부터 선택한 초기기억은 개인적인 생활양식의 원형이거나 혹은 왜 자신의 삶의 계획이 자신에게 특별한 형태로 정성들여 만들어지는지에 관한 유용한 암시를 제공한다. 초기기억에서 사람들은 기억되는 사건들과 그것에 대한 그들의 감정, 사건 자체에 대한 자신의 초기 태도, 다른 사람과 자신의 관계, 그리고 자신의 삶의 관점을 드러낸다. 그 기억들은 그들의 생각과 신념을 상징한다.

상담자는 내담자에게 "가능한 한 되돌이켜 당신의 어린 시절로부터 가장 초기기억을 생각하고 그것에 대해 말해 주세요."라고 요구한다. 아들러 상담에서는 초기기억과 보고를 구별한다. 그리고 "나는 행복한 어린 시절을 보냈어요." 또는 "나의 부모님은 나를 거부했고 늘 외로웠어요."와 같은 보편화된 개인적 삶의 보고를 원하지 않는다. 초기기억에는 생생한 구체적인 사건과 그와 관련된 정서들이 포함되어 있어야 한다.

초기기억은 개인의 행동에 대한 지침을 반영해 준다. 사건은 기억한 것처럼 실제로 일어났거나, 그것에 대한 설명이나 가정이 덧붙여졌거나, 결코 일어나지 않았던 것일 수 있다. 어느 경우라도 결과는 같다. 초기기억은 세계와 그 자신에 대한 주관적 견해와 복잡한 세상에 대처하기 위해 스스로 선택했던 행동의 경로를 반영한다. 초기기억은 특별히 중요한 문제, 그 자신에 대한 내담자의 실수의 본질, 그의 포부, 그를 둘러싼 세계에 빨리 초점을 두게 한다. 개인이 만난 셀 수 없는 수많은 인상들 중에서 그는 그의 상황에서 느끼는 것들만 기억하고자 한다. 이처럼 내담자의 기억들은 그에게 위안을 주거나 경고를 주기 위해 반복되는 이야기들, 즉 '나의 삶의 이야기'를 나타낸다. 우울한 사람은 그가 좋았던 순간과 성공을 기억한다면 우울한 채로 있을 수 없다. 그는 스스로에게 "내 모든 삶은 불행했어."라고 말한다. 그러면서 불행한 운명을 해석할 수 있는 사건들만 자신의 기억에서 선택한다. 기억들은 생활양식을 거스르지 못한다.

이런 초기기억들은 현재 나타나는 행동에 대한 이유나 원인이 아니다. 그것들이 현재 행동을 결정하는 것이 아니다. 단지 힌트일 뿐이다. 초기기억들은 허구를 이해하도록 한다. 또한 목표를 향해 움직이도록 하고 어떤 장애를 극복해야 할지를 알려준다.

(9) 꿈분석

아들러는 꿈을 인간 정신의 창조적 활동이 낳은 결과물로 보고, 꿈을 꾼 사람이 지닌 생활양식을 강화시키는 것으로 보았다(Adler, 1958). 아들러는 꿈을 통해 생활양식을 파악하였다. 꿈을 통해 꿈을 꾼 사람이 가지고 있는 생활양식을 확인하고, 그 사람이 지속적으로 유지하며 강화하고 싶어 하는 인생의 목표를 찾을 수 있다. 꿈분석을 통해 사람들의 생활양식과 인생의 목표를 파악하게 되는데, 잘못된 생활양식을 지닌 경우 '수프에 침 뱉기' 기법을 사용하여 당사자의 잘못된 삶의 목적을 알게 하면 더 이상 꿈을 꾸지 않게 된다고 한다. 아들러는 꿈은 꿈을 꾼 사람에게 필요한 정서를 제공해 주기 위해 마음이 꾸며 낸 것으로 '자기 기만적 기능'을 한다고도 하였다.

아들러의 꿈분석 방법은 직접적이고 실제적이다. 아들러에게 꿈은 당시에 지니고 있는 문제를 해결하는 자원이자 다음날 깨어 있는 삶을 위해 필요한 정서를 생산하는 경험이다. 꿈은 미래 상황에 대한 의미 있는 연습이다. 아들러는 꿈속에 보편적인 상징이 있다는 생각과 꿈이 미래를 예언한다는 전통적 꿈에 대한 생각을 비과학적이고 터무니 없는 소리라고 하였다(Adler, 1958)

꿈은 개인의 사고처럼 자신, 타인, 세계에 대해 사고하는 논리적이고 특유한 방식과 일치한다. 그러나 꿈속에서는 개인이 지금-여기를 어떻게 지각하고 자신과 타인과 세계에 대해 갖는 기대를 어떻게 지각하는가가 보다 명백하게 드러난다. 꿈은 피부로 느껴지는 사회적 요구나 구속에 의해 속박되는 것에 대한 해결책과 그날 마무리되지 못한 문제들에 대한 해결책을 제공해 주며, 우리 일상의 대처방식과 활동양식과 일치한다. 꿈은 개인으로부터 새로운 것에 대해 요구 없이 문제에 대한 해결책을 창출한다. 아들러는 "꿈은 '문제에 대한 쉬운 해결책에 도달하려는 시도'이고, 꿈은 개인의 용기에 대한 좌절을 드러낸다."고 밝혔다. 상담자들은 꿈을 활용하여 문제의 요점을 빨리 찾고 꿈의 메시지를 추출해 내거나 변화를 촉진하기 위해 꿈언어 자체를 활용하여 행동변화를 촉진할 수 있다.

(10) 격려하기

격려는 아들러 학파의 상담중재의 가장 기초적이면서 중요한 요소다. 격려는 내담자가 자신의 열등감을 극복하고 자신의 가치를 깨닫도록 돕는 데 초점을 둔다. 상담자는 내담자를 격려함으로써 내담자가 자신의 능력과 유용성을 소유하고 있다는 것을 깨닫도록 돕는다. 개인의 신념을 변화시키기 위해서는 그가 가진 강점과 장점을 인식하게 하여 자신의 삶의 문제에 용감하게 다가갈 수 있도록 도와주는 것이 필요하다. 격려(encouragement)란 용기(courage)를 북돋아 주는 것이다. 삶의 문제에 대한 해결책을 찾기 위한 용기는 삶의 가장 큰 강점 중의 하나다.

격려란 다른 사람에게 영감을 주거나 돕기 위한 것이다. 특히 확신을 가지고 해결책을 찾으려는 작업을 할 수 있도록, 또 어떤 곤경에도 대처할 수 있도록 돕는 것이다. 일관되게 격려를 해 주면 내담자들은 그들이 해결해야 하는 문제들을 받아들여 최선을 다해 해결하도록 노력하게 된다. 때때로 시도한 것이 실패할지라도 크게 좌절하지 않고 또다시 시도할 수 있는 용기를 갖게 된다. 격려에서 중요한 요인은 용기의 방향성 문제로, 용기를 갖고 삶에 직면하며 그 용기가 개인의 이익을 위해서가 아닌 공공의 유익을 위해서 나아갈 수 있도록 하는 것이다. 사적인 이익보다 더 큰 선(good)을 위해 행동할 때, 인간은 매 순간 적극적인 삶의 참여자로서 충만하게 살 수 있게 된다.

2) 상담사례

(1) 사례 1: 초기기억 분석 사례

다음은 아들러 상담가 파파넥(Papanek, 1997)이 아들러의 초기기억 기법을 사용하여 만성 두통으로 치료받던 30세 이혼녀를 치료한 사례다. M은 아동서적에 삽화를 넣고 출판하는 매우 재능 있는 사람인데 좋은 직업을 가지고 있고 프리랜서 작가다. M은 일을 할 수 없을 정도로 두통이 매우 심했다.

M는 2회기 때 다음과 같은 말을 했다. M의 아버지는 집이 아니라 회사에서 그의 시간의 대부분을 보내는 매우 바쁜 일반 외과 의사였다. 엄마는 버림받았다고 느꼈

고 아버지의 무관심에 대해 화를 냈다. 그리고 M이 10세 때, 엄마와 그의 동생은 아버지가 사무실에서 연애를 했다고 의심을 했다. 아이들에 대한 아버지의 태만이 중요한 요인이었다. 아이들이 아플 때조차 그는 "별로 심각하지 않아."라고 말하면서 병원에서 집으로 오지 않았다. 그러나 M이 6세 때, 갑자기 위통이 일어나 엄마가 아버지를 불렀을 때, 아버지는 집에 와서 딸이 맹장염에 걸린 것 같다고 걱정했다. 그는 당황해 하며 M을 병원으로 데려갔다. 다행히 맹장염이 아니어서 수술을 받지 않았다. M은 아버지가 당황하는 것과 M을 돌보는 것을 보고 만족해 했다. 상담자가 M에게 기억에 대한 느낌을 설명하라고 했을 때 M은 그것은 "아름다운" 것이라고 말했다. M이 구토를 했고, 위통이 있는 등 심각한 병의 증상을 가지고 있었는데도 그 기억을 아름답게 기억한 것이 매우 인상적이었다. 아버지의 돌봄과 관심은 M이 그것을 아름다운 것으로 기억하게 만들었다.

2회기에서 M이 '이제는 알 것 같다.'고 말했던 것이 상담자에게 매우 인상적이었다. M은 아픈 것이 관심을 얻는 유일한 방법이라고 느꼈던 것 같다. M은 다음 회기에서 자신의 두통이 크게 줄어들었다고 보고했다. 그리고 M은 지금 상담자와 M의 이전 상담자 사이에 차이를 이해하겠다고 했다. M의 이전 상담자는 항상 그의 두통을 억압된 분노라고 설명했다. M은 그의 해석을 믿기는 했지만, 효과를 볼 수 없었다고 한다. 실제 분노의 대상을 발견하기 힘들었기 때문이다. 그러나 Adler 상담자의 해석, 즉 M이 자신에게 좋은 누군가의 관심과 주의를 받기를 원한다는 상담자의 해석은 꽤 효과가 있었다. M은 자신이 누군가를 실제로 원한다는 것과 그것이 이루어지지 않은 것에 대한 실망이 두통을 가져왔다는 것을 쉽게 받아들일 수 있었다. M은 기분이 좋아졌다. 보통 한 주에 세 번 정도 두통이 있었는데 이번 주에는 한 번의 두통도 없었고 지금은 훨씬 좋아져서 일을 할 수 있었기 때문이다.

(2) 사례 2: 꿈분석 사례

다음은 아들러가 직접 내담자의 꿈을 분석한 간단한 사례로, 내담자의 꿈이 그의 생활양식을 반영하고 있음을 보여 주는 사례다(Adler, 1958).

비서직으로 일하며 홀로 사는 한 24세 여성이 아들러를 찾아와 사장의 안하무인격인 태도 때문에 견딜 수 없다고 호소했다. 그녀는 또 친구를 잘 사귀지 못하며, 친구관계를 유지하지도 못한다고 느끼고 있었다. 우리의 경험에 따르면, 만약 어떤 사람이 친구관계를 유지하지 못한다면, 그것은 그 사람이 타인들을 지배하고 싶어 하기 때문이라고 추측할 수 있다. 그런 사람은 사실상 자기에게만 관심이 있으며, 그의 목표는 자신의 우월성을 과시하는 것이다. 아마도 틀림없이 이 여성의 사장도 똑같은 부류의 사람일 것이다. 두 사람 모두 타인을 지배하려는 욕구를 갖고 있다. 이런 부류의 사람들이 서로 만나게 되면, 어려움이 생길 수밖에 없다. 이 여성은 일곱 형제 중 막내이고 집안의 귀염둥이였다. 어린 시절 별명은 '톰(Tom: 남자의 이름)'이었는데, 이는 그녀가 항상 사내 아이가 되고 싶어 했기 때문이다. 이것을 볼 때 우리는 그녀가 타인을 지배하는 것을 자신의 우월성 목표로 삼은 게 아닐까 추측하게 된다. 그리고 그녀가 생각하기에, 남성적이라는 것은 곧 주인이 되는 것이며 타인을 지배하는 것이고 자신은 지배받지 않는 것이다.

그녀는 상당히 미인이었는데, 사람들이 자기를 좋아하는 이유가 오로지 자신의 예쁜 얼굴 때문이라는 생각을 갖고 있는 만큼, 얼굴이 흉하게 되거나 마음의 상처를 입게 되는 것을 두려워했다. 우리 사회에서 매력적인 외모를 지닌 사람들은 타인들에게 강한 인상을 주며 그들을 통제하기가 더 수월하다는 것을 잘 알고 있다. 하지만 그녀는 남자가 되고 싶어 하며, 남성적인 방식으로 군림하고 싶어 한다. 그러다 보니 자신의 미모에 마냥 행복하지만은 않는다.

그녀의 최초의 기억은 한 남자 때문에 겁을 먹은 사건에 관한 것이다. 그녀는 지금도 도둑이나 정신병자의 공격을 받게 될까 봐 무섭다고 고백했다. 남자가 되고 싶은 여성이 도둑이나 정신병자를 두려워한다는 게 이상해 보일지 모르나, 사실은 그다지 이상한 게 아니다. 자신이 연약하다는 느낌 때문에 남성이 되겠다는 목표를 갖게 된 것이다. 그녀는 자신이 지배하고 통제할 수 있는 상황 속에 있고자 하며, 다른 모든 상황을 차단하고 싶어 한다. 도둑과 정신병자들은 통제될 수 없으므로, 그녀는 이런 사람들을 모두 제거하고 싶어 한다. 그녀는 쉬운 방법으로 남성적이기를 바라며, 실패할 때를 대비해 변명할 수 있는 상황을 유지하려고 하는 것이다. 여성적 역할에 대한 이런 널리 퍼진 불만감—아들러는 이것을 '남성적 저항(masculine protest)'이라고 부른다—에는 항상 수반되는 긴장감이 있다. '나는 여성이라는 약점을 거부하기 위해 싸우는 남성이다.'라고 믿고 싶은 비장한 느낌이다.

그녀의 꿈을 살펴보며, 그녀는 홀로 남겨져 있는 꿈을 자주 꾼다. 응석받이로 자랐던 그녀의 꿈이 의미하는 바는 다음과 같다. '나는 주목의 대상이 되어야 한다. 나를 혼자 있게 두는 것은 안전하지 않다. 다른 사람들이 나를 공격하고 지배할 수 있기 때문이다.' 그녀가 자주 꾸는 또 다른 꿈은 지갑을 잃어버리는 내용이다. 이것은 '조심해야 한다. 뭔가를 잃어버릴 수 있는 위험한 상황에 처해 있으니까'라는 의미다. 그녀는 어떤 것도 잃어버리고 싶지 않으며, 특히 타인을 통제할 수 있는 힘을 상실하고 싶지 않은 것이다. 그녀는 일상생활에서 일어날 수 있는 한 가지 사건, 즉 지갑 분실이라는 사건을 선택해 전체를 상징하고 있다. 이것은 꿈이 감정을 만들어 내어 인생 스타일을 보강한다는 것을 보여 주는 사례다. 그녀는 실제로는 그 지갑을 분실한 적이 없는데, 꿈속에서는 분실한 것으로 표현하면서 그런 느낌을 남기는 것이다.

토/의/주/제

1. 현대 상담 및 심리치료 중에는 아들러 개인심리학의 영향을 받은 이론들이 많다. 대표적인 상담이론 세 가지를 선정하여 그 영향력에 대해 논하시오.
2. 아들러 상담의 주요 개념 중 가장 중요하게 생각되는 개념 하나를 선택하여 자신의 인생관, 세계관과 관련지어 그 개념에 관한 자신의 관점을 논리적으로 설명하시오.
3. 아들러 상담에서 많이 사용하는 상담기법 두 가지를 선택하여 실제 자신의 삶이나 상담 장면에서 어떻게 활용될 수 있는지 제시해 보시오.
4. 자신의 초기기억 3~5개를 적고 자신의 생활양식을 간단히 탐색해 보시오.

Chapter 06 실존주의적 상담

실존주의적 상담(existential counseling) 이론은 다른 이론들과는 달리 특정한 한 두 사람의 창시자에 의해 생겨난 단일 체계의 이론이 아니라 여러 실존주의 철학자들에 의해 제시된 실존주의 철학을 상담에 적용하고자 한 것이다. 즉, 실존주의적 상담은 실존주의 철학자인 키에르케고르(Soren Kierkegaard), 니체(Friedrich Nietzsche), 하이데거(Martin Heidegger), 사르트르(Jean-Paul Sartre), 부버(Martin Buber) 등이 보는 인간에 대한 이해를 반영하고 있으며(American Counseling Association, 2009), 실존주의 철학에서 시작된 실존과 연관된 주제들(예를 들어, 존재, 선택, 자유, 죽음, 소외 등)에 대한 관심으로부터 시작되었다. 특히 산업 및 과학혁명의 가속화, 급격한 도시화의 경제적 혼란, 강대국들에 의한 지배 등의 사회현상은 사람들로 하여금 전통적 가치와 삶의 참의미에 대한 새로운 의미를 제기하게 하였다. 실존주의 철학은 인간이 본래 자기에 대한 각성과 함께 스스로 책임을 지고 결단을 하며 행동해야 할 필요성에 대한 인식으로부터 시작되었다. 뿐만 아니라 이러한 실존주의 철학에 영향을 받은 상담자들은 그 당시 인간에 대한 이해의 주를 이루면서 인간을 내적 충동의 산물로 보거나 외적 환경의 산물로 보았던 정신분석과 행동주의 이론이 인간 본래의 의미를 찾는 데 한계가 있음을 깨닫고 내담자의 실존 또는 있는 그대로의 경험을 중시하고 그것의 의미와 가치를 실현시키는 데 관심을 갖게 되었다(김창대 외, 2011).

실존주의 철학자들은 인간의 삶의 의미를 탐구하는 데에 초점을 두며, 인간은 죽을 수밖에 없는 운명의 존재라는 것을 인식하고, 이러한 종국적 죽음의 그림자에서 의미를 찾기 위해서는 실재에 대한 지각을 재구성하고 과거나 미래가 아닌 현재의 경험에 충실해야 한다고 보았다. 이러한 실존주의 철학자들의 견해는 실존주의적 심리학과 실존주의적 상담이론의 견고한 기초를 제공해 주었다. 상담 및 심리치료에 이러한 실존주의 철학을 적용하여 실존주의적 상담을 주창한 인물로는 빈스방거(Ludwig Binswanger), 보스(Medard Boss), 프랭클(Viktor Frankl), 메이(Rollo May), 얄롬(Irvin Yalom) 등이 있다. 이 중에서도 실존주의적 상담의 이론과 실제에 크게 기여하면서 가장 널리 알려진 실존적 상담자로는 프랭클, 메이, 얄롬을 꼽을 수 있다. 따라서 이 장에서는 이 세 학자의 견해를 중심으로 상담에 대한 실존주의적 관점에 대해 살펴보기로 한다.

1 주요 학자의 생애와 업적

1) 빅터 프랭클

빅터 프랭클(Viktor E. Frankl)은 1905년 3월 6일 오스트리아 비엔나에서 출생하였다. 그는 어릴 적부터 학교에서 조숙한 질문을 해서 선생님들을 당황시켰다. 한 예로 프랭클이 14세 때 과학선생님이 생명이란 최후의 분해에서 단지 연소의 과정에 지나지 않는다고 설명하였더니, 그는 "만일 그렇다면 인생은 무슨 의미를 가졌나요?"라고 소리를 질러 급우들을 놀라게 하였다고 한다. 프랭클은 고등학교 시절에 어떤 학생이 허무적인 내용의 책을 손에 쥐고 자살해 죽은 것을 보고는 철학적 개념과 실제 생활의 밀접한 관계를 깨달았다고 한다. 이것은 후에 그의 니힐리즘(허무주의)에 대한 반대 의사를 확신시키는 계기가 되었다. 그는 자신이 겪은 죽음의 수용소의 잔악한 행위는 나치 관리들에 의해 개발된 것이 아니고 허무주의 철학자들의 저작 속에서 나왔다고 단언한다.

Viktor E. Frankl(1905~1997)

프랭클과 프로이트의 인연은 프로이트가 프랭클의 논문을 국제정신분석학회지에 게재될 수 있도록 이끌어 준 계기로 이루어졌다. 그리하여 프랭클은 이미 고등학교를 마치기 전에 프로이트와 과학적 서신 교환을 하기 시작했다. 비엔나 대학교 의과대학 학생시절, 프랭클은 개인심리학의 창시자인 아들러가 중심이 된 연구회의 회원이었다. 그러나 점차로 정통 아들러 학파의 견해에서 멀어져 비엔나의 아들러 학파 모임에서 배척당하게 되었다. 프랭클은 정신의학의 방향이 편협한 것에 불만을 느끼게 되었다. 그리고 그때부터 그는 의미나 가치의 개념을 정신의학적으로 소개하여 정신의학 분야에서 경력을 쌓기 시작하였다.

프랭클은 비엔나 대학교에서 1930년에 석사학위를, 1949년에는 철학박사 학위를 수여받았다. 1930년부터 1938년까지 비엔나 대학교의 신경정신과 외래환자 진료소에서 일하면서 청소년 상담센터를 설립했다. 여기서 그는 의미치료(logotherapy)의 기본 형태를 잡았다. 청소년 상담센터에 있는 많은 환자들은 경제적 불황의 시기에 직업을 찾지 못해서 절망 속에 빠져 있었다. 프랭클은 그들에게 청년회의를 구성·참가하는 등의 수행할 의무를 주게 되면 설령 그것이 무보수의 일일지라도 그들이 절망에서 풀려난다는 걸 발견했다. 그는 절망이란 의미 없는 고통이며, 청소년 상담센터에 오는 많은 사람들은 오직 한 방향에서만 인생의 의미를 보려고 하는 것을 발견하고, 상담자의 의무는 가능한 의미의 전 범위에 내담자를 노출시키는 것이라고 주장하였다.

결국 옛 왕국의 영화를 꿈꾸는 데 집착하는 정치적으로 불안정한 오스트리아 공화국의 불경기 동안에 내적 허무라는 현상을 탐구하는 것이 프랭클의 삶의 의미가 되었고, 그러한 내적 허무를 그는 '실존적 공허'라고 명명하였다. 유대인이었던 그는 나치의 강제수용소에서 겪은 죽음 속에서 자아를 성찰하고, 인간 존엄성의 위대함을 몸소 체험하였다. 프랭클은 그의 처녀작인 『죽음의 수용소로부터 실존주의에까지(From Death-Camp to Existentialism)』(1959)의 개정 증보판인 『인간의 의미 추구: 의미치료 입문(Man's Search for Meaning: An Introduction to Logotherapy)』

(1962)에서 수용소에서의 생활과 모든 형태의 존재에서부터 의미를 찾는 방법을 연대기적으로 풀어 내려갔다. 제2차 세계대전에서 실질적으로 가장 큰 피해자 집단인 유대인이었던 그는 부모, 형제, 아내, 친구를 모두 잃었다. 그러나 그는 아무리 비참한 환경에 처해도 삶을 살아가야만 하는 의미가 있다는 것을 설파했다.

전쟁이 끝나자, 그는 비엔나에 돌아와 1946년에 폴리클리닉병원(Poliklinic Hospital)의 신경과 과장이 되었고, 1947년에는 비엔나 의과대학의 신경정신과 교수로 임명되었다. 그는 인간 존재를 위해 '의미에의 의지'를 중요시하는 그의 연구, 즉 의미치료라는 이론체계를 세웠다. 그 이후 여러 해 동안 프랭클은 소논문이나 강의 그리고 17권의 저서를 통하여 계속해서 열심히 인간 본성에 대한 이론을 수정·전파하였다. 그의 저술은 각국어로 번역도 많이 되었다. 그는 30회 이상 미국을 방문하여 순회강연을 했고 하버드 대학교(Harvard University)와 서던메소디스트 대학교(Southern Methodist University)의 초빙교수를 역임하기도 하였다. 1970년부터 1973년까지는 미국 인터내셔널 대학 샌디에이고 캠퍼스에서 교수로 재직하였으며, 1997년 9월 2일에 숨을 거두었다.

프랭클의 대표적인 저서로는 『인간의 의미 추구: 의미치료 입문』을 비롯하여 『의사와 영혼(The Doctor and the Soul): From psychotherapy to logotherapy』(1986 개정판), 『심리치료와 실존주의(Psycho therapy and Existentialism)』(1967), 『의미에의 의지(The Will to Meaning)』(1969) 등이 있다. 그 외에도 그는 여러 권의 단행본의 장(章)을 집필하였고, 「역설적 의도: 의미치료 기법(Paradoxical Intention: A Logotherapeutic Technique)」(1960)을 비롯한 수많은 논문을 발표하였다.

2) 롤로 메이

롤로 메이(Rollo May)는 1909년 4월 21일 미국 오하이오 주 에이다 시에서 출생하였다. 대부분의 유아 시절을 미시간 주 마린시티에서 보내다가, 1930년 오하이오 주의 오버린 대학교를 졸업한 후 폴란드와 네덜란드에서 예술을 공부했다. 순회예술가로서 또 교사로서 유럽을 여행하면서 에릭슨(Erik Erikson)에 관한 연구를 시작했다. 이 기간 동안 메이는 프로이트의 문하에서 탈퇴한 후 프로이트 제자의 한 사람이었던 아들러의 하기학교에 다녔다. 비록 메이는 아들러의 견해를 존경했으나 그의 견해가 인간 이해를 과잉 단순화한 것이라고 생각했다.

Rollo May(1909～1994)

유럽에서 미국으로 돌아온 후, 메이는 1934년에서 1936년까지 미시간 주립대학교 남학생들의 카운슬러였다. 인간에 대한 궁극적인 의문들을 탐구하기 위하여 1938년 뉴욕에 있는 유니온 신학교에 입학하여 신학공부를 했으며, 그곳에서 처음으로 실존주의 사상에 접하게 되었다. 같은 해인 1938년에 결혼하여 세 자녀(아들 1명, 딸 2명)를 두었다. 메이는 뉴저지 주 몬트클레어 시에 있는 교구(敎區)에서 짧은 시간 동안 봉사했으나 종교보다 심리학에 대한 관심이 더 강했던 그는 윌리엄 앨런슨 화이트(William Alanson White) 연구소에서 정신분석학을 연구하여 연구원 및 지도분석가로 일했다. 거기서 그는 프롬(Erich Fromm)과 설리번(H. S. Sullivan)을 만나 그들의 영향을 받았다. 1946년에는 개인개업을 했고, 1949년에는 뉴욕의 컬럼비아 대학교(Columbia University)에서 최초로 수여된 임상심리학 전공의 철학박사 학위를 취득하였다.

그 후 메이는 뉴욕사회연구원, 컬럼비아 대학교, 하버드 대학교, 프린스턴 대학교 등에서 강의를 했으며, 또한 예일 대학교와 브랜퍼드 대학교의 특별연구원으로 활동하기도 했다. 그는 뉴욕 주 심리학자연합회 회장, 뉴욕과학원의 심리치료 및 카운슬러회의 공동의장, 미국 정신건강기구에 관한 평위원회 회원, 맨해튼 지역 정신건강이사회 회원, 미국심리학회 특별연구원, 윌리엄 앨런슨 화이트 정신분석회 회장, 국립고등학교의 종교자문회 회원 등의 전문학회 활동을 하였다. 메이는 윌리엄 앨런슨 화이트 연구소의 연구원이자 뉴욕 대학교의 교수로서 오랫동안 봉직하다가 1994년 사망하였다.

메이는 많은 논문과 저서를 발표하였는데, 대표적인 저서로는 『상담의 기술(The art of counseling)』(1939), 『불안의 의미(The meaning of anxiety)』(1950), 『인간의 자아 탐구(Man's search for himself)』(1953), 『실존: 정신의학과 심리학의 새로운 차원(Existence: A new dimension in psychiatry and psychology)』(1958), 『심리학과 인간의 딜레마(Psychology and the human dilemma)』(1967), 『사랑과 의지(Love & Will)』

(1969), 『창조의 용기(The courage to create)』(1975), 『자유와 운명(Freedom and destiny)』(1981), 『존재의 발견(The discovery of being)』(1983) 등이 있다.

3) 어빈 얄롬

Irvin D. Yalom(1931 ~)

어빈 얄롬(Irvin D. Yalom)은 러시아에서 제1차 세계대전 직후 미국으로 이민 온 러시아계 유대인으로, 1931년 6월 13일 워싱턴에서 태어났다. 이민 온 그의 부모는 경제적 곤란과 치안이 결여된 고립된 도시에서 채소장사를 하며 살았고, 거리를 활보는 것이 위험한 지역이었기 때문에 집 안에서 책을 읽는 것이 얄롬에게는 가장 안전했다. 그의 부모는 공식적인 교육적 배경이 없었고, 생존을 위한 처절한 삶의 현장에서 모든 시간을 보내야 했다. 그래서 얄롬에게 부모와 의논하고 상담하는 것은 현실적으로 상상하기 어려운 일이었다. 이런 그에게 책, 주로 소설은 모든 것을 대체할 수 있는 피난처이자 지혜와 영감의 근원이 되었다고 얄롬은 회상한 바 있다.

이렇게 어린 시절을 보낸 후, 얄롬은 1952년 조지워싱턴 대학교를 졸업하고 1956년 보스턴 대학교에서 의학박사 학위를 취득하였다. 그는 의과대학에서의 정신의학 공부는 소설가 톨스토이(L. N. Tolstoi)와 도스토옙스키(F. Dostoevskii)가 가진 인간에 대한 번뇌와 고민과 유사하다는 것을 느꼈다고 한다. 그의 이러한 번민들이 그의 여러 저서에 담겨 있다.

그동안 얄롬은 50여 편에 달하는 논문을 전문 연구지에 발표하였으며, 20권에 달하는 책을 출간하였다. 그의 대표적인 저서로는 미국에서 전문가와 학생 및 일반인의 관심을 끌면서 베스트셀러가 되었던 『집단 심리치료의 이론과 실제(Theory and practice of group psychotherapy)』(1975)와 『실존주의 심리치료(Existential psychotherapy)』(1980)를 비롯하여 『사랑의 처형자(Love's executioner)』(1989), 『엄마와 삶의 의미(Momma and the meaning of life)』(1999), 『치료의 선물(The gift of therapy)』(2001), 『태양을 장면으로 바라보라: 죽음에 대한 공포의 극복(Staring at the sun: Overcoming the terror of death)』(2008) 등이 있다. 이 외에도 『니체가 눈물을 흘릴 때(When Nietzsche wept)』(1992), 『침상에 누워(Lying on the couch)』(1996), 『쇼펜하우어 치료(The Schopenhauer cure)』(2005a)와 같은 인간 심리에 대한 소설이 있다. 『니체가 눈물을 흘릴 때』는 1993년에 가장 좋은 소설에 수여되는 커먼웰스 골드메달(Commonwealth Gold Medal)을 받았다.

얄롬은 여러 권의 저서를 통해 인간이 무의식적으로 죽음을 부정하며 소위 '사랑'이나 '행복'을 추구하려는 것은 잘못된 것이며, 이러한 부정으로 사람은 진정한 의미에서 삶의 의미를 누리지 못하는 병리현상에 시달린다는 점을 지적하고 있다. 죽음과의 진실한 직면은 개인으로 하여금 자신의 삶과 목적에서 어떤 것이 진정한 목적인지의 물음을 심각하게 던지도록 만들며 현실에서 죽음의 직면이 전인적이고 참된 삶의 핵심이 됨에도 불구하고 우리는 죽음에 대한 생각과 말을 원치 않는다는 것이다. 이러한 현상을 설명하기 위해 얄롬은 실존주의 심리치료의 핵심이 되는 네 가지 요소인 죽음, 자유, 고립(소외), 무의미의 소주제들을 다루고 있다. 이러한 소주제들을 끌어내기 위한 그의 노력들은 문학, 철학, 심리학, 신학의 분야에서 학제간 교류를 통하여 실존주의적 사상의 은닉된 언어와 사상을 연결시키고 있다. 실존주의 신학에서 실존주의적 인간 심리를 분석하는 그의 접근은 여러 저서에서 두루 나타나고 있다.

얄롬은 1974년에 임상심리와 연구에 대한 공헌으로 에드워드 스트레커 상(Edward Strecker Award), 1979년에는 미국정신의학회에서 정신의학 발전기금공로 상(Foundations' Fund Prize in Psychiatry)을 수상하였다. 또한 2000년에는 심리학과 종교에 기여한 학문적 업적으로 오스카 피스터 상(Oscar Pfister Prize)을 수상하였는데, 시상식에서 그는 종교와 심리학은 양날을 대립적으로 세우고 있기도 하지만 동시에 인간이 가진 문제를 고민하고 해결하려는 같은 짐을 지고 있다고 말했다.

얄롬은 1962년 스탠퍼드 대학교 의과대학 강사로 시작하여 교수, 병원 정신과 과장, 의학센터 컨설턴트를 지냈으며, 1994년 이후로 현재 이 대학의 명예교수로 있다. 그는 부인인 메릴린(Marilyn)과의 사이에 네 자녀를 두었으며, 캘리포니아 팰로 앨토와 샌프란시스코 지역에서 심리치료를 하면서 살고 있다.

2 인간관

프랭클은 인간에 대한 결정론적 관점을 거부하고 인간은 자신의 환경을 선택할 수 있는 자유를 가지고 있다는 것을 강조했다. 또한 인간을 최악의 상황과 조건에서도 생존할 수 있으며, 존재에 대한 의미를 갖고 있는 한 학습하고 성장할 수 있는 존재라고 보았다. 그는 인간이 삶에서 의미를 찾고자 하는 주요 동기를 가진 존재, 즉 '의미에의 의지(willing to meaning)'를 원동력으로 살아가는 존재이고, 무엇을 행하고 무엇을 사고하며 어떻게 반응할 것인지에 대해 개인적으로 선택할 자유와 그에 따른 개인적 책임을 가진 존재라고 보았다. 아울러 인간을 자기를 분리하고 초월할 수 있는 능력을 가진 존재로 여겼다.

메이는 "나는 존재한다. 그러므로 나는 생각하고 느끼고 행동한다."라고 표현한 바와 같이 인간을 존재론적 입장에서 이해하려고 했다. 인간(human being)이란 용어에서 존재(being)는 진행형으로 어떤 것이 되어 가는(becoming) 과정을 함축하고 있기 때문에 인간을 생성되고 되어 가는 존재로 보았으며, 또한 인간을 다른 생물과는 달리 자기에 대한 의식을 하는 존재로 보았다. 즉, 그는 인간을 자기 자신이 되기 위해서 자신에 대해 지각하고 책임을 가져야 하는 특별한 존재로 보았다. 아울러 우리가 죽음과 같은 신체적 위협이나 자유의 상실, 무의미성과 같은 심리적 위협을 받으면서 살아가듯이 삶이 지속되는 한 실존적 불안은 피할 수 없는 것으로, 인간은 이러한 불안을 감소시킬 수 있는 능력을 가진 존재라고 보았다. 메이는 불안을 건설적으로 처리하는 것은 성장과 문제해결을 위해 중요한 것으로서 불안을 감소시키는 것이라고 보았다.

얄롬은 죽음(death), 자유와 책임(freedom/responsibility), 고립(isolation), 무의미성(meaninglessness)의 네 가지 인간의 궁극적 관심사(ultimate concerns)를 확인하였다. 죽음은 불가피한 것으로 인간의 삶이란 유한하다는 것이다. 자유와 책임은 인간이 자신의 삶의 여정을 선택할 책임을 갖고 있으며 동시에 그 선택에 따른 책임을 가져야만 한다는 것이다. 고립은 인간이 궁극적으로 이 세상에 홀로 와서 살다가 떠난다는 것이다. 그리고 무의미성은 인간이 사전에 결정된 의미를 갖지 않은 무관심한 세계에 있다는 것이다. 얄롬에 따르면 인간은 이러한 궁극적 관심사에 대한 자각으로 말미암아 갈등과 불안을 느낀다(Yalom, 1980). 결국 그는 인간의 심리적 문제를 해결하기 위해서는 이러한 궁극적 관심사에 대한 진정한 이해와 수용이 본질적이라고 본 것이다.

한편, 패터슨(Patterson, 1986)은 실존주의적 인간관을 다음과 같이 기술한 바 있는데, 앞에서 설명한 프랭클과 메이 및 얄롬의 인간에 대한 관점이 모두 잘 드러나 있다.

첫째, 인간 실존의 특성은 인간이 이 세상에 우연히 내던져진 존재라는 것이다. 그러나 인간이 다른 동물과 다른 점은 우리 삶의 특징이 우연성과 피투성이라는 것을 자각하며, 과거와 현재와 미래의 연속선상에서의 인간 자신의 영향력을 의식한다는 데에 있다. 그리하여 인간은 선택과 결단이 가능하다. 인간은 비록 유전, 환경, 문화에 의하여 제약을 받기는 하지만, 이러한 외적 영향에 의하여 전적으로 결정되는 존재는 아니다. 다시 말해서, 이 세상에 내던져진 존재이긴 하나 그러한 상황을 수용하거나 거부하는 것은 각 개인의 선택 여하에 달려 있다. 그러므로 각 개인의 본성은 스스로 창조하며 결정할 수 있다. 따라서 인간은 자유로운 존재이며, 또한 그 자신의 본질에 대한 책임을 갖고 있다.

둘째, 인간은 계속해서 되어 가는 존재라는 것이다. 주체와 객체는 별개의 것으로 생각할 수 없으며, 양자가 상호 연관을 갖는 참만남 속에서 자각이 가능하다. 그리하여 인간은 정적(靜的)인 존재가 아니라 의미 있는 전체로서 끊임없이 생성되고 변천되는 상태에 놓여 있는 존재다.

셋째, 인간은 영원히 사는 것이 아니라 언젠가는 죽을 수밖에 없다는 사실을 알고 있는 존재라는 것이다. 즉, 삶은 죽음을, 그리고 존재는 비존재를 수반하기 마련이므로 고립(고독), 허무, 개인적 의미나 주체성의 상실, 소외를 의식하지 않을 수 없다. 이러한 죽음과 비존재에의 위협을 느끼게 되는 것이 정상적인 불안과 적개심 및 공격성의 조건이 된다. 실존 자체에 대한 상실을 두려워하는 것을 실존적 불안이라고 하는데, 이는 현재 누리고 있는 안전 상태를 상실하는 것과 새로이 나타날 잠재능력 간의 갈등도 내포하고 있다.

넷째, 모든 인간은 존엄성과 가치를 지닌 존재라는 것이다. 인간의 자존감은 타인이 자신을 평가해 주는 관점에 의거해서 형성되는 것이 아니다. 자존감은 물론 사회적 관련성 밑에서 어느 정도 형성될 수도 있겠지만, 본질적으로는 자아정체감을 전제로 한다. 각 개인은 누구와도 비교될 수 없는 독자적이고 중요한 존재다.

다섯째, 인간은 과거를 떨쳐 버리고 일어나 즉각적인 상태에서 자신을 초월할 능력을 가진 존재라는 것이다. 이와 같이 인간은 자기 초월에의 능력이 있기 때문에 선택의 가능성도 열리는 것이다.

3 주요 개념

실존주의적 상담이론을 이해하는 데에 기초가 되는 몇 가지 주요 개념을 살펴보면 다음과 같다(김창대 외, 2011; 노안영, 2005; Schultz, 1977; Yalom, 1980).

1) 죽 음

실존철학의 가장 중요한 문제는 죽음이다. 인간은 자신이 지금은 존재하지만 미래의 언젠가는 죽고 존재하지 않는다는 것을 스스로 자각한다. 죽음은 누군가가 대신해 주기를 바랄 수 없는 언제나 자기가 맞이해야 할 도피할 수 없는 사건이다. 이것은 끔찍한 사실이며, 인간은 이 죽음에 대하여 불안과 공포를 가지고 반응한다. 이런 의미에서 실존은 죽음에의 존재요 종말에의 존재다. 스피노자(B. Spinoza)에 따르면, 모든 것은 인간의 존재에서 존속하려고 노력한다. 핵심적인 존재론적 갈등은 피할 수 없는 죽음에 대한 자각과 계속 살고자 하는 원함 사이에 있는 갈등이다. 그러나 실존은 자기를 기만함 없이 결단을 내리고 이러한 유한적 실존인 존재방식을 엄연히 받아들여야 한다.

실존주의자들은 죽음을 부정적으로 보지 않는다. 그들은 삶이 시간의 제한을 받기 때문에 오히려 의미를 가진다고 주장한다. 이러한 죽음의 불가피성과 삶의 유한성 때문에 보다 진지하게 지금-여기에 충실한 삶을 살아가도록 자극한다는 것이다. 죽음을 두려워하는 사람은 삶도 무서워한다. 어떤 사람은 결코 참된 삶을 살지 않기 때문에 자신의 죽음을 실제로 직면하는 것을 두려워해서 점차적으로 비존재가 된다는 사실로부터 도피하려고 한다. 메이는 자신을 완전히 이해하기 위해서는 죽음에 직면해야 한다고 말했다. 그리고 프랭클은 죽음이란 인간 실존에 의미를 주며, 우리가 유한하기 때문에 지금 하는 것들이 특별한 의미를 가진다고 말했다.

실존주의적 관점에서 볼 때, 인간은 죽음으로부터 도망칠 수 없으며, 그 때문에 인간은 죽음에 대한 근원적인 공포를 가질 수밖에 없다. 따라서 인간은 자신이 죽을 수밖에 없는 존재라는 사실, 즉 죽음의 불가피성을 받아들이는 것이 인간을 가장 인간답게 하는 특성이다(Corey, 2010). 실존주의적 상담에서 죽음에 대한 명확한 자각은 오히려 인간의 삶을 풍부하게 하고, 인간은 존재론적 갈등을 통해 실존의 의미를 찾을 수 있다고 본다.

2) 자유와 책임

자유란 인간이 그 자신의 세계, 인생설계, 선택과 행동에 책임이 있다는 사실을 의미한다. 실존주의적 관점에서 인간은 여러 선택 중에서 어느 것을 선택할 수 있는 자유를 가진 존재이며, 개인 스스로의 결단으로 자신의 운명을 결정하고 자신의 존재를 개척하며 자신의 인생 행로에 대해 책임을 져야 하는 존재다. 따라서 실존주의적 상담은 자유, 자기결정, 의지, 결단을 인간 존재의 중심부에 두고 있다.

실존적 의미에서 자유라는 것은 긍정적인 개념으로 보는 일상의 경험과는 반대로 인간이 응집력 있는 거대한 설계를 지닌 구조화된 우주에 들어가지 못하고, 결국 그곳에서 나오지도 못하는 것을 의미한다. 오히려 개인은 자신의 세계, 인생설계, 선택과 행동에 대하여 전적인 책임을 진다. 이러한 의미에서 자유는 예사롭지 않은 의미를 가지고 있다. 즉, 우리가 서 있는 아래에는 기초가 없다는 것이다. 무(nothing), 공허, 심연이 그것이다. 그래서 존재론적 역동에서 하나의 열쇠가 되는 것은 기초가 없는 것과 기초가 구조를 원하는 우리의 바람과 충돌하는 것이다.

각 개인이 갖고 있는 자유와 책임에 대한 인식 없이는 실존주의적 상담과 심리치료의 기초를 발견할 수 없다. 상담자는 내담자들이 그들 삶의 대부분을 선택하는 자유를 피하고 살아왔다 하더라도 선택을 행사하기 시작할 수 있다는 것을 가르칠 필요가 있다.

3) 고립(실존적 소외)

고립은 내담자의 삶에서 한 영역 또는 더 많은 영역에서 경험될 수 있다. 개인은 자신 그리고 자신의 신체(eigenwelt)로부터 고립될 수 있고, 타인(mitwelt)으로부터 고립될 수 있으며, 전체로서의 세계(umwelt)로부터 고립될 수 있다. 또한 개인은 더 큰 영적·종교적 실재(überwelt)와의 연결에 대한 의미를 이해하지 못한 결과로 고립을 경험할 수도 있다. 실존주의적 상담의 일반적 과정은 개인이 이런 측면의 삶을 탐색하고 숙고하기를 원한다(Ivey, D'Andrea, & Ivey, 2012).

개인 간 고립은 자신과 타인 사이에 존재하는 심연을 말하고, 개인 내 고립은 우리가 자기 자신의 부분들로부터 고립되어 있다는 사실을 말한다. 그리고 실존적 고립은 다른 개인들이나 세계로부터의 근본적인 고립이다. 우리 각자는 실존에 홀로 들어가야 하고 홀로 떠나야 한다. 우리는 서로 아무리 가깝다 하더라도 궁극적으로는 혼자일 수밖에 없다. 인간은 각자의 실존에 혼자 존재하며 혼자 떠나야 한다. 죽음에 직면한 사람들은 반드시 갑작스럽게 고립을 자각하게 된다.

따라서 인간이 절대적으로 혼자라는 사실에 대한 알아차림과 누군가로부터 보호받고 함께 있고자 하는 소망 사이에서 발생하는 긴장에서 실존적 갈등이 발생하게 된다. 근본적인 고립에 대한 자각과 보호받고 싶은 소망 사이에, 그리고 더 큰 전체에 융화되고 그 부분이 되려는 소망 사이에는 역동적 갈등이 존재하는 것이다. 많은 인간관계에서 오는 정신병리에는 실존적 고립에 대한 두려움이 기저하고 있다. 자신의 자아경계를 누그러뜨리고 다른 사람의 일부가 되면서 개인적인 성장을 피하고 그 성장에 수반되는 고립감을 피한다. 사랑에 빠지거나 강박적인 성욕을 갖는 것도 무서운 고립에 대한 반응에서 오는 것이다. 얄롬은 우리가 홀로임을 견뎌 낼 수 없으면 타인과의 진정한 만남을 기대하기 어렵다고 본다. 인간은 타인과 진정한 관계를 형성하기 이전에 자기 자신과의 온전한 관계 형성, 즉 고립을 자각하고 수용할 수 있어야 한다는 것이다.

4) 무의미

우리가 반드시 죽어야 한다면, 우리가 우리의 세계를 구성한다면, 각자가 무관심한 우주 안에서 궁극적으로 혼자라면, 인생은 어떤 의미를 가질 수 있는가? 우리는 왜 사는가? 어떻게 살아야 하는가? 만일 우리에게 미리 예정된 설계가 없다면 각자 인생 안에서 자신의 의미를 구축해야 한다. 그러나 각 개인의 창조적 삶의 의미는 개인의 삶을 지탱할 수 있을 만큼 충분히 튼튼한가? 인간은 삶의 의미를 필요로 한다. 실존적 상황에 직면하면 유형화되지 않은 세상에서 개인은 대단히 불안정하게 되고 존재의 패턴, 존재에 대한 설명, 존재의 의미를 찾는다. 또한 의미 도식에서 우리는 가치의 위계를 만든다. 가치는 우리가 사는 이유와 사는 방법을 일러 준다.

프랭클에 의하면 삶에 의미가 없을 경우 계속 살아야 할 이유도 없으며, 삶의 의미는 각 개인에 따라 특이하고 독특하며 시간 및 상황에 따라 삶에 부여할 다른 의미를 찾아야만 한다. 과제와 운명은 각 개인마다 독특한 것이므로 각자가 자신의 적절한 삶의 방식을 찾지 않으면 안 된다. 그러나 삶에 의미를 부여하는 것이 다양할지라도 각 상황에는 하나의 해답밖에 없다고 프랭클은 주장한다. 문제는 어떤 상황이 의미를 가지지 못한다는 데에 있는 것이 아니고 그 의미를 어떻게 발견하느냐에 있다는 것이다.

프랭클은 삶에 의미를 가져다줄 수 있는 세 가지 방법을 제시하고 있는데, 어떤 창작품을 발견하는 것에 의해서, 경험으로 세상살이에서 얻는 것에 의해서, 그리고 고통에 대하여 취하는 태도에 의해서다. 그는 이것을 가치라는 일반적인 개념으로 설명하였다. 그러면서 가치에도 삶에 의미를 주는 세 가지 방법에 상응하는 기본적인 가치체계가 있다고 하였는데, 창조적 가치와 경험적 가치 및 태도적 가치가 그것이다. 창조적 가치는 창조적이고 생산적인 활동에서 인식되는 것으로 세상에 주는 데에서 생기는 것이다. 경험적 가치는 자연이나 예술세계의 미(美)에 몰두함으로써 나타나는 것으로 세상으로부터 받은 데에서 생긴다. 그리고 태도적 가치는 우리가 변화시키거나 피할 수 없는 상황을 수용하는 데에서 생기는 것으로, 운명을 받아들이는 방법, 고통을 견디어 내는 용기, 불행 앞에서 내보이는 의연함을 말한다.

5) 실존적 불안

실존주의적 관점에서 불안은 반드시 부정적인 것만은 아니다. 실존적 불안은 정상적 불안이며, 오히려 성장을 자극하는 건설적 불안이다. 메이(May, 1977)는 자유와 불안은 동전의 양면이라고 설명한다. 결국 이러한 실존적 불안은 인간이 삶에서 필연적으로 겪게 되는 것이지만 신경증적 불안과는 달리 인간이 절망에 빠지지 않고 기꺼이 자신의 삶을 더욱 의미 있게 살아가게 하는 원동력이 된다는 것으로 이해될 수 있다. 틸리히와 콕스(Tillich & Cox, 2014)는 신경증적 불안을 극복하고 실존적 불안을 지니게 하는 구체적인 대응방식으로 '존재의 용기(the courage to be)'를 제안했다. 존재의 용기는 우리가 실존적 불안으로 인해 야기되는 드려움을 극복하고 자기를 긍정하며 비존재의 세계를 존재의 세계로 이끌어 낸다.

6) 실존적 욕구좌절

실존적 욕구좌절이란 인간이 자기 삶의 의미를 상실한 상태에 빠진 것을 말한다. 프랭클에 의하면 삶에 의미를 잃어버린 것은 일종의 신경증이다. 그는 이러한 상태를 개인 내부의 어떤 심리적 갈등에서 생기는 일반적 신경증과 구분하기 위해 심령적 신경증(noögenic neurosis)이라는 용어를 만들어 냈다. 그리스어에서 'noos'란 마음(mind)이란 뜻이다. 그러므로 심령적 신경증은 종교적 의미에서가 아니라 인간 실존의 척도로서 영적(靈的) 핵심에 속하며, 특히 영혼적 문제, 도덕적 갈등 혹은 실존적 위기에 관한 것이다. 심령적 신경증의 상태는 무의미, 무익함, 무목적, 공허감이 특징이다. 이런 심령적 신경증을 가진 사람은 삶의 충만감과 설렘 대신에 프랭클이 현대에 만연되어 있다고 믿는 실존적 공허(existential vacuum) 속에서 살아간다. 실존적 공허라는 용어가 의미하는 바는 인생을 가치 있게 만들어 주는 인간의 실존에 대한 궁극적 의미의 전체적인 결여나 상실의 경험이다.

실존적 욕구좌절은 그 자체로는 병이 아니다. 즉, 삶의 무가치에 대한 회의나 절망은 절망적 불안이기는 하지만 정신적 병은 아닌 것이다. 따라서 의미치료는 정신질환의 치료뿐만 아니라 이 같은 실존적 욕구좌절을 겪고 있거나, 실존적 공허 속에서 살고 있거나, 심령적 신경증에 시달리고 있는 사람들에게 다시금 삶의 의미를 재발견하여 자기 인생의 의미와 가치를 깨닫게 하고 인생의 목표와 책임을 가지게 하는 것을 주된 목적으로 하고 있다.

4 상담의 목표와 과정

1) 상담목표

실존주의적 상담에서는 내담자를 사건에 대한 관찰자로 존재하지 않고, 개인적 활동의 의미를 구성해 가는 사람이며 의미 있는 생활양식을 만들어 내는 개인의 가치를 추구하는 사람으로 본다. 따라서 실존주의적 상담은 내담자가 자신의 실존을 있는 그대로 경험하도록 하면서 의미, 책임성, 인식, 자유, 그리고 잠재성의 중요성을 자각하도록 돕는 데 상담목표를 두고 있다. 다시 말해서, 실존주의적 상담은 내담자로 하여금 자신의 내면세계를 있는 그대로 자각하고 이해하도록 하며, 지금 현재의 자기 자신을 신뢰하도록 돕는 데 그 목표를 두고 있다(정원식, 박성수, 김창대, 1999). 무엇보다도 실존주의적 상담의 목표는 내담자로 하여금 자각을 통해 자신의 문제를 직시할 수 있도록 조력하는 데에 있다. 상담자는 내담자가 자기 존재의 본질에 대하여 각성하고 현재 자기가 경험하고 있는 불안과 갈등 및 장애의 원인이 자기 상실 내지는 논리의 불합리성에 있다는 것을 각성토록 하여, 내담자가 비록 제한된 세계 내의 존재일 망정 이 세상에 던져진 삶을 수동적으로 살아갈 것이 아니라 자기 나름대로의 주관을 가지고 능동적으로 삶의 방향을 선택하도록 도와주어야 한다.

상담자는 내담자가 자기의 세계를 수용함으로써 한계 상황을 초월하기 위해서는 자신의 무한한 잠재력을 깨닫고 자기에게 주어진 선택과 책임을 통하여 자유를 향유해야 한다는 것을 깨닫도록 해야 한다. 또한 상담자는 내담자가 자유의지를 가진 선택자로서 자신의 삶에 건설적인 의미가 있는 선택을 하고 그에 따른 개인적 책임성을 수용하도록 조력해야 한다. 실존적 접근에 관심이 있는 치료자들은 흔히 위축된 실존이라고 부를 수 있는 사람들을 다루며, 이런 내담자들은 그들 자신에 대한 인식에 제한점을 가지고 있기 때문에 상담자는 위축된 존재로 살아가는 방식을 가진 내담자와 직면하여 그들이 이런 상태를 만들어 내는 데 내담자 자신이 공헌하고 있음을 깨닫도록 도와야 한다(홍경자, 1988).

또한 실존주의적 상담에서는 내담자의 자각을 최대화함으로써 실존적 공허를 갖는 무의미성이나 신경증에서 벗어나 내담자가 삶의 의미와 목적을 스스로 발견하도록 돕고 자기 인생에 대한 확고한 방향 설정과 결단을 내리도록 도와주는 것에 그 목표를 두고 있다.

2) 상담과정

위와 같은 목표에 도달하기 위해서 실존주의적 상담에서는 무엇보다도 내담자와 상담자의 관계를 매우 중시한다. 상담이 효과를 얻기 위해서는 상담자와 내담자가 '참만남'을 경험할 수 있어야 한다. 참만남이란 그 관계를 통하여 어떤 결정적인 내적 경험이 초래되는 관계를 의미한다. 새로운 세계가 열리고 새로운 사고방식을 경험하여 세계관과 성격에 현격한 변화를 가져오게 되는 내적 경험을 의미한다. 참만남은 무지나 착각으로부터 갑작스럽게 해방되는 경험이며, 정신적 시야를 넓혀 삶에 새로운 의미를 부여한다(정원식 외, 1999). 이처럼 상담관계는 그 자체로 치료적이며 궁극적 변화를 일으키는 원동력이 된다. 따라서 상담관계에서 무엇보다 중요한 것은 인간 대 인간으로서 진솔한 관계를 맺는 것이다.

실존주의적 상담에서 상담자와 내담자의 관계는 '여행 동반자'로 묘사된다. 즉, 상담자도 내담자도 '삶'이라는 여행의 동반자이며, 특히 상담은 그들의 삶의 한 부분이다. 이 여행을 통해서 내담자는 상담자와 함께 자신이 경험하고 인식하는 세상을 보다 깊이 있게 탐색한다. 그리고 이러한 경험은 단지 내담자에게만 한정되는 것이 아니다. 상담은 두 사람 모두에게 의미 있는 자기 발견의 여행이다(Vontress, 1986).

메이는 그의 저서 『상담의 기술』에서 상담(면접)과정에 대해 간단히 언급하고 있는데, 그의 상담과정을 살펴보면 다음과 같다.

① 친밀한 관계(rapport)의 수립

악수를 하는 것은 친밀한 관계의 가장 적절한 시작일 수 있다. 즉, 악수를 하는 것은 상대에게 따뜻한 우정을 느끼게 하고 공감을 높이는 데 효과적인 첫걸음인 것이다. 친밀한 관계는 상담자와 내담자 쌍방이 긴장을 풀고 있는지 아닌지에 달려 있다. 여기서 내담자가 긴장을 풀도록 하는 가장 좋은 방법은 상담자 자신이 긴장을 풀고 있다는 것을 내담자에게 보여 주는 것이다. 내담자나 상담자가 다 함께 편안하게 앉게 되면 부자연스러운 긴장은 거의 사라질 것이다. 상담자가 긴장을 풀고 있는 상태의 심리적 중요성은 아무리 강조해도 지나치지 않는다. 부자연스러운 긴장은 항상 심적 활동에 장애물이 존재하는 징후다. 긴장을 푸는 것은 심적 활동의 자유를 막는 댐을 무너뜨리고, 그렇게 함으로써 공감의 흐름이 댐을 돌파할 수 있고 자연스럽게 흘러갈 수 있게 한다. 긴장을 푸는 능력은 정신적 건강의 가장 확실한 증거 중에 하나다. 상담자가 내담자와 친밀한 관계를 형성하기 위해서는 또한 정신적으로 흔들려서는 안 될 때를 알 정도로 민감해야 하고, 쾌활한 음성과 건전한 유머감각을 가져야 하며, 공감이 전달되고 개인적인 동일화가 될 수 있게 내담자의 말을 사용하도록 해야 한다.

② 고백(confession)

내담자와 친밀한 관계가 수립되면 고백이라는 상담의 중심적인 단계에 접어든다. 이 단계는 내담자가 터놓고 이야기하는 것으로 이루어진다. 이것은 상담에서도 심리치료에서도 모두 주요한 부분이다. 고백은 매우 중요하므로 상담자는 심리치료자들에 의해서 창시된 치료의 실제적 방법을 응용할 수 있다. 즉, 면접 때마다 적어도 2/3는 내담자로 하여금 이야기를 하도록 해야 한다. 고백 자체에는 정화적 가치가 있다. 고백은 마치 수로를 물로 씻어 내는 것처럼 전의식에 고인 것을 의식화할 수 있게 하므로 내담자가 객관적인 조명 속에서 자기의 문제를 검토하는 데에 도움이 된다. 상담자는 내담자의 고백에서 그 중심적인 문제점으로 방향을 돌릴 수 있어야 한다. 대부분 내담자는 정말 문제를 고백해야 할 운명적인 순간을 회피해서 꾸물거리거나 하찮은 화제를 가지고 횡설수설하는 경향이 있다. 실제로 개인 내부에는 어떤 무의식적 과정이 존재하고 그 과정에 의해서 내담자는 무의식적으로 자기의 곤란 속의 가장 미묘한 부분을 회피하게 된다. 그러므로 상담자는 관계없는 여러 가지 진술의 근저에 있는 진정한 문제를 감지하여 내담자가 진정한 문제점에 대해서 이야기하도록 길을 열어 주어야 한다.

③ 해석(interpretation)

내담자가 문제를 기탄없이 이야기하고, 자기가 처한 상황을 설명하고, 테이블 위에 자기가 가진 모든 계획을 드러내면 해석의 단계가 시작된다. 이 시기에 내담자와 상담자는 함께 드러내 놓은 여러 가지 사실을 검토하고, 그 사실을 토대로 해서 내담자의 부적응 원인이 되어 있는 내담자의 인격 경향을 파악하도록 노력한다. 해석은 상담자와 내담자 두 사람의 협동 작업이다. 고백의 단계에서는 내담자가 무대 조명의 초점이 되며, 실제로 이야기 전부를 주도한다. 그러나 해석의 단계에서 상담자는 우선 유도적인 질문만을 하고, 다음에 암시를 통해 통찰할 기회를 주며, 마지막으로 내담자에게 상담자의 공감적 감화력을 줌으로써 더욱더 중요한 역할을 성취하게 된다.

④ 내담자의 인격 변형

상담 절차에서의 마지막 단계, 즉 상담과정 전체의 종결 및 목표는 내담자의 인격 변형이다. 내담자의 문제 원인은 인격 내부의 긴장갈등의 불완전한 조화에 있다. 이 부조화는 내담자의 인생에 대한 잘못된 태도와 상호 관련되어 있다. 잘못된 태도는 수정되어야 하고, 이런 수정에 의해서 그 긴장갈등의 재구성이 이루어지는 것이다. 이를 인격의 변형이라고 하는데, 그것이 그 인격에 새로운 형태를 부여하기 때문이다. 즉, 그것은 내용이 아닌 구조를 변화시키는 것이며, 인격의 형태를 구성하는 긴장감의 전체 관계를 재조정하는 것이다. 상담의 과정에서 상담자는 내담자를 완전히 개조하는 것이 아니고 그를 새 사람으로 만들어 상담실에서 내보내는 것도 아니다. 상담의 목표는 내담자를 자유롭게 하여 자기 자신이 되도록 하는 데 있다. 이것은 내담자에게 인격의 변형이라는 이른바 자기 자신의 과제를 시작할 단서를 준다는 것이다. 인격의 변형은 내담자에게 조언이 아닌 모든 건설적인 대안을 제안하여 선택하게 함으로써, 문제에 대한 창조적 이해를 통해서, 공감적인 상담관계에서 생기는 감화력에 의해 내담자의 고통을 건설적인 채널로 방향을 바꾸도록 이용함으로써 가능하다.

한편, 프랭클의 의미치료 과정은 다음과 같다(강봉규, 1999).

① 증상의 확인

적절한 진단은 상담치료의 첫 단계로서 중요한 단계다. 모든 정서적 장애 또는 신경증은 신체적 · 심리적 · 정신적 요인들에 관계한다. 완전히 순수한 신체적 · 심리적 · 정신적 신경증은 없다. 다만, 혼합된 사례만이 있으며, 이러한 사례들에서는 각각의 신체적 · 심리적 · 정신적 계기가 이론적 대상과 치료적 목적이 되고 있다. 진단의 목적은 각 요인의 성질을 판단하는 것이며, 이와 같은 성질이 일차적 요인이다. 신체적 요인이 일차적 요인일 때 이것은 정신병이며, 심리적 요인이 일차적 요인일 때 이것은 신경증이다. 그리고 정신적 요인이 일차적일 때 이것은 정신적 신경증이다.

② 의미의 자각

1단계에서 증상이 확인된 후에는 내담자를 증상으로부터 분리하고 삶에 대한 의미를 자각하게끔 도와주어야 한다. 여기에는 다음과 같은 삶과 죽음의 의미를 포함하여 일의 의미, 사랑의 의미, 고통의 의미에 대한 자각이 강조되어야 한다.

- 삶과 죽음의 의미: 삶 자체는 항상 우리에게 무엇인가를 묻는다. 우리가 반응하는 방식은 우리의 삶에 책임을 지는 것이다. 삶의 의미를 충만하게 하고 합목적적으로 만드는 것은 빼앗길 수 없는 영적인 자유정신이다. 또 만약에 삶에 의미가 있다면 고통에도 의미가 있는 것이다. 왜냐하면 고통도 삶을 근절할 수 없는 한 부분이기 때문이다. 삶에 의도, 목적, 의미가 없다면 무엇 하나 수행할 수가 없다. 우리는 삶의 의미를 발견하지 못하거나 자기가 뜻하는 삶을 살지 못할 때 무의미나 공허감을 느낀다. 그렇게 되면 우리는 실존적 공허나 실존적 욕구좌절의 상태에 빠진다. 죽음은 삶과 더불어 동전의 양면이다. 죽음은 삶의 의미를 박탈하지 않는다. 만약 인간이 죽지 않는다면 우리는 하는 일을 마냥 미룰 것이다. 죽음은 삶에 속해 있고 삶에 의미를 준다. 인간의 책임감은 인간의 유한성에서 비롯된다. 죽음은 삶에 무의미를 주지 않고 오히려 삶에 의미를 부여한다. 삶이 무한하다면 모든 일이 연기될 수 있고 행동이나 선택 혹은 결정의 필요성은 약화되며 책임감도 적어진다. 삶이 유한하기 때문에 우리에게 주어진 일회적 삶은 귀중한 의미를 갖게 된다.
- 일의 의미: 인생에 대한 책임감은 그 인생이 제시하는 사태에 대한 반응으로 나타난다. 그리고 이러한 반응은 말이 아닌 행동으로 나타나야 한다. 불고용, 즉 고용되지 않거나 실직을 당해서 일을 하지 않는 것은 창조적 의미의 결여에 의해서 사람들이 어떻게 영향을 받을 수 있는가에 대한 하나의 예다. 프랭클은 무

감각이나 우울이 나타나는 실직이나 불고용에서 비롯된 신경증을 실존적 입장에서 설명한다.

- 사랑의 의미: 의미치료에서는 사랑을 섹스의 이차적 현상으로 보지 않는다. 자기초월의 한 형태로서 사랑은 다양한 특성을 가진다. 사랑은 다른 사람의 성격의 내면을 이해하는 것이다. 만족되었을 때 성적 추동은 재빨리 사라진다. 하지만 사랑은 다른 사람의 영혼이 독특하고 대체할 수 없다는 점에서 항구성을 가진다. 사랑은 자기의 모든 유일성과 독자성 안에서 타인의 경험을 체험하는 것이다. 자아가 타아 속에서 고스란히 받아들여지며 서로 사랑하는 사람에겐 없어서는 안 될 바꿀 수 없는 인격으로 되어야 한다.
- 고통의 의미: 고난이나 고통은 인간이 무감각하거나 권태롭게 되는 것을 막아 준다. 고통은 행동을 초대하고, 따라서 성장과 성숙으로 이끄는 요인이 된다. 도피할 수 없는 부정적 상황은 사람들에게 최고의 가치를 실현시키거나 가장 깊은 의미인 고통의 의미를 충족시키려는 기회를 준다. 사람들은 운명의 무기력한 희생자일 수 있지만 자신의 고난을 성취로 바꿀 내적 자유를 여전히 행사할 수 있다.

③ 태도의 수정

2단계에서의 의미의 자각을 통해 내담자가 증상으로부터 거리를 유지하게 되면 자기 자신이나 자신의 삶에 대한 새로운 태도를 가지게 된다. 그러나 초기 면접에서 내담자는 자신의 욕망, 목적, 희망과 같은 삶에 대한 태도를 나타내지 않는다. 그래서 상담 초기에는 기본적인 신뢰관계의 형성이 중요하다. 일단 신뢰관계가 형성되면 내담자는 삶에 대한 태도를 표현한다. 이때 상담자는 객관적이고 무비판적으로 내담자의 태도가 건강하지 못한 것인지 또는 심리적으로 어려움을 느끼는 것인지를 결정하고, 이러한 것이 내담자의 삶이나 생존에 긍정적인 영향을 주는 것으로 바라보도록 한다. 물론 그러한 태도가 좋은 것인지 나쁜 것인지에 대한 인식은 상담자가 아닌 내담자의 몫이다.

④ 증상의 통제

태도의 수정이 이루어지면 내담자로 하여금 증상을 약화시키거나 증상 자체를 통제할 수 있다는 사실을 받아들이도록 도와준다. 내담자의 증상이 감소되거나 사라지면 통제할 수 없는 상황에 의한 우울증에 대해 새로운 태도를 형성하게 된다. 이 새로운 태도는 내담자로 하여금 자신의 운명을 받아들이고 그것을 참아 낼 수 있게 한다. 또한 증상의 제거가 성공적이면 내담자의 의미를 향한 새로운 태도에서 적극적인 피드백 과정을 경험하게 된다.

⑤ 삶의 의미 발견

이 단계에서는 미래를 향한 정신건강의 예방적 측면에서 내담자로 하여금 의미 있는 활동과 경험을 하도록 도와준다. 상담자는 내담자의 현재 생활에 대한 새롭고 긍정적인 요인을 찾아내도록 하고, 미래의 정신건강을 위한 긍정적인 태도를 갖도록 한다. 결국 내담자는 자신의 삶 속에 잠재된 모든 의미를 발견할 수 있는 가능성을 탐색하고, 자신이 처한 특수한 상황에 대해 더 확장되고 풍요로운 관점을 가지게 된다.

5 상담의 기법과 적용

1) 상담기법

실존주의적 상담은 특정 기법이나 개입에 제한되지 않으며(Fernando, 2007), 대부분의 다른 상담이론보다도 기법을 덜 활용한다. 이런 약점은 역설적이게도 실존주의적 상담자들이 아이디어뿐만 아니라 다양한 전문기술을 사용하는 것을 허용한다는 강점이 된다. 그래서 실존주의적 상담에서는 경우에 따라 자유연상법, 질문지법, 해석 등 정신분석의 몇 가지 원리와 기법들을 활용하여 내담자의 실존에 접근해 가기도 한다. 하지만 정신분석에서와는 달리 과거의 원인과 경험을 찾아 치료하는 데에 집중하기보다는 지금-여기에서 일어나고 있는 일들과 현상학적 경험을 깊이 있게 탐색하여 내담자의 문제 사례를 실존개념으로 분석하는 데에 초점을 둔다. 또한 실존주의적 상담에서는 인간중심 상담의 원리를 많이 적용하기도 한다. 즉, 상담자는 자신의 필요에 얽매이지 않고 내담자에게 초점을 맞추고 진실성, 정직, 즉시성을 통해 내담자와의 관계 형성을 위해 노력한다. 상담자는 내담자의 주관적 세계를 중시하고, 인간의 성장과 발달을 촉진하는 상담자의 자세를 견지한다. 존중과 공감을 바탕으로 한 수용적 분위기에서 내담자의 솔직한 감정을 이끌어 내는 것도 그와 유사하다. 또 형태주의 상담과 의사교류분석의 방법도 활용되고 직면이나 역설적 의도 등 다양한 방법이 활용된다. 이처럼 실존주의적 상담은 어떤 한 가지 기법으로 제한되지 않고 인간에 관한 철학적 · 심리학적 · 정신적 영역 모두에 관련되는 다양한 기법들이 활용되고 있다(이형득 외, 1993). 여기서는 실존주의적 상담의 가장 대표적인 몇 가지 기법들을 살펴보기로 한다.

(1) 직 면

상담자는 내담자가 겪는 실존적 불안이나 실존적 공허감이 그의 궁극적 관심사와 관련되어 있다는 전제에서 그러한 문제를 진솔하게 직면(confrontation)할 수 있도록 격려한다. 얄롬은 개인이 네 가지 궁극적 관심사, 즉 죽음, 자유, 고립, 무의미성 각각에 대해 직면하게 될 때 실존적인 준거들로부터 나온 내적 갈등의 내용이 구성된다고 보았다.

한편, 얄롬은 죽음에 직면한 암 환자들에게 일어났던 몇 가지 개인적 변화를 보고하였다. 환자들은 실존은 지연될 수 없다는 것을 배웠고, 사람이 현재에서만 진실로 살 수 있다는 것을 깨달았다. 그래서 죽음자각 워크숍 같은 곳에서 자신의 묘비명이나 사망기사를 쓰도록 하거나 자신의 장례식을 상상하도록 해서 죽음에 직면해 보도록 한다. 이를 통해 환자는 일상생활의 일부를 구성하고 있는 죽음을 면할 수 없는 운명의 신호로 인식하게 된다. 죽음에 직면하는 중요한 기회는 환자들이 그들과 가까운 사람의 죽음을 경험할 때 일어난다. 또한 생일이나 기념일 같은 간단한 사건을 통해서도 인생의 실존적 사실에 초점을 맞추도록 할 수 있다. 개인의 경력에 대한 위협, 심한 질병, 퇴직, 관계를 맺는 것 등은 중요한 한계 상황이며 죽음불안에 대한 자각을 증가시키는 기회를 제공한다.

(2) 역설적 의도

실존주의적 상담기법, 특히 프랭클의 의미치료 기법으로 사용되는 것이 역설적 의도(paradoxical intention)다. 이것은 강박적이고 억압적인 공포증에 걸린 내담자들의 단기 상담과 치료에 도움이 되는 기법으로, 내담자가 두려워하는 일 자체를 하도록 하거나 일어나기를 소망하도록 촉진하는 과정이다.

역설적 의도가 적용될 때 어떤 일이 계속 일어나고 있는가를 이해하기 위해서는 예기불안(anticipatory anxiety)이라고 부르는 현상을 고려해야만 한다. 이것은 사상(事象)의 재발에 대한 두려운 기대에 의한 어떤 사상에 대한 반응과 반작용을 의미한다. 그러나 공포는 인간이 두려워하는 것을 엄밀히 밝혀 주는 경향이 있으며, 동일한 마음상태에서 불안은 내담자가 아주 두렵게 발생하리라 예상하는 것을 야기한다. 그리하여 악순환이 이루어져 증상은 공포증을 일으키고, 그 공포증은 다시 증상을 유발시킨다. 그때 증상의 재발은 그 공포증을 강화시키는 것이다(Sahakian, 1970). 다시 말하면, 공포나 불안을 가진 내담자는 두려워하는 사건에 대한 재발을 두려워하고, 사건에 대한 두려운 기대는 예기불안을 야기하며, 예기불안은 지나친 주의(hyper-attention)나 지나친 의도(hyper-intention)의 원인이 된다. 그리고 이러한 지나친 주의나 의도는 내담자로 하여금 자기가 원하는 것을 하지 못하도록 하기 때문에 불안이나 공포의 자기 유지적인 악순환이 반복되어, 불안에 대한 불안은 불안을 증가시키고 공포에 대한 공포는 공포를 증가시키게 된다. 예를 들어, 엘리베이터 안에 갇혀 공포에 질린 경험을 했던 사람의 엘리베이터 공포증은 그런 일이 다시 일어나지 않을까 하는 공포, 즉 예기불안을 갖게 하고, 엘리베이터를 타려고 할 때마다 이러한 예기불안이 지나친 주의나 의도의 원인이 되어 결국 엘리베이터를 타지 못하고 층계를 이용하게 되는 경우다.

내담자의 불안에 대한 불안 혹은 공포에 대한 공포의 가장 일반적인 반응은 자신에게 불안 혹은 공포를 야기했던 상황으로부터의 도피다. 실존주의적 상담에서는 내담자에게 불안에 대한 불안은 불안으로부터, 그리고 공포에 대한 공포는 공포로부터 도피를 유도한다는 것을 가르쳐 그가 이러한 악순환에서 탈피하도록 하기 위해서 불안이나 공포로부터 도피가 아닌 직면을 하도록 한다. 이것이 바로 역설적 의도다. 예를 들어, 고등학교 때 수업시간에 발표를 하다가 너무 불안하여 말을 더듬고 그로 인해서 크게 창피를 당한 경험이 있는 대학생은 다시 말을 더듬지 않을까 하는 발표불안(예기불안) 때문에 실수(말더듬)에 대한 지나친 주의로 발표를 피해 왔을 수 있다. 이런 경우 상담자는 내담자에게 실수(말더듬)를 하지 말라가 아니라 실수를 하라고 요구함으로써 내담자의 의도와 정반대인 불안을 야기하는 상황에 직면하도록 격려함으로써 불안의 악순환에서 탈피하도록 도와주게 된다.

요컨대, 역설적 의도는 내담자의 증상들에 대한 그 자신의 태도를 반전시켜 줌으로써 내담자로 하여금 자기의 증상으로부터 벗어날 수 있게 해 준다. 역설적 의도는 단기치료, 특히 기본적인 예기불안 기제들을 지닌 사례들에서 특히 유용하게 사용된다. 상담자는 역설적 의도를 적용할 때 증상 자체에 지나치게 관심을 두지 않고 오히려 신경증과 그것의 증상적인 표현들에 대한 내담자의 태도에 관심을 둔다.

(3) 탈숙고

탈숙고(de-reflection, 비반영이라고도 함)는 역설적 의도와 더불어 예기불안의 악순환에서 벗어나게 하기 위해 사용되는 기법으로 프랭클이 제안한 것이다. 이 기법은 내담자가 자신의 문제에 대해 지나치게 숙고(hyper-reflection)하면 자발성과 활동성에 방해가 되므로 지나친 숙고를 상쇄시킴으로써 내담자의 자발성과 활동성을 회복시켜 주려는 것이다. 즉, 지나친 주의나 지나친 숙고, 자기 관찰이 오히려 장애 혹은 증상의 원인이 될 수 있기 때문에 그러한 지나친 주의나 숙고를 내담자 자신의 밖으로 돌려 문제를 무시하도록 하게 함으로써 내담자의 의식을 긍정적이고 생산적인 쪽으로 전환할 수 있도록 돕는 방법이다.

무시 혹은 방관 자체는 부정적인 면과 긍정적인 면을 함께 내포하고 있는데, 내담자는 이 무시나 방관을 통해 자기의 관심을 다른 곳으로 돌림으로써 문제를 극복할 수가 있다. 예를 들어, 불면증 환자가 잠을 자려고 애를 쓰는 대신에 음악을 듣거나 다른 흥미 있는 일을 함으로써 잠을 자는 일에 쏟는 관심을 다른 곳으로 돌리고 집중하다 보면 오히려 쉽게 잠을 잘 수가 있다.

역설적 의도가 그릇된 수동성에서 올바른 수동성(right passivity: 역설적 의도에 의해 내담자가 공포증으로부터 도피하려 하거나 강박관념과 싸우려 하기보다 오히려 자기의 증상을 비웃는 경우)으로 대치시키는 것이라면, 탈숙고는 그릇된 능동성에서 올바른 능동성(right activity: 탈숙고를 통해 내담자가 자기의 주의를 자신으로부터 돌림으로써 자기의 증상을 무시하는 경우)으로 대치시키는 것이다.

탈숙고의 기법은 극단적으로 단순하고 자신 외의 다른 관심에 대하여 초점을 맞추는 것이다. 프랭클의 이러한 내용은 정신분열증을 겪고 있는 19세의 여성 내담자와의 인터뷰에 잘 나타나 있다.

프랭클: 이제 당신은 당신을 기다리는 삶을 재구성해야 하는 상태에 있습니다. 그러나 당신은 삶의 목적과 도전의 대상 없이는 삶을 재구성할 수 없습니다.

내담자: 박사님, 저는 박사님이 무엇을 의미하는지 알고 있습니다. 그러나 무엇이 나를 당혹케 하는지가 문제입니다. 저한테서 무슨 일이 발생하고 있는 것입니까?

프랭클: 당신에 대하여 너무 곰곰이 생각하지 마십시오. 당신의 문제 원인에 대하여 묻지 마십시오. 그 원인들은 상담자에게 맡기십시오. 우리는 위기를 통하여 당신을 안내할 것입니다. 자, 당신에게 손짓하는 목적이 있지 않습니까? 말하자면 예술적인 성취? 당신 안에 발효하고 있는 많은 일들이 있지 않습니까? 아직 형태를 가지지 않는 예술적인 작업, 당신의 창조를 기다리는 아직 그려지지 않은 그림들, 즉 당신이 생산할 당신을 기다리는 작품, 이러한 것들에 대하여 생각해 보십시오.

내담자: 그런데 이 내적 혼란은…….

프랭클: 당신의 내적 혼란을 보지 마십시오. 다만, 당신을 기다리고 있는 그것에 눈길을 돌리십시오. 당신이 중요하게 생각해야 할 것은 의식의 깊은 곳에 숨어 있는 것이 아니라 미래에 당신을 기다리고 있는 것, 당신이 실현하기를 기다리고 있는 것입니다. ……(중략)…… 어떻든 당신 자신을 보지 마십시오. 당신 자신에게 무슨 일이 발생하는지 물어보지 말고, 오히려 당신이 성취하길 기다리고 있는 것이 무엇인지 물어보십시오.

내담자: 그러나 저의 내적 혼란의 근원이 무엇입니까?

프랭클: 그와 같은 문제들에 초점을 맞추지 마십시오. 당신의 심리적 고통에 흐르고 있는 병리적 과정이 무엇이든 간에 우리는 당신을 고칠 것입니다. 그러므로 당신을 괴롭히고 있는 이상한 감정에 관심을 가지지 마십시오. 그것들을 제거할 때까지 무시하십시오. 그것들에 신경을 쓰지 마십시오. 그것들과 싸우지 마십시오.

2) 상담사례

내담자는 70세의 남성으로 성인이 된 아들과 딸에 의해 상담에 의뢰되었다. 그는 아내가 49세 때 갑작스럽게 사망한 후 슬픔과 우울증이 매우 심해졌고 사소한 일에 크게 소리 지르고 통제할 수 없을 정도로 분노를 폭발시키곤 했다. 첫 회기 상담에서 그는 사별한 아내에 대해 이야기를 할 때 감추지 않고 울었으며, 그의 말에 대한 상담자의 반응에 대해 좌절과 분노를 표시했다. 다음 상담사례는 상담자가 이 내담자와 상담할 때 개인 자신과 신체(eigenwelt), 환경 내 타인들(mitwelt), 생물학적 · 물리적 환경(umwelt), 그리고 영성(überwelt)을 어떻게 다루었는지를 살펴보는 데 도움이 될 것이다(Ivey, D'Andrea, & Ivey, 2012).

내담자: 난 아내 없이는 아무것도 할 수 없어요. 난 이 상황을 어떻게 다루어야 할지 모르겠습니다. 누구도 내가 무엇을 느끼고 있는지 알지 못하는 것 같아요. 아들과 딸도 내 감정을 모르고 내가 현재 내 감정과는 다른 정서를 가질 것을 원해요. (그는 이렇게 이야기하며 주먹을 꼭 쥐었고 뺨으로 눈물이 흘러내렸다.)

상담자: (내담자 자신과 신체에 초점을 맞추어-eigenwelt) 당신의 상황에 대해 이야기할 때 당신은 매우 강한 감정을 느끼고 있어요. 한편으로 당신은 아내를 잃은 것에 대해 매우 슬퍼하는군요. 다른 한편으로 꼭 쥔 주먹은 당신이 매우 화가 나 있음을 보여 줍니다. 당신이 가진 이런 서로 다른 감정에 대해 무엇인가 말할 수 있나요?

상담자: (주변의 다른 사람들에게 초점을 맞추어-mitwelt) 당신은 분명히 당신의 상황에 대해 슬프기도 하고 화도 나 있어요. 당신은 아들과 딸이 이 상황에 대해 어떻게 느끼고 있다고 생각합니까?

상담자: (더 큰 세계/사회에 초점을 맞추어-umwelt) 저는 당신이 아내를 잃은 것에 얼마나 크게 영향을 받고 있는지 느낄 수 있습니다. 아내의 죽음으로 당신이 슬픔을 느끼는 것 외에 아내의 죽음은 그녀가 물리적으로 존재하지 않는 세상과 당신이 관계를 맺는 방식에 어떻게 영향을 미치고 있나요?

상담자: (삶의 영적 측면에 초점을 맞추어-überwelt) 지난주 당신은 아내와 교회 행사에 참석하는 것을 얼마나 그리워하는지에 대해 말하였습니다. 저는 지난주 동안 그말에 대해 계속 생각했는데, 아내의 죽음이 당신의 종교적 · 영적 신념에 어떤 영향을 미쳤는지 궁금했어요.

토/의/주/제

1. 인간중심 상담과 실존주의적 상담의 유사점과 차이점을 설명해 보시오.
2. 얄롬이 제안한 네 가지 궁극적 관심사인 죽음, 자유, 고립, 무의미성을 바탕으로 우리의 삶을 힘들게 하는 점이 무엇이며, 그것을 극복할 수 있는 방법이 무엇인지 논의해 보시오.
3. 프랭클, 메이, 얄롬의 저서를 각각 1권씩 읽어 보고 그들의 상담 및 심리치료에 대한 공통된 견해를 제시해 보시오.
4. 프로이트는 '쾌락에의 의지(willing to pleasure)'를, 아들러는 '권력(힘)에의 의지(willing to power)'를, 그리고 프랭클은 '의미에의 의지(willing to meaning)'를 강조하였다. 여러분은 누구의 입장을 지지하는지 그 이유와 함께 설명해 보시오.
5. 지나친 완벽주의로 인해 심한 발표불안을 가지고 있을 뿐만 아니라 발표 상황을 회피하면서 자학(自虐)을 하며 부적응적인 대학생활을 하고 있는 친구가 있다고 하자. 여러분이 이 친구를 돕기 위해 프랭클이 제안한 역설적 의도와 탈숙고의 상담기법을 적용한다면 어떻게 할 것인지 얘기해 보시오.

Chapter 07 인간중심 상담

인간중심 상담(person-centered counseling)에서는 내담자를 인간 유기체로서 계속해서 변화하고 성장하려는 동기를 가진 선한 존재로 본다. 모든 내담자는 자신의 환경 속에서 자신을 실현하려는 동기를 가지고 움직이고 있으며 환경이 이를 촉진하기만 하면 스스로 자기실현의 경향성을 실현하는 방향으로 움직여 나가는 긍정적이고 능동적인 존재라는 것이다. 7장에서는 창시자인 칼 로저스(Carl Rogers)의 생애와 업적을 소개하고 인간중심 상담의 기본 원리와 인간관, 기법 및 적용을 실었다. 이 장에서는 인간의 근본적인 선함과 자신의 존재 가능성을 실현하려는 기본적인 경향성을 신뢰하고 상담을 통해 이를 촉진할 수 있다는 인간중심 상담의 신념과 이에 따른 상담 목표와 과정을 가능한 이해하기 쉽게 제시하고자 하였다.

1 로저스의 생애와 업적

인간중심 상담을 창시한 칼 로저스는 1902년 1월 8일 출생했다. 그가 12세 되던

Carl Rogers(1902~1987)

해에 그의 가족은 자녀들에게 종교적인 신앙심과 정직한 노동의 가치를 심어 주기 위해 시카고 서부의 농장으로 이사를 하였다. 이곳에서 로저스는 과학적 농법에 대한 책을 읽으면서 농사일을 하였고 그것을 통해 과학과 실험법에 대해 관심을 가지게 되었다. 1924년 위스콘신 대학교에서 학사학위를 취득하고 1928년 컬럼비아 대학교에서 석사학위를 취득했다. 그는 1931년 컬럼비아 대학교에서 철학박사학위를 취득하고 1927년 뉴욕에 있는 아동생활지도연구소(Institute for Child Guidance)의 심리학 특임연구원으로 직업 활동을 시작했다. 1940년 오하이오 주립대학교 심리학교수가 되었다.

그는 인본주의 심리학의 대변인이라고 할 수 있으며 그 자신이 발전시킨 사상을 반영한 개인적 삶을 살아왔다. 즉, 그는 늘 의문을 가지는 자세로 살았으며 변화에 대한 진정한 개방, 개인적으로나 직업적으로 미지의 세계를 향해 기꺼이 접하려는 용기로 살아왔다. 그는 자서전에서 자신의 유년기 가족분위기를 가족의 유대를 강조하고 드러나지 않는 강한 애정으로 자녀들의 행동을 강하게 통제하며 종교적 규범을 엄격히 따르는 분위기로 기술했다(Rogers, 1961).

그가 아버지의 농장에서 많은 식물들이 자라는 모습을 보면서 성장한 것, 학부 초반에 농학을 전공한 것은 인간 역시 하나의 유기체로서 자신을 실현하려는 경향성을 가지고 자기실현의 과정을 밟게 된다고 보는 그의 인간관과 상담자는 각 개인이 이러한 자기실현의 경향을 밟아 가도록 촉진적 환경을 제공하는 역할을 해야 한다고 보는 그의 상담이론에 기본적인 영향을 준 것으로 보인다. 그는 아버지의 직업과 유사한 농학으로 대학 공부를 시작했으나 학생 주최의 감동적인 종교학회에 참석한 뒤 전공을 신학으로 바꾸었다. 대학교 2학년 때 학생 대표로 선발되어 국제세계학생기독교연합회의 국제학회에 참석한 것은 그에게 아주 중요한 경험이 되었고 이후 그는 부모님의 종교적 영향으로부터 벗어나면서 당시 미국에서 가장 진보적인 유니온 신학대학에서 종교적 사역을 준비하는 공부를 했다. 유니온 신학대학에서 그는 학생주도적인 수업을 요구하고 이것이 받아들여지고 강사가 강의를 진행하되 학생들은 필요한 경우에만 참석하는 방식의 수업을 경험했고 이러한 경험은 개인의 자유가 확보되는 것을 중요하게 여기는 그의 성향과 잘 부합하는 것이었다.

그는 당시 막 등장한 심리학과 정신과학 강의에 매료되기 시작하여 유니온 신학교 건너편에 있는 컬럼비아 대학의 교육대학원에서 강의를 더 듣기 시작했다. 교육학 공부를 병행하면서 그는 리타 홀링워즈(Leta Holingworth) 교수 밑에서 아동들을 상담하기 시작했다. 이 과정에서 그는 자신을 아동상담자로 여기게 되었고 아동생활지도연구소와 아동학대 방지협회의 아동연구부서에서 비행 및 부적응 아동 및 청소년을 상담하였다. 그는 이 기간을 자신의 상담이론을 정립하는 소중한 기회로 회고하였다. 일련의 상담 경험을 통해 그는 무엇이 상처를 주는지, 어떤 문제가 중요한지, 어떤 경험이 깊이 뿌리박혀 있는지, 어떤 방향으로 나아가야 할지를 아는 사람은 바로 내담자 자신이 라는 인식을 분명히 하게 되었다. 그는 상담자로서 자신의 영리함과 박식함을 드러내고 싶은 욕구를 없앨 수 있다면 상담과정의 변화에 있어서 내담자에게 더 효과적으로 의지할 수 있음을 배웠다.

그는 오하이오 주립대학에서 교수로 재직하는 동안 상담 실제와 연구를 통해 그만의 독특한 견해를 발전시킬 수 있었다. 교수직에 있는 동안 그는 논란이나 찬사를 가져오는 여러 편의 논문과 책을 썼으며 점점 더 내담자들과 깊은 치료적 관계를 맺는 법을 배우게 되었다. 자신의 상담 접근이 명확해져 가는 과정에서 그는 자신의 생각이 동양 사상과 유사하다는 점을 발견하게 되었다. 그는 종종 자신이 공명하는 노자의 사상을 보여 주었으며 노자의 '무위자연' 사상을 설명하는 마틴 부버(Martin Buber)의 표현을 빌어 자신의 사상을 설명하기도 했다.

> "사물의 삶에 간섭한다는 것은 사물과 자기 자신 모두에게 해를 입히는 것이다 ……힘을 행사하는 자는 드러나 보이기는 하나 작은 힘을 소유한 자요, 힘을 행사하지 않는 자는 숨겨져 있지만 큰 힘을 소유한 자다 ……수행을 쌓은 사람은 ……인간의 삶에 간섭하지 않고 다른 인간에게 힘을 행사하지 않으며 '모든 존재가 자유롭게 되도록 돕는다.'(노자) 조화로운 사람은 그 조화를 통해 다른 사람들을 조화로 이끌며, 그들의 본성과 운명을 해방시켜 주고 그들 안의 도가 발현되도록 돕는다."
>
> (Buber, 1957)

1940년대에 그는 상담에서의 지시적 접근이나 전통 정신분석적 접근에 대한 반발로 '비지시적 상담'이라는 용어를 제시했다. 비지시적 상담이란 상담자의 온화함과 반응성, 감정이 자유롭게 표현될 수 있는 허용성과 어떠한 강압이나 압박도 받지 않는 분위기를 특징으로 하는 상담관계를 중시한다. 1951년 그는 '내담자중심 치료(Client-centered Therapy)'라는 용어로 그의 접근의 이름을 바꾸면서 초기의 견해와 놀이치료, 집단중심 심리치료, 집단중심의 지도력과 실제, 학생중심의 교수 등에 관한 내용을 포함하여 성격과 행동 이론을 집필했다. '비지시적 상담'이란 명칭이 가진 부정적이고 소극적인 특성보다 내담자 자신 안의 성장 유발적 요인들에 초점을 둔 긍정적인 것으로 강조점을 부각하기 위하여 '내담자중심 상담'으로 접근의 이름을 변경한 것이다. 후에 그는 접근의 이름을 '인간중심'으로 변경하였는데 인간중심이론에서는 내담자의 현상학적 세계에 초점을 두어서 사람들의 행동을 가장 잘 이해하려면 그 사람의 내적 준거체계를 이해해야 한다고 보았다. 이러한 관점에서는 내담자를 변화하도록 이끄는 기본 동기는 내담자의 실현 경향이라는 점을 강조한다.

로저스는 1957년 시카고 대학교 시절의 임상 경험을 바탕으로 성립한 '필요충분조건'과 새로운 과정이론이 정신분열증 환자에게도 적용 가능한지를 연구하였다. 1960년대 '진정한 자기가 되는 것'에 초점을 두게 되는데 '진정한 자신이 되는' 과정은 달리 표현하자면 경험에의 개방, 자신에 대한 신뢰, 내적 평가, 지속적 성장 의지 등으로 볼 수 있다.

그는 1964년 캘리포니아 라 졸라에 있는 '서부행동과학협회'에 임원으로 참여하면서 1960년대 동안 참만남집단 운동을 활발히 육성했다. 1968년 그는 동료들과 함께 라 졸라에 상담소를 개소하고 상담분야에서 인간적 접근법의 기수로서 미국뿐 아니라 전 세계에 영향을 미쳤다. 그는 개인의 변화뿐만 아니라 국제적 외교 분야에 참여하여 핵보유 경쟁에 대한 글을 기고하기도 했다. 1970년에 그는 『칼 로저스 참만남집단(Carl Rogers on Encounter Groups)』을 출간하여 명성을 얻었다. 노년기에 그는 일상생활에 집중하면서도 세계공동체(The Global Community)가 직면한 문제에 관심을 쏟았다. 로저스의 이론은 1970~1980년대 교육, 산업, 집단, 긴장이완, 세계평화를 위한 노력 등 광범위한 영역에 적용되기 시작하였다. 한 대규모 집단 경험을 묘사하는 과정에서 처음으로 인간중심(Person-centered)이란 용어를 사용했다. 그의 이론은 사람들이 타인과 자신에 대한 통제를 획득하고, 소유하고, 나누고, 포기하는 방식에 대해 관심을 가지는 등 실로 폭넓은 영역에 영향을 미쳤기 때문에 점차 '인간중심 접근'으로 널리 알려지게 되었다. 1970~1980년대 긴장과 갈등이 빈번하였던 여러 나라를 여행하며 자신의 사상을 전달하면서 활발하게 활동하던 그는 1987년 2월 4일 85세를 일기로 세상을 떠났다. 그러나 그가 남긴 사상은 상담의 중심 이론이 되면서 그 후에도 많은 상담 연구자와 실무가들에게 지대한 영향을 주고 있다. 그의 저서 『상담과 심리치료』는 임상심리학의 탄생에 중요한 역할을 했으며 인간중심적 상담접근법의 미래의 기틀을 잡는 주요한 공헌을 했다.

칼 로저스의 이론은 실존적 관점의 많은 개념이나 가치를 공유하고 인본주의 심리학에 뿌리를 두고 있다. 기본적인 가정은 사람은 본질적으로 신뢰할 수 있고, 상담자의 직접적인 개입 없이도 자신을 이해하고 자신의 문제를 해결할 수 있는 충분한 능력을 가지고 있으며 또한 구체적인 치료적 관계를 통해 자기-지시적 성장을 할 수 있다는 것이다. 그는 상담자의 태도와 인간적 특성, 내담자와 상담자 관계의 질이 상담 성과의 중요 결정인이라는 점을 강조했다.

인간중심 상담은 다음과 같은 점에서 상담분야에 큰 공헌을 하였다. 첫째, 인간중심 상담은 상담의 초점을 기법에서 상담관계를 중시하는 쪽으로 움직여 놓았다. 이는 상담자의 기본적인 자세와 태도로서 상담 접근에 따라 어떠한 기법과 방법을 사용하건 간에 상담자로서 기본적으로 지녀야 할 태도를 제시한 것에 큰 의미가 있다. 둘째, 인간중심 상담은 상담자, 심리학자, 사회사업가, 그 외 인간조력 전문가들을 훈련하는 데 있어서 경청, 배려, 이해의 중요성을 강조했다. 인간중심 상담이론의 영향으로 상담자의 훈련과정에서 경청, 반영, 공감, 관계촉진기술 등이 중요한 부분으로 포함되게 되었다.

한편, 인간중심상담은, 첫째, 지나치게 현상학에 근거하여 내담자가 표현한 것에 전적으로 의존하고 있어서 내담자가 의식하지 못하는 무의식적인 부분이나 내담자에 의해 왜곡되게 전달되는 것들을 무시하였다는 점, 둘째, 사용하는 용어가 상당히 범위가 넓고 모호하여 이해하기 어렵다는 점 등에서 비판을 받고 있다. 그러나 이러한 비판점에도 불구하고 인간중심 접근은 개인상담과 집단상담은 물론 교육, 가족생활, 리더십과 관리, 조직구성, 건강관리, 문화나 인종 간 활동, 국제 관계 등에도 폭넓게 적용될 수 있다.

2 인간관

로저스는 자신의 인간관에 대해 이렇게 이야기한 바 있다.

> "사람은 자기 자신을 이해하고 자기개념, 기본적인 태도, 자기 주도적인 행동으로 개선해 나가기 위한 방대한 자원을 자기 자신 안에 가지고 있다. 촉진적이고 심리적인 토양이 제공되기만 한다면 그 자원을 일깨울 수 있다."
>
> (Rogers, 1986, p.197)

즉, 인간중심 상담에서는 모든 인간은 자신의 과거나 현재의 생활 상태를 정확히 인식할 수 있기 때문에 내담자의 성장을 촉진하는 존경과 신뢰의 분위기만 갖추어지면, 선천적으로 타고난 성장 가능성을 실현하는 과정에서 자신의 인생 목표와 행동 방향을 스스로 결정하고, 이러한 결정에 따르는 책임을 수용하는 자유로운 존재로서 자기를 조절하고 통제하는 능력이 있다고 본다. 인간은 신뢰할 수 있는 자원을 만드는 존재이고, 자기 이해와 자기 지시적 능력을 갖고 있으며, 건설적인 변화를 일으킬 수 있으며, 효율적이고 생산적인 삶도 영위할 수 있다는 것이다(Cain, 1987).

인간은 이러한 자기실현의 경향성을 토대로 계속 성장해 가는 존재다. 인간중심 상담에서는 인간이 자기실현의 경향을 발휘하기 위해 항상 노력하고 도전하고 어려움을 극복하여 진정한 한 사람으로 성숙해 간다고 보고 상담자는 이러한 유기체의 경향성을 발휘할 수 있도록 촉진적 환경을 제공하는 데 역점을 두어야 한다고 본다. 상담자의 ① 일치성(진실성과 진솔성), ② 무조건적인 긍정적 관심(수용과 양육), ③ 정확한 공감적 이해(다른 사람의 주관적 세계를 깊이 이해할 수 있는 능력)가 내담자에게 잘 전달되면 내담자의 방어가 약화되어 자신과 자신의 세계를 더 개방적으로 보게 되고, 결국 사회적이고 건설적인 방법으로 행동할 것이라 보는 것이다.

3 주요 개념

1) 변화를 위한 필요충분 조건

인간중심 상담의 기본 원리는 '만일~이라면, ……이다(If~, then……)'라는 가설 형태로 표현될 수 있다. 만일 어떤 관계 내에서 '상담자'라고 불리는 사람의 태도 속에 진실성, 무조건적인 긍정적 존중, 공감적 이해 등과 같은 특정한 조건이 존재한다면, 그로 인해 '내담자'라고 불리는 사람에게서 성장을 향한 건설적인 변화가 일어날 것이라고 가정하는 것이다. 로저스가 조력 관계에 대한 핵심가설이라고 부른 가정은 다음과 같다.

> "만일 내가 그 어떠한 유형의 관계를 제공할 수 있다면 그 사람은 그 관계 안에서 성장을 위한 노력을 발견할 것이며, 그리고 변화와 함께 개인은 성장할 것이다."
>
> (Rogers, 1961)

로저스가 이야기하는 '관계'는 인간중심 상담에서 가장 중요한 원리 중 하나다. '관계'에 대해 로저스는 다음과 같은 상담자의 세 가지 기본적 태도로 설명했다.

(1) 진실성

로저스는 상담 경험을 통해 상담자의 진실성(realness, genuineness, congruence)의 중요성을 알게 되었다. 그는 관계 안에서 더 진실해질수록 상담에 더욱더 도움이 된다는 것을 발견했다. 그에게 있어 진실해진다는 것은 거짓이나 겉치레 없이 속에 있는 감정과 태도를 자각하고 표현하고 그 감정 속에서 살고 그 감정과 일치하고 있어서 상담에서 필요하다면 이러한 감정을 전달할 수 있다는 것이다. 상담자가 자신 안에 있는 참된 진실을 제공하면 이에 따라 또 다른 사람이 그 안에서 성공적으로 진실을 발견할 수 있게 된다.

(2) 무조건적인 긍정적 존중

로저스는 상담자가 내담자의 감정, 성향과 특성을 대할 때 온정적 · 긍정적 · 수용적일수록 내담자의 성장과 발달을 촉진할 수 있다고 보았다. 수용은 내담자를 그의 조건, 행동, 감정과 상관없이 무조건적 가치를 지닌 하나의 고유한 인간으로 따뜻하게 존중하는 것을 의미한다. 상담자는 내담자로 하여금 혼란, 적의, 분노, 용기, 사랑, 자부심 등 어떤 감정이든 느낄 수 있도록 기꺼이 허용하고 소유하지 않는 배려를 전달한다. 이러한 무조건적인 긍정적 수용 혹은 존중(unconditional positive regard)은 내담자로 하여금 한 인간으로서 누군가가 자신을 좋아해 주고 존중해 준다는 안정감을 갖게 하고 이러한 느낌은 상담 조력관계에서 매우 중요한 요소로 작용하게 된다. 로저스는 상담자가 내담자와 자신을 분리할 수 있고 자신을 비판단적으로 그대로 수용할 수 있을 때 진정한 자기가 되어 내담자를 수용할 수 있음을 강조했다.

(3) 공감적 이해

로저스에 의하면 상담자가 상담의 모든 과정에서 내담자가 경험하고 있는 감정과 내담자가 가지고 있는 개인적 의미를 민감하게 감지하고, 그렇게 이해한 것을 내담자에게 성공적으로 전달할 수 있다면 공감적 이해(empathic understanding)의 조건이 충족된다. 공감적 이해는 상담자가 '잠시 내담자의 내적 세계에 들어가 내담자와 함께 민감하게 기복을 겪으면서 그 어떤 비판이나 판단을 하지 않는 것'이다. 로저스는 또한 공감을 "내담자가 잘 지각하지 못하는 의미를 감지하되 내담자가 완전히 지각하지 못한 이 감정을 내담자에게 밝히지 않음을 의미한다."고 보았다. 내담자 스스로 자신을 보듯이 그를 보고 내담자가 자신을 받아들이는 것처럼 내담자를 받아들이고 내담자의 모든 숨겨진 부분까지 자유롭게 탐험하고 의식적 · 무의식적으로 느끼는 모든 부분을 함께 느끼지만 내담자에게 위협이 될 것은 전달하지 않는다는 것이다. 정확한 공감적 이해가 성공적으로 전달될 때 내담자는 공감적으로 이해받는 느낌을 갖게 되고 상담자-내담자 관계 속에서 자유를 체험하여, 이러한 자유 속에서 내담자는 의식적인 것과 무의식적인 부분 모두를 자유롭게 탐험할 수 있게 되는 것이다.

공감적 이해는 인간중심 상담에서 가장 강조되는 요소다. 로저스는 공감이 소외감을 해소하고 자기 자신이 있는 모습 그대로 가치 있고 존중받으며 수용된다는 느낌을 갖게 한다고 보았으며, 평가 없이 들어 주는 느낌은 강력한 치유 작용을 하게 되고 결과적으로 자신의 개성과 정체감을 느끼게 한다고 보았다.

(4) 결 과

이러한 세 가지 기본적인 조건의 충족은 내담자로 하여금 수용받고 소중히 여겨진다는 느낌을 갖게 하고 이렇게 될수록 내담자는 자신을 스스로 돌보는 태도를 더욱 발전시키게 된다. 상담자가 자신의 마음을 공감하며 들어 줄 때 내담자는 자신의 내면에서 일어나고 있는 마음의 흐름에 좀 더 민감하게 그리고 정확하게 귀 기울일 수 있게 된다. 내담자가 자기를 이해하고 소중히 여기게 되면 내담자의 자기는 그가 경험하고 있는 현실의 자기(real self)와 더욱 일치한다. 더 일치할수록 내담자는 더 진실되고 온전한 사람이 되고 그 자신으로 하여금 더 이상의 성장을 촉진할 수 있게 한다.

2) 자기실현의 경향성

(1) 변화하려는 동기

로저스는 모든 유기체에게는 고유의 잠재력을 적극적으로 실현하고자 하는 성장의 흐름이 내재되어 있다고 보았고 하나의 유기체로서 인간 역시 자신을 실현하는 방향으로 성장하려는 노력을 하는 경향성이 있다고 보았다. 이를 그는 변화하려는 동기라고 설명했다. 로저스는 인간이 그 자신 안의 성장을 위해 위에서 설명한 상담의 바람직한 관계를 이용할 수 있는 능력이 있다고 보았다. 그에 의하면 인간은 잠재되어 있어서 지금 현재 드러나지는 않는다 하더라도 그의 안에는 능력과 경향성이 있으며 점차 성숙을 향해 앞으로 나아가고 있다. 잠재된 경향성은 적절한 심리적 분위기가 조성될 때 드러나고 실제적인 것이 된다. 인간은 누구나 좀 더 자신의 마음을 확장하고 연장하며 자율적으로 만들고 발달시키며 성숙하게 하는 경향성이 있다.

로저스는 모든 인간은 성장과 자기 증진을 위하여 끊임없이 노력하며, 그 노력의 와중에서 직면하게 되는 고통이나 성장 방해요인에 대해서도 직면하여 극복할 수 있는 유기체의 성장 지향적 본성을 가진 존재라고 보고 있다. 특히 이러한 자기실현

동기는 성장과 퇴행 중에 어느 하나를 선택해야 하는 상황에 처하게 되면 더욱 강하게 작용한다. 그러나 현실 지각이 왜곡되어 있거나 자아분화의 수준이 낮은 개인의 경우에는 퇴행적 동기가 더 강하게 작용하여 유아적 수준의 행동을 나타내는 경우도 있다. 그러나 로저스는 모든 인간이 퇴행적 동기를 지니고 있긴 하지만 그보다는 성장 지향적 동기, 즉 자기실현 욕구가 기본적인 행동 동기라고 보았다.

프로이트는 인간 행동의 기본 동기를 긴장 감소에 두고 있으나, 로저스는 이와 정반대의 입장을 취하고 있다. 즉, 로저스는 모든 인간은 내적 긴장이 증가하더라도 자기실현을 위하여 그 고통을 감내하고 행동한다고 보고 있다. 이러한 로저스의 인간 행동의 동기에 대한 기본 가정이 바로 인간 행동의 미래 지향성으로서, 인간의 본질적 가치와 성장 가능성에 대한 로저스의 신념에서 유래된 것이다. 따라서 인간은 자기실현을 위한 끊임없는 도전과 투쟁의 과정에서 발생하는 고통을 감내한 것이다. 그러므로 인간의 자기실현 경향, 즉 미래 지향성은 인간 행동의 가장 기본적인 동기라고 할 수 있다.

(2) 변형된 의식상태

로저스는 사람들이 성장과 자기실현의 동기를 추진해 나가면서 평상시의 의식 수준을 넘어 변형된 의식상태에서 개인을 넘어 우주 전체의 진화 움직임과 접촉하고 이를 이해할 수 있다고 보았다. 로저스는 이러한 부분에 대해 물리학의 이론을 빌어 그 근거를 제시하고자 하였다. 이론물리학자인 프리초프 카프라(Fritjof Capre, 1975)가 요약한 견해인 우주가 역동적이고 분리될 수 없는 전체로서 경험되며 필수적으로 관찰자를 포함한다는 점, 이러한 경험에서 전통적인 시간과 공간의 개념, 고립된 대상의 개념, 원인과 결과의 개념은 그 의미를 잃어버리게 되며 이러한 경험은 동양 신비주의의 체험과 유사하다는 점을 로저스는 자신의 책에서 제시하고 있다. 로저스의 주장에 따르면 화학이든 인간이든 구조가 복잡할수록 그 복잡성을 유지하기 위해 더 많은 에너지를 쓰게 되는데 이렇게 복잡해질수록 인간이든 화합물이든 그 체계를 새롭고 변형된 상태, 전보다 더 질서 있고 일관된 상태로 만들어 간다. 이러한 새로운 상태는 더욱 복잡하므로 변화를 창조할 가능성이 더 많아진다.

로저스는 이러한 변화가 상담관계 안에서도 일어난다고 보았다. 지금까지 억압되어 온 감정이 상담관계 안에서 인식되는 가운데 온전한 그리고 수용적인 경험을 할 때 심리적인 변화가 분명히 느껴질 뿐만 아니라 동시에 신체적인 변화도 일어나게 되며 이렇게 되면 통찰의 새로운 단계에 도달한다는 것이다. 로저스의 집단에 참여한 한 참가자는 관계 자체를 초월하여 좀 더 큰 무엇인가의 일부분이 되는 경험을 통해 깊은 성장과 치유, 에너지를 얻은 경험을 다음과 같이 묘사하였다고 한다.

> "나는 공동체 안에서 영의 하나됨을 느꼈습니다. 우리는 함께 호흡하고 느끼고, 심지어 서로 상대방의 마음을 이야기해 주기도 했습니다. 나는 우리 각자에게 생기를 불어넣어 주는 생명력의 힘을 느꼈습니다. 그것이 무엇이었는지는 상관이 없습니다. 나 그리고 너라는 평상시의 장벽은 없었고 그 생명력이 함께하고 있는 것을 느꼈습니다. 그것은 내 의식이 더욱 넓은 우주적인 의식의 일부분이 되고 그 중심으로서 나를 느끼게 되는 명상 체험과 같았습니다. 하나됨의 느낌, 함께 그곳에 있던 각 사람의 개별성이 그때처럼 확실하게 존재했던 적은 없었답니다."

3) 현상학적 장

현상학적 장(phenomental field)은 경험적 세계 또는 주관적 경험으로도 불리는 개념으로 특정 순간에 개인이 지각하고 경험하는 모든 것을 의미한다. 로저스는 동일한 현상이라도 개인에 따라 다르게 지각하고 경험하기 때문에 이 세상에는 개인적 현실, 즉 현상학적 장만이 존재한다고 보고 있다. 특히 프로이트가 과거 경험이 인간 행동을 결정하는 요인이라고 본 점에 대항하여, 로저스는 현재 행동을 결정하는 것은 과거 그 자체가 아니라 과거에 대한 각 개인의 현재의 해석이라고 할 정도로 현재의 현상학적 장을 중시하였다.

이러한 현상학적 장에는 개인이 의식적으로 지각한 것과 지각하지 못하는 것까지도 포함되지만, 개인은 객관적 현실이 아닌 자신의 현상학적 장에 입각하여 재구성된 현실에 반응한다. 따라서 동일한 사건을 경험한 두 사람도 각기 다르게 행동할 수 있고, 이러한 속성 때문에 모든 개인은 서로 다른 독특한 특성을 보이는 것이다. 그리고 로저스는 인간이 자극에 단순히 반응하는 존재가 아니라 전체적으로 조직화된 체계라고 보기 때문에, 이러한 현상학적 장, 즉 현실에 대한 지각도표에 따라 행동하고 생활할 때, 모든 개인은 조직화된 전체로서 반응한다고 보고 있다. 이와 같이 로저스는 인간 행동에 대한 현상학적 관점을 강하게 주장함과 아울러 전체론적인 관점을 고수하고 있다.

현상학적 장에서 유기체로서의 인간을 중시하므로 인간중심 접근에서 볼 때 개인은 모든 경험의 소재라 할 수 있다. 경험은 어떤 주어진 순간에 유기체 내에서 진행되는 잠재적으로 자각에 이용될 수 있는 모든 것을 포함하고 이러한 경험 전체가 개인의 '현상학적 장'을 구성하는 것이다. 로저스는 유기체의 경험을 중시하면서 '의식 혹은 자각은 우리가 경험하는 어떤 것의 상징화'라는 점에서 현상학적 장이 의식의 장과 동일하지 않다는 것을 지적하였다. 유기체는 상징화되지 않는 어떤 경험을 변별하고 개인의 현상학적 장 안에서 이를 특정하게 상징화하며 또한 그러한 경험에 스스로 반응한다.

이처럼 인간의 현상학적 장을 중시하는 입장은 내담자의 삶의 세계를 내담자가 현상학적으로 구성할 것을 가정하고 변화하려는 동기에 대한 가정과 함께 상담에서 내담자의 감정과 생각, 행동을 자신을 책임 질 수 있는 능력과 현실을 더 완전하게 직면할 방법들을 발견할 수 있는 내담자의 능력을 강조하는 경향을 갖게 한다. 즉, 자신을 가장 잘 아는 내담자가 자기 인식을 증진시킬 수 있는 보다 적절한 행동을 발견할 수 있다고 보는 것이다.

또한 현상학적 장을 중시하게 되면 상담자가 내담자의 내적 참조 준거를 이해하기 위해 노력하므로 상담을 통해 내담자가 자기와 세계를 지각하는 방식에 주된 관심을 가지게 된다. 인간중심 접근에서 상담의 기능은 내담자가 그들의 인간적인 면을 드러내고 성장 경험에 상담자가 함께 동참하는 여행이다. 그러나 상담자 역시 자신의 현상학적인 장을 구성하면서 이 여행에 동참하게 되므로 상담관계에서 상담자도 실수를 할 수 있다. 상담자와 내담자 모두 하고자 하는 바를 향상시킬 수 있지만 한계가 있다. 따라서 모든 상담자가 모든 내담자에게 언제나 진실하고, 관심을 갖고, 이해하고, 수용해 주어야 한다는 것은 비현실적인 기대라는 점을 지적하였다 (Sanford, 1990).[1]

1) sanford, H. (1990). Client-centered psychotherapy. In J. K. Zeig & W. M. Munion (Eds.), *What is psychotherapy? Contemporary perspectives* (pp. 81-86). San Francisco: Jossey-Bass.

4) 가치 조건화와 자기

(1) 가치의 조건화

가치의 조건화는 로저스의 성격 형성을 이해하는 중요한 개념으로서는 주관적으로 경험하는 사실을 왜곡하고 부정하게 만들기 때문에 유기체가 경험을 통해 자기실현의 경향성을 실제로 성취하는 것을 방해하는 주요한 원인이 된다. 유아는 타인과의 관계 속에서 자신을 경험하는 방식을 배운다. 예를 들면, 부모가 자신의 행동에 대해 동의하지 않을 때 어린아이가 그것을 어떻게 경험하느냐 하는 것이다. 타인과의 긍정적 · 부정적 경험은 자기 평가를 배우는 방식에 영향을 주며, 이러한 자기평가를 자기존중(self-regard)이라고 한다. 로저스는 사람들이 어느 정도면 주요한 타인에게 수용될 수 있는지 아닌지를 많은 경험을 통해 학습한다고 보았다. 만일 어떤 사람이 특정한 생각과 느낌이 타인에게 수용되지 않는다는 메시지를 받으면, 그는 그런 경험에서 불편함을 느끼게 되고 그것을 왜곡한다. 왜곡이 발생하면 자신의 자연스러운 경향에 대한 경험이 자신의 자기개념(self-concept)에 통합되지 않으며, 이상적 자기는 현실의 자기에서 좀 더 멀어진다. 이런 억압된 자아는 자유롭지 않다.

이러한 과정에서 유아들은 자기의 경험이 유기체의 실현 경향성을 조장하면 긍정적인 것으로 지각하고, 실현 경향성에 방해가 되면 부정적인 것으로 평가한다. 가치의 조건화는 성숙된 인간이 되어 가는 것에 주요한 방해의 원천이다. 갈등, 불안, 공포 등의 정서적 문제도 가치의 조건화와 관련된다. 가치의 조건화에 따른 행동이 실현 경향성을 이루려는 유기체의 경험과 마찰을 일으킬 때 그러한 마찰이 위협으로 느껴지면 갈등과 불안을 야기하게 된다. 가치의 조건화가 실존적 존재로서 주관적인 내적 경험과 불일치를 이루게 되면 긍정적 자기존중을 잃지 않을까 하는 위협으로 느껴지고 불안과 두려움을 야기하게 되는 것이다.

(2) 자 기

자기는 자신에 대해 갖고 있는 조직적이고 지속적인 인식을 말한다. 이것은 로저스의 인본주의 이론의 가장 중요한 구성개념이다. 자기개념은 현재 자신이 어떤 존재인가에 대한 개인의 개념으로, 자기 자신에 대한 자아상(self image)이다. 로저스는 자기개념은 현재 자신의 모습에 대한 인식, 즉 현실의 자기(real self)와 앞으로 자신이 어떤 존재가 되어야 하며 어떤 존재가 되기를 원하고 있는지에 대한 인식, 즉 이상적 자기(ideal self)로 구성되어 있다고 본다. 로저스는 현재 경험이 이러한 자기 구조와 불일치할 때 개인은 불안을 경험한다고 보았다. 예를 들어, 다른 사람으로부터 존경받고 성공한 인물로 간주되는 사람들 중에서 자기 자신을 보잘것없는 실패자라고 지각하는 경우가 많다.

이와 같이 로저스는 자기구조와 주관적 경험 사이의 일치가 매우 중요하며, 이 양자가 일치될 경우에는 적응적이고 건강한 성격을 갖게 되는 반면, 이들 간의 불일치가 심할 경우에는 부적응적이고 병적인 성격을 갖게 된다고 보았다. 자기는 우리에게 우리가 아는 범위 내에서 삶에 대해 나름대로 특정한 방식으로 반응하는 것을 허용한다. 자기의 발달은 자신이 세상에서 경험하는 것을 어떻게 지각하는가를 바탕으로 하여 변화하는 역동적인 과정이라고 볼 수 있다.

로저스는 이러한 자기가 사용하는 기본적 방어기제로서 왜곡과 부인을 제시하고 있다. 경험의 왜곡은 받아들이기 어려운 경험을 자신의 현재 자기상과 일치하는 형태로 변형하여 받아들이는 것을 의미한다. 예를 들어, 진급하는 사람을 보고 자기보다 실력이 없는데도 사장이 진급하게 해 주었다고 왜곡시킴으로써 자신의 현재 자기상을 유지하는 경우를 들 수 있다. 부인은 위험한 경험이 의식화되는 것을 회피함으로써 자기구조를 유지하는 것을 말한다. 예를 들어, 부당한 대우를 받은 여사원이 화를 내지 못하는 것은 화를 내면 사랑받지 못한다는 부모에 대한 믿음이 내재되었기 때문이다. 이러한 방어기제는 자아개념과 불일치하는 경험이 존재한다는 사실을 완전히 무시해 버린다. 경험과 자기의 인식 사이에 부조화를 감소시키려는 방어를 발동하게 하여 걱정이 줄어드는 것이다.

변화와 함께 개인적 성장이 일어난다는 것은 개인이 의식적인 부분과 성격의 심층적인 부분을 재구조화할 수 있다는 것으로서 이러한 재구조화는 개인으로 하여금 자신의 삶 속에서 더 만족스럽고 건설적이고 더 지적이고 더 사회화된 방법으로 대처하도록 한다. 재구조화를 통해 인간은 자신이 되고 싶은 인간상에 가까워져 간다. 그렇게 되면 될수록 개인은 스스로를 더 가치 있는 존재로 평가하고 자신감이 높아지며 자기 지향적인 사람이 되어 간다. 또한 스스로를 더 잘 이해하게 되고 자신의 경험을 부인, 왜곡하는 경향이 줄어들어 자신의 경험에 더 개방적인 사람으로 되어 가고 나아가 다른 사람들을 향해서도 더 개방적으로 보게 되며 다른 사람들 역시 그러할 것으로 기대하게 된다.

4 상담의 목표와 과정

1) 상담목표

(1) 최종 목표

인간중심 상담의 궁극적인 목표를 로저스의 표현 그대로 한마디로 말한다면 '자기 자신이 되는 것'이라 할 수 있다. 상담의 과정에서 과정 목표를 달성하면서 결국 도달하게 되는 궁극적인 목표는 완전하고, 충분히 기능하는 인간 유기체가 되는 것이다. 그는 자신이 진정으로 무엇을 경험하는지 알고 무엇을 경험하든지 그것을 허용하게 되어 결국 그 자신의 경험 안에 그 개인이 존재하게 된다. 다시 말해, 내담자가 경험에 개방적이 되면 자신의 유기체를 더 신뢰할 수 있다는 것을 발견하게 되고 자기가 느낀 감정 반응에 대해 공포감이나 불편감을 덜 갖게 되고 이러한 신뢰가 점점 더 커지면 그것이 복잡하고 풍부하며 다양한 종류의 감정과 유기체적 수준에서 존재하는 경향에까지 영향을 미치게 되어 진정한 자신이 될 수 있다.

로저스에 의하면 인간은 유기체라면 모두 갖고 있는 특성으로서의 감각과 본능적인 경험을 포함하여 자유롭고 왜곡되지 않은 인식의 선물을 가지고 있다. 이 모든 '경험'과 인식과 자각과 감각의 결과인 '중추신경의 완전한 통합능력', '균형'있고 '현실적'이고 '자기 향상과 타인 향상'의 행동을 통해 성취하고자 하는 유기체가 바로 나 자신인 것이다. 이렇게 바로 자기 자신이 되면 그 자신의 행동은 건설적이고 생산적이고 적응적인 것이 된다. 또한 개인적인 고유함과 사회성이 조화롭게 움직이는 사람이 된다.

(2) 과정 목표

로저스는 상담의 과정이 상담자에 의해 이끌려 지기보다는 내담자에 의해 상담의 경향성이 이끌려진다는 점을 분명히 하였다. 로저스는 내담자가 상담을 통해 가면을 벗고 자신에게 의무로 강요되는 자신을 불편하게 하는 고정된 생각으로부터 자유로워지는 방향으로 나아간다고 보았다. 내담자가 가지고 있는 판단의 틀은 크게 다른 사람의 기대에 부응해야 한다는 것과 다른 사람을 기쁘게 해야 한다는 생각과 행동으로 구성된다. 이러한 과정에서 상담은 다음과 같은 목표에 도달하게 된다.

① 잠재적 자기의 경험

잠재적 자기를 경험한다는 것은 경험의 인식 혹은 경험의 경험이라고 부를 수 있다. 위협적이고 불안한 분위기의 관계에서 사람들은 이미 가지고 있는 자기개념에 끼워 맞추기 위해 자신의 경험을 왜곡하거나 자신을 불충분하게 경험한다. 하지만 상담자와 함께하는 안전한 관계는 자기를 손상하는 실질적 혹은 잠재된 위협이 느껴지지 않는 상태를 조성하고 이러한 분위기 속에서 내담자는 자신의 감각과 본능적인 기제에 의해 이해하고 느끼는 대로 자기 경험의 다양한 측면을 충분히 점검할 수 있다. 처음에 내담자는 자기개념과 다른 자신의 경험을 모순되고 갈등스러우며 심지어 고통스러운 것으로 지각하지만(예: "나는 부모님을 사랑하는데 때로는 부모님이 미치도록 싫어요.") 그러한 갈등스러운 부분이 모두 자신의 부분들임을 인식하는 방향으로 변화한다("예: 아마 내 속에는 아주 다양한 내가 있고 그 모든 것이 바로 나인가 봐요."). 이러한 변화는 자신이 경험하는 전부가 바로 진정한 자신을 이루고 있다는 인식과 자기에 대한 통합된 의식을 갖는 방향으로 전진한다(예: "이제는 나 자신이 경험한 것 전부가 다 나라는 것, 내가 내 경험의 전부가 될 수 있다는 것을 알 것 같아요.").

② 촉진적 관계의 충분한 경험

인간중심 상담에서 상담자가 내담자에게 가진 따뜻한 관심을 내담자가 수용하는 것은 상담의 가장 핵심적인 부분이다. 로저스는 이러한 경험이 전이나 역전이와는 다르다는 점을 분명히 하였다. 인간중심 상담에서 상담자가 내담자에게 갖는 수용과 존중감은 상담이 진행되면서 자기 자신이 되려고 하는 용기와 노력을 보면서 내담자에게 갖는 경외감으로 발전하는 경향이 있다. 이러한 상담자의 내담자를 향한 따뜻하고 긍정적이고 애정 어린 반응들을 받고 여기에 담긴 상담자의 진정한 감정을 수용하게 되면 내담자는 안도하고 타인의 호감에서 오는 따뜻함을 경험하면서 삶을 살아가는 데 수반되는 긴장과 두려움을 줄여 갈 수 있다.

③ 자기 수용과 존중

내담자가 위에서 기술한 상담자의 관심과 사랑을 받아들인다는 것은 결국 내담자가 자신에 대해 '나는 이런 관심을 받을 만한 사람이다.'라는 감정을 동반하게 된다는 의미다. 상담의 과정을 거치면서 내담자는 지금-여기에서 자신의 어떠한 감정이나 생각이든 자유롭게 개방하는 경험을 하고 나면 차츰 자신의 부정적인 면은 물론 긍정적인 면까지 수용하고 자신의 좋은 점을 인정하는 등 자신에 대한 부정적 태도가 감소하고 긍정적 태도가 증가하게 된다. 과도기에 내담자는 자신을 좋아하고 즐기고 귀하게 여기게 되는 것에 대해 미안함이나 쑥스러움을 느끼기도 한다. 그러나 상담이 진행되면서 이러한 감정을 넘어서서 진정으로 자신을 좋아하게 된다.

④ 성격의 긍정성 발견

상담이 진행되면서 내담자는 자신의 성격의 핵심적인 부분으로서 긍정적인 부분을 발견하고 이를 중심으로 자신의 성격을 긍정적인 전체로 바라보게 된다. 인간에게 나타나는 부정적인 측면들인 공격, 분노, 비난 등은 반사회적인 감정이라기보다 상처받은 깊은 경험을 보여 주는 것이다. 그리고 깊은 수준으로 탐색해 들어가면 개인은 자신의 그런 감정과 그로 인한 행동을 하려는 충동이나 이미 한 행동들을 싫어하고 불편해 한다는 것을 깨닫게 된다. 그리고 내담자는 서서히 타인에게 보상하지도 처벌하지도 않는, 증오가 없는 자기, 사회성을 갖고 있는 자기의 핵심을 발견하게 된다. 충분히 깊이 탐색해 들어가기만 한다면 우리 유기체의 본질적인 면, 즉 인간은 긍정적이고 사회적인 존재라는 것을 발견하고 증명하게 된다.

즉, 인간중심 상담은 내담자의 자기개념과 유기체적 경험 간의 불일치를 제거하고, 내담자가 느끼는 자아에 대한 위협과 그것을 방어하려는 방어기제를 해체하여 충분히 기능하는 사람이 되도록 돕는 것을 목표로 한다. 이러한 과정 목표에 내담자가 성공적으로 도달하도록 돕기 위해서 상담자는, 첫째, 내담자의 잠재력이 발휘되는 것을 가로막는 불안과 의심에서 자유로워지도록 돕는 조력자의 역할을 한다. 둘째, 상담자는 진실성, 무조건적인 긍정적 존중, 공감적 이해와 같은 태도로 내담자의 변화를 이끄는 촉매역할을 해야 한다. 셋째, 상담자는 내담자가 경험에의 개방, 자신에 대한 신뢰, 내적 평가, 지속적인 성장에 대한 의지 등을 가지게 되어 점차 자기실현화된 사람이 될 수 있도록 상담에서 내담자가 이러한 특성을 보일 때 격려하는 것에 초점을 두어야 한다.

2) 상담과정

로저스는 인간은 선천적으로 긍정적이고 건설적인 방향으로 발전하려는 경향을 지니고 있는 믿을 만하고 선한 존재로 보고, 상담과정을 성장을 계속 촉진시키는 분위기로 만들어서 개인을 발전하게 하고 유능하게 만드는 과정이 되도록 하기 위한 조건을 제시했다.

로저스에게 이를 위한 필수조건은 다음과 같다.

- 두 사람(내담자와 상담자)이 심리적 접촉을 한다.
- 내담자는 불일치 상태에 있고 상처받기 쉬우며 초조하다.
- 상담자는 내담자와의 관계에서 안정되고 조화롭고 통합적이다.
- 상담자는 내담자에게 무조건적인 긍정적 존중 혹은 진정한 양육적 태도를 가진다.
- 상담자는 내담자의 내적 참조 준거를 공감적으로 이해하고 내담자에게 자신의 경험을 전달하려고 시도한다.
- 내담자는 의사소통 과정에서 상담자의 무조건적인 긍정적 존중 및 공감적 이해를 지각하고 경험한다.

이러한 과정의 특징은 감정 하나하나가 경험되거나 감정의 흐름을 경험함에 있어서 좀 더 느슨해지고 유연해지고, 감정을 경험하는 방법이 변화하며, 심한 부조화에서 조화로 변화하고, 자신의 경험에 대해 책임의식이 증가하는 방향으로 요약할 수 있다. 인간중심 상담의 과정을 내담자가 변화하는 과정에 초점을 맞추어 7개의 단계로 더 상세히 살펴보면 다음과 같은 과정으로 묘사될 수 있다.

① 1단계: 소통의 부재

1단계에 있는 내담자는 수많은 장벽으로 인해 자신과 대화하지 않으며 소통은 외부로만 열려 있다. 이 단계의 내담자는 느낌을 자신의 것이 아닌 것으로 인식하고 자신에게는 문제가 없다고 생각하거나 문제에 대한 자신의 몫이 극히 일부분이라고 생각한다. 자신이 하는 경험에 대해 개인적 의미로 인식되지 않거나 인식되더라도 흑과 백의 논리로 표현된다.

② 2단계: 도움의 필요성 인식 및 도움 요청

이 단계에서 내담자들은 도움을 자발적으로 요청한다. 그러나 2단계의 내담자는 여전히 1단계의 특성을 갖고 있다. 표현은 되지만 자기와 관련되지 않은 주제에 대한 것이고 문제 역시 자신의 외부에 존재하는 것으로 표현되어 문제에 대한 개인적 책임을 느끼지 못한다. 그래서 이 단계에서 상담을 통해 이룰 수 있는 성과는 상당히 작다. 1, 2단계에서는 상담자가 촉진적 환경을 제공하는 반응들을 보이더라도 그 효과를 가시적으로 확인하기 어렵다.

③ 3단계: 대상으로서의 경험 표현

3단계에서 내담자는 자신의 경험을 표현하고 받아들이지만 그러한 경험은 대상화되어 있어서 대상과의 관계 속에서 표현되거나 타인의 것처럼 묘사되기도 한다. 과거의 경험으로서 느낌이나 의미에 대해 주로 이야기하기도 한다. 대상으로서의 경험이 아닌 자신의 것으로서 경험을 받아들이더라도 그것은 모순되고 갈등스러운 것으로 인식된다. 내담자는 이 단계에서 대상으로서의 자기를 탐색하면서 상당한 시간을 보내기도 한다.

④ 4단계: 지금-여기에서 좀 더 유연한 경험 표현

4단계에서 여전히 내담자들이 표현하는 것은 대상으로서의 자기의 감정이나 경험이고 자신의 감정과 느낌을 자신의 것으로 받아들이기 어렵지만 경험들의 경계와 구조는 다소 느슨해지고 지금-여기에서의 감정을 표현하거나 과거의 경험이 지금-여기에 주는 개인적 의미가 탐색되기도 한다. 4단계에서 이제 내담자는 자신에 대한 불신이나 상담자에 대한 불신을 더 쉽게 표현한다. 이는 그만큼 상담의 분위기를 안전한 것으로 지각한 증거가 된다.

⑤ 5단계: 감정 수용과 책임 증진

5단계에서 내담자는 감정을 현재 시제로 자유롭게 표현하기 시작하고 감정들은 충분한 경험에 가까워진다. 여전히 두려움이나 불안이 있지만 내담자들은 대체로 자신의 감정을 강렬하게 경험하게 되고 이러한 감정에 대해 자기의 것으로 수용하고 이에 대해 책임지려는 경향을 보인다. 이들은 자신이 경험하는 것을 모순되거나 갈등됨에도 불구하고 자신의 것으로 모두 받아들이면서 통합하려는 경향을 보인다. 5단계는 나타났다가 다시 3, 4단계로 후퇴하기도 하는 반복을 보이거나 더 이상 나아가지 않는 것처럼 보이기도 하지만 마침내는 앞으로 나아가게 된다.

⑥ 6단계: 경험과 인식의 일치

6단계에서 대상으로서의 자기는 사라지고 내담자의 경험은 모두 자기의 것으로 통합된다. 따라서 내담자가 하는 경험의 순간이 더 명확해지고 확실해진다. 이 단계에서 더 이상의 외부, 내부의 문제는 없어지고 내담자는 주관적으로 살아가며 자신의 문제에 자기 자체로 매 순간 직면한다. 내적 의사소통과 외부와의 의사소통이 상당히 자유로워진다. 6단계에서 내담자는 자신을 더 부드럽게 돌보고 자신이 이것이면서 동시에 저것이라는 완전한 지각과 받아들임을 나타낸다. 많은 경우 내담자는 상담자의 도움이 없이도 7단계로 이행해 간다.

⑦ 7단계: 자기실현의 경험

7단계에서 내담자는 상담실 안에서와 밖에서 새로운 감정을 세부적인 부분까지 풍부하게 즉각적으로 경험하게 된다. 내담자는 자신이 누구인지, 무엇을 원하는지, 자기 태도가 무엇인지 명확하고 색다른 방법으로 알기 위해 노력한다. 내담자는 자신의 감정이 변화해 가는 것에 대해 책임을 지고 이러한 변화의 과정을 신뢰하고 그것 자체로 경험하며 그러한 과정 안에서 자기를 더 확실하게 느낀다. 내담자는 자신의 행동과 행동의 흐름, 변화의 특징을 그의 모든 심리학적인 삶 속에 통합시키고 이것이 그의 새로운 구조의 성격이 된다. 그래서 자신의 다양한 측면 사이의 내적 의사소통도 자유롭고 막힘이 없다. 이러한 내적 의사소통은 다른 사람과의 소통에서도 마찬가지로 나타나며 계속되는 변화 속에서도 자신의 책임감을 지각하고 그 자신의 삶을 살아간다. 그러나 로저스는 상담을 종결하지 않은 상태에서 7단계까지

도달하는 특징을 보여 주는 사람은 흔치 않다고 한다. 이는 6단계의 끝에 도달한 내담자들이 이제 상담자의 도움이 없이도 자신의 삶을 살아갈 수 있다고 믿을 정도로 자신을 신뢰하게 되기 때문일 것이다.

5 상담의 기법과 적용

1) 상담기법

인간중심 상담은 기법보다는 상담자의 철학이나 태도를, 상담자의 언행이나 반응, 기법보다는 상담관계를 중시하기 때문에 내담자에 대한 상담자의 태도에 있어서 구체적인 기법으로 개발된 것을 제시하기 어렵다. 인간중심 상담의 상담관계에 포함되는 상담자의 촉진적 태도로는 기본 원리에서 제시한 것들이 있다. 여기에서는 이러한 기본 원리를 저자의 상담사례와 함께 제시하겠다.

(1) 무조건적인 긍정적 수용

상담자는 내담자를 하나의 인격체로서 무조건적으로 존중하고, 있는 그대로의 모습을 따뜻하게 수용하여야 한다. 내담자 존재 자체의 잠재성과 자기실현의 경향성을 전폭적으로 신뢰하고 확신하면서 내담자를 전체로서 받아들이고 내담자가 표현하는 혹은 표현하지 않은 감정, 사고, 행동 등에 대하여 있는 그대로 받아들이고 어떠한 판단이나 평가도 하지 않는다.

동성애 행위와 동성애자로 살고 싶지 않은 자신의 바람 사이에서 갈등하는 30대 초반의 남성 내담자가 상담자를 찾아왔다. 당시 상담자는 20대 후반의 여성 상담자로서 동성애적 경향이 없는 이성애자였다. 상담자는 개인적으로 동성애 취향이 있거나 동성애를 옹호하는 사람은 아니다. 그러나 상담자는 자신의 취향과 가치관을 상담실 밖으로 던져 두고서 상담을 하는 동안에는 내담자 자체에 집중했다. 상담자는 내담자가 동성애 행위로 인해 가진 에이즈 감염에 대한 두려움, 평생을 동성애자로 살게 될 미래에 대한 불안감, 동성애 행위를 멈추고 자신이 생각하는 바람직한 삶을 살고 싶은 소망, 동성애 행위를 하는 사람으로서 여성 상담자 앞에서 느끼는 불안과 위축감 등을 이해하고 그러한 모든 감정과 생각을 수용했다. 또한 나아가 지금보다 나은 사람으로 더 편안한 삶을 살아가고자 하는 그의 간절한 소망을 이해했다. 상담자는 내담자를 처음 만났을 때 내담자를 존재 전체로 받아들이는 마음으로 그에게 인사를 했고 다정하게 손을 내밀어 땀으로 젖어 축축한 상태로 떨고 있는 내담자의 손을 잡고 악수했다. 내담자는 후에 상담자에 의해 자신의 전체가 모두 받아들여지는 것을 만남의 첫 순간에 경험했고 좀 더 편안한 마음으로 자신을 열 수 있었다고 전했다.

(2) 진실성

상담자가 내담자와의 관계에서 나타내는 반응이 순간순간 상담자 자신이 내적으로 경험하고 느끼는 바와 합치되는 상태를 의미한다. 인간중심 상담에서는 상담자와 내담자 모두 적정 수준의 진실된 자기 표현이 이루어져야 하므로 상담자는 진솔성, 진실성을 갖추기 위해 자기를 이해하고 수용하며 솔직하게 개방하도록 노력할 필요가 있다.

대학상담실에서 일하는 상담자는 3회기 동안 상담을 한 학생이 주말에 자살했다는 소식을 듣고 충격과 괴로움에 휩싸이게 되어 월요일에 슈퍼바이저와 상담을 했다. 그 상담자는 내담자를 효율적으로 상담해서 자살을 막지 못한 것에 대한 죄책감과 후회, 자신을 이런 괴로움에 몰아넣은 내담자에 대한 분노 감정이 함께 올라오는 것과 이후 일들에 대한 대처를 어떻게 해야 할지에 대해 두려움과 혼란을 표현했다. 슈퍼바이저는 이 상담자의 감정을 충분히 공감하면서 상담자가 내담자에 대해 가지고 있는 애정과 관심에 대해 고마운 마음, 상담을 통해 충분히 표현하고 예고하지 못하고 자살이라는 극단적 행동으로 결별을 고하게 된 것에 대한 미안한 마음이 느껴졌다. 슈퍼바이저는 상담자에게 "지금 ○○ 씨와 이야기를 하면서 아마도 내담자의 마음이 이런 것이 아니었을까 느껴지는 감정이 있어요. 내가 내담자라면 비록 세 번의 짧은 상담이었지만 그동안에 내 마음을 이해하려고 노력하고 내게 관심을 가져준 것이 무척 고마웠을 거 같아요. 그리고 그렇게 내게 관심을 가져 주고 내가 잘 되기를 바랐는데 작별인사도 못하고 고마운 마음을 표현하지도 못하고 이렇게 인사도 없이 떠나오게 되어서, 이를 통해 상담선생님께 충격과 괴로움을 주게 되어 미안한 마음이 들 것 같아요." 라고 자신이 느낀 마음을 솔직하게 이야기해 주었다. 상담자는 이 말을 듣고 격하게 울었고 한참을 운 다음에 "내가 내담자에게서 듣고 싶었던 말이었던 것 같아요. 정말로 마음이 편안해졌어요." 라고 이야기했다.

진실성은 단순한 자기 공개 혹은 자기 노출과는 다르다. 자기 노출은 자신에 대한 정보, 생각, 느낌, 경험을 드러내는 것이지만 진실성은 내담자의 경험에 대해 상담자가 느끼거나 생각하는 것을 표현하는 것이다. 또한 내담자의 현재 관심사나 상황과 관련된 상담자의 느낌과 생각을 표현하는 것이다.

(3) 공감적 이해

상담자가 내담자의 감정에 빠져들지 않으면서 내담자의 생각, 감정, 경험에 대하여 상담자 자신의 주관적인 입장에서가 아니라 상담자 자신의 감정인 것처럼 내담자의 입장에서 듣고 반응하는 것으로서 이러한 공감적 이해를 촉진시키는 몇 가지 중요한 상담기법에는 주목하기, 공감적 이해를 언어로 표현하기, 공감적 이해를 비언어적으로 표현하기, 그리고 공감과정에서 침묵을 사용하기 등이 있다. 상담자는 공감적 이해를 위해 먼저 내담자가 경험하는 것을 민감하게 느끼고 이해해야 한다. 그런 다음 상담자는 그 경험에 대해 이해하는 것에 그치지 않고 자신의 이해와 느낌을 표현해 주어야 한다. 즉, 공감적 이해에는 이해와 전달이 함께 포함되는 것이다. 여기서 주의할 것은 내담자와 비슷한 혹은 거의 동일한 경험을 상담자가 해 보아서 자신의 그러한 과거 경험에 비추어 내담자를 이해하는 것을 공감적 이해와 혼동해서는 곤란하다는 점이다. 상담자는 내담자와 같은 경험을 했건 아니건 내담자의 고유한 경험 세계를 탐색하고 이를 공감하는 것이 중요하다.

앞의 진실성에서 든 사례를 다시 예로 들어보자.

내담자: 나는 나쁘게 살지도 않았는데 나한테 왜 이런 일이 생기나, 걔는 왜 나한테 이

런 경험을 안겨 주나 싶기도 하고, 내가 더 유능한 사람이었으면 걔가 안 죽었을 수도 있는데 생각하면 미칠 것 같아요.

상담자: 내가 더 잘했더라면 하고 자책감이 심하게 들고 그러면서도 한편, 내담자가 밉고 내담자에게 화도 나는 가 봐요. 왜 하필 나에게 하고 의아하고 억울하기도 하고.

내담자: 내담자한테 화가 나는데, 이러는 내가 또 싫어요. 이제 방송사에서 학교로 와서 상담자 인터뷰 한다고 하고 막 그러는데 내가 이 일을 어떻게 하나 겁도 많이 나구요. 그러면서도 내담자 얼굴이 자꾸 떠올라서 너무 힘들어요.

상담자: 내담자가 자살한 일 그 자체로 겪는 죄책감이나 혼란도 큰데 그 후에 닥치는 현실적인 일들에 대처할 일들까지 겹쳐서 정말 감당이 안 될 정도로 힘들겠어요.

내담자: 나는 아직 초심자인데, 이제 배워 가는 중인데, 이제 열심히 해서 점차 더 발전해 가야 하는 건데, 내가 감당하기에는 너무 큰 일이잖아요. 왜 지금, 왜 하필 나에게라는 생각이 자꾸 들어요.

상담자: 애쓰다가 겪은 이렇게 큰 당황과 충격이 지금 ○○씨에게 얼마나 큰 좌절감과 당황스러움을 가져다주었겠어요. 초심자로서 내담자에게 얼마나 마음을 다해 최선을 다해 대했을지 그림이 떠올라요. 더 잘하고 싶고 더 많이 도움이 되고 싶어서 최선을 다 했을텐데, 그 마음이 내게도 전해져서 따뜻하고…… 지금도 내담자에게 마음을 다해 애쓰고 아쉬워하는 마음이 느껴져요.

내담자: (눈물)…….

공감은 내담자의 마음을 따라 흘러간다. 처음에는 내담자가 겪는 표면적인 마음들을 공감하게 된다. 초반에 내담자 마음의 표면에는 주로 부정적인 감정들이 분출해 있다. 상담자의 촉진적 태도와 분위기 조성과 공감 전달을 통해 이것이 풀리면 내담자는 자신의 마음 밑바탕에 있는 긍정적인 소망과 의도, 이를 위해 자신이 해온 노력들을 표현하게 된다. 이렇게 되면 상담자는 내담자의 이러한 부분들까지 알아주는 깊은 수준의 공감을 하게 된다.

2) 상담사례

(1) 학교상담 사례

갑자기 성적이 많이 떨어진 내담자는 담임선생님의 권유에 의해 상담실을 방문하게 되었다. 상담자는 내담자가 성적이 떨어지게 된 이유를 이끌어 내고 그 속에서 내담자의 감정을 수용해 주었다. 상담자는 부모의 이혼문제에서 비롯된 정서적 혼란을 겪고 있는 내담자에게 따뜻하고 허용적인 태도를 보여 학생과 상담관계를 맺고 부모가 이혼할지도 모른다는 두려움과 여자가 생겨 엄마와 이혼하려는 아버지를 미워하는 죄책감 등으로 혼란스러운 감정, 그리고 이를 인터넷 게임을 통해 해소하려 했던 학생의 두려움과 외로움을 충분히 표현하게 하였다. 학생은 이러한 상담자의 진실성, 무조건적인 긍정적 수용, 공감을 통해 자신을 충분히 표현하고 자신의 생각과 감정, 바람을 명료화할 수 있었고 스스로 자신의 문제를 해결하는 방향으로 나아가려는 의지를 확인하였다.

(2) 로저스의 상담사례

로저스가 자주 인용하는 오크 부인의 사례 한 부분을 통해 로저스의 인간중심 상담의 기본 원리가 상담과정에서 어떻게 표현되는지 살펴보기로 하자. 오크 부인(가명)은 심한 우울이 있는 내담자였다. 로저스는 자신을 괴롭혀 온 몇가지 복잡한 감정을 탐구하고 있었고 이 축어록은 상담 후반부의 내용이다(Rogers, 1980).

내담자: 나는 죄책감을 느끼는 게 아니예요……. 그건 정말 끔찍한 상처였어요. (흐느낌)

상담자: 무척이나 큰 상처를 입었다는 뜻이기는 하지만 죄책감은 아니라는 말씀이군요.

내담자: (흐느낌) 종종 그것에 대해 죄책감을 느꼈는데, 그건, 아이가 울면 부모가 "그만 울어."라고 말하지만, 아이의 상처는 …… (중략) …… 그 아이는 슬퍼서 그러는 거예요. 부모는 아이를 그만 울게 해야 겠다고 생각했겠지만, 부모는 아이를 위해 슬퍼해 주어야겠지요. 내 말은 지금 …… 바로 지금 …… 내 안에……

상담자: 이제 자신의 느낌이 어떤지 조금 더 잡아 내고 있네요. 마치 자기 자신을 위해 정말로 울어 주고 있는 것 같은 그런 뜻이네요.

내담자: 네. 그런데 또 갈등이 생겨요. 우리 문화에서는 자기 연민에 빠지면 안 되는 거잖아요. 그러나 내 말은 그런 것이 아니라는 거예요. ……(중략)……

상담자: 우리 문화가 자신에 대해 슬퍼하는 것을 좋지 않게 여긴다고 생각하시네요. 그러면서도 내가 경험하고 있는 것은 우리 문화가 반대하는 그런 것이 아니라는 느낌도 있구요.

내담자: (중략) 나는 그것을 감춰 왔잖아요. (흐느낌) 그것을 너무 많은 원한으로 감춰 왔고 그래서 이번에는 그 원한마저도 감춰야만 했던 거예요. 그것을 없애고 싶어요. 상처받아도 상관이 없어요.

상담자: 당신은 그것을 경험하면서 여기 그 밑바닥에 자기 자신을 위한 진정한 눈물이라는 감정을 느끼고 있는 거네요. 그러나 그것을 보여 줄 수는 없고 보여 줘서도 안 되고, 그래서 자신이 원치 않았던 원한으로 그것을 감춰 왔다는 거군요. 그래서 그 원한을 없애 버리고 싶구요. ……(중략)…… 정말로 강하게 이야기하고 있는 것은 '나는 상처가 정말로 있고 그것을 감추려고 애써 왔다.' 인 것 같아요.

내담자: 나는 그런 줄 몰랐어요.

상담자: 으음, 이것은 새로운 발견 같네요.

내담자: (중략) 그건 마치 내가 내 몸속의 온갖 것들을 바라보고 있는 것 같았어요. 마구 짓이겨져 있는 신경말단과 미세한 부분들 말이에요. (흐느낌)

상담자: 마치 거의 신체적으로 자신의 가장 섬세한 부분들 중 일부가 짓이겨지고 상처받은 것처럼 말이지요.

내담자: 그리고 이제 그 감정을 알았어요. '오, 불쌍한 것.'

내담자는 상담자의 공감과 수용을 통해 자신의 마음 안에서 일어나는 전체 과정을 다시 한번 조망함으로써 죄책감이 자신의 감정을 정확하게 표현하는 단어가 아님을 인식하였다. 그리고 상처라는 단어가 자신의 경험을 더 잘 묘사하는 것임을 발견하였다. 그리고서 내담자가 '오, 불쌍한 것'이라고 표현했을 때 비로소 그것이 자기 자신의 연민과 슬픔이라는 내면의 느낌과 일치하게 된다. 내담자는 자신의 경험을 자신에게 들어맞는 감정을 찾아내는 데 참조체계로 사용했으며 신체적인 존재로서 전체적인 자신을 점검하는 과정에 대해서도 학습했다. 그리고 공감적 이해는 내담자로 하여금 이러한 작업을 할 수 있도록 도왔다.

1. 로저스는 사람은 상처받고 혼란스러우며 고뇌하고 불안해하고 소외되어 있고 두려워하고 자기 가치를 의심하거나 정체감이 불확실할 때 공감적인 사람이 옆에 있어 부드럽고 민감하게 동행해 준다면 희망과 깨달음이 제공될 수 있다고 보았다. 본인이 이러한 동행을 해 주었거나 동행자를 만난 경험이 있으면 어떠한 경험이었는지, 이를 통해 무엇을 체험하거나 학습했는지 토의해 보시오.

- 상황:

- 경험의 내용과 과정:

- 학습 및 체험:

2. 자신이 현재 당면해 있거나 과거에 있었던 고민을 놓고 스스로 상상 속의 상담자가 되어 인간중심 상담의 세 가지 기본 원리가 구현되는 언어 반응으로 상담을 진행해 보고 상담자로서 자신이 한 반응에 대해서 내담자로서의 자신이 어떠한 영향을 받는지 체험해 보시오.

역할	반응	경험
내담자 1:		
상담자 1:		
내담자 2:		
상담자 2:		
	이하 생략	

3. 내담자 역할을 해 줄 사람을 구하여 실제 상담을 해 보면서 공감을 전달하는 연습을 해 보자. 내담자 역할을 해 준 사람에게 녹음을 들려주고 어떤 반응에서 상담자가 진실성이 있다고 느꼈는지, 무조건적인 긍정적 존중을 받았다고 느꼈는지, 공감받았다고 느꼈는지 피드백을 받고, 그러한 느낌을 받았을 때 마음속에서 경험한 것이 무엇이었는지 피드백을 받아서 이를 기록해 보시오.

<table>
<tr><th>역할</th><th>반응</th><th>경험</th></tr>
<tr><td>내담자 1:</td><td></td><td></td></tr>
<tr><td rowspan="2">상담자 1:</td><td rowspan="2"></td><td>상담자:</td></tr>
<tr><td>관찰자:</td></tr>
<tr><td>내담자 2:</td><td></td><td></td></tr>
<tr><td rowspan="2">상담자 2:</td><td rowspan="2"></td><td>상담자:</td></tr>
<tr><td>관찰자:</td></tr>
<tr><td></td><td></td><td></td></tr>
<tr><td></td><td></td><td></td></tr>
<tr><td></td><td>이하 생략</td><td></td></tr>
</table>

Chapter 08 게슈탈트 상담

게슈탈트 상담(Gestalt counseling)에서는 삶의 기쁨의 순간을 놓치고, 슬픔과 좌절, 분노 등의 감정을 억압하며, 생리적 욕구인 식사, 운동, 휴식마저 무시하고 살아가는 현대인들의 삶을 심각하게 생각한다. 전체성, 통합, 균형을 이루며 사는 것이 중요한데, 현대인들은 자신의 욕구와 감정, 신체적 변화 등을 전체적으로 인식하지 못하고 스스로를 파편화시키며 살아가기 때문이다. 이에 게슈탈트 상담은 사람들에게 충만한 삶을 살지 못하게 방해하는 것이 무엇인지 스스로 알아차리고, 자기와 세계의 분열된 부분을 재통합하여 의미 있는 성장을 촉진시키도록 돕는 데 초점을 둔다.

1940년대 프리츠 펄스(Frederich [Frederick or Fritz] Salomon Perls)에 의해 창안된 게슈탈트 상담은 호나이(Horney)의 정신분석학, 레빈(Lewin)의 장이론(field therory), 베르트하이머(Wertheimer) 등의 게슈탈트 심리학, 모레노(Moreno)의 사이코드라마 기법, 하이데거(Heideggard)와 부버(Buber), 틸리히(Tillich) 등의 실존주의와 후설(Husserl)의 현상학 등의 영향을 받아 탄생하였다.

1 펄스의 생애와 업적

Fritz Perls(1893~1970)

프리츠 펄스는 1893년 7월 8일 독일 베를린의 가부장적인 유대인 부모 슬하에서 3남매 중 둘째로 태어났다. 어려서부터 책을 좋아한 펄스는 초등학교 시절에는 학교성적도 좋고 행복하게 지냈으나 사춘기에 접어들어 반항적 성향으로 어려움을 겪었고, 학업도 소홀히 하여 7학년 때는 두 번이나 낙제를 했다. 또한 학교에서 문제를 일으켜 퇴학을 당하기도 했으나, 학업을 계속해 베를린 의과대학에 진학하였다. 1916년에 제1차 세계대전 때문에 학업을 중단하고, 위생장교로 군복무 중 독가스 공격으로 부상을 당하기도 하였다. 1921년에 의학박사 학위를 취득하고 베를린에서 개업을 하였다.

1925년에 베를린에서 카렌 호나이(Karen Horney)에게 정신분석을 받기 시작하였고, 그 후 정신분석가로서의 수련을 시작하였다. 1926년 프랑크푸르트로 이주하여 '뇌손상군인연구소'와 '신경정신병연구소'에서 게슈탈트 심리학자인 쿠르트 골드슈타인(Kurt Goldstein)의 조교로 일하였는데, 그의 유기체이론은 펄스에게 큰 영향을 미쳤다. 그 당시 프랑크푸르트에서는 매우 다양한 연구들이 활발하게 진행되고 있었다. 여기서 펄스는 베를린 학파(Wertheimer, Köhler, Lewin)의 연구를 알게 되었으며, 레빈의 장이론에 자극을 받았고, 실존주의자 부버와 틸리히의 강의도 들었다. 이곳에서 나중에 부인이 된 로라 펄스(Lore Posner, 1949부터는 Laura)와 교제하기 시작했다. 1927/1928년에 펄스는 빈에 있는 신경과 병원에서 바그너-야우레그(Wagner-Jauregg)의 조교로 일했고, 헬렌 도이취(Helene Deutsch)와 에두아르트 히취만(Eduard Hitschmann)에게 통제분석을 받았다. 베를린 연구소에 있을 때, 빈 정신분석협회의 행사에 참석하여 안나 프로이트(Anna Freud)와 파울 페데른(Paul Federn)의 발표를 들었는데, 페데른의 '자아경계' 개념은 평생 동안 그에게 중요한 영향을 끼쳤다. 펄스는 1930년에 로라와 결혼하고 베를린에서 정신분석가로 일하였다. 오이겐 하르닉(Eugen Harnik)에게 받은 분석에 만족하지 못하여 빌헬름 라이히

(Wilhelm Reich)에게서 다시 분석을 받았다(1929~1933). 1933년에는 나치당을 피해서 암스테르담을 거쳐 요하네스버그로 피신하였고, 남아프리카공화국에 첫 정신분석연구소를 설립하여 성공적으로 운영하였다.

1936년 체코의 마리엔바드에서 열린 국제정신분석학술대회에 참석하여 '구강적 저항'에 관하여 발표하였으나 그의 논문은 무시당하였다. 특히 프로이트로부터 많은 비판을 받은 펄스는 프로이트의 공격본능 이론을 비판하는 새로운 이론을 개발하여 1942년에 『자아, 기아, 공격: 프로이트의 이론과 방법론의 수정(Ego, hunger and aggression: A revision of Freud's theory and method)』이라는 저서를 출판하였다. 재판에서는 그 부제가 '게슈탈트 상담의 시초'로 바뀌었다. 1942~1945년에 남아프리카공화국 군대에서 위생장교와 정신과 의사로 자원 복무하다가 1946년에 미국으로 이주하였다. 펄스는 뉴욕의 모레노(Moreno) 연구소의 세미나에 참가하고 역할교환과 '빈 의자 기법'과 같은 모레노의 기법을 전수받았다. 뉴욕에 정착한 펄스는 랄프 헤퍼린(Ralph Hefferline), 폴 굿맨(Paul Goodman)과 함께 『게슈탈트 치료(Gestalt therapy)』를 출판한다. 1952년에 펄스와 로라 펄스 그리고 폴 굿맨이 게슈탈트 치료 뉴욕연구소를 설립하였고, 1954년에는 클리블랜드(Cleveland) 게슈탈트 연구소를, 1964년에는 에살렌(Esalen) 게슈탈트 연구소를 설립하였다. 에살렌에서 게슈탈트 치료 집중 세미나를 하고 1969년까지 그곳에 머물러 있으면서 인간-잠재-운동의 대표 인물이 된다. 1969년에 캐나다로 이주하여 코위찬 호숫가에 낡은 모텔을 매입하여 '게슈탈트 키부츠'를 설립하고 공동체적인 생활과 작업의 꿈을 실현한다. 그는 코위찬에서 평화를 찾았다는 느낌을 가졌음에도 여행을 계속하였으며, 유럽으로 갔다가 그곳에서 병을 얻어 돌아왔다. 1970년 5월 14일, 시카고 강연여행 도중 77세의 나이로 사망하였다(Bolen, 2009).

게슈탈트 상담은 60년의 짧은 역사에도 불구하고 인접 분야의 심리상담자들로부터 폭넓은 지지를 받으면서 독자적인 치료기법으로 인정받게 되었고, 구미에서나 우리나라에서도 인기 있는 접근법으로 사랑받고 있다. 기존의 많은 이론들의 영향을 받아 발달한 것처럼 게슈탈트 상담은 현재 교류분석(TA), 현실치료, 재결정치료, 인간중심 치료, 자기심리학, 행동치료, 가족치료 등 많은 치료 영역에 영향을 미치고 있다.

2 인간관

게슈탈트 상담자들은 인간을 부분들의 집합 이상인 전체적인 존재로 보았다. 성숙한 인간은 자신에게 일어난 일들에 대해 책임을 질 수 있는 책임적(責任的) 존재다. 펄스는 환경에 창조적으로 반응할 수 있는 능력을 책임이라고 하면서, 개인이 인생에서 자기 자신의 길을 찾아내고 개인적인 책임감을 받아들여야 한다고 주장하였다.

게슈탈트 상담에서는 개인이 유기체적 자율규제의 경향을 가지고 있기에 책임적 존재가 될 수 있다고 믿는다. 우리 모두의 내면에는 어른 대 아이, 염려 대 걱정 없음, 책임 대 방종, 지성 대 감성, 강함 대 약함, 후함 대 인색함 등과 같은 양극성이 있고, 이들 양극성은 내·외적으로 갈등하고 있다. 인간은 어떻게 해야 갈등하고 있는 이런 내적 힘들 간의 균형을 얻을 수 있는지 안다. 개인의 욕구가 게슈탈트를 형성하여 전경으로 드러나고, 그것이 충족되면 배경으로 사라지게 되고, 또 다른 욕구가 전경이 되어 그 자리를 차지하는 것과 같은 식으로 우리는 매 순간 내·외적 환경에 창조적으로 적응한다. 실존주의 철학과 현상학에 뿌리를 두고 있는 게슈탈트 상담은 인간에 대해 전체적인 존재, 책임적 존재, 자율규제의 경향을 가진 존재 이외에도 현재 중심적 존재, 인식의 존재, 잠재력을 각성할 수 있는 존재 등의 개념을 갖고 있다. 패슨스(Passons, 1975)는 게슈탈트 상담의 인간관을 다음과 같이 여덟 가지로 정리하여 제시하였다.

- 인간은 통합된 부분들로 이루어진 하나의 전체로서의 존재다. 신체, 정서, 사고, 감각, 지각의 기능은 서로 관련되어 있고, 그 어느 것도 전체로서의 인간이라는 맥락을 벗어나서는 이해될 수 없다.
- 인간은 환경의 한 부분이기에 환경과 분리해서는 이해될 수 없는 존재다.
- 인간은 내·외적 자극에 대해 반응할 방법을 스스로 선택하기에 세상에 대한 행위자이지 반응자가 아니다.
- 인간은 자신의 모든 감각, 사고, 감정, 지각을 충분히 인식할 수 있는 잠재력을 가지고 있다.

• 인간은 인식능력을 통해서 선택할 수 있기에 선택한 내·외적 행동에 대해 책임질 수 있다.
• 인간은 자기 자신의 삶을 효과적으로 영위할 수 있는 능력을 가지고 있다.
• 인간은 과거와 미래를 경험할 수 없으며 현재에서만 자기 자신을 경험할 수 있다.
• 인간은 본질적으로 선하지도 악하지도 않다.

3 주요 개념

1) 게슈탈트

게슈탈트(Gestalt)란 독일어의 게슈탈텐(gestalten: 구성하다, 형성하다, 창조하다, 개발하다, 조직하다 등의 뜻을 지닌 동사)의 명사로, 개체가 자신의 욕구나 감정을 하나의 의미 있는 전체로 조직화하여 지각한 것을 뜻한다. 게슈탈트 심리학자들에 의하면 개체는 대상을 지각할 때 그것들을 산만한 부분들의 집합이 아닌 하나의 의미 있는 전체, 즉 '게슈탈트'로 만들어서 지각한다고 한다. 즉, 사물을 볼 때 부분과 부분을 하나하나 따로 떼어 보지 않고 하나의 의미 있는 전체상으로 파악하는데, 그때 그 전체상을 게슈탈트라 한다.

펄스는 많은 사람들이 자기 자신의 일부분밖에 의식하지 못하며 전체로서의 자기라는 것을 알지 못하고 살아가고 있음을 깨달았다. 예를 들면, 어떤 여성은 자신이 가장 혐오한다는 직장 상사와 똑같은 행동을 가끔씩 한다. 그러나 그녀 자신은 그것을 눈치 채지 못하고 인정하려고 하지 않는다. 어떤 남성은 자신이 때로는 어린아이와 같이 울고 싶은 욕구가 있음을 알아채지 못하고 또 인정하지 않는다. 게슈탈트 상담에서는 사람들이 자신의 인격 개개의 단편적인 부분들을 인식하고, 그것들을 인정하여 모든 부분을 자신의 것으로 인지하고 하나의 전체로서 재통합할 수 있도록 돕는다.

2) 전경-배경

게슈탈트 상담에서는 게슈탈트의 형성을 전경과 배경의 개념으로 설명한다. 게슈탈트를 형성한다는 말은 어느 순간에 가장 중요한 욕구나 감정을 전경으로 떠올린다는 것이다. 예를 들어, 배가 고프다는 것은 그 순간에 배고픔이 전경으로 떠오르고, 그때 하던 다른 일들은 배경으로 물러나게 된다는 것이다. 이와 같이 관심의 초점이 되는 부분을 전경이라 하고, 관심 밖에 놓여 있는 부분을 배경이라고 한다.

게슈탈트 상담에서는 개체가 대상을 인식할 때 관심을 갖는 부분은 지각의 중심 부분으로 떠올리지만 나머지 부분은 배경으로 보낸다는 점을 지적한다. 예를 들어, [그림 8-1]에서 그림의 검은 부분에 관심을 갖고 전경으로 부각시키면 두 사람이 마주 보는 그림이 되겠지만, 그림의 흰 부분에 관심을 집중시키면 하얀 도자기 그림이 될 것이다. 사람이 형태로 인식될 때 도자기는 배경으로 물러나고, 도자기가 형태로 인식되면 사람은 배경으로 물러난다. [그림 8-2]에서도 보는 관점에 따라 귀부인 그림 또는 늙은 할머니 그림이 될 수 있다. 이는 우리가 동일한 대상을 보더라도 보는 사람의 관점과 시각 또는 심리적 · 정서적 상태에 따라 전혀 다른 모습으로 인식할 수 있음을 말해 주고 있다.

건강한 개체는 매 순간 자신에게 중요한 게슈탈트를 선명하고 강하게 형성하여

그림 8-1

그림 8-2

전경으로 떠올릴 수 있다. 반면에 그렇지 못한 개체는 전경을 배경으로부터 명확히 구분하지 못한다. 다시 말해, 특정한 욕구나 감정을 다른 것보다 강하게 지각하지 못하며, 이런 사람들은 자신이 진정으로 하고 싶은 일이 무엇인지 잘 몰라 행동이 불분명하고 매사에 의사결정을 잘 하지 못한다(Zinker, 1997). 개체가 전경으로 떠올렸던 게슈탈트를 해소하고 나면 그것은 배경으로 물러나고, 또다시 새로운 게슈탈트가 형성되어 전경으로 떠오르면 그 역시 해소되어 배경으로 물러난다. 유기체에서는 이러한 과정이 끊임없이 되풀이되는데, 이러한 유기체의 순환과정을 '게슈탈트의 형성과 해소' 또는 '전경과 배경의 교체'라 한다.

3) 알아차림과 접촉

유기체의 삶을 게슈탈트의 형성과 해소의 끊임없는 순환과정으로 볼 때, 개체가 자신의 유기체 욕구나 감정을 지각한 다음 게슈탈트를 형성하여 전경으로 떠올리는 행위가 '알아차림(awareness)'이고, 전경으로 떠오른 게슈탈트를 해소하기 위해 환경과 상호작용하는 행위, 즉 에너지를 동원하여 실제로 환경과 만나는 행위는 '접촉'이다.

게슈탈트 상담에서 '알아차림'은 긍정적 성장과 개인적 통합을 위한 핵심 개념이다. 게슈탈트 상담자들은 일반 사람들이 통상적으로 사용하는 것보다 더 깊은 뜻으로 그 말을 사용한다. 알아차림은 "① 자신의 존재에 닿을 수 있고, 자기 주변이나 내부에서 무엇이 일어나고 있는지를 알고, 환경과 타인 및 자신과 연결할 수 있는 능력, ② 자신이 느끼고 있는 것, 감각적인 것 혹은 생각하는 것을 아는 것, ③ 바로 이 순간에 자신이 어떻게 반응하고 있는지를 아는 것이다." (Clarkson & Mackewn, 1993) 이렇게 본다면 우리는 일상에서 거의 알아차림 상태에 있지 않다. 이로 인해 우리는 균형을 유지할 수 없고, 자신의 어리석은 행동을 알아차리지 못하고 반복해서 문제에 대한 나쁜 해결책을 시도한다. 행동변화는 좀 더 나은 자각으로 길러진다는 가설에 따라, 게슈탈트 상담자들은 행동변화에 직접적으로 영향을 주지 않고 알아차림을 격려한다.

게슈탈트 상담에서는 인간이 경험을 통해서만, 즉 사람들, 상황, 자연 등과의 직접 접촉을 통해서만 알아차림을 할 수 있다고 본다. 다른 심리상담에서 말하는 기억하고 설명하고 예측하고 해석하고 분석하는 것으로는 알아차릴 수 없고, 보고 듣고 느끼고 움직이는 직접 경험 또는 접촉을 통해서만 알아차릴 수 있다는 것이다.

폴스터(Polster, 1987)가 접촉을 "성장을 위한 생명수"라고 표현할 정도로 게슈탈트 상담에서 접촉은 중요하다. 접촉은 지금-여기(here and now)[1]에서 무엇이 일어나고 있는지를 인식하는 것이고 순간에서 순간으로 흘러가는 것을 인식하는 것이다. 함께 대화를 나누고 있는 상대가 멍하니 딴 생각을 하면서 나의 말을 잘 듣고 있지 않을 때 "내 말 좀 들어 봐." "나 좀 봐줘."라는 말로 접촉을 시도하는 것이 그 예다.

징커(Zinker, 1997)는 게슈탈트의 형성과 해소 과정인 유기체의 자연스러운 순환 과정에서 나타나는 '알아차림-접촉 주기'를 여섯 단계로 나누어 설명하였다. 즉, ① 배경에서 ② 어떤 유기체 욕구나 감정이 신체감각의 형태로 나타나고, ③ 이를 개체가 알아차려 게슈탈트로 형성하여 전경으로 떠올리고, ④ 이를 해소하기 위하여 에너지(흥분)를 동원하여 ⑤ 행동으로 옮기고, ⑥ 마침내 환경과의 접촉을 통해 게슈탈트를 해소한다. 그러면 그 게슈탈트는 배경으로 물러나 사라지고 개체는 휴식을 취한다. 이 여섯 단계 중 어느 단계에서든 차단이 되면 유기체는 게슈탈트를 건강하게 완결 지을 수 없게 되고, 미해결 과제가 쌓이게 되어 결국 현실 적응에 실패하게 된다.

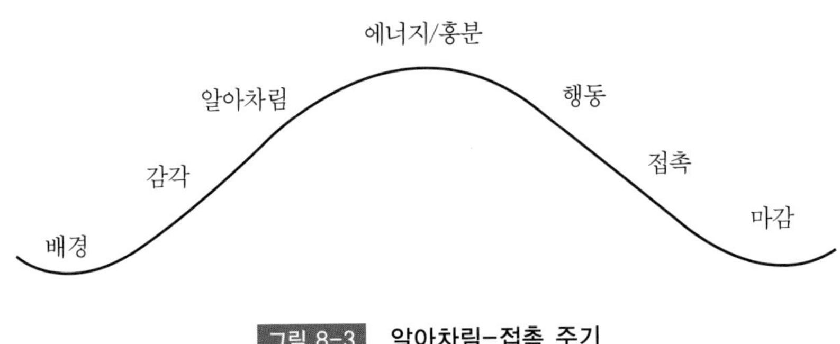

그림 8-3 **알아차림-접촉 주기**

1) 지금-여기는 게슈탈트 상담에서 매우 중요한 개념이다. 펄스는 "과거는 이미 지나가 버린 것이며, 미래는 아직 오지 않았다. 지금 이외에 존재하는 것은 없으며, 힘은 현실에만 존재한다(Power is in the present)."라고 강조하였다.

4) 알아차림-접촉 방해

게슈탈트 상담에서는 유기체의 순환과정에서 알아차림과 접촉을 방해하는 요소로 내사, 투사, 반전, 편향, 합류 등을 제시하였다.

(1) 내사(introjection)

타인의 관점이나 주장 또는 가치관을 깊이 생각해 보지 않고 자신의 것으로 받아들이는 것으로 알아차림을 방해한다. 아이들은 성장하는 과정에서 의미 있는 타인의 말과 행동을 내면화하게 된다. 이때 타인의 것들을 나름대로 조사하고 검토하여 자신의 것으로 받아들여야 하는데, 내사에 문제가 생기면 조사나 검토 없이 다른 누군가의 가치관을 완전히 받아들여 내면에 갈등을 일으키게 된다. 이런 현상을 펄스는 음식을 제대로 씹지 않고 삼켜서 소화불량이나 복통을 일으키는 것으로 설명하였다.

(2) 투사(projection)

자신이 받아들일 수 없는 부정적인 생각, 느낌, 태도 등을 타인에게 전가하는 것이다. 다른 사람이 자신을 미워하고 시기 · 질투하고 있다고 생각할 경우, 이는 자신이 다른 사람을 시기 · 질투하여 미워하고 있다는 사실을 종교적 또는 윤리적 차원에서 받아들일 수 없기 때문에 타인에게 투사한 것일 수 있다. 수용하거나 인정하고 싶지 않은 자기 자신의 특성이나 기질을 다른 사람에게서 얼마나 자주 보는가 하는 것을 보여 주려는 것이다. 예를 들어, 내담자가 남편에 대해서 "나는 그가 참 야비하다고 생각해요."라고 말했다면 내담자에게 '그' 대신 '나'를 넣어서 "나는 내가 참 야비하다고 생각해요."라고 말하게 하여 자신의 투사를 알아차리게 도울 수 있다.

(3) 반전(retroflection)

타인이나 환경에 대해 하고 싶은 행동을 자기 자신에게 하는 것, 또는 타인이 자기에게 해 주기를 바라는 행동을 자기 자신에게 하는 것이다. 이는 타인과의 정서적 접촉을 하지 못하게 한다. 처음에는 의식적으로 하게 되지만 나중에는 습관화가 되어 무의식적으로 반복하게 된다. 자신의 가족이나 환경에 대한 분노를 자해함으로써 자신에게 돌리는 경우와 자기를 돌봐 줘야 할 부모가 너무 바쁘거나 무관심하여 부모에게 사랑을 받지 못한 아이가 스스로 자기 가슴을 쓸어 주며 자장가를 부르는 경우가 그 예다.

(4) 편향(deflection)

감당하기 힘든 내적 갈등이나 외부 환경적 자극에 노출될 때 이러한 위험으로부터 자신을 보호하기 위해 자신이나 타인에 대한 직접적인 접촉을 피하는 것이다. 예를 들어, 요점도 없는 이야기를 장황하게 길게 하거나 반대로 가만히 있으면서 상대방의 말에 반응하지 않는 경우, 추상적으로 말해서 구체적으로 무엇을 말하려는지 알지 못하는 경우, 또는 대화하기 아주 부담스러운 주제인데 좀 더 부드럽게 만들어서 비껴 가게 하거나 다른 사람 또는 주제에 대해 자신을 멀리 떼어 놓음으로써 주의에서 벗어나 하는 경우를 생각해 볼 수 있다.

(5) 합류(confluence)

자신과 타인의 경계가 분명하지 않고 흐려진 경계 지점에서 타인의 의견이나 감정에 동의하는 것이다. 사랑하는 연인과 연애를 할 때, 처음 사랑이 꽃필 때는 연인과 하나라고 느낄 수도 있다. 그러나 시간이 지나면서 상대에게서 자신과는 다른 점을 보게 된다. 의견이나 감정의 차이가 있음에도 불구하고 건강하지 못한 관계에서는 서로 다름을 깊은 관계에 대한 위협으로 느끼기 때문에 그런 차이를 부정하거나 경시해 버린다. 이러한 관계는 겉으로 보기엔 서로 지극히 위해 주고 보살펴 주는 사이인 것처럼 보이지만, 내면적으로는 서로 독립적으로 행동하지 못하고 의존관계에 빠지는 경우가 많다. 다만, 서로가 상대편이 필요하다고 생각하기에 붙들고 있는 상태다. 그들은 서로의 개성과 자유를 포기하고 그 대가로 안정을 얻으려 한다. 안정을 깨뜨리려는 행위는 서로에 대한 암묵적인 계약을 위반하는 것이므로 상대편의 분노와 짜증을 사게 되며, 융합관계를 깨뜨리려는 사람은 죄책감을 느끼게 된다 (Polster & Polster, 1974).

이상의 접촉경계 혼란들로 말미암아 개체는 자기 경계가 혼란되어 자기 자신과 환경을 제대로 알아차리지 못하고 중간층에 머물면서 환상적 · 공상적인 삶을 살아

간다. 따라서 접촉경계 혼란을 극복할 때 개체는 좀 더 유기체의 현실을 잘 받아들일 수 있고 환경과의 자연스러운 접촉을 통하여 성장·발전하게 된다.

5) 미해결 과제

개체가 게슈탈트를 형성하지 못했거나 혹은 게슈탈트를 형성하긴 했으나 형성된 게슈탈트의 해소를 방해받아 배경으로 사라지지 않고 남아 있으면 계속 전경으로 떠오르려고 노력한다. 이렇게 완결되지 못했거나 해소되지 않은 게슈탈트를 '미해결 게슈탈트' 혹은 '미해결 과제'라고 한다. '미해결 과제'란 용어는 펄스, 헤퍼린과 굿맨에 의해 게슈탈트 심리학의 완결의 원리(principle of closure)로부터 도출된 것이다. 개체는 미완성의 형태를 지각하면 그것을 완벽하게 하거나 완성하려는 경향이 있다. 그렇기에 미해결 과제는 계속 과제를 해결하려는 의도에서 전경으로 떠오르려 하므로 전경과 배경의 자연스러운 교체를 방해한다. 미해결 과제가 많아지면 개체는 자신의 유기체 욕구를 효과적으로 해소하는 데 실패하게 되고, 마침내 심리적·신체적 장애를 일으키게 된다(Perls, 1976).

미해결 과제는 기억과 환상뿐만 아니라 의심과 두려움 같은 감정을 포함한다. 만약 우리가 어떤 사건과 관련된 불쾌한 감정을 무시하고 그것을 표현하지 않거나 경험하지 않는다면 이러한 해결되지 않은 감정이나 충족되지 않은 욕구들이 우리 삶의 미해결 과제를 구성하게 된다. 이러한 미해결 과제는 우리로 하여금 '명백한 전경을 형성'하지 못하게 하고, 현재 우리의 욕구를 알아차리는 것을 방해할 수도 있다. 폴스터와 폴스터(Polster & Polster, 1974)는 미완성된 사건이 매듭 지어질 때까지 그것은 마음을 빼앗김, 불가항력적 충동, 신중함, 신경 에너지, 자기 패배 양식 등으로 변장을 해 가면서 삶에서 지속된다고 하였다. 미해결된 분노와 표현되지 못한 정서는 여러 미완성된 사건을 구성한다. 따라서 주의를 요하는 심리적 아우성을 지금-여기에서 다루어서 미완의 사건을 해결해야 한다. 펄스는 미해결 과제를 해결할 수 있는 방법이 '지금-여기'를 알아차리는 것이라고 주장한다.

6) 양극성

어릴 적에 독립적이고 자발적으로 자신의 욕구와 감정에 따라 행동했을 때 아주 심하게 거부당하거나 처벌받은 경험이 있는 개체는 자신의 욕구에 충실하게 행동하는 것이 위험하다고 생각하고 자신을 억압하여 자신의 일부와 접촉을 거부하거나 자신의 내부로 소외시키게 된다. 이렇게 소외되거나 거부된 부분은 성숙하지 못하고 억압된 채로 있거나, 외부로 투사되어 내적 또는 외적으로 갈등을 초래한다.

우리의 내면에는 갈등을 일으키는 무수히 많은 대칭적인 요소들이 있다. 우리 모두에게 내재하는 양극성은 적극성 대 수동성, 안전 대 불안전, 자신감 대 수치심, 어른 대 아이, 염려 대 염려 없음, 책임 대 무책임, 지성 대 감성, 강함 대 약함, 너그러움 대 인색함 등이다. 건강한 상태에 있는 사람은 모든 양극성을 소외시키지 않고 잘 개발하고 접촉하여 인격의 통합성을 유지하며 산다. 양극성은 모두 자기개념 안으로 통합되어야 한다. 양극성 가운데에 중심을 잘 잡아서, 어느 한쪽으로 기울어지지 않고 균형을 잘 유지해야 한다. 자신의 양극성을 명확히 인식하고 접촉할 수 있는 사람일수록 자기 자신과는 물론, 타인과의 관계에서도 좀 더 진솔하고 실존적으로 행동할 수 있다.

양극성을 설명하는 대표적인 개념으로 승자(top-dog)와 패자(under-dog) 간의 전쟁이라는 것이 있다. 펄스는 이것을 인간의 무의식적 행동을 지배하는 두 개의 부분이라고 설명하였다. 이는 프로이트의 초자아와 원초아의 갈등과 같은 개념이다.

승자는 패자라는 또 하나의 인격에 반하는 것이다. 둘 다 나름의 특성을 가지고 통제를 위해서 싸운다. 승자는 항상 패자에게 도덕적 명령을 내리고, 권위적이고 지시적으로 행동하며, 패자를 꾸중하고 처벌하려 한다. 승자는 깡패같이 위협을 해서라도 자기 마음대로 하려고 한다. 승자의 말대로 하지 않으면 처벌되거나 끔찍한 일이 일어날 것이다. 반면 패자는 자신에 대해 아주 불확실해한다. 패자는 맞서 싸우거나 불량배가 되거나 공격적으로 통제를 하려고 하지 않는다. 패자는 다른 수단으로 싸운다. '내일' '약속할게' '맞아, 하지만……' '최선을 다하잖아'와 같은 말만 하고 꾸물거리면서 승자의 속을 뒤집어 놓거나, 변명을 하거나, 상황을 피하면서 승자에게 대항한다. 패자는 실제로 변화를 시도하지 않는다. 이것이 패자의 힘이다. 우리의 인격이 승자와 패자로 양분되어 싸우고 서로를 통제하면서 결말이 없는 싸움을 계속하게 되면 서로 좌절하게 되고 결국 둘 다 참패하게 된다. 이런 상태를 펄스는 신경증적인 '자기고문 게임'이라고 하였다.

4 상담의 목표와 과정

1) 상담목표

(1) 알아차림과 접촉 증진

게슈탈트 상담의 목적을 한 가지만 제시하라고 하면 알아차림의 증진을 지적할 것이다. 그만큼 게슈탈트 상담에서 알아차림은 중요하다. 자신의 욕구과 감정을 정확히 알아차려야 환경과의 접촉을 통해 그것을 해소할 수 있기 때문이다. 폴스터는 변화는 알아차림과 접촉을 통해서 저절로 일어난다고 했다. 펄스는 사람들이 종종 충족되지 않은 욕구, 표현하지 못한 감정, 상실과 같은 중요한 사건 등과 같은 현재의 알아차림을 방해하는 감정적 파편으로 인해 내부의 자기와의 접촉을 방해받고, 미해결 과제를 해결하지 못하고, 스스로의 삶을 파멸시키고 자신의 잠재력을 파괴한다고 주장하였다. 사람들은 종종 자신이 해야만 한다고 생각하는 것과 하기를 원하는 것 사이에서 존재의 분열을 경험한다. 내담자의 언어적 표현과 비언어적 표현, 감정과 행동, 사고와 감정 간의 모순을 알아차리게 하여 현재의 순간을 충분히 경험할 수 있도록 하고, 그들이 생각하고 느끼고 행하는 것을 충분히 알아차리도록 돕는 일은 상담과정에서 매우 중요하다.

(2) 통 합

사람들은 항상 사랑과 미움, 내부와 외부, 현실과 비현실 등 삶에 존재하는 양극단 사이에서 혼란스러워하고 갈등한다. 그들은 자신 속에 있는 대부분의 양극성 요소들을 알아차리고, 자신의 부정적인 부분을 인정하고 수용하기가 어렵더라도 그것을 자신의 일부로 수용할 수 있을 때 건강하게 지낼 수 있다. 게슈탈트 상담에서 자신의 거부적이고 부정적인 모습을 인정하기를 거부하는 내담자에게는 그러한 측면을 받아들이는 것이 진정으로 충만한 삶을 사는 길임을 체험하도록 도와준다. 게슈탈트 상담에서는 내담자가 자기 경험의 전체와 접촉하여 양극성의 통합을 이루는 것을 주요한 목표로 삼고 있다.

(3) 자립과 책임 증진

게슈탈트 상담에서는 인간을 자신에게 일어난 일들에 대해 책임을 질 수 있는 책임적 존재라고 본다. 인간은 누구나 자신이 자기 인생의 주체가 되어 책임 있게 살아갈 수 있는데, 장애를 지닌 사람은 자신의 이러한 능력을 평가절하하고 타인에게 의존하려 하거나 타인을 조정하려 한다. 게슈탈트 치료에서는 내담자가 타인에게 의존하려는 자세를 버리고 스스로 자립할 수 있는 존재임을 신뢰하고, 자신의 행동을 스스로 선택하고 책임질 수 있도록 도와주는 것을 주요한 목표로 한다.

(4) 성 장

게슈탈트 상담은 내담자의 어떤 병적인 부분을 제거하거나 교정하는 것에는 관심이 없고, 살아 있는 유기체가 외부와의 끊임없는 관계 속에서 스스로 성장하고 변화하는 데 관심을 두고 있어 성장 지향 상담이라 불린다. 펄스(1976)에게는 살아 있다는 것이 끊임없이 외부의 것들을 받아들이고 동화시켜서 개체를 변화시킴으로써 외부와의 유기적인 관계 속에서 성장하는 것을 의미한다. 즉, 개체는 성장을 해야만 살아갈 수 있으며, 그렇지 않으면 부패하고 만다는 것이다. 이에 게슈탈트 상담은 유기체의 새로운 변화와 성장이 가능하도록 돕는 것을 상담목표로 한다.

(5) 실존적 삶

게슈탈트 치료에서는 자신이 누군가가 되려고 노력할 때가 아니라 있는 그대로의 자기가 될 때 변화가 가능하다고 본다. 그리고 변화는 다른 사람에 의해서가 아닌 자기 자신을 통해서만 가능하다고 본다. 많은 사람들이 자신이 원하는 삶보다는 자신에게 요구되는 삶을 사는 것이 보다 안전하고, 인정받고 잘 사는 것으로 착각하며 산다. 사회나 타인이 자신에게 요구하는 역할을 하면서 살아가고, 그들이 주는 인정과 칭찬을 받는 것에 만족한다. 그러나 이러한 삶은 자기 자신을 잃어버리고 타인의 조종을 받으며 살게 하여 근본적으로 자기 충족적인 삶의 기쁨을 누리지 못하게 한다. 자기 충족적인 전체로서의 삶을 살기 위해서는 있는 그대로의 자기 자신이 되어야 한다. 자기 자신이 된다는 것은 실존적인 삶을 산다는 것과 같은 의미다. 여기서 실존적인 삶이란 유기체가 자연스러운 욕구에 따라 사는 것을 의미한다. 그러므로 게슈탈트 상담에서는 내담자가 자신의 유기체적 욕구와 현실을 외면하지 않고 받아들여 자신의 에너지를 통합하고, 실존적 상황에 열려 있는 자세를 갖도록 도와주는 것을 주요한 목표로 삼고 있다.

2) 상담과정

게슈탈트 상담은 내담자의 전경에 떠오르는 것이 무엇인가에 따라 치료과정이 진행되기 때문에 다른 상담에서처럼 치료과정의 형식이 따로 있지 않다. 게슈탈트 상담자들은 내담자의 문제를 파악함에 있어 주로 자신의 직관에 의존하고 상담자의 창조성과 자발성을 적극 장려한다. 이에 형식적인 과정이나 회기에 대해 미리 결정된 방향이 없고 어떤 고정된 결과도 없다. 그래서 게슈탈트 상담은 상담 현장에서 내담자들의 문제를 변별 진단하여 그에 따른 세분화된 상담계획을 세우고 상담결과를 평가하는 등의 체계적인 상담과정을 정립하지 못했다.

게슈탈트 상담과정에서 중요한 것은 알아차림과 접촉을 증진시키는 과정과 부분들로 양극화된 내면의 통합을 이루는 과정이 어떻게 진행되는가를 살펴보는 것이다. 여기에서는 펄스가 제시한 '알아차림-접촉 증진과정'과 피버트(Fiebert)가 제시한 '양극화 통합과정'에 대해 살펴보고자 한다.

(1) 알아차림-접촉 증진과정

펄스는 심리상담이 진행되면서 변화되는 성격의 변화단계를 다섯 개의 층으로 설명하였다. 신경증의 층들을 연속적으로 제거하는 것이 변화의 과정이다. 예증의 방법으로 양파의 껍질을 벗기는 이미지를 떠오르게 하였기에 '펄스의 양파껍질 벗기기 과정'이라고도 한다. 이 과정은 한 회기 내에서 일어날 수도 있고 여러 회기를 거치면서 연속적으로 발생할 수도 있다. 각각의 층은 타인을 포함한 환경과의 접촉에서 서로 다른 수준을 표상한다. 성장과 현실화는 알아차림을 통해 일어나고, 알아차림은 말하기, 회피, 자기중심에서가 아니라 오직 접촉을 통해서만 가능하다. 펄스는 신경증의 층마다 이름을 부여하고, 상담이 진행되면 그다음 층에 이르게 된다고 하였다.

① 제1층: 피상층(cliche or phony layer)

사람들이 서로 형식적이고 의례적으로 반응하고 피상적으로 서로 교류하는 단계다. 이 층계의 사람들은 습관적으로 상황을 처리하고 사회적 관계에서는 판에 박힌 진실하지 않은 방법으로 반응하기에 가짜층이라고도 한다. 겉으로 잘 지내는 척하고 자신에게는 아무 문제가 없는 것처럼 행동한다. 피상적으로 지내기에 실제 문제가 있음을 느끼지 못한다. 이 층계는 해소되지 않은 수많은 갈등과 문제를 지닌 층으로, 이 층계에 속한 사람들은 자신에 대한 알아차림이 없기에 변화를 기대하기 어렵다.

② 제2층: 공포층(phobic layer) 혹은 연기층(role playing layer)

사람들이 환경에 적응하기 위해 자신의 욕구를 억압하고 부모나 주위 환경에서 바라는 기대에 맞추어 행동하며 살아가는 단계다. 타인이 기대하는 역할행동을 자신이 원하는 행동이라고 믿으며, 배우와 같이 주어진 역할을 연기하며 살아간다. 그들은 자신에게 주어진 역할을 수행하지 않으면 처벌받을 거라는 비현실적인 공포와 두려움을 느끼지만, 현실을 유지하려고 애쓰면서 이러한 감정을 숨긴다. 부정하려고 했던 자신의 어떤 모습을 직시하게 될 때 이들은 크게 저항한다. 실제의 자신을 있는 그대로 드러내게 될 때 타인에게 거부당할 것이라는 큰 공포를 가지고 있다. 공포층에 있는 사람은 자기 내면의 깨달음에 저항하고 있다.

③ 제3층: 난국층 혹은 막다른 골목(impasse)

사람들이 지금까지 해 오던 역할연기를 그만두고 자립을 시도하지만 자립할 힘이 없어서 실존적 딜레마에 빠져 꼼짝하지 못하고 공포감과 공허감을 느끼는 단계다. 가짜 인간이 순수한 만남을 가지려고 시도는 하는데 그것을 해낼 자질이 자신에게 없음을 느끼는 순간의 공황적(panic) 상태를 말한다. 그렇지만 무언가 하지 않으면 안 된다고 생각하는 순간이 난국층(難局層)이다. 이때 많은 사람들은 자기 스스로 보고 듣고 느끼고 생각하기로 결정하기보다는 다른 사람들이 자신을 대신하여 결정하도록 환경을 조작하려고 한다. 극도의 무력감과 두려움을 느끼며, 자신을 매우 가치 없는 사람이라고 느낀다. 사람들은 종종 이 층계에 매달려서 다음 층계로 나아가지 않으려고 한다.

④ 제4층: 내파층(implosive layer)

자신이 지금까지 스스로를 어떻게 억압하고 차단해 왔는가를 알아차리게 되는 단계다. 사람들은 자신이 내적으로 죽어 있고, 자신의 이전 자기와 단절된다고 느낀다. 이 단계의 사람들은 지금까지 억압하고 차단했던 욕구와 감정을 알아차려 게슈탈트는 형성하지만, 환경과의 접촉을 통해 게슈탈트를 해소하지 못하고, 분노와 적대감 등의 부정적 감정을 자신에게 돌려 자신을 비난하고 질타하는 행동을 한다. 에너지를 외부로 발산할 경우 타인과의 관계가 악화되는 것을 두려워하는데, 내부로 돌려진 에너지는 내면세계를 분열시키고 피폐하게 만든다. 펄스(1970)는 솔직한 자기에 이르기 위해서는 이 내파층을 극복해야 한다고 주장한다.

⑤ 제5층: 외파층(explosive layer)

사람들이 자신의 욕구나 감정을 더 이상 억압하지 않고 외부로 표출하는 단계다. 이 단계에 와서야 게슈탈트를 형성한 개체는 환경과 접촉하여 이를 해소하게 된다. 외파층에 도달한 사람들은 환경과의 강한 알아차림과 접촉의 상호작용을 하게 되어 지금까지의 진실하지 못한 자기의 모습, 낡은 자기를 버리게 된다. 거짓된 실존을 유지하느라고 억압시켜 놨던 미활용 에너지를 발견하고, 그 에너지를 사용하여 정신과 신체의 총체적인 통합을 체험하게 되고, 타인과의 관계에서도 실존적인 참만남이 가능하게 된다.

이상의 성격변화 단계들을 알아차림-접촉 주기와 관련해 보면, 피상층과 공포층은 아직 게슈탈트 형성이 잘 안 되는 단계이고, 난국층(교착층)은 게슈탈트 형성은 되었으나 에너지 동원이 잘 되지 않는 단계다. 그리고 내파층은 에너지 동원은 되었지만 행동으로 옮기는 단계에서 차단되어 게슈탈트가 완결되지 않은 상태이며, 외파층은 마침내 개체가 게슈탈트를 해소하고 완결 짓는 단계다.

(2) 양극화 통합과정

게슈탈트 관점에서 보면, 모든 심리적 문제는 성격의 두 측면 사이의 양극화된 갈등으로 탐색되고 해결될 수 있다. 피버트(1983)는 갈등을 자각하게 하고, 그 결과와 내적 경험을 드러내고, 그것의 해결을 돕는 치료 회기의 전개와 그에 상응하는 상담자의 행동을 네 단계로 설명하고 있다.

① 제1단계: 문제출현 단계

지금-여기에서 주요한 갈등의 강도가 높아지면서 내담자가 그것을 알아차리게 되는 단계다. 첫 번째 개입은 내담자의 즉각적 경험, 즉 행동에 대한 '어떻게'와 '무엇을'에 주의를 기울이게 하고 '왜'에 대한 추론에서 멀어지게 하는 것이다. 이러한 과정에서 내담자는 개인적인 사고와 감정, 감각에 대한 책임(반응할 수 있는 능력)이 증가될 수 있고, 또 언어적 행동과 비언어적 행동 사이의 밀접하고 기본적인 연결을 경험할 수 있게 된다. 제1단계의 핵심은 내담자가 지금 어떠한 자각을 경험하고 있는지를 탐색하는 것이다. 내담자는 대화할 때의 특정 문구, 이를테면 '해야 한다(should)'를 '원한다(want)'로, '할 수 없다(can't)'를 '하지 않겠다(won't)'로, '그것(it)'을 '나(I)'로 바꾸고, 모든 내용을 현재시제로 표현함으로써 보다 높은 책임감을 경험할 수 있도록 안내된다. 제1단계가 끝날 때쯤 내담자는 지시에 따라 즉각적으로 알아차림에 집중할 수 있고, 당면한 현재의 감정과 감각을 느끼고 표현할 수 있게 된다.

② 제2단계: 외적 대립 작업단계

내담자에게 증가하는 긴장을 받아들이고 외적 대화의 형태로 그것을 탐색해 보도록 요청한다. 대인관계 문제가 있을 때는 두 개의 의자를 사용하여 내담자가 자리를 바꾸어 앉으며 대화를 하게 한다. 이 작업의 주요한 관건은 내적 갈등을 극적으로 표현함으로써 감춰진 감정을 자각하게 하는 것이다. 제2단계가 끝날 때쯤 내담자는 자기발견의 과정에 정말 몰두할 수 있으며, 지도를 받지 않아도 의자를 옮겨 가며 감정을 적절히 표현하고, 행동양식을 검토하고 수정할 수 있게 된다. 이 활동은 내담자가 계속적으로 의미 있는 타자와의 관계에 현존하는 직접적인 쟁점과 감정, 관계 속에서 인지되는 숨겨진 감정과 안건, 진술된 문제와 갈등에 대해 바라는 해결책 등을 표현하는 데 도움이 된다.

③ 제3단계: 내적 대립 작업단계

제3단계 활동의 주요 초점은 내담자의 인격 내에 존재하는 중요하고도 상충되는 두 가지 면에 대한 직면을 증가시키는 것이다. 긴장의 양극을 충분히 극화하고 경험할수록 갈등이 더 많이 해결될 수 있다. 회기가 진행되면 처음에는 보이지 않던 과거의 외상과 관련된 사고, 감정, 감각, 그리고 신체적 반응으로 점점 강력해지는 내적 갈등을 관찰할 수 있게 된다. 내적 대립의 자각 수준이 증가함에 따라 그 긴장은 내담자가 견디기 힘든 수준까지 고통스럽게 지속될 수 있다. 이 현상은 인격의 '내파층'을 나타내며, 새로운 게슈탈트를 형성하기 위한 전제조건이다.

④ 제4단계: 통합단계

통합단계는 내담자의 인격 내에 분리되어 있던 요소들의 통합이고, 새로운 게슈탈트의 출현을 알려 주는 신호이며, 이는 음과 양의 대립 속에 도(道)가 있음을 반영한다. 이 단계의 핵심 요소는 문제에 대한 주된 재구성과 새로운 인식에서 내적 갈등이 해결되는 것이다. 통합은 지속적이고 발전적이며 삶을 지탱해 나가는 경험이다. 따라서 '최후의' 게슈탈트란 없다. 통합의 과정에서 의식 속에 있는 상반된 요인들이 확인된다. 내담자는 상반된 한 면을 언어로 표현함으로써 다른 상반된 면을 인정하고 존중할 수 있게 된다. 어떤 내담자들은 이러한 태도를 몸짓이나 움직임 등의 비언어적 방법으로 표현할 기회를 가짐으로써 보다 효율적으로 반응할 것이다. 상담자의 안내로 상호 수용의 환상극을 경험할 수 있는데, 그것은 극단적 측면이 서로를 향해 다가가 포용함으로써 양극단의 긍정적 특성을 통합시킨다. 어떤 내담자들은 양극의 긴장을 조화시키고 통합시키는 명상기법을 선택할 수 있다. 내담자의 인지적 재구성을 촉진하기 위해서 상담 회기의 처음부터 끝까지 관찰해 온 내담자의 변화에 대해 상담자가 인식한 것을 제시할 수도 있다.

5 상담의 기법과 적용

1) 상담기법

정신분석, 실존치료, 인간중심 상담 등 대다수 상담의 상담기법 수가 몇 가지로 한정되어 있는 반면, 게슈탈트 치료는 매우 많은 상담기법이 개발되어 있다. 게슈탈트 상담에서는 내담자의 억압된 감정이나 욕구 혹은 신체감각, 사고 패턴, 행동 패턴 등을 알아차리도록 도와주고, 적절한 접촉을 통해 억압된 부분들을 해소시켜 주기 위해서 연극, 춤, 동작, 미술 등의 다양한 예술적 전략까지 포함하여 창의적인 기법들을 많이 사용한다. 징커(1997)는 게슈탈트 상담의 창조적 기법들은 다음과 같은 특성을 가지고 있다고 제시하였다.

- 사람의 행동 목록을 넓혀 간다.
- 사람이 자기 삶을 자신의 창조물로 볼 수 있는 조건을 만들어 낸다.
- 사람의 실험적 학습과 행동 창조로 인한 새로운 자기개념의 진화를 자극한다.
- 미완성된 상황을 완성하고 자각, 접촉, 순환에서 막힘을 극복한다.
- 대뇌피질의 이해와 신체운동 발견을 통합한다.
- 알아차리지 못한 양극성을 발견한다.
- 내면에 있는 갈등적인 힘들의 통합을 자극한다.
- 내사를 몰아내고 재통합하여 일반적으로 '잘못된 곳에 있는' 감정, 사고, 행위를 인격 내 바른 자리에 둔다.
- 사람이 더 강하고, 더 능력 있고, 더 자기 지지적이고, 더 탐색적이고, 자신에 대해 능동적으로 책임을 질 수 있도록 느낄 수 있는 환경을 자극한다.

이 점에서는 창조적인 특성을 갖춘 게슈탈트 기법 중에서 대표적인 기법 몇 가지를 소개하고자 한다.

(1) 알아차리기 기법

게슈탈트 상담의 핵심은 지금-여기에서 경험하는 욕구와 감정을 알아차리는 것이다. 이에 알아차림을 증진시키는 기법이 많이 개발되었다. 게슈탈트 기법을 사용할 때는 게슈탈트 상담기법이 지닌 창의적 특성으로 인해 기법만을 기술적으로 사용하는 경우가 많은데, 중요한 것은 지금-여기에서의 내담자의 알아차림을 촉진시켜서 자기 조절의 방해물을 제거하고 미해결 과제를 해결하는 데까지 나아가야 한다. 게슈탈트 상담자들은 욕구와 감정, 신체, 언어, 환경, 책임의 다섯 가지 영역에서의 알아차림을 활성화할 것을 강조한다.

- 욕구와 감정 알아차리기: "지금 느낌이 어떠신가요?" "지금 무엇을 자각하고 계신가요?" " 현재의 느낌에 집중해 보세요." 등의 말로 개체가 지금-여기의 욕구와 감정을 알아차리고, 자신과 환경에 잘 접촉하여 변화와 성장이 가능하도록 도와야 한다.
- 신체 알아차리기: 인간의 정신과 신체가 긴밀하게 연결되어 있다는 전제하에, "한숨을 자주 쉬시는데 알고 계신가요?" "지금 주먹을 꽉 쥐고 있네요. 당신의 주먹이 뭐라고 말하나요?" "얼굴이 빨갛게 상기되셨네요." 등의 말로 현재 느끼는 신체감각을 알아차리게 돕는다. 이를 통해 말하는 것과 보이는 것 사이의 불일치를 알아차리게 하고, 개체의 감정이나 욕구 또는 무의식적 생각 등을 알아차리게 할 수 있다.
- 언어 알아차리기: "저는 선생님께 제 생각을 말할 수 없어요." "그 사람 때문에 사람들이 화가 났어요." 등과 같이 말하는 사람에게 "저는 선생님께 제 생각을 말하지 않을 거예요." "그 사람 때문에 나는 화가 났어요." 등과 같이 잘못 사용한 언어 습관을 고쳐 주어서, 개체가 자신의 욕구와 감정에 책임을 지고 주체적인 삶을 살 수 있게 돕는다.
- 환경 알아차리기: "지금 무엇이 보이십니까? 눈을 감고 남편의 얼굴을 떠올려 보세요. 이제 눈을 뜨고 남편의 얼굴을 자세히 관찰해 보세요. 어떤 차이가 있습니까?" 또는 "지금 무엇이 들리십니까?" 등의 질문으로 내담자가 시각, 청각, 후각, 촉각, 미각 등의 각종 감각 작용을 통해 환경과 어떠한 접촉을 하고 있는가를 알아차리게 한다. 이는 내담자로 하여금 현실과의 접촉을 증진시키고 현실과 공상의 차이도 알아차릴 수 있게 한다.
- 책임 알아차리기: 자신이 한 일에 대해 책임지기를 두려워하는 사람은 성숙할 수 없다는 전제하에 다양한 언어 작업을 통해 자신의 행동에 대한 책임을 지게 하고, 스스로 그렇게 할 수 있는 내적 힘이 있음을 알아차리게 한다.

이러한 다섯 가지 영역 중에서 욕구와 감정 알아차리기, 언어 알아차리기, 책임 알아차리기는 주로 언어수정을 통해 이루어지고 있다. 언어수정만큼이나 게슈탈트 상담에서 주요한 알아차림 기법은 신체 알아차리기다. 이 두 가지 기법에 대해 좀 더 설명하고자 한다.

① 언어수정

게슈탈트 상담에서는 내담자가 언어를 사용해서 자신의 세계관과 회피의 전형적인 방법을 어떻게 드러내는지 알아차리게 하는 여러 가지 실험을 한다. 지금-여기의 강조와 주체성을 강조하기에 현재시제의 사용과 나(I)라는 말의 사용을 자주 지시받는다. 예를 들어, 내담자가 "그 친구는 정말 거짓말을 많이 했어요."라고 말하면, 상담자는 현재시제로 '나'라는 말을 써서 다시 말해 볼 것을 요청한다. 이에 "나는 거짓말쟁이 친구 때문에 화가 나요."라고 말할 수 있다. 이와 같이 게슈탈트에서는 내담자의 언어 형식을 바꾸어서 자신의 욕구나 감정, 행동에 책임을 지도록 돕는다.

다른 예로는 '이것' '당신' '우리' '사람' 등과 같은 단어 대신 '나'라는 대명사를 사용하도록 하여, 자신의 경험을 알아차리고 행동의 주체와 책임을 분명하게 인식하도록 돕는다. 또한 사람들은 자신의 생각을 감추기 위해서 의문문을 사용한다. 이 경우 게슈탈트 상담자는 의문문을 서술문으로 고쳐 쓸 것을 제안한다. 예를 들어, "화를 내는 것은 나빠요, 그렇죠?"라고 말하는 내담자에게 서술문으로 고쳐서 "나는 화를 내는 것이 나쁘다고 생각해요."라고 말하게 한다. 이때 상담자는 정말 그렇게 느끼냐고 묻게 되고, 이 질문에 내담자는 화를 내는 것이 나쁘지 않음을 알아차리게 된다.

알아차림을 방해하는 잘못된 언어적 습관으로는 '아마도' '마치' '~일지 모르는'과 같은 수식어를 사용하는 것이 있다. 예를 들어, 내담자가 "나는 남편이 나를 무시한 말에 조금 흥분했던 것 같아요."라고 말할 때, 상담자는 남편이 한 말을 그대로 얘기해 달라고 한다. 이에 내담자가 "새대가리하고는, 멍청하긴…… 그 머리로 어떻게 살아갈지……."라고 했다고 하면 "그 말에 조금 흥분한 것 같다고요?"라고 묻는다. 그러면 내담자는 "아니요, 나는 많이 흥분했고, 심하게 상처를 받았어요."라고 수정하게 된다.

회피의 언어를 책임감 있는 언어로 바꾸는 것도 게슈탈트 전술이다(Gilbert & Evans, 2000).

- '난 할 수 없다'를 '난 하지 않겠다' 또는 '나는 하지 않기로 선택한다'로 바꾼다.
- '난 해야 한다'를 '난 하기로 했다' 또는 '나는 하고 싶다'로 바꾼다.
- '난 할 수 없다'를 '난 하지 않기로 했다'로 바꾼다.

- '나는 ~을 필요로 한다'를 '나는 ~을 원한다'로 바꾼다.
- '나는 ~할까 봐 두렵다'를 '나는 ~하고 싶다'로 바꾼다.

예를 들면, "나는 그 모임에 못 갈 것 같아."를 "난 그 모임에 안 가겠어."로 바꾸게 하고, "그 여자는 도저히 이해할 수가 없어."라는 말은 "나는 그 여자를 이해하지 않기로 했어." 등으로 바꾸어 말함으로써 자신의 행동에 대한 책임을 가지게 한다.

책임 알아차리기를 강화하는 언어기법으로는 느낌이나 신념에 대해 표현하고 나서 끝에 '그리고 난 그것에 대해 책임을 진다'란 말을 덧붙이도록 권하는 것이 있다. "난 오늘 우울한데, 그건 내 책임이야." "과제를 늦게 냈어. 그건 내 책임이야." "이번 시험에서 A학점이 나왔어. 내가 잘해서 그렇지." 이처럼 책임을 지는 것은 내담자로 하여금 외적인 통제에 의존하기보다 자신에게 내적인 힘이 있음을 알아차리게 하는 데 도움이 된다.

게슈탈트 상담자들은 지시를 편하게 생각한다. 그래서 내담자들에게 말을 바꾸도록 요청하고, 침묵하는 내담자들에게 큰 소리로 말하라고 요구하고, 주저하면서 말하는 사람에게는 대담하게 표현하도록 격려하고, 지겹게 말하는 사람에게는 좀 더 자극적으로 말하도록 지시할 수 있다. 또한 내담자의 언어가 추상적이고 개념적이어서 상담자가 공감하지 못할 경우에는 내담자에게 구체적인 예를 들어 말하도록 요구할 수 있고, 내담자가 추상적이고 관념적인 경우에는 내담자에게 실제 자신이 묘사하는 개념이 되어 보도록 요구하기도 한다. 예를 들어, "그 선생님은 너무 엄격하세요."라고 말하면 "그 선생님이 어떻게 엄격하셨는지 예를 들어 설명해 주시겠어요?"라고 물어볼 수 있고, "나는 겁쟁이에요."라고 말하면 "겁쟁이가 한번 되어 보십시오."라고 요구할 수 있다.

② 신체 알아차리기

우리가 흔히 사용하는 일상 언어에는 정서를 신체언어로 표현하는 것이 많다. 어려운 문제를 가졌다는 것을 골칫덩이를 가지고 있다고 표현하고, 화가 나면 핏대가 거꾸로 선다, 머리 뚜껑이 열린다, 주먹이 운다 등으로 표현한다. 또는 마음이 무겁다거나 마음이 가볍다고 하고, 발을 질질 끈다거나 무언가에 흔들린다는 표현으로 자신의 감정을 표현한다. 이런 예를 들지 않아도 감정과 신체가 매우 밀접한 관계가 있음을 부정할 사람은 없을 것이다. 정서는 얼마든지 신체 속에 위치할 수 있다. 펄스는 신체언어를 읽는 초인적인 능력을 가졌다고 한다. 그리고 자신의 치료에서도 신체 알아차리기를 핵심 기법으로 사용하였다. “화(비참함, 당황스러움, 희망, 슬픔)가 어디에서 느껴지나요?” 와 같은 정서와 관련된 신체화된 감정에 대한 탐색질문은 정서에 대한 단순한 논의보다는 그에 대한 자각을 더 효과적으로 조정할 수 있게 한다. 예를 들어, 머리가 터지는 걸로 경험하는 분노는 위통으로 경험하는 분노와는 다르다는 것을 그려 볼 수 있을 것이다. 또 두통거리가 되는 문제는 엉덩이의 통증이 되는 문제와는 다르다.

게슈탈트 상담자들은 정신 대 신체의 양극성이 가장 많이 오도되는 것 중 하나라고 생각한다. 펄스는 정신분석자 빌헬름 라이히의 연구에 영향을 받았는데, 그는 신체적 무장을 통해 무의식적 과정이 신체화된다고 생각했다. 그래서 게슈탈트 상담자들은 신체자세, 호흡, 긴장되고 느슨한 근육에 주의를 기울인다. 그리고 내담자가 말한 것과 보이는 것 사이의 명백한 불일치를 중시한다. 예를 들어, “나는 기분이 좋아요.” 라고 말하는 내담자에게 상담자는 “주먹을 꽉 쥐고 계시네요. 주먹의 마디가 하얗고, 턱도 힘주어 다물고 계시군요.” 라고 말한다. 또한 게슈탈트 상담자들은 내담자의 신체감각을 알아차리게 하고 감정에 이름을 붙이게 한다. 예를 들어, “맞아요. 약간 화가 나요.” 라고 말하는 내담자에게 상담자는 “그 상태에 머무르세요. 그리고 주먹을 좀 더 꽉 쥐고, 호흡을 좀 더 거칠게 쉬어 보세요.” 라고 말하면서 내담자를 그 상태로 머물게 한다. 그다음 “지금 당신의 기분이 어떤지 느껴 보세요.” 라는 요청을 한다.

내담자가 턱을 습관적으로 꽉 다문다는 것을 알아차리면, 상담자는 말하려는 어떤 충동이 억압되어 있다는 것을 의심해 보게 된다. 웅크린 자세는 자신의 연약한 부분을 보호하려는 시도다. 억압에 대한 게슈탈트 사고의 맥락은 프로이트의 경우와 아주 비슷하다. 프로이트도 억압을 신체적 및 심리적 증상의 근원으로 보았다. 다만, 프로이트가 억압의 내용을 발견하는 것을 치료적이라고 생각했다면, 펄스는 억압의 과정을 알아차리는 것을 핵심이라고 생각했다. 따라서 두 사람은 그들이 주목하는 신체적 신호에 주의를 기울여 내담자에게 그것으로 작업을 하도록 했다. 이는 신체 증상에 그것만의 목소리를 부여하는 경우를 만들기도 했다. “당신의 꽉 다문 턱이 말을 한다면 무슨 말을 할까요?” 다른 경우에는 그 의미를 알아차리기까지 신체 증상을 강조하게 한다. "당신이 손을 꽉 쥐는 것을 보았습니다. 손을 더 꽉 쥐어 보세요. 정말로 세게 쥐어 보세요. 꽉 쥐는 느낌이 어디에서 보나요?" 등등 (Yontef & Jacobs, 2000). 이런 과정을 거치면서 내담자는 자연스러운 자기에 대한 창조적인 적응이 가능하게 된다.

(2) 빈 의자 기법

빈 의자 기법은 게슈탈트 상담의 대표적인 치료기법으로, 내담자의 갈등이나 관계상의 문제를 다룰 때 사용한다. 이 기법은 미해결 과제를 다룰 때나 현재 치료 장면에 올 수 없는 사람과 관련된 쟁점을 다룰 때 효과적으로 사용하는 것으로, 내담자와 빈 의자에 있는 가상의 인물로 이루어지는 역할극 기법이다. 하나의 인물, 태도, 정서, 특성 등을 가진 두 개의 의자가 사용된다. 가상의 인물에게 말할 때, 내담자는 빈 의자의 맞은편에 앉는다. 내담자는 자신의 역할, 가상 인물 혹은 배우자 역할을 연기한다. 내담자는 두 의자 사이를 왔다 갔다 하면서 각각의 시각에서 선택적으로 이야기를 한다. 직장에서 직장 상사와 문제를 가진 내담자라면, 한 의자에는 자신을 두고 다른 한 의자에는 직장 상사를 둔다. 이를 통해 내담자는 외부로 투사된 자신의 욕구나 감정, 가치관을 알아차리게 되고, 과거 사건이나 미래 사건을 현재 사건으로 체험하게 된다. 중요한 것은 과거 사건 혹은 미래 사건 자체라기보다 내담자가 문제시하는 사건이나 쟁점을 현재적 의미로 통찰하고 실험해 볼 수 있다는 것이다.

대인관계상의 문제뿐 아니라 내담자의 내적 갈등을 다루는 데도 빈 의자 기법이 사용될 수 있다. 내면에서 갈등하는 양면을 두 의자 사이를 왔다 갔다 하면서 연기하는 것이다. 이를 통해 내사된 가치관이나 도덕률을 의식화할 수 있고, 직면을 통해 진정한 자신을 찾아 통합할 수 있다. 이때 상담자는 지금-여기의 초점을 유지하면서 감독자의 역할을 하며 각각의 의자를 응원한다. 가장 좋은 빈 의자 대화는 앞에서 설명한 승자와 패자 간의 대화다. 승자는 의자에 앉아 불량스럽게 설득하고 패자를 말 잘 듣는 인물이 되도록 위협한다. 반면, 패자는 다른 의자에 앉아 '그래요, 하지만'이라는 말을 써서 변화하지 않으려고 힘써 버티면서 변명과 고집으로 무능함에 대한 변명을 늘어놓게 한다.

빈 의자 기법을 널리 연구한 그린버그(Greenberg)와 동료들은 빈 의자 기법이 "심리내적 분열을 해결하는 핵심 요소로서 거친 내적 비난을 부드럽게 한다." 고 지적하였다. 그들은 빈 의자 기법이 경험의 깊이, 극성의 통합, 갈등해결 등을 촉진시키는 기법임을 보여 주었다(Clarke & Greenberg, 1986; Greenberg, 1980, 1983; Paivio & Greenberg, 1995).

(3) 자기 부분과의 대화기법

자기 부분과의 대화기법은 내담자의 마음속에 갈등하는 부분들, 내사로 인해 분열된 내담자의 내적 부분들, 또는 거부하고 부인해 왔던 성격의 일부분들 간에 대화를 시킴으로써 내담자의 내면을 통합할 수 있도록 도와주는 기법이다.

게슈탈트 상담목표 중 하나는 거부하고 부인해 왔던 성격의 일부 기능을 통합하고 수용하는 것이다. 지배와 피지배 간의 대립이 문제인데, 갈등하는 내부 부분들 간의 대화를 유도하여 합리적인 해결책을 가져올 수 있게 한다. 성장과정에서 주위 환경이 개체의 양극성의 어느 한 측면을 비판적으로 보거나 매도할 때, 개체는 그 측면을 부정하거나 억압하여 자신의 내부로부터 소외시키게 된다. 그렇게 되면 소외된 부분은 미성숙한 부분으로 남거나 억압되고, 외부로 투사되어 내적 혹은 대인 갈등을 초래할 수 있다.

게슈탈트 상담에서는 내담자로 하여금 미성숙한 양극성을 개발하도록 돕거나 혹은 억압하거나 투사시킨 양극성의 측면들을 다시 접촉하여 통합할 수 있도록 돕는다. 예를 들면, 내담자가 자기에게 고통을 준 친구를 응징할 것인가 용서할 것인가에 대해 고민할 때, 한 번은 응징하는 입장에서 얘기하고 또 한 번은 용서하는 입장에서 얘기하게 한다. 내면에서 혼란스러워하던 갈등이 외부로 표현되면 내담자는 자신의 문제를 명확히 인식할 수 있게 되고, 보다 합리적이고 바람직한 결정을 할 수 있게 된다. 이 기법은 내면에 존재하는 갈등을 억압하거나 무시하는 것은 진정한 해결책이 되지 않는다는 것을 명백히 보여 주고 내적 갈등을 외부로 드러내 주는 좋은 기법이다.

이것은 빈 의자 기법과 유사한 형태로 진행되는데, 인격 분열의 한 형태로서 승자와 패자의 싸움을 들 수 있다. 내면에서 일어나는 두 부분 간에 치열한 싸움이 일어나도록 하고 서로 대화해 보도록 촉구하는 것이다. 승자와 패자 외에도 인격의 여러 부분들 간에 대화를 시킬 수 있다. 예컨대, 공격성 대 수동성, 얌전한 대 방종함, 남성성 대 여성성 등 소위 양극성의 측면들 간에 대화를 하도록 만들어 줄 수 있다. 때로는 왼손과 오른손 간, 상체와 하체 간, 혹은 꿈의 여러 부분들 간에 대화를 시킬 수도 있다.

(4) 험담 금지하기

과거도 미래도 아닌 지금-여기에서의 알아차림과 접촉을 강조하는 게슈탈트 상담에서는 지금-여기에 있지 않은 사람의 일을 말하는 것, 즉 험담하는 것은 문제해결은 물론이고 내담자의 성장에도 아무런 가치가 없다고 본다. 예를 들어, "내 친구가 그때 그렇게 했기 때문에……." "그때 그 선생님이 그런 말만 하지 않았어도……." "그 사람이 그렇기 때문에……." 등은 자신의 문제를 설명하면서 흔히 나오는 이야기다. 이런 이야기는 머리로 공상하는 것이지 실제 알아차림을 방해하며 문제해결을 위한 접촉을 못하게 한다. 내담자에게서 이런 이야기가 나오면 상담자는 '험담은 금지된다'고 말하고 상담 장면에 친구나 선생님, 부모나 남편 등이 그 자리에 있는 것처럼 장면을 구성하여 실제 그 사람과 가상의 만남을 갖게 한다.

(5) 꿈작업

프로이트에게 꿈분석이 중요한 상담기법이었던 것처럼, 펄스에게도 꿈작업이 매우 중요한 상담기법이다. 게슈탈트 상담의 꿈작업은 정신분석의 꿈해석과는 매우 다르다. 펄스는 정신분석의 꿈해석은 꿈을 분석하고 나아가 꿈을 분할해서 망가뜨린다고 호평하였다. 반면에 게슈탈트에서는 꿈을 삶으로 끌어온다. 꿈을 해석하지 않고 꿈에 관한 매우 흥미로운 작업을 한다. 펄스(1976)는 삶의 어려움은 성격의 잃어버린 부분들 때문인데, 그것들이 모두 꿈속에 있다고 하였다. 프로이트에게 꿈이 무의식으로 가는 왕도라면, 펄스에게 꿈은 통합으로 가는 왕도다.

펄스는 꿈의 모든 국면을 자신의 성격에서 부정된 부분 또는 우리 자신의 일부를 외부로 투사한 것을 나타내는 것으로 보았다. 꿈에 나오는 대상들은 사람이나 물질이나 모두 우리 자신의 투사물인 것이다. 그래서 꿈을 통해 외부로 투사된 나의 일부를 다시 찾아 통합할 수 있게 된다. 투사된 것을 다시 찾는 방법은 꿈에 등장한 각 부분들을 차례로 동일시해 보는 것이다. 꿈작업에서 상담자는 내담자가 꿈의 부분들이 되었을 때 어떤 말을 하며 어떤 감정을 느끼는지, 어떤 행동을 하는지 혹은 어떤 행동을 회피하는지 등을 면밀히 관찰하여 내담자에게 피드백해 주어야 한다. 특히 내담자의 반복되는 행동 혹은 사고 패턴을 찾아내 직면시켜 주는 것이 필요하다.

꿈을 활용하여 내담자의 내면세계를 탐색하는 방법은 꿈의 부분들로 하여금 서로 싸우거나 대화를 하도록 요청하는 것이다. 이때 빈 의자 기법을 사용하여 부분들끼리 대화를 시킬 수도 있다. 꿈의 부분들이 대화를 하면서 또는 싸우면서 서로에 대한 이해가 생기게 되고, 서로의 차이점을 인정하고, 나아가 서로를 받아들일 수 있게 된다. 반복적으로 꾸는 꿈과 정서적 긴장을 지닌 꿈은 특히 좋은 소재가 된다. 꿈의 유별난 요소들과 끊김이 일반적 내용들과 함께 조사된다. 예를 들어, 활동이 전혀 없는 꿈은 내담자의 갇힘을 드러내는 것일 수 있다.

게슈탈트 상담에서 꿈이 중요한 것은 꿈이 자기가 자신에게 주는 실존적 메시지이기 때문이다. 현재 삶에 의미가 없는 것은 꿈에도 나타나지 않는다. 게슈탈트의 다른 작업과 마찬가지로, 꿈작업에서 주의할 점은 꿈의 내용들이 마치 지금-여기에서 일어나는 것처럼 상상하며 작업해야 한다는 것이다. 이런 경험을 통해 내담자는 꿈을 이야기하는 것보다 훨씬 더 깊이 꿈에 몰입할 수 있게 되고, 그때의 욕구와 감정을 좀 더 생동감 있게 경험할 수 있게 된다.

꿈을 통해 미해결 과제를 드러내고, 내면의 통합을 이루는 꿈작업 기법 중 페이건과 셰퍼드(Fagan & Shepherd, 1970)가 사용한 '꿈을 삶에 되돌려 놓기 기법'이 있다. 이를 간단히 소개하면 다음과 같다. 마치 지금 일어나는 것처럼 꿈을 재생하여 현재에서 실연한다. 현재시제를 사용하여 꿈을 크게 말한다. 그것을 말할 때 느껴지는 감정을 자각해 보게 한다. 내담자가 꾼 꿈의 모든 요소, 예를 들어 사람, 동물, 대상, 색상, 기분의 목록을 작성하게 한다. 또한 죽거나 떨어지는 것과 같이 달아나거나 잠에서 깨어남으로써 꿈에서 회피했던 상황을 특별히 자각해 보도록 한다. 그리고 다음과 같은 방식으로 꿈의 내용들을 확인해 보게 한다. '각각의 부분이 말하고 있는 것은 무엇인가?' '당신은 그것에 대해 무엇을 말하고자 하는가? 각각의 부분들은 서로 무엇을 말하고 있는가?' 내담자가 꿈에서 피했던 상황이 있다면 환상 속에서 그 끔찍한 상황을 재연함으로써 꿈을 완성해 보게 한다. 꿈의 부분들을 실연하면서 내담자는 다시 꿈을 꾸는 사람으로 돌아가고 꿈꾸는 자아와 하나가 된다. 그리고 내담자가 꿈속에서 말하지 못한 감정을 지닌 인물들에게 말을 부여함으로써 이제 그들은 대화에 참여하게 된다.

게슈탈트 상담에서는 꿈일지를 작성할 것을 권유한다. 이는 내담자가 꿈을 기억하도록 도울 수 있다. 다음의 지침이 도움이 될 것이다.

- 잠들기 전에 "내일 아침 나는 꿈을 기억할 것이다."라고 큰 소리로 반복한다. 시를 읊듯이 천천히 열 번 말한다.
- 침대 머리맡에 종이와 연필을 둔다. 깨어나서 꿈을 가능한 한 상세히 기록한다. 꿈이 기억나지 않는다면 조용히 누워서 떠오르는 것을 바라본다. 떠오르는 이미지나 그림은 흔히 꿈의 부분들이다.
- 몇 주 동안 꿈일지를 모은 후에 그것들을 재검토한다. 어떤 종류의 상황이 있는가? 어떤 사람이 가장 자주 나타나는가? 꿈에 나타난 이미지, 소리, 색깔, 맛 그리고 냄새에 주목한다.

(6) 실 험

상담자는 내담자에게 보다 폭넓은 가능성과 선택을 증진시키는 관점으로 상황이나 경험에 접근하는 새로운 방식을 실험해 보도록 제안할 수 있다. 게슈탈트에서 제안하는 실험은 상담자가 내담자와 함께 하나의 상황이나 장면을 연출하여 게슈탈트 상담의 목적을 달성하게 하는 창의적인 기법이다.

게슈탈트 상담에서는 어떤 현상을 분석하지 않고, 지금-여기에서 행위를 통해 실연함으로써 자신과 자신의 문제에 대한 자각을 더 깊게 하면서 새로운 해결책을 찾도록 돕는다. 게슈탈트 상담자는 내담자에게 실험 과제를 준다. 예를 들어, 부모와 아무런 대화도 하지 않으려는 아들을 둔 엄마에게는 지금까지 아들과 대화하려고 시도했던 방법이나 전략들과 반대되는 전략을 시도해 볼 것을 요청한다. 오랜 기간 동안 시도해 왔던 것이고 그것만이 효과적이라고 믿었기에 반대로 하기가 쉽지는 않다. 그러나 오랫동안 효과가 없었던 것이기에 새로운 시도를 해볼 용기를 가질 수 있다. 그 결과는 여러 가지 생각해 볼 수 있다. 첫째, 아들이 스스로 엄마에게 필요한 것을 말할 수 있게 된다. 둘째, 엄마 스스로가 아들과 대화 없이도 잘 지낼 수 있다는 것을 발견해서 지금까지 간과되었던 자신의 일부를 찾을 수 있다. 셋째, 아들과 계속해서 대화를 하지 않을 수 있다. 이와 같은 실험에서 중요한 것은 내담자가 실험을 통해 문제를 해결하거나 자신의 어려움에서 벗어나게 하는 것이 아니라 자기 자신과 자신의 삶을 좀 더 깊이 알아차릴 수 있게 하는 것이다. 이러한 실험은 아들과의 관계 현실에 대한 자각 정도를 높여 준다.

게슈탈트 실험은 경험을 명료화하고 경험이 어떻게 방해되고 규제되는지를 알아차리도록 고안되었다. 우리는 우리가 부인하는 자기의 부분을 우리에게 상기시키는 타인의 특성을 가장 증오한다는 전제하에 타인에 대한 진술을 자기에 대한 진술로 바꾸는 실험이 있다. 예를 들어, "그는 나한테 신경을 하나도 안 써요."라고 말하는 아내에게 큰 소리로 "나는 나에게 전혀 신경을 쓰지 않아요."라고 바꿔 말하도록 해서 그런 진술이 어떻게 느껴지는지를 보도록 하는 것이다.

지금-여기에 초점을 두고 현재의 경험을 강화하는 것 또한 게슈탈트 실험 중 하나다. '지금 무엇을 느끼는가?'라는 것은 내담자를 지금-여기 순간에 머물도록 하기 위해 고안된 일반적인 질문이다. 지침이나 해석을 제공하는 것이 아니라 내담자가 느끼는 강한 정서와 욕구를 알아차리게 하는 것이다. 많은 사람들은 이런 강한 정서를 회피하고 벗어나려는 경향이 강하므로 '그 상태에서 그대로 있는 것'을 견뎌내기 어렵다. 이런 경험은 부정적 정서에만 해당되는 것이 아니며, 긍정적 정서 또한 오래 머물러 있지 못할 때도 있다.

게슈탈트 상담자는 내담자의 상상을 사용해서 생생한 경험을 만들어 낸다. 환자가 자신의 삶에 대해 "사막에 홀로 있는 것과 같아요."라고 한다면, 상담자는 "실제로 사막에 있다고 지금 마음속으로 그려 보세요. 어떤 것을 경험하십니까?"라고 할 수 있다(Yontef & Jacobs, 2000). 다른 상상적 실험은 멋진 날 기분 좋은 곳을 걸어가면서 자신을 화나게 한 누군가를 야단치는 것에 대한 환상을 사용하는 것도 있다. 이와 같은 실험에 대해 징커는 게슈탈트가 추구하는 목표를 다 이루어 낼 수 있는 기법이라고 말하고 있다. 징커에 따르면 실험기법은 ① 내담자의 행동 반경을 넓혀 주고, ② 내담자 자신의 행동이 자신의 창조품이라는 자각을 높여 주며, ③ 내담자의 경험적 학습을 증가시키며, ④ 행동을 통해 새로운 자아개념 형성을 도와주며, ⑤ 미해결된 상황을 완결시키고, ⑥ 알아차림-접촉 주기의 차단을 극복하도록 해 주며, ⑦ 인지적 이해와 신체적 표현을 통합시키고, ⑧ 의식되지 않은 양극성들을 발견하게 해 주며, ⑨ 성격의 분열된 측면이나 갈등들을 통합시켜 주고, ⑩ 내사들을 몰아내거나 통합시키며, ⑪ 억압된 감정이나 사고의 자연스러운 표출을 도우며, ⑫ 내담자가 좀 더 자립적이고 자신감을 갖고 더 탐색적이 되며 자신에 대해 더 책임을 지도록 도와준다(Zinker, 1997).

게슈탈트 상담자가 사용할 수 있는 실험의 종류는 무궁무진하다. 실험기법은 많은 다른 기법들과 함께 사용할 수 있다. 앞서 설명한 빈 의자 기법, 반대로 하기, 내적 대화하기 등을 응용할 수도 있다. 따라서 실험기법은 특정한 하나의 기법이라기보다는 게슈탈트 상담자들이 창의적으로 치료해 나가는 독특한 상담양식이라고 보는 편이 옳을 것이다.

(7) 과장하기

과장하기는 내담자의 말과 행동을 과장해서 표현하게 함으로써 내담자가 자신의 욕구와 감정을 알아차리게 도와주는 기법이다. 예를 들어, 손을 떨고 있는 내담자에게는 손을 더 빨리 그리고 더 많이 떨어 보게 요구하거나, 우울의 감정을 숨기고 작은 소리로 말하는 내담자에게는 모기만한 소리로 더 조용히 말하게 함으로써 자신의 억압된 감정을 알아차리게 한다.

(8) 머물러 있기

머물러 있기는 내담자로 하여금 습관적으로 회피하는 문제에 직면하게 하여 미해결된 감정을 해소하고, 자기 신뢰와 자율성을 갖도록 돕는 기법이다. 미해결 감정을 치료할 수 있는 방법으로는 그것을 직면하고 그에 머무르는 것이 최선의 방법인 경우가 많다. 상담자는 내담자에게 자신의 현재 경험 또는 현재 감정에 의도적으로 계속 머물러 있기를 요청한다. 이때 상담자는 내담자에게 어떻게 무엇을 느끼는지를 구체적으로 경험해 보도록 한다.

예를 들어, 게슈탈트 상담자는 "당신의 감각은 어떠세요? 당신의 자각은? 당신의 환상, 소망은? 당신이 기대하는 것은 어떤 것입니까?" "지금 그 느낌 그대로 있어 보세요."와 같은 말을 자주 한다. 미해결 감정을 회피하지 않고 받아들이면 유기체는 그 감정을 알아차려 스스로 그 감정을 통합하고 변화시켜 미해결 감정을 해결하게 된다. 레비츠키(Levitsky)와 펄스는 내담자가 미해결 감정에 직면하고 그에 머무르면 나머지는 유기체가 스스로 알아서 치유한다고 하였다. 바이서(Beisser)도 슬픈 감정을 느낄 때 슬픔에 대항해 싸우기보다 슬픔을 받아들이는 것이 그것을 해결하는 방법이라고 하였다.

(9) 뜨거운 의자

뜨거운 의자는 대인관계의 문제나 저항과 관련하여 내담자의 자기 각성을 촉진시키기 위해서 자주 사용하는 기법이다. 이 기법은 집단상담 장면에서 많이 사용되는 것으로, 집단의 한 구성원에게 한동안 집중적으로 초점을 맞추는 것이다. 상담자는 한 집단원과 마주 앉아서 이따금 다른 구성원들의 개입을 요청하며 내담자의 어려운 문제를 집중적으로 다룬다. 개인상담 장면에서는 내담자에게 자신을 힘들게 하는 문제를 구체적으로 먼저 이야기하게 한 후, 상담자가 그것에 대해서 직접적이고 공격적으로 직면하게 한다.

(10) 역할극

역할극은 내담자들에게 평소 자신이 거부했거나 억압했던 자신의 부분들과 타인의 관점을 연기하도록 하는 실험이다. 이를 통해 내담자의 미완성된 과제를 해결하고, 내담자의 정서와 욕구를 발견하며, 분할된 양극성을 통합시키도록 돕는다.

펄스는 1920년대 유럽에서 표현주의 실험연극을 무대에 올리기 시작한 모레노가 창안한 빈 의자 기법을 포함한 여러 가지 역할극 방법에서 영감을 얻었다. 역할극은 게슈탈트 집단에서 몇 명의 사람들로 수행될 때 가장 인상적인 상담기법 중의 하나다. 한 사람의 내담자가 다양한 부분을 연기하는 것이 아니라 집단 구성원들이 의미 있는 개인을 나타내는 부분들의 연기를 맡는다. 내담자의 특성은 내담자에 의해 연기되고, 이런 역할에서 상담자는 상황 속에서 대안적인 행동방식을 실험하고, 한편 다른 사람들은 각자 맡은 인물들이 되어 행동한다. 예를 들어, 가족들과의 말다툼에서 입을 다물고 있었던 자신을 힐책하던 한 사람은 역할극을 하는 동안 극에 뛰어들어 큰 소리로 자신의 부분을 말하라는 지시를 받을 수 있다. 바꾸어서, 집단 구성원들이 그 배우의 아이 같은 면이나 상상의 괴물 같은 추상적인 것들을 표현할 수도 있다. 이런 실험은 내담자가 설명하고 행동을 정당화하는 데에 귀 기울이도록 하는 것보다 낫다. 게슈탈트 상담에서는 문제가 되는 것을 표현해 보는 것이 문제에 대해서 말하는 것보다 더 낫다는 입장을 취한다.

2) 상담사례

다음은 펄스가 '뜨거운 의자' 기법을 사용하여 '지금-여기' 라는 현상학적 장을 기반으로 내담자가 시간에 따라 변화해 가는 과정을 알아차리게 하는 작업을 보여준 사례다(The Gestalt Approach and Eye Witness to Therapy, 1973).

페니: 저는 지금 ……저의 심장이 두근두근 방망이질하는 것을 의식합니다. 양손이 차갑고, 주위를 보는 것이 두렵고, 심장이 아직 두근두근 방망이질을 하고 있습니다.

펄스: 당신이 어떻게 나를 피했는지 의식하셨습니까? 당신이 나를 쳐다보고는 급하게 눈을 돌렸습니다. 도대체 무엇을 피하셨습니까? 당신이 나를 쳐다보고 있을 때 웃고 있는 것을 당신은 의식하셨나요?

페니: 으음…….

펄스: 내 쪽을 봤을 때 어떤 웃음을 경험했습니까?

페니: 무서워서 나의 두려움을 숨기려고 했던 거 같습니다. (눈물을 흘리며, 입술을 깨문다.)

펄스: 그 두려움은 기분이 좋습니까? 기분이 나쁩니까? 그 두려움과 함께 편안한 느낌이 듭니까?

페니: 예, 심장은 이제 더 이상 그렇게 두근두근하진 않습니다.

펄스: 으음. 그러면, 외부 세계에의 접촉(contact)과 자신 속으로 틀어박히기를 좀 더 역동적으로 경험해 보세요. 대처하든지 틀어박히든지. 이것은 생명의 리듬입니다. 외부 세계로 나오고, 또 자기 자신 속으로 들어갑니다. 이것이 생명의 기본적인 리듬입니다. 겨울에는 틀어박히기 쉽고, 여름은 밖으로 나오기 쉽습니다. 밤에는 깊이 들어가고, 낮에는 외부 세계와 접촉하기 바쁩니다. 단어가 발견되지 않을 때는 늘 사용하는 사전 속에 들어가, 단어를 찾는 것에 몰두하고, 단어를 발견하면 다시 외부 세계로 되돌아옵니다.

이처럼 이 순환리듬은 계속 되풀이됩니다. 그리고 '나와 당신(I and thou)'은 같이 하나의 정리된 형으로 되는 것입니다. 더욱이 앞에서 말한 중간 영역은 당신과 외부 세계와의 사이에 끼어들면 당신이 적절하게 기능하는 것을 방해하는 것입니다. 특히 이 중간 영역에는 파국에의 기대와 당신의 외부 세계에 대한 견해를 왜곡시키려는 콤플렉스(complex), 혹은 강박관념 등이 있습니다. 이것은 나중에 취급해 보려고 생각하지만 지금은 외부 세계와의 접촉과 자신 속에 틀어박히는 상황에 대한 느낌을 파악하고 싶다고 생각합니다.

가능한 한 깊게 자기 속으로 들어가 깊은 곳에 머물러 주세요. 이 방에서 달아나서 어딘가에 틀어박히고 그리고 또 여기 우리들이 있는 곳으로 돌아와도 괜찮습니다. 그래서 이 순환리듬을 경험해서 대체 무엇이 발생하는가를 실험해 보세요.

페니: 이곳에 돌아오는 경험을 하는 것이 기분이 더 좋습니다.

펄스: 그런 식으로. 이 순환리듬을 계속해 주세요. 다시 한 번 눈을 감고, 틀어박혀 주세요. 그리고 어디에 틀어박혀 있는지, 언어로 표현해 주세요. 해변 가에 가 있는가, 생각을 하고 있는가, 혹은 근육을 긴장시켜 그 감촉에 빠져 있는 것인가. 잠깐 틀어박히고 나서 다시 돌아와 주세요. 그리고 의식하고 있는 것을 말해 주세요.

페니: 아까보다 긴장이 이완된 느낌입니다. 예, 단지 저 자신이 내부 세계에 들어가고 싶습니다. (사이) 그렇지만 그 내부 세계에 오래는 머물고 싶지는 않습니다. (사이) 지긋지긋하기 때문입니다.

펄스: 페니, 처음에 주고받은 기본 제약을 기억하고 있군요. 항상 '지금 ~을 의식하고 있어요.' 라는 표현을 사용할 것. 그런데 아까 나를 쳐다보고 있을 때 무엇에 의식하고 있었습니까?

페니: (오랫동안) 대답을 찾고 있습니다.

펄스: 그래요. 아시다시피 그것은 지금도 그다지 기쁘지 않군요. 그래서 당신은 의식을 멈추게 되었습니다. 그리고 생각한다든지, 염탐한다든지, 주변을 보기 시작하는군요. 바꿔 말하면 당신은 지금, 즉 당신의 컴퓨터 속에 틀어박혀 있군요. 나와 함께 이곳에는 있지 않아요. 아직 이 장소에는 없는 것 같아요. 그러니 눈을 감고 틀어박혀 주세요. (페니가 한숨을 내쉰다) 아까 틀어박혔을 때 지긋지긋하다고 말씀하셨지요. 당신에게 지긋지긋하다는 느낌은 기분이 좋습니까? 기분이 나쁩니까?

페니: 기분 나쁩니다.

펄스: 그럼, 그대로 기분 나쁜 대로 해 주세요. 그래서 지긋지긋해서 지루하게 되는 것에 관해 기분 나쁜 것이 무엇인지 이야기해 보지 않았습니까?

페니: (한참동안) 욕구불만을 느낍니다. 나는 뭔가 하고 싶어요.

펄스: 그것을 다시 한 번 말해 주세요.

페니: 뭔가 하고 싶어요. (침묵. 그녀는 눈을 감는다.)

펄스: 그러면 돌아와서, 지금-여기에서 당신은 무엇을 경험하고 있습니까?

페니: (주위를 둘러본다.) 주위의 색깔이 선명하군요.

펄스: 미안합니다. 다시 한 번.

페니: 색깔이 선명하군요.

펄스: 색이 선명하다고 말씀하시는군요. 그렇게 느끼는 것은 좋은 징후이군요. 이것은 게슈탈트 치료에서는 작은 깨달음이라고 부르고 있습니다. 여러분 페니 씨는 자각하기 시작했습니다. 외부 세계가 리얼하게 보이게 되어, 색깔이 선명함을 그녀가 의식하고 있는 것을 알 수 있습니다. 이것은 나에게는 매우 진실하고 자발적인 것으로 들렸습니다.

토/의/주/제

1. 여러분 자신의 미해결 과제 한 가지를 찾아보고, 그 과제가 여러분의 생활에 미친 영향력에 대해 함께 나누어 보시오.
2. 여러분 자신이 경험한 내적인 갈등 사건을 찾아 그때 경험한 내적 양극성을 찾아보시오. 빈 의자 기법이나 내적 대화법을 사용하여 내적 양극성 간의 싸움을 상세히 묘사해 보시오. 둘 간의 대화를 글로 적으면서 진행해도 된다.
3. 게슈탈트 기법 중 언어수정에 제시된 부분을 자기 생활에 적용시켜 실험해 보시오. 실험해 본 것을 기록으로 남기고, 실제 실험을 통해 자신에 대해 어떤 것을 알아차렸는가를 자문해 보거나 집단에서 함께 나누어 보시오.
4. 게슈탈트 상담에서는 신체적 동작과 예술적 기법 등을 창의적으로 많이 사용한다. 이 중 몇 가지를 경험하고 그것을 함께 나누어 보시오.

Chapter 09 행동주의 상담

행동주의 상담(behavier counseling)의 대표적 연구자인 스키너(Skinner)의 상담에 대한 정의는 행동주의 상담의 핵심을 잘 보여 준다. 스키너에 의하면 상담이란 내담자의 바람직한 행동은 더욱더 증강시켜 주며 바람직하지 못한 행동은 약화 또는 감소시킴으로서 내담자의 적응력을 높일 수 있게 도와주는 재학습과정이다. 행동주의 상담에서 상담자가 할 일은 부적응적 행동을 적응적인 행동으로 대처시키기 위해 학습원리를 적용시키는 것이다. 행동주의 상담은 내담자의 외현적 행동이나 사고를 변화시키기 위한 활동 지향적 기법들을 제공하고 있다. 그러나 최근으로 들어오면서 행동주의 상담은 다양한 활동 지향적 기법들을 도입하고 이 과정에서의 인지적 작용도 강조하고 있다. 이 장에서는 행동주의 상담의 주요 연구자들에 대한 소개, 인간관과 상담의 기본 원리, 과정과 기법, 적용을 다룬다.

1 주요 학자의 생애와 업적

1) 파블로프

Ivan P. Pavlov(1849 ~ 1936)

파블로프(Ivan P. Pavlov)는 1849년에 태어나 1936년에 사망하기까지 행동수정의 기초가 된 과학적 원리를 개발하고 지속적인 연구를 수행한 의욕적인 연구자다. 파블로프는 기초적인 수동적 조건형성 과정을 설명하는 실험을 통해 반사가 중성 자극으로 조건화될 수 있다는 사실을 증명했다.

시골 목사의 맏아들이자 교회지기의 손자였던 파블로프는 중앙 러시아의 고향에서 자랐다. 그는 교회학교와 신학교에서 공부하는 동안 헌신적으로 지식을 전달하는 신학 선생들에게서 깊은 인상을 받았다. 1870년 파블로프는 신학 공부를 포기하고 상트페테르부르크 대학교로 가서 화학과 생리학을 공부했다. 상트페테르부르크의 임피리얼 의학 아카데미에서 의사자격을 취득한 후, 1884~1886년 라이프치히의 심장혈관 생리학자 C.루트비히(Ludwig)와 브레슬라우의 심장생리학자 R. 하이덴하인(Heidenhain)의 지도 아래 독일에서 연구했다. 루트비히와 공동으로 연구하면서 파블로프는 순환계에 대해 독자적인 연구를 하기 시작했다. 1888~1890년 상트페테르부르크에 있는 봇킨 실험연구소에서 심장의 생리와 혈압조절에 관해 연구했다. 그는 능숙한 외과의사가 되어 마취를 하지 않고도 고통 없이 개의 대퇴부 동맥에 카테터(catheter)를 주입하고 다양한 약리적 · 정서적인 자극이 혈압에 미치는 영향을 기록할 수 있었다.

파블로프는 1881년에 결혼했고, 자신이 얻은 성공의 많은 부분을 가정적 · 종교적 · 문학적이고 자신의 편안과 연구를 위해 평생을 헌신한 부인의 업적으로 돌렸다. 1890년 그는 임피리얼 의학 아카데미의 생리학 교수가 되어 1924년 사임할 때까지 그곳에서 일했다. 새로 설립된 실험의학연구소에서 그는 외과수술 후 조리와 건강을 유지할 수 있는 데 필요한 설비에 큰 주의를 기울여, 동물들을 대상으로 외과적인 실험을 시작했다. 특히 1890~1900년, 그리고 대략 1930년까지 파블로프는 소화의 분비 활성에 대해 연구했다. 이러한 연구는 저서 『소화샘 연구에 대한 강의(Lectures on the Work of the Digestive Glands)』(1897)에서 정점에 달했다.

마취되지 않은 정상적인 동물에서 분비액의 분비가 불규칙하게 일어나는 것을 관찰함으로써 1898~1930년 무렵 그는 조건반사에 대한 법칙을 공식화할 수 있었다. 정신현상과 높은 수준의 신경활동을 객관적 · 생리적으로 측정하기 위해 그는 동물의 물리적인(또는 심리적인) 활동을 정량적으로 측정하는 데 침샘분비를 이용했고, 조건반사와 척수반사 사이의 유사성을 찾기 위해 노력했다.

1930년대 초 파블로프는 자신의 법칙들을 인간의 정신이상을 설명하는 데 적용시키기 위해 노력했다. 극도의 흥분을 유발한 유해 자극을 배제한다는 점에서 그는 정신이상자의 특징인 과도한 억제현상을, 외부세계를 차단하는 방어 메커니즘의 일종으로 가정했다. 이러한 생각은 조용하고 무자극적인 환경에서 정신병 환자를 치료하는 데 기초가 되었다. 이 기간 동안 파블로프는 단어를 수반하는 긴 연쇄적 조건반사에 기초하여 인간의 언어 기능에 있어 중요한 원리를 발표했다. 그는 언어 기능이 단어 이외에 인간보다 하등한 동물에서는 불가능한 개념의 정교화도 수반한다는 입장을 고수했다.

그는 죽기 일주일 전까지 정해진 시간에 실험실에 나와 열정적으로 일했으며 이러한 엄격함과 성실성을 제자들과 연구원들에게도 요구한 것으로 유명하다. 또한 평생을 공산주의 정부에 협력하지 않고 투쟁한 반체제 인사로 남았다. 그는 불가지론자였으나 종교에 헌신적인 그의 부인 외에는 아무도 부럽지 않다고 할 만큼 종교의 유익성을 중요하게 여겼다.

2) 스키너

B. F. Skinner(1904~1990)

스키너(B. F. Skinner, 1904~1990)는 왓슨(Watson)이 처음 설명한 행동주의 분야를 확장시켜 파블로프와 왓슨이 설명한 조건화된 반사로서의 수동적 조건형성과 행동의 결과가 미래에 그 행동이 다시 발생하는 것을 통제한다는 손다이크(Thorndike)의 효과의 법칙에 바탕한 조작적 조건형성 간의 차이를 설명하였다.

스키너는 미국의 펜실베이니아 주에서 태어났다. 그의 부모는 그에게 옳고 그름에 대한 강한 감각을 몸에 배게 한 엄격한 사람들이었다. 스키너는 자서전에서 어머니는 그가 올바른 길에서 벗어나면 사람들이 어떻게 생각할까에 대해 생각하도록 권고함으로써 그의 행동을 통제하려 했다고 쓰고 있다. 주일학교를 다니면서 12~13세쯤에 그는 종교적 '권위'라고 하는 것이 '일종의' 행동 강화의 기제에 불과하다는 생각을 하기 시작했다는 회상으로 볼 때 스키너 개인에게는 종교교육에서 경험한 강화 기제가 성인이 되기까지 그의 행동 형성에 크게 작용하지 않았다.

소년 시절에 그는 기계에 관심을 가졌으며 성인기에는 조작된 도구들에 관심을 가졌다. 이런 발명품 중 스키너 상자가 있는데 이것은 동물 행동에서 각기 다른 강화가 주는 효과를 연구하도록 고안된 장치다. 그는 학생들에게 학습을 보다 쉽게 하도록 고안된 도구인 교수기계를 만들었으며 말년에 비둘기에게 책상에서 치는 정구를 가르쳤으며, 8이라는 숫자 쪽으로 걸어가도록 가르쳤고 미사일을 목표물에 명중시키도록 가르치기도 했다. 인간 행동에 대한 지속적인 관심은 그로 하여금 심리학에 관심을 갖도록 했으며 1931년에 하버드 대학교에서 박사학위를 받았다.

스키너는 결정론적인 철학에서 그의 행동주의 이론을 구축했다. 그는 인간이 자신의 운명을 스스로 결정하는 자유로운 주체라는 생각을 거부하며 인간의 행동과 성격은 객관적 세계에서의 과거와 현재의 사건들에 의해 결정된다고 주장했다. 그에 의하면 강화받은 행위는 반복되는 경향이 있고 강화받지 못한 행위는 소거되는 경향이 있다고 보아 학습은 강화에 의해 일어난다고 주장했다. 그는 심리학자들이 관찰 가능하고 검증 가능한 행동에 초점을 맞추어야 한다고 주장했으며 또한 개인의 유전인자와 개인사는 부분적으로 우리의 현재 행동에 책임이 있다고 보았다.

스키너는 처벌이나 혐오스러운 통제가 제거된 잘 계획된 질서를 바탕으로 한 모범사회를 기술한 『월든 투』와 능동적 사회를 그린 『쌍둥이도토리나무』를 썼다. 또한 심리학적 원리들이 이 세상에 어떻게 적용될 수 있는지에 관한 『과학과 인간행동』을 저술했다. 행동수정 분야의 선구자로서 20세기 중요한 학습과 행동 이론을 정립한 스키너는 행동을 변화시키는 다양한 방법들의 구축에 큰 영향을 끼쳤다.

3) 왓슨

왓슨(John b. Watson, 1878~1958)은 1913년 「행동주의자로서 바라보는 심리학에 대한 견해」라는 논문에서 관찰 가능한 행동은 적절한 심리학 주제가 될 수 있으며, 모든 행동은 환경 사건을 통해 통제될 수 있다고 주장했다. 특히 그는 환경 사건이 반응을 유발한다는 자극-반응 심리학을 주창하였다. 그 이후 이러한 심리학 운동을 행동주의라고 부르기 시작하였다.

John b. Watson(1878~1958)

왓슨은 홀어머니 밑에서 자랐으며 어린 시절 상당한 말썽꾸러기였다고 한다. 왓슨은 애들을 자꾸 안아 주거나 무릎에 앉게 하면서 사랑을 표현해서는 안 된다고 믿었다. 자꾸 애정 표현을 하면 애들이 의존성만 커지고 정서적으로 불안해진다고 믿었다. 또 애들은 엄격하고 규칙적으로 길러야 한다고 믿어서 화장실 가는 시간까지 정해 놓고 정확하게 그 시간에 용변을 보도록 강요했다고 한다. 왓슨은 그의 자녀 양육법에 대하여 1928년에 책을 출판했는데(『The Psychological Care of the Infant and Child』) 그 책이 당시에 베스트 셀러가 되면서 아이들 양육의 바이블이 되기도 했다.

왓슨은 시카고 대학에서 박사학위를 받고 그 대학의 교수가 되었다. 왓슨의 가장 잘 알려진 실험은 앨버트라는 소년을 대상으로 한 흰쥐 실험이다. 앨버트라는 11세 소년을 희고 털이 많은 쥐를 두려워하도록 조건형성시킨 것이었다. 앨버트가 쥐를 만지려 할 때마다 왓슨은 큰 징을 울렸다. 소년은 그 소리에 너무나 놀라 급기야는 쥐를 무서워하기 시작했을 뿐만 아니라 희고 털난 다른 대상에게도 일반화된 공포를 보였다. 그래서 앨버트는 산타클로스의 수염조차도 무서워하게 되었다.

그 후 광고회사에 취직하여 광고에 심리학을 접목하며 그 분야에서 큰 성공을 거두었다.

4) 반두라

Albert Bandura(1925~)

앨버트 반두라(Albert Bandura, 1925~)는 1925년 캐나다의 앨버타 주에서 태어났다. 그는 조그만 시골마을에서 성장했으며 브리티시 컬럼비아 대학에서 학사학위, 아이오와 대학에서 석·박사학위를 취득하였다. 아이오와 대학에서 초기에는 임상심리학에 흥미를 가졌으며, 초기의 연구들에는 심리치료과정, 아동의 공격성 등이 있었다. 반두라는 밀러(Miller)와 달러드(Dollard)가 쓴 『사회학습과 모방』을 읽고 크게 영향을 받았고 이때부터 인지와 행동에 관심을 가지기 시작했다.

1953년부터 현재까지 소속되어 있는 스탠퍼드 대학교에 재직하면서 그는 본격적으로 많은 연구를 수행하고 많은 논문을 발표했다. 그는 사회학습이론 분야의 많은 연구를 수행했으며 후에 그의 이론을 시회적 인지이론으로 바꾸어 부르게 되었다. 그의 이론은 환경 자체의 영향보다는 환경에 대한 인간의 반응으로서 자기조절기제와 반응에 영향을 주는 동기에 관심을 가진 점에서 인지이론으로 분류되는데, 이런 부분이 급진적 행동주의자인 스키너와 그가 구별되는 점이다. 그는 인간이 행동을 습득하게 되는 것에 관심을 갖고 다른 사람의 행동을 관찰하고 모방하게 되는 과정에 초점을 두었다. 보보인형 실험은 이러한 관찰학습의 작용을 보여 주는 그의 유명한 연구다. 1960년대 초에 일련의 논문과 서적을 출판, 발표하여 모방학습에 관한 이전의 설명 개념에 대하여 도전하기 시작했으며 관심의 논제를 보다 확대시켜 가게 되었다. 그러한 결과, 오늘날 우리는 이 분야를 관찰학습이라 부르며 반두라를 이 분야의 지도적인 연구자 및 이론가로 부르고 있다.

5) 행동주의 상담이론의 역사

행동주의 심리학은 정신분석적 관점에서 이탈하여, 1950년대와 1960년대 초반에 생겨났다. 고전적 조건형성과 조작적 조건형성의 원리를 적용하고 있으며 스피

글러와 구에르몽(Spiegler & Guerrement, 1998)이 설명한 행동주의 접근의 역사적 뿌리에 기초하였다. 파블로프(1960)와 헐(Hull, 1943)의 연구가 기초가 되었고, 털 있는 동물에 대한 아동의 민감화, 둔감화 및 실험에 이어 인간에게 적용되었다. 후에 월프(Wolpe, 1958, 1961)의 상호제지법을 통한 체계적 둔감화로 임상적으로 널리 사용되었다.

스키너(1953)의 연구가 기초가 된 조작적 조건형성 원리를 통해 개인 및 집단에 행동수정 원리가 적용되었다. 행동주의는 학습이론에서 시작되었다. 학습이론에서 치료기법으로 발전하는 데는 두 권의 책이 중요한 역할을 하였다. 하나는 『성격과 심리치료(Personality and Psychotherapy)』이고 정신분석이론 및 실제를 학습이론의 용어로 바꾸어 행동주의자들이 치료 분야에 등단하는 데 기반을 마련하였다. 다른 하나는『행동수정 사례연구(Case studies in Behavior Modification)』이다. 여기에는 다양한 행동주의 기법이 실려 있으며 특히 서문에는 심리학적 모델의 이론, 이용, 효용성에 대해 다루고 있다. 1960년대 이래 행동주의는 빠르게 성장하였다. 1980년대에는 대부분의 심리학, 상담학 분야에서 행동기법을 중요하게 다루었다. 행동주의 기법은 더욱 복잡하고 다양하게 발전하고 있다.

현대 행동주의 상담은 1950년대에 미국, 남아프리카, 영국에서 동시에 시작되었다. 앨버트 반두라는 스키너의 급진적 행동주의에서 무시되었던 인지를 행동치료의 한 부분으로 당당히 받아들였으며 1960년대에 고전적 조건형성과 조작적 조건형성을 관찰학습에 결합시켜 사회학습이론을 발달시켰다.

1960년대에 많은 인지-행동 접근들이 생겨나서 심리상담/치료 실제에 중요한 영향을 끼쳤다. 행동주의 상담이론은 엘리스(Ellis)의 합리 · 정서 · 행동치료, 벡(Beck)의 인지치료, 마이켄바움(Meichenbaum)의 스트레스 예방과 자기지시훈련과 같은 심리상담/치료기법에 영향을 주었다. 행동주의 상담이론은 1970년대에 심리학에서 중요한 세력으로 등장하였고 교육학, 심리상담/치료, 정신의학, 사회복지학에 중요한 영향을 주었다. 1980년대는 전통적인 학습이론을 넘어서서 새로운 개념과 기법을 찾는 시기였다. 이 시기 행동주의 상담자들은 행동수정의 방법들을 경험적으로 연구하고 내담자와 사회에 대한 상담 실제의 영향을 검토하는 연구들을 수행하였다.

행동주의 상담이론은 행동주의 심리학에 인지적 요소가 강화되는 방향으로 발전하였다. 인지행동적 이론은 행동주의 체계 안에 월프의 체계적 둔감법, 엘리스의 합리적 · 정서적 사상들, 라자러스(Lazarus)의 정서적 심상, 코텔라(Cautela), 마호니(Mahoney)와 카즈딘(Kazdin)의 내적 민감화, 마이켄바움의 인지적 행동수정이 합쳐진 것이다. 인지행동심리학에서는 인간의 내적 과정에 초점을 두지만 그러한 과정을 행동적 용어로 정의한다. 행동치료에서의 인지적 경향은 1970년대에 인식되었고, 1980년대에는 이론과 실제 모두에서 행동치료의 기반을 넓힌 것으로 평가된다. 오늘날 행동수정가들과 인지적 행동주의자들은 단순한 자극 반응 행동들에서 복잡한 인지적 패턴의 방출 및 통제에 이르기까지 인간사의 모든 면을 다룬다.

행동주의 상담에 있어서 가장 중요한 발달 두 가지는 중요한 세력으로서 인지행동치료가 계속 부상한 것과 행동기법들을 의학적 장애의 예방과 심리상담/치료에 적용한 것에 있다. 1990년대 후반 행동주의 상담은 세상에 널리 퍼져 나가게 되었고 실제로 많은 행동주의 상담 및 치료 단체들이 생겼다. 오늘날 행동주의 상담은 다양한 관점과 절차를 가지고 있다. 이러한 다양한 방식들이 가진 가장 중요한 공통점은 상담/치료 지향적이고, 행동에 초점을 두며, 학습을 강조하고, 엄격한 평가와 평정을 한다는 것에 있다.

2 인간관

행동주의에서는 인간을 동식물과 같은 하나의 유기체로 보면서 환경에 대한 작용과 반작용을 강조한다. 또한 행동주의 심리학자 및 상담자들은 인간의 행동이 자연현상과 마찬가지로 일정한 법칙성을 지니고 있다고 가정한다. 이에 따라 인간의 행동은 여러 가지 변인들에 의해 결정되므로 이 변인들과 행동을 지배하는 법칙을 밝혀낼 수 있다면 인간의 행동을 예언하고 수정할 수 있다고 본다. 또한 행동주의 상담이론은 대부분의 행동이 학습된다는 전제하에 인간의 행동은 학습의 법칙을 따른다고 본다. 따라서 인간의 행동이 환경적 사건에 의해 형성되고 결정된다는 입장을 취한다. 초기 행동주의 연구자들은 과학적 법칙성에 의해 인간의 행동을 설명할 수 있다는 점을 강조하였다. 초기 행동주의자들의 인간관은 주로 인간을 환경에 반응하는 수동적인 존재로 보는 기계론적이고 결정론적인 입장이었다. 즉, 행동주의 상담자는 인간의 조건형성 산물이라고 보며 모든 인간학습의 기본적 유형으로서 자극-반응의 패러다임을 주장했다.

행동주의의 대변자인 왓슨은 심리학에서의 인간 행동에 대한 객관적인 연구가 필요함을 주장했다. 그는 개인의 모든 행동은 학습의 결과로 이해될 수 있다고 주장했다. 그러나 최근에 들어와서는 인간이 환경에 영향을 줄 수 있다는 면이 강조되면서, 행동주의 심리학자들의 인간관은 인간의 자유 의지에 의한 선택을 중심으로 인간의 능동적인 측면이 강조되는 경향으로 변화하였다. 이에 따라 최근 행동주의 상담에서는 자기 지도, 자기 관리, 자기 통제 등의 개념이 나오면서 인간이 자신의 행동을 스스로 수정할 수 있는 능력이 있다는 점이 더 강조되고 있다.

행동주의 상담이론에서는 비교적 일관성 있는 인간의 행동에는 관심이 적다. 행동주의 상담이론에서는 인간의 행동을 학습 원리에 의해 생겨나기도 하고 없어지기도 하는 것으로 본다. 따라서 바람직한 행동과 바람직하지 못한 행동은 모두 같은 학습 원리에 의해 학습된다고 보는 것이다.

3 주요 개념

행동주의 상담의 가장 두드러진 특징은 겉으로 드러나는 가시적이고 구체적인 문제 행동을 변화시키는 데 관심을 둔다는 점이다. 행동주의 상담은 파블로브의 고전적 조건형성과 스키너의 조작적 조건형성이라는 두 가지 기본 원리에 바탕을 두고 있다. 고전적 조건형성의 원리를 응용한 기법으로는 체계적 둔감법과 혐오치료가 있고, 조작적 조건형성의 원리를 응용한 기법으로는 긍정적 강화, 행동형성, 자기표현훈련, 모방학습 및 토큰강화체제 등이 있다. 스피글러와 구에르몽(1998)은 행동주의 상담의 특징을 다음과 같은 일곱 가지 순환적인 주제로 제시한 바 있다.

첫째, 행동주의 상담은 과학적 방법의 원리와 절차에 근거한다고 본다. 행동주의 상담에서 실험에서 도출된 학습 원리들은 부적응 행동을 변화시키도록 사람들을 도와주는 데 체계적으로 이용된다. 행동주의 상담에서는 개인 신념이 아니라 관찰에 근거해서 결론을 내리며 구체화와 측정을 상당히 강조하고 중재를 반복할 수 있도록 상담목표를 구체적이고 객관적인 용어로 기술하며 상담과정 내내, 문제 행동과 '문제 행동을 유지시키는 조건' 을 평가하고 평가를 위해 연구방법들을 사용한다.

둘째, 행동주의 상담은 과거를 중요시하지 않으며, 내담자의 현재 문제를 다루고 그것들에 영향을 주는 요인들을 다룬다. 상담자들은 현재 조건들이 내담자가 가진 문제들에 영향을 준다고 보고 내담자의 행동에 영향을 주고 있는 현재의 관련 요인들을 변화시키기기 위해 행동주의 기법을 이용한다.

셋째, 행동주의 상담에서 내담자는 자신의 문제를 다루기 위해서 구체적인 행동들을 하도록 요구받는다. 내담자들은 자신의 처지에 대해 단순히 이야기만 하는 것이 아니라, 변화를 가져올 수 있는 무언가를 하며, 이들은 상담 장면 내에서나 밖에서 자신의 행동을 관리하고, 대처기술을 배우고 실습하며, 새로운 행동을 연습하게 된다.

넷째, 행동주의 상담은 가능한 한 내담자의 실제 속에서 이루어진다. 학습을 심리 상담/치료 핵심으로 간주한다는 점에서 교육적인 측면이 강하다. 상담에서 배운 것을 일상생활에서 적용할 수 있는 것으로 보기 때문에, 내담자에게 자기 관리법을 가르치는 것을 강조하고 과제물이 행동수정의 한 부분이 되기도 한다.

다섯째, 행동주의 상담은 자기 통제 접근을 강조한다. 상담자는 내담자가 스스로 시작하고 실시하고 평가할 수 있도록 내담자를 훈련시키며 내담자는 자신의 변화에 책임을 지는 과정을 통해 능력을 키우게 된다.

여섯째, 행동수정의 절차는 각 내담자의 요구에 맞도록 만든다. 한 내담자의 문제를 다루는 데 몇 가지 심리상담/치료 기법들이 사용될 수도 있다.

일곱째, 행동주의 상담은 내담자와 상담자 간의 협력적 관계에 기초해서 이루어진다. 따라서 상담 과정과 속성에 관해서 내담자에게 알리기 위해 많은 노력을 기울인다.

이러한 특징을 이해하면서 행동주의 상담이론의 주요 개념들을 살펴보기로 하자.

1) 행동수정

행동주의 상담에서 행동이란 인간이 행하고 말하는 것으로서 타인이 관찰하고 설명하고 기록할 수 있는 것이다. 행동은 빈도나 지속시간, 강도로 측정할 수 있다.

행동은 시공간 운동을 포함하기 때문에 물리적 · 사회적 환경에 영향을 미친다. 또한 행동은 법칙이 있어서 행동의 발생은 환경 사건에서 체계적인 영향을 받는다. 따라서 기본적인 행동원리는 행동과 환경 사건 간의 기능적 관계를 설명해 준다. 행동은 외현적 · 내현적으로 나타날 수 있는데, 행동주의 상담에서는 대부분 외현적 행동을 이해하고 변화시키고자 한다.

우리의 행동은 효과적일 수도 부적응적일 수도 있으며, 행동주의 상담은 개인이 통제하는 대부분의 행동이 적응적이건 부적응적이건 간에 학습되었다는 전제에서 비롯된다. 행동주의 상담에서는 과학적인 방법으로 인간의 행동을 설명하려고 시도하며 인간 행동의 원리나 법칙을 설명하는 학습이론에 토대를 두고 있다.

행동주의 상담은 행동수정을 목표로 한다. 행동수정은 인간 행동을 분석하고 수정하는 심리학 분야로서 행동에 초점을 둔다는 점, 행동원리에 기초한 절차라는 점에서 행동주의 상담에서는 행동이 가장 중요한 개념이라고 할 수 있다. 행동주의 상담에서는 행동을 수정하기 위해 현 환경 사건을 강조하고 행동의 원인으로서 과거 시간을 강조하지 않는다. 따라서 행동에 대한 가설적인 기저 원인을 찾고 강조하는 입장에 대해 반대한다.

행동수정은 행동주의 상담의 핵심 개념으로서 인간의 행동을 분석하고 수정하는 것이다. 분석한다는 것은 행동에 대한 이유를 이해하기 위해 또는 어떤 사람이 왜 그렇게 행동했는가를 판단하기 위해 환경과 특정 행동 간의 기능적 관계를 확인하는 것을 말한다. 수정한다는 것은 행동을 변화시키도록 돕기 위하여 절차를 개발하고 이행하는 것을 말하는데 여기에는 행동에 영향을 주기 위하여 환경 사건을 변경하는 것이 포함된다. 행동수정은 행동 자체의 변화에 관심이 있기 때문에 명칭 사용을 강조하지 않는다. 예를 들면 학생의 공격성보다는 공격하는 학생의 구체적인 행동들에 관심을 두고 이를 변화시키는 데 관심을 갖는다.

행동수정은 초과행동과 결핍행동을 표적행동, 즉 수정해야 할 대상 행동으로 한다. 행동수정에서 수정할 행동을 표적행동(target behavior)이라고 한다. 초과행동은 개인이 빈도나 지속시간, 강도를 감소시켜야 할 바람직하지 않은 표적행동을 말하며, 결핍행동은 개인이 빈도나 지속시간, 강도를 증가시켜야 하는 바람직한 행동을 의미한다.

2) 조건형성

(1) 고전적 조건형성

수동적 조건형성이라고도 불리우는 고전적 조건형성은 개를 이용한 파블로프의 생리학 실험 과정에서 개가 먹이를 접할 때 흘리는 침을 먹이를 주는 조교의 발자국 소리나 먹이 그릇만을 접했을 때도 흘리는 것을 관찰하여 이를 체계적으로 정리한 것이다. 고전적 조건형성은 다음과 같은 절차로 도식화된다.

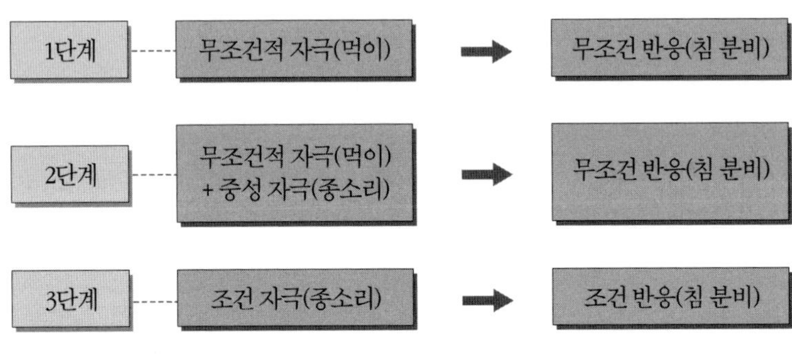

그림 9-1 고전적 조건형성의 절차

1950년대에 월프, 남아프리카공화국의 라자러스, 영국의 한스 아이젱크(Eysenck) 등은 임상 장면에서의 공포치료를 도와주기 위해 동물연구에서 얻은 실험연구의 결과들을 사용하기 시작했다. 이들은 헐의 학습이론과 파블로프의 조건형성(혹은 고전적 조건형성)의 연구에 바탕을 두었다. 이들 개척자의 연구에 깔려 있는 특성은 상담 절차의 실험적 분석과 평가를 중요시했다는 것이다. 체계적 둔감법의 발달에 대한 월프의 기여는 고전적 조건형성 모델에 기초를 두고 있고, 이것은 실험에서 도출해 낸 학습의 원리가 임상적으로 적용될 수 있음을 보여 주는 것이다.

(2) 조작적 조건형성

도구적 조건형성, 작동적 조건형성이라고도 부르는 조작적 조건형성은 행동을 반응행동과 조작행동의 두 가지 유형으로 구분한다. 반응행동은 자극에 의해 야기되는 반사 혹은 자동적 반응을 의미한다. 예를 들어, 밝은 불빛을 받으면 동공이 수

축되는 반응이 이에 해당된다. 조작행동은 제시되는 자극이 없이 자발적으로 방출되는 행동이며, 반응에 따르는 사건에 의해 강해지거나 약해진다. 반응행동은 선행사건에 의해 통제되는 반면, 조작행동은 그것의 결과에 의해 통제된다. 스키너의 비둘기 상자에서 비둘기는 레버를 조작하는 행동으로 그 결과인 먹이를 제공받는데 이러한 행동이 바로 조작행동이다.

조작적 조건형성에서는 결과를 산출하기 위해 환경을 조작하는 행위들을 강조한다. 조작행동의 예로는 읽기, 쓰기, 차, 운전하기, 포크 사용하기 등이 있을 수 있다. 이러한 행동들은 대부분 우리가 일상생활에서 하는 중요한 반응에 해당된다. 행동이 이끌어 낸 환경변화들이 강화적이면 즉, 유기체에게 어떤 보상을 제공하거나 혐오 자극을 제거하면—그 행동이 다시 일어날 가능성이 증대하고, 환경변화가 강화를 낳지 못하면 그 행동이 다시 일어날 가능성은 줄어들게 된다.

3) 수반성

수반성(contingency)은 반응행동과 그 결과 간에 확립될 수 있는 특별한 관계를 말한다. 수반성은 어떤 사건(A)이 일어나면 그에 이어 특정한 사건(B)이 야기될 것이라는 것을 진술하는 규칙이다. 예를 들어, 자녀가 자기 방을 깨끗이 정리하면(A) 용돈을 받을 것(B)이라는 규칙이 수반성이 된다. 세 가지 용어인 자극, 반응, 결과 간의 관계를 설정하는 변별화된 조작행동에는 세 가지 용어 수반성이 관련된다. 조작적 조건형성에서 수반성에 필요한 세 가지 중요한 구성요소로는 첫째, '반응' 혹은 행동이 일어나는 환경적 · 상황적 사건인 '자극', 둘째, 행동 그 자체, 셋째, 행동에 뒤따르는 환경적 자극인 '결과'가 있다.

4) 강화 및 강화계획

강화(reinforcement)는 어떤 행동에 뒤따르는 사건(결과)이 그 행동을 다시 일으킬 가능성을 증진할 때 어떤 행동(반응)을 증가시키는 자극을 일컫는 것이다. 강화에는 어떤 행동이 정적 강화물에 의해 뒤따를 때 반응의 빈도가 증가하게 되는 정적 강화와 행동에 뒤따르는 혐오 자극을 제거함으로써 반응의 빈도가 증가하는 부적 강화로 구분된다. 벌은 어떤 행동에 뒤따르는 결과가 그 행동을 다시 야기할 가능성을 감소시킬 때 이러한 결과를 말한다. 벌 역시 정적 벌과 부적 벌이 있다. 특정 행동이 자극이 뒤따름으로써 반응의 빈도가 감소할 때는 정적 처벌을 사용한 것이며, 행동에 뒤따르는 정적 자극을 제거함으로써 반응의 빈도가 감소할 때는 부적 벌을 사용한 것이다. 부적 벌에는 반응대가(response cost)와 타임아웃(time-out)이 있다.

아주 드문 반응이 강화되었을 때조차 그러한 행동이 유지될 수 있다는 발견을 통해 강화계획에 대한 탐구가 이루어지게 되었다. 강화계획은 강화가 주어지는 수반성에 대한 진술로서 행동을 통제하기 위해 어떤 반응을 어떻게 강화할 것인가에 대한 계획을 말한다. 강화계획은 특별한 시간 간격 혹은 특별한 반응 비율에 근거할 수 있다. 강화계획은 크게 '계속강화'와 '간헐강화' 혹은 '부분강화'로 구분된다. 계속강화는 발생한 모든 반응에 강화물을 제공하는 경우이며 간헐적 강화는 행동을 통제하기 위해 정해진 계획에 따라 정해진 강화물이 제공되는 것이다. 간헐강화에는 시간과 비율을 바탕으로 효과적인 행동 통제를 위해 사용되는 다음의 네 가지 강화계획이 있다. 고정간격계획은 일정한 시간 간격마다 강화물이 주어지는 경우로, 피험자가 하는 반응의 수는 관계가 없다(예: 노동자가 얼마나 일했느냐와 관계없이 주급이나 월급으로 봉급이 주어지는 경우). 변동간격계획은 평균 간격을 중심으로 최소와 최대 간격 사이에서 무선으로 시간 간격이 주어지는 것으로서 피험자가 하는 반응의 비율과는 관계가 없이 변동된 시간에 따라 강화물이 제공된다(예: 낚시꾼이 던진 낚싯밥을 고기가 변동된 시간 간격으로 간헐적으로 건드리는 경우). 고정비율계획은 일정한 반응비율에 따라 강화물이 주어지는 것으로서 시간과는 관계없이 피험자가 하는 반응의 수에 근거한 강화계획이다(예: 노동자가 만든 생산품의 개수에 따라 일정한 보수가 지불되는 경우). 변동비율계획은 평균적인 강화비율을 중심으로 최소와 최대 비율 사이에서 반응비율이 변동되어 강화물이 불규칙적으로 주어지는 강화계획이다(예: 도박꾼이 카지노의 슬롯머신에 동전을 넣는 경우로 언젠가는 대박이 터지겠지 하면서 그만두지 못하고 계속해서 도박을 하는 경우). 스키너는 이 변동비율 강화계획이 높고 안정적인 반응비율을 야기하는 데 효과적이라는 것을 발견했다.

5) 사회적 인지이론

사회적 인지이론은 앨버트 반두라(1997)에 의해 발달된 것으로서 반두라의 사회적 인지이론은 행동주의 학습이론의 확장이라고 할 수 있다. 사회적 인지이론은 긍정적・부정적 강화, 소거, 일반화, 고전적 및 조작적 조건형성을 포함한 자극-반응 심리학의 원리를 통합한 것이다. 반두라는 인간 행동을 설명하는 데 선행되는 조건형성에 인지적 중재를 포함시켜 체계적이고 통합적인 개념 모델을 제안했다. 그는 인지적 중재나 내현적 상징 행동, 자기강화, 본보기, 강화와 처벌을 포함한 대리적 조건형성, 행동과 환경의 상호적 영향을 강조했다. 인지적 중재는 인간의 사고과정에서 나타나는 실제적 상황과 행동의 상징적 표상을 의미한다. 사회적 인지이론에서 중요한 학습은 본보기 학습, 관찰학습, 대리학습 등으로 불린다.

반두라(1982)에 의해 제시된 중요한 개념인 자기 효능감(self efficacy)은 사람들이 상황을 지배하며 원하는 변화를 가져 올 수 있는 개인의 신념 혹은 기대를 의미한다. 자기 효능감 학습이론은 행동치료와 다른 심리상담/치료 절차가 어떻게 작용하는지에 대한 통합된 이론적 설명을 제공하기 위한 최초의 중요한 시도 중 하나로 제시되었다(Fishman & Frank, 1997)

반두라의 사회적 학습모델은 다음의 6단계로 설명될 수 있다. 이러한 관찰학습이 일어나도록 하는 네 가지 결정 요인으로는 주의, 파지, 동작재생, 동기가 있다.

- 1단계: 대상의 과거사와 경험에서 비롯된 기대된 강화를 품은 자극이 제시됨
- 2단계: 대상이 자신에게 관련된 것들에 선택적으로 주의를 기울임
- 3단계: 대상이 모델을 관찰하는 본보기 자극이 제시됨
- 4단계: 상징적 부호화, 인지적 재구조화, 인지적 연습 등의 인지적 과정이 일어남
- 5단계: 인지적 과정에 따른 반응이 일어남
- 6단계: 반응에 따라 비롯되는 강화로서의 자극이 일어남

6) 인지적 행동수정

인지적 행동수정은 우리의 부적응 행동을 수정하기 위해 '인지적 재구조화', 즉 자신의 부적응적 사고를 바꿈으로써 가능하다고 믿는 입장으로서 현재 행동주의 상담의 주된 흐름을 대표한다. 인지적 행동수정에서 상담자는 관찰할 수 있는 행동을 일차적으로 강조하는 것 대신에 주로 변화의 도구로 언어에 의존한다. 인지적 행동수정의 입장에 있는 상담자들은 우리의 사고과정의 변화가 자신의 행동변화의 통합된 부분이라고 믿는데, 이러한 믿음을 마이켄바움은 "우리의 사고, 인지를 변화시키는 것을 학습한다면, 우리는 우리의 신체적 반응, 우리의 행동을 훨씬 잘 통제하게 된다."라는 주장으로 표한하였다. 마이켄바움은 우리가 보다 논리적이고, 덜 스트레스 받는 방식으로 생각하는 것을 학습하면, 스트레스 수준은 줄어들고 자기 통제 수준은 증가할 수 있다고 보았다.

7) 변별과 일반화

우리는 횡단보도에서 파란 불이 켜지면 길을 건너지만 빨간 불이 켜지면 길을 건너지 않는다. 여기에는 빨간 불이라는 자극에는 반응하지 않고 파란 불이라는 자극에 반응하는 자극 통제의 원리가 작용한 것이다. 이러한 자극 통제는 자극 변별을 통해 가능해진다. 자극을 변별한다는 것은 어떤 상황(자극)에서 우리의 행동이 강화될 것 같은가 혹은 다른 상황(자극)에서 같은 행동이 강화되지 않을 것인가에 대해 구별하는 것으로 사람은 자신이 이전에 학습한 것을 바탕으로 자극 변별(stimulus discrimination)을 학습하게 된다. 또한 어떤 상황에서 우리의 행동이 처벌될 것 같은가 혹은 다른 상황에서 같은 행동이 처벌되지 않을 것인가에 대한 변별 역시 학습하게 된다.

특별한 상황에서 반복적으로 강화된 반응은 그러한 상황에서 반복될 가능성이 높다. 그러나 상황들은 흔히 공통적 속성을 공유하는 복잡한 자극들의 집합으로 구성되어 있다. 이러한 공통적 속성을 묶음으로 인식하도록 학습하게 되는 것을 일반화라고 하며 일반화는 변별과 대립되는 개념이라 할 수 있다.

8) 소 거

소거(extinction)란 이전에는 강화되어 온 행동이 더 이상 강화 자극을 결과로 얻지 못하여 향후 그 행동을 더 이상 하지 않게 되는 것을 말한다. 강화를 통해 특정 반응의 빈도가 증가된 이후에 그러한 반응에 대한 강화가 완전히 중단되면, 그 반응이 일어날 빈도는 감소될 것이다. 이렇게 하여 형성된 조작행동이 줄어들거나 나타나지 않는 것을 소거라고 한다. 소거의 원리는 주어진 상황에서 개인이 이전에 강화된 반응을 방출하고 그러한 반응이 강화되지 않으면, 그는 다음에 유사한 상황에 직면할 때 다시 같은 반응을 하지 않을 가능성이 높은 것을 말한다(Martin & Pear, 1992: 49).

"세 살 버릇 여든까지 간다."라는 속담은 한 번 배운 행동은 완전하게 없애기가 힘들다는 것을 강조하는 말이다. 즉, 소거를 통해 완전히 감소된 어떤 행동이라 하더라도 다음에 발생할 기회가 주어졌을 때 다시 나타날 수 있다. 이렇게 일정한 기간이 지난 후에 소거된 행동이 다시 나타나는 것을 '자발적 회복'이라 한다. 자발적으로 회복된 행동의 양은 이전의 소거기간 중에 나타났던 행동의 양보다 적어지는 것이 일반적이다.

9) 행동형성

목표행동이 너무 복잡할 때 그 행동이 개인의 행동 목록에 없을 수 있다. 따라서 그러한 목표행동에 접근하는 반응들을 체계적으로 강화함으로써 새로운 행동을 가르쳐야 할 필요가 있다. 우리는 단계적으로 쉬운 행동부터 학습하여 많은 기술을 갖게 된다. 이렇게 처음에는 서툴고 투박한 행동에서 단계적으로 차근차근 학습하여 정교한 기술을 갖는 절차를 행동형성이라고 한다. 돌고래나 원숭이가 재주를 부리는 행동, 서커스 단원이 보이는 절묘한 행동기술 등은 대체로 행동형성법에 의해 학습된다. 행동형성법은 조성법, 조형법, 계기적 근사법, 행동조성법이라 불리기도 한다. 요약하자면, 복잡한 행동 혹은 기술은 당신이 생성하기 원하는 바람직한 행동의 마지막 형태를 닮은 행동의 부분부터 차례로 강화가 주어져서 체계적으로 학습될 수 있다.

4 상담의 목표와 과정

행동주의 상담자는 행동적이고 지시적이며 내담자가 보다 효율적인 행동을 배우도록 돕는 교사, 훈련가로서의 기능을 담당한다. 내담자는 새로운 행동을 과정과 실험 속에서 행동화해야 한다. 행동주의 상담에서 비록 두 사람 간의 인간적인 관계는 강조하지 않지만 좋은 상담관계는 행동 절차를 개선하는 일에 기초의 역할을 할 수 있다는 점을 기억할 필요가 있다.

1) 상담목표

행동주의 상담의 일반적인 목표는 학습의 새로운 조건을 창출하는 것이라 할 수 있다. 이는 학습 경험들이 문제의 행동을 해결할 수 있고 학습이 문제 행동을 개선시킬 수 있다는 데 근거한 것이다. 즉, 행동주의 상담의 목적은 바람직하지 못한 혹은 부적응적인 행동을 소거시키고 바람직한 행동을 학습시키는 것인데, 원래는 비현실적인 공포나 불안의 제거와 학습을 통한 행동수정이 중요한 목표였으나, 최근에는 자기 지도가 강조되고 있는 추세다.

행동주의 상담에서는 바람직한 행동은 더욱더 증강시켜 주며 바람직하지 못한 행동은 약화 또는 감소시킴으로써 이상 행동자의 적응력을 높이게끔 도와주는 데 근본 목표가 있다. 행동주의 상담의 목표는 내담자가 결정하며 하나의 상담목표는 구체적인 세부단계의 목표로 나누어진다. 행동주의 상담에서는 상담을 통한 계속적인 평가에 의해 이 목표들이 이루어지게 되는 정도를 결정하게 된다.

상담과정에서의 구체적인 목표는 부적응 행동을 제거하고 보다 효율적인 행동을 학습하게 하고 행동에 영향을 주는 요인을 발전시키고 문제 행동에 대해 무엇을 할지를 결정하는 데 초점을 맞춘다. 내담자는 목표를 설정하고 이 목표가 잘 실행되는지 평가하는 상담의 전 과정에서 적극적인 역할을 수행하게 된다. 구체적인 상담목표로는, 첫째, 자신의 감정이나 생각 및 희망을 필요한 일상 장면에서 자유롭게 표현할 수 있도록 훈련하는 것, 둘째, 사회적인 활동을 저해하는 비현실적인 공포를 제거하는 것, 셋째, 내담자가 중요한 의사결정을 내리는 데 방해가 되는 내면의 갈등을 해소하도록 도와주는 것 등이 된다.

2) 상담과정

일반적으로 행동주의 상담의 과정은 ① 상담관계의 형성, ② 문제 행동의 규명, ③ 행동분석, ④ 상담 목표와 방법 협의, ⑤ 상담의 실행, ⑥ 상담결과의 조정 및 평가, ⑦ 상담효과의 유지, 일반화 및 종결로 구성된다. 이러한 과정에서 활용되는 주요 기술로는 주장훈련, 체계적 둔감법, 결과 직면, 과민성 제거, 감동적 구상법, 부의 연습, 심적 포화, 혐오기술, 정적 강화, 토큰강화체제, 행동형성, 시범, 역할연기, 행동연습, 사고 중지, 행동계약, 인지적 행동수정, 자기지도 등이 있다.

첫 번째, '상담관계의 형성'은 일반적인 상담의 원리와 방법에 준하므로 상세하
두 번째, '문제 행동의 규명'은 실제로 행동수정에 착수하기 위해서 습득시켜야 할 행동(약화 또는 제거시켜야 할 행동)을 선정해서 객관적 용어로 정의하는 일이다. 다시 말해, 행동을 효과적으로 수정하기 위해서는 먼저 그 행동을 정확하게 파악하고 서술적 용어로 정의해야 한다. 행동수정의 표적은 내담자의 행동 그 자체로서 분석적 용어로 정의된 행동은 구체적이고 관찰 가능하고 측정이 가능한 행동으로 세분화되는데 행동은 가능한 한 구체적인 작은 행동으로 나누어 서술해야 한다.

세 번째, '행동분석'은 현재의 상태를 파악하는 것으로서 '문제 행동의 규명'이 행동수정의 방향과 목표를 지시해 주는 것이라면 행동분석은 행동의 기저선(혹은 기초선, base line) 측정을 통해 행동수정의 시발점을 가리켜 주는 것이다. 행동의 시발점 측정이라 함은 실제 행동수정이 들어가기 직전까지의 행동이 얼마나 빈번하게 또 오랫동안 일어나고 있느냐를 측정하는 것이다. 행동수정 작업이 끝난 후 내담자의 행동이 변화했는지 판단하기 위한 기준으로서의 시발점에는 빈도와 시간의 두 가지 측정이 있다.

네 번째, '상담 목표와 방법 협의'는 두 번째와 세 번째 과정에 기반하여 내담자와 함께 협의를 하여 상담의 목표를 정하는 것이다. 이때 구체적인 표적행동을 기술하고 바람직한 행동을 했을 때 받게 될 강화의 종류와 양, 빈도 등도 결정하게 된다.

다섯 번째, 상담의 실행은 시발점을 설정, 정의된 행동의 강도(빈도 또는 지속 시간)를 측정한 후부터 정적 강화, 부적 강화, 벌 또는 소멸 등 행동수정의 강화기법들을 적용하여 행동을 수정하는 과정을 말한다. 이때 상담자는 내담자에게 강화기법을 적용할 때 강화의 원리를 반드시 숙지해야 한다. 상담자가 숙지해야 할 강화의 원리로는, 첫째, 즉시강화의 원리(강화는 증강시키고자 하는 행동이 발생하면 즉각적으로 주어져야 함), 둘째, 일관성의 원리(내담자에게 목표 형성을 위해 일관성 있는 강화를 제공 해야 함), 셋째, 점진적 접근의 원리(변화시키고자 하는 행동을 계획된 단계에 따라 점진적으로 접근해야 하며 내담자가 단계별로 쉽게 옮겨 갈 수 있으며, 또한 매 단계마다 강화는 주어져야 함)가 있다.

여섯 번째, '상담결과의 조정 및 평가'는 행동변화의 정도를 평가하는 것으로서 행동변화를 목적으로 하여 시작한 행동수정은 행동변화가 확인되면 끝내게 된다. 행동주의 상담에서는 습득해야 할 최종행동을 정의하고 세분화하여 그 행동들의 변화과정을 객관적으로 평가할 수 있도록 하기 때문에 상담자는 언제 행동수정을 끝내야 할지 분명히 알 수가 있다. 한편, 목표 달성에 성공하지 못했을 때 행동주의 상담에서는 실패의 요인을 내담자 내부에서 찾지 않고 프로그램의 잘못된 설계나 진행에서 찾고 프로그램을 수정하는 조정을 하게 된다.

일곱 번째, '상담효과의 유지, 일반화 및 종결'은 행동수정을 통해 얻은 변화가 유지되거나 나아가 비슷한 다른 행동으로 일반화되도록 격려하고 프로그램을 지속하도록 안내하는 것으로써 상담을 성공적으로 종결하는 단계다. 내담자는 행동수정 프로그램을 통해 자신감과 효능감을 얻게 되며 자신의 행동을 조정하고 변화하는 방법을 학습하였으므로 행동수정의 효과를 유지하거나 다른 유사한 행동변화로의 일반화가 가능해진다.

5 상담의 기법과 적용

1) 상담기법

(1) 바람직한 행동을 증강시키는 기법

① 정적 강화

내담자의 바람직한 행동에 대해 보상을 주어 그 행동을 증강하는 경우 그 보상을 정적 강화(positive reinforcement) 자극이라고 한다. 흔히 사용되는 정적 강화에는 음식, 돈, 승진, 인정, 주목, 칭찬, 자유시간, 사탕, 어떤 특혜를 주는 것, 좋아하는 활동을 할 수 있도록 허용하는 것 등이 있다.

스키너는 강화를 일차적 강화와 이차적 강화로 구분했다. 일차적 강화는 무조건적 강화라고 하며 애초부터 고유하게 강화의 속성을 보유한 사건이나 대상을 말한다. 예를 들어, 사탕을 좋아하는 내담자의 경우 바람직한 행동을 할 때 사탕을 준다면 사탕은 일차적 강화인이라 할 수 있다. 일차적 강화인이 대상자에게 강화의 효과를 가지는 것은 학습 효과와는 무관하다. 이차적 강화는 대상에게 강화 효과를 갖기 위해서 대상자의 과거 경험 속에서 일차적 강화와 연합되는 경험을 해야만 한다. 예를 들어, 대표적으로 돈은 그 자체로 강화의 효과를 갖지 못하지만 여러 가지 기본적인 만족을 주는 옷, 음식, 집 등을 얻을 수 있는 강한 강화인이 된다. 스키너가 주장한 또다른 이차적 강화인으로는 주목, 인정, 호의, 타인에 대한 복종 등이 있다. 이것은 인간의 행동을 통제하는 데 매우 강한 효과를 갖는다. 사람은 자신만의 고유한 조건화의 역사를 갖고 있으므로 모든 사람들이 동일한 강화인의 통제를 받는 것은 불가능하다. 예를 들어, 어떤 사람은 성공으로 인해 다른 사람들에게 인정받는 데서 보상을 받으며 또다른 사람들은 타인의 다정한 반응에서 더 보상을 받고, 또 다른 사람들은 성취로 인해 스스로 갖는 만족감에서 가장 큰 보상을 받는다. 한편, 강화인은 시간의 흐름에 따라 변화되기도 하므로 한 개인 안에서도 강화인의 강화 효과는 달라질 수 있으므로 상담자는 내담자의 강화인을 다양하게 파악하고 준비하여 사용할 필요가 있다.

일상생활에서는 물론 상담 장면에서 효과적으로 사용할 수 있는 정적 강화 방법으로 프리맥의 원리가 있다. 프리맥의 원리는 낮은 확률의 활동, 즉 내담자가 싫어하는 행동을 증가시키기 위해 높은 확률로 나타나는 행동, 즉 내담자가 좋아하는 행동을 할 기회를 강화로 제공하는 것이다. 숙제를 다 마치면 밖에 나가서 친구들과 놀게 한다든지, 게임을 할 수 있게 해 주는 것이 프리맥의 원리를 적용한 예가 된다.

② 부적 강화와 벌

스키너의 행동수정 이론에서는 인간의 많은 행동이 개인의 어떤 반응과 연관된 고통, 불쾌, 불안을 가져오는 혐오 자극을 통해 통제될 수 있다고 본다. 혐오 자극을 통한 통제방법은 크게 부적 강화와 벌로 나뉜다.

부적 강화(negative reinforcement)는 어떤 바람직한 행동을 할 때 내담자가 싫어하는 대상물을 제거해 주는 방법으로서 이때 제거되는 것을 부적 강화 자극이라고 한다. 정적 강화나 부적 강화 모두 바람직한 행동의 발생빈도나 강도를 증가시킨다는 점에서는 동일하다. 부적 강화가 정적 강화와 다른 점은 정적 강화가 바람직한 행동을 함으로써 어떤 바람직한 것을 얻게 되는 반면, 부적 강화는 바람직한 행동을 함으로써 꾸중, 벌로서의 청소, 구속 등 어떤 불쾌한 자극을 피할 수 있다는 점이다. 부적 강화가 효과를 발휘하기 위해서 내담자는 회피 행동과 도피 행동을 학습해야 한다. 회피 행동은 이미 존재하고 있는 혐오 자극에서 벗어나기 위한 행동으로서 극장에서 주변에 시끄럽게 떠드는 십대 청소년들이 있을 때 소음을 피하기 위해 그 무리로부터 멀리 떨어진 자리에 가서 앉는 것을 예로 들 수 있겠다. 도피 행동은 이 행동을 함으로써 혐오 자극의 출현을 미리 방지하는 것으로서 다음에 극장에 갔을 때 십대 청소년들이 모여 앉은 것을 보면 미리 멀리 떨어져 앉는 것을 예로 들 수 있다.

벌은 바람직하지 않은 행동을 감소시키거나 제거할 때 사용되는 것이라는 점에서 부적 강화와는 구별된다. 벌은 현대 사회에서 일반적으로 사용되는 행동 통제 방법으로서 일상 생활 속에서 규칙을 위반하면 벌금을 물거나 교도소에 가거나 어린아이가 야단이나 매를 맞는 것, 학생이 시험에서 부정행위를 하면 성적에서 감점을 받거나 제적되는 것 등이 그 예다. 벌은 그 반응이 다시 발생할 가능성을 감소시키는 데 그 효과가 있다.

③ 차별강화

차별강화란 어떤 사람의 여러 행동 중 어느 하나만을 골라 선택적으로 강화하는 것을 말한다. 예를 들어, 수업 시간에 수시로 자리를 이탈하는 학생의 경우 학생이 수업 시간에 제자리에 앉아 있을 때만 강화를 하고 그 이외의 시간에는 강화하지 않는 것을 말한다. 이때 행동수정의 표적행동은 교사의 허락 없이 수업 시간에 자리를 뜨고 돌아다니는 행동이며 강화를 받을 행동은 수업 시간에 제자리에 앉아 있는 행동이다. 차별 강화는 학생이 이미 할 수 있는 행동을 더 자주, 더 오래 하도록 할 때 사용되는 방법이다.

④ 행동형성

조성 혹은 행동형성은 내담자가 한 번도 해 본 적이 없거나 거의 하지 않는 어떤 새로운 행동을 가르칠 때 효과적으로 사용되는 방법이다. 시발점 행동을 결정하고 나면 상담자는 여기에서 출발하여 최종 목표행동에 도달할 때까지의 행동을 난이도나 완성도에 따라 나누어 쉬운 행동의 단계부터 하나씩 차례로 요구하고 상담자는 내담자가 그 단계의 행동을 완수할 때마다 강화를 준다. 행동형성의 절차를 상세히 기술하면 다음과 같다.

- 목표행동을 정의한다. 표적행동의 정의를 통해 행동수정 프로그램의 성공 정도나 시점을 측정할 수 있다.
- 조성이 목표행동에 대한 가장 적합한 방법인지 결정한다. 내담자가 목표행동을 이미 조금이라도 보이고 있다면 행동형성법을 사용할 필요가 없다.
- 시발점 행동을 정한다. 시발점 행동은 내담자가 간혹이나마 이미 행하고 있는 행동이어야 한다.
- 행동형성의 단계를 정한다. 행동형성에서는 다음 단계로 넘어가기 전에 각 단계의 행동에 숙달되어야 한다.
- 행동형성 과정에 사용할 강화인을 선택한다. 강화인의 양은 내담자가 쉽게 만족할 수 없는, 즉 포만이 오기 어려운 정도로 정해야 한다.
- 각 연속적 근사치에 대해 차별적으로 강화한다. 근사치 행동이 꾸준히 일어나면 강화를 중단하고 다음 단계의 근사치 행동에 강화를 하기 시작해야 한다.

• 최종 도달목표 행동에 이르기까지 적절한 속도로 강화를 진행해 나간다.

⑤ 간헐강화

간헐강화(intermittent reinforcement)란 어떤 행동이 발생할 때마다 강화하지 않고 부분적으로 강화하는 것을 말한다. 대부분의 일상생활 환경에서 행동 직후에 주어지는 강화는 일정하게 또는 규칙적으로 주어지지 않기 때문에 간헐강화는 자연적 조건에서의 강화와 유사하다. 그리고 일단 행동이 학습되면 간헐적으로 강화가 주어질 때 소거에의 저항이 더 강해져서 오래도록 유지된다. 간헐강화의 종류는 강화계획에서 제시된 바와 같다.

⑥ 토큰강화

토큰강화(token economy)는 집단 속의 각 개인의 다양한 행동을 수정할 때 효과적으로 사용되는 방법이다. 토큰강화 자극으로는 별표, 스티커 등이 사용된다. 토큰은 돈처럼 교환가치가 부여된다. 개인은 각자 바람직한 행동을 할 때마다 토큰을 받고 토큰은 개수에 따라 다양한 강화 자극과 교환된다. 다른 강화 자극보다 토큰 제도는 내담자의 행동관리에 많은 이점을 지니는데 첫째, 심리적 포화현상을 방지할 수 있으며, 둘째, 내담자가 토큰의 개수에 따라 다양한 강화 자극과 교환하거나 장기간 토큰을 저축해서 좀 더 값진 강화 자극으로 교환할 수 있으며, 셋째, 토큰은 내담자의 행동을 강화할 때 간편하게 처리할 수 있으며, 넷째, 토큰제도는 강화의 지연을 예방해서 강화의 효과를 높일 수 있다.

(2) 바람직하지 못한 행동을 감소시키는 기법

① 상반 행동의 강화

바람직하지 못한 행동을 감소시키기 위해 스키너가 생각하는 가장 바람직한 방법은 바람직한 행동과 병행할 수 없는 상반되는 바람직한 행동에 대한 긍정적 강화를 통해서 조건화하는 것이다. 상반 행동의 강화는 바람직하지 못한 행동 대신에 바람직한 행동을 강화하면 나쁜 행동은 차츰 감소하고 바람직한 새로운 행동을 학습하게 된다는 원리에 근거하고 있다. 긍정적 강화는 불쾌한 자극과 관련된 부정적 부산물을 발생시키지 않는 이점이 있어서 개인의 행동을 더 효과적으로 변화시킬 수 있다.

② 소거

소거 혹은 소멸은 바람직하지 않은 행동에 주어지던 강화를 차단하는 것을 말한다. 일상생활에서 많은 행동은 관심이나 인정 등의 강화로 증진, 유지된다. 수업 장면에서도 학생이 오답을 할 때 틀렸다고 이야기하고 정답을 알려 주는 것보다는 정답을 했을 때 칭찬과 인정으로 강화하고 오답을 했을 때 무시하는 차별 강화를 통해 학생의 정답반응률을 더 효과적으로 높일 수 있다.

소거의 초기 단계에는 내담자의 바람직하지 못한 행동이 더 강하게 나타날 수 있다. 이런 현상을 소거에 대한 저항 혹은 소거 발작이라 부르는데 이는 대부분의 경우 더 강하게 저항하면 바라는 자극을 강화로 얻을 것으로 기대하고 의도적으로 하는 행동이라기보다는 좌절에 대한 인간의 자연스러운 반응이라고 할 수 있다.

소거의 방법을 사용할 때는 제3자에 의해 소거하려는 행동에 대한 강화가 주어지지 않는지 면밀히 관찰하고 이러한 밀수강화를 차단하는 것이 성공의 관건이 된다. 또한 언어가 통하는 연령대의 내담자에게는 소거 계획을 미리 설명하고 합의에 의해 진행하는 것이 소거에 대한 저항을 줄이고 내담자가 받을 심리적 상처를 예방할 수 있다.

③ 벌

벌은 어떤 행동에 후속되어 그 행동이 재발할 확률을 감소시킬 수 있는 자극을 말한다. 그러나 벌은 벌을 받는 이에게 심한 무기력이나 불안, 목표로 하지 않은 행동의 제한, 반사회적 행동, 벌을 주는 사람이나 상황에 대한 회피와 공포감 등의 부작용을 낳기 쉽다. 벌을 주는 사람에게 벌은 부적 강화가 되므로 벌의 오남용을 가져올 수 있다. 제3자에게 벌의 사용이 모방되어 향후에 더 많은 벌을 사용하게 될 가능성이 있다. 이러한 부작용 때문에 스키너는 벌을 포함한 불쾌한 혐오 자극에 기초를 둔 모든 형태의 행동 통제의 적용을 반대했다. 따라서 벌로 인해 내담자가 처벌을 받는 행동보다 더 심한 부적응적 행동을 하게 되지 않도록 목표행동과 통제의 이유, 강화받을 수 있는 상반 행동 등을 안내할 필요가 있다.

④ 자극 포화법

자극 포화 혹은 포만은 혐오 통제의 한 방법이다. 부적응적 행동을 충족시켜 줄 수 있는 자극을 정도가 넘도록 제공함으로써 질리게 하여 그 행동을 그만하도록 만드는 방법이다. 담배를 끊지 못하는 사람이나 게임에 중독된 사람에게 지나칠 정도로 담배를 많이 피우게 하거나 과도할 만큼 장시간 지속적으로 게임을 하도록 함으로써 다시는 그 행동을 하고 싶은 마음이 들지 않게 만드는 것이 자극 포화법의 예가 된다. 자극 포화법은 강박 행동을 하는 사람의 강박 행동을 통제하는 데 흔히 사용된다.

⑤ 체계적 둔감법

행동치료의 선구자 중 한 명인 월프가 개발한 기본적인 행동 절차로서 고전적 조건형성에 기초를 둔다. 체계적 감감법이라고도 부른다. 이완훈련과 불안위계표 작성을 통해 내담자로 하여금 낮은 정도의 불안에 맞서는 행동을 할 수 있게 되면 바로 좀 더 불안을 일으키는 상황을 상상하게 하여 점진적으로 혹은 체계적으로 내담자가 불안을 일으키는 상황에 덜 민감해지게, 즉 둔감해지게 하는 방법이다. 체계적 둔감법에서는 내담자들이 불안을 감소시키는 한 방법으로 불안을 일으키는 상황에 스스로를 드러내기 때문에 노출 기법의 한 형태라고 할 수 있다.

체계적 둔감법은 가장 많이 사용되고 실증적으로 연구된 행동치료 절차 중의 하나다. 불안과 관련된 장애에 대한 최초의 주요한 행동주의 상담기법이었고 불안과 회피반응을 다루기 위해 현재에도 널리 쓰이고 있는 방법이다.

⑥ 행동기술훈련

행동기술을 가르치기 위한 절차는 모델링, 교수, 시연, 피드백으로 구성된다. 모델링은 학습자에게 정확한 행동시범을 보이는 것을 말한다. 학습자는 모델의 행동을 관찰하고 그 모델을 모방한다. 모델링이 일어나려면 학습자는 모델에 주의집중하고 그 모델이 시범을 보이는 행동을 수행할 수 있는 모방능력이 있어야 한다. 모델링은 실연을 통해서는 물론 동영상, 이미지 화면 등으로도 할 수 있다. 모델링에 영향을 주는 주요한 요인들로는 모델링하는 행동의 정확도가 높을 때마다 반복적으로 강화를 주어야 하며 모델은 학습자보다 신분이 높거나 매력도가 높아서 모델링하고 싶은 동기를 높여야 하고 모델 행동이 발생하는 상황의 적절성이 확보되어야 하며 학습자가 모델 행동에 집중할 수 있어야 한다는 것 등이 있다. 교수는 학습자의 적절한 행동을 설명하는 것을 말한다. 교수는 상세해야 효과가 있으므로 학습자에게 기대되는 행동을 정확하게 설명해야 한다. 행동연쇄를 위하여 적당한 순서로 연쇄의 각 요소를 자세하게 설명해야 한다. 교수는 학습자가 이해할 수 있는 난이도로 설명되어야 하며 학습자가 믿을 만한 사람이 제공해야 하고 교수와 모델링을 동시에 제공하는 것이 필요하다. 시연은 교수를 받은 후에 혹은 모델링 후에 학습자에게 그 행동을 연습할 기회를 제공하는 것을 말한다. 정확한 시연에는 강화가 뒤따라야 하며 부정확한 시연은 교정을 위한 피드백이 뒤따라야 하며 정확도가 높아질 때까지 반복적인 시연이 필요하다. 피드백은 그 행동을 시연한 후에 즉각적으로 제공되는 것으로서 정확한 수행에 대한 칭찬이나 강화인을 포함한다. 필요할 경우 실수를 정정해 주거나 잘 수행할 수 있는 방법을 설명해 줄 수 있다. 모든 피드백은 행동이 발생한 즉시 주어져야 하며 정확한 부분이 무엇인지를 설명하는 칭찬이 포함되어야 하고 한 번에 한 가지 측면에 대해서만 교정 피드백을 제공하는 것이 좋다.

⑦ 안구운동 둔감법과 재처리과정

1990년대 중반 이후부터 안구운동 둔감법과 재처리과정(Eye Movement Desensitization and Reprocessing: EMDR)에 대한 대중적이며 학술적인 출판물이 주목받아 왔는데 EMDR은 본질적으로 8단계로 구성되어 있고 행동치료에서 사용되는 많은 절차들을 포함한다. EMDR의 중요한 내용은 다음과 같다.

- EMDR은 내담자가 인지를 재조직화하거나 정보를 재과정화하는 것을 돕는 데 쓰인다.
- 준비단계는 상담관계 혹은 상담작업동맹 형성을 포함한다.
- 평가단계에서 상담자는 표적의 구성요소를 분명히 하고 과정을 시작하기 전에 기준적인 반응점을 잡는다. 이 평가는 불안하게 하는 외상 기억을 분명히 하고, 외상 사건과 연관된 감정과 물리적 감각을 분명히 하고, 혼란의 종속적 단위(SUD)인 심상척도를 평가하고, 혼란스러운 사상과 연관된 부정적 인지를 분

명히 하고, 외상 사건 주변에 불안을 감소시킬 수 있는 적절한 신념(정적 인지)을 발견하는 것을 포함한다.

- 둔감법 단계에서 내담자는 외상 심상을 구상화하고 부적절한 신념(혹은 정적인지)을 말로 표현하고 신체적 감각에 주의를 두게 된다.
- 설치단계는 내담자가 가진 부적 인지에 대한 재배치로써 확인하였던 부적 인지 대신에 정적 인지의 설치하고 강도를 증가시키는 것으로 구성된다.
- 정적 인지가 자리 잡은 후에 내담자는 외상적사상과 정적 인지를 명시화하고 마음속으로 스스로의 신체를 발바닥부터 머리끝까지 세밀히 살핀다. 신체 스캔은 내담자가 표적 사상을 명시화할 수 있고 동시에 육체적 긴장을 하지 않으면서 정적 인지를 경험할 수 있을 때 완성된다.
- 각 회기 마무리 부분에 적당한 종결이 있어야 되는 것은 필수적이다. 상담자는 내담자에게 일지나 생활문, 구술 회상을 통해 회기 동안 혼란스런 심상, 감정과 생각들을 경험할 수 있는 것들은 떠올리게 한다. 이완의 사용이나 혹은 명시적 기술은 상담 회기 동안 내담자가 안정감을 느끼게 하는 데 필수적이다.
- 재평가는 상담의 마지막 단계이고 각각의 새로운 회기가 시작될 때 수행되어야 한다. 많은 행동주의 상담자들은 새로운 회기마다 내담자들과 숙제를 검토하고 EMDR을 이용한 상담자는 수정된 표적행동을 재평가하거나 상담이 계속 진행되어야 할지를 결정하기 위해 내담자의 반응을 검토해야 한다.

⑧ 자기관리 프로그램과 자기 지시적 행동

자기관리 프로그램은 내담자가 자신의 문제를 조종할 수 있도록 돕기 위해서 인지적 · 행동적 방법을 통합하여 활용되는 것으로서 자기관리에는 자기 관찰, 자기 보상, 자기 계약, 자극 통제 등이 있다. 자기관리의 평가와 중재의 기본 가정은 문제 상황에서 문제에 대처하는 기술을 사용하도록 사람들을 가르칠 수 있다는 것이다. 자기관리 프로그램에서 행동수정의 결과를 일반화하고 유지하는 것은 일상생활에 자기관리 및 자기조절 방략을 실행하기 위한 책임 능력을 내담자가 받아들이도록 하는 데 있다.

자기관리 방법은 자신이 통제하거나 변화시키기를 원하는 구체적인 행동, 예를 들어 흡연, 음주, 마약 사용의 통제, 공부시간 조정기술의 학습, 비만이나 과식 치료 등이나 불안, 우울, 고통 등 많은 문제에 적용할 수 있다. 사람들이 종종 자신의 목표를 성취하지 못하는 중요한 이유가 어떤 기술의 부족 때문이며 이러한 영역에서 자기관리와 자기 지시적 접근은 변화를 위한 지침과 변화를 유도하는 계획들을 제공할 수 있다.

행동주의 상담의 기법은 결과에 대한 경험적인 타당성에 기초한 실용적인 기법으로 개인, 집단, 부부 및 가족 상담에 널리 적용될 수 있다. 행동수정이 특히 잘 적용될 수 있는 문제로는 공포증, 우울증, 성도착증, 아동의 행동장애, 말더듬, 심장질환 등이 있을 수 있으며 행동수정의 원리들은 소아의학, 스트레스 관리, 임상의학, 교육, 노인의학 등과 같은 분야에 적용될 수 있다.

2) 상담사례

초등학교 3학년이 된 자녀가 아침에 일어나는 것부터 힘들어하고 지각을 자주 하게 되어 어머니는 담임선생님의 염려 섞인 전화를 종종 받아야 하고 아침마다 깨워서 학교에 가게 만드는 일에 에너지를 빼앗겨 스트레스가 많았다. 건강에 문제가 있는가 해서 병원에 가서 검사를 해 보기도 하고 학교생활을 확인해 보았을 때 다른 문제가 있는 것은 확인되지 않았다. 어머니가 관찰해 봤을 때 자녀에게 정서적인 어려움이 생긴 것은 아닌 것으로 보였다. 어머니는 상담자에게 이 문제에 대한 자문을 청했고 자문에 따라 일주일 동안 자녀의 아침 기상부터 등교까지를 관찰하여 기초선을 수립했다. 어머니는 자녀가 좋아하는 것을 강화물로 정하고 지각하지 않기 위해 필요한 세부 일정의 시한을 정하여 이것을 자녀와 약속하였다. 다음은 어머니가 행동수정 상담자의 자문을 받아 설계한 자녀의 행동수정 프로그램을 행동계약의 형태로 제시한 것이다. 이것은 토큰강화를 실시하는 규칙을 약속하고 실행해 나가기 위한 계약에 대한 참고자료로 유용하다.

행동계약서

○○○와 엄마는 아래와 같은 약속을 틀림없이 지킬 것입니다.

2016년 8월 1일

실행인: ○○○ (인)
관리인: ○○○ (인)
증　인: ○○○ (인)

○○의 행동	조건	토큰 수	교환할 수 있는 상품
• 7시 40분까지 일어나기 • 8시까지 세수, 옷 입기 • 8시 20분까지 아침 먹기 • 8시 25분에 등교하기	• 정해진 시간에 스스로 마칠 때 • 엄마의 주의를 듣고 정해진 시간에 마칠 때 • 시간이 지나거나 엄마가 도와주었을 때	2 1 0	• 10장: 과자 1 • 20장: 특식 1회 • 50장: 문화상품권 1장 • 70장: 문화상품권 2장 • 120장: 친구들과 하루놀기 지원 및 용돈 1만원

자녀는 처음 2~3일 힘들어했으나 점차 토큰을 얻는 것에 흥미와 열의를 보였고 10장을 모아서 한 번 과자로 교환하여 먹은 다음에는 토큰을 많이 모아서 친구들과 놀이공원으로 놀러 가고 싶다는 바람을 표현하였다. 그리고 마침내 아이가 120장의 토큰을 모아 어머니는 기쁜 마음으로 친구들과 놀이공원에 데려다 주었다. 물론 놀이공원 안에서 간식을 사 먹을 용돈으로 만 원도 주었다.

토/의/주/제

1. 증강시키고 싶은 바람직한 행동 하나를 목표행동으로 진술하고 행동주의 상담에서 바람직한 행동을 증강시키기 위해 사용할 수 있는 기법 중 적용할 만한 방법을 택해 구체적인 행동수정 프로그램을 설계해 보자.

   - 목표행동

   - 선행 자극의 통제

   - 후속 자극의 설계

2. 자신이 현재 당면해 있거나 과거에 있었던 고민을 놓고 이의 해결을 위해 감소시키거나 없애야 할 문제 행동을 진술하고 이를 위해 행동 감소를 위한 기법들 중 자신에게 적용할 만한 기법을 선택하고 기초선 측정을 포함하여 구체적인 행동수정 프로그램으로 설계해 보자.

   - 목표행동
     - 문제 행동
     - 상반 행동
   - 기초선 측정 및 목표 설정

   - 선행 자극의 통제

   - 후속 자극의 설계

   - 일상생활의 예 중에서 고정간격, 변동간격, 고정비율, 변동비율 강화계획을 수립해 보자.

Chapter 10 합리 · 정서 · 행동치료

1950년대에 앨버트 엘리스(Albert Ellis)가 창안한 합리 · 정서 · 행동치료(rational emotive bahavior therapy: REBT)에서는 인간의 '사고'를 강조한다. 엘리스는 인간의 사고와 감정 그리고 행동은 상호작용하지만, 인간이 경험하는 많은 심리적 문제와 어려움의 기저에는 대부분 인지가 우선적으로 작용한다고 가정하며, 특히 '자기 패배적인 '당위적 사고(self-defeating absolutistic beliefs)'를 핵심 개념으로 소개하고 있다.

벡(Beck)의 인지치료와 REBT는 인간관, 변화에 대한 개념, 기법 등에서 많은 공통점을 지니지만, REBT는 비합리적 신념을 변화시킴에 있어서 논박하고 수정하는 고유한 접근법을 제시하고 있다. 수집한 증거들에 따라 설득하고 가르치는 방법을 통해 REBT는 두 가지 차원의 변화를 추구한다. 일반적인 REBT에서는 실질적 어려움들에 대해 즉각적인 해결방법을 제시하고, 한 단계 깊이 들어가는 REBT(elegant REBT)에서는 '집약적이고 깊이 있는 철학적 · 정서적 변화를 이끌도록 돕는 것'을 목표로 한다(Ellis, 1995a).

1 엘리스의 생애와 업적

Albert Ellis(1913~2007)

앨버트 엘리스는 1913년 9월 17일 미국 펜실베이니아 주 피츠버그에서 출생하였다. 그는 가난한 유대인 부모인 헤티 엘리스(Hettie Ellis)와 헨리 엘리스(Henry Ellis) 사이에서 2남 1녀 중 장남으로 태어났다. 그는 만 4세 되던 해에 부모와 함께 뉴욕으로 이주하여 줄곧 그곳에서 생활하였다.

엘리스는 아동기 때 부모의 소홀한 양육, 나쁜 건강상태(편도선염, 급성 신장염 등), 극도로 부끄러움을 타는 내성적인 성격으로 인한 수치심과 사회적 회피, 12세 되던 해의 부모 이혼 등 여러 가지 시련을 경험하면서 성장했다. 이러한 아동기의 어려움은 엘리스에게 오히려 독서를 통한 지적 능력의 향상을 불러왔다. 그리고 그는 이혼 후 자녀양육에 거의 관심이 없었던 어머니로 인해 두 살 어린 남동생과 네 살 어린 여동생을 돌보면서 독립심과 자율성을 키워 나가게 되었다. 이러한 엘리스의 성장 배경을 살펴보면 그의 이론은 자신의 어린 시절 문제를 치유하기 위해 개발한 것임을 알 수 있다. 이와 관련해 잘 알려져 있는 일화 중 하나는 엘리스가 자신의 발표불안과 '여성에게 다가가는 공포'를 극복하기 위해 브롱크스(Bronx) 식물원에서 한 달 동안 100명의 여성에게 다가가서 사회적 접촉을 시도했으나 그중 단 한 명만이 데이트에 동의하였고 그 한 명마저도 약속시간에 나타나지 않았다는 것이다. 이 '사회적 위험무릅쓰기 연습(social risk-taking exercise)'은 긍정적 강화를 가져오지는 않았지만 이후에 노력을 지속하여 결과적으로 행동변화를 가져오게 하였다.

엘리스는 상업고교를 마치고 뉴욕 시립대에서 경영학을 전공한 후 작가가 되려는 꿈을 갖고 잡지사에서 근무하기도 했다. 그러나 그의 글들은 대부분 출판되지 못했다. 1943년에는 컬럼비아 대학교에서 임상심리학으로 석사학위를 받고 1947년에는 철학박사(임상심리학 전공) 학위를 받았으며 이어 정신분석 수련을 받았다. 엘리스가 최초로 근무를 시작한 곳은 뉴저지 정신위생클리닉(New Jersey Mental Hygiene

Clinic)이었으며 그곳에서 임상심리학자의 역할을 수행하였다. 그는 정신분석적 심리치료를 1950년대 초반까지는 비교적 충실하게 수행해 나갔으나, 많은 내담자들이 장기간의 치료에 경제적 부담을 느낀다는 사실을 알게 되면서 그들을 위하여 만남의 회기가 다소 변형된 정신분석적 경향의 심리치료를 수행하였다. 이후 그는 적극적이고 지시적인 접근이 정통 정신분석보다 효율성이 탁월하며 효과가 크다는 경험을 하였고, 전통적 접근법에 대한 반과학적이고 수동적인 면을 비판하게 되었다.

이렇듯 엘리스는 고전적 정신분석과 분석심리학 그리고 이후 행동주의 학습이론에도 관심을 기울였으나 그 효과에 만족하지 못하였고, 1955년 인본주의와 행동주의를 혼합한 '합리치료(rational therapy)'를 고안하여 상담에 적용하기 시작했다. 1961년 자신의 이론이 이성만을 강조하는 것이 아님을 알리기 위해 '합리정서치료(rational emotive therapy: RET)'로 그 명칭을 바꾸었고, 다시 1993년에는 행동의 중요성을 강조한 코시니(Corsini)의 의견에 따라 '합리 · 정서 · 행동치료(rational emotive behavioral therapy: REBT)'로 바꾸었다(Ellis, 1995b). 엘리스는 상담과 심리치료 분야에서 가장 많은 저작을 남긴 사람 중 한 명이다. 엘리스는 매년 200여 개의 강연과 워크숍을 하며 REBT의 적용과 이론에 대해 50여 권의 책과 600편 이상의 논문을 발표했다.

엘리스는 모두 세 번의 결혼생활을 했다. 첫 번째 결혼은 결혼 취소 선언으로 종결되었고, 두 번째 결혼은 3년 후에 종결되었다. 아이는 없었으며 이후의 여러 번의 이성관계 역시 짧은 갈등 상황으로 종결되곤 했다. 50세가 되던 해 앨버트 엘리스 연구소의 부소장인 자넷 월프(Janet Wolfe)와 사귀기도 했지만, 2000년 호주 출신의 심리학자인 데비 조피(Debbie Joffee)와 사귀기 시작하여 2004년 세 번째 결혼을 했다. 이 결혼은 2007년 7월 24일 엘리스가 오랜 투병생활 끝에 사망할 때까지 지속되었다(강진령, 2009; 박경애, 1997).

2 인간관

REBT에서는 인간이 합리적이면서 동시에 비합리적인 신념을 만들어 낸다는 데서 독특함을 지닌다는 인간의 이중적인 면에 관심을 기울이고 있다. 인간은 어떤 측면에서는 복잡한 체계의 특성을 보이는 반면, 다른 측면에서는 매우 유연함을 보이기도 한다. 인간은 사랑하고 가치 있는 일을 추진하며, 스스로의 성장을 위해 노력하고, 자기실현을 추구하는 동시에 자기 파괴적이고, 반복된 실수를 하고, 불가능한 완벽을 추구하며, 믿을 수 없을 정도로 미신 같은 것에 집착하고, 자신의 무한한 가능성을 파괴하는 측면이 있다.

여기서 엘리스가 가장 주목한 사실은 인간은 누구나 생각하고 행동하고 동시에 정서적 느낌을 체험하는 능력을 가지고 있는데, 이 중 인간의 사고가 정서와 행동에 결정적인 영향을 미친다는 것이다. 그는 인간이 환경적 조건에 의해서만 전적으로 결정되는 존재라는 행동주의적 인간관에 반기를 들고 있지만, 동시에 본능에 의해서 움직이는 생물학적 존재라는 정신분석적 인간관에도 동의하지 않는다. 인간은 독특하고 고유하며 한계를 이해하는 능력을 지니고 있는 이성적인 존재라는 것이 엘리스의 인간 이해다(박경애, 1997).

예를 들어, 같은 회사에서 일하던 세 사람이 동시에 직장을 잃었다고 가정하자. 첫 번째 사람은 자신이 반드시 승진되어야 했고 해고를 당해서는 안 된다는 신념을 가지고 있었기 때문에 매우 화를 냈다. 두 번째 사람은 직장이 없으면 자신은 쓸모없는 존재라는 신념을 가지고 있었기 때문에 우울했다. 그리고 세 번째 사람은 직장이 항상 지루하다고 생각했기 때문에 일자리 잃은 것을 즐거워했다. 이 이야기의 핵심은 일자리를 잃는 것이 다양한 정서반응을 불러일으켰지만, 그것은 그 사건 자체가 일으킨 것이 아니라 각 개인이 그 사건을 어떻게 지각하는가라는 것이다(Palmer, 2000).

엘리스가 REBT를 통해 제시한 인간관은 고대 로마의 스토아 학파 사상에 그 뿌리를 두고 있다. 스토아 학파의 대표적인 철학자인 에픽테투스(Epictetus)는 개인이 고통받는 것은 타인의 비방이나 모욕이 아닌 그것을 모욕으로 여기는 자신의 생각 때문이라고 주장했다. 즉, 인간은 대상 자체가 아닌 그 대상에 대한 관념에 의해 혼란을 겪는다는 것이다. 이러한 사상에 영향을 받은 엘리스의 인간 이해를 요약하면 다음과 같다(박경애, 1997).

- 인간은 선천적으로 이중적 존재다. 즉, 인간은 합리적이면서 동시에 비합리적인 존재다.

- 인간은 비합리적 사고의 결과로 정서적 문제를 만들어 내는 존재다. 즉, 인간은 자신이 원하는 것을 선호적 사고가 아닌 당위적 사고로 여김으로써 정서 · 행동상의 어려움을 겪는 존재다.
- 인간은 자신의 인지 · 정서 · 행동을 변화시킬 수 있는 존재다. 즉, 인간은 특정 상황에 대한 신념을 바꿈으로써 자기 패배적인 행동과 부적절한 감정을 변화시킬 수 있는 역량을 지니고 있다.
- 인간은 왜곡되게 생각하려는 생리적 · 문화적 경향성이 있으며 자신이 스스로를 방해하는 존재다.

엘리스가 언급했듯이 인간은 생물학적 · 문화적 영향을 많이 받으며 어린 시절 가족문화를 결정짓는 부모의 양육태도에 의해 왜곡된 사고를 학습하지만, 어려서 부모에게 들은 이야기를 어른이 된 후에도 그대로 믿는 사람은 많지 않다. 따라서 어른이 된 후까지 지속되는 비합리적 신념에서 벗어나려는 개인의 노력은 매우 중요하며, 이러한 노력을 통해 개인은 비합리적인 생각이나 태도, 행동을 합리적인 것으로 바꾸며 성숙한 사람으로 변화할 수 있다(천성문 외, 2009).

3 주요 개념

1) REBT의 정의

합리 · 정서 · 행동치료(REBT)에서는 인간을 이루는 세 가지 핵심 영역인 합리 · 정서 · 행동이 상호작용하는 과정에서 인지가 핵심이 되어 정서와 행동에 영향을 준다고 강조한다(Ellis, 1995b; Ellis & MacLaren, 2005). 이런 의미에서 REBT도 인지행동치료의 한 영역이라고 볼 수 있겠다. 그러나 초기 행동주의적 접근이 인간을 어떤 자극에 대하여 반응하는 수동적 존재로 받아들였다면, REBT는 인간이 자극을 어떻게 지각하느냐에 따라 반응이 달라질 수 있다는 입장을 취하고 있다.

엘리스는 초기에 장애를 만드는 생각과 대결하는 데 이성을 사용하는 것을 강조하기 위해서 REBT를 '합리치료(RT)'라 하였으나, 이 명칭이 마치 정서적 탐색을 사소하거나 중요치 않게 여기는 듯한 잘못된 인상을 주었기에 이를 확장해서 '합리 · 정서치료(RET)', 그리고 후에 행동 영역도 포함한 '합리 · 정서 · 행동치료(REBT)'라 명명하였다(Palmer, 2000). 엘리스(1995b)는 자신이 창안한 이론의 이름을 다시 정한다면 합리 · 정서 · 행동치료 대신에 인지 · 정서 · 행동치료가 더 적합하다고 했다. 하지만 현재 벡(Beck, 1976)의 인지치료나 마이켄바움(Meichenbaum, 1977), 클라크(Clark, 1986) 등의 인지행동치료가 널리 알려져 있는 상황에서 이름을 바꾸기에는 너무 늦은 감이 있는 것이 사실이다. 원래 '인지(cognition)'란 용어는 라틴어의 'gnos'에서 파생된 것으로, '영적 세계 또는 미지의 세계를 알다 또는 경험하다'라는 의미를 지닌 'cognosco'에서 나와서 지금은 비교적 넓은 의미로 사용된다. 심리학자들 사이에서도 인지, 사고, 지각, 이해 그리고 기억이라는 용어 사이에 명확한 경계를 내리기는 어렵다고 강조한다. 어쨌든 인지는 태도, 기대, 귀인 등의 포괄적인 인지적 활동과 지각체계를 모두 포함한다고 할 수 있다. REBT는 인간의 행동을 예언하고 산출하고 이해하는 데 핵심이 되는 것으로 바로 이러한 인지활동을 꼽고 있다.

'정서(emotion)'는 사고(생각)의 결과물로 나타난다. 적절한 사고는 적절한 정서를 낳고, 부적절한 사고는 부적절한 사고를 낳는다. 적절한 정서는 '~을 하고 싶다' 등과 같은 선호적 사고의 결과물로 나타나고, 부적절한 정서는 '~을 해야만 한다' 등과 같은 당위적 사고의 결과물로 나타난다. 인간의 정서가 신체적 변화에 대한 해석(사고)에 의해 결정된다는 사실은 이미 샤흐터와 징거(Schachter & Singer, 1962)의 실험을 통해 밝혀진 바 있다.

2) 적응적 정서와 정서장애

REBT는 혼란스러운 역기능적 정서와 비록 부정적이기는 하나 정상적으로 동기화된 정서를 구분한다. 즉, 부정적인 감정의 표현이 정신 병리의 증거는 아니다. 사람들은 합리적으로 생각할 때 혼란스러운 정서의 강도가 줄어든다기보다는 질적으로 아주 다른 정서를 실제적으로 경험하게 된다고 한다. 엘리스(1995a, 1995b)는 비합리적 사고가 불안, 우울 또는 분노를 유발하지만 합리적 사고는 걱정, 슬픔, 곤란함 등을 유발시킨다고 가정한다. 불안, 우울, 분노, 죄책감, 소외감 등과 같은 정서

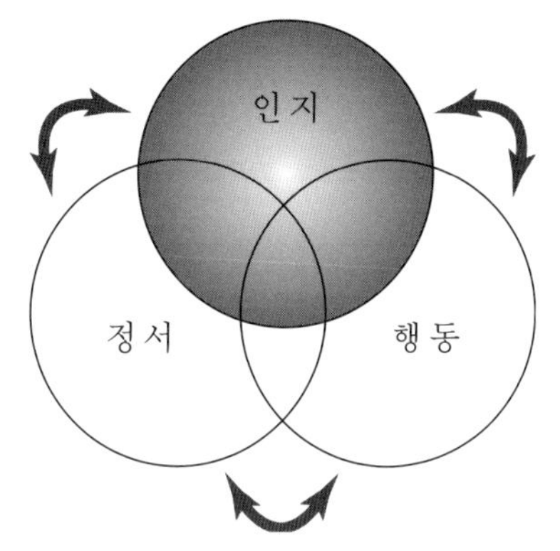

그림 10-1 인지 · 정서 · 행동의 관계 도식

출처: 박경애(1997), p. 61.

는 삶의 초기에 무비판적으로 받아들인 비합리적 · 비논리적 사고와 부정적 · 독단적 · 비논리적 자기 진술의 반복을 통해 형성된 자기 패배적 신념체계에 의해 발생 · 유지된다(강진령, 2009). 이러한 정서들은 반드시 정서의 강도를 낮출 필요가 없다. 오히려 그것들은 질적으로 다른 현상 경험을 유도하고, 다른 경험의 틀을 형성시켜 주며, 다른 행동적 반응을 이끌어 낸다.

혼란은 역기능적 행동을 초래하거나 사회적 표현을 소원하게 하는 정서로 특징지을 수 있다. 예를 들어, 어느 여인이 세 자녀와 함께 남편으로부터 이혼을 당했다고 하자. 만일 그 여인이 현실적이고 합리적인 사고를 하는 사람이라면 '이혼당한 경험'을 대단히 불편해하기는 하나 그것으로 자기 자신이 '무가치한 인간이어서 견딜 수 없다.'라고까지 자학하지는 않을 것이다.

3) 비합리적 신념

앞서 언급했듯이, 사람이 정서적 문제를 겪는 결정적인 원인은 일상생활에서 겪는 구체적인 사건들 때문이 아니라 그 사건을 합리적이지 못한 방식으로 지각하고 받아들이기 때문이다(Ellis, 1991). 따라서 REBT가 답해야 할 중요한 이론적 문제들은 정서적 혼란을 유도하는 인지적 과정 또는 비합리적 신념이란 무엇인가와 어떻게 그러한 비합리적 사고가 강렬한 정서적 혼란을 일으키게 되는가다. 엘리스가 제

● 표 10-1 | 합리적 사고와 비합리적 사고의 차이

특성 \ 사고	합리적 사고	비합리적 사고
논리성	논리적으로 모순이 없다.	논리적으로 모순이 많다.
현실성	경험적 현실과 일치한다.	경험적 현실과 일치하지 않는다.
실용성	삶의 목적 달성에 도움이 된다.	삶의 목적 달성에 방해가 된다.
융통성	융통성이 있고 유연하다.	절대적 · 극단적이고 경직되어 있다.
파급효과	적절한 정서와 적응적 행동에 영향을 준다.	부적절한 정서와 부적응적 행동을 유도한다.

출처: 박경애(1997), p. 75.

시한 합리적 사고와 비합리적 사고를 비교해 보면 〈표 10-1〉과 같다.

비합리적 사고 또는 비합리적 신념이란 자기 패배적 정서를 야기하는 사고를 말한다. 사람들은 이러한 비합리적 신념을 스스로 계속 반복하고 확인함으로써 느끼지 않아도 되는 불쾌한 정서를 만들어 내고 유지한다. 엘리스(1991)가 제시한 전형적인 비합리적 신념들과 이에 상응하는 합리적 신념들을 요약해 보면 다음과 같다.

- 나는 내가 만나는 모든 사람에게 사랑받고 인정받고 이해받아야만 가치 있는 사람이다. ☞ 자기를 존중하고 실제적인 일에 대해 인정을 받고 사랑을 받기보다는 사랑하는 것에 신경을 쓰는 것이 보다 바람직하고 생산적이다.
- 어떤 사람들은 나쁘고 사악하기 때문에 반드시 비난받고 처벌받아야만 한다. ☞ 사람들은 비윤리적으로 행동하는 경우가 흔하며, 그들을 비난하고 처벌하기보다는 그들의 행동을 변화시킬 수 있도록 도와주는 것이 더 좋을 것이다.
- 일이 뜻대로 진행되지 않는 것은 내 인생에서 실패를 의미하고 끔찍한 일이다. ☞ 일이 내 뜻대로 된다면 좋겠지만 내가 원하는 대로 되지 않는다고 해서 끔찍할 이유는 없다.
- 위험하거나 두려운 일들이 일어나 큰 해를 끼칠 수 있으므로 그 가능성을 늘 생각하고 있어야 한다. ☞ 걱정한다고 해서 어떤 일이 저절로 사라지는 것은 아니다. 나는 일어날 가능성이 있는 괴로운 일을 처리하기 위해 최선을 다할 것이며, 만약 다루기 불가능하다면 그것이 어쩔 수 없다는 것을 받아들이겠다.

- 완벽한 능력이 있고 성공을 해야만 가치 있는 인간이다. ☞ 자신이 인간적인 제한점이 있고 실수를 범하기도 하는 불완전한 존재라는 것을 받아들이는 것이 좋을 것이다.
- 인간의 문제에는 완전한 해결책이 있고, 만약 그 해결책을 발견할 수 없다면 끔찍한 일이다. ☞ 세상은 불확실한 세계다. 나의 삶을 즐기기 위해 나는 아무런 보장이 없더라도 결정을 내리고 위험을 무릅쓰겠다.
- 세상은 반드시 공평해야 하며 정의는 반드시 승리해야 한다. ☞ 세상에는 불공평한 경우가 자주 있다. 불공평한 경우에 불만을 갖는 것보다는 그것을 시정하도록 노력하는 편이 더 낫다.
- 나는 항상 고통이 없이 편안해야만 한다. ☞ 고통 없이 얻을 수 있는 것은 아무것도 없다. 그러므로 나는 좋아하지 않더라도 이런 불편을 참아 내고 견딜 수 있다.
- 나는 아마 미쳐 가고 있는지도 모른다. 그러나 나는 미쳐서는 안 된다. 왜냐하면 그것을 견딜 수 없기 때문이다. ☞ 정서적 곤궁은 확실히 즐거운 것은 아니지만 참을 수 있다.
- 인생에서의 어려움은 부딪히기보다 피해 가는 것이 편하다. ☞ 소위 쉬운 방법은 궁극적으로는 피할 수 없으며 오히려 피해 가는 것이 더 어려운 방법이다.
- 우리는 다른 사람에게 의지해야만 하고 의지할 강한 누군가가 있어야만 한다. ☞ 다른 사람들과 친밀하게 지내는 것을 즐기지만 내 생활을 도와줄 사람을 원하지는 않는다. 나는 나 자신을 믿고 의지할 수 있다.
- 행복이란 외부 사건들에 의해 결정되며 우리는 통제할 수 없다. ☞ 현재 내가 겪고 있는 정서적인 괴로움은 주로 나의 책임이며, 내가 사건들을 보고 평가하는 방식을 변화시킴으로써 나의 감정을 조절할 수 있다.
- 나의 과거의 일들이 현재의 행동을 결정한다. ☞ 나는 과거의 일들에 대한 나의 지각과 과거의 영향에 대한 나의 해석을 재평가함으로써 과거의 영향을 극복할 수 있다.

이러한 내용들을 통해 우리는 자신이 가지고 있는 비합리적 신념들을 찾아나갈 수 있고, 이를 합리적 신념으로 바꾸려고 노력할 수 있을 것이다(Ellis & MacLaren, 2005).

4) 비합리적 사고의 요소

(1) 당위적 사고

당위적 사고는 요구(demandingness)에 의한 표현으로 드러나는데, 영어로는 'must' 'should' 'ought' 'have to' 등으로 표현된다. 엘리스는 절대적이고 당위적인 사고를 인간 문제의 근원으로 파악한다. 이러한 신념은 우리가 우리들 자신과 타인 그리고 세계에 대한 우리의 요구로 작용하며(예: '나의 삶은 평탄하고 문제가 없어야 한다'), 각 개인의 기본적인 세 가지 불합리한 신념은 다음의 중요한 세 가지 당위적 사고에 의해 요약될 수 있다(강진령, 2009; 박경애, 1997; Palmer, 2000).

- 자신에 대한 당위: 나는 반드시 훌륭하게 일을 수행해 내야 하며 중요한 타인들로부터 인정받아야만 한다. 그러지 못하는 것은 끔찍하고 참을 수 없는 일이며, 나는 보잘것없는 하찮은 인간이 되고 말 것이다.
- 타인에 대한 당위: 타인은 반드시 나를 공정하게 대우해야 한다. 그러지 못하는 것은 끔찍하며, 나는 그러한 상황을 참아 낼 수 없다.
- 세상에 대한 당위: 세상의 조건들은 내가 원하는 방향으로 돌아가야만 한다. 그러지 못하는 것은 끔찍하며, 나는 그런 끔찍한 세상에서 살아갈 수가 없다.

엘리스는 인간이 앞의 세 가지 기본적 당위에 대해 찬동해 버리면 장애가 저절로 수반된다고 말한다. 그리고 당위적 사고가 모든 비합리적 사고의 핵심이 되며 그로부터 기타 비합리적 사고가 파생되는데, 대표적으로는 과장적 사고, 좌절의 불포용, 인간 가치의 총체적 비하 등이 있다.

(2) 과장적 사고

과장적 사고는 현실을 있는 그대로 직시하기보다는 훨씬 더 과장해서 생각하는 것을 말한다. '~이 끔찍하다' '~하면 큰일난다' 등의 표현으로 드러난다.

(3) 좌절의 불포용

처음에 엘리스는 이와 같은 비합리적 신념의 형태에 대해 LFT(low frustration

tolerance, 낮은 인내성)라는 용어를 사용했는데, 욕구가 좌절된 상황을 충분히 참지 못한다는 의미에서 본다면 FI(frustration intolerance)라는 용어가 더 적절하다. 세상에는 인간이 할 수 있는 일이 있고 그렇지 못하는 일이 있을 수 있는데, 인간의 한계를 수용하지 못하는 경우도 이에 해당된다.

(4) 인간 가치의 총체적 비하

대체로 사람들은 자신들의 잘못된 한 가지 행동을 가지고 자기 가치 또는 타인 가치를 총체적으로 평가해 버리는 경우가 많다. 그 형태는 자기비하 또는 타인비하로 드러나는 경향이 짙다. "나는 수학시험을 잘 치지 못했어."라고 말해도 될 것을 "그러니까 나는 아주 나쁜 아이야."라고 말하는 것은 자기비하의 한 전형이다.

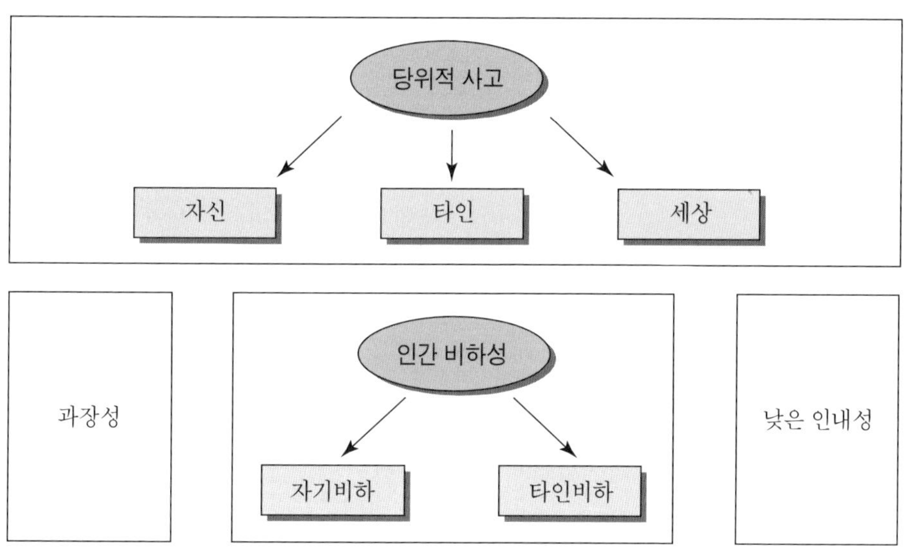

그림 10-2 당위적 사고에서 파생한 비합리적 생각의 요소

출처: 박경애(1997), p. 92.

5) 비합리적 신념체계의 체득과정

엘리스에 의하면 ① 인간은 생득적으로 비합리적 사고를 지닐 수 있는 경향성이 있다. 그리고 비합리적 사고의 대부분은 먼저 ② 어린 시절에 부모나 사회가 교육시킨 것이다. 이것을 학습이론적 용어로 표현하자면 조건 반사적 행동 내지 조건형성된 것이라고 볼 수 있다. 다음에는 ③ 사회나 부모의 가치를 옳은 것으로 수용하여 자기의 것으로 받아들임으로써 굳게 체득된다. 즉, 자기 교화(self-indoctrination) 내지 내재화의 과정이 이루어지는 것이다.

6) 비합리적 신념과 사고과정

비합리적 신념은 실제적으로 고정되고 부정확한 도식(schemata)과 같은 특성을 가지고 있다. 엘리스는 비합리적 신념보다는 비합리적 도식이라고 표현하는 것이 더 정확할지도 모른다고 제안했다. 도식은 자연적 세계와 당위적 세계, 그리고 그러한 세계에서 좋고 나쁨이란 무엇인가에 대한 예상들의 집합이다.

도식은 ① 사람들이 관심을 가지는 정보, ② 감각 소여로부터 받아들여지는 지각, ③ 지각한 자료로부터 결론을 이끌어 내는 자동적 사고나 추론, ④ 실제적 또는 지각된 세계로 만들어 낸 평가, ⑤ 문제를 풀기 위해 생각하는 결론에 영향을 줌으로써 사람들이 그들의 세계를 조직하는 데 도움을 준다.

7) ABCDE 모델

엘리스 성격이론의 핵심이 되는 ABCDE 모델은 인간이 비합리적 신념으로 인해서 부적응적인 정서와 행동에 고착되는 것을 잘 설명해 주고 있다. ABCDE는 상담과정에서도 중요한 치료 절차로 이용된다. 영어의 A, B, C, D, E는 각각 선행 사건을 의미하는 activating events, 사고나 신념을 의미하는 belief system, 결과를 의미하는 consequence, 논박을 의미하는 dispute, 효과를 의미하는 effect의 머리글자를 따온 것이다. 어떤 사건(A)이 일어나면 각 개인은 이 사건을 자신의 신념체계(B)를 매개로 하여 지각하고, 사건을 자신의 가치관이나 태도에 비추어 평가하고, 그로 인해 정서적이거나 행동적인 결과(C), 즉 우울하거나 초조해하거나 화를 내는 행동 등을 하게 된다.

그러나 REBT의 확장된 관점에 의하면 불안, 우울, 열등감, 시기, 질투, 죄의식 등과 같은 정서적 반응(emotional consequence: C)은 주로 개인의 신념체계(belief system: B)에 의해서 발생한다. 즉, 심한 불안과 같은 바람직하지 못한 정서적 반응

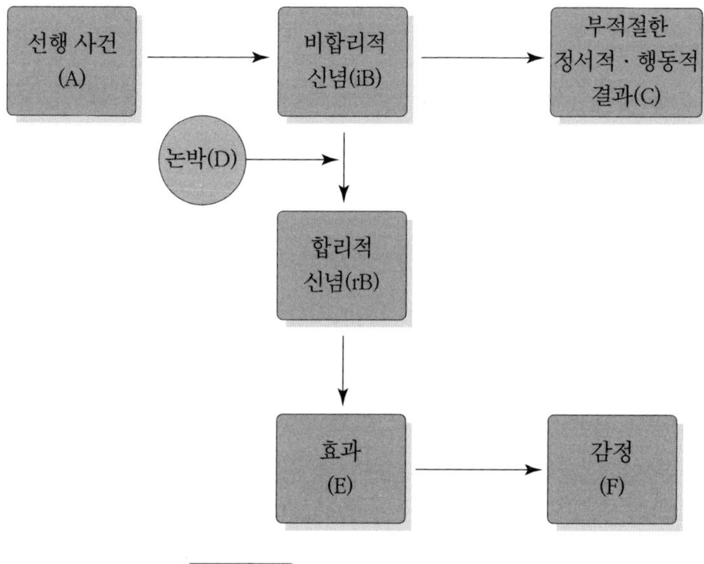

그림 10-3 확장된 ABC 모델

(C)의 원인은 어떤 사건의 발생(activating events: A) 때문이 아니라 그 사건에 대해 가지는 자기 자신의 비합리적 신념(irrational belief: iB) 때문이며, 그러한 혼란된 정서는 합리적인 신념(rational belief: rB)에 의해 효과적으로 논박(dispute: D)될 때 사라진다. 그리고 이러한 논박의 결과로 새로운 철학이나 새로운 인지체계를 가져오는 결과(effects: E)와 그에 따른 감정(feeling: F)을 낳게 된다. 결국 REBT는 인지적 재구조화를 위한 ABCDEF 체계로 구성되는데, 이를 구체적으로 도식화하면 [그림 10-3]과 같다.

엘리스는 각 개인이 자신이 최초로 가지고 있는 정서적 문제에 관한 이차적 정서 문제를 유발한다고 강조한다. ABC 모델에 따르면 이것은 내담자의 초기 정서적 문제가 새로운 사건(A)이 되어 또 하나의 ABC 결과를 만들기 위해 도화선을 당기는 역할을 한다. 즉, 이차적 문제는 '문제에 관한 문제' 또는 '장애에 관한 장애'인 것이다. 예를 들면, 내담자들은 자기가 불안 증세를 가지고 있기 때문에 더욱 우울하게 느끼며 그들이 우울 증세를 가지고 있기 때문에 더욱 불안하게 느낀다.

비합리적 사고의 수준을 정리해 보면 다음과 같다.

● 표 10-2 | ABC 모델에서 이차적 문제

사건(A)	수진이는 그녀가 발표할 때 어쩌면 잘못 할 수도 있음을 고려하고 있다.
합리적 사고(rB)	나는 발표를 훌륭하게 하고 싶다.
↓	수진이는 그녀의 선호적인 생각을 경직된 당위적 사고로 바꾼다.
비합리적 사고(iB)	나는 반드시 이번 발표를 아주 훌륭하게 잘해야만 한다.
정서적 · 행동적 결과(C)	발표에 대해 매우 불안하다.

이차적 사건(A_2)	수진이는 그녀가 발표할 것을 생각하면 굉장히 불안하다.
이차적 합리적 사고(rB_2)	만일 내가 불안감을 느끼지 않으면 더 좋을 텐데.
↓	수진이는 그녀의 선호적인 생각을 경직된 당위적 사고로 바꾼다.
이차적 비합리적 사고(iB_2)	나는 절대로 불안해서는 안 된다. 왜냐하면 나의 불안은 내가 더 이상 훌륭한 사람이 아니라는 것을 입증하는 것이기 때문이다.
이차적 결과(C_2)	부가적 불안(이차적 불안)을 느낀다.

- 자동적 사고: 의식적 과정에서 순간순간 떠오는 생각이나 영상을 말한다.
- 추론(귀인): 사건이나 자동적 사고와 관련해서 떠오르는 추론이나 귀인으로서 의식의 과정에 있으며 쉽게 떠올릴 수 있는 사고를 말한다.
- 평가적 인지: 부정적인 정서와 관련된 역기능적 인지로서 다소 가정적인 것이기 때문에 명확하게 표현되지 않을 수도 있다.
- 핵심적 인지(내재된 신념, 도식): 각 개인이 독특하게 지니고 있는 삶의 법칙이나 철학적 가정으로서 정서적 격동, 심각한 스트레스, 인생의 커다란 변화에 의하지 않고는 잘 드러나지 않는다.

4 상담의 목표와 과정

1) 상담목표

REBT에서 사용되는 많은 방법들의 중요한 목표는 내담자의 중요한 자기 패배적 견해의 극소화와 더 실제적이고 관대한 인생철학의 습득이다. REBT의 주목표는 증상을 제거하는 것이 아니라 주로 내담자의 가장 기본적인 가치관 중의 일부를 검토 · 평가하고 변화시키는 것이다. REBT에서 내담자와 함께 추구해야 할 목표로는 자기 관심, 사회적 관심, 자기 지향, 관용, 융통성, 불확실성의 수용, 몰두, 과학적 사고, 자기 수용, 위험 무릅쓰기, 비이상주의 등을 들 수 있다(박경애, 1997).

결과적으로 REBT에서는 내담자의 부적절한 정서와 부적응적 행동을 적절한 정서와 적응적 행동으로 변화시켜 더욱 행복하고 더욱 건강하고 더욱 충실한 삶을 살 수 있도록 돕는 것을 목표로 한다. REBT와 같은 인지상담에서는 현재의 상태에서 좋게 느끼게 하는 것(feel better)이 아니라 현재의 상태에서 실제로 더 나아지는 것(get better)에 초점을 둔다. 또한 REBT 치료자들은 내담자들에게 그들이 현재와 미래의 문제해결을 위한 자가 치료자(self-therapist)가 될 수 있도록 가르침으로써 치료자가 필요 없도록 하는 것을 목적으로 한다(Palmer, 2000).

상담목표는 대부분의 상담기법에서와 마찬가지로 내담자와 합의해서 설정하여야 한다. 상담목표는 상담 진행과정의 이정표이므로 목표가 명확할수록 그것을 성취해 가는 과정에서 바람직한 행동의 변화를 쉽게 이루어 낼 수 있다. 목표를 설정함에 있어서 상담자는 파급효과가 큰 문제를 상담 초기에 선택하는 것이 바람직하다. 또한 내담자가 빨리 해결하고 싶어 하는 문제에 우선순위를 두고 내담자 입장에서 실현 가능하며 구체적인 목표를 세우는 것이 중요하다.

엘리스가 제시한 궁극적 상담목표인 정신건강의 기준을 살펴보면 다음과 같다.

- 자기 관심(self-interest): 인간이 자기 자신에 대해 완전히 몰두하면 정서적으로 건강한 사람은 자기 자신에게 관심을 가질 수 있는 역량을 가지고 있다.
- 사회적 관심(social-interest): 집단 속에서 유리되지 않고 관계적인 맥락 속에서 인

간에 대한 관심을 지니고 있다.

- 자기 지향(self-direction): 자신의 삶에 대한 책임감이 있으며 자신의 문제에 대해 독립적으로 풀 수 있는 능력이 있다.
- 관용(tolerance): 타인의 실수에 관용적이며 실수하는 사람들을 비난하지 않는다.
- 융통성(flexibility): 변화에 대해 수긍하고 타인에 대해 편협하지 않은 견해를 가진다.
- 불확실성의 수용(acceptance of uncertainty): 자신이 불확실성의 세계에 있음을 깨닫는다.
- 헌신(commitment): 자신의 외부세계에 대해 중요하게 헌신할 수 있는 능력이 있다.
- 과학적 사고(scientific thinking): 정서나 행동의 결과를 숙고해 봄으로써 정서나 행동을 규율화시킬 수 있다.
- 자기 수용(self-acceptance): 자신이 살아 있다는 사실 자체를 수용하며 자신의 가치를 타인의 평가나 외부적 성취에 의해 평가하지 않는다.
- 위험 무릅쓰기(risk-taking): 정서적으로 건강한 사람은 일부러 모험을 시도한다.
- 비이상주의(nonutopianism): 이상향적 존재를 성취할 수 없다는 사실을 받아들인다.

2) 상담과정

REBT 상담과정의 첫 번째 단계는 내담자에게 자신이 많은 비합리적 신념('~해야 한다' '당연히 ~해야 한다' '~하지 않으면 안 된다'등의 당위적 사고)을 가지고 있다는 것을 보여 주는 것이다. 내담자들은 자신의 비합리적인 신념을 구분해 내는 것을 배운다. 내담자의 이러한 인식을 촉진하기 위해서 상담자들은 내담자가 기본적으로 진실 여부를 확인하지도 않고 수용했던 자기 패배적 선전에 대항하는 과학자로서의 기능을 제공한다.

두 번째 단계는 내담자가 인식의 단계보다 한 걸음 더 나아가도록 하는 것이다. 여기서는 내담자들이 계속해서 비합리적으로 생각하고 자기 패배적인 의미나 철학을 반복함으로써 자신의 정서장애를 능동적으로 유지시키는 것을 보여 준다. 즉, 내담자들이 계속해서 스스로를 재교육하기 때문에 그들은 자신의 문제에 대부분 책임이 있다는 것이다.

세 번째 단계는 내담자의 사고를 수정하고 그들의 비합리적인 생각을 포기하도록 도우는 것이다. REBT는 내담자들의 비합리적 신념이 너무 깊게 배어 있어서 대개의 경우 내담자 스스로가 변화시킬 수 없다는 것을 가정한다. 그래서 상담자들은 내담자가 자기 비난 과정의 악순환을 이해하도록 돕는다.

마지막 단계는 미래에 내담자가 다른 비합리적인 신념의 희생자가 되는 것을 피할 수 있게 하기 위해 인생의 합리적인 철학을 발전시키도록 격려하는 것이다. 구체적인 증상들만 치료하는 것은 새로운 비합리적 공포가 생기지 않을 것이라는 점을 보장해 주지 않는다. 그래서 바람직한 것은 상담자가 비합리적인 사고의 핵심을 공격하고 내담자에게 비합리적인 사고를 합리적인 신념과 태도로 대치하는 방법을 가르치는 것이다.

이러한 단계들은 REBT에 대한 내담자의 사회화를 의미한다. 이는 내담자가 치료과정에 효과적으로 참여할 수 있도록 하기 위해 그들이 기대하는 것을 교육함으로써 내담자에게 정서적 · 치료적 책임을 지게 하는 것이다(Palmer, 2000).

엘리스는 REBT 상담자들이 해야 할 바를 다음과 같이 요약하였다.

- 내담자에게 심신장애 행동을 유발하는 기본적인 비합리적 사고를 명확하게 보게 해 준다.
- 내담자에게 자신의 생각이 타당한지를 확인하게 한다.
- 내담자에게 그들이 가진 사고의 비합리적 속성을 보여 준다.
- 농담이나 가벼운 비웃음을 사용해 내담자 사고의 비합리성을 직면시킨다.
- 논리적인 분석을 통해 내담자의 비합리적 신념을 최소화한다.
- 내담자의 신념이 얼마나 비생산적이고 그것이 어떻게 정서적 · 행동적 장애를 야기시키는지를 보여 준다.
- 이런 생각을 실증적인 토대를 가지고 있는 더 합리적인 사고로 대치할 수 있는 방법을 설명한다.
- 사고에 과학적인 접근을 적용하는 방법을 가르쳐 주어 자기 패배적인 방식으로 느끼고 행동하게 만드는 현재나 미래의 비합리적 사고나 비논리적 추론을 관찰

하고 최소화할 수 있게 한다.

- 몇몇의 정서적 · 행동적 기법을 사용해서 내담자가 직접적으로 자신의 감정을 처리하도록 도와서 장애에 대항해 행동하게 한다.

5 상담의 기법과 적용

1) 상담기법

(1) 무조건적인 수용

로저스(Rogers)는 내담자의 행동을 변화시키는 데 있어서 상담자에 의한 내담자의 무조건적인 수용이 필요충분조건이라고 생각했다. 하지만 엘리스는 무조건적인 수용이 내담자의 변화를 촉진시키는 데 크게 기여하는 것은 사실이지만 반드시 필요한 요건은 아니라고 보았다. REBT에서 공감(내담자의 관점을 정확하게 이해하기), 온정, 존중, 진실성(자연스럽고 개방적인 치료자의 행동), 그리고 무조건적인 긍정적 배려(내담자에 대한 제한 없는 수용: REBT는 이것을 무조건적인 수용이라고 부른다)와 같은 조건들이 내담자의 성취목표를 도울 수 있는 관계 형성에 필요한 것이라는 데 동의한다. 하지만 REBT 상담자들은 종종 지나치게 온정적인 데 대해 경계를 하는데, 이는 어떤 내담자에게 사랑과 승인에 대한 강력한 욕구를 강화할 뿐만 아니라 그들에게 힘든 과업을 견디는 것보다 많은 조력을 받는 것이 그들의 문제를 극복하는 해답이라는 믿음을 줄 수도 있기 때문이다(Palmer, 2000).

엘리스는 상담이나 심리치료가 세상과 자신을 바라보는 태도를 재교육함으로써 정서적 반응을 교정하는 과정이라는 의미에서 그것을 일종의 '정서적인 교육'으로 정의하는 편이 낫다고 주장한다. REBT에서는 심리적으로 고민을 안고 살아가는 사람들의 대부분이 자신의 무능감과 무가치함 때문에 자포자기하고 자학하고 있다고 보고 있다. 이 경우 상담자는 인간의 가치가 그가 지닌 '장점'이나 '가치 있는 특성'에 의하여 결정되는 것이 아니며, 인간이란 단지 존재한다는 자체 때문에 존엄한 것이며, 자기의 됨됨이를 자기가 취한 행동에 의거해서 판단하지 말도록 가르칠 필요가 있다. 다시 말해, '자기 존중'이라는 것 역시 자신에 대한 일종의 평가이므로 상담을 통하여 내담자가 자기 존중감을 획득하도록 도와주는 대신에 '자기 수용'을 획득하도록 도와줄 필요가 있다. 자기 수용이란 인간이 존재 그 자체로 소중하고 의미가 있다는 사실, 즉 자기에게는 단점이 장점보다 더 많다 하더라도 자신을 즐길 수 있는 방향으로 선택해 갈 수 있다는 사실을 알려 주는 객관적 용어다. 상담은 이와 같이 자기 수용적 인간이 되도록 내담자의 사고방식을 바꾸는 것에 주력한다.

(2) 실제적 해결 대 정서적 해결

REBT는 실제적 해결과 정서적 해결을 구별한다. 실제적 해결은 내담자가 선행 사건(A)을 변화시키는 것을 돕는 문제해결 또는 기술개발 접근을 포함한다. 실제적 해결은 사건(A)을 변화시키고자 한다. 이에 비해 정서적 해결은 선행 사건(A)에 대한 내담자의 정서적 반응을 변화시키려 한다. 정서적 해결은 결과(C)를 변화시키고자 한다.

REBT에서는 실제적 해결보다는 정서적 해결에 먼저 관심을 가질 것을 권한다. 종종 실제적 해결이 없어서 내담자가 이를 악물고 거친 현실에 힘겹게 대처하는 방법을 배워야 할 때도 있기 때문이다. 그리고 내담자는 조용히 내면세계로 침잠했을 때 문제해결이나 행동 기술을 더 잘 배울 수 있다. REBT에서 내담자에게 정서적 해결을 마친 후에 실제적 해결을 시도하도록 권하는 이유는 내담자가 정서적으로 혼란스럽지 않을 때 실제적 해결을 가장 잘 수행하기 때문이다.

(3) 철학적/우아한 해결 대 우아하지 못한 해결

REBT에서는 내담자의 지각이나 자동적 사고를 바꾸는 대신에 비합리적 신념의 핵심을 바꿈으로써 정서적 해결을 가장 잘 성취할 수 있다고 믿는다. 엘리스는 이러한 중재를 '우아한 해결'이라고 말한다. 그는 이러한 철학적/우아한 해결을 매우 바람직한 것으로 보는데, 그것이 그와 유사한 많은 부정적 선행 사건들에 대처할 수 있는 전략들을 제공해 주기 때문이다. REBT에서는 재귀속이나 재구성을 통해 지각을 변화시키거나 부정적 자동 사고를 교정하는 것에 초점을 두는 중재를 피할 것을 권한다.

(4) 인지적 기법

REBT 상담자들은 상담과정에서 대개 분명하고 강력한 인지적 방법을 사용한다. 상담자는 ABCDE 분석을 통하여 내담자에게 그의 당위적이고 요구적인 신념체계를 깨우쳐 주고 보다 선호적이고 합리적인 사고방식을 제시해 준다.

- 비합리적 신념을 논박하기: REBT에서 많이 사용하는 방법으로, 상담자가 내담자의 비합리적 신념을 적극적으로 반박하는 것이다. 상담자는 내담자들이 어떤 사건이나 상황 때문이 아니라 그에 대한 자신의 지각과 자기 진술의 성질 때문에 장애를 입고 있다는 것을 그들에게 보여 준다.
- 인지적 과제: REBT 내담자들은 자신의 문제 목록표를 만들고 절대적 신념을 밝히고 그 신념을 논박해야 한다. 그러기 위해서 과제를 부여한다. 과제에는 REBT의 ABCDE 이론을 많은 일상의 문제에 적용하는 것도 포함된다.
- 내담자의 언어를 변화시키기: REBT는 부정확한 언어가 왜곡된 사고과정의 원인 중 하나라고 주장한다. 상담자들은 사고가 언어를 조정하고 언어는 사고를 조정한다고 보기 때문에 내담자의 언어 패턴에 주의를 기울인다. 내담자들은 '해야만 한다, 당연히 해야 한다.'를 '그렇게 되면 더 낫다.' 등으로 바꾸어 말하는 것을 배우게 된다.
- 유인물이나 독서요법: 인지적 재구성을 위해 유인물로 지도하거나 내담자가 스스로 문제를 해결하는 데 도움이 되는 관련 서적을 읽게 한다. 합리적 · 정서적 치료방법은 그 원리가 명료하고 단순하기 때문에 평범한 독자들을 위한 자조서들(self-help books)이 많이 출판되어 있다.

(5) 정서적 기법

정서적 기법은 내담자의 비합리적 신념에 의해 억압 혹은 억제되었던 감정을 인정하고 드러내서 이를 보다 합리적이고 적절한 정서상태로 이끌어 가기 위한 기법이다. 내담자는 이러한 기법을 통하여 사고, 행동, 정서가 어떻게 관련되는가를 볼 뿐 아니라 상담과정에 더 잘 적응할 수 있는 정서적 융통성을 경험하게 된다.

- 자신에 대한 무조건적 수용: 부적절한 감정상태에 놓여 있어도 자신을 비하하지

않고 수용하고 인정하는 태도를 갖도록 강조함으로써 자신의 선택을 가능하게 하는 일종의 정서적 방법이다.

- 합리적 · 정서적 이미지(rational emotive imagery: REI) 기법: 습관적으로 부적절한 감정을 느끼는 상황을 상상하고 REBT의 원리를 활용하여 극복해 나가도록 하는 기법이다. 여기서 곤란을 느끼는 정도에 따라 위계를 설정하여 점진적으로 꾸준히 연습하도록 격려하고, 연습을 유지시키기 위하여 강화기법을 사용하기도 한다.
- 유머의 활용: 여기서 유머라 함은 과장, 엉터리로 하기, 역설적 의도, 재담, 위트, 아이러니, 변덕, 자극적 언어, 은어, 기타의 익살을 모두 함축한다. 상담자는 내담자의 심각한 성향을 일깨워 주기 위하여 다양한 익살이나 농담을 적극적으로 사용하라고 권장한다. 이러한 유머의 활용은 과장되고 자신을 구속해 온 비합리적 신념을 인지적으로나 정서적으로 공격할 수 있게 해 준다.
- 역할연기(role playing): 내담자 자신의 잘못된 생각들이 다른 사람과의 관계에 어떻게 영향을 미치는지 보여 주기 위한 것으로, 불쾌한 감정을 경험하는 상황을 연출하게 된다.
- 모델링(modeling): 내담자의 가치체계와 다른 가치를 어떻게 채택할 수 있는지 보여 주는 기법이다.
- 부끄러움 공격연습: 내담자가 타인의 평가나 판단에 대해 지나치게 민감하고 두려움을 보이는 것과 관련해 다른 사람들의 반응에 대해 더 이상 연연해하지 않으며 그로 인해 자신이 하고 싶어 하는 일을 방해받지 않도록 이끄는 기법이다. 부끄러움을 없애기 위해 실제 생활에서 대중의 조롱이나 비난을 받는 행동을 일부러 행하게 해서 이를 극복하는 것인데, 예를 들어 상상의 개를 데리고 산책을 하면서 '단지 내가 어리석게 행동한다고 해서 나를 바보로 만들 수는 없다.'는 합리적 진술을 하면서 자기 수용을 위해 노력하는 것이다. 내담자는 이 예로부터 자신의 행동이나 타인의 반응의 기초 위에서 자신을 비난하거나 평가할 수 없다는 것을 배울 수 있다(Palmer, 2000).

(6) 행동적 기법

이제까지의 증상에서 벗어나 보다 효과적이고 건강한 행동방식을 습관화하기 위하여 직접적으로 건강한 행동을 가르치거나 행동을 시도 또는 연습할 수 있는 기회를 부여하는 기법들이 이에 속한다.

- 수치심 극복과 모험활동의 시도: 평소 위험하고 부끄럽고 당황스럽고 굴욕적이라고 생각했던 일을 실생활 장면에서 시도해 보도록 하고, 이를 통해 생각과는 달리 실제로는 당황스럽거나 자기 비하감을 가져오지 않는다는 사실을 깨달을 수 있게 한다.
- 주장훈련: REBT에서 주장훈련은 주로 분노나 적대감 등 부정적 감정을 표현하는 데 초점을 둔다. 주장훈련을 통해 정서적으로 강력하게 어떤 사람이나 상황으로부터 피하거나 그에 가까이 가게 되며, 이러한 노력에는 강렬한 감정이 개입된다.
- 역할놀이와 행동재연: 감정적 발산의 목적을 위해서라기보다 주장행동의 연습과정으로 쓰인다. 내담자가 자신의 평소 행동을 나타내 보이고, 상담자나 집단치료 장면에서의 다른 구성원들은 그 행동에 대한 피드백을 주고, 그것을 토대로 익숙해질 때까지 반복연습을 하게 한다. 역할놀이는 혼자서 할 수도 있고 집단에서 할 수도 있으며 녹음기를 사용해서 할 수도 있다. 이를 통하여 내담자는 자신을 표현하고 감정을 발산할 수 있을 뿐 아니라 감정의 원인이 자기 자신임을 깨닫게 된다.
- 실행적인 숙제 해 오기: 새롭게 형성된 행동이 내담자의 사고와 정서에 확산되는 것을 촉진하기 위하여 일상생활에서 여러 가지 정서적인 문제를 극복해 보도록 행동과제를 많이 내준다. 즉, 유사한 상황이나 원인에 대해서 새로운 행동을 적용하여 그 효과를 확인할 수 있는 기회를 갖게 한다.

이 외에도 REBT에서는 낭만주의와 비현실주의의 격파, 열등감의 극복, 실수 가능성의 철학, 비폭력 철학 가지기, 집단훈련이나 수련회에 참여하기 등 자신의 변화를 꾀하기 위한 다양한 방법을 활용하는 적극적인 태도를 강조한다. 다른 치료방법에 비해서 기본 철학과 대전제를 실천하는 범위 내에서 매우 적극적이고 다양한 기법을 활용하는 것이 REBT의 특징이라고 할 수 있다.

2) 상담사례

다음의 상담사례는 팔머(Palmer, 2004)의 책에 소개된 내용을 인용 · 제시한 것이다.

(1) 내담자의 문제

존(John)은 결혼해서 십대의 두 자녀를 둔 46세의 남성이다. 그는 영업이사로 일하고 있다. 그는 직장에서 쌓이는 스트레스와 관련된 분노 때문에 그의 부인의 요구로 치료를 받게 되었다. 그는 자신을 '막강한 힘과 추진력을 가지고 있는' 사람으로서 '항상 앞서 가는 사람'으로 묘사했지만, 그의 감정 폭발 증가는 감당할 수가 없었다. 그의 가족은 그의 분노 행동을 다루기가 어렵다는 것을 깨닫고 오랫동안 걱정해 왔다. REBT로 8회기 상담할 것을 합의했다(회기 수는 치료의 흐름에 따라 재협상될 수 있다.).

(2) 치료의 시작

존과 그의 문제에 대한 배경의 정보를 더 많이 수집한 후에 치료에 대한 사회화 과정이 시작되었는데, 그것은 변화를 위한 그의 목표를 세우는 것을 포함했다. 존이 선택한 목표는 그의 에너지와 추진력을 유지하면서, 수행을 저하시키는 분노를 줄이는 것이었다. ABC 틀 안에서 그의 문제를 이해하기 위하여, 치료자는 무엇이 가장 화나는 상황(중요한 A가 있는)인지, 언제 화가 나는지, 그 구체적인 사례를 물었다.

치료자: 슈퍼마켓 계산대 줄이 지체될 때 당신은 무엇 때문에 화가 나요?
존: 다른 사람들이 나를 막고, 내 시간을 소모하게 하고, 내가 사무실로 돌아가는 것을 방해하기 때문입니다.
치료자: 그들이 그렇게 하고 있다고 가정해 봅시다. 그러면 어떻게 되지요?
존: 나는 내가 원하는 것을 할 수 없어요. 나는 요즘 일이 많아요.
치료자: 그리고 당신이 그 일을 하는 것이 방해되거나 지연된다면?
존: 내 업무 계획이 늦어질 거예요.
치료자: 늦어지면?
존: 그걸 만회하기 위해 더 많은 일을 해야 합니다. 나는 참을 수 없어요.

치료자: 그러면 사람들이 당신을 그런 방법으로 막을 때, 당신을 가장 화나게 하는 것은 만회하기 위해 당신이 해야 할 부가된 업무라는 말씀인가요?
존: 정확히 그거예요 (내담자는 결정적 A를 찾은 것을 승인했다.)

치료자는 내담자에게 요구(경직된 당위성: 반드시 ……하지 않으면 안 된다)에 기초를 둔 신념과 선택(소망과 바람)에 기초를 둔 신념 사이의 차이를 가르쳤고, 그것들이 건강하지 못한 부정적 정서와 건강한 부정적 정서로 각각 어떻게 이끄는지를 가르쳤다. 치료자는 내담자에게 그의 사고 속에서 어떤 신념체계가 있었는지를 물었다.

존: 나는 나의 인생이 더 이상 곤란해져서는 안 된다고 생각해요. 그렇게 되면 나는 더 이상 대처할 수 없을 것 같아요.
치료자: 만약 당신의 삶에서 이런 부가적인 어려움에 대해서 화내는 것을 그만두고 싶다면 무엇이 변화되어야 할까요?
존: 나의 경직된 신념입니다.

다른 상황들, 예를 들어 교통 혼잡에 빠져 있을 때, 일시적으로 집이나 자동차 열쇠를 잃어버렸을 때, 주제에서 벗어나 회의를 오래 끄는 것과 같은 상황일 때, 이러한 경직된 신념이 나타난다. 내담자는 자신의 삶에서 역경과 실패, 장벽에 대한 좌절과 포용성이 낮은 철학을 가지고 있음을 나타냈다. 내담자가 제시하는 문제의 ABC 요소를 확인하면서 존은 논리성, 현실성, 유용성의 기준을 사용해서 이 신념을 어떻게 논박(D)하는가를 알게 되었다. 존은 실용성 논박이 가장 설득력 있고, 변화에 가장 도움이 된다는 사실을 발견하였다.

치료자: 당신은 사람들이나 사건들이 당신의 시간을 소모하게 하고 당신의 일을 방해한다고 말했어요. 그런데 당신이 화내느라 낭비하는 시간은 얼마나 되나요?
존: 나는 단지 몇 분 동안 슈퍼마켓 줄에 서서 꼼짝 않고 있었어요. 그러나 나는 내가

차분해질 때까지 한 시간을 소모했어요. 사실, 나는 더 많은 시간을 소모한 나의 행동에 대해서 부끄러움과 죄책감을 느꼈어요. 이와 같은 행동을 하는 나는 바보예요.

치료자: 일주일에 얼마나 많은 시간을 직장에서 화내느라 낭비하는지 궁금해요.

존: 너무나 많지요.

치료자: 그것을 알기 위해서 일기를 쓰는 것이 어때요?

존: 예, 좋습니다.

치료자: 실제로 당신의 시간을 가장 많이 소모시키는 사람이나 사건은 무엇이죠?

존: 나예요. 이젠 그러고 싶지 않군요.

내담자는 사건이나 다른 사람이 아닌 자기 자신이 정서 장애에 대부분의 책임이 있다는 것을 알았고, 그의 첫 과제에 동의했다.

(3) 치료과정

다음의 회기는 다른 과제를 포함한다. 분노에 대한 REBT 자습서 읽기, 항상 가지고 다니는 카드에 분노 감소의 이점 적기, 좌절 상황에서 분노를 비난 없는 분노로 바꾸는 상상연습 매일 수행하기, 즉 비난하는 것이 아니라 개인의 행동에 대해 자신의 비합리성을 표현하는 것이다. 내담자의 비합리적인 신념에 도전하는 합리적 신념은 다음과 같다. '나는 불편함과 좌절, 많은 압박을 받지 않는 것을 훨씬 더 좋아한다. 그것을 겪어서는 안 될 이유가 전혀 없다. 내가 겪어야 한다면 나는 내가 좋아하지는 않지만 그것을 견디는 것을 배울 수는 있다.'

처음에 존은 그가 아직도 종종 이성을 잃고 있기 때문에 새로운 합리적 신념에 대한 확신이 부족하다는 것을 알았다. 그러나 그의 과제에 지탱해 내는 힘과 에너지를 적용하고, 그의 비합리적인 신념에 대한 강력한 논박을 적용함으로써 그는 실제적인 돌파구를 발견했다.

존: 나는 너무 오래 계속되는 회의에 화가 나려고 한다는 것을 느꼈어요. 그러나 나는 합리적인 신념으로 이 생각을 멈추고 재빨리 분노를 진압했어요. 나는

계속 회의에 집중할 수 있었어요. 사무실로 돌아와서 일에 바로 착수했어요. 예전 같으면 기분이 나빠졌을 것이고, 아무것도 집중할 수가 없었을 거예요. 나는 이것이 돌파구라고 생각했어요. 나는 분명히 그 이후로 다르게 생각하고 느끼고 있어요.

치료자: 좋은 소식이군요. 당신은 당신의 합리적 신념을 수천 번 검토하고 물어볼 필요가 있습니다. '왜 이것이 비합리적인 신념보다 더 유용한가?' 이것은 돌파구를 확고히 하는 것을 도울 것입니다. 논박하세요, 논박, 논박!

존: 좋아요. 명심하겠습니다.

치료가 중반기를 지나 그의 분노행동의 빈도, 강도, 지속시간에서 실질적인 감소가 일어나자, 초점은 첫 회기에서 거론되었던 죄책감과 부끄러움 같은 다른 정서적 문제들로 전환되었다(그가 제시한 문제에는 자아장애의 양상이 있었다). 그는 자신의 노여움을 표출함으로써 자기 자신을 어리석은 바보라고 불렀다. 치료의 다른 목적은 오류가 있는 인간으로서 자기 수용을 가르치는 것이었다. 즉, 그것을 변화시키기 위해 노력하면서 동시에 그 자신을 수용하게 하는 것이었다.

그러나 존은 이 메시지에 저항했고 '그런 통탄할 방식으로 행동하는 한' 자신을 수용할 수 없다고 믿었다. 그의 해결은 화가 줄어들면 자기 자신을 좋게 여기는 자아존중감에 바탕을 두고 있었다. 그의 노여움이 다시 다루기 어렵게 되어 버린다면 미래에 자기를 비난함으로써 상처받기 쉽게 될 수 있다는 것을 알 수 있었다. 그러한 상황을 피하기 위해서 그 자신이 더 열심히 작업에 임해야 했다.

치료를 종료하기로 한 날짜가 가까워 옴에 따라, 그는 그의 과제를 숙고할 뿐만 아니라 자신의 문제를 이해하고 다루기 위해서 ABCDE 모델을 사용함에 있어서 능력과 자신감을 명백히 보였다. 다시 말해서, 그는 자신의 치료자가 되었다. 마지막 회기에서 지금까지의 치료과정을 되돌아보았는데, 그는 "분노를 확고히 통제할 수 있게 되었고, 가족들은 이제 안도의 한숨을 쉽니다."라고 말했다. 그는 사무실에서 증가하는 과중한 부담의 잔혹스러운 현실을 수용할 수 있었고, 더 이상 그것 때문에 자신을 압박하지 않았다. 미래 분노의 분출은 문제의 ABC틀에 맞추어서 다시 고찰함으로써 다루어질 수 있었다(치료자는 존이 봉착할 가능성이 있는 좌절에 현실적이고자 애썼다). 종료에 대한 존의 감정이 논의되었다. "저 혼자 해야 한다면 슬프지만 할 거예요." 존의 경과를 점검하기 위해 3개월, 6개월, 12개월 후에 추후약속을 하였다.

토/의/주/제

1. 여러분이 가지고 있는 비합리적 신념에는 어떤 것이 있을지 생각해 보시오.
2. REBT 상담에서 상담자의 역할에 대해 논의해 보시오.
3. REBT 상담에서 인지적 접근, 정서적 접근, 행동적 접근에 대해 논의해 보시오.
4. REBT를 적용하는 상담자가 특히 유의해야 할 사항은 무엇인지 논의해 보시오.
5. ABCDE 기법을 여러분이 경험한 상황에 맞추어 설명해 보시오.

Chapter 11 인지행동치료

인지행동치료(Cognitive Behavioral Therapy: CBT)는 1960년대 초에 등장하여 비교적 짧은 역사임에도 치료적 접근방식에서 중요한 위상을 정립했다. 특히 인지행동치료는 하나의 단일한 이론이라기보다는 인간에 대한 기본 관점과 심리적 문제의 발생 및 치유 과정에 대한 주요 원리들을 공유하는 여러 개별적 이론들의 집합체라고 보는 것이 더 적절하다. 인지행동치료에 공헌한 엘리스(Ellis)와 벡(Beck)의 경우 실제로는 정신분석치료를 연구하였으나, 상담과정에서 기존의 정신분석이 가진 중요한 몇 가지 문제점과 한계를 느끼게 되어서 이를 극복하기 위해 새로운 이론체계인 인지행동치료를 정립해 나가게 되었다(이장호, 정남운, 조성호, 2005).

1960년대 이후 행동치료와 인지치료가 발전하면서 시작된 인지행동치료는 1980년대에 들어와 상담 및 심리치료 영역에서 급속한 발전을 이루게 되었다. 특히 임상 및 상담 장면에서 행동치료가 본격적으로 연구되고 실제로 적용된 것은 아이젱크(Eysenck)와 월프(Wolfe)에서 비롯되었다. 행동치료는 주로 고전적 조건형성 원리를 적용한 행동치료 기법의 개발과 함께 스키너(Skinner)의 제자들이 조작적 조건형성 원리를 적용하면서 시작되었다고 본다.

초기 행동치료에서 중점을 두었던 외적 행동과 더불어 행동의 내적 요소인 불안이나 동기 등과 같은 변인들이 인정되면서 이러한 내적 행동요인도 학습원리로 변화시키려는 기법들이 나타나기 시작하였다. 심상노출 기법이나 이완훈련, 기대 효능감과 같은 인지적 요인을 행동변화의 중요한 요소로 고려하게 되었으며, 이에 인지적 재구조화를 포함한 인지행동수정 기법의 개발에까지 이르게 되었다(강진령, 2009; Wright, Basco, & Thase, 2006).

1 주요 학자의 생애와 업적

인지행동치료의 대표적 이론가로는 합리 · 정서 · 행동치료의 엘리스, 인지치료의 창시자인 벡, 인지행동수정의 마이켄바움(Meichenbaum)이 있으며, 골드프리드(Goldfried)의 체계적 · 합리적 재구성과 마호니(Mahoney)의 개인과학, 몰츠비(Maultsby)의 합리적 행동치료, 라자러스(Lazarus)의 중다모델치료, 쉰(Suinn)과 리차드슨(Richardson)의 불안관리훈련, 렘(Rehm)의 자기통제치료, 귀다노(Guidano)와 리오티(Liotti)의 구조적 심리치료 등이 있다(Dobson, 1988: 이장호 외, 2005 재인용). 여기서는 인지행동치료를 주장한 이론가들 중 대표적으로 벡과 마이켄바움의 생애와 업적에 대해 살펴보기로 한다(강진령, 2009; 김용배, 2008; 노안영, 2005; 윤순임 외, 2000; 이형득 외, 2005; 천성문 외 2009; Corey, 1996; Palmer, 2000; Wright et al., 2006).

1) 아론 벡

아론 템킨 벡(Aaron Temkin Beck)은 인간의 행동과 정신병리를 동기나 본능보다 정보처리의 관점에서 설명하는 모델에 근거한 심리치료의 한 형태인 인지치료의 창시자다. 그는 1921년 로드아일랜드 프로비던스에서 러시아계 유대인 미국 이민자인 아버지 해리 벡(Harry Beck)과 어머니 엘리자베스 템킨(Elizabeth Temkin)의 셋째 아들이자 막내로 태어났다. 그는 문학과 교육을 중시하는 가족

속에서 주관이 뚜렷하고 정치적 관심이 많은 러시아에서 미국으로 이주한 유대인 부모에 의해 양육되었다(Weishaar, 1993). 벡의 아버지는 자기 소유의 점포를 가지고 있고 예금도 있었지만, 가족은 자동차가 없었으며 세 아들은 대학을 다니는 동안 용돈을 스스로 벌어서 써야 했다.

Aaron T. Beck(1921~2007)

벡의 아동기는 불행했고, 팔이 부러졌을 때 감염되면서 골수염이 혈액의 감염상태인 패혈증으로 발전하면서 생명이 위험할 정도의 투병생활로 초기에 학교생활을 중단하였다. 하지만 그는 이 문제를 극복하고 결국 또래집단보다 1년 앞서게 되었다. 그는 어렸을 때의 어려움을 인지적으로 해결하기 시작하였고 후에 그의 이론과 치료기법을 자신이 경험했던 부정적 신념을 지닌 사람들을 조력하는 데 응용하였다. 또한 그는 대부분의 여생을 펜실베이니아 대학에서 보냈으며, 벡 인지치료연구소를 설립하여 우울, 자살, 불안, 공황장애, 물질남용, 결혼문제, 성격장애 등에 관하여 연구하였다. 이를 통해 수많은 공로상을 받았으며, 350여 편의 논문과 12권의 책을 집필하였고, 다양한 평가도구들을 개발하였다.

아버지 해리 벡의 영향을 강하게 받은 그는 호프(Hope) 고등학교를 수석으로 졸업한 후 브라운 대학교에서 영어와 정치학을 전공했지만 예술, 음악, 회계학 등 사실상 공학을 제외한 모든 분야의 강의를 들었다. 1942년 우수한 성적으로 브라운 대학교를 졸업한 그는 예일 의과대학에 입학하여 꾸준한 학문의 길을 걸었다. 1946년 의과대학 졸업 후 로드아일랜드 병원에서 수련을 받았으며, 신경학을 전공 분야로 정해 본격적인 정신과 전공의의 삶을 살게 된다. 어머니 엘리자베스는 유일한 딸이 독감으로 사망하자 심각한 우울증을 겪었으며, 아들인 벡을 과잉보호하게 되었다. 이러한 과잉보호는 벡을 유약하게 만들어 여러 공포증에 시달리게 만들었다. 그러나 벡이 겪은 공포증은 자신의 상태를 끊임없이 연구하는 데 귀중한 자료를 제공하기도 했다. 이러한 과정을 거치면서 인지치료가 탄생의 빛을 보게 된 것이다.

인지치료의 창시자인 벡은 심리치료의 목표를 내담자가 당면한 현재 문제를 해결하고 역기능적인 사고와 행동을 수정하는 데 두었다. 1960년대 이후 벡과 그의 동료들은 매우 다양한 정신과적 장애를 지닌 집단에 이 치료를 성공적으로 적용시켜 왔다. 벡의 치료는 많은 경험적 증거들을 통해 지지된 성격 및 정신병리에 관한 통합된 이론을 갖춘 심리치료 체계라는 점이 특징이다. 이 치료는 적용범위가 넓고, 충실한 이론적 기초를 가지고 있는 동시에 경험적 자료들에 의해 그 효과가 입증되기도 하였다. 벡은 인지를 "설명, 자기 명령 혹은 자기 비판 등의 특정 사고"라고 정의하며 인지치료를 발전시켰고, 이러한 인지를 평가하기 위해 '역기능적 사고기록표'나 '벡 우울증척도' 등 여러 가지 평가도구를 개발하여 인지를 가시적으로 조작 가능하게 바꾸었다.

또한 벡은 직업의 최전선에 인지치료를 도입하여 『인지치료와 연구(Cognitive Therapy and Research)』라는 학술지가 1977년에 창간되었으며, 벡의 가장 잘 알려진 저서 중 하나인 『우울증의 인지치료(Cognitive therapy of depression)』는 1979년에 발간되었다.

벡은 내담자의 내적 세계를 중요시하는 구조적이고 능동적인 접근을 제공했다. 현재중심적이고 문제지향적인 구조화된 심리치료가 비교적 단시간에 우울과 불안을 다루는 데 매우 효과적일 수 있다고 검증되었다. 벡의 공헌 중 또 하나는 자세한 사례 개념화를 발달시켜서 내담자가 자신의 세계를 바라보는 관점을 이해하게 한 것이다. 아울러 그는 개인적 경험을 논리적인 과학적 연구의 영역으로 이끌어 내는 데 기여했다(강진령, 2009; 노안영, 2005; 원호택 외, 2000; Corey, 1996)

2) 도널드 마이켄바움

도널드 허버트 마이켄바움(Donald Herbert Meichenbaum)은 1940년 6월 10일 뉴욕에서 태어났다. 그는 1958년에서 1962년까지 뉴욕 시립대학교에서 심리학을 공부했으며, 어바나-샴페인에 있는 일리노이 주립대학교에서 임상심리학으로 박사학위를 취득했다. 이어서 그는 자신에게 직업적 기회를 제공한 캐나다 온타리오 주의 워털루 대학교에서 교수생활을 시작했고, 1998년 조기 은퇴할 때까지 이 대학에 머물렀다. 현재 그는 폭력예방과 폭력 피해자들을 치료하는 멜리사 연구소(Institute of Melissa, www.MelissaInstitute. org)의 연구책임자로 근무하고 있다.

Donald Herbert Meichenbaum(1940~)

마이켄바움의 '자기 지시적 치료(Self-Instructional Therapy)'는 근본적으로 인지적 재구성의 형태인데, 내담자의 자기 언어화(self-verbalization)의 변화에 초점을 둔다. 마이켄바움(1977)에 의하면 자기 진술은 다른 사람의 진술만큼이나 내담자 행동에 영향을 준다. 내담자가 자기 대화를 자각하도록 하는 데 초점을 두고, 개인이 자신에게 하는 말이 그의 행동에 직접적인 영향을 끼친다는 가정에 근거한다. 일차적으로 내적 대화의 역할을 중시하면서 충동적이고 공격적인 행동, 과제를 처리하는 데 대한 두려움, 타인 앞에서 말하는 데 대한 두려움 같은 문제 상황에 대처하는 기술에 강조점을 둔다.

치료 절차는 내담자가 부딪히는 문제에 보다 효과적으로 대처할 수 있도록 하기 위해 자기 지시를 수정하는 훈련을 시키는 것이다. 인지적 재구성은 마이켄바움 접근법에서 중심적인 역할을 한다. 그는 '인지적 구조'에 대해 생각을 선택하고 제어하는 사고의 조직적 측면이라고 기술하고 있다. 인지적 구조는 사고를 지속하고 해석하고 변화시키는 것으로서 '사고의 청사진'이며 일종의 '행정적 추진자'를 의미한다(강진령, 2009; 노안영, 2005; 원호택 외, 2000; Corey, 1996).

자기 지시적 치료와 스트레스 예방훈련에 대한 그의 연구는 다양한 내담자 집단과 구체적 문제들에 성공적으로 적용되어 왔다. 또한 그는 내적 대화를 통해 스트레스가 주로 어떻게 유발되는가를 이해하는 데에도 공헌했다. 그리고 마이켄바움의 접근법은 다양한 문제를 가진 여러 종류의 내담자에게 적용될 수 있는데, 대표적으로는 아동의 분노조절, 불안관리 연습, 주장훈련, 창조적 사고 증진, 우울증 처치, 스트레스 관리 등이 있다. 이 외에도 강박증, 과잉행동적 아동, 고립증, 정신병 등에 적용할 수 있다(Meichenbaum, 1977).

2 인간관

인간은 자신이 지닌 여러 가지 측면을 통해 감정을 느끼고, 생각하며, 행동한다. 개인의 내부에서 일어나는 모든 감정과 생각, 행동은 그 개인이 무엇을 더 중요하게 여기는가에 따라 입장이 충분히 달라질 수 있다. 즉, 어떤 이들은 감정을 가장 중요하다고 생각할 수 있고, 또 어떤 이들은 행동을 중요하다고 생각할 수 있다.

인지행동치료적 접근은 인지적 결정론의 입장에서 인간의 여러 측면 중 감정이나 행동도 중요하지만 인지, 즉 사고가 가장 중요하다고 본다. 예를 들면, 사랑하는 사람에게서 실연을 경험한 두 사람을 비교해 보자. 한 사람은 실연의 상처로 힘들어하며 인생이 모두 끝난 듯한 절망감에 사로잡혀 매일 방황하며 지낸다. 반면에 다른 한 사람은 실연 직후에는 절망감과 좌절로 인해 힘들어하긴 했지만 실연의 상처를 극복하기 위해 미루어 두었던 학원도 다니고 새로운 사람을 만나려고 노력한다. '일체유심조(一切唯心造), 모든 것은 생각하기 나름'이라는 말이 있듯이, 동일한 스트레스 상황에서 각 개인이 대처하는 방식이 어떠하냐에 따라 그에 따른 감정이나 행동은 달라질 수 있다는 것이다. 또한 이 접근에서는 사람들에게 자신의 인지, 정서, 행동 과정을 변화시킬 수 있는 능력이 있다고 믿는다. 즉, 사람들은 스스로의 선택에 의하여 그동안의 행동 패턴과는 다르게 반응하고 비합리적인 신념에 동요되지 않으며, 이런 자기 훈련을 지속함으로써 사는 동안 혼란을 최소한으로 할 수 있다. 그뿐 아니라 사람들은 자기와 대화할 수 있고(self-talking), 자기를 평가할 수 있으며(self-evaluating), 자기를 유지할 수 있는(self-substaining) 존재다.

요컨대, 인지행동치료에서는 인간의 감정과 행동은 모두 인지에서 나온다는 입장을 취한다. 즉, 인간이 부적응적 사고를 하기 때문에 부적응적 감정이나 행동이 나오게 된다는 것이다. 그러므로 부적응적 문제를 가진 사람들을 변화시킬 수 있는 가장 효과적인 방법은 바로 그 사람의 잘못된 생각을 변화시키는 것이다. 그렇게 함으로써 부적응적 행동과 감정이 저절로 변화되어 인간의 삶이 변화될 수 있다는 것이다. 인지행동치료적 접근은 결국 인간의 주된 특성으로서 인지에 초점을 두며, 인지변화를 통해 다른 모든 것들을 변화시킬 수 있다고 믿는다(원호택 외, 2000; Beck, 1979; Corey, 1996).

3 주요 개념

정신분석치료가 주로 장기적 상담이라면, 인지행동치료는 대체로 단기적 상담이 주를 이룬다. 현대의 상담이 주로 단기화되는 경향을 감안해 본다면 인지행동치료는 나름의 충분한 경쟁력을 가지고 있다고 볼 수 있다(원호택 외, 2000).

인간중심치료는 그 초점을 문제 자체보다 내담자라는 인간에 두고 있으나, 인지행동치료적 접근은 주로 문제 자체의 해결을 중요하게 여긴다. 물론 내담자가 직접적으로 호소하는 심리적 문제의 해결을 주된 관심사로 둔다고 해서 내담자의 인간적 성장과 발달, 성격의 기본적 변화가 전혀 고려되지 않는 것은 결코 아니다. 이러한 인간적 성숙이나 내담자의 성격변화와 관련된 것은 심리적 문제의 해결 이후에 다시 치료과정 속에서 다루어질 수 있다. 인지행동치료에서는 이러한 특성에 따라 구체적이면서도 다양한 치료기법들이 제시되어 있으며, 이는 앞으로도 더욱 각광받을 수 있는 소지가 충분한 접근방식이다.

최근의 연구결과들을 보면 인지행동치료는 특히 우울이나 공황장애, 범불안장애, 대인공포증, 강박장애, 섭식장애 등에서 상당히 좋은 성과를 거두고 있다. 또한 부적응적 인지의 내용 자체를 변화시키려 하기보다는 떠오르는 생각과 감정을 하나의 심리적 사건과 같이 있는 그대로 바라볼 수 있도록 촉진하여 생각과 감정을 자신과 동일시하지 않도록 돕는 시도도 이루어지고 있다(Antoni, Ironson, & Schneiderman, 2010; Barlow & Craske, 2006; Craske & Barlow, 2009).

인지행동치료를 표방하는 많은 학자들이 인지행동치료를 정의하는 양상은 조금씩 다르나, 대부분의 인지행동 상담자들이 공통적으로 수용하는 전제들은 다음과 같다(강진령, 2009; 노안영, 2005; 원호택 외, 2000; Corey, 1996).

첫째, 인지가 정서와 행동을 중재한다. 인지행동치료 입장의 학자들이 기반으로 하는 플루칙(Plutchick)의 정서이론에 의하면 환경적 자극은 인지적으로 처리되며, 이런 인지는 생리적 · 주관적 각성을 야기하는 충동의 원천이 되고, 동기를 충족시키거나 삶을 증진케 하는 환경에 적응하게끔 한다. 그리고 벡의 모형에서는 부정적 생활 사건이 역기능적 태도를 통해 중재함으로써 우울 유발적인 자동적 사고를 활성화시키고, 이러한 자동적 사고는 우울 증상을 일으킨다.

둘째, 인지활동은 모니터링되거나 변화 가능하다. 그 예로 벡은 치료의 주요 목표를 우울증을 일으키고 지속시키는 역기능적 태도와 자동적 사고를 찾아내어 그것을 변화시키는 것으로 보고 있다. 사회학습이론이나 인지적 재구성법에서도 행동과 정서에 대한 인지의 중재를 인정하면서 문제 상황에서 발생되는 인지를 모니터링하거나 변화시키기기 위해 노력한다.

셋째, 인지의 변화를 통해 문제행동과 부정적 정서의 지속적 변화가 가능하다는 것이다. 예컨대, 공황장애 내담자는 평소와는 다른 신체적 흥분을 감지하게 되면 숨이 벅차거나 심장마비가 나타난다고 해석하여 공황발작 증세를 일으키게 되는데, 이 경우 외부의 압박이나 심리적 상태 혹은 운동 등으로 흥분된 것이라고 해석하게 하여 발작 증세를 낫게 할 수 있다는 것이다.

1) 자동적 사고

벡의 인지이론에 의하면 사람들이 경험하는 대부분의 심리적 문제는 스트레스 상황을 경험했을 때 자동적으로 떠올리는 부정적 내용의 생각들로 인해 발생한다. 이는 사람들의 경험 속에서 여러 가지 환경적 자극과 심리적 문제 사이에 자동적 사고(automatic thoughts)라는 인지적 요소가 개입되어 작용한다는 것을 의미한다. 사실, 성인이 된 우리가 하는 모든 생각은 자동적 사고에 기반을 두기 때문에 그것을 부정적 사고과정으로 여겨서는 안 된다. 단지 여기서 문제되는 것은 여러 자극에 대해 어떤 내용의 자동적 사고가 유발되는가로서, 만일 그것이 긍정적이거나 최소한 중립적이 아닌 부정적 내용의 자동적 사고라면 심리적 문제는 불가피하게 된다.

자신의 의지와는 상관없이 자발적으로 일어나는 이러한 생각들은 심리적 문제를 경험하는 당사자의 입장에서 보면 그러한 생각을 했다는 것조차 자각할 수 없는 경우가 대부분이다. 그럼에도 이러한 생각들은 존재하며, 바로 이런 부정적 내용의 자동적 사고들이 심리적 문제와 직접적인 관련이 있게 된다. 흔히 심리적 문제를 가진 사람의 자동적 사고는 왜곡되어 있거나, 부정확한 극단적 내용이 대부분이다.

주요 특징을 살펴보면, 자동적 사고는 구체적이며 축약되어 있다. 아무리 비합리적인 내용이라 할지라도 자동적 사고는 거의 의심 없이 믿게 된다. 그리고 자동적 사고는 자발적 경험으로 당위적이면서 극단적으로 보는 경향성을 내포한다.

전형적으로 우울 증상을 경험하는 사람들의 자동적 사고는 크게 다음의 인지 삼제(cognitive triad)라는 세 가지 내용으로 구성되어 있다(Beck, 1979).

- '나는 가치 없는 사람이다.'와 같은 자신에 대한 비관적 생각
- '나의 미래는 절망뿐이다.'와 같은 앞날에 대한 염세적 생각
- '세상은 나를 받아주지 않는다.'와 같은 세상에 대한 부정적 생각

이러한 생각을 가지고 있는 사람이 생활 속에서 자동적 사고를 유발시키는 사건을 경험하게 될 경우 우울증이라는 심각한 심리적 문제를 가지게 되는 것이다.

2) 역기능적 인지도식

사람들은 자신의 삶 속에서 자기 나름의 틀을 형성하고 발달시킨다. 사람들은 세상과 자신의 의미, 인생의 의미, 타인과의 관계 유지 등에 관한 지식들을 매우 어릴 때부터 하나하나 자신의 삶 속에서 체계화된 지식 덩어리로 형성하게 되는데 이를 인지도식이라 한다. 즉, 세상을 살아오는 과정 속에서 자신의 삶에 관한 이해의 틀을 형성하게 된 것이 바로 삶의 인지도식이다.

사람에 따라 자신이 살아온 삶의 과정과 그 속에서 경험한 내용들이 다르기 때문에 인지도식의 내용은 당연히 달라질 수밖에 없을 것이다. 개인이 가진 인지도식은 그가 살아온 삶을 반영하는 응축된 생각의 덩어리이며, 여기서의 문제는 살아오는 과정에서 부정적인 내용들로 구성된 역기능적 인지도식으로 인해 심리적 문제에 매우 취약하기 쉽다는 것이다. 심리적 문제 상황을 유발할 수 있는 역기능적 인지도식(dysfunctional cognitive schema)의 내용을 살펴보면 다음과 같다(강진령, 2009; 노안영, 2005; 원호택 외, 2000; Beck, 1979; Corey, 1996).

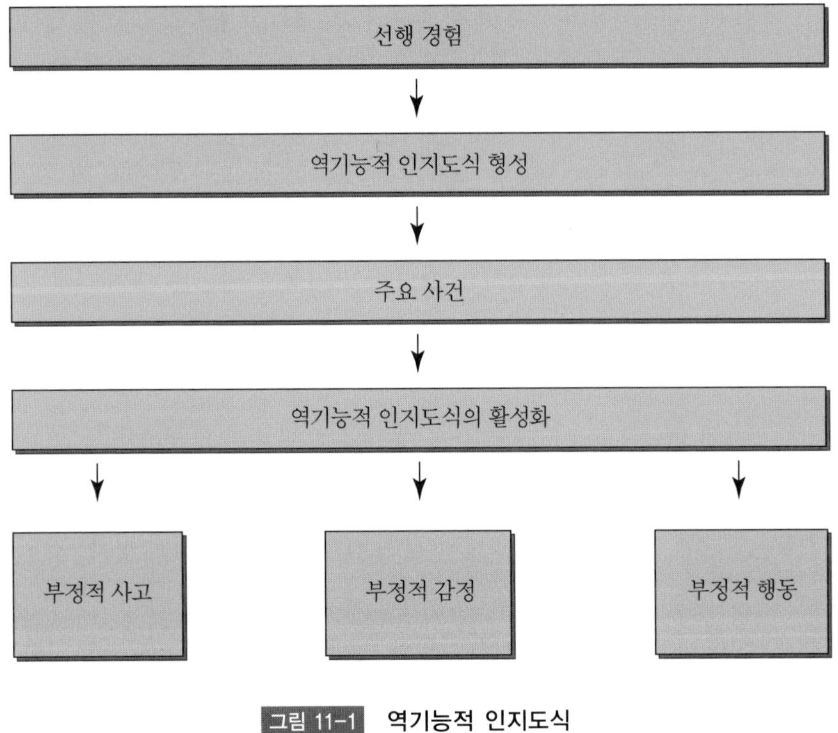

그림 11-1 역기능적 인지도식

- 인간으로서의 내 가치는 타인의 평가에 달려 있다.
- 여자든 남자든 외모가 출중하고 똑똑하며 돈이 많아야 행복해지기 쉽다.
- 타인의 사랑 없이는 내가 행복해질 수 없다.
- 다른 사람에게 도움을 요청하는 것은 나약함의 표시다.
- 사람들이 언제 나에게 등을 돌릴지 모르기 때문에 다른 사람을 믿을 수 없다.

이와 같이 부정적 내용의 자동적 사고를 활성화시키는 것이 바로 역기능적 인지도식이다. 역기능적 인지도식을 가진 사람은 일상에서 스트레스 사건을 경험하게 될 경우 부정적인 자동적 사고를 자신도 모르는 사이에 떠올리게 되어 결과적으로 심리적 문제를 경험하게 되는 것이다.

3) 인지적 오류

자동적 사고를 유발하는 역기능적 인지도식은 인지적 오류 또한 발생시킨다. 인지적 오류란 자신의 현실을 제대로 지각하지 못하거나 그 의미를 왜곡하여 받아들이는 인지 왜곡을 말한다. 어떤 이들은 현실과 그에 대한 자신의 지각을 동일하게 취급하여 사실과 그에 대한 자신의 주관적 해석을 혼동하는 경우가 있다. 예를 들면, 지나가는 사람이 자신을 빤히 쳐다보았을 때 '저 사람은 왜 나를 기분 나쁜 눈초리로 보는 거지? 혹시 나에게 이상한 행동을 하는 건 아닐까?' 하고 생각하게 된다면, 이것은 어디까지나 그 일에 대한 자신의 주관적 해석일 뿐 사실 자체는 아닌 것이다.

이러한 개인적 사건에 대해 그 사건의 실제적 의미를 확인하지도 않고 성급하게 현실과 동떨어진 결론을 내릴 수도 있다. 벡은 개인의 임의적 추측을 사실과 혼동하는 것은 일종의 오류이며, 사람들이 이러한 오류를 많이 범할수록 심리적 어려움을 겪게 될 가능성이 커진다고 본다.

사람들이 이러한 인지적 오류를 자주 범하게 되는 이유는 무엇일까? 어린 시절 타인으로부터의 거부 경험이 많은 사람이 그로 인해 받은 마음의 상처를 가지고 성장했다고 하자. 그는 이성을 사귀면서도 혹시 이성으로부터 거부당하지는 않을까 하는 마음에서 불안해하며 상대의 행동을 예의 주시하며 거부의 단서를 찾는 데 온갖 노력을 할 것이다. 이러한 상황에서 만약 애인이 약속을 어기게 되면 자신에 대한 거부로 결론을 내려 심리적 상처를 받게 되기 쉽다. 과거의 경험들을 통해 차곡차곡 쌓아 온 거부에 대한 인지도식으로 인해 사건의 의미를 왜곡해서 지각할 가능성이 높아지고, 어떤 사건에 접했을 때 부정적인 내용의 자동적 사고들을 떠올리게 될 가능성이 매우 크다.

인지적 오류에는 여러 종류가 있으나 대표적인 몇 가지만 소개해 보면 다음과 같다(강진령, 2009; 노안영, 2005; 원호택 외, 2000; Beck, 1979; Corey, 1996).

- 이분법적 사고(흑백논리): 사건의 의미를 이분법적인 범주 중의 하나로 해석하려는 오류로, 사건을 흑백논리로 사고하고 해석하거나 경험을 극단으로 범주화하는 것이다. 어떤 일의 성과를 성공과 실패로만 나누어 평가하거나, 타

인에 대해 나를 사랑하느냐 미워하느냐의 둘 중 하나로만 생각할 뿐 중립적인 면을 인정하지 않는 경우가 해당된다. 이러한 이분법적 사고는 불완전함을 통해 자동적으로 부정적인 신념으로 이끌게 하여 개인의 낮은 자존감을 불러일으키기 쉽다.

- 임의적(자의적) 추론: 어떠한 결론을 내릴 때 충분한 증거가 없음에도 최종적인 결론을 성급히 내려 버리는 오류다. 이러한 왜곡은 상황에 대한 비극적 결말이나 최악의 시나리오를 생각하는 것으로, 이성 친구가 여러 가지 바쁜 상황으로 인해 자주 연락을 못하게 되면 '이제 그(그녀)가 나를 멀리 하려고 하는구나.'라고 결론을 내리고 이별을 준비하는 경우가 이에 해당된다.
- 과잉일반화: 한두 번의 단일 사건에 근거하여 극단적 신념을 가지고 일반적 결론을 내려 그와 무관한 상황에도 그 결론을 적용하는 오류다. 한두 번의 실연으로 누구에게나 그리고 항상 실연을 당할 것이라고 생각하는 경우가 이에 해당된다.
- 선택적 추상화(정신적 여과): 상황이나 사건의 주된 내용은 무시하고 일부 특정

• 표 11-1 | 인지적 오류의 기저에 있는 가정

인지적 오류	가 정	개 입
과잉일반화 (overgeneralization)	조금만 비슷해도 적용	그릇된 논리 도출
선택적 추상화 (selective abstraction)	실패에만 관심	잊어버린 성공 확인
독단적 추론 (arbitrary inference)	경험으로부터 잘못된 부정적 결론, 나쁜 일은 모두 내 탓	탈귀인기법
마음 읽기 (reading mind)	근거 없이 타인의 마음을 읽음, 한 번 그런 사람은 앞으로도 계속 그럴 것임	결과에 영향을 준 요인 확인
개인화 (personalization)	나는 모든 사람들의 초점	확률 계산
파국화 (catastrophizing)	언제나 나쁜 결과는 나에게 일어날 확률이 높음	일어나지 않은 증거
이분법적 사고 (dichotomous thinking)	이것 아니면 저것(흑백, 선악)	연속선상에서의 평가

정보에만 주의를 기울여 사건 전체의 의미를 해석하는 오류다. 이는 사건의 일부 세부 사항만을 기초로 결론을 내리게 되어 전체 맥락 중의 중요한 부분을 간과하는 것이다. 많은 사람 앞에서 강의를 한 후 대다수의 긍정적 반응보다는 소수의 부정적 반응에만 선택적으로 주의를 기울여 그 강의는 실패였다고 단정 짓는 경우가 이에 해당된다.

- **극대화 및 극소화:** 사건의 의미나 중요성을 지나치게 과장하거나 축소하는 오류다. 흔히 사람들은 자신의 실수나 결정 혹은 개인의 재능을 바라볼 때 그것들을 실제보다 좀 더 큰 것처럼 보기도 하고, 자신의 장점이나 타인의 문제들을 대할 때 축소하기도 한다. 이로 인해 결국 자신이 타인들보다 열등하다고 생각하거나 우울하다고 느끼게 된다.
- **파국화:** 개인이 걱정하는 한 사건을 지나치게 과장하여 두려워하는 오류를 말한다. 자기 자신을 파국화시키는 사람은 세상에 곧 종말이 닥칠 것이라는 두려움 속에서 살아가도록 하는 원인이 된다.

4 상담의 목표와 과정

1) 상담목표

인지행동치료의 목표는 내담자가 보다 효과적으로 기능하도록 사고의 편견이나 인지 왜곡을 제거하고, 내담자의 문제행동에 바람직한 대안을 찾도록 돕는 것이다. 그리고 부적절한 정서와 부적응적 행동을 적절한 정서와 적응적 행동으로 변화시키는 데 그 목표를 두고 있다. 상담자는 내담자의 인지적 왜곡에 도전하고 그것을 검증하여 보다 긍정적인 감정이나 행동, 사고를 하도록 조력한다. 인지행동치료에서 처음에는 증상 완화를 다루지만 그것의 궁극적인 목표는 인지적인 오류를 제거하는 것이다(강진령, 2009; 노안영, 2005; 원호택 외, 2000; Beck, 1979; Corey, 1996).

2) 상담과정

인지행동치료에서 제시하는 상담과정은 내담자가 지니고 있는 문제에 따라 다양하게 개발되어 있다. 상담과정의 핵심은 내담자가 자신의 머릿속을 순간순간 스치고 지나가는 자동적 사고에 주의를 기울이고 인식하게 하여, 자신의 생각을 들여다보고 그것이 정서와 행동에 어떠한 영향을 미치는가를 알게 하는 것이다. 다음으로 상담자는 자동적 사고를 합리적이고 융통성 있는 사고로 변화시키도록 격려한다. 이를 통해 내담자는 자신이 지니고 있는 인지적 오류들을 확인할 수 있으며, 역기능적인 가정들이 어떤 것인지 실제적으로 인식할 수 있게 된다. 상담은 이러한 역기능적 가정들을 재구성함으로써 내담자가 가지고 있는 부적응적인 도식을 변화시키는 단계까지 진행된다. 또한 상담과정에서 내담자가 긍정적인 경험을 할 수 있도록 행동적인 과제를 부여하는 방법도 병행한다. 인지행동치료가 가장 광범위하게 적용되고 있는 분야는 불안장애, 정서장애, 섭식장애, 중독장애 등의 영역이며, 각 장애의 특성에 맞추어 구조화된 또는 반구조화된 프로그램들이 개발·적용되고 있다(강진령, 2009; 노안영, 2005; 원호택 외, 2000; Beck, 1979; Corey, 1996).

5 상담의 기법과 적용

1) 상담기법

인지행동치료 접근에서는 다양한 이론과 기법이 공존한다. 이러한 다양한 기법들은 나름의 공통적 특징들을 가지고 있다(원호택 외, 2000).

첫째, 인지행동치료 접근에서는 과학적 연구에 의한 치료기법을 개발하고 개선하려 한다. 최근의 심리장애별 인지행동적 요인에 관한 연구를 통해 이상행동별 모형을 수립하고 그에 따른 치료기법을 확장해 나가는 것과 행동과학이나 인지과학의 실험연구들에 의해 치료기법을 개선하고 있기도 하다.

둘째, 의학적 모델에서는 심리장애를 질병으로 간주하는 반면, 인지행동치료 접근에서는 대부분의 심리장애를 일상생활 속에서 만들어진 역기능적인 문제행동으로 본다. 따라서 이러한 역기능적 문제행동이나 사고방식은 인지행동적 원리를 통해 변화 가능하다고 보는 것이다.

셋째, 인지행동치료 접근은 문제행동별로 특정한 치료기법을 적용하여 역기능적 행동이나 인지를 변화시키려 한다. 즉, 특정 심리장애에 대한 이론적 모형을 수립하고 그에 따른 치료기법을 개발하여 적용하게 된다.

넷째, 앞에서도 언급된 것처럼 인지행동치료는 단기치료를 지향하는 기간 한정적 치료다. 집단으로 적용하는 프로그램은 거의 모두 제한된 기간에 이루어지는데, 치료기간을 15회 이내로 한정하기도 한다.

다섯째, 인지행동치료 기법에서는 필수적 치료 절차로서 인지평가와 행동평가가 이루어진다. 심리치료의 초기 면접에서 내담자 문제 이해와 치료목표 수립을 위해 인지행동평가가 이루어지는 것이다. 이러한 인지행동평가에서는 행동적 면접, 자기 관찰 및 보고, 타인 관찰 및 보고, 역할연기 등의 방식을 통해 내담자 문제와 그 유발요인을 파악하고, 문제를 지속시키는 요인과 내담자가 가진 자원과 지지 요인, 내담자의 강점과 약점 등을 파악하게 된다.

여섯째, 인지행동치료 접근에서는 전통적 접근방식과는 달리 상담자가 교육자이자 코치의 역할을 담당한다. 이것은 상담자가 내담자를 무시하거나 도외시하는 것이 아니라 이해적인 관계를 이루어 나가는 것이다. 특히 벡은 상담자와 내담자 간의 협동적 관계를 강조하는데, 이는 상담자와 내담자가 협동하여 내담자 문제를 해결해 나가는 것을 말한다.

(1) 불안감소법

불안을 감소시키는 데 도움이 되는 기법으로는 다음과 같은 것들이 있다(강진령, 2009; 노안영, 2005; 원호택 외, 2000; Beck, 1979; Corey, 1996).

- 이완훈련(relaxation training): 몸에 전체적으로 도움이 될 때까지 순차적으로 수의근의 긴장과 이완을 반복하는 것으로, 다른 인지행동 기술과 함께 또는 단독으로 사용한다.
- 바이오피드백(biofeedback): 인체의 생리적 변화에 대한 전자장치를 사용하는

것으로, 바이오피드백에 연결된 작은 전극을 내담자의 신체에 부착하고 모니터링하는 것이다.

- 체계적인 탈감각화 또는 체계적 둔감법(systematic desensitization): 고소공포증이나 비행기 여행 같은 특별한 자극에 대한 반응을 변화시키는 것으로, 불안을 야기하는 자극에 직면하도록 긍정적 강화를 제공하며 두려워하는 부정적 결과가 결코 일어나지 않는다는 것을 깨닫게 함으로써 부적응적 행동을 소멸시키는 것을 말한다.
- 감각기관에의 노출(interceptive exposure): 빈맥, 흐린 시야, 짧은 호흡과 같은 내적인 신체 단서에 대해 극단적인 해석을 하는 사람을 대상으로 탈감각화하기 위해 사용되는 노출치료다. 점차적으로 천천히 위계구조상 낮은 자극단계에서 높은 자극단계로 노출시킨다.
- 홍수요법(flooding): 노출치료 중 하나로서 가장 불안을 많이 일으키는 자극에 내담자를 즉각적으로 노출시키는 방법이다. 즉, 불안을 일으키는 상황에서 도망치는 것은 그 불안을 오히려 강화한다는 전제하에, 내담자로 하여금 도망을 못하게 하여 불안을 소멸시키고 회피적인 행동이 조건화되는 것을 막는다. 내폭법(implosion)은 홍수요법의 변형으로, 두려운 상황이나 여건을 실제 상황이 아닌 상상 속에서만 직면하는 방법이다.
- 전정기관의 탈감각화 훈련(vestibular desensitization): 환경적인 단서에 의해 현기증, 불균형, 어지러움, 오심, 이명, 흐린 시야, 두통과 같은 운동성 장애를 야기하는 공황발작을 가진 내담자에게 적용하는 노출치료다.
- 반응예방 또는 반응차단(response prevention): 불안감소반응(예: 이완요법, 탈감각화) 없이 불안을 야기하는 자극에 반복적으로 노출시키는 것이다. 불안에 반복 노출되어도 두려운 결과가 나타나지 않기 때문에 결국 불안 감소를 이끌어 낸다.

(2) 인지적 재구조화

상담자는 내담자의 자동적 사고를 유도하고, 그 생각 뒤의 논리를 분석하고, 역기능적 가정을 확인하며, 그 가정들의 타당성을 검토하기 위해 언어적 기법을 사용한다. 자동적 사고는 내담자에게 혼란된 상황 동안 발생하는 생각들에 대해

질문함으로써 알아낼 수 있다. 만약 내담자가 그 생각을 회상하는 데 어려움이 있다면 심상이나 역할연기를 사용할 수도 있다. 자동적 사고는 그것들이 실제 생활 상황에서 발생할 때 더 정확하게 보고될 수 있으며, 이러한 생생한 인지는 접근하기 쉽고 힘이 있으며 습관적이다. 내담자는 혼란을 느낄 때 사고를 인식하고 확인하는 것과 그것들을 기록하는 것을 배우게 된다.

자동적 사고는 직접적인 증거나 논리적 분석에 의하여 검증된다. 증거는 과거와 현재의 환경에서 도출될 수 있지만 과학적인 탐구에서 늘 그렇듯 가능한 한 사실에 가까워야 한다. 자료는 또한 행동적 실험에서도 얻을 수 있다. 내담자의 사고에 대한 검토 역시 인지적 변화를 가져올 수 있으며, 질문을 통해서 사고 내에 있는 논리적 불일치, 모순 및 다른 장애를 밝혀낼 수 있다. 인지적 왜곡을 확인하고 명시하는 것은 그 자체로 도움이 되는데, 그 이유는 내담자가 스스로 구체적인 오류를 인식하고 고치게 하기 때문이다. 인지 재구성법의 예를 들면 다음과 같다(강진령, 2009; 노안영, 2005; 원호택 외, 2000; Beck, 1979; Corey, 1996).

- 사고와 감정의 감시법(monitoring thought and feeling): 다섯 가지 기록 형식(상황, 감정, 상황에 반응하는 자동적 사고, 보다 합리적 반응, 결과)을 이용해서 내담자의 자기 인식을 증진시키고 자신의 생각과 감정을 감시하는 것을 돕는 방법이다.
- 증거 탐문(questioning the evidence): 내담자와 상담자가 특정 믿음을 뒷받침하기 위해 사용되는 증거를 검토해 보는 것으로, '그 생각에 대해 어떤 증거를 가지고 있는가?'라는 질문을 사용할 수 있다.
- 대안 검토(examining alternatives): 내담자가 자신의 강점과 대처자원에 기초한 선택을 가능하게 한다.
- 탈파국화(decatastrophizing): 내담자가 상황의 비극적 성질을 과대평가하는 것을 깨닫게 하기 위해 '일어날 수 있는 가장 나쁜 일은 무엇인가?' '그것이 정말 일어난다면 그렇게 끔찍할 것인가?' '다른 사람은 그 사태에 대해 어떻게 대처할 것인가?' 등의 질문을 사용할 수 있다.
- 재구성(reframing): 내담자의 상황이나 행동에 대한 인식을 변화시키는 전략으로, 문제의 다른 측면에 초점을 두거나 내담자가 다른 시각에서 문제를 바라

볼 수 있도록 해 주는 것이다. 예를 들면, 실직을 했을 경우 '실직은 스트레스로 받아들여질 수 있지만 새로운 직업을 찾을 수 있는 기회도 된다.'고 인식하도록 하는 것이다.

- 사고 중지(thought stopping): 역기능적인 사고의 진행을 멈추게 하기 위해서 '중지(stop)'라고 외치거나 내담자가 멈춤 표지판, 벽돌을 쌓은 벽 등을 상상함으로써 내담자의 생각을 제어하는 방법이다.

(3) 새로운 행동의 학습법

인지행동치료는 자동적 사고와 가정을 수정하기 위해 행동적 기술을 사용한다. 그것은 특정한 부적응적 신념에 도전하거나 새로운 학습을 증진시키도록 고안된 행동적 실험들을 사용한다. 행동적 기술은 또한 내담자의 반응 범주를 확장시키거나(기술훈련), 그들을 이완시키거나(점진적 이완), 활동하도록 만들거나(활동 계획하기), 회피적 상황을 준비시키거나(행동적 시연), 두려운 자극에 노출시키기(노출치료) 위해 사용된다. 행동적 기술은 인지적 변화를 촉진시키는 데 사용되기 때문에 각 행동실험 후에 내담자의 지각, 사고 및 결론을 아는 것이 중요하다(강진령, 2009; 노안영, 2005; 원호택 외, 2000; Beck, 1979; Corey, 1996).

- 모델링 또는 대리학습(modeling): 새로운 행동 패턴을 형성하고 기존의 기술을 증대시키거나 회피행동을 감소시키는 데 사용되는 전략이다. 모델이 되는 사람을 선정하여 내담자가 그 사람을 관찰하고 행동을 따라 해 보도록 한다.
- 행동형성(shaping): 바람직한 행동에 가깝게 행하면 이를 강화함으로써 새로운 행동을 유도하는 방법이다.
- 토큰경제(token economy): 바람직한 행동을 했을 때 토큰, 패스, 점수 등을 줌으로써 내담자에게 보상해 주는 것을 말한다.
- 역할놀이(role play): 내담자로 하여금 문제가 되는 쟁점(행동)을 연기하게 하고 그 행동에 대한 피드백을 얻을 수 있게 해 주는 것이다.
- 사회기술훈련(social skill training): 사회기술은 학습되는 것이며 교육을 통해 훈련을 시행한다.
- 혐오치료(aversion therapy): 부적응적인 행동이 일어났을 때 혐오자극을 제공

하는 것으로, 내담자가 원하지 않지만 지속되는 부적응적 행동을 감소시키기 위해 사용된다.

- 임시계약(contingency construction): 어떤 행동이 변화되어야 하며 그 행동에 어떤 결과가 따르게 되는지에 대해 내담자와 상담자 간에 이루어지는 형식적 계약을 말한다.

이 외에도 시간마다 수행해야 할 행동을 만들어서 지켜 나가는 '활동 계획하기(scheduling activities)', 자신이 수행한 내용의 결과가 얼마나 성공적이었는지는 평가함으로써 성취 동기를 경험하게 하는 '성취감과 즐거운 경험하기(mastery and pleasure)', 어떤 행동목표를 달성하기 위해 쉬운 것에서 어려운 것으로 점차 그 난이도를 더해 가는 '점진적 과제 수행(graded task assignment)', 여러 단계의 도전을 극복해 가는 상상을 하고 그것을 실제로 실천해 가는 '인지시연(cognitive rehearsal)', 간단한 일부터 수행에 대한 성공을 경험함으로써 자신감을 갖게 하는 '자기신뢰훈련(self-reliance training)' 등이 있다.

(4) 마이켄바움의 인지행동수정

마이켄바움의 인지행동수정(cognitive-behavior modification: CBM)은 내담자의 자기 언어화를 변화시키는 것을 중점적으로 다룬다. 그에 따르면 자기 진술은 다른 사람의 진술과 같은 방식으로 그 사람의 행동에 영향을 미친다. 이 접근법의 기본 전제는 행동변화가 일어나기 위해서는 내담자의 생각, 느낌, 행동과 자신이 타인에게 미치는 영향을 먼저 알아야 한다는 것이다. 내담자의 행동에 변화가 일어나려면 상담자가 지금까지 프로그램화된 것같이 반복해 오던 내담자의 행동 특성을 중단시켜서 다양한 상황에서 그들의 행동을 평가해야 한다.

상담과정은 문제 상황에 보다 효과적으로 대처할 수 있도록 내담자의 자기 지시를 수정하는 훈련으로 이루어진다. 즉, 내담자로 하여금 충동적이고 공격적인 행동, 시험불안, 대중 앞에서의 연설에 대한 두려움 등과 같은 문제 상황에 대한 실제적인 대처기술을 획득하게 한다(강진령, 2009; 노안영, 2005; 원호택 외, 2000; Corey, 1996).

① 행동변화법

마이켄바움에 의하면 행동변화는 내적 상호작용, 인지구조, 행동과 그 결과들을 포함하는 연속적 중재과정을 통하여 일어난다. 그는 이러한 세 가지 측면이 혼합된 3단계 변화과정을 기술하였다.

• 1단계: 자기관찰

내담자가 자신의 행동을 관찰하는 방법을 학습하는 시작단계다. 결정적 요소는 자기 자신을 경청하는 내담자의 의지와 능력이다. 이 단계에서는 내담자 자신의 사고, 감정, 행동, 생리적 반응, 대인관계에서의 반응에 대한 높은 민감성이 요구된다.

• 2단계: 새로운 내적 대화의 시작

상담을 시작할 때 내담자들의 내적 대화는 부정적 자기 진술과 상상으로 이루어져 있다. 내담자들은 초기 계약에 따라 자신의 부적응적 행동을 알아차리는 것을 배우고 적합한 행동 대안에 주목하기 시작한다. 그들은 상담을 통해 자신의 내적 대화를 변화시키는 것을 배우게 되며, 새로운 내적 대화는 새로운 행동을 유도하고, 이것은 내담자의 인지구조에 영향을 미친다.

• 3단계: 새로운 기술의 학습

효과적인 대처기술을 내담자에게 가르치고 그것을 일상생활에서 실제로 행하는 단계다. 내담자들이 새롭게 학습한 기술을 한 번 사용해 보는 것으로 그치느냐 혹은 계속 사용하느냐는 그들이 새롭게 시도해 본 행동과 그 결과에 대하여 자신에게 말하는 것에 달려 있다.

② 대처기술 프로그램

대처기술 프로그램의 기본 원리는 인지적 경향을 수정하는 방법을 배우면 스트레스적 상황을 다루는 데 효과적인 전략을 획득할 수 있다는 것이다. 다음은 대처기술을 가르치기 위해 고안된 절차들이다(강진령, 2009; 노안영, 2005; 원호택 외, 2000; Corey, 1996).

• 역할놀이나 상상을 하게 함으로써 내담자를 불안 유발 상황에 노출시킨다.

- 내담자에게 자신의 불안 수준을 평가하게 한다.
- 스트레스 상황에서 경험하는 불안 유발 인지를 인식하게 한다.
- 재평가 후의 불안 수준을 본다.

마이켄바움은 인지적 기법을 사용하여 심리적 · 행동적 스트레스 예방훈련을 개발하였다. 이 훈련은 내담자가 긴장 상황에서의 수행에 대한 신념이나 자기 진술을 수정함으로써 스트레스에 대처하는 능력을 높일 수 있다는 가정에 근거한 것이다. 마이켄바움(1985)은 스트레스 예방훈련의 3단계 모형을 다음과 같이 제시하였다.

- 개념적 단계: 상담자와 내담자 간의 상담관계 수립이 가장 중요하다. 상담자는 이 초기단계 동안 내담자의 협조를 구하고, 함께 내담자의 심리적인 문제의 본질을 검토한다.
- 기술 획득과 시연 단계: 이 단계에서 상담자는 내담자로 하여금 스트레스 상황에서 다양한 행동적 · 인지적 대처기법을 적용하도록 돕는 데 초점을 둔다. 내담자는 두려움을 유발하는 것들에 대한 정보를 모으고, 스트레스를 불러일으키는 구체적인 상황을 학습한다. 또한 스트레스를 줄일 수 있는 새로운 방법을 훈련한다. 이때 물리적 · 심리적 이완기법을 학습하는 등의 직접적인 행동훈련뿐만 아니라 인지적 대처방법도 훈련한다.
- 적용과 수행 단계: 이 단계에서 내담자는 치료 상황에서뿐만 아니라 실제 생활에서도 조심스럽게 변화하고 이를 유지한다. 이때 내담자들이 단지 자신에게 새로운 것을 말하는 것만으로는 변화하기에 충분하지 않다. 내담자는 자기 진술을 연습하여 실제 상황에서 새로운 기술을 적용해야 한다.

2) 상담사례

다음의 상담사례는 팔머(Palmer, 2004)의 책에 소개된 내용을 인용 · 제시한 것이다.

(1) 내담자

데이빗(David)은 42세로 큰 지질회사의 대리다. 그는 지난 2년간 많은 비행에서 심한 불안을 느낀 후에 치료를 받기 위해 왔다. 그의 불안은 심한 난기류를 만난 비행 후에 생겼다. 그 후부터 그는 스스로가 비행기를 타기 전 며칠 동안 두려워하고 있다는 사실을 알았다. 공항에 도착하면 그는 일련의 행동 패턴을 보인다. 체크인을 하고 '긴장을 풀기 위해' 바로 술집으로 직행한다. 그리고 그는 비행 중에도 계속 술을 마셔서 도착지에 오면 피곤해하고 때때로 많이 취하기까지 한다. 몇 번은 그가 무척 취해 보여서 승무원이 그에게 술 주기를 거부한 적도 있었다. 그것은 무척 부끄러운 일이었다. 게다가 지난달 독일에서 열린 회의에 그는 술취한 채로 도착했다. 그 결과 회의는 취소되었고 영국에 돌아와서는 그의 상사에게서 그가 음주문제를 처리하지 않는다면 계속 일하기 힘들 것이라는 경고를 받았다. 이것이 그에게 치료를 받아야겠다고 생각한 계기가 되었다.

데이빗은 결혼하여 두 자녀가 있고 그의 부인은 그가 상담을 받고자 하는 데 협조적이다.

(2) 치료

① 회기 1

이 회기에서는 데이빗의 배경을 고려하여 그의 문제를 평가하고자 했었다. 데이빗은 원래는 불안했던 적이 없었고, 그의 불안은 비행기 탑승 전의 며칠과 비행기를 탄 동안에 한정되는 것이다. 그는 자신이 비행 5일 전부터 불편함을 느끼며 자는 데 어려움을 겪게 되고 그가 가장 두려워하는 일, 비행기가 추락하여 가족들을 다시 보지 못하는 일이 생길 것을 대비하여 아내와 아이들에게 '무척 잘해' 준다. 데이빗은 이러한 두려움이 이성적이지 못하다는 걸 깨닫고 있는 현명한 내담자였지만 비행기에 탈 때마다 그는 그가 죽을 것이 확실하다고 느꼈다.

이 평가 회기에서 치료자는 데이빗에게 인지행동치료의 근거와 구조화된 회기의 중요성을 설명하고, 치료자와 데이빗이 함께 비행 중 불안의 정도를 줄이고 음주를 하지 않기 위한 목표를 확인했다. 치료자는 데이빗에게 불안을 없애기 위해 술을 마시는 것은 술이 진정제이기 때문이며 술은 그가 비행에 익숙해지지 않도록 하므로 도움이 되지 않는다고 설명했다. 결국 치료자와 데이빗은 50분의 회기를 6주간 하도록 동의했다. 치료자는 데이빗의 첫 숙제를 결정했다. 인지행동 기술의 사용에 초점을 맞춘 비행에 대한 공포를 다룬 책을 사는 것이다. 치료자는 데이빗의 문제를 개괄하는 시험적인 사례의 개념화를 발전시키고, 그의 비이성적인 비행공포증을 극복하는 것을 돕기 위해 어떤 매개가 도움이 되는지를 지시하였다.

② 회기 2

회기의 초반부에 의제는 협상되었고 치료자는 데이빗에게 집에서 과제를 수행할 것을 요구하였다(이러한 과정은 매 회기의 시작 때마다 반복된다). 그는 책을 사서 읽기 시작했다. 그는 비행공포증에 시달리는 사람이 자신만이 아니라는 것을 알고 편안해했다. 이 회기의 초점은 그의 불안을 유발하는 데이빗의 자동적 사고를 확인하는 것이다. 이 과정을 돕기 위해서 치료자는 데이빗에게 그가 탔던 최근의 비행을 묘사해 보라고 하였다. 그가 비행에 대해 이야기하기 시작하자 그는 불안을 느끼기 시작했다. 그는 위장에 경련을 느끼기 시작했고 어깨에 긴장도 느꼈고, 심장은 빨리 뛰기 시작했다. 그는 많은 부정적인 자동적 사고가 연결되는 것을 확인했다.

'이 조종사는 지금 자기가 뭘 하고 있는지를 몰라.'
'이 비행기는 추락할 거야.'
'내 심장은 멈춰 버릴 거야.'
'도저히 참을 수가 없어.'

치료자는 데이빗에게 그의 부정적 사고를 사고 오류에 연결시켜 보라고 하였다. 예를 들어, '이 비행기는 추락할 거야.'는 예언을 포함한다. 치료자는 위에 묘사된 부정적인 신념들을 써 넣으며 데이빗에게 자동적 사고 양식을 어떻게 기입하는지 보여 주었다. 과제를 위하여 데이빗은 읽기를 계속하기로 결심했으며 치료자는 데이빗에게 비행에 대한 부정적인 자동적 신념을 자동적 사고 양식에 추가하기를 제안했다.

③ 회기 3과 4

이 회기들의 초점은 데이빗의 자동적 사고를 진단하고 보다 현실적이고 도움이 되는 신념으로 수정하는 것이었다. 그의 지난 비행에 관련된 대화가 다음의 예로 제시된다.

치료자: (자동적 사고 양식 참조) '이 비행기는 추락할 거야.' 라고 쓰셨네요.
데이빗: 네, 맞습니다. 비행기에 타면 추락할 거라는 걸 알아요.
치료자: 데이빗, 비행 중에 이 생각을 어느 정도 많이 하나요?
데이빗: 모두 하면 최소한 백 번 정도는 하죠.
치료자: 그리고 무슨 일이 일어났습니까?
데이빗: 아무것도요.
치료자: 이것이 당신에게 의미하는 것은 무엇입니까?
데이빗: 그건 단지 생각일 뿐이고 생각이 사실과 일치하지 않는다는 거요.
치료자: 맞습니다. 당신이 산 책에 보면 추락의 확률이 얼마나 된다고 나오나요?
데이빗: 확실히 사고가 나려면 26,000년 동안 매일 비행기를 타야 한다구요.
치료자: 이 사실을 기초로 할 때 다음에 비행기 추락이 일어날 가망이 얼마나 되나요?
데이빗: 복권에 당첨될 확률이 더 높은 것 같군요. (웃음)

치료자와 데이빗은 그의 자동적 사고를 진단하기 위해 함께 상담했고 자동적 사고 양식에다 '불안을 느끼므로 내 심장은 멈출 것이다라는 생각은 불가능하다.'와 같은 대안적인 현실적 생각을 썼다. 과제를 위해 데이빗은 회기 노트를 통해 대안적 생각들에 초점을 맞추어 책을 계속 읽도록 요구받았다.

④ 회기 5와 6

이 두 개의 회기에서 치료자와 데이빗은 그의 숙제와 회기에서 써 내려갔던 현실적인 사고들을 조사했다. 치료자는 데이빗에게 정상적 기초를 읽을 수 있게 현실적이고 더욱 도움이 되는 사고를 스스로 떠올릴 수 있도록, 설득력 있는 생각

중 몇 가지를 작은 카드에 진술 형식으로 써 내려가도록 했다. 예를 들어, '비행기 추락보다는 복권 당첨이 더 확률이 높겠어.'와 같은 것이다. 치료자는 또한 데이빗이 긴장을 이완할 테이프를 사서 그의 긴장을 줄이도록 권장하였다. 데이빗은 그가 비행 중에 불안을 해소할 필요가 있을 때 테이프를 사용하기로 하고 비행기에 가지고 가기로 했다.

이미지를 통해 대처하는 법도 소개되었다. 데이빗은 이전에 언급한 기술을 이용하여 비행에 임하는 스스로를 떠올려 보기를 요구받았다. 그는 이미지를 통해 대처하기를 꾸준히 사용하고, 이완 테이프를 매일 사용하는 것을 연습하는 과제를 받았다. 또한 치료자와 데이빗은 추후상담 일정을 협의하였으며 그 날짜는 데이빗의 다음 비행 이후로 계획되었다. 이후의 회기에서 데이빗은 그의 불안이 크게 줄었다는 것을 보고하고 특히 그가 진술과 이미지로 대처하는 것이 무척 유용했다는 것을 알았다. 그러나 만약 그가 여전히 비행에서 매우 불안했다면 치료자는 데이빗의 숨어 있는 도식에 초점을 맞추기 위해 추가적인 상담 회기를 잡아야 할 것이다.

토/의/주/제

1. 인지행동치료의 장점(공헌)과 단점(한계)에 대해 설명하시오.
2. 인지행동치료는 다양한 학자들에 의해 개발되었지만 공통적으로 합의할 수 있는 전제들이 있다. 이를 요약해서 설명하시오.
3. 개인적으로 안 좋게 끝났던 사건(critical life events)을 하나 떠올리고, 당시 경험했던 사고와 감정 그리고 자신이 행한 행동을 구분하여 설명하시오.
4. 인지행동치료와 REBT의 유사점과 차이점에 대해 설명하시오.
5. 인지행동치료를 표방하는 대표적 학자들을 들고, 그들이 특히 강조하는 점을 비교해서 설명하시오.
6. 인지행동치료는 불안증이나 우울증, 섭식장애 등의 영역에서 널리 사용되고 있고 수많은 연구를 통해 그 효과성이 입증되었으나, 성격장애 영역에서는 다소 취약점을 보이고 있다. 이를 극복할 수 있는 방법에 대해 설명하시오.

Chapter 12 교류분석

교류분석(transactional analysis: TA)은 1958년 캐나다 출신의 미국 정신과 전문의인 에릭 번(Eric Berne)에 의해 소개된 상담이론이자 심리치료 기법이다. 교류분석은 한마디로 인간관계 교류를 분석하는 것으로 인간관계가 존재하는 모든 장면에 적용할 수 있는 이론이며 기법이다. 이는 임상심리학에 기초를 둔 인간 행동에 관한 분석체계 또는 이론체계로서 '정신분석학의 안티테제(anti-these)' 혹은 '정신분석학의 구어판'이라고도 불린다(우재현, 1999, 2005).

교류분석은 개인의 성장과 변화를 위한 체계적 심리치료법으로서 성격이론, 의사소통이론, 아동발달이론, 병리학이론을 포함하고 있다(우재현, 1999; Stewart & Johnes, 1987). 최초의 이론체계는 번(1958)이 발표한 「교류분석: 새로운 효과적 집단치료법(Transactional analysis: A new and effective method of group therapy)」이라는 논문이 그 발단이다.

교류분석은 본래 의학적 치료에서 출범했으나 이론이 평이하고 적용 가능성이 높기 때문에 빠른 속도로 대중에게 알려지기 시작해서 현재는 인간관계를 주제로 하는 거의 모든 영역으로 파급되었다. 교류분석은 번에 의해 창시되었지만 번의 사망 이후 여러 학자들에 의해 다양한 도구들과 적용방법 등이 개발되어 체계적이고도 구체적인 치료 접근으로 발전하였다.

1 번의 생애와 업적

Eric Berne(1910~1970)

교류분석의 창안자인 에릭 번은 1910년 5월 캐나다 몬트리올에서 의사였던 아버지와 전문작가였던 어머니 사이에서 에릭 레너드 번스타인(Eric Leonard Bernstein)으로 태어났다. 번이 11세 되던 해에 의사였던 아버지는 38세로 돌아가시고 홀어머니 밑에서 성장하였다. 번은 그의 아버지가 간 길을 따라 맥길 대학교 의학부에 들어가서 25세 되던 해 의사가 되었다. 그 후 미국으로 이민 와서 예일 대학교 의대에서 정신과 레지던트 과정을 밟았고 뉴욕에 있는 시온산병원(Mt. Zion Hospital) 정신과에서 근무했다. 이 시기에 시민권을 취득하고는 이름을 에릭 번으로 바꾸었다. 1940년 병원 업무와 함께 개인상담소를 시작했고, 루스(Ruth)와 첫 번째 결혼을 하고 두 자녀를 두었다.

1941년에는 뉴욕 정신분석학회의 폴 페더른(Paul Federn) 밑에서 정신분석학자로서의 훈련을 받게 되었는데, 페더른의 '자아심리학' 체계가 이후 번의 성격이론에 출발점을 제공했다는 점에서 중요한 사건이다. 1943년부터 1946년 사이에는 군의관으로 제2차 세계대전에 참여해서 집단심리치료를 시작하였고, 직관력에 특별한 관심을 가지고 다양한 실험을 실시했다. 1946년에 전역한 후로는 캘리포니아의 카멜(Carmel)에 정착해서 정신분석 수련을 다시 시작했고, 1947년에는 에릭 에릭슨(Erik Erikson) 밑에서 정신분석 훈련을 받기도 하였다. 1949년 도로시(Dorothy)와 재혼하여 두 아이를 두었으나 15년 뒤 다시 합의이혼을 하였다.

번은 1950년대 초기부터 그가 정립해 온 심리치료의 이론들을 중심으로 샌프란시스코를 거점으로 세미나를 시작해서 1958년 샌프란시스코 사회정신의학세미나(San Francisco Social Psychiatry Seminars)로 발전시켰다. 그러나 1956년 번은 공식적으로 자신이 속한 정신분석협회의 정회원에 신청했는데, 교류분석(TA)이라는 새로운 치료를 시작하게 되면서 전통적 정신분석적 치료와 대치하게 됨에 따라 자격심사에서 탈락하자 큰 상처를 받았다. 이 아픈 경험은 고전적인 정신분석의 약점을 보완한 대안적인 심리치료 이론과 치료 실제를 개발하는 계기가 되었다. 그는 특히 정신의학이 문화적인 차이 속에서 어떻게 실시되어야 하느냐의 문제에 대해 깊은 관심을 가지고 아시아와 아프리카 및 남태평양권의 여러 나라를 여행했다. 1968년 비엔나의 집단심리치료 국제학술대회(International Congress for Group Psychotherapy)에서 교류분석을 보고하여 국제적인 위치에 올려놓았다(이기춘, 1998; Stewart, 2009). 번은 1967년 토리(Torri)와 세 번째 결혼을 하지만 1970년 초 이혼하였고, 1970년 7월 15일 60세의 일기로 세상을 떠났다.

번은 뛰어난 재능을 가진 다작 작가였는데 그의 글은 일반인들도 쉽게 읽을 수 있을 만큼 알기 쉬운 용어로 집필되었다. 1961년 출간된 그의 저서 『심리치료에서의 교류분석(Transactional Analysis in Psychotherapy)』은 여전히 교류분석의 이론적 개념에 절대적으로 필요한 전문적 기본서다. 1964년 번은 전문적인 독자들을 겨냥하여 『심리 게임(Games people play)』을 출간하였는데, 이 책은 예기치 않게 베스트셀러가 되어 그에게 국제적인 명성을 안겨 주었다. 그때부터 교류분석은 '대중심리학'으로서의 미묘한 지위를 향유했는데, 내용이 희석되고 지나치게 단순화되고 완전히 왜곡된 변형판으로 출판된 교류분석 관련 책과 기사가 수없이 쏟아져 나왔다. 그로 인해 교류분석 전문가들은 넓게 퍼져 버린 잘못된 부분들을 교정하는 데 많은 시간이 걸렸다. 그러나 심지어 이 기간에도 번의 교류분석에 대한 진지하면서도 전문적인 활동은 중단되지 않고 계속되었다. 번이 편집인으로 활동한 학술지인 『Transactional Analysis Bulletin』이 1962년부터 출판되었고, 1964년에는 국제교류분석협회가 창립되었다. 번의 대표적 저서로는 『Sex in Human Loving』(1970), 『What Do You Say After You Say Hello』(1972) 등이 있다(Stewart, 1992).

교류분석은 초기 결정의 영향을 인식하고 내담자가 새로운 결정, 예전의 진부한 결정을 대치할 수 있는 보다 적절한 결정을 할 능력을 갖고 있음을 강조한다. 교류분석의 치료적 특성을 정신분석과 비교해 본다면, 교류분석은 정신분석의 무의식 이론에 근거를 두지 않고 성격구조인 어버이, 어른, 어린이 자아상태의 관찰 가능한 현상에 근거를 둔다. 즉, 정신분석에서 제시하는 원초아(id), 자아(ego), 초자아

(super-ego)는 관념적이고 추상적인 개념인 데 반해, 교류분석에서 사용하는 어린이 자아상태(Ⓒ), 어른 자아상태(Ⓐ), 어버이 자아상태(Ⓟ)의 개념은 외현적으로 나타난 현상적이고 관찰 가능한 구체적인 개념이다.

교류분석은 집단 구성원들의 효과적인 상호작용을 증대시키고자 하는 모든 장면에 적용될 수 있다. 오늘날에는 임상 장면뿐 아니라 교육 장면이나 일반 조직체에도 활용되고 있어 치료자의 스타일에 따라 폭넓고 융통성 있게 상담 장면에 적용될 수 있다.

교류분석 치료자는 로저스(Rogers)의 인간중심 상담방법에 동의한다. 그러나 상담을 진행하는 데 있어서 종종 내담자의 말을 멈추게 하고, 저지하고, 직면하고, 모순을 지적함으로써 로저스 학파의 상담자보다 훨씬 더 적극적이다. 또한 교류분석은 치료과정의 지침으로서 계약을 한다는 점, 내담자의 행동을 강조한다는 점, 그리고 내담자와 치료자의 동등한 관계나 기본 개념들이 이해하기 쉽다는 점도 공헌점이라 할 수 있다.

교류분석과 행동수정은 내담자의 행동에 대한 명백한 변화를 목표로 하고 있으나, 교류분석은 재결단 과정에 초점을 맞추고 있다는 점이 행동수정과 다르다. 또한 개인의 자기 행동에 대한 책임에 기본적 초점을 두고 있다는 점에서 글래서(Glasser)의 현실치료와 유사하지만, 교류분석은 개인력과 이전의 행동에 더 큰 비중을 두고 있다는 점에서 다르다. 교류분석 치료자는 펄스(Perls)의 게슈탈트 치료를 통합하고 있으며, 펄스가 고려하지 않은 개인의 지적 인지를 강조하며 감정표현도 지지하고 있다. 교류분석은 정직, 성실, 자율, 진실, 그리고 가장 중요한 사회적 친밀감 표시 등 개인적 자질을 강조한다는 측면에서 실존주의 치료와도 일치하는 점이 많다. 그러나 교류분석은 성격구조에 중요성을 두고 자신의 문제해결의 열쇠를 자아상태 구조 및 기능의 균형에 두고 있다. 각본이론의 교류분석과 아들러의 개인심리학은 일맥상통한다. 교류분석은 상담자보다 내담자가 주로 해석하고 설명할 책임을 지고 있다는 점에서 엘리스의 합리 · 정서 · 행동치료(REBT)와 구별된다(강진령, 2009; 김규수, 류태보, 1994; 우재현, 1999, 2005; 이장호, 정남운, 조성호, 2005; Berne, 1958, 1961; Stewart, 1992).

교류분석은 번에 의해 창시되었지만 그의 사망 이후 여러 학자들에 의해 다양한 도구들과 적용방법 등이 개발되어 체계적이고도 구체적인 치료 접근으로 발전하게 된다. 교류분석의 발전과정을 살펴보면 〈표 12-1〉과 같다(강진형, 2009; 우재현, 1999).

● 표 12-1 | 교류분석의 발달단계

단계	기간	내용
생성기	1955~1962	번을 중심으로 샌프란시스코 세미나 학파에 의해 세 가지 자아상태 개념이 분명하게 정리된 시기
발전기	1962~1966	정신역동, 의사교류, 심리게임에 초점을 두고, 교류분석의 언어가 직선적이고 게임이 있다는 점에서 일반대중의 관심이 집중되는 시기
번 사망 전 단계	1966~1970	각본과 분석에 관심이 모아지고, 재결단 학파가 결성되고 게슈탈트 치료가 도입되어 정서적 치료법으로 활용된 시기
번 사후 실행단계	1970~현재	자아도검사가 개발되고, 상담 방법과 목표에 따라 고전학파(the classical school), 카텍시스 학파(the cathexis school), 재결단 학파(the redecision school), 아스클레피온 학파(the asklepion school)의 네 가지 접근으로 나뉘게 된 시기

출처: 강진령(2009), p. 300에서 일부 수정.

2 인간관

교류분석은 인간이 자신의 행동 유형에서 벗어나 새로운 목표와 행동을 선택할 능력을 갖고 있다는 믿음, 즉 반결정론적 철학에 기반을 두고 출발한다. 그렇다고 개인이 사회적인 힘의 영향에서 완전히 벗어날 수 있다거나 또는 전적으로 자신의 힘으로 삶의 중요한 결단을 내릴 수 있다는 의미는 아니다. 이것은 개인이 중요한 타인들의 기대나 요구에 의해 영향을 받는다는 의미를 내포한다. 왜냐하면 어린 시절의 결정은 전적으로 다른 사람에게 의존하던 시절에 만들어지는 것이기 때문이다. 그러나 결정은 검토되고 수정될 수 있다. 그리고 이전의 결정이 더 이상 적합하지 않을 때는 새로운 결정을 내릴 수 있다.

번은 인간 존재가 선택할 수 있는 능력을 갖고 있다고 했지만 자율적인 존재가 되기에 필요한 자각을 얻은 사람은 별로 많지 않다고 보았다. 인간은 자유롭게 태어났으나 그가 배우게 되는 첫 번째 사실은 남들이 시키는 대로 행동하는 것을 학습하게 된다는 것과 앞으로의 생도 그렇게 보낸다는 것이다. 처음에는 부모에게 예속되어 있지만 자신이 자율성을 갖고 있다는 환상을 갖고 스스로 방법을 선택할 권리를 지닌 채 부모의 지시에 따르게 된다. 이러한 인간관은 교류분석 상담에 확실한 의미를 주는데, 상담자는 개인이 상담을 받게 되는 이유 중의 하나는 내담자가 다른 사람들과 공모하거나 게임을 하기 때문이라고 생각한다. 상담자는 "나는 노력했다." "나는 어쩔 수 없었다." "내가 어리석다고 비난하지 마라." 와 같은 말을 받아들이지 않는다. 왜냐하면 사람은 스스로 선택할 수 있고 새로운 결정을 내릴 수 있으며 행동할 수 있다는 가정 때문에 변명이나 핑계(cop-out)를 교류분석 상담 절차에서는 받아들이지 않아서다. 따라서 교류분석 상담자는 내담자가 어떻게 그런 결정들이 그를 가족 내에서 아동으로 남게 했는지를 이해하고, 그런 것들이 더 이상 현재의 자신의 삶에 비효과적인 영향을 끼치지 못하게 하며, 지금-여기의 관점에서 인생각본을 다시 계획할 수 있게 한다. 그러나 이런 욕구는 아직은 영구한 결정은 될 수 없다. 사람은 후에 다시 새로운 결정을 해서 그의 삶을 변화시킬 수 있기 때문이다.

모든 인간은 왕자 또는 공주로 태어났다. 이는 번이 어떠한 인간관을 지니고 있는지를 가장 함축적으로 표현하고 있는 말이다. 번이 제시한 교류분석의 기본 철학은 다음의 세 가지로 요약할 수 있다(강진령, 2009; Corey, 1991; Stewart & Johnes, 1987).

- 인간은 모두 OK다(I am OK, You are OK).
- 모든 인간은 사고할 수 있는 능력을 소유하고 있다.
- 인간은 자신들의 운명을 결정하고, 이런 결정들은 변화될 수 있다.

3 주요 개념

우리나라에서 교류분석은 소위 '4대 3소' 이론이라 부르는 주제로 소개되기도 한다. 네 개의 큰 주제로는 구조/기능분석, 대화분석(교류패턴 분석), 게임분석, 각본분석이 있고, 세 개의 작은 주제로는 스트로크, 인생태도, 시간의 구조화가 있다(우재현, 1999).

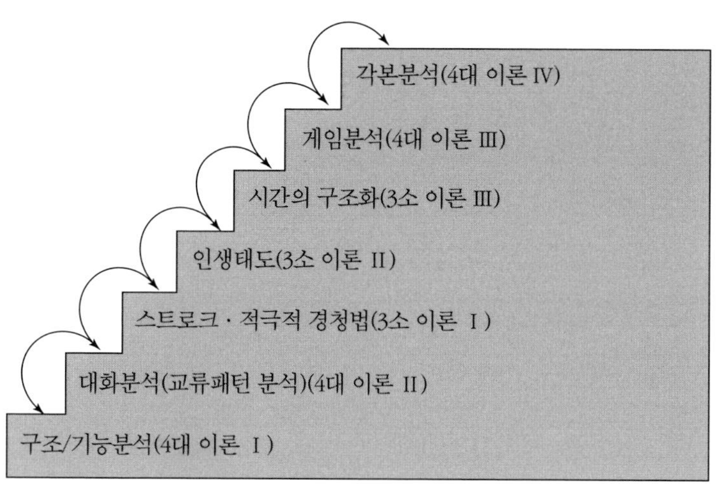

그림 12-1 교류분석의 4대 이론과 3소 이론

1) 자아상태모델

인간의 자아상태는 한 가지 자아상태에서 다른 상태로 변화하여 그들의 행동이 그 순간의 자아상태와 관련되어 있다고 보고, 자아상태를 어린이 자아(child ego: Ⓒ 또는 C), 어버이 자아(parent ego: Ⓟ 또는 P), 어른 자아(adult ego: Ⓐ 또는 A)로 구분한다. 번은 자아상태와 관련하여 "감정과 체험의 일관성 있는 패턴은 그에 상응하는 행동의 일관성 있는 패턴과 직접적으로 관련된다."(Stewart & Johnes, 2010)라고 설명하고 있다. 즉, 사람은 주어진 특정 순간에 주변의 환경세계를 경험하고 이를 행동을 통해 외부로 보여 주는 자신의 방식을 발전시킨다. 일반적으로 세 개의 자아상태는 세 개의 세로로 세워진 원으로 도식화하고, 자아상태의 각각에는 머리글자를 쓴다.

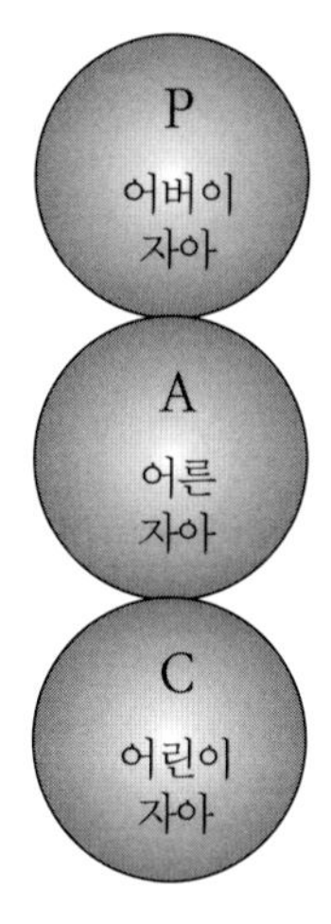

그림 12-2 세 가지 자아상태 구조

(1) 어린이 자아상태(child ego state)

어린 시절에 실제로 느꼈거나 행동했던 것과 똑같은 감정이나 행동을 나타내는 자아상태다. 즉, 어린이 자아는 상황에 대한 정서적 반응(예: 행복하거나 유쾌한 감정,

충동적이거나 창조적인 또는 호기심 많은 방식의 행동)이 특징적인 사고, 감정, 행동을 말한다(우재현, 1999; Corey, 1991; Stewart & Johnes, 1987). 이러한 어린이 자아는 자기가 의존적이 된다든가 즐거운 생각을 하고 있을 때 잘 작용한다.

- 자유스러운 어린이(free child: FC): 이것은 '자연스러운 어린이'와 '작은 교수'를 합친 개념으로 성격 중에서 가장 생리적인 부분이다. 자유로워서 어떤 것에도 구애받지 않는 자발적인 부분이며 창조성의 원천이라고도 할 수 있다. 그러나 제멋대로여서 의존적인 면도 갖고 있다. FC가 높고 겉마음과 속마음이 같은 사람은 자기긍정형(I'm OK)인 경우가 많다. 이 FC는 일반적으로 명랑하여 장난을 좋아하며, 유머가 풍부하고 때론 멋대로인 면이 있어서 타인에 대한 배려가 결여되기도 한다. 선천적인 예술적 소질이나 창의력, 직관력 등도 FC에서 나온다.
- 순응하는 어린이(adapted child: AC): 자신의 참된 감정을 억제하고 부모나 상사의 기대에 부응하도록 노력하고 있는 부분이며, 주로 부모의 영향 아래 형성된 것이다. 위의 '자유스러운 어린이'에서 여러 가지 수정을 가한 부분이라고 할 수 있다. AC가 높고 겉마음과 속마음이 같은 사람은 자기부정형(I'm Not OK)인 경우가 많다. 이 AC가 지나치게 강하면 싫은 것을 싫다고 말할 수 없어 간단히 타협한다. 평상시에는 얌전하게 있다가 어떤 사태가 생기면 반항하거나 격노하거나 하는 것도 AC의 행동 패턴의 하나다.

(2) 어른 자아상태(adult ego state)

어른 자아는 18개월부터 발달하기 시작하여 12세경이면 정상적으로 기능하게 된다. 어른 자아는 사고와 합리적 행동이 그 특성으로, 내적 욕구와 외적 욕구를 중재하는 중재자다. 이러한 어른 자아가 강한 사람은 정서적으로 성숙하고, 행동의 자율성이 있으며, 개인의 행복과 성취뿐 아니라 사회적 문제에도 관심을 갖고 있다.

(3) 어버이 자아상태(parent ego state)

어버이 자아는 6세경부터 발달하기 시작하며, 양육의 종류와 사회문화적 환경에 영향을 받는다. 어버이 자아는 양육적 또는 비판적이고 판단적인 행동으로 표현된다. 어버이 자아는 외부세계, 특히 부모로부터 얻게 되는 태도나 행동을 말하는 것으로 '해야 한다(shoulds)'이다.

- 비판적/통제적 어버이(critical/controlling parent: CP): 이것은 자신의 가치관이나 생각하는 방법을 올바른 것으로 보고 그것을 양보하려고 하지 않는 부분이다. 양심이나 이상과 깊이 관련되어 있어서 주로 비평이나 비난을 하지만, 동시에 아이들이 생활하는 데 필요한 여러 가지 규칙 등도 가르친다. CP가 높고 겉마음과 속마음이 일치하는 사람은 타인부정형(You're Not OK)인 경우가 많다. 이 CP가 지나치게 강하면 거만하고 지배적인 태도, 명령적인 말투, 칭찬보다 질책하는 경향 등이 있으며 상대를 깔보는 듯한 느낌을 준다.
- 양육적 어버이(nurturing parent: NP): 친절, 동정, 관용적인 태도를 나타내는 부분으로, 아이들과 부하, 후배 등을 위로하고 격려하며 친부모와 같이 돌보는 것이 NP의 작용이다. 벌보다는 용서하고 칭찬하는 생활태도를 보인다. 남의 고통을 자신의 것처럼 받아들이려는 보호적이고 온화한 면을 갖고 있다. NP가 높고 겉마음과 속마음이 같은 사람은 타인긍정형(You're OK)인 경우가 많다. 그러나 이 NP가 지나치게 강하면 과잉보호를 하게 되어 지나친 간섭이 되기 쉬우므로 주의해야 한다.

교류분석에서 한 사람의 성격을 자아상태모델을 통해 이해한다는 것은 구조/기능분석을 한다는 의미이고, 이는 이고그램(egogram)검사를 통해 알아볼 수 있다(Dusay, 1972).

2) 대화분석

대화분석(교류패턴 분석)이란 구조분석에 의해서 명확하게 된 자아상태, 즉 Ⓟ, Ⓐ, Ⓒ의 이해를 기반으로 하여 일상생활 속에서 주고받은 말, 태도, 행동 등을 분석하는 것이다. 분석의 목적은 대인관계에 있어서 자신이 타인에게 어떤 대화방법을 취하고 있는가, 또 타인은 자신에게 어떤 관계를 가지려고 하는가를 학습함으로써 자기 자신의 자아상태 모습에 대해서 깊게 자각하고 상황에 따른 적절한 자아상태를 스스로 의식적으로 통제할 수 있도록 하는 것이다.

모든 대인교류(대화)는 다음의 세 가지 기본 유형으로 분류할 수 있다(우재현, 1999; Corey, 1991; Stewart & Johnes, 1987).

(1) 상보교류

상보교류(complementary transaction)란 두 개의 자아상태가 상호 관여하고 있는 교류로서, 발신자가 기대하는 대로 수신자가 응답해 가는 것이다. 따라서 발신과 응답의 벡터(vector)가 병행해 있고, 서로의 관심이 있는 한 상호 지지적으로 대화가 계속된다. 상보교류에서는 언어적인 메시지와 표정, 태도 등 비언어적인 메시지가 일치한다.

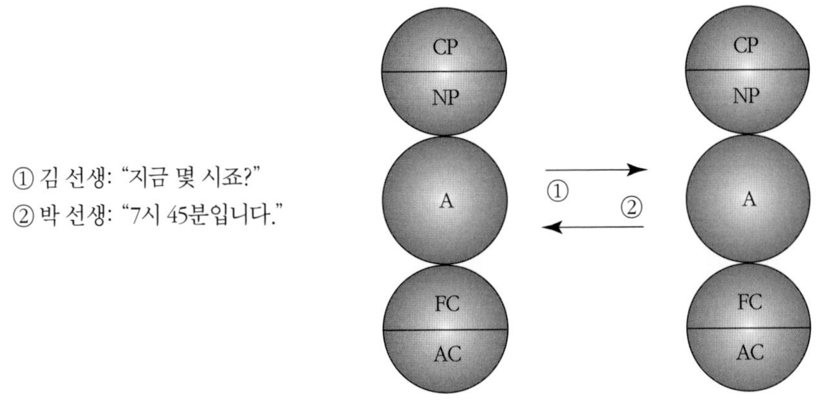

그림 12-3 상보교류의 예

(2) 교차교류

교차교류(crossed transaction)란 세 개 또는 네 개의 자아상태가 관여하고 있는 것으로, 발신자가 기대하는 대로 응답해 오지 않고 예상 밖의 응답이 될 때 일어나는 교류다. 대부분의 경우에는 의사소통이 끊어져서 발신자가 무시당한 것 같은 기분이 된다.

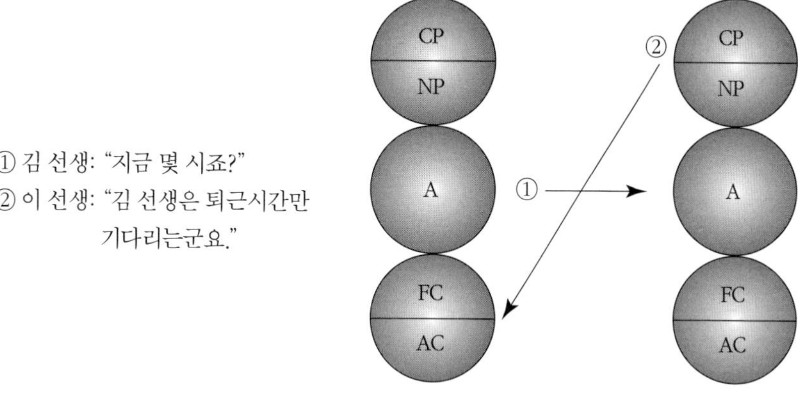

그림 12-4 **교차교류의 예**

(3) 이면교류

이면교류(ulterior transaction)는 상대방의 하나 이상의 자아상태를 향해서 상보적(현재적) 교류와 잠재적 교류 양쪽이 동시에 작용하는 복잡한 교류다. 표면적(사회적)으로 당연해 보이는 메시지(social message)를 보내고 있는 것 같으나 그 주된 욕구나 의도 또는 진의 같은 것(psychological message)이 이면에 숨겨져 있는 것이 특징이다.

① 부인: "지금 몇 시죠?"
(ⓐ "항상 늦는군! 반성 좀 해요.")
② 남편: "응, 오후 11시 55분이군."
(ⓑ "집에 들어올 기분이 나야 말이지. 남편에게 좀 잘해 봐.")

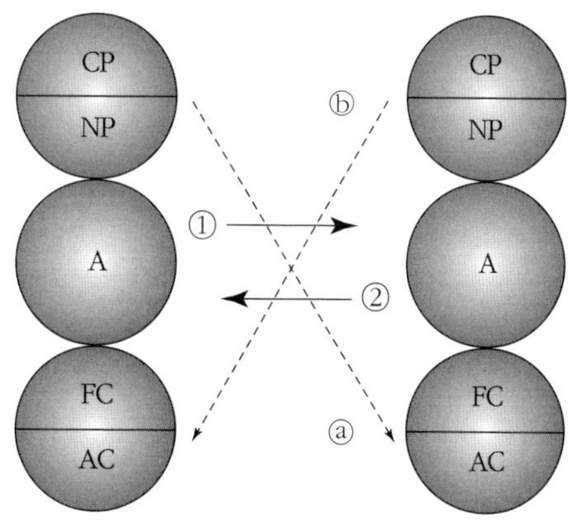

그림 12-5 **이면교류의 예**

의사소통의 제1규칙은 교류가 상보적인 한 의사소통은 끝없이 계속될 수 있다는 것이다. 의사소통의 제2규칙은 교류가 교차되고 의사소통이 결과적으로 단절되면 한쪽 또는 양쪽은 의사소통을 재정립하기 위해 자아상태를 변화시킬 필요가 있다는 것이다. 의사소통의 제3규칙은 이면교류의 행동결과는 사회적 수준에서 결정되는 것이 아니라 심리적 수준에서 결정된다는 것이다(Berne, 1961).

① 벡터의 방향

교류분석에서는 자아상태 간의 거래에서 화살대(O)와 화살표(→)로 방향타를 나타내는데 이것을 벡터(vector)라고 한다.

- [Ⓟ →]: Ⓟ에서의 발신은 부모, 기타 양육자의 언동과 마찬가지의 언동으로 비판적이거나 보호적이거나 한다.
- [Ⓐ →]: Ⓐ에서의 발신은 사실에 입각해서 사물을 판단하고 냉정하게 상대에게 전한다.
- [Ⓒ →]: Ⓒ에서의 발신은 어렸을 때와 마찬가지의 행동양식으로 정서적이며 자신의 생각대로 행동하거나 상대의 기분을 해치지 않도록 행동한다.
- [→ Ⓟ]: Ⓟ로 향한 발신은 상대에게 지지를 구하거나 원조를 구하기 위한 작용의 말이나 태도를 취한다.
- [→ Ⓐ]: Ⓐ로 향한 발신은 상대에게서 사실이나 정보를 구하거나 상대에게 사실이나 정보를 전하는 경우이며, 상대의 지성이나 이성에 대해서 작용하는 말이나 태도로 상대를 어른으로서 대접한다.
- [→ Ⓒ]: Ⓒ로 향한 발신은 상대의 감정을 자극하거나 감정에 호소하는 등 상대방의 감성에 작용하는 말이나 태도로서, 상대를 낮고 약한 자로 대하고 있을 때에는 대체로 Ⓒ로 향한다고 할 수 있다.

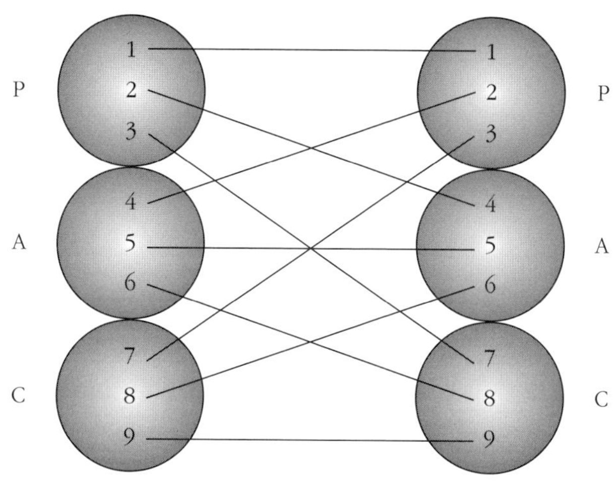

그림 12-6 벡터의 방향

② 벡터의 방향연습

• Ⓟ에서 발생하는 사례

남편 ①, ③, ⑤: "자식은 둘 이상 낳아야 해."

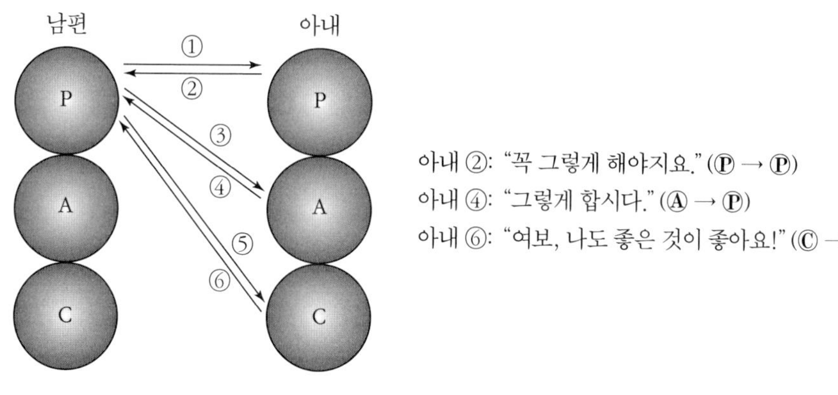

그림 12-7 Ⓟ에서 발생하는 사례

• Ⓐ에서 발생하는 사례

남편 ①, ③, ⑤: "자식은 둘이면 알맞다고 생각하는데, 당신은?"

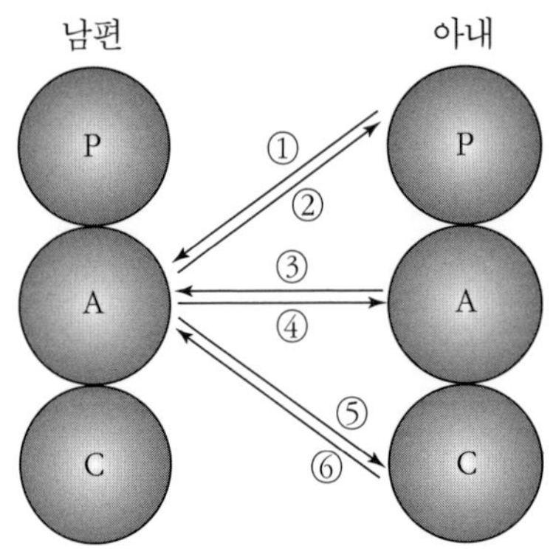

아내 ②: "그건 안 돼요." (Ⓟ → Ⓐ)
아내 ④: "당신 생각과 같은데요." (Ⓐ → Ⓐ)
아내 ⑥: "글쎄요, 많이 있으면 좋지 않아요." (Ⓒ → Ⓐ)

그림 12-8 **Ⓐ에서 발생하는 사례**

- Ⓒ에서 발생하는 사례

남편 ①, ③, ⑤: "자식을 둘 이상 갖는다는 것은 할 짓이 아니야."

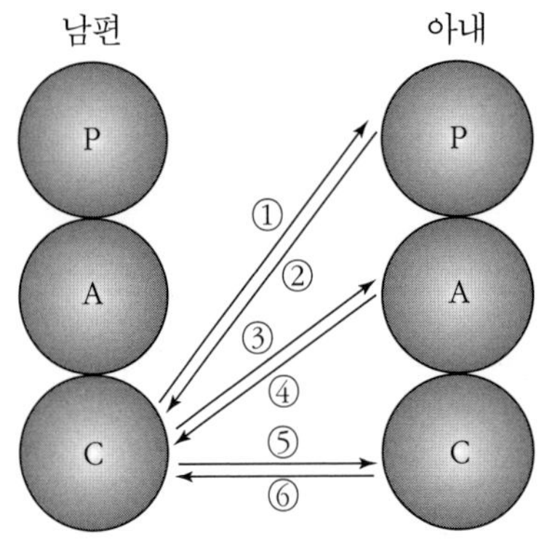

아내 ②: "그렇게 말하는 게 아니에요." (Ⓟ → Ⓒ)
아내 ④: "왜 그렇지요?" (Ⓐ → Ⓒ)
아내 ⑥: "당신이 나만 사랑해 준다면." (Ⓒ → Ⓒ)

그림 12-9 **Ⓒ에서 발생하는 사례**

이처럼 모든 대화는 도해화할 수 있다. 사람의 정신 에너지는 시시각각으로 바뀌며 상대에게 보내는 것도 변한다. 이러한 다이어그램에 익숙해지면 보는 순간 발신자의 자아상태를 알게 될 뿐만 아니라 수신자 자아상태의 어느 곳을 향해서 말하고 있는지를 즉시 알게 된다. 또한 상대의 반응에 대해서도 알 수 있으므로 의식적으로 자아상태를 바꿈으로써 보다 원만한 인간관계를 구축할 수 있게 된다.

③ 대화분석 연습

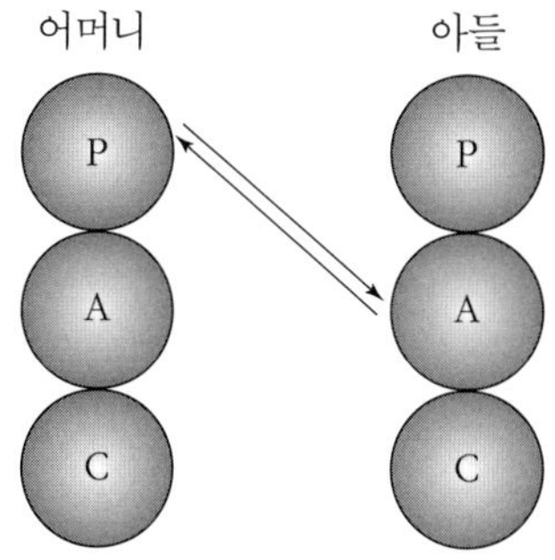

어머니: "잠시 머리를 쉬는 게 어떠냐?
아　들: "네, 그렇게 할게요."

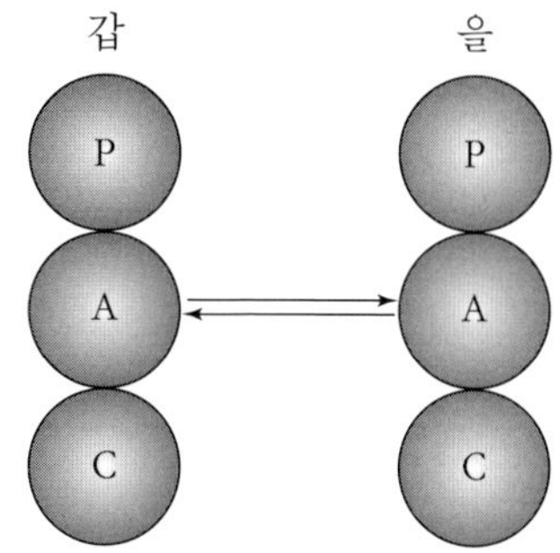

갑: "지금 몇 시냐?"
을: "6시 반입니다."

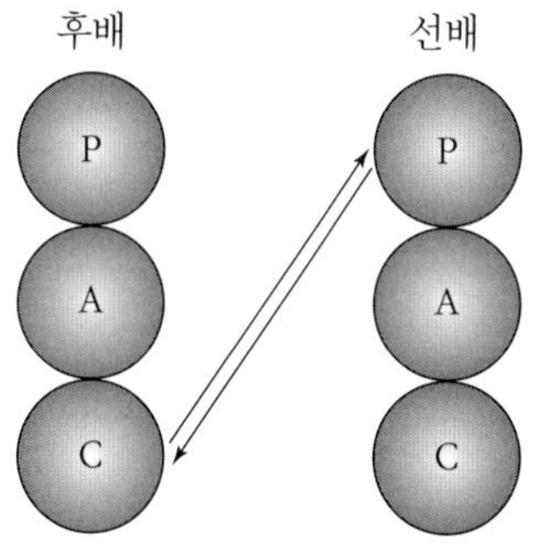

후배: "선배님, 저 혼자서는 매우 어렵습니다. 좀 도와주세요."
선배: "알았어, 내가 좀 도와주지."

그림 12-10 상보교류의 예 1

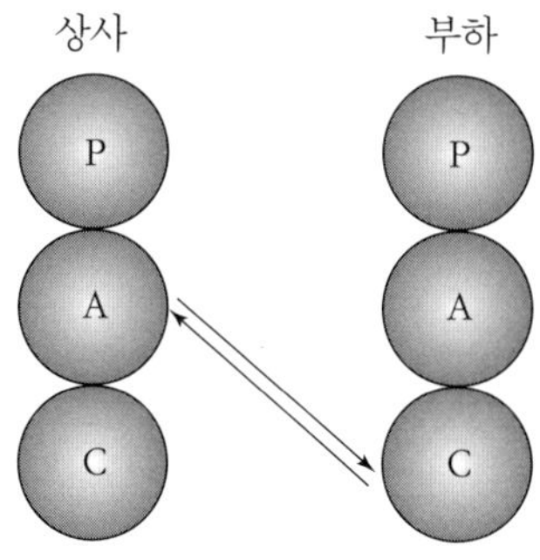

상사: "이 일은 이렇게 하는 것이 좋지 않을까?"
부하: "죄송합니다. 다시 해 보겠습니다."

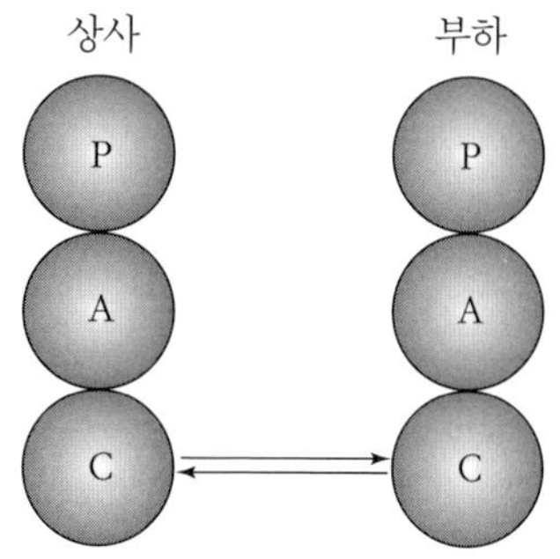

상사: "오늘 내가 한잔 살 테니 같이 가세."
부하: "감사합니다."

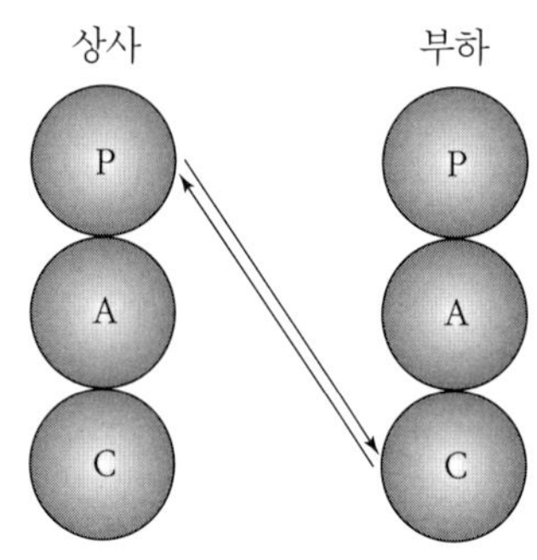

상사: "자네 이렇게 일해선 곤란한데."
부하: "죄송합니다. 좀 가르쳐 주십시오."

그림 12-11 상보교류의 예 2

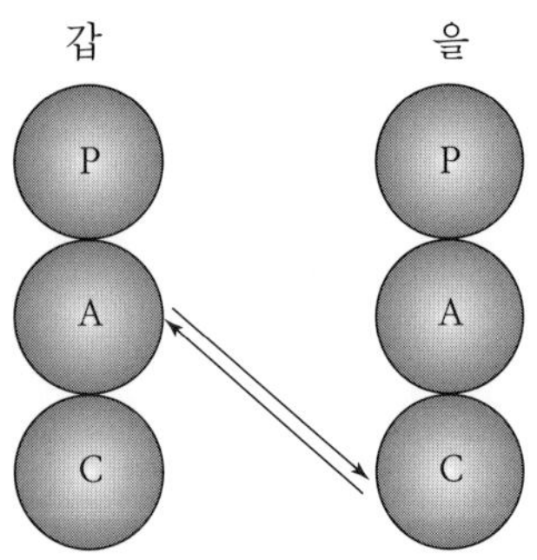

갑: "당신의 현재 기분은 어떻습니까?"
을: "어쩔 수 없는 기분입니다만……."

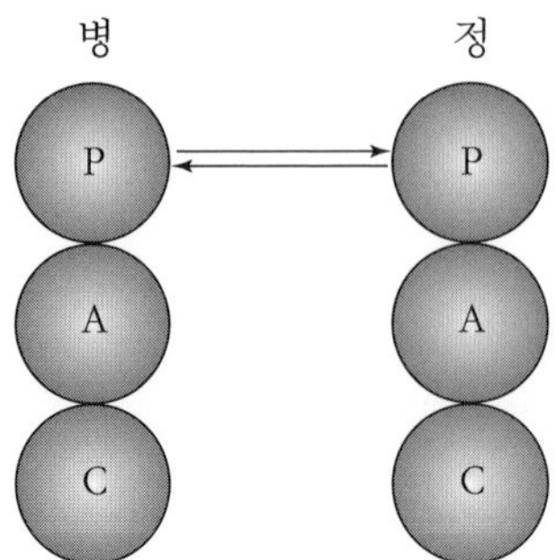

병: "요즘 젊은이는 무절제해서 걱정이에요."
정: "누가 아니래요. 우리가 젊었을 때와는 많이 달라졌지요."

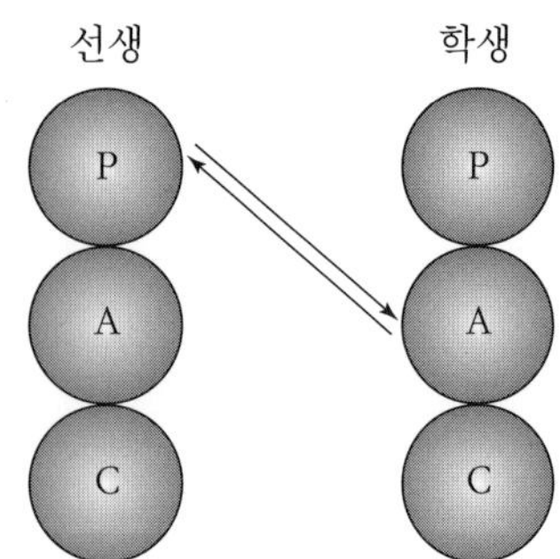

선생: "이 문장은 이렇게 써야 한다고 생각하지 않는가?"
학생: "예, 알겠습니다. 그렇게 하겠습니다."

그림 12-12 상보교류의 예 3

3) 각본분석

교류분석에서는 전의식 속에 내재해 있는 삶의 이야기를 각본 또는 인생각본이라고 한다. 각본의 개념은 앞에서 소개한 자아상태모델과 더불어 교류분석의 중요한 축을 형성하고 있다. 각본은 어린 시절에 기록되는 삶의 이야기이며 주요 줄거리는 7세 이전에 거의 완성된다(Berne, 1972). 각본모형은 각본 메시지를 부모들이 어떻게 어린아이에게 전달하는지를 보여 준다(Steiner, 1966, 1974).

부모 속에 있는 Ⓟ에서 아이 속에 있는 Ⓟ로 전달된 메시지는 대항금지령이라 부른다. 대항금지령은 '해야만 한다'는 부모의 가치판단과 아이가 어떻게 되어야 하고 되어서는 안 되며 무엇을 해야 하고 하지 말아야 하는지에 대한 언어적 명령들로 이루어져 있다.

부모의 Ⓐ로부터 나와서 아이의 Ⓐ로 받아들여진 각본 메시지들은 '프로그램 메시지'라 부른다. 프로그램 메시지는 '어떻게 일처리를 해야 하는가?' 하는 방법(Here's how to~)을 포함하게 된다.

부모의 Ⓒ로부터 아이의 Ⓒ로 받아들여진 메시지들은 부정적일 경우 '금지령'이라 하고 긍정적일 경우는 '허용'이라 한다. 여기에는 '존재하지 마라' '너 자신이 되

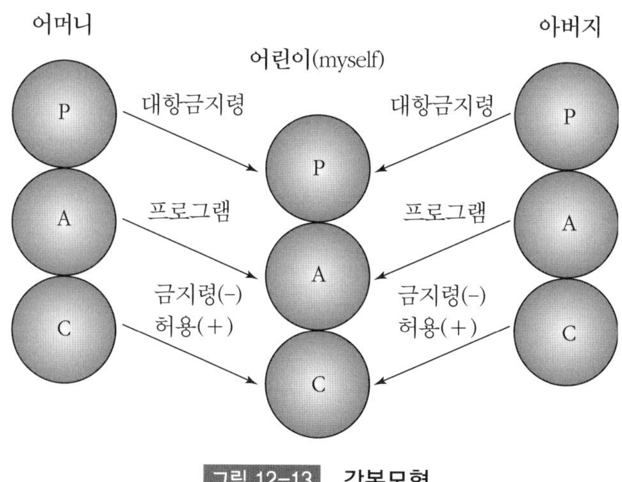

그림 12-13 각본모형

출처: Stewart & Johnes(1987), p. 129.

어서는 안 된다' 또는 '존재해도 좋다' '너 자신이 되는 것이 좋다' 등의 메시지가 포함된다.

굴딩(Goulding) 부부(1979)는 각본분석에 대한 다년간의 연구 끝에 열두 가지 금지령의 목록을 만들었다(우재현, 1999; Berne, 1972; Corey, 1996; Stewart & Johnes, 1987).

- 존재하지 마라.—Don't exit.
- 너 자신이 되어서는 안 된다(때로는 네 성[性]이 되어서는 안 된다)—Don't be you(Sometimes, Don't be the sex you are).
- 아이가 되지 마라(또는 즐기지 마라).—Don't be a child(Don't enjoy).
- 성장하지 마라(또는 나를 떠나서는 안 된다).—Don't grow up(Don' t leave me).
- 성취하지 마라(성공하지 마라).—Don't make it(Don' t succeed).
- 하지 마라(즉, 아무것도 하지 마라).—Don't(Don' t do anything).
- 중요한 사람이 되지 마라.—Don't be important.
- 소속되지 마라.—Don't belong.
- 친해지지 마라.—Don't be close.
- 건강해서는 안 된다(또는 제정신으로 있지 마라).—Don't be well(Don't be

sane).

- 생각하지 마라.—Don't think.
- 느끼지 마라.—Don't feel.

부모의 초기 명령어들이 아이에게 많은 영향을 주는 것은 사실이지만, 그렇다고 아이에게 특정 각본을 결정짓도록 하지는 못한다. 어떤 메시지를 각본에 받아들일지는 결국 아이의 몫인 것이다. 이러한 초기 결정능력은 이후 아이의 추진력이라든지 현실검증 능력에도 많은 영향을 주게 된다.

이상 언급한 금지령과 대항금지령을 요약해 보면, 먼저 금지령(injunction)은 부모의 내면에 있는 Ⓒ에서 아이에게 내리는 부모의 메시지다. 이 메시지는 아이가 무엇을 해야 하며, 무엇이 되어야 하는지를 말해 주는데, 대체적으로 부모의 실망, 좌절, 불안, 불행 등 고통을 표현하는 것으로 '하지 마라'의 내용을 지니고 있다. 이런 메시지는 직접적으로 언어로 전달되는 경우도 있지만 부모의 행동으로부터 추론되는 경우가 더 많다. 그리고 대항금지령은 부모의 내면에 있는 Ⓟ에서 나오는 메시지로 '해야 한다', 그리고 '하라'의 내용을 지닌다. 문제점은 아이들이 이러한 대항금지령에 따라 생활하기가 결국에는 불가능하며 아무리 열심히 할지라도 불충분하고 이루기가 어렵다는 것이다.

4) 스트로크

스트로크(stroke)란 사람이 피부 접촉(예: 악수, 서로 껴안기 등), 표정, 감정, 태도, 언어, 기타 여러 형태의 행동을 통해서 자신의 상대방에 대한 반응을 알리는 인간 인식(recognition)의 기본 단위를 말한다. 그러므로 인간의 만남은 스트로크의 연속되는 교환으로 이루어지는 셈이며, 인간의 성장이나 문제해결을 위한 상담의 내용은 스트로크의 분석으로 이해될 수 있다. 예를 들면, 학생과 선생님이 학교 앞에서 만났는데 학생이 먼저 선생님께 "안녕하세요, 선생님!" 하고 인사를 했고, 이에 선생님은 "응! 그래, 반갑구나. 매일 아침마다 일찍 오네?"라고 응답했다고 하자. 그러면 선생님과 학생은 서로 '스트로크'를 교환한 것이다. 사람은 모누가 살아가기 위해 식사를 해야 하는 것과 마찬가지로 자기의 존재를 인정받고 싶어 한다. 그래서 '인간은 스트로크를 먹고 사는 존재'라고 할 수 있다.

이같이 인간 행동의 동기는 모두 스트로크로 성립되어 있다. 우리의 일상생활의 대부분은 스트로크를 받거나 혹은 피하거나 하는 일로서 시간이 구조화된다. 번잡한 스트로크 주고받기에 지쳐서 스트로크를 피해 다른 사람과 만나지 않는 혼자만의 시간을 만들기도 한다. 반면에 스트로크를 주고받는 것이 모자라면 따분해지고 고통스럽기까지 하다. 그래서 마치 식사를 못한 것 같은 정서적인 굶주림을 느끼게 되는데 이것을 '스트로크 기아'에 빠졌다고 한다.

스트로크에는 신체적 스트로크와 언어적 스트로크, 긍정적 스트로크와 부정적 스트로크, 조건적 스트로크와 무조건적 스트로크가 있다(우재현, 1999; Berne, 1972; Corey, 1991; Stewart & Joines, 1987).

- 신체적 스트로크: 신체적 스트로크란 머리를 쓰다듬거나 손을 잡아 주거나 어깨를 쳐 주거나, 때리거나 꼬집거나 걷어차는 등 직접적인 신체적 접촉에 의한 스트로크를 말한다. 유아의 경우 이와 같은 신체적인 스트로크를 충분히 경험시키면서 양육하지 않으면 성인이 되어 부적응 행동을 보이는 경우가 있다.
- 언어적 스트로크: "우리 ○○이는 착해."와 같은 말을 서로 주고받는 경우가 언어적 스트로크다.
- 긍정적 스트로크: 긍정적 스트로크는 경우에 합당한 칭찬과 인정, 마음을 주고받는 사랑의 행위 등이 해당된다. 이것은 사람을 기분 좋게 만들고 삶의 의미를 느끼게 하며 건전한 정서와 지성을 갖추게 한다. 이 긍정적 스트로크로부터 자타긍정의 인생태도에 이르게 된다.
- 부정적 스트로크: 부정적 스트로크는 인간의 부정성(NOT-OKness)을 유발시키는 자극을 말한다. 한 인간이 지니고 있는 중대한 문제를 대단치 않는 일로 묵살해 버리거나 문제의 의미를 일부러 왜곡하는 것으로 관심의 결핍이나 잘못된 관심에서 유발된다. 이것은 '나는 틀렸다(I'm NOT OK)'는 인생태도를 유발하지만 스트로크가 전혀 없는 상태보다는 낫다.

5) 게 임

게임은 초기 결정을 지지할 목적에서 이루어지며 유쾌한 감정을 가장하고 인생 각본을 추진시키기 위한 교류로서 시간을 구조화하는 하나의 방법이다. 게임은 명료하고 예측 가능한 결과를 향해 나아가는 일련의 이면적 교류이고, 숨겨진 동기를 수반하고, 반복적이며 표면상으로 올가미나 속임수를 내장한 일련의 홍정이다.

전형적인 게임의 특징을 보면, 게임은 반복적으로 진행되고, 어른자아(A)가 모르는 사이에 진행되며, 항상 게임하는 사람으로 하여금 라켓(racket) 감정을 체험하게 하는 것으로 종결된다. 또한 게임에 개입하는 약자들 사이에서 이면교류를 교환하는 것이 필연적이며, 게임은 항상 놀라움이나 혼돈의 순간을 포함하고 있다.

게임을 하는 이유는 그것이 스트로크를 얻기 위한 수단이고, 그러기 위해 시간을 구조화하는 방법의 하나이기 때문이다. 아울러 게임은 각자의 기본적 감정을 지키기 위해, 그리고 자신의 기본적 각본을 지키기 위해 연출된다.

이러한 게임의 이점은 자기의 각본을 정당화하며 기본적인 심리적 기아를 충족시켜 준다는 것이다. 그리고 친밀(intimacy)해지기 싫어서 게임을 하는 경향이 있는데, 친밀해지면 자기의 취약점을 드러낼 가능성이 있으니 오히려 게임을 통하여 부정적 스트로크를 얻고자 하게 된다. 게임은 보통 보호받을 만한 환경이 되지 못할 때 나타난다.

게임의 종류로는 생활게임(life game), 결혼게임(marital game), 파티게임(party game), 섹스게임(sexual game), 범죄자게임(underworld game), 진찰실게임(consulting room game) 등 다양한 범주의 게임이 있다.

어떤 게임은 정상적인 사회 조건에서 평생 지속할 수밖에 없는 기회를 더 많이 제공하며 죄 없는 주변 사람들을 끌어들이게 되는데, 이런 종류의 게임을 인생게임이라 한다. 이에 대한 예를 들면 다음과 같다(우재현, 1999; Berne, 1972, 1964; Corey, 1991; Stewart & Johnes, 1987).

- '나 좀 차 주세요(Kick Me)' 게임(야단 맞기, 학대)
- '너 이번에 딱 걸렸어(Now, I've Got You, S.O.B.)' 게임(트집 잡기, 흠집 들추기)
- '당신 때문이야(See What You Made Me Do)' 게임(책임 전가)

- '당신만 아니었다면(If It Weren' t For You)' 게임(대인공포)
- '난 죽도록 노력했어요(Look How Hard I've Tried)' 게임(동정 모으기)
- '맞아요, 그런데(Yes, But)' 게임(결말이 나지 않는 논쟁)

6) 라켓 감정

라켓(racket)은 초기 결정을 확증하기 위하여 다른 사람을 조작하는 과정을 말하며, 이를 위한 수단으로 자신도 모르게 벌이는 일련의 '각본에 따른 행동(scripty behavior)'을 말한다. 이러한 조작적이고 파괴적인 행동과 연관된 감정을 라켓 감정(racket feeling)이라 한다. 라켓 감정은 스트레스 상황에서 자주 경험하는 정서로서 어린 시절에 학습되고 주위로부터 지지받았으며 성인에게는 부적합한 문제해결 방식으로 자신에게 매우 친근한 정서를 뜻하는, 내 의사와 다르게 표현되는 감정이다. 사람은 주의를 끌기 위해 불쾌하고 쓰라린 감정, 위장된 죄의식 또는 위장된 우울 감정을 발달시킬 수 있다. 이러한 위장된 감정은 불쾌하고 쓰라린 감정을 지속시켜 주는 상황(게임)을 개인이 스스로 선택하게 함으로써 계속 유지되며 개인의 지속적인 감정 유형이 된다. 그리고 이러한 감정 유형은 전형적인 행동방식을 만들어 내게 된다(우재현, 1999; Berne, 1972; Corey, 1991; Stewart & Johnes, 1987).

7) 인생태도와 인생각본

(1) 인생태도

자기 자신과 타인 그리고 세계에 대해 갖고 있는 개인의 태도를 통칭하는 것으로 초기 경험과 초기 결정에 의해 형성된다. OK 이고그램(OK egogram; 부록 참조)의 네 가지 기본적 태도 패턴을 보면 다음과 같다.

① 자타긍정(I' m OK-You' re OK)의 OK 이고그램

이 그래프는 '나도 너도 모두 OK'라는 것으로, 아주 전설적이며 전향적인 인생관을 갖고 있는 사람이다. 전형적인 OK 이고그램은 NP를 정점으로 하여 AC로 내려가는 산 모양이 된다. NP나 A가 높으므로 남을 위해서 생각하고 행동하며, FC가 높

으므로 명랑하고 개방적이며 자신을 적절하게 표현할 수 있는 사람이다. 나를 긍정하고 타인을 긍정하므로 떳떳한 인간관계를 갖게 되고, 타인을 긍정하므로 타인과의 사이에 따뜻한 교류가 이루어져서 원만한 인간관계를 맺게 된다. 매사에 자신감을 갖고 타인의 좋은 면을 인정하고 상대로부터 받아들여지기 쉽다.

② 자타부정(I' m not OK-You' re not OK)의 OK 이고그램

'너도 나도 모두 OK가 아니다.'라는 것으로, 비건설적인 인생관을 가지고 살아가는 사람이다. 전형적인 OK 이고그램은 이고그램이 NP를 밑으로 하여 A와 FC가 낮고 CP와 AC가 높은 계곡형이다. NP가 낮고 CP가 높기 때문에 상대에 맞추어 행동하는 경향이 강하다. A가 낮으므로 자기 통제의 힘이 약하고 주위의 움직임에 그저 따라가기 쉬운 유형이다. 자칫하면 자신의 틀에 틀어박힐 수 있다. 대인관계가 소극적이다.

③ 자기긍정 · 타인부정(I' m OK-You' re not OK)의 OK 이고그램

'나는 OK이지만 타인은 OK가 아니다.'라는 것으로, 자신은 있지만 배타적이어서 타벌적(他罰的)인 인생관을 갖고 살아가는 사람이다. 전형적인 OK 이고그램은 이고그램과 OK 이고그램이 모두 CP와 AC가 낮은 역N형이 된다. 타인에게는 비판적이며 자신은 적극적으로 주장하려고 하는 CP와 FC가 표면에 나오는 것이 특징이다. NP가 낮으므로 남을 위해 봉사하려는 감정이 약하고, AC가 낮으므로 남에게 맞추지 않고 자기중심의 행동을 취하기가 쉽다.

④ 자기부정 · 타인긍정(I' m not OK-You' re OK)의 OK 이고그램

'나는 OK가 아니지만 타인은 OK다.'라는 것으로, 열등감과 무력감을 수반한 인생관을 갖고 살아가는 사람이다. 전형적인 OK 이고그램은 NP와 AC가 높고 CP와 FC가 낮은 N형이다. 자신을 희생하고서라도 타인과의 관계를 잘 유지하려는 NP나 AC가 표면에 나타나기 쉬운 것이 특징이다. CP가 낮기 때문에 자유로이 자신의 감정을 표현하지 못한다. 따라서 쉽게 스트레스를 느끼고 내부에 모순을 축적해 가는 유형이다(우재현, 1999; Berne, 1972; Corey, 1991; Stewart & Johnes, 1987).

(2) 인생각본

자신의 욕구를 충족시키기 위하여 초기에 결정한 인생계획이다. 이 인생각본에는 부모의 교육, 아동 자신이 내린 초기 결정, 초기 결정을 지속시키기 위한 게임, 결정을 정당화시키기 위한 라켓, 극본이 어떻게 전개되고 끝나야 하는지에 대한 자신의 기대 등이 포함된다.

4 상담의 목표와 과정

1) 상담목표

교류분석의 상담목표는 내담자가 그의 현재 행동과 삶의 방향에 대한 새로운 결정을 내리는 것을 돕는 것이다. 내담자는 그의 삶에서 초기 결정을 따름으로써 자신의 자유를 스스로 어떻게 제한했는가를 자각하여 지금까지 자유롭지 못한 선택에서 편안하고 자율성 있는 삶의 방식을 선택하는 것을 배운다. 상담을 통해 내담자는 조작적인 게임과 자기 기만적인 인생각본으로 특징지어지는 생애 유형을 자각하여 자발성 및 친밀성으로 특징지어지는 자발적인 생애 유형으로 대치하는 것이다. 내담자는 수동적으로 '각본화 되는' 대신에 '자신의 각본을 쓰는 것'을 배우게 된다. 요컨대, 교류분석 상담의 목표는 상담과정을 통해 내담자가 지금까지 타인들과의 교류에서 이면교류, 교차교류, 게임 등으로 발생하던 여러 가지 문제점들을 발견하여 상보교류를 시도하고, 지금까지 자신도 모르게 사용하던 게임을 중지하는 등 새로운 교류방법을 통해 실패자에서 성공자가 되며, 어린이로부터 왕자나 공주가 되고, ⓅⒶⒸ 사이를 자유롭게 왕래할 수 있게 되는 것이다(우재현, 1999; Berne, 1972; Corey, 1991; Stewart & Johnes, 1987).

2) 상담과정

교류분석의 일반적 상담과정은 다음과 같은 여섯 단계를 거친다.

(1) 1단계: 계약

대부분의 상담에서와 마찬가지로 교류분석 상담에서도 상담을 시작하는 초기에 상담자와 내담자 사이의 라포 형성과 상담 구조화, 그리고 상담목표를 세우고 달성하기 위한 상담계약이 이루어진다. 상담계약은 상담과정 후 내담자 자신의 변화를 위한 재결단이 이루어지는 데 도움이 된다.

계약의 내용들에는 상담자와 내담자 모두가 수용 가능한 상담목표 설정, 상담자의 노력에 상응하는 내담자의 노력 투입, 상담자와 내담자의 능력과 한계를 분명히 설정하는 것, 상담자와 내담자의 제한점과 책임사항이 포함되는 것이 바람직할 것이다. 이러한 계약은 적법하고 상담자의 윤리에 어긋나지 않아야 한다.

(2) 2단계: 구조분석

내담자로 하여금 현재 자신의 자아상태가 균형 있게 기능하지 못하는 원인을 찾아 그것을 수정하기 위하여 이루어지는 단계다. 여기에서 상담자는 내담자에게 구조분석의 의미와 세 가지 자아상태와 기능을 이해시키고, 내담자의 행동 특징, 자아기능 그래프 등을 근거로 내담자 자아상태의 혼합(contamination)이나 배타(exclusion) 현상을 확인하게 된다. 혼합은 하나의 자아상태의 내용이 또 하나의 자아상태와 혼합될 때 존재한다. Ⓟ나 Ⓒ가 Ⓐ의 영역 내에 침입하거나 Ⓐ의 명석한 사고와 기능을 간섭한다. Ⓟ로부터의 혼합은 '편견'이라 하며 현실을 왜곡해서 지각하는 것을 포함한다. Ⓐ가 Ⓟ와 Ⓒ에 의해 혼합될 때는 각 자아상태의 경계선이 명확히 드러나기 때문에 '경계선 효과'라고 부른다. 경계선 자아상태를 재조사할 때, 우리는 그것들에 의해 혼합된 존재를 이해하기보다는 오히려 Ⓒ나 Ⓟ를 이해한다. Ⓟ가 혼합된 것을 반영하는 진술의 예로는 "너는 다른 종류의 사람들과 어울리지 마라." "이탈리아인을 믿지 마라." "기계를 잘 지켜라. 그것들은 매번 너를 속일 것이다." "십 대들에게 의존하지 마라." 등이 있다. Ⓒ가 혼합된 것을 '망상'이라 하는데, 이를 반영하는 진술의 예로는 "모두가 나를 괴롭히고 있어. 아무도 날 정당하게 대접해 주지를 않아." "내가 원하는 것은 지금 당장 얻어야 해." "누가 나를 친구로 삼고 싶어 할까?" 등이 있다.

배타는 '배척하는' Ⓒ가 Ⓟ를 방어하거나 '배척하는' Ⓟ가 Ⓒ를 방어하는 것, 즉 경직된 자아상태의 경계가 자유로운 이동을 허락하지 않는 것이다. 개인은 일차적으로 Ⓟ나 Ⓒ, 또는 Ⓐ와 부분적으로 관련될 것이다. Ⓐ와 Ⓒ가 배제된 '완고한' Ⓟ는 전형적으로 의무에 충실한 과업 지향적인 사람에게서 발견할 수 있다. 그런 사람들은 다른 사람들에 대해 비판적이고 도덕적이며 요구할지도 모른다. 그들은 때로 지배적이고 권위적인 태도로 행동하므로 '엄부형'이라 불린다. Ⓐ와 Ⓒ가 배제된 '완고한' Ⓒ는 의식하지 않고 반사회적인 행동을 한다. '완고한' Ⓒ에 의해 움직이는 사람들은 성장을 거부하는 영원한 어린이와 같으므로 '피터팬 형'이라 불린다. 그들은 자신을 위해 생각하거나 결정하지 않는 대신에 자기 행동의 책임에서 벗어나기 위해 의존적으로 남아 있으려고 한다. 그들은 누군가가 자기를 돌보아 주길 바란다. Ⓟ와 Ⓒ가 배제된 '완고한' Ⓐ는 사적인 일에 휘말리고 관여하는 등 대상적이다. '완고한' Ⓐ는 감정이나 자발성이 거의 없는 로봇처럼 보이는 개인이므로 '뉴스 해설형'이라 불린다(우재현, 1999; Berne, 1972; Corey, 1991; Stewart & Johnes, 1987).

(3) 3단계: 교류분석

이 단계에서는 내담자가 어떤 유형의 의사교류를 하고 있는지를 알아보고, 그런 의사교류가 인간관계의 과정에서 발생시키는 문제가 무엇인지 확인하여 내담자의 문제해결을 돕고자 한다. 그러기 위해 먼저 내담자에게 의사교류의 의미와 유형을 이해시키고 내담자와 관계 있는 사람들과의 의사교류를 분석해 보도록 한다. 이러한 분석을 통해 내담자의 현재 문제와 관련 있는 의사교류를 찾아낸다.

(4) 4단계: 게임분석

이 단계에서는 상담자가 내담자에게 게임의 의미와 그 유형을 이해시키고 내담자의 암시적 의사교류가 어떻게 형성 · 유지되는지를 내담자와 찾아본다. 또 내담자가 사용하는 게임의 유형을 확인하고 그것이 주는 스탬프(stamp)는 무엇인지와 어떤 경로로 게임이 형성되는지를 게임의 공식에 대입하여 알아본다. 아울러 그러한 게임의 결과로 갖게 되는 부정적인 감정을 찾는 것도 이 단계에서 이루어진다.

(5) 5단계: 각본분석

개인의 인생계획이라 할 수 있는 각본은 어린 시절 자신이 경험한 일들에 대한 해석을 통해 내리는 결단에 의해 형성된다. 이 단계에서는 내담자에게 각본의 의미와 종류에 대해 이해시키고 내담자가 가지고 있는 각본을 찾아보고, 특히 내담자의 문제행동과 관련 각본을 확인시키며 이런 각본이 어떻게 형성되었나를 분석해 본다.

(6) 6단계: 재결단

재결단(redecision)이란 내담자가 지금까지 문제 있는 각본이나 의사교류, 게임, 배타와 혼합 등으로부터 탈피하여 자율적이고 정상적인 자아상태를 회복하고 긍정적인 생활자세로 돌아오기 위한 과정이다.

내담자 중에는 재결단 후 지금까지와는 다른 방식으로 생각하고 행동하고 느끼는 경우가 있는데, 이것이 상담의 목표가 모두 달성된 것은 아니다. 그러므로 상담자는 내담자가 재결단한 그대로 살아가도록 지속적인 도움을 주어야 한다.

5 상담의 기법과 적용

1) 상담기법

(1) 상담 분위기 조성기술

성공적인 상담을 위해 필수적인 분위기를 조성하는 것과 관련된 교류분석 기술은 다음과 같다(우재현, 1999; Berne, 1972; Corey, 1996; Stewart & Johnes, 1987).

- 허용(permission): 상담 장면에 들어오는 대부분의 내담자들은 여전히 부모의 금지령에 근거하여 행동한다. 따라서 상담자는 무엇보다도 내담자로 하여금 부모가 하지 말라고 금지했던 일들을 하도록 허용해야 한다. 실제로 내담자는 허용을 받을수록 긍정적인 생활자세와 생활각본을 선택할 확률이 커진다. 상담자는 내담자가 상담자와 더불어 시간을 효율적으로 활용함으로써 의식과 고립과 같은 비생산적인 시간 구조화를 하지 않도록 허용해야 한다. 또한 내담자가 자신의 모든 자아상태를 경험할 뿐만 아니라 게임을 하지 않아도 될 수 있는 분위기가 되도록 허용해야 한다.

- 보호(protection): 내담자는 상담자의 허용으로 자신의 어린이 자아가 자유롭게 기능함으로써 당황하거나 놀랄 수 있다. 때문에 상담자는 내담자의 그러한 반응에 대해 안심시켜 주고 지지해 줌으로써 내담자로 하여금 보다 안전하게 새로운 자아를 경험하게 할 수 있다.
- 잠재력(potency): 상담자가 최상의 효과를 얻을 수 있는 방향으로 자신의 모든 상담기술을 최적의 시간에 활용할 수 있는 능력을 말한다.

(2) 조 작

조작(operation)이란 구체적인 상담자의 행동, 즉 상담기술로서 이 중 처음 네 가지는 단순한 치료적 개입기술이고 나머지 네 가지는 중재기술이다. 그렇게 불리는 이유는 이 기술들이 Ⓐ와 Ⓟ(또는 Ⓒ) 사이에 어떤 것을 개입시켜 넣음으로써 내담자의 Ⓐ를 안정시키고 그로 하여금 Ⓟ나 Ⓒ의 활동으로 빠져들지 못하도록 하기 때문이다(우재현, 1999; Berne, 1972; Corey, 1991; Stewart & Johnes, 1987).

- 질의(interrogation): 내담자가 Ⓐ의 반응을 나타낼 때까지 질문을 던지는 것이다. 이 기술은 특별히 Ⓐ의 사용에 문제를 갖고 있는 내담자에게 제시된 자료들을 명료화하기 위하여 사용된다. 이 기술은 강력한 기술이므로 조심성 있게 사용해야 한다(예: "네가 실제로 돈을 훔쳤니?").
- 특별 세부반응(specification): 내담자가 자신의 어떤 행동의 원인에 대하여 반응을 보였을 때, 그 반응에 대하여 동의하는 상담자의 입장을 밝힘으로써 내담자로 하여금 그 반대의 사실을 분명하게 해 주기 위하여 사용하는 기술이다. 이 기술은 특별히 내담자로 하여금 그의 세 가지 자아상태들의 기능 작용을 이해할 수 있도록 돕는 데 사용된다.
- 직면(confrontation): 상담자가 단순히 내담자의 행동들에 나타나는 모순들, 특별히 언어적 표현과 비언어적 행동 간의 모순들을 지적해 줌으로써 내담자의 Ⓒ, Ⓟ 그리고 혼합된 Ⓐ를 자유롭게 해 주기 위하여 사용되는 기술이다.
- 설명(explanation): 상담자 편에서 일종의 가르치는 행동이다. 상담자가 내담자에게 그가 왜 현재와 같은 행동을 하고 있는가를 설명할 때 나타나는 Ⓐ 대 Ⓐ의 의사교류라 할 수 있다.

- 예시(illustration): 직면기술의 긍정적인 효과를 강화시킬 목적으로 성공적인 직면기술의 사용 다음에 상담자가 유머를 가지고 일화나 미소 혹은 비교 등의 방법을 이용하는 기술이다. 이 기술은 긴장을 완화시키기도 하고 가르치기도 하는 이중적 가치를 지니고 있다.
- 확립(confirmation): 직면으로 인해 일단 없어졌던 내담자의 행동이 재발할 때 상담자가 내담자에게 그가 아직 과거의 행동을 완전히 버리지 못했으니 더 열심히 노력하도록 강화해 주는 기술이다.
- 해석(interpretation): 정신분석에서의 해석과 마찬가지로 내담자의 행동 뒤에 숨어 있는 이유를 깨달을 수 있도록 도와주는 것이다.
- 구체적 종결(crystallization): 상담자가 내담자에게 이제 게임을 할 필요가 없게 된 단계에 도달했다는 사실을 말해 주는 것이다.

(3) 기타 기술

교류분석 상담에서는 게슈탈트 상담과 사이코드라마의 기술들을 비롯하여 다른 분야의 다양한 기술들을 사용한다(우재현, 1999; Berne, 1972; Corey, 1991; Stewart & Johnes, 1987).

① 빈 의자 기법(empty chair)

'빈 의자'란 구조분석에서 자주 사용하는 절차다. 자기의 특정인(예: 부모 자아상태 Ⓟ)과의 관계에 있어 어려움을 겪고 있는 내담자의 경우 자기 앞에 놓인 의자에 그 관계가 어려운 특정인이 앉아 있다고 상상하고 자신이 하고 싶던 행동이나 말을 하게 하는 것이다. 이 과정은 내담자가 자아상태의 역할들과 관련된 여러 가지 생각, 감정, 태도 등을 표현하고 그것들을 통합하도록 해 준다(예: 아버지에 대해서 이야기하는 것이 아니라 아버지께 이야기를 하는 방식). 이 경우 내담자는 Ⓟ뿐만 아니라 상상된 상태에 관련된 어떤 특성을 지닌 다른 두 자아상태에 대해서도 그의 자각을 명확히 할 수 있다. 빈 의자 기법은 어떤 결정에 대해 보다 예리한 초점과 확고한 자각을 얻고자 하는 내적 갈등을 지닌 사람들에게 유효한 기법이다.

② 역할연기(role playing)

역할연기의 기법 또한 교류분석 절차와 결합할 경우 좋은 효과를 거둘 수 있다. 집단치료에서 역할연기 상황을 설정하여 다른 구성원들과 함께할 수 있다. 집단의 다른 사람은 문제를 가진 내담자의 자아상태가 되며, 내담자는 그 사람과 이야기를 한다. 또한 구성원들이 사회에서 해 보고 싶은 어떤 행동을 다른 구성원과 재연해 볼 수도 있다.

③ 가족 모델링(family modeling)

가족 모델링(또는 시범)은 '완고한' Ⓟ, '완고한' Ⓐ, '완고한' Ⓒ의 상황에서 작업할 때 유용하다. 내담자는 자신을 포함해서 가능한 한 많은 과거의 중요한 타인들을 상상하며, 무대감독도 되고 연출가도 되고 배우도 된다. 내담자는 상황을 설정하고 집단 구성원들을 가족 구성원으로 대신하여 그들을 자신이 기억하고 싶은 상황 속으로 배치한다. 이런 연출 다음에 따르는 토의활동, 평가는 특별한 상황에 대한 자각을 높여 주고 내담자가 갖고 있던 개인적 의미에 대한 자각을 높여 준다.

④ 신체기법(body work)

교류분석에서는 무용교실(dance class), 감각각성집단(sensory-awareness groups), 포옹(hugging) 등의 몇 가지 신체를 활용하는 기법을 보조기법으로 적용하고 있다.

⑤ 의식과 소일의 분석(analysis of rituals and pastimes)

교류분석은 시간을 구조화하는 데 쓰이는 의식과 소일의 식별을 포함한다. 시간의 구조화는 어떻게 다른 사람과 의사교류를 하며 접촉을 하는가에 대한 각본 결정을 반영하기 때문에 논의와 검토를 위해 중요한 자료다. 자신의 시간을 주로 의식과 소일로 채우는 사람은 접촉에서 기쁨을 얻지 못하며, 그래서 다른 사람과의 의사교류에서 친근성이 결여되기 쉽다. 의식과 소일의 의사교류는 접촉의 가치를 낮게 평가한다. 그러므로 그런 사람의 사회적 의사교류는 공허감, 권태, 흥분의 결핍, 사랑받지 못한다는 느낌, 무의미함 같은 감정으로 이끌 것이다.

⑥ 게임과 라켓의 분석

게임과 라켓의 분석은 다른 사람과의 의사교류를 이해할 수 있는 가장 중요한 국면들이다. 번(1964)은 게임을 "분명하게 정의된, 예견할 수 있는 결과를 향하는 일련의 보충적인 이면적 의사교류"라고 기술하고 있다. 대부분의 게임에서 참가자는 '나쁜' 감정을 갖고 끝을 맺게 된다. 왜 게임이 이루어지는지, 게임의 결과가 무엇인지, 어떤 접촉을 받았는지, 그리고 이런 게임들이 어떻게 거리를 두게 하거나 친밀성을 방해하는지를 관찰하고 이해하는 것이 중요하다. 개인의 라켓을 이해하고 그것이 개인의 게임, 결정 그리고 인생각본에 어떻게 관련되는지를 이해하는 것은 교류분석 상담에서 중요한 과정이다.

앞에서 언급한 바와 같이, 라켓은 개인이 자신의 인생각본과 결정을 정당화하기 위해 사용하는 여러 가지 감정들로 구성된다. 예를 들면, A라는 사람이 우울한 감정을 충분히 긁어모으게 되면 자살이 정당하다고 느끼게 되는데, 이것은 A가 자신의 인생을 각본대로 결론짓기 위해 불러들이는 행위로서 태어나지 말았어야 한다는 메시지를 받아들인 사람에게는 사실이 되는 것이다. 어떤 사람은 분노를 슬픔으로 바꾸는데, 그런 감정에 의해 수년 동안 침해당한 후에는 우울증에 빠지게 되어 결국 공격자에게 그만두라며 분노에 차서 말할 수 없게 될지도 모른다. 또는 수년 후에 굉장히 많은 분노가 쌓여 더 이상 모욕을 참지 못하고 자기나 다른 사람에게 격렬하게 분노를 폭발시킬 수 있다.

라켓은 후에 심리적 보상과 교환할 수 있는 '스탬프 수집'을 포함한다. 거부당했다거나 분노, 우울, 버려짐, 죄의식 등을 느끼기 위해 다른 사람을 귀찮게 하거나 구원하는 방법으로 낡은 감정들을 수집한다. 이를 위해 그 사람은 주변의 누군가를 어떤 역할에 초대하기도 한다.

라켓은 다른 사람을 조작하는 데 있어 게임처럼 중요한데, 그것은 일차적으로 어떤 사람을 실제 세계로부터 가려 주는 방법이기 때문이다. 상담자는 라켓으로 사용되는 분노, 눈물, 두려움과 진실한 감정의 표현을 구별할 수 있는 능력을 지녀야 한다. 유능하고 노련한 상담자는 내담자가 궁지에 몰리지 않으면서 자신의 행동을 인식하게 하는 방법으로 정당하게 내담자의 불쾌하고 쓰린 감정에 도전한다.

⑦ 각본분석(script analysis)

개인의 자율성 결여는 대개 자신의 인생각본, 즉 어린 시절에 결정된 인생계획에 자신을 맡겨 버리는 데서 비롯된다. 인생각본이 중요한 점은 그것이 개인으로 하여금 계속해서 반복하도록 강요한다는 것이다.

각본은 원래 어린 시절 부모의 메시지로부터 비언어적으로 전달된다. 발달 초기에 사람들은 인간으로서의 자기 가치와 인생에서의 자기 위치를 가치 있게 보는 법을 배우게 되는데, 후에 각본은 간접적으로뿐만 아니라 직접적으로 나타난다. 예를 들면, 한 가정에서 다음과 같은 메시지가 주어진다고 생각해 보자. "이 집에서는 남자가 최고야." "얘들아! 떠들거나 소란을 피워서는 안 돼!" "아빠 엄마는 항상 우리 아들에게 최선의 것을 기대하고 있어." "네가 하는 짓을 보면 너는 결코 가치 있는 사람이 되지 못할 거야." "아버지의 권위에 의문을 가져서는 안 돼. 무조건 존경하고 복종하도록 해." 이렇게 주어진 메시지는 그 메시지를 계속 듣게 되는 사람에게 왜곡된 각본을 가지게 할 수 있다. 개인의 인생각본은 그의 정체감과 운명의 핵을 형성하므로, 인생의 경험은 한편으로는 그 개인으로 하여금 '나는 정말 멍청해. 왜냐하면 내가 하는 어떤 일도 제대로 된 적이 없으니까. 나는 늘 내가 어리석을 것이라고 생각해.'라는 결론에 이르게 할 것이다. 반면에 '나는 정말로 내가 하고자 하는 어떤 것도 할 수 있어. 만약 내가 가고자 하는 방향으로 노력의 방향만 바꾼다면 목표에 도달할 수 있다는 것을 알아.'라는 결론에 이르게도 할 것이다.

각본분석은 내담자가 따르는 인생 유형을 확인시켜 주는 치료과정이다. 이것은 내담자에게 그가 어떤 각본을 얻었으며 각본대로 움직이는 자신의 행동을 어떻게 정당화하는지를 보여 준다. 내담자가 자신의 인생각본을 자각하게 되면 각본을 바꾸는 데 필요한 어떤 것을 하려고 노력할 것이고, 그런 자각을 통해 개인은 자신이 초기 각본의 희생자로서 경멸받아야 할 존재가 아님을 알게 되어 드디어 재결단이 가능해진다. 각본분석은 개인이 인생을 살아가면서 선택할 수 있는 것으로부터 대안을 선택할 수 있는 길을 열어 준다. 그들은 더 이상 자신의 인생각본에서 요구하는 어떤 행동을 정당화할 보상을 얻기 위해 억지로 게임을 할 필요가 없다는 것을 느낀다.

각본분석은 각본점검표에 의해 수행될 수 있다. 각본점검표는 인생의 위치, 라켓 그리고 게임에 관련된 문항들로 구성되는데 모두가 개인의 인생각본에서 핵심적인 기능을 하는 요소들이다.

⑧ 집단에의 적용

교류분석의 개념과 방법들은 특히 집단 상황에 적용하기에 알맞은 것으로 알려져 있다. 집단에서 개인은 다른 집단원이 변화하는 것을 관찰할 수 있다. 집단을 통해 관찰한 경험은 그에게 현명한 선택을 할 수 있는 능력을 키워 주는 좋은 모델이 된다. 그는 자신의 개인적 특성의 기능과 구조를 이해하게 된다. 그리고 개인은 자신이 다른 사람과 어떻게 의사교류를 하는지 집단을 통해 배우게 될 뿐만 아니라 다른 사람들이 어떻게 의사교류를 하는지도 배우게 된다. 다른 사람들이 어떻게 각본대로 게임하고 연기하는지를 봄으로써 집단원은 자신의 게임을 보다 잘 확인할 수 있게 된다. 이런 관찰을 통한 변화의 전 과정은 내담자의 수준에 따라 변화 폭과 속도가 다르게 진행된다. 그는 자신이 행하는 게임과 각본을 보다 잘 확인할 수 있게 되고, 과거에는 세심하게 살펴보지 못했던 초기 결정에 진지한 관심을 둘 수 있다. 다른 집단원들과의 의사교류는 그에게 접촉에서 자신이 이행해야 할 과제를 수행하게 하고 접촉을 충실하게 수행할 충분한 기회를 준다. 집단에서의 의사교류는 집단원으로 하여금 자기와 다른 사람에 대한 자각을 증가시켜 주고 삶에서 해야 할 변화와 재결정에 초점을 맞추도록 해 준다.

해리스(Harris, 1967)는 "집단에서 개개인을 다루는 것은 교류분석자들이 즐겨 선택하는 방법이다."라고 기술하고 있다. 그는 교류분석 집단의 시작의 국면을 교수-학습 과정으로 보았으며 집단치료자의 교사적 역할에 중점을 두었다. 그는 "이 집단의 특성은 가르치고 배우고 분석하는 데 있으므로, 교류분석자의 효율성은 교사로서의 열정과 능력에 달려 있으며 집단에서 폭넓은 대화를 하는 능력과 비언어적·언어적 신호들을 감지하는 민감성에 달려 있다."라고 기술한다. 그는 정통적인 일대일의 접근법보다 집단적 접근법이 여러 가지 이점을 갖고 있다고 주장했는데, 그 일부는 다음과 같다.

- 의사교류에서 '부모'가 나타내는 여러 가지 방법들을 관찰할 수 있다.
- 집단에서 각 개인이 지닌 '아동'의 특성을 경험할 수 있다.
- 다른 사람과의 관련에 의해 특징지어지는 자연적 환경에서 개인을 경험할 수

있다.

- 게임에서 상호 직면이 자연스럽게 일어날 수 있다.
- 집단치료에서 내담자는 보다 신속하게 그리고 보다 잘 치료될 수 있다.

2) 상담사례

다음의 상담사례는 팔머(Palmer, 2004)의 책에 소개된 내용을 인용·제시한 것이다. 이 사례에서 교류분석의 개념은 이탤릭체로 강조하였고, 치료자는 토니 틸니(Tony Tilney)였다.

(1) 내담자

① 첫인상

실리아(Celia)가 치료실에 들어와서는 마치 어떻게 해야 할 것인가 생각하는 것처럼 경직되고 뻣뻣한 자세로 앉았다. 나에게 불안한 어린아이와 같은 웃음을 보였다. 즉각적인 첫인상은 성장하려고 애쓰는 아이 같았다. 그녀는 40대 중반에 높은 지위에 있는 전문 여성이었고, 직장에서는 다소 냉담하지만 자신감 있는 것으로 자신을 소개했다. 자기 안에서는 불안했고, 걱정이 많았고, 자아존중감이 낮았다. 친구와 배우자에게 화를 내거나, 상대를 기쁘게 하기 위한 필사적인 노력을 번갈아 했다.

② 각본분석

실리아가 치료에서 어떤 도움을 받기를 원하는지 분명하지 않았다. 나는 우리가 세상을 어떻게 보고 무엇을 해야 할지를 결정하는, 어린 시절에 형성하는 생활각본의 중요성을 설명하였다. 우리는 4회기 동안 각본분석을 시작하기로 계약을 하고, 추후 우리가 목표한 결과를 다시 살펴보기로 했다.

미리 상담 진행에 동의하고, 그다음 새로운 견해를 가지고 다른 관점을 취하는 계약과정은 때때로 치료과정에서 반복된다. 그러므로 계약하기는 오직 단 한 번의 과정이 아니라 전체 치료 속에 통합되는 것이다. 각 고찰은 원하는 결과에 대한 보다 분명한 그림을 보여 주고, 가능한 한 빨리 그것을 성취하기 위한 치료 방향에 적응하게 해 준다.

우리는 내담자의 자라 온 역사(특히 초기의 영향, 부모와의 관계, 가족 상황)를 설정하기 위하여 체계적인 질문 방법인 각본 설문지를 사용하여 각본분석을 시작했다. 여기서 어떻게 내담자가 반응하는지, 그녀가 만들어 낸 초기 결단이 무엇인지에 대한 단서를 찾을 수 있다.

실리아는 처음에 어머니를 '애정이 깊은' 사람으로 표현했다. 가끔 어머니는 자신이 실리아를 얼마나 사랑하는지에 대해 말했다. 이러한 사랑에 대한 답례로 어머니는 실리아에게 자신을 행복하게 할 의무를 부과했다. 이는 불가능한 과제로, 그녀의 어머니는 침체된 우울, 극단적인 의존, 격렬한 감정폭발 사이를 오가곤 했다. 어린 시절 장녀인 실리아는 가족 모두를 보살펴야 했고, 집안일을 해야 했고, 어머니의 폭발적인 감정을 진정시켜야 했고, 자살위험이 있을 때는 그녀를 우울로부터 끌어올려야 했다. 아버지는 가족으로부터 물러나 일을 하거나 친구들과 술을 마시는 데 시간을 보냈다.

실리아는 가족 내에서 작은 어머니의 역할을 하면서, 어머니를 살아 있게 하느라 버둥거리면서 매우 유능한 사람이 되었다. 십대가 되었을 때, 이러한 역할에 저항하기 시작했고 자신만의 공간을 요구했다. 그 후 얼마 지나지 않아 아버지는 가족을 버렸으며, 어머니는 자살하고 말았다.

이제 나는 그녀가 첫 회기에 경직된 자세로 앉아 회유적인 어린아이와 같은 미소를 띤 이유를 이해할 수 있었다. 그녀의 어린이 자아상태에는 다른 이들을 위하여 자신의 권리를 포기하지 않으면 그들은 죽는다는 초기 결단이 간직되어 있었다. 이 결단을 따르기 위해 그녀는 어른과 같아져야 했고 유능해져야 했다. 그녀는 이런 방식 속에서 그녀 자신의 욕구와 느낌을 허용할 수가 없었으므로, 그녀는 느낄 권리와 자신이 될 권리, 심지어 존재할 권리조차 가지고 있지 않았다. 그녀는 오직 열심히 일하는 것으로 존재할 권리를 얻을 수 있었다. 다른 사람이 사랑한다고 말하면 실리아는 그들을 자신이 책임져야 한다고 믿었다. 또한 그녀는 어린이 자아상태 속에서 그녀의 욕구들이 충족되지 않았던 분노와 어린 시절에 어머니를 죽게 내버려 두었다(그녀의 어린이 자아가 보았을 때)는 슬픔, 부적절감, 죄책감과 싸웠다. 부모 자아상태에서는 가질 권리가 없고, 또는 충분히 자신을 내어 주지 않았다는 메시지를 받고 있었다.

우리는 그녀가 현재 생각하고 느끼고 행동하는 데 광범위한 영향을 미치는 어린 시절에 만들어 낸 결단과 부모 자아로부터 받은 각본 메시지(script message)를 보여주는 '각본 매트릭스'인 도표를 그릴 수 있었다. 우리는 가장 강력한 금지령을 인정하게 된다. '느껴서는 안 된다' '너여서는 안 된다' '중요한 사람이 되어서 어머니로부터 떠나서 존재해선 안 된다' '중요한 사람이 되어 아버지로부터 떠나게 존재해선 안 된다' 등이다.

교류분석의 카텍시스 학파에서 말하는 공생의 개념은 그녀 어머니의 행동을 이해할 수 있게 한다. 어머니는 어린 실리아에게 어머니를 돌보도록 부모 자아상태와 어른 자아상태를 사용하게 했고, 반면 어머니의 부모 자아상태와 어른 자아상태는 디스카운트되었다.

(2) 치 료

① 치료의 시작

탐색적 회기의 시작에서부터, 나의 첫 번째 목적은 개방되고 긴밀하고 존중되는 방법으로 내담자와 관계를 맺으면서 실리아가 편안하게 느끼도록 초대하는 것이었다. 나는 그녀와 내가 OK-OK 관계를 맺기를 원했다. 처음에는 이것이 본래 치료과정의 내용보다 우선한다.

다음 과제는 초기 회기에서 어떻게 우리가 함께 작업할지를 설계하는 것이다. 치료과정을 통하여 우리가 평등하고 서로를 존중하는 OK-OK 관계를 유지한다면, 계약을 만드는 이 과정은 절대 필요한 것이다. 초기 회기에서 시간, 상담료 등의 사무적인 세부사항을 쉽게 체결했고 비밀보장의 규칙에 동의했다.

② 사회적 통제

각본분석을 완성하고 나서 우리는 교류분석의 고전학파에서 중요하게 여기는 작업을 했다. 주요 목적은 어른 자아의 힘을 발달시키는 것이었다. 실리아는 어린 시절의 사건과 어머니가 그녀에게 말한 내용에 대해 어른의 관점을 가질 수 있게 되었다. 그녀는 문제가 어디서 왔는지를 이해하게 되었고, 다른 사람의 비판에 관하여 명확히 생각하고, 긍정적인 피드백을 디스카운트하지 않는 등, 문제를 통제하기 위한 의식적인 조처를 취할 수 있게 되었다. 그녀는 사회적 통제로 알려진 치료의 단계를 성취하였다. 비록 목표 달성을 위해 계속 노력하는 것이 어려웠지만 그녀의 동료 및 배우자와 좀 더 잘 기능하게 되었다.

또한 그녀는 이제 삶의 명확한 관점을 가지게 되었으며 치료의 성공적인 결과를 암시하는 변화를 위한 새로운 계약도 맺었다. 여기에는 원하는 것을 분명히 요구하는 것과 부적절하게 다른 사람을 구원하지 않는 것(그들 스스로 잘할 수 있는 것을 그들을 대신하여 해 주지 않는 것)을 계약에 포함시켰다. 우리는 보다 명확하게 계약을 체결했는데, 그것은 그것을 달성했음을 알 수 있게 목표행동을 구체적으로 명시한 것이었다.

③ 교류적 치유

실리아의 삶을 좀 더 쉽게 하는 다른 변화가 일어났다. 치료과정에서 나는 실리아가 부모로부터 받은 메시지와는 다른 많은 긍정적인 메시지를 줄 수 있었다. 교류적 치유의 결과로, 그녀는 좋은 부모 자원으로서 나를 그녀의 부모 자아상태에 넣기 시작했다. 그러나 그녀가 충분히 성숙하지 못하고 치료가 끝나면 이 결과가 유지되기 어려워질 것이다.

실리아의 사례에서 번의 두 번째 치료 단계인 증상의 완화 단계는 그 전후가 분명히 구분되지 못했다는 것을 독자들은 알아차릴 것이다. 나는 이 사실에 주목했으나 걱정하지 않았다. 번의 4단계는 엄격하고 굳은 규칙 체계가 아니라 융통성 있고 유연한 것이기 때문이다.

④ 탈출구의 폐쇄

특히 실리아 어머니의 자살과 존재해선 안 된다는 각본 메시지를 볼 때, 실리아의 지속적인 각본 변화를 위해서는 탈출구의 폐쇄가 중요한 단계라는 것을 확신했다. 나는 각본분석의 단계에서 그녀에게 그 절차를 언급했다. 그녀는 각본결말인 세 가지 최후의 수단을 포기할 준비가 되어 있지 않다는 점을 잘 인식하였다. 나는 그렇게 하도록 설득하지 않았다. 탈출구의 폐쇄는 결정적으로 내담자의 자율적인 선택이 되어야 하기 때문이다. 내가 강요한다 해도, 실리아가 단지 '미안해요' 라는 말로 자살을 수행한다면 소용없는 짓이라는 것을 알았다.

치료한 지 몇 달이 지나 실리아가 자신의 부모의 역사와 동기를 이해하는 좀 더 안전한 어른 자아의 위치로 이동했다. 그녀는 세 가지 탈출구를 폐쇄할 준비가 되었다고 말했다. 무슨 일이 일어나든지 자신을 해치거나, 다른 사람을 해치거나, 미치지 않겠다는 자신의 무조건적 결정을 내게 말했다. 그녀를 주의하여 관찰하면서 그녀가 진심으로 하는 말이라고 판단되었다. 나는 실리아가 중대한 변화의 단계에 도달할 수 있게 된 것을 축하하였다.

⑤ 각본치료

실리아의 어린이 자아상태에 가지고 있던 몇 가지 초기 결정을 변화시키고, 그래서 마지막 단계에서 그녀가 실제로 자신의 각본으로부터 자유로울 수 있게 되리라는 것을 나는 예견하였다. 우리는 재결단 작업을 통하여 목표를 성취하였다. 상상 속에서 실리아는 쿠션에 앉아 있는 그녀의 어머니를 상상해 낼 수 있었다. 어른 자아의 힘을 유지하면서 그녀는 어린이 자아와 접촉했고, 그리하여 그녀는 명백히 생각할 수 있었다. 어린 시절에 일어났던 것을 지금 자신의 어린이 자아상태에서 어떻게 이해하는지를 어머니에게 이야기했다. 그녀는 받지 못한 사랑과 잃어버린 어린 시절에 대해 분노하고, 그다음엔 슬퍼했다.

실리아는 어린이 자아상태에서 자신이 사랑스러운 아이였다고 재결단하였다. 자신의 존재를 정당화할 필요 없이 사랑받을 권리를 가지며, 스스로 중요하고, 그 자신이 될 권리가 있는 사람이라고 여겼다. 이 새로운 결정으로 그녀의 용모는 한층 부드러워졌고, 자세도 훨씬 이완되었다.

⑥ 종결

실리아는 이 변화에 의해서 한동안 방향을 잃었다. 그녀의 삶을 구성하는 데 사용되었던 많은 각본을 잃게 되었다. 새로운 상황은 새로운 기회와 도전을 많이 제공했으며, 충분히 그것을 다룰 수 있는 적응의 기간이 필요했다. 그녀는 계속해서 직장에서 성공하였으나, 더 이상 과도한 스트레스를 받지 않았고 승진하였다. 재적응 기간 후, 그녀의 배우자와 친구와의 관계가 매우 향상되었다. 우리는 마지막 회기에 우리의 계약을 살펴보고 충분히 성취한 것에 동의했다.

토/의/주/제

1. 지금까지 여러분이 사용한 게임은 어떤 것들이며, 그런 게임들은 인간관계에 도움이 되는가?
2. 여러분이 상담자라면 내면화된 명령들이 다른 사람과 상담할 때 어떤 영향을 미칠 수 있겠는가? 예컨대, 여러분이 즉흥적이거나 어린아이처럼 되는 데 어려움을 갖고 있다면, 충동적이고 유아스러운 내담자와 상담할 때 어떤 영향을 받겠는가?
3. 여러분은 스트로크를 어떻게 얻는가? 주로 부정적인가? 혹은 긍정적인가? 가족으로부터 얻는가? 혹은 일로부터? 친구로부터? 여러분은 자신이 원하는 스트로크를 요구할 수 있는가?
4. 여러분은 대부분의 사람들이 자신과 다른 사람 또는 삶에 대해 내린 초기 결정을 바꿀 수 있다고 생각하는가? 개인이 새로운 변화나 결정을 시도하는 데 방해하는 힘은 무엇인가?

Chapter 13 현실치료

현실치료(reality therapy)를 소개한 글래서(William Glasser)는 인간이 무의식적인 힘이나 본능에 의해 동기화되기보다는 의식 수준에서 작용한다고 본다. 그는 선택이론을 통해 인간은 자신의 행동과 정서에 대해 스스로 책임이 있음을 강조한다. 현실치료의 일반적인 목표는 내담자의 기본적인 심리적 욕구를 충족시켜 주는 좀 더 효율적인 방법을 찾도록 도와주는 데 있다. 이를 위해 내담자로 하여금 현실을 직면하고 올바른 판단을 해서 자신의 심리적 욕구를 현재보다 더 효과적으로 충족시켜 줄 수 있는 행동을 학습하도록 돕는다. 글래서에게 상담이란 내담자가 자신의 삶에 대한 통제력을 다시 회복하고, 스스로 선택하는 행동에 대한 책임을 갖도록 하며, 이를 통해 보다 자율적이고 성공적인 정체감을 갖도록 도와주는 것이다. 이 장에서는 선택이론을 중심으로 현실치료의 주요 개념을 이해하고, 현실치료의 목표와 상담 절차에 관한 내용들을 살펴보고자 한다.

1 글래서의 생애와 업적

William Glasser(1925~2013)

윌리엄 글래서(William Glasser)는 1925년 미국 오하이오 주 클리블랜드에서 화목한 가정의 셋째이자 막내로 태어났다. 19세에 케이스 공업전문학교(Case Institute of Technology)를 졸업하고 화공기사(chemical engineer)가 되었으며, 곧이어 케이스 웨스턴리저브 대학교(Case Western Reserve University)에 진학하여 화공학 학사과정을 밟았다. 그러나 이 무렵 심리학에도 관심을 갖게 되어 23세에 같은 대학에서 임상심리학 석사학위를 취득했다. 1953년에는 이 대학교의 의과대학을 졸업하고 28세에 정신과 의사가 되었다.

그 후 UCLA와 서부 LA 재향군인병원(West Los Angeles Veterans Administration Hospital)에서 정신분석적 접근에 따른 전문의 수련과정을 거치게 되었다. 그러나 수련과정 동안 글래서는 전통적인 정신분석적 접근의 이론과 기법 그리고 치료효과에 대해 점차 회의를 느꼈다. 이 무렵 병원 신경정신과 병동의 책임을 맡고 있던 해링턴(G. H. Harrington)을 수련감독자로 만나게 되었는데, 두 사람은 모두 환자 치료를 위한 전통적 심리치료의 가치를 의심하고 있어서 서로 학문적으로 교감할 수 있었다. 그들은 수년 동안 공동 연구를 수행하였고 후일 현실치료라고 불리게 된 새로운 접근의 기본 구성개념을 개발하였다.

1956년 글래서는 여자 비행청소년 치료를 위한 캘리포니아 주립시설이었던 벤추라 여학교(Ventura School for Girls)의 정신과 자문의로 활동하면서 현실치료의 기본 개념들을 비행청소년 치료에 적용하였다. 그는 이곳에 수용되어 있던 여학생들에게 자신들의 행동에 대한 책임을 지도록 강조했으며, 진로와 미래를 계획하는 데 도움이 되는 프로그램을 적용하였다. 처벌은 금지되었으며, 학교의 규칙을 어겼을 경우 개인적 책임이 요구되었고, 학생들이 행동을 변화시킬 결심을 하고 그것을 실천에 옮길 수 있도록 격려하였다. 그 결과 벤추라 여학교 재학생들의 비행 재범률이 효과적으로 감소되었다. 이곳에서의 경험을 통해 고전적 정신분석의 개념과 기법이 무익하다는 사실을 더욱 확신하게 되었다.

글래서는 1961년 처음으로 『정신건강 혹은 정신질환?(Mental health or mental illness?)』이라는 저서를 발표하여 그의 새로운 접근의 기본 신념을 소개하였다. 임상활동을 위해 개인상담 이외에도 재활센터와 청소년 감화원 등에서 심리치료를 하였으며, 1963년부터 캘리포니아 주의 공립학교들을 위한 자문위원으로 활동했다. 이곳에서 현실치료의 기본 개념들을 학교의 학급 실정에 맞도록 적용하여 '낙오자 없는 학교 만들기'를 위해 광범위하게 일했다.

1964년 「현실치료: 비행청소년을 위한 실제적인 접근법(Reality therapy, a realistic approach to the young offender)」이라는 논문을 발표하면서 현실치료라는 용어를 공식적으로 사용하기 시작하였다. 한편, 1965년에는 저서 『현실치료(Reality therapy)』를 출간하면서 행동을 선택할 수 있는 책임능력은 전적으로 우리 자신에게 있다는 점과 온정적이고 수용적이고 비처벌적인 치료 상황에서 더 효과적인 선택을 하거나 더 책임 있는 방식으로 살아가는 방법을 배울 수 있다는 점을 주장하면서 현실치료의 기본 개념을 소개하였다. 이를 계기로 현실치료는 상담의 주요 이론으로 부각되었다. 1969년 그의 교육에 관한 첫 번째 저서인 『실패 없는 학교(Schools without failure)』가 집필되었다. 이 시기에 그는 교사와 학생 간 상호작용, 학교에서의 학습과 학습자 생활 간 관련성, 학교가 실패 정체감에 미치는 영향, 활기 있는 학습과 학교의 변화 등에 관심을 가졌다.

글래서는 계속해서 자신의 이론과 상담기법들을 보완했으며, 1975년 저서 『정체감 있는 사회(The identity society)』를 통해 통제이론을 활용하여 개인이 심리사회적으로 기능하는 방법뿐만 아니라 집단이나 사회가 기능하는 방법을 설명하고자 하였다. 글래서가 통제이론을 처음 주장한 것은 아니지만, 이 이론의 기본 원리와 개념을 구축하고 그것을 실제 체계에 적용하는 방법은 대부분 그의 연구와 임상활동을 통해 관철되었다. 이러한 그의 노력은 1985년의 저서 『통제이론(Control theory)』에 요약되어 있다. 이 이론을 교육에 적용시키는 방법은 『교실에서 적용되는 통제이론(Control theory in the classroom)』(1986)에 잘 소개되어 있다. 그의 저서 『좋은 학교(The quality school: managing students without coersion)』(1990)는 그의 개념을 학교 운영에 적용하고자 하는 시도에서 집필되었다.

글래서는 1969년 캘리포니아 주 카노가 파크에 '현실치료연구소(Institute of

Reality Therapy)'를 설립하여 오랫동안 소장과 재단 운영위원장으로 활동하였으며, 2013년 사망할 때까지 이 연구소를 중심으로 활동하였다. 1996년부터 현실치료의 주요 이론적 근거였던 통제이론을 선택이론(choice theory)으로 대체하고, 연구소 명칭도 윌리엄 글래서 연구소(William Glasser Institute)로 바꾸었다. 이 연구소는 전 세계의 의사, 간호사, 상담학자, 심리학자, 목회자, 사회사업가, 교사, 법률가 등을 위해 현실치료 집중훈련 과정을 운영하며 이에 필요한 교재와 관련 자료들을 연구 · 개발하고 있다.

2 인간관

글래서는 인간을 긍정적 관점에서 보았으며 반결정론적 입장을 지닌다. 행동주의에서 주장하는 것처럼 환경적 자극에 대해 수동적으로 반응하는 존재로서의 결정론을 반대하며, 인간은 자신의 행동과 정서에 대해 스스로 책임이 있음을 강조한다. 또한 정신분석에서 주장하는 것처럼 인간이 무의식적인 힘이나 본능에 의해 동기화되기보다는 의식 수준에서 작용한다고 본다(Glasser & Zunin, 1984).

글래서는 모든 개인이 건강과 성장의 힘을 가지고 있다고 믿는다. 개인의 성공 정체감(success identity)을 강조하는 현실치료에서는 전통적인 상담 접근과 달리 개인 자신이 선택한 행동과 그 결과에 대해 책임을 지도록 요구한다. 인간은 기본적으로 성공 정체감을 통해 만족스럽고 즐거워지기를 바라며, 스스로 책임질 수 있는 행동을 보여 주고 싶어 하고, 의미 있는 인간관계를 맺고 싶어 한다는 것이다.

인간의 행동은 외부 힘에서 나오는 것이 아니라 개인 내부에서 나오며 합목적적이다. 물론 외부 환경적인 요인들이 개인의 결정에 영향을 미치기는 하지만, 그렇다고 해서 개인의 행동이 환경인에 의해 '정해지는 것'은 아니다. 인간은 전적으로 내면의 힘에 따라 동기화되고, 모든 행동은 생활을 효과적으로 통제함으로써 각자가 원하는 것을 얻으려는 최선의 시도라고 볼 수 있다(Corey, 1996).

이상의 글래서의 인간관을 요약하면 다음과 같다(김인자, 1999; 김형태, 2003; 이형득, 1992; Elson, 1979; Glasser & Zunin, 1984; Wubbolding, 1981).

- 인간은 자신의 건강을 증진시키고 자신을 성장시키려는 힘(growth power)을 가지고 있다. 이러한 힘이 있기 때문에 인간의 행동변화도 가능하다.
- 인간은 자기 결정(self-determining)이 가능한 존재다. 이는 인간이 성장하려는 힘을 가졌다는 데 근거한 것으로서, 인간은 유전이나 환경 또는 과거에 의해서 결정되기보다는 오히려 자기 자신에 의해서 결정되는 면이 더 크다.
- 인간은 자신과 환경을 통제할 수 있는 존재다. 인간이 자기를 결정할 수 있는 것은 자기 자신과 자신의 환경을 어느 정도 통제할 수 있기 때문이다.
- 인간은 자신의 행동을 포함하여 자신에 대하여 전적으로 책임질 수 있는 존재다. 이것은 자신의 행동(doing), 느낌(feeling), 생각(thinking), 환경적 여건에 대해서도 책임질 수 있도록 스스로 통제해 나갈 수 있다는 것을 의미하기도 한다.
- 인간은 성공 정체감을 발전시킬 수 있는 존재다. 성공 정체감을 통해 인간은 만족스럽고 즐거우며 의미 있는 인간관계를 맺고 싶어 한다.
- 인간은 기본적 욕구를 충족시키려는 존재다. 인간이 지닌 다섯 가지 기본 욕구는 생존, 사랑과 소속, 힘과 성취, 자유 그리고 즐거움의 욕구다.

3 주요 개념

1) 선택이론

글래서는 파워즈(W. Powers)가 고안한 통제이론을 바탕으로 선택이론(choice theory)을 발전시켰다. 파워즈는 1973년 출판한 『행동: 지각의 통제(Behavior: The control of perception)』에서 인간의 두뇌를 실내 온도를 통제하는 온도조절장치와 같은 일종의 투입통제체계로 보았다. 인간의 마음은 하나의 부적 투입체계와 같이 기능한다고 보았으며, 개인이 자신이 원하는 목적을 향해 나아가지 않을 경우 뇌는 그 행동이 목표로부터 벗어나고 있다는 정보를 주어 그 행동을 수정하도록 만든다고 하였다. 글래서는 이러한 파워즈의 통제체계이론을 확장시켰다. 글래서에게 있어서 '통제'라는 개념은 인간의 '내적 통제'와 관련된 개념이다. 비록 인간의 모든 행동은 아니지만 대부분의 행동이 내적으로 동기화되고 선택된다는 측면에서 내적 통제가 중요하다고 강조했다. 인간 행동을 유발시키고 선택하게 하는 원동력은 외적 자극이나 과거에 해소되지 않은 갈등이 아니다. 오히려 인간의 동기와 행동은 보편적인 다섯 가지 기본 욕구를 충족시키기 위한 시도에서 결정되고 선택된다.

글래서는 저서 『선택이론: 자유를 위한 새로운 심리학(Choice theory: A new psychology of personal freedom)』(1999)에서 인간은 자신이 하는 모든 것을 선택할 수 있다고 주장하였다. 선택이론에서는 개인이 느끼는 불행과 심지어 정신병으로 여겨지는 행동까지도 결국 그 개인이 선택한 결과라고 간주한다. 불행은 단지 우리에게 일어나는 것이 아니라 우리 자신이 선택하는 것이라는 것이다. 그는 내담자의 행동을 관찰하면서 '우울하게 된(being depressed)'이나 '화나게 된(being angry)' 대신에 '우울해하고 있는(depressing)'이나 '화를 내고 있는(angrying)' 사람이라는 표현을 적용한다. 현실치료적 관점에서 우울은 상황에 의한 수동적인 희생자로서의 결과가 아니라 내담자 자신이 능동적으로 선택하는 것으로 이해될 수 있다. 글래서는 개인이 스스로 우울의 희생자이고 불행이 자신에게 일어난 것이라는 생각에 고착되어 있는 한, 더 나은 변화를 기대할 수 없다고 보았다. 우리가 하는 행동이 우리가 선택한 결과라는 현실적인 인식하에 행동할 때만이 우리 행동을 변화시킬 수 있다. 외적 통제심리학을 내적 통제를 강조하는 선택이론으로 대체할 때, 인간은 보다 개인적인 자유에 근거한 행동을 선택할 수 있게 된다.

글래서가 소개한 선택이론의 기본 원리는 다음과 같다(노안영, 2005 재인용).

- 우리의 행동을 통제할 수 있는 사람은 우리 자신이다. 누구도 우리에게 우리가 원하지 않는 것을 하게 할 수 없다. 처벌이나 강요로 위협받게 될 때, 우리의 수행능력은 오히려 감소된다. 우리가 우리 자신의 행동을 통제할 수 있다는 것을 깨닫기 시작할 때, 우리는 곧바로 우리의 개인적 자유를 새롭게 정의하며 훨씬 많은 자유를 가지고 있음을 깨닫게 된다.
- 우리는 타인으로부터 모든 정보를 얻을 수 있다. 그러나 우리가 얻은 정보를 어떻게 활용할 것인가는 우리의 선택이다.
- 지속되는 모든 심리적 문제의 근원은 관계에 관한 문제다. 고통, 피로, 만성 질병과 같은 많은 문제들의 부분적 원인은 인간관계에 관련된 문제다.

- 관계문제는 항상 개인이 현재 영위하는 삶의 일부분이다.
- 과거에 일어난 고통스러운 일이 현재 우리 자신에게 많은 영향을 주고 있지만, 이러한 고통스러운 과거를 다시 들추어내는 것만으로는 현재 우리가 필요로 하는 것을 얻어 낼 수 없다. 그것만으로는 현재의 중요한 관계를 향상시킬 수 없다.
- 우리의 행동은 기본 욕구인 생존, 사랑과 소속, 힘과 성취, 자유, 즐거움에 의해 동기화된다.
- 우리는 각자의 질적 세계 안에 있는 사진첩을 만족시킴으로써 이러한 기본 욕구를 충족시킬 수 있다.
- 우리가 할 수 있는 모든 것은 결국 행동뿐이다. 우리의 전체적인 행동은 행동하기, 생각하기, 느끼기, 생물학적 반응으로 구성된다.
- 모든 전행동은 동사, 부정사, 동명사로 표현될 수 있다. 예를 들어, '나는 우울로 고통받고 있다.'를 '나는 우울하기를 선택하고 있다.'로, 또 '나는 우울해졌다.'를 '나는 우울하고 있다.'로 표현할 수 있다.
- 모든 전행동은 선택될 수 있지만, 우리가 직접적으로 통제할 수 있는 부분은 단지 활동하기와 생각하기다. 우리는 활동하기와 생각하기를 선택함으로써 간접적으로 느끼기와 생물학적 반응을 통제할 수 있다.

이렇듯 선택이론은 인간의 동기와 행동에 대한 이론으로서 인간의 선택의 자유를 강조한다. 이 이론에 따르면 인간의 모든 행동은 생득적으로 지니고 있는 다섯 가지 기본 욕구를 충족하기 위한 선택이다. 즉, 인간은 생존, 사랑과 소속, 힘과 성취, 자유, 즐거움의 욕구를 충족하기 위해 행동하는데, 이러한 욕구 충족은 다른 사람이 아닌 자기 자신의 행동을 변화시킴으로써만 가능하다. 따라서 현실치료에서는 내담자에게 스스로의 행동을 통제하고 질적인 삶을 위한 선택을 할 수 있는 자유를 지니고 있음을 가르치고, 욕구 충족을 위해 보다 책임 있고 올바른 행동을 선택하도록 조력한다.

2) 기본 욕구

글래서는 뇌의 기능과 기본 욕구를 연관시켜 설명하였다. 선택이론에 의하면 모든 유기체는 합목적적이며 뇌에서 유발되는 기본 욕구들에 의해 내면적으로 동기화된다. 모든 인간에게는 대뇌피질 부위에 해당되는 신뇌(new brain)에서 유발되는 사랑과 소속, 힘과 성취, 자유, 즐거움의 네 가지 심리적 욕구와 대뇌피질 하위 부위에 해당되는 구뇌(old brain)에서 유발되는 생리적 욕구인 생존의 욕구가 있다.

이들 다섯 가지 기본 욕구에 대해 살펴보면 다음과 같다(김인자, 1997; Glasser & Zunin, 1984).

(1) 사랑과 소속의 욕구

사랑과 소속(belonging)의 욕구는 다른 사람들과 사랑하고 나누고 함께하고자 하는 속성을 의미한다. 글래서는 이 욕구를 다시 세 가지 형태, 즉 사회집단에 소속하고 싶은 욕구, 직장에서 동료들에게 소속하고 싶은 욕구, 가족에게 소속하고 싶은 욕구로 분류하였다. 사랑과 소속감의 유사어는 돌봄, 관심, 참여 등이다. 이것은 인간이 사회적 동물로서 가정, 학교, 직장, 사회에 소속되어 다른 사람과의 관계를 유지하면서 사랑을 주고받고자 하는 속성을 뜻한다. 사랑과 소속의 욕구가 구체적으로 표현되는 양태는 결혼하여 자기 자신의 가족을 이루는 것, 친구를 사귀고 싶어 하는 것, 청소년이 또래집단에 속하고 싶어 하는 것, 성인들이 단체모임에 가입하기를 원하는 것 등이 그 예다. 사랑과 소속의 욕구는 생존 욕구와 같이 절박한 욕구는 아니지만 인간이 살아가는 데 원동력이 되는 기본 욕구다.

(2) 힘과 성취의 욕구

힘과 성취(power)의 욕구는 경쟁하고 성취하고 중요한 존재로 인정받고 싶어 하는 속성을 의미한다. 인간으로서 우리는 각자 하는 일에 대해 칭찬과 인정을 받고자 하는 기본 욕구를 갖고 있다. 예를 들어, 학생은 좋은 성적을 받게 되었을 때 성취감을 느낄 것이다. 마찬가지로 직장인에게 승진은 자신의 능력이나 기술이 주위로부터 인정받았다는 것을 뜻한다. 인간은 자신의 환경에 영향을 끼치며 어느 정도는 환경을 통제하고 싶어 한다. 만사가 뜻대로 되기를 바라며 그러한 힘이 자신에게 있기를 바란다. 힘과 성취에 대한 욕구에 매력을 느끼게 되면 종종 사랑과 소속에 대한 욕구 등 다른 욕구와의 직접적인 갈등을 경험하게 될 수도 있다. 가령 사람들은 사랑과 소속에 대한 욕구를 충족시키고자 결혼을 하지만, 가끔 부부 사이에 힘에 대한 욕구를 채우고자 서로를 통제하려고 하다가 결과적으로 부부관계를 파괴시키기도 한다. 사회적인 지위와 부의 축적 혹은 직장에서의 승진 등과 같이 힘과 성취를 더 중요하게 생각하여 가족과 약속한 휴가를 반납하고 일에 매달리는 직장인의 모습, 혹은 힘에 대한 욕구를 채우려고 사사로운 소속의 욕구를 포기할까 말까 망설이는 모습을 보더라도 인간에게 힘과 성취의 욕구가 얼마나 중요한지를 알 수 있다.

(3) 자유의 욕구

자유(freedom)의 욕구는 선택, 독립, 자율성 등의 의미를 내포하며 각자가 원하는 곳에서 살고, 대인관계와 종교 활동 등을 포함한 삶의 모든 영역에서 어떤 방법으로 삶을 영위해 나갈지 스스로 선택하고, 자신의 의사를 마음대로 표현하고 싶어 하는 욕구를 뜻한다. 이것은 인간이 이동하고 선택하는 것을 마음대로 하고 싶어 하고 내적으로 자유롭고 싶어 하는 속성을 의미한다. 그러나 자신의 자유 욕구를 충족해 나가는 데 있어서 주위 다른 사람의 자유를 침해하지 않도록 타협하고 절충해 나가는 자세가 중요하다.

(4) 즐거움의 욕구

즐거움(fun)의 욕구란 새로운 것을 많이 배우고 놀이를 통해 즐기고자 하는 속성을 뜻한다. 글래서는 즐거움의 욕구가 모든 인간이 지니고 있는 기본적이고 유전적인 지시라고 확신한다. 암벽 타기, 자동차 경주, 번지점프 등의 경우처럼, 즐거움의 욕구를 충족시키기 위해 때로는 생명의 위험도 감수하면서 자신의 생활방식을 과감히 바꾸어 나가는 것을 볼 수 있다. 즐거움에 대한 욕구를 충족시켜 주는 활동의 유형에는 단순한 놀이도 있지만 학습과 같은 활동도 포함될 수 있다. 아동이 새로운 것을 학습하면서 느끼는 즐거움은 그에게는 매우 신기한 경험일 수 있다. 그런데 즐거움을 추구하는 욕구와 다른 욕구들 간에도 마찬가지로 갈등이 발생할 수 있으며, 그 결과 하나의 욕구 충족을 포기해야 하는 경우도 있다. 예를 들어, 어떤 사람은 배우는 즐거움에 몰입한 나머지 사랑과 소속의 욕구 충족을 포기하고 결혼을 미루게 된다.

(5) 생존의 욕구

생존(survival)의 욕구는 생물학적인 존재로서의 인간 조건을 반영하는 욕구로서 생명을 유지하고 생식을 통해 자신을 확장시키고자 하는 속성을 의미한다. 이 욕구는 뇌의 가장 오래된 부분으로서 척추 바로 위에 위치한 구뇌(old brain)로부터 생성된 것이다. 구뇌는 호흡, 소화, 땀 흘리는 것, 혈압조절 등 신체구조를 움직이고 건강하게 유지하도록 하는 중요한 과업을 수행한다. 대부분 구뇌 단독으로는 효과적으로 작동할 수 없기 때문에 뇌의 다른 부분, 즉 거대하고 복잡한 대뇌피질 혹은 신뇌라고 불리는 부분의 도움이 필요하다. 예를 들어, 체내에 수분이 부족할 때 의식적인 행동을 주도할 수 없는 구뇌는 신뇌에게 구조 신호를 보내서 갈증을 호소한다. 신뇌의 지원 작용으로 일단 갈증이 해소되고 나면, 욕구가 충족되었기 때문에 일정 시간이 지나 다시 갈증을 느낄 때까지는 더 이상 갈증에 대해 관심을 갖지 않게 된다. 글래서에 의하면 행동의 원천은 유전인자의 속성이다. 그 유전인자의 속성에는 땀을 흘리는 것이나 추위에 떠는 것과 같은 일련의 생리학적 지시가 포함되어 있다. 이것은 구뇌의 영역에 속한 것으로서 의식적인 의지로 선택할 수가 없는 부분이다. 구뇌의 기능은 생존에 있어서 필수적인 요소이지만, 개인이 일상생활을 영위하는 데에는 지배적인 영향을 미치지 못한다.

기본적 욕구의 특징은 다음과 같다(Glasser, 1985).

- 생득적이고 일반적이고 보편적이다.
- 개인 내의 욕구들 사이에서 혹은 개인과 개인 간의 욕구 충족 사이에서 갈등이 일어날 수 있기 때문에 상호 갈등적이고 대인 갈등적이다.
- 개인 내의 욕구뿐만 아니라 개인과 개인 간의 욕구에서 서로 균형을 유지하려고 한다.
- 개인의 욕구는 일시적으로 충족되었다가도 다시 불충분한 상태로 되돌아가기 때문에 지속적인 욕구 충족 상태를 유지하기 어렵다.

• 욕구 충족의 심리상태가 영원히 지속될 수 없기 때문에 바로 이것이 행동 동기의 근원이 된다.

삶의 질을 높이기 위해서는 이러한 기본 욕구들을 바람직하게 충족시키는 것이 중요하다. 이때 욕구 자체는 직접적으로 충족될 수 없으며, 단지 욕구를 충족시켜 줄 수 있는 구체적인 대상을 통해 이루어진다. 대개 우리는 사랑 자체를 추구하는 것이 아니라 우리가 사랑하고 사랑받을 수 있는 특정한 한 사람을 찾아낸다. 이렇게 기본 욕구들을 충족시켜 주는 구체적인 대상 혹은 방법들은 바람(want)이 되어 좋은 세계(quality world)라고 불리는 심리적 영역 안에 사진첩으로 간직되어 있다. 예를 들어, 갓 태어난 유아는 사랑과 소속의 욕구로 동기화되어 있지만 그것이 무엇인지 또 어떻게 충족시켜야 하는지를 아직 모른다. 단지 홀로 남겨지는 것이 고통스럽고 불쾌하다는 것을 알고 그런 상황에 대처하기 위해 울음을 터뜨린다. 이때 엄마는 아기의 울음소리를 듣고 달려와서는 사랑과 애정으로 감싸 주게 되고, 비로소 유아는 자신의 욕구가 충족되어 만족감을 느끼게 된다. 이러한 관계가 반복되다 보면 아동은 엄마를 자신의 욕구를 충족시켜 주는 중요한 대상으로 인식하게 되고, 마치 감각체계의 사진기와 같이 작용하여 좋은 세계 내에 엄마의 모습을 저장해서 간직한다. 후일 아동은 성인이 되어서도 외로울 때면 언제나 좋은 세계 안에 저장해 둔 엄마의 모습을 기억해 내고 위로를 받고자 한다. 유전적 특성을 지닌 욕구는 모든 사람이 공통적으로 지니고 있지만, 이러한 욕구를 충족시키는 방법으로서의 바람은 개인마다 특이하고 차이가 있다(한국심리상담연구소, 2003).

개인의 경험이 확대됨에 따라 좋은 세계는 다양한 사진들로 채워진다. 좋은 세계는 개인의 삶에 있어서 매우 중요한 부분이다. 그 안에 있는 것들은 개개인의 주요 관심사이기 때문에 그것들을 찾기 위해 노력한다. 그러나 좋은 세계와 관련이 없는 것들에는 별로 관심을 두지 않는다. 예를 들어, 어떤 학생이 그의 좋은 세계 안에 학교, 교사, 수업내용 등이 들어 있다면 성공 정체감을 형성하는 데 도움이 될 것이지만, 그의 좋은 세계 안에 약물, 갱집단 등과 같은 사진첩이 들어 있다면 학교생활에서 성공하기 어려울 것이다.

3) 지각체계

현실치료는 현상학적 관점에 근거하여 지각(perception)이 행동을 유발한다고 본다. 자신이 인식하고 있는 것을 충분히 자각할 때 비로소 그것을 수정해 나갈 수 있다. 인간의 내면세계의 욕구나 바람은 현실세계(real world)를 통해서만 충족될 수 있다. 개인이 경험하는 현실세계는 감각체계(sensory system)와 지각체계(perceptual system)를 거치면서 특별한 사진기로 찍혀서 지각세계(perceived world)에 전달된다. 지각체계는 다시 지식 여과기(knowledge filter)와 가치 여과기(value filter)라는 두 부분으로 구성되어 있다. 지각된 현실은 각각 긍정적으로, 부정적으로, 혹은 무의미하게 인식되는데, 이렇게 분류한 것들 중에서 특별히 그 개인이 원하는 것은 사진첩이 되어 좋은 세계 안에 간직된다. 즉, 시각 · 청각 · 미각 · 촉각 등의 감각체계를 통해 경험된 현실세계는 지식 여과기를 통해 있는 그대로 받아들여지고, 이렇게 지각한 것들이 가치 여과기를 통과하는 동안에 좋은 세계 안에 있는 사진첩과 비교하여 일치되면 긍정적인 가치가 부여된다.

한편, 현실세계가 지각체계를 거치면서 있는 그대로 완벽하게 전부 인식된다는 것은 실제로 불가능하다. 개인이 아는 현실은 전부가 아니고 단지 부분적이고 주관적인 것일 수밖에 없다. 따라서 현실세계라고 말할 때에는 사실 그 개인이 지각한 세계에 대해서만 말하고 있는 것이다. 개인이 지각할 수 있는 것들을 제외한 현실세계에 대해서는 알아낼 수 있는 방법이 없기 때문이다. 내담자의 감각체계와 지각체계를 이해하는 것은 상담 장면에서 매우 중요한 작업이다. 상담자는 내담자가 늘 자신의 지각세계 안에 들어 있는 정보를 토대로 행동한다는 것을 이해해야 한다. 또한 다른 사람들이 내담자가 지각하는 것과 동일하게 세상을 지각하지는 않는다는 사실을 내담자에게 가르쳐 주어야 한다.

4) 행동체계

현실세계가 좋은 세계 안에 들어 있는 사진첩을 충족시키지 못할 때 불균형 상태에 놓이게 되는데, 이때 순간적으로 비자발적인 행동을 하게 되고 좌절 신호(frustration signal)를 행동체계(behavior system)로 보낸다. 즉, 자신의 삶이 통제되지 않을 때, 좌절감을 느낄 때, 욕구 충족이 불가능할 때 행동체계를 작동시키기 위해 좌절 신호를 보내게 된다. 이 신호는 전행동을 유발하는 신호다. 살아오면서 학습했던 모든 행동은 이 행동체계 안에 저장되어 있다. 불균형이 심할수록 강한 좌절 신호가 나오고, 좌절 신호가 강할수록 행동을 위한 충동도 강해진다.

좌절 신호가 발생되면 개인은 먼저 조직화된 행동(organized behavior)을 한다. 조직화된 행동은 행동체계 안에 저장되어 있는 것으로서 현실적으로 이용 가능한 모든 행동, 생각, 느낌을 의미한다. 이것은 언제든지 상황을 통제하는 데 도움을 주기 때문에 지속적으로 활용되는 행동이다. 한편, 좌절 신호가 발생되었는데도 즉각적으로 이용할 수 있는 기존의 조직화된 행동이 없을 경우에는 새로운 행동을 만들어 낸다. 행동체계는 완전히 새로운 행동을 창조하여 조직화(organizing)하거나 혹은 조직화된 행동을 재조직화(reorganizing)하는 작업을 지속적으로 한다. 저장된 모든 행동의 목적은 개인이 원하는 것을 얻을 수 있도록 하기 위해 현실세계에 영향을 미치고 현실세계를 통제하려는 것이다.

5) 전행동

조직화된 행동을 포함하여 욕구를 만족시키기 위해 하는 행동은 모두 전행동(total behavior)이다. 글래서는 자동차에 비유하여 인간의 행동체계를 설명하고 있다. 즉, 기본 욕구는 자동차의 엔진에 해당되고, 바람은 핸들이 되며, 전행동은 자동차의 네 바퀴가 되어 개인이 원하는 방향으로 가도록 되어 있다. 전행동은 활동하기(acting), 생각하기(thinking), 느끼기(feeling), 생리반응(physiology)의 네 가지 요소로 구성되어 긴밀하게 관련되어 있다. 활동하기와 생각하기는 자동차의 두 개의 앞바퀴에 해당되며, 느끼기와 생리반응은 자동차의 두 개의 뒷바퀴에 해당된다([그림 13-1] 참조).

선택이론에서는 현재 내가 우울하다면 나 자신이 우울해하는 전행동을 선택했기 때문이라고 설명한다. 이때 나의 전행동을 분석해 보면 '활동하기'는 아무것도 하지 않은 채 그냥 앉아 있는 것이고, '생각하기'는 '그 친구에게 무슨 일이 생긴 걸까? 너무 보고 싶다.'라고 생각에 잠겨 있는 것이며, '느끼기'는 비참하고 우울한 감정이며, '생리반응'은 손바닥에 땀이 나고 입이 바싹 마르는 것이 된다.

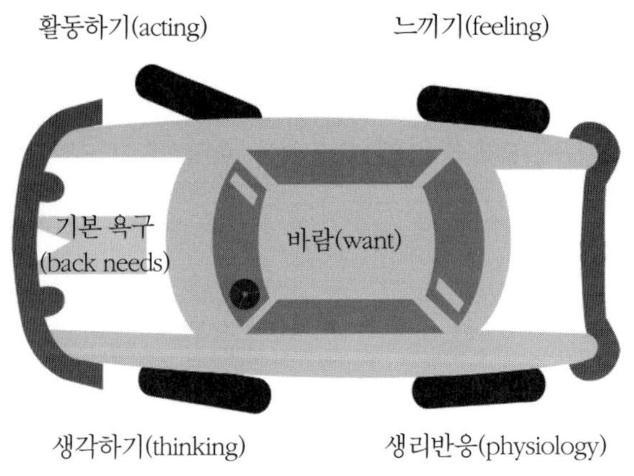

그림 13-1 전행동체계

개인이 자신의 전행동을 선택하는 것은 불가능하지만 그 구성요소들을 선택하는 것은 가능하다. 인간은 전행동의 네 요소 중에서 활동하기에 대해서는 거의 완벽한 통제력을 갖고 있고, 생각하기에 대해서도 어느 정도의 통제력을 갖고 있다. 그러나 느끼기에 대해서는 거의 통제가 어려우며, 생리반응에 대해서는 더더욱 통제력이 없다. 전행동을 바꾸기 원한다면 먼저 활동하고 생각하는 방식을 변화시킬 필요가 있다. 앞바퀴에 해당되는 활동하기와 생각하기를 구체적으로 변화시킨다면 나머지 두 개의 뒷바퀴에 해당되는 느끼기와 생리반응에도 자동적인 변화가 수반된다. 적극적인 활동과 긍정적인 사고에 많이 관여할수록 좋은 감정과 생리적인 편안함이 따라오게 된다(한국심리상담연구소, 2003; Glasser, 1992; Wubbolding, 1991).

6) 3R

현실치료에서는 핵심적인 개념으로 3R, 즉 책임(responsibility), 현실(reality), 그리고 옳고 그름(right and wrong)을 강조한다. 이 세 가지 개념은 서로 연관되어 있다. 글래서는 개인이 자신의 행동에 대해 책임을 지지 않는 데에서 모든 문제가 비롯된다고 보았다. 책임이란 다른 사람이 그들 자신의 욕구를 충족시키는 것을 방해하지 않는 범위 내에서 자신의 욕구를 충족시키는 능력을 의미한다. 현실치료에서는 사람들이 그들 자신의 행동에 대한 책임뿐만 아니라 자신의 욕구를 충족시켜야 하는 책임도 강조하고 있다. 또한 과거의 조건이나 현재의 여러 여건 그리고 타인의 행동도 자신의 무책임한 행동에 대한 구실로 사용될 수 없다고 보고 있다. 글래서는 개인이 자신의 삶에 대한 책임을 받아들이고 그에 따른 행동을 시작하기 전까지는 변화가 불가능하다고 주장하면서 정신건강과 책임을 같은 것으로 본다. 책임을 질수록 더 건강하고 책임을 지지 않을수록 건강하지 않다는 것이다. 그리고 개인적인 불행과 고통은 무책임의 결과이지 무책임의 원인이 될 수 없다고 보았다.

책임은 곧 현실을 직면하는 것이라고 할 수 있다. 현실과의 직면이란 현실세계의 모든 여건을 받아들여야 한다는 것과 현실세계에 대한 통제를 통해 자신의 욕구를 충족시켜야 한다는 것을 뜻한다. 기본 욕구나 바람의 충족은 현실세계가 규정해 놓은 범위와 한계 내에서만 가능하다. 우리는 과거를 바꿀 수 없다. 단지 과거를 이해하려는 것은 우리의 관심을 현실로 돌리기 위한 것이다. 그러나 사람들은 자신을 변화시키기 위해서는 과거를 이해해야 한다고 말하면서 종종 과거에 경험한 어떤 일들이 무책임한 그들의 현재 행동에 대한 하나의 구실을 제공하는 것이 되어 버린다. 현실치료에서는 무책임을 정신병으로 간주하는데, 정신병이란 곧 '나의 현실을 거부한다.'는 것으로 해석될 수 있기 때문이다. 현실을 거부하려는 것은 자신의 삶에 대한 책임을 지지 않으려고 스스로를 설득하는 것과 마찬가지다. 따라서 상담자는 내담자가 더욱 책임 있는 행동을 하고 자신의 현실을 직면하게 하여 문제를 해결해 나갈 수 있도록 조력해야 한다.

옳고 그름과 같은 가치판단은 현실적으로 주어진 상황에서 책임 있는 행동을 하는 사람에게서는 매우 중요하다. 많은 상담이론에서는 가치판단을 배제하고 있지만, 글래서는 가치판단을 중요하게 생각한다(Elson, 1979). 그리고 옳고 그름을 판단하지 않고 행동하는 것은 일관성이 없거나 현실성이 결여된 독단적인 행동이 될 수 있다고 경고한다. 욕구 충족을 위한 합리적인 방법을 찾기 위해서라도 가치판단은 매우 중요하다. 또한 가치판단은 행동변화를 위한 추진력이 될 수도 있다. 현실치료에서는 인간의 기본적 욕구 충족과 책임이 서로 밀접하게 관련되어 있다고 본다. 책임 있는 행동을 하기 위해서는 사회제도, 도덕, 규범 등과 같은 현실적 여건을 고려해야 한다. 또한 다른 사람들의 욕구 충족을 방해하지 않는 범위 내에서 자신의 욕구 충족을 추구하는 데 있어서도 가치판단은 필요하다.

7) 정신병리

기본적 욕구를 책임감 있고 효과적인 방식으로 충족시키는 데 실패했을 때 정신병리가 발생한다. 다섯 가지 기본 욕구를 충족해 가는 과정에서 어떤 욕구들은 과도하게 강조된 반면, 어떤 욕구들은 무시된 결과다. 현실치료에서는 심리적 문제의 원인을 욕구 충족을 위한 선택과 책임의 문제로 설명한다. 정신건강의 퇴행은 욕구 충족을 위해 비효과적인 선택을 한 결과다(권석만, 2012; Glasser, 1999; Wubbolding, 2000).

정신건강이 퇴행하는 과정은 세 단계로 진행된다. 첫째, 욕구 충족을 포기하는 단계다. 기본 욕구를 충족시키기 위해 나름대로 노력하지만 번번히 좌절과 실패를 경험하게 되고 결국 욕구 충족을 위한 시도를 포기한다. 무기력감, 무관심, 냉담함, 우울, 소외 등의 증상이 나타난다. 둘째, 부정적 증상 단계다. 욕구와 소망을 충족시키기 위해 부적절한 방법을 취하게 되는데, 자기 자신과 다른 사람들에게 해를 끼치는 방식으로 행동하는 것을 선택한다. 경미한 행동에서부터 폭력이나 범죄와 같은 심각한 반사회적 행동을 할 수도 있다. 분노, 불안, 공포, 소화장애, 성기능 장애 등의 증상을 호소한다. 셋째, 부정적 중독(negative addiction) 단계다. 일시적 쾌락과 통제감을 얻기 위해 중독 행동을 선택함으로써 만성적 불행을 초래한다. 알코올, 마약, 도박 등에 의존하지만 궁극적인 행복을 얻지 못한다.

한편, 욕구 충족을 위해 보다 효과적인 방식을 선택함으로써 정신건강을 증진시킬 수 있다. 정신건강이 증진되는 과정은 세 단계다. 첫째, 변화를 추구하는 단계다. 삶이 변화되기를 바라고 그 변화를 위해 구체적인 노력을 해 보겠다고 하는 확고한 의지와 실천이 이루어진다. 둘째, 긍정적 증상 단계로, 자신이 원하는 것을 얻기 위해 어떻게 해야 하는지 잘 인식하며 책임 있는 행동을 선택함으로써 적응적 삶을 추구하게 된다. 셋째, 긍정적 중독(positive addiction) 단계다. 자기존중감과 성취감을 증진시키는 행동, 사고, 감정을 선택함으로써 정신적으로 건강하며 적응적 삶을 살 수 있게 된다. 긍정적 중독의 여섯 가지 기준은 다음과 같다(Glasser, 1976).

- 자발적으로 선택한 것으로 하루에 최소한 한 시간은 전념할 수 있으며 경쟁적이지 않은 것

- 쉽게 할 수 있으며 잘하기 위해 너무 많은 정신적 에너지를 기울이지 않아도 되는 것
- 혼자 할 수 있으며 다른 사람과 함께 하더라도 그에게 의존하지 않아도 되는 것
- 자신에게 신체적 · 심리적 · 영적 가치가 있는 것
- 지속적으로 실천할 경우 자신을 향상시킬 수 있는 것
- 스스로를 비판하지 않고서 할 수 있는 것

4 상담의 목표와 과정

1) 상담목표

현실치료의 일반적인 목표는 내담자의 기본적인 심리적 욕구, 즉 사랑과 소속, 힘과 성취, 자유, 즐거움의 욕구를 충족시켜 주는 좀 더 효율적인 방법을 찾도록 도와주는 데 있다. 내담자로 하여금 현실을 직면하고 올바른 판단을 해서 자신의 심리적 욕구를 현재보다 더 효과적으로 충족시켜 줄 수 있는 행동을 학습하도록 돕는다. 글래서는 상담이란 내담자가 자신의 삶에 대한 통제력을 다시 회복하고, 스스로 선택하는 행동에 대한 책임을 갖도록 하며, 이를 통해 보다 자율적이고 성공적인 정체감을 갖도록 도와주는 것이라고 강조했다.

2) 상담과정

현실치료에서는 상담과정을 상담환경 가꾸기와 행동변화를 이끄는 구체적인 절차로 나누어 제시한다.

현실치료는 신경증적 행동, 정신병적 행동, 정신신체화 행동이나 중독적인 행동도 모두 자신의 욕구 충족을 위한 최선의 선택이라고 본다. 과거나 미래보다는 현실을 중요시하고, 전이나 역전이의 필요성을 인정하지 않으며, 무의식과 꿈에 대한 해석보다는 내담자의 의식세계 내에서의 현실 지각을 강조한다. 정신분석과 비교해서 현실치료의 특징을 제시하면 다음과 같다.

- 내담자가 정신질환을 앓고 있다는 개념을 용납하지 않는다.
- 내담자의 과거나 미래보다는 현재에 초점을 둔다.
- 상담자는 전이의 대상이 아니며, 따뜻하고 인간적인 위치에서 내담자와 친밀한 치료관계를 맺는다.
- 행동의 무의식적 원인을 배제하며, 행동의 진단보다는 내담자의 욕구와 바람과 비교해서 그 행동 선택을 평가한다.
- 행동의 도덕성과 책임감을 강조한다.
- 통찰과 허용적인 태도를 통해 내담자의 행동이 변화되기를 기대하기보다는 욕구 충족을 위한 보다 효과적인 행동을 선택하고 실천하는 방법을 학습시키는 데 초점을 둔다.

5 상담의 기법과 적용

1) 상담기법

현실치료는 크게 두 가지 과정, 즉 상담환경 가꾸기와 행동변화를 이끄는 구체적인 절차로 구성된다. 각 과정에서 활용되는 상담기법은 다음과 같다.

(1) 상담환경 가꾸기

상담자는 지지적인 환경을 조성하여 그 안에서 내담자가 자신의 삶의 변화를 주도적으로 계획하도록 조력해야 한다. 이러한 환경을 만들기 위해서는 다음과 같은 부분들이 일관성 있게 유지되어야 한다(김인자, 1997; Wubbolding, 1991).

- 상담자는 친근한 태도로 내담자의 이야기를 경청해야 한다. 내담자의 상황에 압도당하지 않고 내담자의 욕구를 충족시키기 위한 보다 효과적인 방법을 모색해 내는 데 도움을 줄 수 있는 사람으로 내담자에게 보이는 것이 중요하다.
- 내담자의 과거 사건이 현재 상황과 직접 관련되지 않는 한 그에 대해 이야기하는 것을 허용하지 않도록 한다.

- 내담자의 느끼기와 생리반응을 전행동과 분리시켜 이야기하는 것을 피한다. 내담자가 직접적으로 통제할 수 있는 활동하기 및 생각하기와 연결시키며 함께 이야기하도록 한다.
- 무책임한 행동에 대한 변명은 허용하지 않는다.
- 내담자의 행동에 따른 필연적인 결과에 대해 처벌하거나 비판하거나 보호하는 행위를 피한다.

우볼딩(Wubbolding)이 제시한 상담환경 가꾸기에서의 적극적인 권장사항은 다음과 같다.

- 주의를 기울이는 행동하기(Use attending behaviors): 내담자와의 자연스러운 시선 접촉을 유지하기, 진지한 관심을 표명하기, 열린 마음으로 내담자를 받아들이고자 하는 수용적인 자세 갖기, 경청하는 자세로 내담자의 언어적 행동을 반영하기, 내담자의 비언어적인 행동에 주의를 기울이기, 내담자의 의견을 다른 말로 바꾸어 말하기 등은 상담자와 내담자 간의 상담관계를 증진시키는 데 도움이 된다.
- AB법칙 실시하기(Practice the AB-CDEFG): 내담자와의 우호적인 관계를 형성하는 데 있어서 항상 지켜야 할(Always Be) 다섯 가지(CDEFG) 행동지침은 다음과 같다.
  - 항상 침착하고 예의 바를 것(Always Be Calm & Courteous): 상담자는 침착하고 동요되지 않은 모습을 보이면서 친절하고 예의 바른 태도로 내담자를 대한다.
  - 항상 신념을 가질 것(Always Be Determined): 문제를 지니고 있는 내담자에게도 보다 효율적이고 도움이 되는 행동 선택이 가능하다는 것과 내담자가 효과적인 행동 선택을 함으로써 더 보람된 삶을 살아갈 수 있다는 것에 대해 상담자는 확신을 가져야 한다.
  - 항상 열정적일 것(Always Be Enthusiastic): 내담자를 만날 때 유쾌하고 긍정적인 상태를 유지해야 한다. 상담자 자신이 개인적인 고통으로 소진되어 있다면 상담의 효율성은 낮아진다. 상담자 스스로도 자신의 욕구와 바람을 충

족시킬 수 있도록 해야 하며, 이를 통해 보다 열성적인 자세로 상담에 임할 수 있어야 한다.

- 항상 확고할 것(Always Be Firm): 상담자의 일관되고 침착한 태도, 합리적인 규칙의 실천, 결정적이고 확고한 계획 수립하기 등은 현실치료의 지침과 절차를 효과적으로 적용할 수 있는 적절한 환경이 된다.
- 항상 진실할 것(Always Be Genuine): 상담자 자신이 정직하고 진실하게 내담자를 대하는 태도를 보여 줄 때, 내담자는 개방적이고 솔직한 인간관계를 통해 정신적으로 건강해지고 삶의 질이 향상될 수 있다는 점을 배우게 된다.

- 판단 보류하기(Suspend judgement): 상담자는 내담자의 어떠한 행동도 내담자 자신의 욕구를 충족시키려는 최선의 선택행동으로 보아야 한다. 상담자는 내담자의 행동을 판단하거나 비난하지 않고 내담자의 지각체계를 통해 내담자의 행동을 이해해야 한다.
- 예상하지 않은 행동하기(Do the unexpected): 내담자는 좌절과 갈등 상태에서 상담실을 찾아온다. 따라서 내담자의 좋은 세계 안에는 부정적인 사진들로 가득 차 있을 수 있다. 이러한 내담자로 하여금 자신의 또 다른 바람을 탐색하도록 하여 잠시나마 고통스러운 상태에서 벗어나게 한다.
- 유머 사용하기(Use humor): 웃음은 고통에 대한 치유약이기 때문에 상담 중에 유머를 적극적으로 활용한다.
- 자기답게 상담하기(Be yourself): 상담자는 자신이 진취적이면 진취적인 모습 그대로, 또 부드러우면 부드러운 모습 그대로 가장 자기다운 모습으로 상담해야 한다.
- 자기 자신 개방하기(Share yourself): 상담자가 진지하고 개방적인 태도로 내담자를 대할 때 내담자의 신뢰를 얻게 되며 내담자의 좋은 세계 안으로 들어갈 수 있게 된다.
- 은유적 표현에 귀 기울이기(Listen for metaphors): 상담자는 내담자의 표면적인 표현 이면에 어떤 진심이 담겨 있는지를 탐색할 수 있어야 한다. 내담자의 은유적 표현을 탐색함으로써 내담자가 이미 알고 있는 것을 더 깊이 이해하도록 도와주고, 드러나지 않은 것들에 대한 통찰을 얻게 하며, 또한 내담자의 정서를 표현하도록 도와준다.

- 주제에 귀 기울이기(Listen for themes): 상담자는 내담자가 하는 이야기의 주제를 파악하고 반영해 준다. 내담자의 지각과 바람을 재확인시켜 줌으로써 주제를 명확하게 하고 내담자의 이탈을 방지하며 상담의 방향을 적절하게 설정해 나갈 수 있다.
- 요약하기와 초점 맞추기(Use summarize and focus): 상담자는 내담자가 하는 이야기 내용을 요약하여 내담자가 진심으로 원하는 것에 초점을 맞출 수 있도록 조력한다. 유능한 상담자는 내담자가 원하는 것, 아직 충족하지 못한 욕구, 현실적으로 성취할 수 있는 것 등에 초점을 맞춘다.
- 결과 허용하거나 떠맡기기(Allow or impose consequences): 내담자의 바람직하지 않은 선택행동에 대해 스스로 책임을 질 수 있도록 이끌어 준다.
- 침묵 허용하기(Allow silence): 내담자는 침묵하는 동안 자신의 생각을 정리하고, 내면의 심리적 사진과 지각을 명료하게 하고, 또 문제해결을 위한 행동계획을 수립하기도 한다. 따라서 내담자의 침묵을 방해하지 않고 그것을 적극적으로 활용함으로써 상담효과를 높일 수 있다.
- 상담윤리 준수하기(Be ethical): 상담자는 상담자 윤리강령에 따라 내담자의 궁극적인 복지를 위한 상담활동을 전개해 나가야 한다.

(2) 행동변화를 이끄는 구체적인 절차

내담자가 자신의 현재 행동이 자신이 원하는 것을 얻는 데 전혀 도움이 되지 못하고 있다는 사실을 깨닫고, 또한 자신이 원하는 것을 충족시켜 줄 수 있는 다른 선택 가능한 행동이 있다는 것을 믿을 때, 비로소 변화에의 동기는 유발될 수 있다(Glasser, 1992). 따라서 현실치료에서는 내담자의 행동변화를 유도할 수 있는 구체적인 상담 절차를 제시하고 있는데, 이는 WDEP 체계라고 불린다. 여기서 W는 바람(wants), D는 행동(doing), E는 평가(evaluation), 그리고 P는 계획(planning)을 뜻한다. 각 절차에 대한 설명은 다음과 같다(Wubbolding, 1991).

① 욕구, 바람, 지각을 탐색하기

상담자는 숙련된 질문을 통해 내담자가 원하는 것이 무엇인지를 탐색한다. 무엇을 원하는가? 진정으로 원하는 것이 무엇인가? 부모님, 친구들 혹은 주위 사람들이 당신에게 바라는 것은 무엇이라고 생각하는가? 어떤 시각으로 사물과 환경을 바라보는가? 상담을 받고 나면 무엇이 어떻게 변화되기를 바라는가? 이와 같은 질문을 통해 내담자는 자신의 좋은 세계를 탐색하고, 이제까지 희미하게 알고 있던 자신의 바람을 명확하게 인식할 수 있게 된다. 이때 상담자는 내담자로 하여금 스스로 원하는 바가 무엇인지를 깨닫도록 도와주는 동시에 주위 사람들이 내담자에게 원하는 바가 무엇인지도 알 수 있도록 도와준다. 내담자와 주위 사람들이 원하는 것이 서로 일치하는지의 여부를 파악함으로써 내담자의 바람에 내포되어 있는 근본적인 욕구가 무엇인지를 명료화시킬 수 있다. 또한 내담자의 지각체계를 탐색하는 것은 내담자가 지식 여과기라고 하는 1차 수준의 지각으로 현실세계를 바라보는지 혹은 가치 여과기라는 2차 수준의 지각으로 외부세계를 지각하는지를 파악하는 데 도움이 된다.

② 현재 행동을 탐색하기

이 단계는 내담자의 전행동을 탐색하는 과정이다. 전행동 탐색하기는 내담자가 지금 어디로 가고 있는지를 스스로 확인할 수 있도록 돕는다. 상담자는 '당신은 무엇을 하고 있는가?'라는 질문을 통해 내담자의 현재 행동에 초점을 맞춘다. 이 질문은 다시 네 개의 요소로 나누어질 수 있다. 먼저 '당신은'이라는 부분은 내담자가 자신의 행동 원인을 환경적 여건이나 다른 사람의 탓으로 돌리거나 변명하려는 것을 중지시키는 효과가 있다. 내담자는 자기 행동에 대한 책임 있는 인식이 필요하다. 둘째, '무엇을'이라는 부분을 통해서는 내담자의 내면세계를 탐색해 들어갈 수 있다. 내담자로 하여금 욕구 충족을 위해 선택한 행동이 과연 효과가 있는지, 그리고 통제할 수 있는 영역과 통제 불가능한 영역은 각각 어떤 것들인지에 대해 확인해 볼 수 있는 기회를 제공한다. 셋째, '하고(doing)'라는 부분은 내담자의 전행동 중에서 특히 활동하기 요소를 탐색하는 데 초점을 둔 것이다. 내담자로 하여금 자신이 원하는 것과 그것을 얻기 위해 구체적으로 행하고 있는 것에 대해 자기평가를 할 수 있도록 도와준다. 마지막으로 '있는가?'라는 부분은 내담자가 현재의 행동에 초점을 맞출 수 있도록 도와준다. 현실치료에서는 욕구가 항상 현재에 존재하기 때문에 그 해결책 또한 현재에 있다고 본다. 내담자로 하여금 지금 행동하고 있는 것에 초점을 두게 하는 것은 그가 자신의 행동에 대해 의식적인 통제를 할 수 있고, 대안적인 행동을 새롭게 선택할 수 있으며, 나아가 자신의 삶을 변화시킬 수 있다는 사실을 가르쳐 주는 데 목적이 있다.

③ 내담자로 하여금 자신의 행동을 평가하도록 하기

내담자로 하여금 자신의 행동과 자신의 수행능력을 평가하도록 한다. 당신의 현재 행동이 당신에게 도움이 되는가? 당신이 지금 하고 있는 것은 당신이 진정으로 원하는 것을 얻는 데 도움이 되는가? 당신이 원하는 것은 현실적이거나 실현 가능한 것인가? 그런 식으로 세상을 보는 것이 당신에게 도움이 되는가? 이와 같은 질문은 내담자의 구체적인 행동을 살펴보고 내담자가 지금 하고 있는 행동들이 자신의 욕구 충족에 도움이 되는지 혹은 방해가 되는지를 판단할 수 있도록 도와준다. 상담자의 역할은 내담자가 자신이 선택한 행동의 결과를 직면하도록 하고, 그로 하여금 행동의 효율성과 효과성을 판단하도록 하는 것이다. 내담자가 실제로 자신의 행동을 판단하지 못한다면 긍정적인 변화를 기대할 수 없다. 내담자가 자신의 행동의 효과에 대해 가치판단을 할 때 비로소 실패에 작용하는 것은 무엇인지, 그리고 성공을 위해 그가 책임질 수 있는 변화는 무엇인지를 결정할 수 있게 된다.

④ 계획하기

일단 내담자가 자신의 행동에 대한 평가를 내렸다면, 상담자는 행동변화를 위한 새로운 계획을 수립하도록 도와주어야 한다. 이러한 행동변화에 대한 책임 있는 계획은 상담과정의 핵심이며 일종의 교수단계다. 현실치료의 궁극적인 목표는 내담자의 바람과 욕구를 충족시킬 수 있는 바람직한 계획을 수립하는 것이다. 내담자의 현재 행동 중에서 욕구 충족과 관련하여 비효과적이고 부정적인 것들을 찾아내고 그것을 긍정적인 것으로 바꿀 수 있도록 도와준다. 여기서 긍정적인 계획이라는 것은 자신의 욕구나 바람을 충족시키기 위해 현실적으로 수용될 수 있으면서도 다른 사람들에게 피해를 끼치지 않는 전행동을 뜻한다. 효과적인 계획의 일반적인 특징은 다음과 같다(Wubbolding, 1991).

- 내담자의 욕구와 가능한 한 밀접하게 연결되어야 한다.
- 이해하기 쉽고 간단해야 한다. 계획은 또한 구체적이고 측정할 수 있는 것이어

야 하며, 융통성이 있고 수정과 변화가 용이해야 한다.

- 현실적이고 실행 가능한 것이어야 한다.
- 적극적인 활동에 관한 것이며, 무엇을 할 것인지를 수립해야 한다.
- 상담자는 내담자로 하여금 혼자서 행할 수 있는 계획을 개발하도록 격려해야 한다. 또한 상담자는 숙련된 질문을 통해 내담자가 구체적인 계획을 세우도록 도와주어야 한다.
- 반복적이어야 한다. 계획은 비교적 정기적이고 지속적으로 행해져야 한다.
- 즉시성을 지녀야 한다. 계획은 가능한 한 빨리 행동에 옮길 수 있는 것이어야 한다.
- 과정 중심의 활동들을 포함해야 한다.
- 내담자는 계획을 실행하기 전에 상담자에게 피드백을 받는다. 내담자는 계획이 현실적이고 실행 가능한 것인지, 자신이 바라고 요구하는 것과 관련 있는지를 상담자와 함께 평가해야 한다. 또한 계획이 실행된 후에도 재평가가 필요하다.
- 내담자가 스스로 계획을 실행하기 위해서는 실천내용을 기록하도록 한다.

한편, 이러한 일반적인 특징을 요약하여 효율적인 계획을 수립할 때 고려해야 할 여덟 가지 사항은 각 머리글자를 따서 SAMI2C3로 표현된다. 계획 수립과 이행에 대한 모든 책임이 계획자인 내담자에게 있다. 효과적인 계획의 본질적 구성요소는 다음과 같다(Wubbolding, 2011).

- 단순해야 한다(Simple): 계획이 너무 복잡하면 수행될 수 없다. 지나치게 복잡하지 않고 이해하기 쉬우며 내담자의 발달수준에 적합하게 한다.
- 달성할 수 있는 것이어야 한다(Attainable): 너무 거창하지 않고 쉬워야 한다. 내담자가 보기에 계획이 현실적이고 실현 가능한 것이어야 한다.
- 측정할 수 있어야 한다(Measurable): 계획은 구체적이고 정확해야 한다. 막연하거나 추상적이지 않아야 한다.
- 즉각적이야 한다(Immediate): 계획은 가능한 한 빨리 수행되어야 한다. 굳이 지연될 필요가 없다. 내담자가 수립한 계획에 대해 상담 중에 리허설을 하기도 한다.

- 관여되어야 한다(Involved): 계획에 관심을 갖고 적극적으로 관여해야 한다.
- 계획자에 의해 통제되어야 한다(Controlled): 계획은 다른 사람의 행동에 의존하지 않아야 한다. 내담자 스스로 계획의 실행을 통제할 수 있어야 한다.
- 일관성이 있어야 한다(Consistent): 가장 훌륭한 계획은 정규적인 근거로 반복된다. 가장 효과적인 계획은 습관이 될 때까지 자주 반복하는 것이다.
- 이행하겠다는 언약이 있어야 한다(Committed): 계획은 확고한 의지를 가지고 수행되어야 한다.

2) 상담사례

다음의 상담내용은 내담자의 바람 탐색, 행동 탐색, 활동 계획하기 등 현실치료 상담과정이 어떻게 적용되는지를 보여 주는 사례다. 내담자는 팔십을 넘긴 노인이다. 내담자는 평생 의사로 일해 오면서 간호원 출신인 부인과 함께 서울 중심가에서 개인병원을 운영하고 있다. 연로하게 되자 찾아오는 환자가 줄어들어 수년째 의료활동을 제대로 할 수 없었으나, 그래도 간호사 한 명을 고용해서 병원을 계속 운영하고 있다. 이 내담자는 심한 우울증에 시달리고 있었다. 상담을 진행하면서 내담자가 자신의 욕구와 바람을 스스로 찾아내고 문제해결을 위한 계획을 세우고 실천함으로써 성공적인 상담 종결이 이루어졌다. 상담자는 내담자가 진정으로 무엇을 원하고 있는가에 초점을 맞추어 욕구를 탐색하는 것으로 회기면담을 시작하였다(김인자, 1997).

상담자: 어서 오세요. 무슨 이야기를 하시고 싶습니까? (문제를 전제하지 않음)
내담자: 지난 번 텔레비전에서 선생님이 우울증에 대해 말씀하셨는데, 그리고 극심한 우울증은 죽음을 초래할 수 있다고도 말씀하셨는데, 내가 그렇게 우울하니깐 곧 죽겠죠? (불안에 대한 책임 전가)
(일상적인 상담 분위기를 만들기는 생략)
상담자: 죽는 것에 대해 어떤 느낌을 가지고 계신가요?
내담자: 누구나 죽기는 싫지요. 좀 두렵게 느껴졌어요. 선생님 때문에…….

상담자: 아, 그러니깐 그전까지는 죽음에 대한 두려움이 없으셨는데, 제가 두려움을 느끼게 했다는 것인가요?

내담자: 네, 맞아요.

상담자: 그러면 저를 보십시오, 선생님! (상담자는 엄지와 장지를 맞대고 비비며 소리를 '뚝' 내면서 사인을 주는 행동을 취한다.) 하나, 둘, 셋! 자, 선생님의 죽음에 대한 두려움은 없어져라. (자극에 대한 자기 선택반응을 확인시킴)

내담자: 에이, 그런 법이 어떻게 가능한가요?

상담자: 선생님, 그러면 왜 제가 텔레비전에서 말한 것으로부터는 영향을 받고, 지금 직접 마주 보고 이야기 드린 것으로부터는 영향을 안 받으시나요? (가치 여과기로 본 자기 인식을 깨닫게 함)

내담자: (침묵)

상담자: 저의 말 때문인가요, 아니면 제 말에 대한 선생님의 반응 때문인가요? 말은 제가 했지요. 하지만 죽음의 두려움은 제가 넣어 드린 것인가요, 아니면 선생님 안에 있었던 것인가요? 우울해하는 것은 누가 강제로, 싫다는데도 가져다 맡긴 것인가요, 아니면 선생님 스스로 우울해하시기로 선택하신 것인가요?

내담자: 누가 강제로 맡긴 것은 아니지만……. 자식들도 재산, 돈 다 나누어 준 다음에는 찾아오지도 않고, 환자들도 늙었다고 찾아오지도 않고 하니깐 우울해질 수밖에요. (환경의 탓으로 보는 내담자의 가치 여과기)

상담자: 그럼요. 우울해할 수도 있으니깐 우울해하지 않을 수도 있어요. 다 선생님 원하시는 대로지요.

내담자: 우울해하지 않는 것이 내가 할 수 있는 일이고 내게 달렸다고요?

상담자: 그럼 누가 선생님 자신보다 선생님을 더 쉽게, 마음대로 변하게 할 수 있다고 생각하십니까? 환자들인가요, 자식들인가요? (자기 행동의 주인은 자신임을 깨닫게 함)

내담자: 음, 나였군요. 나 자신이…… 선택한 것 때문에…….

상담자: 무엇을 원하십니까? 이 상담을 마치고 나면 어떻게 되시기를 원하십니까, 선생님? (바람 탐색 질문)

내담자: 나는 의사로서 계속 일을 하고 싶습니다. 나는 아직도 건강하고, 내가 가지고 있는 의술을 사용하여 사람들을 고쳐 주고 싶지만 아무도 찾아오지 않습니다. 또한 곁에 있는 사람들도 대부분 죽어서 찾아갈 친구도 없고요. (바람 탐색)

상담자: 선생님이 원하는 (좋은 세계 속의 사진) 일을 하실 때는 무엇을 어떻게 구체적

으로 하셨습니까? 예를 들자면…… (과거의 긍정적인 활동)

내담자: 옛날에 내가 개업하고 있을 때 사람들이 아프다고 연락하면 왕진을 가서 병을 고쳐 주고, 그들은 고맙다고 찾아오곤 했죠. 그런 것들 때문에 굉장히 기뻤습니다. 지금 가능하면 그렇게 계속하고 싶어요.

상담자: 그 밖에 선생님이 다른 무슨 일을 하시고 싶고 또 하실 수 있습니까?

내담자: 별로 다른 일은 하고 싶은 것이 없어요. 나는 다만 의료활동만 하고 싶을 뿐입니다. 우리 집 근처 노인정에는 같은 또래 분들이 몇 명 있어서 좋지만, 그분들같이 장기나 화투로 시간을 소일하고 싶지 않아요. 나는 내가 가진 의학적 지식이나 의술을 활용하고 싶습니다. (바람 확인)

상담자: 선생님이 의술을 계속 행하고 싶으신데 찾아오는 사람이 없다는 말씀이군요. 선생님께서 우울하고 또 세상 살맛이 없다고 하는 제일 큰 이유가 선생님이 가지고 있는 의학적 지식이나 의술을 사용하지 못해서입니까? (바람과 인식세계의 차이 탐색)

내담자: 네, 그래요. 내가 가진 지식과 시간을 유용하게 보내고 싶어요.

상담자: 선생님이 옛날에 의료활동을 할 때 즐거웠던 때의 구체적인 장면을 하나 말씀해 주시겠습니까?

내담자: 내가 왕진을 나갈 때는 까만 왕진가방을 든 간호원이 뒤따라오지요. 하얀 가운을 입고 청진기를 주머니에 넣고 길을 걸어가노라면 길 가던 사람들이 나를 알아보고 "선생님 안녕하세요?" 하며 인사할 때 참 좋았어요. 지나가는 아이들 머리도 쓰다듬어 주고요. 그리고 환자들이 병이 나아서 고맙다고 찾아왔을 때는 참 기뻤지요.

상담자: 지금도 그런 일이 일어났으면 하고 바라시는 거죠?

내담자: 그렇지만 나를 불러 주는 사람이 없어요. (현실세계와 바람 간의 차이)

상담자: 그러면 선생님의 왕진가방을 가지고 환자들을 치료하러 가실 장소가 있어야 한다는 말씀인가요?

내담자: 네, 돈이 문제가 아니고, 나는 환자를 돕는 일을 하고 싶어요. 그런 곳이 어디 있습니까? 나는 잘 모르겠어요. (구체적인 활동 찾기)

상담자: 힌트를 드릴까요? (상담 초기에 상담자는 지시적임)

내담자: 네, 주세요.

상담자: 양로원 같은 곳은 노인들이 많고 또 의사들의 도움이 필요한 때가 많은 것 같은데, 어떻게 생각하십니까? (활동 계획하기)

내담자: 아! 그것 참 좋은 생각입니다.

상담자: 선생님이 양로원을 찾아가서 노인분들을 진단하고 간단한 의약품도 줄 수 있다면 그들은 선생님께 굉장히 고마워할 것이고, 또 선생님께서도 의술을 보람 있게 활용하실 수 있어서 좋을 것이고요. (욕구와 바람 충족)

내담자: 그것이 바로 내가 원하던 것입니다. 의료활동을 하는 거요. 우리 아이들은 장성해서 다 잘 살고 있고, 나는 죽을 때까지 아내와 편안히 먹고 살 돈도 있습니다. 돈은 문제가 되지 않아요.

상담자: 그러면 치료비가 없어 병원에 가지 못하는 사람들도 기꺼이 치료해 줄 수 있다는 말씀이시네요.

내담자: 네, 그래요.

상담자: 그러면 직접 한 번 선생님의 손길이 필요로 하는 환자들을 찾아가시는 것이 어떨까요? (활동계획)

내담자: 그것 좋은 생각입니다. 난 평생 동안 벌어 놓은 돈이 있으므로 치료비는 받지 않아도 돼요. 그런데 어떻게 시작해야 될지 모르겠네요.

상담자: ○○에 있는 양로원이 있지요. 아마도 그곳에 선생님의 손길을 필요로 하는 아픈 노인들이 많으리라 생각해요. 선생님이 괜찮으시면 제가 노인연합회를 연결해 드릴게요.

내담자: 그것 좋은 생각입니다. 그렇게 해 주세요. 정말 양로원에는 생활비가 넉넉지 않아서 병원에 가지 못하는 환자분들이 많겠군요. 나는 오전에는 내가 아내와 함께 해 오던 운동을 계속하고 싶고, 오후에 양로원을 돌아보며 아픈 사람들을 진료해 보겠어요. 그리고 아내는 간호사였으니까, 지금 사는 곳과 같은 비싼 땅에서 살 필요가 없어요. 무의촌으로 가서 시골 사람들에게 봉사하면서 여생을 살까 봐요. (말씨가 차분해짐)

상담자: 언제부터 시작하겠습니까? (구체적이고 즉각적인 계획하기)

내담자: 양로원 일은 당장 내일부터라도 할 수 있고, 집 처분도 내일 복덕방에 물어보겠어요. 우선 집이 팔려야 하고, 나와 아내를 필요로 하고 또 우리가 봉사할 수 있는 무의촌을 찾아봐야 하니까 시일이 걸리겠지요. 선생님과 이야기를 하면서 내가 원하는 일을 다시 할 수 있게 되니 참 기쁩니다. (내담자의 창의성 증대)

(일상적인 마무리로 끝맺음을 한 다음 내담자는 즐겁게 떠난다.)

이 사례에서 내담자는 처음에는 자신의 바람(의료활동을 하는 자신의 모습)과 현실(아무도 불러 주지 않음)의 불일치로 인해 소속과 힘에 대한 욕구와 즐거움에 대한 욕구가 충족되지 않고 있었다. 이러한 심각한 불균형상태로부터 벗어나기 위해 내담자는 우울하기와 외로워하기를 선택하여 전행동으로 표출하고 있었다. 내담자는 상담자의 도움으로 우울하기와 불안해하기와 같은 행동 선택이 욕구 충족에 도움이 되지 않으며 생활을 긍정적으로 변화시켜 주지도 않았음을 인식하게 되었다. 그리고 자신의 좋은 세계인 심리 사진첩 속의 사진인 '의료활동을 하는 자신'에 맞는 현실적인 방법을 찾아냄으로써 심리적 균형상태를 회복하였다. 상담자는 내담자가 원하는 것과 내담자 자신이 과거에 행복을 느꼈을 때의 활동에 초점을 두었다. 내담자는 자신의 의술을 이용하여 어려운 처지에 있는 다른 노인들을 도와줄 수 있다는 새로운 계획에 대해 크게 만족하면서 상담을 종결하였다.

토/의/주/제

1. 여러분 자신의 일상생활 경험을 선택이론에 적용해서 생각해 보시오.
2. 인간의 기본 욕구를 설명하고, 그것이 표현되는 다양한 행동양식을 예를 들어 설명하시오.
3. 전행동은 무엇이며, 전행동의 구성요소 가운데 우리의 자발적인 통제하에 있는 것은 어떤 것인지 설명하시오.
4. 선택이론에서는 우리의 행동이 단순히 외부 자극에 반응하는 것이 아니라 오히려 내적 동기에 의해 유발된다고 본다. 또한 행동은 욕구와 바람을 충족시키기 위한 시도에서 생성되고 선택되는 것이라고 주장한다. 이 주장을 뒷받침할 수 있는 구체적인 예를 들어 보시오.
5. 현실치료 과정은 상담환경 가꾸기와 행동변화를 위한 구체적인 절차로 구성되는데, 이러한 과정을 간략하게 설명하시오.

Chapter 14 밀턴 에릭슨의 상담

밀턴 에릭슨(Milton H. Erickson)은 현대 상담 및 심리치료 분야에 넓은 영향을 주었으며 지대한 공헌을 했지만 그러한 영향과 공헌도에 비해서 비교적 덜 알려진 편이라 할 수 있다. 그 이유는 에릭슨이 상담 및 심리치료[1)]에 대한 정형화된 이론적 틀을 거부했기 때문이다. 그는 오히려 그에게서 배우고 영향을 받은 제자들의 여러 저서를 통해서 더 널리 알려지게 되었다. 그의 제자들은 그가 살았던 애리조나 주의 피닉스에 밀턴 에릭슨 연구 재단을 만들어 계속 활동 중이다. 이 장에서는 그의 주요 생애와 업적, 인간관과 상담의 기본 원리, 과정과 기법, 적용에 대해 소개한다.

1) 상담과 심리치료의 구분에 대해서는 분분한 논의가 있어 왔으나 에릭슨에게 있어 그런 구분은 그다지 의미 없을 것으로 생각된다. 이러한 동일한 의미 부분을 강조하기 위해 여기에서는 상담 및 심리치료로 붙여서 표기하였다.

1 에릭슨의 생애와 업적

Milton H. Erickson(1901 ~ 1980)

에릭슨은 1901년 12월 5일 네바다 주의 한 광산촌에서 아홉 명 중 세 번째 자녀로 태어났다. 위스콘신 주로 모두가 이사한 후 그는 8세 때부터 가족의 농장에서 소젖을 짜는 일로 시작해서 방학마다 농장 일을 도왔다. 어릴 때부터 언어에 관심이 많아 사전을 가까이 했던 그는 1919년 고등학교를 졸업하고 고학으로 의과대학을 졸업했다.

에릭슨은 삶을 위협하는 심각한 전신마비 증상을 겪고 이를 극복하는 과정을 통해 적극적이고 굳은 의지력을 발휘하는 삶의 태도를 갖게 되었으며 이러한 태도는 그의 상담 접근의 중요한 정신으로 자리 잡았다. 전신마비 증상을 겪고 극복하는 경험을 통해 에릭슨은 내담자들이 인식하는 한계나 혹은 실제적인 한계도 내담자의 의지와 강렬한 소망이 있을 때 극복될 수 있다는 신념을 갖게 되었다. 그는 전신마비에서 회복되어 살아남았으며 그 자신이 가진 많은 한계들을 극복하였고, 이러한 경험을 통해 확립한 상담 접근을 통해 수많은 내담자들이 자신의 한계를 극복할 수 있게 도왔다.

에릭슨은 전신마비의 회복 과정에서 막내 여동생이 기는 과정, 걸음마를 배우는 과정을 관찰하면서 걸음걸이와 균형을 잡는 방법을 다시 학습했다. 이러한 노력을 통해서 그는 다시 전신을 움직일 수 있었다. 또한 육체적인 마비에서 오는 고통을 극복하기 위한 방법으로 자신에게 해리 현상을 적용한 경험은 마음속에 저장된 무의식적인 정보를 활용할 수 있는 도구로 최면에 관심을 가지게 되는 계기가 되었다.

그는 선천적으로 색맹이었고, 음치였으며, 읽기장애까지 있었다. 이러한 기능적인 장애에 대처했던 그의 경험은 그만의 독특한 인간관과 세계관의 형성에 영향을 주었다. 예를 들면, 그는 음조를 구별할 수 없었기 때문에 피아노의 음으로 피아노 연주자를 평가할 수 없었기 때문에 피아니스트가 사용하는 건반을 두드리는 터치의 정도로 피아니스트의 질을 구별하는 것을 배웠다. 그의 학습은 후에 상담과 대인 소통의 상황으로 일반화되어서 그는 표현하는 말의 내용이 아니라 표현하는 방식으로 사람들을 이해할 수 있었다. 즉, 그는 자신의 장애가 강점으로 활용되는 경험을 통해 사람들의 문제가 결국 그 사람의 강점임을 믿게 되었고 이를 상담에 활용하게 되었다.

그는 대학 졸업 후 콜로라도 종합병원에서 인턴 과정을 마친 다음 콜로라도 정신과 병원에서 정신과 인턴 과정을 이수했고, 1928년 의학 박사학위와 심리학 석사학위를 취득했다. 1930년부터 34년까지 그는 메사추세츠 주의 워세스터 주립 병원에서 정신과 의사로 일했다. 이 기간 동안 그는 11개의 논문을 발표했는데, 그중에는 최면에 대하여 최초로 발표한 「실험적 최면의 부정적 효과의 가능성」이라는 논문이 있다(Erickson, 1932). 1935년부터 39년까지 미시건 주의 한 시립병원에서 정신과 과장으로 일하면서 대학에서 강의했다. 1939년부터 48년까지 정신과 교수로 재직하면서 사회복지학과 학생들과 임상심리 전공 대학원생들을 가르쳤다.

1925년 에릭슨은 헬렌 허턴(Helen Hutton)과 결혼했다. 그리고 둘 사이에 세 자녀를 두었으나 1935년 이혼했다. 두 번째 부인인 엘리자베스는 웨인 대학교의 심리학과 학생 겸 실험 조교로 있을 때인 1935년에 에릭슨을 만나 1936년에 결혼했다. 그들은 결혼 후에 다섯 명의 자녀를 낳아서 전처 소생의 자녀까지 모두 여덟 명의 자녀를 길렀다. 그녀는 남편과 연구 논문을 공동 집필하는 등 여러 가지 연구 활동을 함께했다.

그는 내담자을 독특한 개인으로 보는 관점을 가지고 있어서 인류학에도 관심을 가지게 되었다. 1938년부터 그는 유명한 인류학자인 마가렛 미드(Margaret Mead)와 교류하였다. 미드는 발리 섬의 무희들이 최면 상태에서 춤을 추는 것을 연구하고 있어서 최면 전문가인 에릭슨의 도움이 필요했다. 제2차 세계대전 동안 그레고리 베이트슨(Gregory Bateson)과 그의 아내인 미드는 세계문화 연구소(Center for Intercultural Studies)를 설립했고, 교차 문화 연구에 대한 정보를 미국 국방부에 제공했다. 이 연구소에서 에릭슨은 일본인들에게 최면을 걸어서 그들의 반응을 관찰하는 등, 문화적 차이를 분석하고 연구할 기회를 가졌다. 이러한 인연으로 제2차 세계 대전 후에 10년간 베이트슨이 주도하는 독일인과 일본인의 성격과 나치의 선동적인 선전 연구에 에릭슨이 간접적으로 참여했고 이러한 경험을 통해 내담자들의 문화적 배경을 중요하게 여기게 되었다.

1947년 그에게는 다시 마비 증상이 나타났고, 1948년에 건강상의 이유로 애리조나 주의 피닉스로 이주했다. 그는 애리조나 주립 정신병원 임상과장으로 1년 동안 일했으나, 그 후 30년은 제자들과 함께 최면과 심리치료에 대한 임상 연구에 전념했다. 그는 1957년 임상 및 실험 최면 학회(Society for Clinical and Experimental Hypnosis)의 초대 회장을 맡았고, 1958년부터 68년까지 『The American Journal of Clinical Hypnosis』의 편집장으로 일했다.

그는 대단히 독특한 환경에서 상담을 했다. 그는 소박한 사람이어서, 여덟 명의 자녀를 두었지만 침실이 세 개인 작은 벽돌집에 살았다. 그는 또 건강상 집과 일터가 가까워야 할 필요성이 있어서 자신의 집에서 상담을 했기 때문에 상담대기실은 바로 그의 가정집 거실이었고 따라서 내담자들은 늘 그의 가족들과 마주치게 되었다. 그는 책상과 몇 개의 의자, 책장이 겨우 들어갈 정도의 작은 상담실에서 내담자들을 만났다. 이러한 환경은 독특한 가족상담의 기회를 제공했다. 내담자들은 대기실에 있는 동안 인형에 옷을 입혀 주는 등, 에릭슨의 자녀들을 도와주며 함께 놀았다. 이러한 경험들은 내담자들에게 가족의 중요성을 상기시켰고 고립감을 없애는 긍정적인 영향을 주었다(Zeig & Munion, 1999). 에릭슨은 가난했지만 수시로 심각한 재발이 일어나면서 점진적으로 진행되는 근육질환이라는 어려움을 겪었기 때문인지 대단히 마음이 넓고 관대한 사람이었다.

1970년 에릭슨은 실제 임상에서 은퇴하였고, 세 번째 직업(첫 번째는 연구가, 두 번째는 임상가)인 교사가 되어 자신의 작은 집에서 전 세계에서 몰려드는 제자들을 위한 세미나를 열었다. 이 시기의 연구물들은 후에 제자들에 의해서 출판되었다. 1979년 그의 제자들은 피닉스에 에릭슨 재단을 설립했고, 지금까지 그의 독특한 접근방법에 관심을 가진 많은 전문가들이 참여하고 있다. 그가 죽은 해인 1980년 12월에 제1차 International Congress on Ericksonian approaches to Hypnosis and Psychotherapy가 개최되었으며, 20여 개국의 2,000여 명 전문가들이 참석했다. 지금은 세계적으로 75개가 넘는 에릭슨 연구소가 있으며 에릭슨과 직접 관련된 100여 권이 넘는 저서들이 출판되었다.

에릭슨의 모델은 포스트모더니즘이 태동되면서 여성주의 상담자들로부터 비판을 받기 시작했는데 그들은 에릭슨의 상담모형이 남성이 여성보다 정치 · 경제 · 도덕적 우위를 점하고 있는 보다 광범위한 사회 · 역사 · 문화적 상황을 무시하고 있다고 주장한다(Goldner, 1998). 또한 여성주의자들은 에릭슨의 접근이 가부장적인 온정주의의 산물이라고 비판하였다. 비록 그가 내담자들의 경험적 현실을 중요시하고, 그리고 여전히 한 시대의 백인 남성 의사로서 자비롭고 애정 어린 태도와 목소리로 내담자들과 대화를 나누지만, 그럼에도 불구하고 가장이며 항상 우월한 위치에서 내담자들을 다루었다는 것이다. 또 한 가지 비판은 최면 상태에서 의사소통을 한다는 데 주어졌다. 최면 상태에서의 의사소통이 너무 인위적이고 체계적인 은유라는 것이다. 내담자들의 역사, 시각 혹은 환경을 고려하지 않고, 객관적인 외부 관찰자의 입장에서 마치 기능장애를 일으킨 기계를 다루듯이 내담자들의 변화를 추구한다고 비판한다(White, 1995).

에릭슨의 영향을 받은 많은 연구자들이 실제적인 방법으로 상담 분야에 계속적으로 공헌하고 있다. 에릭슨의 제자들은 세 가지 갈래로 분류되는데, 첫 번째 갈래는 1960년대까지 주말에 그를 방문하면서 대화를 나누었던 MRI 출신의 연구자들이다. 또 한 부류는 직계 제자들은 아니지만, 그의 기법을 활용한 임상가들로, NLP의 창시자들이나 단기해결중심 접근의 선구자인 드 셰이저(de Shazer)를 예로 들 수 있다. 마지막으로 1970년대 이후 그의 세미나에 참가했던 네오 에릭소니언(Neo-Ericksonian)들이 있다.

2 인간관

에릭슨은 '상담은 내담자들을 성격 형성 이론이나 상담이론에 꿰어 맞추는 정형화된 접근이 아니라, 고유한 개인으로서 개별화해야 한다.'는 점을 특별히 강조했다. 상담의 개별화는 상담자가 내담자와의 관계를 염두에 두고 상황에 따라 창의적으로 대처한다는 의미다. 이러한 이유로 해서 그는 그만의 고유한 인간관이나 이론적인 틀을 만들지 않았다(이윤주, 양정국, 2007).

그러나 에릭슨의 상담사례나 인터뷰 자료를 종합하여 추론하면 에릭슨의 인간관은 긍정적이며 통합적이고도 개별적이다. 에릭슨은 자신의 경험을 통해 긍정적인 인간관을 형성하기 시작하였고 이를 상담 실제를 통해 확인해 왔다. 인간은 문제해결에 필요한 것들, 즉 끊임없는 학습으로 축적된 기술과 자원을 가지고 있으나 단지 그것을 알지 못한 채 지낸다. 이러한 전제는 자신들의 자원을 활용하여 스스로 문제를 해결할 수 있다는 것을 의미한다. 결국, 모든 해결책은 자신 안에 있기 때문에 외부에서 덧붙여질 것은 아무것도 없다(O'Hanlon, 1987). 상담자가 내담자들이 변화할 수 있는 능력이 있다는 신념을 가지고 그들의 준거 틀에 따라 상담할 때, 내담자들은 변화에 협력하며 그들에게 영향을 줄 수 있는 가족, 친구, 다른 사람들을 규합하도록 도울 수 있다.

둘째, 에릭슨의 인간관은 통합적이고 총체적이다. 에릭슨은 인간의 무의식과 의식의 통합과 연결을 중시하며 인간에 대해 감정과 생각, 행동이 유기적으로 연결된 존재로 바라보고 접근했다. 인간의 무의식이 인간의 문제나 문제해결에 강력한 영향력을 주며 따라서 상담자는 무의식을 적절히 활용하여 내담자와 내담자의 문제에 접근할 것을 주장했다. 또한 감정의 패턴이 생각과 행동에 주는 영향을 면밀히 관찰하고 감정의 재구조화를 중시했다.

셋째, 에릭슨에 의하면 인간은 다른 사람과는 구별되는 개인만의 독특하고 고유한 존재이며 이들이 가진 문제나 생각 역시 각 개인의 고유함에 의거해서 접근되고 다루어져야 한다고 보았다. 그는 상황을 독특하게 지각하는 내담자의 관점을 중요하게 생각했으며, 진심으로 호기심을 가졌다. 따라서 매우 비슷한 문제를 가진 두 내담자에 대한 상담도 그들의 독특한 성격과 삶의 상황들로 인하여 근본적으로 다를 수밖에 없다고 믿었다.

우리에게는 자신들이 경험하고 지각한 것에 의미를 부여하고 체계화하기 위해 활용하는 범주들의 집합체인 내적 참조준거가 있다. 내적 참조준거는 우리로 하여금 주목할 만한 가치가 있다고 생각하는 것을 스스로 선택하고, 선택한 것의 의미와 중요성을 스스로 결정하며, 또한 어떤 방법으로 관리하거나 관계를 맺을 것인가를 스스로 선택하게 한다. 에릭슨은 내담자가 가진 내적 참조준거에 근거한 상담의 개별화와 창의적인 사고나 방법을 통한 문제해결을 강조하였는데 그는 대부분의 상담이론들이 가질 수밖에 없는 한계에 꾸준히 도전하면서 상담 전략이 인간 행동에 대한 가설적 이론의 틀에 내담자를 끼워 맞추려 하기보다는 개인의 독특함에 알맞게 세워져야 한다고 주장했다(Zeig, 1985).

따라서 상담자는 각 내담자가 무엇을, 언제, 어떻게 제시하건 그것들을 그들만의 고유한 것으로 보고 이에 근거해서 목표 달성을 위한 도구로 이용하는 것이 바람직하다고 보았다. 내담자와 그들의 세계에 의해서 제시되는 모든 것들을 활용한다는 것은 상담자의 접근이 각 내담자에게 의미 있는 것으로 받아들여진다는 것을 보장할 수 있다. 내담자들이 보여 주거나 가지고 있는 것은 무엇이든지 고유하고 귀중한 자원이므로 어떠한 것도 헛되게 사용할 수 없다.

에릭슨은 협력체계를 유지하기 위하여 '모든 것을 일단 받아들이고 활용하자.'라는 원칙을 적용했다. 이를 위해서 상담자는 내담자들의 세계 속으로 들어가 그들이 경험하는 것을 느끼고, 보고, 들으면서 그들과 보조를 맞추어야 한다. 상담자와 내담자의 협력체계는 내담자들의 어떤 반응도 정당한 것으로 받아들이면서 동시에 상담자가 앞으로 이 반응을 어떻게 활용할 것인가를 찾아 나설 때 만들어지고 유지될 수 있다. 상담자가 내담자들이 보여 주는 모든 표현을 상담에 협조적인 것으로 정의한다면 내담자의 저항이란 있을 수 없다. 내담자의 비순응적인 행동을 개인적인 자산으로 재창조할 수 있다면, 결국 행동과 연결되어 있는 감정이나 사고까지도 변화시킬 수 있을 것이다(Yapko, 1992).

3 주요 개념

에릭슨 상담의 기본 원리에 대해 제자들이 정리한 것을 종합하면 몇 가지로 정리된다. 이 절에서는 에릭슨 상담의 기본 원리와 몇 가지 주요한 개념을 소개하기로 한다.

1) 기본 원리

에릭슨의 접근은 내담자의 강점을 활용하는 것이고, 내담자 중심적이며, 변화 지향적이다. 하지만 그는 이론적인 체계를 세워 자신의 접근을 공식화하는 것을 거부했다. 또한 다른 상담자들이 자신의 접근법과 기법들을 기계적으로 모방하는 것을 우려했다. 그는 제자들에게 그들만의 고유한 기법을 창의적으로 만들라고 충고했다(이윤주, 양정국, 2007).

그렇지만 지그와 뮤니온(Zeig와 Munion, 1999: 25-26)에 의해 그의 상담에 대한 생각들이 기본 원리의 형태로 정리된 바 있다. 이들에 의해 정리된 에릭슨 상담의 원리들과 다른 문헌들을 참고하여 도출한 원리들을 모아서 정리해 보면 다음의 여섯 가지의 원리로 제시될 수 있다.

- 내담자들의 부정적인 사고, 감정, 행동의 이면의 무의식 속에 균형을 유지하려는 긍정적인 요소가 있다. 무의식은 상담과정에서 방향을 제시하는 중요한 도구다.
- 내담자의 문제는 병리적인 것이 아니라 자신의 삶에서 요구되는 변화에 적응하려는 비효율적인 시도의 결과다.
- 대부분의 경우에 내담자들은 문제해결에 필요한 적절한 자원, 강점, 경험들을 가지고 있다.
- 효율적인 상담은 내담자들의 문제, 삶, 행동 그리고 기능의 다양한 면들을 어떻게 활용하느냐에 달려 있다.
- 상담자는 상담과정에서 능동적이고 직접적인 역할을 한다.
- 영속적인 변화는 자주 상담실 밖의 일상생활에서 수행되는 행동을 통하여 성취하는 경험으로부터 시작되어 이루어질 수 있다.

2) 내적 참조준거

사람에게는 자신이 경험하고 지각한 것에 의미를 부여하고 체계화하기 위해 활용하는 범주들의 집합체인 내적 참조준거가 있다. 이러한 준거 틀은 우리로 하여금 주목할 만한 가치가 있다고 생각하는 것을 스스로 선택하고, 선택한 것의 의미와 중요성을 스스로 결정하며, 또한 어떤 방법으로 관리하거나 관계를 맺을 것인가를 스스로 선택하게 한다.

에릭슨은 내담자가 가진 참조준거에 근거한 상담의 개별화와 창의적인 사고나 방법을 통한 문제해결을 강조했다. 다양한 문제해결 방법을 찾기 위해서 환경이나 신체적인 한계를 알 필요는 있지만, 내담자들이 가정하는 해결의 한계는 그들의 준거 틀에서 기인하는 경우가 많다. 문제를 보는 다양한 참조의 틀이 있을 수 있다는 것을 보여 주면서 에릭슨은 인간의 문제에 대한 무한에 가까운 해결책이 있다는 것을 보여 주려고 했다. 그는 대부분의 상담이론들이 가질 수밖에 없는 한계에 꾸준히 도전하면서 상담 전략이 인간 행동에 대한 가설적 이론의 틀에 내담자를 끼워 맞추려 하기보다는 개인의 독특함에 알맞게 세워져야 한다고 주장했다(Zeig, 1985).

3) 상담자-내담자 협력체계 구축

에릭슨은 상담자와 내담자 사이의 상호작용과 효율적인 의사소통을 강조했다. 그에게 내담자들의 정신역동이나 가족역동은 이차적인 문제였다. 그는 내담자들이 처한 전후 상황과 그들의 독특한 개성에 따른 다양한 의사소통을 중요하게 생각했다. 그에 의하면 심리적으로나 문화적으로 똑같은 배경을 가지고 있고 똑같은 생각을 하는 내담자는 없다. 따라서 지적이나 감정적으로 자신을 방어하는 내담자들을 만날 때, 명심해야 할 한 가지 사실은 그들의 사고를 변화시키려고 해서는 안 된다는 것이다. 오히려 상담자는 그들의 사고방식을 따라가고, 그들 스스로 자신들의 사고방식을 변화시키는 상황을 점차적으로 만들어야 한다(Zeig, 1980: 336).

에릭슨은 협력체계를 유지하기 위하여 '모든 것을 일단 받아들이고 활용하자.' 라는 원칙을 적용했다. 이를 위해서 상담자는 내담자들의 세계 속으로 들어가 그들이 경험하는 것을 느끼고, 보고, 들으면서 그들과 보조를 맞추어야 한다. 상담자와 내담자의 협력체계는 내담자들의 어떤 반응도 정당한 것으로 받아들이면서 동시에 상담자가 앞으로 이 반응을 어떻게 활용할 것인가를 찾아 나설 때 만들어지고 유지될 수 있다. 상담자가 내담자들이 보여 주는 모든 표현을 상담에 협조적인 것으로 정의한다면 내담자의 저항이란 있을 수 없다. 내담자의 비순응적인 행동을 개인적인 자산으로 재창조할 수 있다면, 결국 행동과 연결되어 있는 감정이나 사고까지도 변화시킬 수 있을 것이다(Yapko, 1992).

에릭슨은 내담자들을 모두 자기 삶의 진정한 전문가로 보았다(Zeig, 1992). 상담자가 내담자들이 변화할 수 있는 능력이 있다는 신념을 가지고 그들의 준거 틀에 따라 상담할 때, 내담자들은 변화에 협력하며 그들에게 영향을 줄 수 있는 가족, 친구, 다른 사람들을 규합하도록 도울 수 있다. 상담자는 어떤 충고나 제안을 하기 전에 내담자들이 무엇을 원하는지에 관심을 가져야 한다. 이러한 접근을 통하여 상담자는 내담자들에게 도전하지 않고 협력체계를 구축하게 된다.

내담자들의 협력을 얻어 내는 또 하나의 접근은 내담자들이 몰입할 수 있는 환경을 제공하는 것이다. 에릭슨은 최면 상태를 매개로 내담자를 상담했다. 왜냐하면 최면 상태에서는 일상적인 맥락에서부터 행동이 분리되어 의식적인 마음이 무익하게 방해하는 것을 멈추게 되므로, 내담자들은 무의식적인 수준에서 보다 효과적이고 직접적인 의사소통을 하게 되고, 상담자는 무의식적인 마음의 중요한 정보를 제공받을 수 있기 때문이다. 상담과정에서 내담자로 하여금 자신을 잊고 중요한 부분에 초점을 맞추는 상태로 유도하는 것은 효과적으로 관계를 맺는 적극적인 의사소통의 방법이다(이윤주, 양정국, 2007).

4) 자원 활용

에릭슨은 많은 내담자들이 문제해결에 필요한 것들, 즉 끊임없는 학습으로 축적된 기술과 자원을 가지고 있지만 그것을 알지 못한 채 지낸다고 생각했다. 이러한 전제는 자신들의 자원을 활용하여 스스로 문제를 해결할 수 있다는 것을 의미한다. 결국 모든 해결책은 자신 안에 있기 때문에 외부에서 덧붙여질 것은 아무것도 없다(O'Hanlon, 1987).

활용 전략의 원리는 내담자들이 무엇을, 언제, 어떻게 제시하건 그것들을 목표 달성을 위한 도구로 이용하는 것이다. 내담자들과 그들의 세계에 의해서 제시되는 모든 것들을 활용한다는 것은 상담자의 접근이 내담자들에게 의미 있는 것으로 받아들여진다는 것을 보장할 수 있다(Erickson & Rossi, 1981). 내담자들이 보여 주거나 가지고 있는 것은 무엇이든지 귀중한 자원이므로 어떠한 것도 헛되게 사용할 수 없다.

에릭슨은 병리적 현상의 원인을 탐구하지 않고서도 내담자들의 경험을 체계화할 수 있는 대안적인 방법들을 모색할 수 있다고 보았으므로 관계를 형성하면서 개개인의 독특한 삶의 패턴과 조화를 이루는, 그들의 문제 영역에서 활용할 수 있는 특별한 강점과 자원을 조심스럽게 살폈다. 그에게 있어 내담자가 보이는 증상은 병리의 양상이라기보다는 무의식에서 나오는 하나의 메시지로서 관찰되고 활용될 수 있으며 무의식으로부터 차단된 자원으로부터 나온 파생물이었다. 따라서 그는 상담개입은 내담자들의 신념과 행동에서의 경직성을 유연하게 만드는 것이며, 상담과정은 그들 스스로 잠재적 자원을 발견하여 문제해결에 활용하는 것이라고 보았다(Rossi, 1980b).

5) 은 유

에릭슨은 무의식을 내적 지혜의 원천으로 활용했다. 은유는 내담자들의 의식적인 마음과 무의식적인 마음 모두와 동시에 대화를 하기 위한 도구로서, 의식과 무의식을 연결시키는 상징으로 이야기하는 것이다. 은유란 한 개념을 설명하거나 전달하려 할 때 무언가 다른 것에 비유해서 설명하는 것을 말한다. 대화의 도구로서 은유는 감정과 지성을 동시에 활성화하고 단순히 말하거나 들을 뿐 아니라, 언어를 경험하게 한다. 만약 직접 다룬다면 강한 반발과 저항에 부딪힐 수 있는 어떤 감정들도, 은유적으로 간접 표현하게 되면 내담자들은 복잡한 양가감정이나 변화에 대한 두려움을 효과적으로 다룰 수 있게 된다.

상담자는 내담자들의 독특한 은유를 따라가면서 그들의 언어세계와 주관적 경험을 이해하게 된다. 은유는 변화를 원하는 마음의 부분과 변화를 원치 않는 또 다른 부분 사이의 안전한 다리 역할을 한다. 은유의 이러한 특성은 아직은 자신의 생각을 어떤 행위로 변형시킬 준비가 되어 있지 않은 내담자로 하여금 변화의 욕구를 가진 무의식의 영역에 접근할 수 있게 한다. 또한 은유는 그들의 감정을 이해할 수 있는 능력을 확장시키고, 상담자로 하여금 그들의 감정에 접근할 수 있게끔 하며, 내담자들의 감정과 경험을 긍정적으로 상징화하는 것을 도와준다.

은유는 새롭고 창의적인 참조준거를 만드는 수단이며, 더 나아가 내담자들의 경직된 정체감을 변화시키는 치료적 수단으로 활용될 수 있다. 따라서 에릭슨은 정신적인 에너지를 변환시키는 간접적이고 은유적인 접근을 강조했다. 에릭슨의 상담은 해결책을 포함한 창조적인 은유를 제공하여, 내담자들의 내면에 있는 참된 정체감을 자극하고, 그들의 자기 효능감에 대한 확신을 가지게 하면서 자연스러운 변화를 추구하도록 돕는 것이라고 볼 수 있다(이윤주, 양정국, 2007).

은유는 대화의 도구로서, 내담자들의 감정과 사고를 동시에 활성화시킨다. 상담자가 내담자들에게 적합한 은유를 여기저기에 틈틈이 끼워 넣어 제공하게 되면, 그들은 모든 내적 자원을 동원하여 은유를 자신의 문제와 연결시키느라 분주해진다. 그리고 이때 동원되는 내적 자원은 문제해결의 원동력이 된다. 물론 다른 모든 상담에서와 마찬가지로 상담자와 내담자 사이에 협력체계가 형성되어야 은유적인 접근도 효과가 있다.

은유는 에릭슨의 상담에서 목표 설정과 패턴의 재구조화에 주로 사용된다.

① 목표 설정을 돕는 은유

상담자는 내담자 삶의 목표를 은유적으로 비유하여 표현한다. 이러한 과정을 통해서 상담목표를 설정할 수 있다. 내담자가 처해 있는 상황을 은유적으로 표현함으로써 은유는 저항을 줄이면서 내담자의 현실과 연결시킬 수 있게 된다.

② 감정 패턴의 재구조화와 은유

부정적인 감정은 변화에 대한 동기 부여의 장애물이다. 이러한 장애물을 축소시키지 못하면 상담과정에서 진전이 일어나기 힘들어진다. 부정적인 감정의 축소는 내담자들이 예측 가능한 선택을 할 수 있도록 돕고, 시간이 흐르면서 그들을 균형 있는 자기로 성장하게 돕는다.

부정적인 감정을 다스리는 첫 단계는 지금 느끼는 감정을 인정하는 것이다. 상담자는 우선 공감적인 이해를 통해 내담자들의 부정적인 감정을 수용해야 한다. 공감적인 이해는 문제 패턴을 중단하기 위한 전제 조건이 된다. 공감적 이해를 받은 내담자들은 자신들이 경험하는 것을 심층적으로 인식하게 되며 문제 상황을 보다 더 현실적으로 받아들인다.

두 번째 단계는 내담자들이 호소하는 부정적인 감정이 자신에게 이로울 수 있다는 사실을 이해하는 것이다. 부정적인 감정이 암시하는 선의의 의도를 파악하고 긍정적인 영역으로 초점을 옮겨 갈 때, 내담자들은 도움이 안 되는 감정에 어쩔 수 없이 빠지게 된다는 느낌에서 벗어난다. 또한 부정적인 감정 속에서 찾아내는 긍정적인 부분은 좌절감을 축소시키고 변화하고자 하는 동기를 유발해 낸다.

세 번째 단계는 선의의 의도가 경직된 원망으로 변화되었다는 것을 인정하는 것이다. 누구나 일이 원하는 대로 되기를 바란다. 그러나 일을 좌지우지할 힘도 없으면서, 바라는 대로 되기를 원한다는 것은 사실 고통만 초래한다. 실현하기 어려운 원칙들을 일단 확인한 다음에는, 무리한 기대나 요구를 모두 희망이나 소망이라는 말로 대치할 필요가 있다.

네 번째 단계는 무엇인가를 약간 달리하는 것이다. 자신도 모르게 솟구치는 부정적인 감정은 은유적으로 무엇을 달리하라는 신호일 뿐이다. 상담자는 내담자가 구체적으로 상담실에서나 밖에서 긍정적인 감정을 유발할 수 있는 방향에 초점을 맞추도록 도와야 한다.

6) 스토리텔링

내담자들에게 치료적 은유로서 에릭슨이 즐겨 사용했던 간접적인 개입 기법들 가운데 하나가 스토리텔링이다. 스토리텔링은 내담자들의 삶과 환경에 대한 통제 감각을 도와주는 심적 기제다. 스토리텔링은 내담자들의 문제와 관련이 있는 하나의 소설과 같은 이야기를 그들이 가지고 있는 문제와 유사한 방식으로 전개시키고, 끝에 가서 어떤 해결을 보는 의도된 이야기들이다.

이야기는 내담자들을 가르치고, 정보를 제공하며, 새로운 참조준거의 틀로 상황을 바라보는 기회를 제공한다. 또한 내담자들은 이야기를 들으면서 몰입 상태를 발달시키고, 내적 경험이나 학습으로 얻어지는 변화에 대한 의식적인 지각이나 이해 없이도 중요하고 심오한 변화를 구체화시킬 수 있다(Erickson, 2001).

에릭슨의 스토리텔링 기법은 다양한 목적을 가지고 있다. 무엇보다 먼저, 이 접근은 상담자와 그의 이야기를 듣는 내담자들을 자연스럽게 연결시키고 위협적이지 않은 편한 방법으로 문제를 해결할 수 있도록 도왔다. 또한 내담자들에게 적합한 이해와 행동의 다양한 예들을 제공했다.

7) 최 면

최면은 스스로 혹은 타인에 의해, 잠들기 직전의 상태처럼 몸과 마음이 최대로 이완된 상태를 유지하면서도 의식은 깨어 있어서 집중성이 높고 각성 정도가 고양된 상태를 말한다. 에릭슨은 전 생애를 통해서 최면적인 요소가 포함된 개입을 주로 사용했다. 에릭슨에게 최면은 내담자들을 적극적인 대화 속으로 끌어들이는 시도로서 관계에서 역할의 역전을 의미한다. 즉, 상담자가 주도하는 것이 아니라, 내담자들이 보여 주는 어떤 행동이든 최면 상태로 이끄는 지렛대로 활용하여, 내담자들을 좇아가는 접근이다. 그는 최면 치료를 사람들이 자신들의 정신적 연상, 기억, 잠재력을 활용해 각자가 정한 목표를 달성하도록 도움을 주는 과정으로 여겼다.

에릭슨은 우리의 무의식 속에 있는 자원을 탐색하고 활용할 수 있는 최적의 상황이 최면 상태에 있을 때라고 보았으며 최면을 치료적인 대화와 경험을 통하여 내적 갈등을 해결하도록 영향을 주는 상호작용의 도구로 사용했다. 에릭슨은 최면 상태가 여러 가지 방식으로 발생할 수 있으며, 그 방식은 내담자 개인과 상황에 따라 달라진다고 보았다. 그는 사람들이 대개 정확하게 식별할 수 있는 표준적인 현상에 더 편안함을 느끼지만 사람의 마음은 그런 식으로 작용하지 않는다는 것을 알고 있었다. 따라서 그는 표준화되고 구체적인 최면 접근법보다는 다양한 은유적 방식을 선호했다.

에릭슨의 최면과 전통적인 최면과는 중요한 두 가지 차이점이 있다. 전통 최면에서는 몰입된 상태를 최면 유도에서 통제된 인위적인 상태로 간주한다. 반면, 에릭슨은 최면을 생활 사태에서 발생하는 자연적인 심리생리 상태로 보았다. 즉, 전통적인 최면에서는 최면 상태를 상담자의 암시 결과로 간주하고 상담자가 어떤 암시 기법을 대상자에게 시도하지 않으면 최면 상태는 발생하지 않는다고 보았다. 반면에 에릭슨은 최면이 종종 일상생활의 정상적인 일부분이라서 최면을 거는 주체가 없어도 최면 상태가 발생한다는 점을 강조했다. 따라서 에릭슨은 인위적으로 최면 상태를 만들어 내기보다는 언제, 어디에서, 어떻게 최면이 이미 발생했는지를 찾아내는 일에 더 주목했다. 두 번째 차이점은 첫 번째 것과 연결되는데, 전통적인 최면은 일반적으로 최면 상태를 단일한 상태로 간주했는데, 반면에 에릭슨은 다양한 상태를 강조했다. 최면 상태의 이러한 독특함 때문에 내담자들은 최면 상태에서 각기 다르게 경험하고 문제해결을 위하여 각기 다른 자원을 찾아낸다는 것이다.

제자인 로시(Rossi, 1980a)는 에릭슨 최면의 기본 원리를 정리했다. 이러한 원리들은 전통적인 방식의 최면 사용에서와는 다른 실용적인 접근을 보여 준다.

(1) 무의식을 의식화하지 않아도 해결책을 찾을 수 있다

에릭슨은 간접적이고 은유적인 접근으로도 내담자들의 정신적인 에너지를 변환시킬 수 있다고 보았다. 상담은 해결책을 포함한 창조적인 은유를 제공하여, 그들의 내면에 있는 참된 정체성을 자극하고, 그들의 자기 효능감을 고양시키면서 자연스러운 변화를 추구하도록 돕는 것이라고 볼 수 있다.

상담자와 내담자 사이에서 이루어지는 무의식적인 수준에서의 의사소통은 긍정적인 변화를 위해 사용할 수 있는 자원들의 저장소인 무의식의 분화를 가능케 한다. 무의식 수준에서 행해지는 문제의 패턴 또한 건강을 유지하거나 촉진시키기 위해 행해질 수도 있는 것이다.

(2) 내담자들의 특성은 상담목표를 위해 긍정적으로 활용될 수 있다

에릭슨의 중요한 공헌들 가운데 하나는 내담자들의 변화를 위해 진행 중인 행동, 지각, 태도들을 활용한다는 개념이다. 그는 내담자들에게 상담자가 제시하는 방식에 따르도록 요청하지 않았다. 오히려 그들이 보여 주는 현실을 있는 그대로 받아들이고 이러한 현실 속에서 변화를 위해서 활용할 수 있는 방법들을 찾았다.

에릭슨은 내담자들이 보여 주는 어떤 행동, 감정, 사고도 긍정적으로 해석되는 방식의 암시를 제공했다. 예를 들어, 내담자가 최면 상태로 들어가지 못하면 상담자에게 저항하는 것이 아니라 주체성이 강한 것으로 해석한다. 그러므로 성공적인 상담과는 정반대로 간주될 수 있는 행동들도 상담과정의 한 부분으로 고려될 수 있고, 상담자와 내담자 모두가 긍정적인 결과에 대한 기대를 증대시킬 수 있는 요소로 활용될 수 있다.

(3) 간접적인 암시들이 더 효과적일 수 있다

상담에서 반드시 깊은 최면 상태가 필요한 것은 아니다. 최면 상태의 깊이보다는 내담자들의 상담에 대한 불안이나 두려움과 같은 심리적 저항을 줄이는 것이 중요하기 때문에 에릭슨은 최면과 의식 상태에서 하는 상담 사이의 경계를 뚜렷하게 설정하지 않았고, 내담자들에게 최면을 걸고 있다는 표현조차 하지 않는 경우가 많았다. 의식(ritual)적인 절차를 사용하여 최면에 대한 거부감을 초래하는 대신에 그는 보다 상징적이고 은유적인 방법들을 활용하여 오히려 의도된 직접적인 방법보다 더 큰 영향을 주었다.

(4) 암시는 새로운 의미, 태도, 신념을 창조하는 것이다

최면을 활용할 때 얻을 수 있는 최대의 장점은 무의식 속에 감추어진 해결의 잠재적 능력을 끌어낼 수 있다는 것이다. 무의식은 문제해결의 보물 창고다. 의식적인 차원을 뛰어넘는 최면 상태에서의 의사소통은 내담자의 현재 상태를 보다 융통성 있게 하여 상담자가 제공하는 정보를 내담자 자신의 내적인 역동과 연관지어 개방적으로 받아들이도록 돕는다. 이를 통해서 내담자들은 자신들의 주관적인 감정, 가치, 행동, 이해력을 변화시킨다. 내담자들이 가진 잠재력의 발현과 활용은 개인마다의 독특한 과정이므로 단지 잘 설계되어 있다 하더라도 직접적이고 엄격하게 고정된 접근법으로는 쉽지 않다.

에릭슨의 최면 역동은 다음의 5단계의 과정으로 개념화될 수 있다.

① 라포(rapport): 에릭슨은 라포 만들기의 천재였다. 상대와 호흡을 함께하고 페이스를 맞추는 것을 자연스럽게 해가고 급속히 라포를 설정했다.

② 이완에 의해 주위의 방향부여: 에릭슨은 이완이라는 말을 그다지 사용하지 않는다. 반대로 지금-여기에서 체험하고 있는 것에 주의의 방향을 부여하거나 내적 체험, 이미지, 이야기 등에 주의를 집중시키면서 내담자가 상담자에 반응하는 연습을 하도록 한다. 반응이란 비언어적 동작이나 표정, 목소리를 포함한다. 상담자의 특히 미세한 신호에 대한 반응성을 나타내는 것이다. 이 작용이 트렌스(trance) 유도의 워밍업이 되기도 한다.

③ 낡은 마인드 세트를 무너뜨리고 새로운 마인드 세트의 형성을 촉진: 많은 경우 내담자는 경직된 마인드 세트로 불리는 마음가짐에 얽매여 악순환의 자기 내 대화를 반복하고 있다. 상담자는 우선 내담자와 더불어 걷고 보조를 함께하고 그것으로부터 낡은 마인드 세트를 흔든다. 효과적인 방법은 혼란을 도입하는 것이다. 흔들기를 하는 것과 같이 생겨난 공간에 새로운 마인드 세트의 패턴이 생긴다.

④ 통제된 해리(desociation)의 활용: 해리라는 과정은 PTSD 등 몇 가지 장애를 일으키는 것으로 되어 있지만 건설적으로 사용하면 최면치료나 명상의 과정으로서 활용할 수 있다. 자신 속의 건설적인 긍정적인 부분에 눈을 뜨기 위해서는 병리적이고 부정적인 부분이 싫은 부분에 불과하다고 실감할 필요가 있다.

⑤ 동기 부여의 촉진: 내담자의 자발적인 협력을 얻는 것, 동기 부여를 촉진하는 데 있어서도 에릭슨은 천재적인 재능을 갖고 있다. 미묘한 암시적 작용에 의해서 잠재적으로 갖고 있는 자발성이 자연스럽게 개화하도록 유도한다.

4 상담의 목표와 과정

1) 상담목표

에릭슨의 상담은 내담자들이 자신의 내적 치유력을 발견하여 해결책으로 활용하도록 하는 것이다. 에락슨의 상담은 해결책을 포함한 창조적인 은유를 제공하여, 내담자들의 내면에 있는 참된 정체감을 자극하고, 그들의 자기 효능감에 대한 확신을 가지게 하면서 자연스러운 변화를 추구하도록 돕는 것이라고 볼 수 있다(Heller & Steele, 1986). 에릭슨은 이러한 목적을 달성하기 위해 내담자들의 의식 밖에 있는 상담자의 영향력에 근거하여 행동변화를 가져오는 제안의 제공이나 은유적인 의사소통을 강조한다.

에릭슨의 상담사례들 중에 어떤 것들은 마술이 일어나기라도 한 것처럼 신기하게 보인다. 이는 그가 내담자들에게 명백하거나 내담자가 기대할 수 있는 어떤 방식이 아니고, 문제해결에 대한 간접적인 방식을 소개함으로써 내담자 자신이 직접 문제해결을 해 나가도록 이끄는 상담 전략을 선호했기 때문이다.

에릭슨은 다른 상담 접근과는 다르게 내담자들의 관심을 의식의 주의가 고착된 것에서부터 점차 무의식 속에 있는 해결책과 연결되도록 도왔다. 의식은 고착된 현실에서, 무의식은 변화하는 현실에서 위력을 발휘한다. 의식은 일반적이 아닌 집중을 요하는 상황이 발생할 때에만 주의를 기울이며, 보통의 현실에서는 무의식을 효과적으로 억압하여 통제한다. 하지만 급한 위기 상황에서는 무의식적인 정신 에너지가 튀어나와 대처하게 된다. 따라서 문제는 행위자들이 자신의 삶에서 요구되는 변화에 적응하려는 비효율적이고 무의식적인 시도의 결과라고 볼 수 있다.

무의식과 의사소통을 시도하게 되면, 비판적이며 논쟁적인 의식적 마음을 움직일 수 있다. 내담자들의 무의식적인 마음이 오로지 최선을 다하려고 한다는 것을 깨닫게 되면, 그들의 의식적 마음은 무의식적 마음과 의사소통을 나눌 것이다. 따라서 상담자는 의식적인 저항을 줄이고 무의식의 힘을 활성화함으로써 빠르고 쉽게 자원을 찾아가는 무의식과의 대화를 시도해야 한다. 내담자들의 의식적인 마음과 무의식적인 마음 모두와 동시에 대화를 하기 위한 도구로서 의식과 무의식을 연결시키는 상징을 이야기하는 것이 바로 은유다. 은유란 한 개념을 설명하거나 전달하려 할 때 무언가 다른 것에 비유해서 설명하는 것을 말한다. 대화의 도구로서 은유는 감정과 지성을 동시에 활성화하고 단순히 말하거나 들을 뿐 아니라, 언어를 경험하게 한다. 만약 직접 다룬다면 강한 반발과 저항에 부딪힐 수 있는 어떤 감정들도, 은유적으로 간접 표현하게 되면 내담자들은 복잡한 양가감정이나 변화에 대한 두려움을 효과적으로 다룰 수 있게 된다. 그러므로 은유는 새롭고 창의적인 참조준거의 틀을 만드는 수단이며, 더 나아가 내담자들의 경직된 정체감을 변화시키는 치료적 수단으로 활용될 수 있다. 따라서 에릭슨은 정신적인 에너지를 변환시키는 간접적이고 은유적인 접근을 강조했다.

또한 에릭슨은 내담자에게 내재된 성격의 취약한 부분을 찾는 대신에 그들이 가진 자원을 확장시켜 내담자에게 유익이 되는 최선의 선택을 하도록 돕기 위해서 최면을 활용했다. 그는 내담자들의 통제할 수 없는 행동, 사고, 감정 사이에 문제해결에 필요한 강점들이 무의식 속에 숨어 있다는 것을 확신했기 때문에, 부정적인 생각을 걸러서 내담자들이 무엇을 할 수 있는가에 초점을 맞추기 위해 최면을 활용했다. 부정적인 상황에 있다 해도 최면 상태에서는 쉽게 내담자들의 관심을 긍정적인 부분으로 전환시킬 수 있다.

2) 상담과정

(1) 은유의 활용

에릭슨의 상담에서 정형화된 것은 거의 없지만 에릭슨의 상담사례들을 살펴보면 에릭슨의 상담에서 은유는 다음과 같은 단계로 활용된다.

① 내담자가 선택한 은유를 이해하기

내담자들이 상담 장면에서 호소하는 문제를 표현하는 언어의 출처가 은유적이다. 그들은 다음과 같이 표현한다. “아내는 양의 가죽을 쓴 불여우예요.” “저는 감옥에서 판에 박힌 삶을 사는 것과 같아요.” “저에게는 의심의 그림자가 항상 따라 다녀요.” “아내는 돈밖에 몰라요. 개 눈에는 뭐만 보인다더니, 어제도 돈 때문에 한바탕 했습니다.” 등등. 일단 내담자들이 사용하는 은유를 이해해야 변화시키기도 쉽다.

② 관계 맥락에서 은유를 파악하기

파괴적인 은유를 사용하는 내담자들에게서 나타나는 특징들이 있다. 이들은 자신이나 타인의 잘못을 비상하게 빨리 찾지만, 삶에서의 긍정적인 부분에는 냉담한 반응을 보인다. 또한 외부 사람들에게 그들의 파괴적인 재능을 발휘하는 경우는 드물고 가족들에게 사용하기 위해서 그 기술을 아낀다.

일단 왜곡된 은유로 각인되면, 늘 상대방에게 원망이 돌아간다. 하지만 문제는 상대방의 행동에 있는 것이 아니라, 부정적인 은유를 바꾸지 못하는 태도에 달려 있다. 인간관계를 표현할 때 사용하는 은유를 바꾸기만 해도 그 관계에 대해 느끼는 방식이나 관계가 변화될 수 있다. 따라서 대인관계를 개선하는 가장 빠른 방법은 부정적인 느낌을 주는 상대에 대한 은유를 바꾸는 것이다. 새로운 은유를 사용하면 평소의 행동양식에서 벗어날 수 있을 뿐만 아니라, 대상을 바라보는 관점의 변화를 가져오고, 결국 대상에게 대응하는 방식의 변화를 가져온다.

③ 은유의 활용구조 만들기

가. 내담자의 관심과 흥미 유발하기

은유적인 의사소통이 효과적이기 위해서 상담자는 내담자들의 관심과 흥미를 이해하고 활용할 수 있어야 한다. 내담자들이 어떤 부분에 관심을 가지든, 은유적인 접근을 위한 자료로 활용할 수 있다. 예를 들면, 인터넷 중독에 빠진 내담자들에게는 그들이 좋아하는 게임과 은유를 연결시킴으로써 치료 접근이 가능해진다.

나. 문제나 문제가 되는 대상을 의인화하기

내담자들이 부르고 싶어 하는 이름으로 부르는 것은 대단히 강력한 힘이다. 긍정적인 새로운 이름으로 부르는 것은 그들의 무의식적인 마음에 영향을 미치며, 행동을 변화시킨다. 이러한 접근이 과거나 감정을 다루지 않는다는 것은 아니다. 다만, 과거나 부정적인 감정들이 희망과 적절한 균형을 유지하도록 하는 것이다. 일단 문제나 문제가 되는 대상에 새로운 이름이 붙여지면, 상담자는 새로운 명명에 더 일치하는 은유를 확장시킬 수 있다.

다. 현재의 메시지를 과거의 경험과 연결하기

새로운 은유를 활용하면 사물에 대해 연상하는 의미가 달라지고, 고통과 기쁨을 연결하는 것이 바뀌며, 말을 바꾸는 것만큼이나 효과적으로 삶이 변하기도 한다. 하지만 상담자는 사용할 은유를 신중하고 현명하게 선택해야 한다. 더욱 깊은 의미를 전하고, 내담자 자신뿐만 아니라 주위 사람들의 삶의 경험을 풍요롭게 해 줄 수 있는 은유를 선택하기 위해서는 내담자들의 과거 경험이나 사건과 연결되면 좋다.

라. 일상적인 생활 경험을 활용하기

전형적으로 문제를 은유로 표현하는 내담자들에게 상담의 초점은 은유를 긍정적으로 바꾸는 데 있다. 은유를 통해 상황에 대해 연상하는 의미가 달라지고, 고통과 기쁨을 연결하는 것이 바뀌며, 말을 바꾸는 것만큼이나 효과적으로 삶이 변하기도 한다.

마. 도구를 활용하기

언어는 내담자 경험의 상징이므로 상담자가 그 상징을 정확하게 이해하는 데는 한계가 있다. 도구를 활용하여 상징화된 내담자들의 언어를 구체적으로 나타내게 하면 문제가 명료화되면서 내담자 스스로 해결책을 찾거나 상담자가 문제해결에 활용할 수 있는 내담자들의 자원을 볼 수 있게 된다.

바. 자연환경에서의 자원을 활용하기

상담자는 자연환경으로부터 풍요로운 은유의 자원을 끌어낼 수 있다. 자연환경을 매개로 하는 은유는 자연이라는 큰 틀 안에서 유기적인 관계를 맺고 살아가는 인간과 환경이 각각 다른 메커니즘을 지니고 살아가는 독립된 개체들이 아닌 서로 연관되고 이어져 있는 자연의 메커니즘의 일원으로서, 그 연결고리들을 찾아 변화를 가져올 수 있도록 돕는 접근이다.

④ 활용된 은유를 확장시키기

내담자들은 자신을 무기력하게 만드는 은유를 무의식중에 계속해서 선택한다. 은유가 지니는 문제를 피하기 위해서, 그리고 자신에게 힘을 부여해 주는 은유를 선택하기 위해서는 내담자들이 사용하는 은유를 확장시킬 필요가 있다.

(2) 최면 유도

Geary와 Zeig(2001)는 에릭슨의 접근을 발전시켜 자연스러운 최면 유도 모델을 개발했다. 그들이 ARE라고 명명한 이 접근은 내담자의 몰입(Absorption), 최면 상태의 승인(Ratification), 반응 유도(Elicitation)의 3단계로 진행된다.

① 내담자의 몰입

자연스러운 몰입은 모든 성공적인 상담을 위한 비결이다. 몰입한다는 것은 상담자와 내담자 모두 문제해결에 필요한 이상적인 마음의 상태를 만드는 것을 의미한다. 우리는 몰입 상태에 있을 때, 자신의 의식 · 무의식적인 자원을 활용하여 복잡한 의사소통 방법을 이해하고, 상대방의 주관적인 느낌에 민감해지며, 문제해결을 위한 잠재된 아이디어들을 포착할 수 있다.

의도적으로 상황을 만드는 주체가 없어도 몰입 상태는 자연적으로 발생한다. 몰입은 종종 일상생활의 정상적인 일부분이다. 사실, 우리는 대부분 그러한 상태에서 걸어 다니고 운전한다. 또한 정체성이 위협받거나 분열될 때, 정신적 외상, 삶에 있어서 변화의 시기 등 여러 상황에 적응하기 위한 무의식적인 학습은 몰입 상태에서 이루어진다.

상담자가 내담자에게 몰입하게 되면, 개인차가 있지만 내담자도 마음을 열면서 피암시성이 높아진다. 상담자와 내담자는 의식적인 자각을 멈춘 몰입된 상태에서 자신들이 가진 무의식적인 자원을 확장시켜 서로의 이익에 부합하는 최선의 방법을 선택한다.

최면 상태에서 의사소통을 하기 위해서 상담자는 내담자가 스스로 이러한 최면 상태를 확대시킬 수 있음을 직접 혹은 간접적으로 암시하게 된다. 내담자에게 자신의 문제에 대해 현상학적인 경험을 상세하게 묘사하도록 하는 것도 중요하다(예: 내 다리가 타는 것 같다. 내 등에 혹이 있는 것 같다). 이러한 정보는 문제해결을 위해 상담자가 활용할 수 있는 심상이나 은유의 초석이 된다.

상담자가 내담자의 몰입, 호흡의 변화, 자세의 고정, 근육 긴장의 완화 등 최면 반응의 발생을 알게 되면, 자연스러운 기법을 활용하여 몰입 과정에 내담자를 참여시키게 된다. 참여의 단계는 다른 부가적인 목표를 성취할 수 있는 기회를 제공해 준다. 예를 들면, 이 단계에서 상담자는 다가올 개입에 대한 예기신호를 보내면서 의도된 목표의 기초를 다질 수 있다. 이러한 신호는 의도된 상담목표에 대한 반응을 증가시킨다.

또한 내담자의 독특한 스타일을 고려한 기법을 창출함으로써 상담관계를 강화시킬 수 있다. 내담자의 스타일에 맞춘 목표 설정을 위한 질문의 예는 다음과 같다. "우리가 함께 보내는 이 시간이 당신에게 도움이 되었다고 얘기할 수 있으려면 어떤 일이 일어나야 한다고 생각하세요?" "당신이 더 이상 상담실에 올 필요가 없게 된다면, 당신의 상황이 좋아졌다는 것을 어떻게 알 수 있을까요?" "만약 네가 마음대로 할 수 있다면 네 생활이 어떻게 달라졌으면 하니?"

'Yes set'은 일련의 자명한 이치를 연속적으로 전개함으로써 간접적인 방법으로 최면 상태를 유도하는 기법이다. 이러한 'Yes set'은 주의를 집중시키는 현상학적인 반응을 이끌어 내는 데 특히 유용하게 활용된다. 'Yes set'은 내담자들에게 두 가지 방향성을 정착시킨다. 하나는 상담자의 질문에 대해 내담자가 긍정적인 대답을 하는 관계가 된다. 일단 이러한 관계가 만들어지면, 내담자는 'No'라고 말할 기회를 갖는 것이 힘들어진다. 다른 하나는 이러한 과정을 통해서 내담자가 상담자의 요구를 수용하는 자세가 무의식적으로 형성되는 것이다.

상담자가 허용적인 자세를 취하면 내담자들은 과정에 적극적으로 참여하고 스스로 문제해결을 할 수 있다는 자기 효능감을 가지게 된다. 상담자가 내담자의 신체적인 상태를 따라가며 암시하는 것도 허용적인 태도다. 예를 들면, 눈을 감기 전에 생리적으로 눈을 깜빡이게 되는데 상담자는 눈을 깜빡이는 것을 관찰한 직후 "눈이 깜빡거리기도 하고 눈꺼풀이 무거워질 것입니다."라고 암시함으로써 내담자 자신이 최면 반응의 속도를 조절할 수 있도록 허용하고, 그의 반응에 보조를 맞추면서 그다음 반응을 한발 앞서 유도해 나가는 것이 된다. 이렇게 함으로써 내담자는 자신의 생리적인 반응을 암시에 따른 반응으로 느끼게 되고 암시에 'yes set'을 하게 되어 다음 암시에도 쉽게 반응하게 된다.

상담자의 암시에 의해 내담자는 내적 경험을 하게 되는데 상담자의 이해와 실제 내담자의 경험은 다를 수 있다. 이러한 차이를 없애기 위해 상담자는 내담자를 관찰하고 의사소통을 함으로써 내담자를 따라가면서 조율해야 한다. 이런 조율을 통해 상담자는 내담자의 내적 경험에 최대한 근접할 수 있고 그의 내적 경험에 맞춰 융통성 있게 암시를 변형할 수 있다.

상담자에게 무조건 저항하는 것을 목적으로 하는 내담자들에게는 부정적인 암시를 사용한다. 내담자들이 거부할 부정적인 암시를 사용하여 실제로 원하는 반대의 반응을 얻어 낼 수 있다는 것은 저항에 집중할 수 있는 힘을 활용하는 것이다. 몰입 상태에 이르게 하는 핵심은 집중할 수 있는 능력이다. "당신은 내 목소리를 들을 필요조차 없습니다."라고 말하는 상담자의 메시지 한 마디 한 마디는 내담자의 무의식 속에 전하려는 의도를 가지고 있다. 듣지 않아도 될 자유가 있는 내담자는 모든 이야기를 듣는다. 자발성과 창의성이 역설적으로 탄생하는 것이다(이윤주, 양정국, 2007).

② 최면 상태 승인

상담자는 내담자들의 자원을 끌어들이기 전에 그들이 최면 상태에 있다는 것을 승인하여 기정사실화할 필요가 있다. 상담자는 그들을 참여시키는 변화를 반영하는 일련의 간단한 선언조의 문장을 사용한다. 최면 상태를 승인할 때 상담자는 가능성을 묘사하는 것이 아니라 오히려 발생한 사실을 묘사한다. 예를 들면, 상담자는 다음과 같이 언급한다.

> 당신은 저와 대화를 나누면서 신체 전체가 변화되었습니다. 분명히 편안한 느낌을 가졌습니다. …… 당신의 맥박이 달라졌고, 호흡의 길이가 달라졌으며, 억누르던 긴장이 변화되었습니다……. 이러한 변화는 당신의 내적 상태도 편안하게 되었다는 것을 의미합니다. 그렇죠?

승인에는 "당신은 이미 최면 상태에 있다."라고 하는 전제 조건이 감춰져 있다. 이처럼 이미 최면 상태에 있다는 전제에서 말하면 판단하는 데 제동이 걸리지 않는다. 즉, 이미 최면 상태에 있다는 개념이 내담자의 무의식 속에 직접 심어져 버린다. 최면 상태에 대한 암시는 이미 내담자가 자신의 문제를 구체적으로 탐색할 수 있을 만큼 준비가 되어 있다는 것을 가정한 것이며, 이러한 변화가 그로 하여금 준비 상태를 바르게 경험하고 있다는 의미를 전달하는 것도 된다.

일반적으로 상담자는 내담자들이 의식적으로 정리하는 인지적인 작업을 피하도록 돕기 위해서 그들이 보여 주는 행동을 평가하거나 의식적인 분석 또는 해석을 하지 않고 몰입 과정 속으로 들어오게 해야 한다. 또한 반응할 시간을 주어야 한다. 그들은 자신들의 속도에 따라 내적 과업을 진행한다. 상담과정에서도 상담자의 속도에 맞추도록 강요받는 느낌이 든다면 함께 작업하기가 힘들게 된다.

③ 최면 유도

최면의 본격적인 유도는 일반적으로 해리 상태를 암시하는 진술로 시작된다. 내담자들의 의식은 최면의 절차를 따라가는 반면에, 무의식적 마음은 문제의 상징적인 의미, 과거에 대한 연상, 이에 따른 적절한 반응 등을 적극적으로 추구하게 된다. 해리는 필수 불가결한 부분이고 끌어낸 최면 현상은 해리의 경험을 증진시킨다(Edgette & Edgette, 1995). 해리의 발생에 이어 상담자가 내담자의 반응을 끌어내면서 점차적으로 내담자에게서부터 상담자의 명백한 지시 암시에 대한 반응을 발전시킨다. 해리를 촉진시키기 위해서 상담자는 다음과 같이 암시할 수 있다.

우리의 의식은 어떤 사고의 틀을 가지고 있습니다. 우리는 다양한 관심, 다양한 흥미를 가지고 있죠? 그리고 그러한 관심과 흥미는 우리가 의식하는 과정과는 관계없이 자동적으로 나타나기도 합니다. …… 하지만 지금부터 당신은 의식적으로 무엇이 진행되는지에 의문을 갖고 지켜볼 수는 있습니다…….

지금 무엇이 일어나는지를 알기 위해서 나는 당신이 더욱 깊은 내면의 상태로 들어가서…… 당신 자신을 육체가 없는 마음만 존재하는 것으로 보기 바랍니다. 그건 어려운 일이지만 당신은 할 수 있습니다……. 이제 당신의 마음은 당신의 육체로부터 분리되어 자유로이 떠다닙니다……. 공간과 시간을 초월해서 떠다닙니다.

시간의 경험은 주관적인 것이다. 사람들은 주어진 순간에 자기 고유의 방법으로 시간의 경과를 경험한다. 시간의 경과는 주의집중의 정도에 따라 객관적인 사실보다 더 길거나 더 짧을 수 있다. 이러한 시간의 경험은 최면에 의해서 의도적으로 변화될 수 있다(Erickson & Erickson, 1958).

5 상담의 기법과 적용

1) 상담기법

(1) 은유를 통한 감정 전환

상담자는 다음과 같은 가정이나 행동을 하게 될 때를 관찰하고 표현하도록 돕는다. 이것들은 부정적인 감정들을 긍정적인 에너지로 전환시킬 수 있는 강력한 행동들이다. 부정적인 느낌이 올라올 때, 지금까지 대처해 온 것과는 다른 방향으로 옮겨, 결국 긍정적으로 변화되는 감정으로 나아가는 방법을 학습한다는 것은 아무리 강조해도 지나치지 않다.

① 불편함이나 두려움

내담자들이 불편한 느낌이 들 때, 상담자는 '사랑과 온정을 베푸는 행동'을 즉각 실천에 옮기도록 도움으로써 그 느낌을 상쇄시킬 수 있다. 지속적인 사랑의 표현은 그들이 맞닥뜨리게 되는 어떠한 부정적인 감정도 녹여 없앨 수 있다. 상담 장면에서 불편함을 느끼는 내담자에게 상담자는, "지금 당신의 도움을 절실하게 필요로 하는 사람들을 찾아보세요. 만약 사랑을 베푸는 마음으로 돌본다면 당신의 불편함은 사라질 것입니다."와 같은 개입을 할 수 있다. 내담자들이 도움을 필요로 하는 대인관계에 더 세심하게 관심을 기울이게 되면, 그들의 불편함은 사라지게 된다.

② 상처받은 느낌과 분노

상처받은 느낌은 상실감이나 타인에 대한 자신의 기대가 충족되지 못하는 데서 비롯된다. 이 느낌은 종종 '누군가가 약속을 지키지 않았거나 기대에 어긋나는 행동을 했을 때' 발생한다. 이 경우 친밀감이 사라지면서 불신에 따른 상실감이 상처받았다는 느낌을 들게 하고 따라오는 감정은 분노가 된다.

이럴 경우 주위에서 일어나는 일에 호기심을 가진다면 부정적인 감정을 대체하게 된다. '호기심을 가지고 상황을 관찰하면서 경이로움을 보고 놀라움을 가지게 되면,' 심리적으로 성숙하게 되므로 유연하게 대처할 수 있다.

③ 실망감이나 좌절감

자신이 얻을 수 있는 것보다 더 많이 기대했다가 좌절감을 느끼면 이 모두 실망감에 해당된다. 좌절감은 '원하는 것이 있지만 절대 가질 수 없다'는 실망감과는 다르게 '현재 취하고 있는 조치는 별 효력이 없으니 접근방식을 바꿔야 한다'는 것을 은유적으로 나타내고 있는 신호다.

실망감을 느끼고 있다면, 삶의 방식을 바꾸어 유연하게 접근하는 자세가 필요하다. 접근방식을 바꾸는 능력이 있다면, 문제해결의 씨앗이 된다. 유연함이 주어진 상황에 부여하는 의미를 변화시키고, 장기적인 측면에서 성공과 실패를 좌우한다.

좌절감을 느낄 때는 결단을 내림으로써 극복해 낼 수 있다. 결단력 있게 행동한다는 것은 다른 가능성을 모두 배제한 상태에서 적합한 결정을 내리는 것이다. 용기는 결단력의 바탕이 된다. 성취감과 좌절감의 차이는 결단이라는 감정의 힘을 얼마나 잘 활용하느냐에 달려 있다. 버려야 할 화초를 과감하게 뽑아 버리는 것과 같은 행동을 통해서 결단을 내렸던 역할 모델을 찾도록 돕는 것이 적절한 은유적 접근이다.

④ 죄책감과 무력감

죄의식, 후회, 양심의 가책과 같은 감정은 살아가면서 가능한 한 피하고 싶은 감정이다. 죄책감은 '자신이 생각하기에 가장 가치 있는 기준을 어겼다고 판단할 때' 생긴다. 그러나 죄책감은 '어떤 행동을 취하게 해서 변화를 일으킬 목적으로 생기는 것'이다. 그러므로 죄책감은 행동의 변화를 야기하는 가장 큰 원동력이다. 이러한 감정을 부인하거나 억누르게 되면, 더 심해져서 압도당하게 되고 무기력 상태에서 살게 된다. 죄책감을 느끼는 대상이 있다면, 그 대상을 상징화해서 돌봐 주지 못한 것에 대한 용서를 빌고, 다시는 같은 실수를 되풀이하지 않겠다고 결심하는 순간 죄책감은 사라진다.

무력감은 육체적인 활력을 통해서 극복할 수 있다. 명랑하게 생활하면 자신이 쓸모없다는 감정은 더 이상 발붙일 곳이 없다. 밝게 생활하면 자존감을 유지하는 데 도움이 될 뿐만 아니라 삶이 좀 더 재미있어지고, 자신의 쾌활함 덕분에 주위 사람들도 더 행복해진다.

⑤ 중압감과 외로움

중압감은 일반적으로 슬픔과 우울함으로 나타난다. 이러한 감정은 스스로 통제할 수 없는 외부적인 요인에 의해 부정적인 방향으로 흘러간다고 느껴질 때 발생한다. 이러한 상태에서 내담자들은 이제 아무것도 상황을 바꾸어 놓을 수 없으며, 자신에게 닥친 문제가 너무 커서 영영 해결할 수 없다고 생각한다.

그리고 결국에는 모든 사람들이 가장 두려워하는 단절감인 외로움에 빠져들게 된다. 중압감에 시달리는 내담자들은 자신 안에 깃들어 있는 신체적인 힘과 활력을 찾게 되면, 과도한 중압감도 사라진다. 건강한 몸에 건강한 정신이 깃드는 것이다. 몸을 움직이면 몸속으로 산소가 흘러들어 활기 넘치고 긍정적인 감정을 만드는 데 적합한 신체 조건이 갖추어진다.

(2) 스토리텔링의 단계

스토리텔링은 이야기상담이라고도 불리우는 것으로서 에릭슨이 은유를 활용하여 이야기를 통해 내담자의 감정과 사고를 효율적으로 변화시키는 기법을 말한다. 스토리텔링은 다음과 같은 단계의 과정을 거친다.

① 내담자의 문제와 유사한 매끄러운 구조를 만든다

이야기를 통해서 그 가능성을 인정하느냐 혹은 거부하느냐 하는 것은 내담자들의 고유한 인식에 달려 있다. 이를 위해서 스토리텔링은 매끄러운 구조를 가져야 한다. 내담자들의 목표가 너무 일반적이면, 적용할 수 있는 은유적 해결책을 인지하지 못한다.

상담자는 다양한 도구들을 활용하여 은유를 사용함으로써, 이야기를 함께 만들어 낸다. 이야기의 결말은 성공적이고 행복하면서 긍정적인 방향으로 진행된다. 내담자들이 자기 상황에 가장 적합하고 유용한 수준에서 듣고 이해할 수 있을 때, 이야기 안에 포함된 보다 깊은 수준의 메시지를 받아들인다.

② 내담자의 갈등과 유사한 은유적인 갈등을 제시한다

내담자의 갈등과 유사한 은유적인 갈등이 제시되어 줄거리가 진행되면서 그는 점차 무의식의 안팎으로 오갈 수 있는 자연 발생적인 능력을 활용할 수 있게 된다.

때로는 이와 같은 접근방식을 통해서 보다 자발적인 변화가 일어나기도 한다.

③ 내담자의 현실을 고려한 해결책을 제시한다

해결책은 은유가 치료적이 되기 위한 세 번째 필수적인 기본 요소다. 은유에서 제시되는 딜레마의 해결책은 내담자의 현실에서 가능성의 맥락과 유사해야 한다. 오합지졸의 선원들을 훈련시키기 위해 요술 방망이를 흔드는 선장의 해결책은 현실 생활의 맥락에서는 이루어지기 힘든 것이다. 그럴듯한 해결책이 제시되려면, 내담자의 현실 가능성을 고려한 것이어야 한다.

④ 촉진 도구를 활용하기

촉진 도구를 활용해서 내담자들의 삶을 긍정적으로 변화시키는 데 관여하는 요인은 크게 세 가지로 요약할 수 있다. 첫째, '창의적 가치'로서 창조적이고 생산적인 행위로 성취감과 사회의 기여도를 높이는 것이다. 두 번째는 '체험적 가치'로서 자연의 소산물들을 체험하거나, 또는 사랑함으로써 새로운 만남과 가치를 경험하는 것이다. 세 번째는 '태도적 가치'로서 자연적으로 발생하는 현상에서 새로운 의미를 부여하는 것이다. 의미를 찾을 수 있는 한, 우리는 어떤 고통도 받아들일 수 있다.

⑤ 유머러스한 은유

문제에 대한 일반적인 반응은 고통이기 때문에, 많은 내담자들이 문제가 해결되는 동안 고통이 지속될 것이라고 믿는다. 그들은 일반적으로 문제 패턴이 있을 때, 두려움(회피), 분노(공격성)의 감정으로 반응한다. 따라서 그들의 은유도 부정적이다. 상담자는 이러한 부정적인 은유를 유머 있는 은유로 바꿔야 한다.

상담자가 유머를 가지고 가능성에 접근했을 때, 친밀감, 온정, 사랑처럼 다양한 삶의 감정들을 이끌어 낼 수 있다(Madanes, 1985). 또한 유머는 좀 더 희망적으로 현재와 미래를 탐구할 수 있게 한다. 유머를 제6의 감각, 위기 상황에 대처하는 제3의 대안이라고 말한다. 유머를 활용하면 어려움을 극복하는 데 큰 도움이 된다.

(3) 양식중단기법

변화를 위한 내적 조건을 내담자의 마음 안에 만들기 위해 에릭슨은 씨 뿌리기(seeding)와 양식중단기법(pattern interruption technique)을 따로 또 같이 사용하곤 했다. 완고하지만 자신들의 이치가 통하지 않아 혼란스러움에 빠지게 될 때, 예상하지 못한 외부의 자극으로 인하여 저항하기 힘들 때, 내담자들은 저항을 중화시켜 상담자의 암시에 순응적으로 반응하게 된다. 이렇게 되면 상담은 순풍에 돛을 달게 된다. 예를 들어, 위기에 처한 사람은 혼란에 빠지게 될 때 마음의 여유가 없기 때문에 과학적인 실증과는 전혀 무관한 사이비 대체의학이나 광신적 종교집단에 쉽게 빠져드는 것도 같은 이치다. 사람들은 혼란에 빠지게 되면, 상대방의 표현에 어떠한 의미가 있는지 음미해 볼 여유조차 없이 의지하려 한다. 상담에서 이러한 점을 활용하기 위해 상담자는 내담자가 가진 완고한 준거 틀을 흔들어 혼란에 빠지게 하면서 그 틈 안에 새로운 생각을 놓는다.

에릭슨은 이러한 형태의 개입을 양식중단기법이라고 명명했다. 그는 내담자에게 "당신의 말은 이해하기가 어렵습니다. 정확히 왜 그러는지는 모르겠지만 나는 당신의 말을 들으면 혼란스럽습니다."라고 개입했을 때, 상담자를 이해시키지 못했다는 당혹감이 내담자로 하여금 저항을 줄이고 명료하게 표현하게 한다는 것을 발견했다. 양식중단기법은 상담자의 생각을 강요하는 것이 아니라, 내담자들이 자신들의 준거 틀을 넘어서는 자유로운 개인으로의 가능성을 열어 놓은 것이다.

양식중단기법이 특별히 효과적인 때가 있다. 내담자들이 무엇인가 새로운 행동 패턴을 시작하는 저항이 적은 순간을 포착하여 암시를 유도하는 것이 보다 효과적이다. 예를 들면, 숨을 다 내신 후 다시 들이마시기 시작하는 순간, 무언가가 생각나서 그것을 말하려고 입을 여는 순간, 커피 잔을 들어 한 모금 마신 순간, 끝나는 종이 울려 막 일어서는 순간, 상담자의 개입이 끝났다고 느끼는 순간 등이다. 에릭슨이 효과적으로 적용한 양식중단기법에는 다음과 같은 것들이 있다.

① 저항을 활용하기

에릭슨은 직접적인 신뢰와 관계를 쌓는 극적인 방법을 창의적으로 잘 활용했다. 그는 아주 저항적인 내담자의 태도도 협력하려는 개인 내적인 욕구를 충족시키는 최상의 노력으로 받아들였다. 이러한 관점은 증상을 유지하지 않고도 그들이 자신들의 욕구를 충족할 수 있다는 확신에서 나온 것이다. 초기 과정에서 상담자는 문제에 대한 내담자들의 참조준거의 틀을 확인하면서 내적 참조준거에 도전하기보다는 그것을 활용하고 확장할 수 있는 다양한 방법들을 모색한다.

② 상담자를 투사시키기

내담자들이 문제를 해결하기 위해 상담자가 자신의 느낌이나 관점을 투사시켜 그들을 혼란에 빠지도록 도울 수 있다. 예를 들면, 상담자가 몰입 상태에서 긍정적인 미래를 살펴보고, 그러한 미래를 받아들이지 못하는 그들의 태도에 절망감을 느낀다는 암시를 보내게 되면 그들은 당황하게 된다. 이러한 양식중단기법은 지금까지 내담자들의 정형화된 부정적인 반응 양식을 파괴할 만한 새로운 교정적 감정 경험이 된다. 이러한 상황에 대처하기 위해 내담자들은 스스로 유도된 몰입 상태에 들어가고, 그들의 무의식적인 마음을 움직여 비관적인 참조준거에 의문을 제기한다. 결국 그들은 상담자의 미래 투사에 호응하는 반응을 하면서 자신들의 내적 참조준거를 바꾸게 된다.

③ 전략적 대처

주어지는 정보나 패턴이 눈에 띌 정도로 다르게 되면, 내담자들은 주의를 집중해야 한다. 이를 통해 변화에 대한 가능성이 생기고, 완전히 다른 방식으로 지각하고 행동할 수 있게 된다. 내담자들을 혼란스럽게 하는 것은 그들이 가진 문제와 관계없이 상담자의 창의성에 따라 매우 다양한 형태가 될 수 있다.

④ 혼란을 가중시키기

혼란을 가중시키는 것이 내담자들의 행동을 결정짓는 데 만만찮은 영향력을 행사하는 이유는 일관성을 유지하려는 그들의 내적 욕구와 맞아떨어지기 때문이다. 상담자가 만약 내담자들을 어떤 일에 개입하게 만들 수 있다면, 상담자는 그들의 행동을 조절할 수 있게 도울 수 있다. 일단 내담자들이 어떤 입장을 취하기만 하면, 그때부터 그들은 결정된 입장에 따라 일관성 있게 행동하게 된다.

⑤ 증상 처방

증상 처방에는 다양한 형태가 있다. 어떤 경우에는 내담자들에게 증상을 그대로 실행하도록 요청한다. 또 다른 경우에는 상담자가 내담자들의 증상을 과장하거나 약간 변화시키는 처방을 할 수 있다. 어떤 경우에도 상담자는 내담자들이 인식하지 못하는 문제 상황에 대해 통제력을 가져야 한다.

⑥ 이중 구속

내담자들을 이중으로 구속시킬 수 있는 접근은 '선택의 착각' 원리에 근거를 둔 것이다. 내담자들의 문제행동을 지금 상황에서는 어쩔 수 없는 것으로 정의하고, 따라서 문제행동에 따른 불이익 역시 감수할 수밖에 없는 상황으로 정의하면, 내담자들은 문제행동을 그만 두든지, 아니면 문제행동에 따르는 불이익을 감수해야 한다.

이러한 전략은 자신의 문제행동을 합리화하는 내담자들에게 적용할 수 있다. 도움-거절 불평자 또는 '예-그러나'로 알려진 내담자들은 상담 장면에서 불평을 제시하여 은밀하게 도움을 간청하고, 그런 다음에는 제공된 어떤 도움도 거부하거나 방해하는 분명한 행동 패턴을 가지고 있다. 사실상, 이러한 내담자들은 그들의 문제가 해결될 수 없다는 것에서 어떤 만족과 자부심을 갖는다. 따라서 이들이 호소하는 그 문제를 그대로 가지고 살아가는 것도 괜찮은 삶의 방식이라고 상담자가 이야기해 주면 그들은 변화하기 시작한다.

⑦ 무위

무위는 외적인 고요함이지만 내적인 활동이므로 진정한 무위의 실천은 많은 노력과 에너지를 필요로 한다. 또한 무위는 문제의 당사자가 스스로 해결할 수 있는 기회를 부여하게 된다. 학교에서 자녀가 따돌림을 받는다고 호소할 때 교사나 부모가 잘못 개입하게 되면 대부분이 문제를 더 복잡하게 만들어 버린다. 무위는 내버리는 것이 아니라 쓸데없는 개입을 피하는 것이다.

2) 상담사례

에릭슨이 밀워키 지방에 강연을 가게 된 것을 알고 그의 친구가, 그곳에 사는 자기 고모가 심한 우울증으로 고생을 하고 있으니, 도울 수 있는지 꼭 한번 만나 봐 달라고 부탁했다. 친구의 사전 정보에 의하면 그 부인은 많은 유산을 받고 큰 집에 살고 있었다. 그러나 60대 미혼으로 자녀가 없으며 가까운 친척들도 대부분 세상을 떠난 뒤였다. 심한 관절염으로 휠체어를 타고 다녀야 했으므로 사회 활동을 거의 할 수 없었다. 그녀는 우울증으로 자살을 시도했었으며 조카에게 죽고 싶다는 전화를 자주 했다.

강연을 마친 후에 에릭슨은 그 부인을 찾아갔다. 현관에서 그를 맞이한 부인은 대저택을 구경시켰다. 그 저택은 부인이 휠체어를 몰고 다닐 수 있도록 개조된 것 외에는 80년 동안 변화된 것이 없어 보였다. 고풍스러운 가구들이며 장식들은 먼지 냄새를 풍겼다. 모든 커튼은 드리워져 있어서 집안이 우울증에 빠지기 딱 알맞았다. 부인은 마지막으로 자신이 가장 소중하게 여기고 있는 곳인 넓은 온실을 보여 주었다. 부인은 이 온실에 있는 화초들을 손질하면서 시간을 보내곤 했다. 그녀는 아주 자랑스럽게 마지막 보물이라면서 잘 손질된 제비꽃들을 보여 주었다.

대화를 나누면서 에릭슨은 이 부인이 무척 외롭다는 것을 알았다. 그전에 그녀는 독실한 기독교인으로 그 지역 교회에서 대단히 활동적이었다. 그러나 이제는 휠체어에 의지해야 했으므로 일요일에 예배만 겨우 드릴 뿐이었다. 또한 그녀는 움직임이 자유롭지 못했기 때문에 교회에서 자신이 할 일이 없다고 여기고 있었다.

그녀의 이야기를 들은 에릭슨은 조카가 그녀의 우울증에 대하여 대단히 걱정한다는 말을 했다. 그 부인도 그것이 심각한 문제라는 것을 인정했다. 그러나 에릭슨은 우울증이 정말 심각한 문제라고는 생각하지 않는다고 말했다. 그가 보기에 이 부인은 독실한 기독교인이 되지 못하는 괴로움이 문제였다. 이 설명에 부인은 당황했고 얼굴이 굳어지기 시작했다. 에릭슨은 보충 설명을 하였다.

“당신은 부유하고, 시간도 있으며, 아름다운 화초도 가지고 계십니다. 그리고 그 좋은 꽃들을 그냥 낭비하셨습니다. 교회 소식지를 잘 살펴보시면 길흉사가 거기에 쓰여 있을 것입니다. 잘 다듬어진 제비꽃 다발을 만들고 예쁘게 포장하세요. 그리고는 그 꽃들을 길흉사가 있는 집에 선물로 보내세요. 그러면 상황이 좋아질 것입니다.”

이 말을 들은 부인은 기독교인으로서 책임감을 다하지 못한 것에 대한 죄책감으로 괴로워했다는 것을 인정했으며, 이제 무엇을 해야 할지 알았다고 대답했다. 10년 후

밀워키 지방신문에 다음과 같은 제목이 있는 신문기사가 크게 났다. "제비꽃 여왕 운명하시다. 수천 명이 애도함." (Gordon & Myers-Anderson, 1981: 124-125).

토/의/주/제

1. 에릭슨의 상담에서 정의하는 무의식은 무엇인가?
2. 에릭슨의 상담에서 은유를 활용하는 방법과 과정은 어떠한가?
3. 에릭슨의 성장 경험은 에릭슨의 상담 접근에 어떠한 영향을 주었는가?

Chapter 15 해결중심 상담

해결중심 상담(Solution-focused counseling)에서는 내담자가 자신이 가진 문제를 해결하려는 의지와 능력을 가지고 있다고 믿기에 내담자 스스로 해결책을 찾아 나가도록 돕는 데 주력한다. 전통적인 심리상담이 내담자의 문제의 근원이나 원인을 탐색하는 데 중점을 두었다면, 해결중심 상담은 문제의 해결에 집중한다. 상담의 초점을 문제의 원인에 두지 않고, 내담자가 원하는 변화, 문제해결 방안과 새로운 행동 유형에 둔다. 그렇기에 해결중심 상담에서는 문제의 원인이 되는 과거가 아닌 문제가 해결된 미래를 더 강조한다. 내담자가 원하는 미래를 정확히 설명하게 되면 그 미래를 이루어 내기 위해 현재 무엇을 해야 할지를 분명히 알 수 있게 된다. 해결중심 상담은 전통적인 치료적 관점과 접근에 의문을 갖고 도전하였던 팰로앨토의 정신건강연구소에서 개발된 단기문제해결 모델, 정신과 의사이며 최면상담자인 밀턴 에릭슨(Milton Erickson), 헤일리(Haley)의 전략적 치료, 개인구성치료(personal construct therapy), 신경언어학적 프로그래밍(Neuro-Linguistic Programming: NLP) 등의 영향을 받아 발전되었다. 해결중심 상담은 가족치료에서 시작되었고, 드 세이저(Steve de Shazer)와 김인수(Insoo Kim Berg)가 주축이 되어 발달시킨 모델이다.

1 드 셰이저의 생애와 업적

Steve de Shazer(1940~2005)와 Insoo Kim Berg(1934~2007)

스티브 드 셰이저는 1940년 미국 밀워키에서 출생하였다. 밀워키 지역은 독일계와 폴란드계의 소수민족이 모여 사는데, 그는 어린 시절을 다문화적 환경에서 보냈다. 그 또한 알자스계와 스페인계, 포르투갈계의 유대인계 그리고 독일계 혈통을 지녔다. 그는 건축에 관심이 있던 아버지의 요구에 따라 미술사와 건축과 철학을 공부하다가, 1971년 캘리포니아의 팰로앨토로 옮겨 사회학과 심리치료에 전념하게 된다. 특히 헤일리의 심리치료에 관심을 가졌고, 그 당시에 이미 에릭슨적 접근법들을 기초로 단기치료적 처치법들을 발전시키기 시작하였다. 팰로앨토에서 그는 장래의 배우자이며 작업 동료인 김인수를 만나게 된다. 드 셰이저는 위스콘신 대학교에서 사회사업학 석사학위를 받았고, 그후 팰로앨토에 있는 정신건강연구소의 단기치료센터에서 연구하였다. 김인수는 1934년에 한국에서 태어났고, 이화여자대학교에서 약학을 전공하다가 미국으로 건너가 1969년 위스콘신 대학교에서 사회사업학 석사학위를 받았다. 그 후 시카고 가족연구소와 메닝거 재단, 그리고 정신건강연구소의 단기치료센터에서 훈련을 받았다(정문자 외, 2008). 1973년에 존 위클랜드(John Weakland)와 만난 이후 팰로앨토에 있는 MRI의 단기치료센터 팀과 자주 교류하였다. 드 셰이저는 헤일리의 전략적 접근과 밀턴 에릭슨의 최면요법 개념으로부터 자신의 단기치료 개념을 발전시켜 나가기 시작했는데, 그 개념들은 학술지 『가족과정(Family Process)』에 '단기치료: 두 사람의 조합(Brief therapy: Two's company)'이라는 제목으로 1975년에 처음 발표되었다. 계속해서 팰로앨토에 있는 MRI의 존 위클랜드 이외에 셀비니 팔라촐리 하에 있는 밀라노 학파의 체계적 접근들을 가지고 작업하면서 드 셰이저는 자신의 모델을 수정하였다. 결국 1978년에 그는 김인수, 이브 립칙(Eve Lipchik), 일럼 누널리(Elam Nunally), 짐 덕스(Jim Derks), 마빈 위너(Marvin Wiener), 알렉스 몰러(Alex Molnar), 월러스 진저리치(Wallace Gingerich) 그리고 미첼 와이너-데이비스

(Michele Weiner-Davis)와 함께 미국 위스콘신 주의 밀워키에 단기가족치료센터(Brief Family Therapy Center: BFTC)를 설립하였다(de Shazer, 1985). '단기가족치료'라는 이름으로 시작한 그의 연구는 1982년부터는 '해결중심 단기상담'이라는 명칭으로 공식적으로 불렸다.

드 셰이저와 김인수는 1980년 중반 이후, 미국은 물론 유럽(스칸디나비아, 벨기에, 스페인, 독일, 오스트리아, 체코, 프랑스, 스위스)과 아시아(한국, 일본, 중국 등) 그리고 뉴질랜드에서 많은 초청강연, 워크숍, 훈련과정들을 지도해 나갔다. 드 셰이저는 해결중심 상담의 이론 형성과 연구에 크게 기여하였고, 김인수는 임상과 교육 및 훈련에 많은 기여를 하였다. 두 사람은 한 팀이 되어 전 세계를 누비며 많은 초청강연과 워크숍을 진행하였다.

지난 20여 년 동안 오핸런(Bill O'Hanlon), 크랄(Ron Kral), 립칙, 밀러(Scott Miller), 와이너-데이비스 등의 임상가들이 단기가족치료센터에서 드 셰이저, 김인수와 함께 훈련을 받았으며 이 모델의 발전에 크게 공헌하였다. 드 셰이저는 2005년에, 김인수는 2007년에 사망하였다. 현재 해결중심 상담은 학교, 정신병원, 상담 서비스, 자원봉사 조직들, 치료집단들과 보호관찰, 그리고 사회사업팀을 포함하여 다양한 장면에서 광범위하게 활용되고 있다. 또한 다양한 내담자들, 즉 알코올중독자, 범죄자, 마약중독 생존자, 스트레스를 겪고 있는 고용인들, 커플과 가족들 등에 적용되고 있다(Franklin et al., 2001: 정문자 외, 2008 재인용).

2 인간관

해결중심 상담은 인간에 대한 긍정적인 철학을 가지고 있다. 인간은 근본적으로 건강하고 능력이 있고, 누구나 자신의 문제를 해결할 수 있는 능력을 가지고 있다는 신념을 갖고 있다. 이러한 인간에 대한 믿음이 해결중심 상담의 중심 철학이 되고 있다. 해결중심 이론은 사회구성주의 전통에 기초를 두고 있는데, 그것은 사람을 유전적 · 생화학적 변수 혹은 가족이나 역사 및 환경에 의해서 고정되는 것으로 보는 대신에 사람과 문제를 변화 가능한 것으로 보고 있다. 인간은 살아 있는 생물체로서 항상 변화하고 있으며, 스스로 새로운 것을 창조할 수 있는 존재라고 믿는다. 해결중심 상담자는 내담자를 문제를 지닌 자로 보지 않고 자신이 지닌 자원, 강점을 활용하지 못하고 있는 자로 본다. 그러한 이유로 내담자들이 그들의 성공적 경험을 지각하고 그러한 경험을 더 많이 하도록 하여 더욱 행복하고 성공적인 삶을 살도록 돕는 데 힘쓴다.

3 주요 개념

1) 문제중심 접근 vs. 해결중심 접근

상담실을 방문하는 내담자들이 하는 대부분의 이야기는 자신이 지닌 문제에 관한 이야기(생각이나 신념 또는 가정)다. 오핸런과 오핸런(O'Hanlon & O'Hanlon, 2002)은 내담자들이 하는 문제와 관련된 이야기를 크게 네 가지로 분류하였다. 첫째는 불가능한 이야기(impossibility stories)로, "그는 주의력결핍 과잉행동장애(ADHD)를 가지고 있기 때문에 그의 행동을 통제할 수 없다." "그녀는 절대로 변하지 않을 것이다." 등과 같이 자신 또는 타인이 변화가 불가능하다는 신념을 가지고 하는 이야기다. 둘째는 비난 이야기(blaming stories)로, "이것은 모두 나의 잘못이다." "그들은 나를 못 살게 군다." 등과 같이 자신이나 타인이 잘못된 의도와 특성을 가지고 있는 것으로 바라보는 이야기다. 셋째는 무효화 이야기(invalidating stories)로, "그는 지나치게 민감하다." "당신은 너무 감성적이다." 등과 같이 개인적 경험이나 인식을 손상시키는 이야기다. 넷째는 결정론적/비선택적 이야기(deterministic/non choice stories)로, "만약 그녀가 나를 성가시게 하지 않는다면 나도 그녀에게 상처를 주지는 않을 것이다."와 같이 다른 누군가가 자신의 행동(자발적 행동)을 선택하거나 그의 삶에 일어난 것을 변화시킬 능력이 없다는 것을 나타내는 이야기다.

대부분의 내담자들이 자신이 지닌 문제를 해결하기 위해 문제와 관련된 이야기 보따리를 가지고 상담실에 오고, 대부분의 상담자들도 내담자가 가지고 있는 문제를 해결해 주기 위해서는 문제에 대해 더 많이 그리고 더 정확히 알아야 한다고 생각한다. 그러나 해결중심 상담에서는 삶의 어려움을 성공적으로 해결하지 못한 것을 문제로 보기 때문에 문제에 대해 깊이 알려고 하기보다는 새로운 해결방안을 찾는 것에 초점을 맞춘다. 문제해결을 위해서는 문제에 대해 더 많이 알아야 하는 것이 아니라 문제가 없는 때나 문제가 안 되는 상황에 대해 더 많이 알아야 한다고 생각한다. 이와 같은 문제와 문제해결에 관한 관점의 차이는 상담자가 하는 질문에서부터 차이가 난다. 문제중심 상담자의 질문과 해결중심 상담자의 질문을 비교해 보면 그 차이를 분명히 알 수 있을 것이다. 전자는 문제중심 상담자의 질문이고, 후자는 해결중심 상담자의 질문이다(O'Connell, 2000).

- 어떻게 도와 드릴까요? vs. 상담이 도움이 된다는 것을 어떻게 아시나요?
- 문제에 대해 저에게 말씀해 주시겠습니까? vs. 무엇을 변화시키기를 원합니까?
- 문제에 대해 좀 더 상세히 말씀해 주시겠습니까? vs. 문제에 대해 예외를 발견할 수 있습니까?
- 과거에 비추어 문제를 어떻게 이해할 수 있나요? vs. 문제가 없어진다면 미래는 어떻게 될 것 같나요?
- 내담자는 자신을 어떻게 방어하는가? vs. 내담자의 강점과 자질을 어떻게 사용할 수 있을까?
- 상담자와 내담자의 관계는 과거의 관계를 재연하는가? vs. 상담자는 내담자와 어떻게 협력할 수 있을까?
- 상담이 몇 회 정도 필요할까? vs. 목표를 충분히 달성했는가?

문제중심 질문에서는 상담자가 전문가 또는 문제해결 능력을 지닌 자로서 내담자에게 문제에 대해 설명할 것을 요구하고, 문제의 원인이 되는 과거에 대해 탐색하고, 문제에 관해 더 많은 정보를 얻고자 한다. 반면, 해결중심 질문에서는 처음 질문부터 내담자를 상담자의 동반자로 초대한다. 내담자가 달성하기 원하는 것과 내담자가 원하는 것을 성취하는 것을 어떻게 알 수 있는지 계속 질문하면서 내담자가 변화에 대해 기대를 가지게 하고 내담자에게 변화 가능성이 있음을 강조한다. 그리고 문제에 대해 질문하기보다는 문제가 일어나지 않았을 때를 지속적으로 생각하도록 돕고, 내담자가 지닌 능력과 강점을 볼 수 있도록 돕는다.

2) 긍정적 관점 지향

해결중심 상담에서는 내담자를 문제를 가진 존재로 보기보다는 강점과 자원을 갖고 있는 존재로 본다. 그래서 상담자는 문제를 해결하는 데 사용될 수 있는 내담자의 성공과 강점, 자원과 특성들을 규명하고 그것을 내담자가 받아들일 수 있도록 돕는다. 해결중심 상담의 긍정적 관점을 강점관점에서 체계화시킨 사람은 셀리비(Saleebey, 1996, 2002)다. 그는 강점관점을 실제 상담에 적용하는 데 있어 원칙이 되는 핵심 개념인 임파워먼트, 소속감, 레질리언스, 치유, 대화와 협동적 관계, 불신의 종식 등을 발전시켰는데, 이 개념들은 해결중심 상담의 긍정적 관점을 잘 설명하고 있다(정문자 외, 2008).

- 임파워먼트(empowerment): 개인, 집단, 가족, 지역사회가 내부 또는 외부에 있는 자원과 도구를 발견하고 확장하도록 돕는 과정을 말한다.
- 소속감: 사람은 지역사회에서 책임과 가치가 있는 구성원이 되고자 하는 욕구를 가지고 있고, 집단이나 조직의 구성원으로 소속되어 권리, 책임, 확신, 안전함 속에서 행복을 추구한다는 의미를 내포하고 있다.
- 레질리언스(resilience): 엄청난 시련을 견디어 낼 수 있는 능력을 의미한다. 위기와 도전에 대해 시련, 자기 정당화 등으로 반응하면서 성장해 가는 적극적인 과정이라 할 수 있다.
- 치유: 사람은 어려움에 당면했을 때 무엇이 자신에게 정당하고 무엇을 해야 하는지를 판단할 수 있는 지혜를 갖고 있으며, 이런 지혜는 인간 유기체가 스스로 치유할 수 있는 능력이 있다는 것을 뜻한다.
- 대화와 협동적 관계: 사람은 일생생활에서 대화를 통해 상대방의 입장과 생각을 더 잘 이해하게 되며 관계를 회복하거나 문제를 해결하게 된다. 상담자와 내담자의 협동적 관계는 내담자의 자율적인 참여와 독립적인 결정 그리고 문제해결 능력을 촉진시키는 것은 물론 성취감을 증대시켜 변화를 좀 더 지속시킬 수 있게 된다.
- 불신의 종식: 내담자를 믿고자 하는 강점관점의 의지를 나타내는 개념이다. 상담자는 내담자 이야기의 진실성 여부에 초점을 두기보다 내담자의 내적인 힘

이 될 수 있는 강점과 자원을 신뢰하는 것에 가치를 두어 내담자가 가지고 있는 강점과 자원을 탐색하고 활용하는 것에 초점을 둔다.

3) 해결중심 상담의 기본 원칙

해결중심 상담에서는 인간의 삶이 끊임없이 문제가 발생하고 해결되는 과정의 연속선상에 놓여 있다고 본다. 드 셰이저는 상담을 이끌어 가는 세 가지 기본 원칙을 제시하였다. 이 원칙들은 내담자가 문제에 접근하는 방법과 상담자가 상담을 이끌어 가는 방법 모두에 적용된다(O'Connell, 2000).

- 문제가 없으면 손대지 마라: 해결중심 상담에서는 사람들이 문제가 아니며, 사람들은 단지 문제를 가지고 있다는 점을 강조한다. 이것은 내담자를 아프고 상처받은 존재로 보는 것을 피하게 하고, 대신 그들의 삶에서 건강하고 잘 기능하는 것들을 찾게 한다. 내담자가 문제가 아니라고 생각하는 것은 내담자를 문제로 다루지 말라는 것으로 해결중심 상담에서는 상담자가 아닌 내담자가 상담의 목표를 결정한다.
- 효과가 있으면 계속하라: 해결중심 상담에서는 내담자가 이미 하고 있는 긍정적인 행동들을 계속하도록 격려한다. 효과가 있는 일을 반복해서 하면 내담자의 긍정적인 행동이 증가하고, 이는 자발적인 문제해결 행동을 강화해서 더 많은 성공을 이루게 한다.
- 효과가 없으면 그만두라: 해결중심 상담에서는 조금이라도 효과가 있는 행동을 계속해서 하도록 격려하는 반면, 효과가 없는 행동은 더 이상 계속하지 말게 하고, 실패의 악순환을 깨뜨릴 수 있는 새로운 것을 시도할 것을 권한다. 기존의 문제해결 방법은 문제해결을 위해 시도한 노력이 실패해도 성공할 때까지 계속 시도할 것을 권했다. 그러나 해결중심 상담에서는 시도한 것이 효과가 없다면, 다시는 같은 방법을 사용하지 않고 다른 방법을 사용할 것을 요구한다. 그러나 어떤 것이 기능을 하면 그것은 고치지 않는다. 그리고 일단 효과가 있는 것을 알면 그것을 계속하도록 격려한다.

4) 해결중심 상담의 기본 가정과 기본 원리

해결중심 상담의 기초가 되는 몇 가지 기본 가정과 원리들을 살펴보면 다음과 같다(정문자 외, 2008; 정혜정 외, 2007; Berg & Miller, 1992; James & Gilliland, 2003).

- 항상 긍정적인 측면에 초점을 둔다. 문제가 되는 상황에 초점을 맞추기보다 긍정적인 면에 초점을 맞추는 것이 훨씬 효과적이며 바람직한 방향으로 변화를 이끌 수가 있다.
- 작은 변화는 생성적(generative)이므로 더 큰 변화를 야기할 수 있는 다양한 효과를 가진다.
- 사람들은 더 나은 방향으로 변화하기를 원한다.
- 예외 상황은 해결점을 제시한다. 모든 문제에는 예외 상황이 있는데 이런 상황을 발견하여 더 자주 일어나도록 격려하는 것은 자신의 문제를 스스로 조정할 자신감과 해결책을 갖게 한다.
- 문제를 분석하지 않는다.
- 협동 작업은 있게 마련이다. 내담자는 항상 협조하고 있으며 변화에 대한 자신의 생각을 보여 준다. 저항하는 내담자가 있는 것이 아니라 유연성이 결여된 상담자가 있을 뿐이다.
- 사람들은 자신의 문제를 해결하기 위하여 필요한 자원을 가지고 있다. 그렇기에 정신병리적 측면보다 건강한 측면을 강조한다.
- 의미와 체험의 변화는 상호작용 속에서 일어난다. 사람은 체험에 의미를 부여하며, 동시에 체험은 사람의 것이 된다. 우리의 세계는 상호작용 속에서 의미를 갖는다.
- 내담자가 전문가다. 내담자가 자기 문제에 대해 가장 많이 알고 있으며 많은 해결책을 시도했을 것이라고 본다.
- 행동과 묘사는 순환적이다. 예를 들어, 남편의 행동에 대해 아내가 어떻게 보느냐에 따라 대처방법은 달라진다.
- 상담자는 문제를 해결할 내담자의 의도를 신뢰한다.
- 상담팀은 상담목표와 상담 노력을 공유하는 사람들로 구성된다. 상담목표의

설정과 그 목표를 달성하기 위해 노력할 의사를 가진 사람들로 이루어진다.

해결중심 상담의 특징은 내담자의 성공과 강점에 초점을 맞추고, 내담자의 자원을 충분히 활용하여 문제(problem)가 아닌 해결(solution)에 중점을 둔다는 점이다. 해결중심 접근을 위해서는 앞에서 설명한 가정들을 기초로 다음에 제시된 일곱 가지 원리들을 중요시한다(정문자 외, 2008; Berg & Miller, 1992).

첫째, 병리적인 것 대신에 건강한 것에 초점을 둔다. 내담자의 성공 경험에 초점을 두며 그것을 상담에 활용한다. 잘못된 것에 관심과 초점을 두는 대신에 성공한 것과 성공하게 된 구체적인 방법을 발견하는 데 관심을 둔다. 내담자의 긍정적인 측면에 초점을 맞출 때 내담자와 상담자의 관계 형성에 도움이 되며, 내담자의 성공적인 과거 경험들은 앞으로의 행동에 긍정적인 영향을 미친다고 본다.

둘째, 내담자의 강점, 자원, 건강한 특성을 발견하여 상담에 활용한다. 내담자가 이미 가지고 있는 자원, 강점, 능력, 지식, 동기, 증상, 사회관계망, 환경, 성공적인 경험 등을 이끌어 내고 확인하며 지지함으로써 제시된 문제의 해결에 활용한다.

셋째, 탈이론적 · 비규범적이며 내담자의 견해를 존중한다. 내담자의 행동을 가설적 이론의 틀에 맞추어 평가하지 않고, 내담자가 호소하는 불평을 수용하고, 내담자의 의견과 관점을 액면 그대로 받아들여 개별성을 최대로 존중한다. 따라서 내담자의 특성에 기초하여 개별화된 해결책을 발견함으로써 진정한 내담자 중심의 상담 접근이 가능하다.

넷째, 일차적으로 단순하고 간단한 방법을 사용한다. 해결중심 상담은 상담목표를 달성하기 위해 상담방법의 경제성을 추구한다. 복잡한 것에서 단순한 것으로 접근하는 것이 아니고 단순한 것에서 복잡한 것으로 상담함으로써 경제성을 성취한다. 그러므로 상담개입은 가장 단순하며 하기 쉬운 것부터 시작하여 상담의 파급효과를 가져오게 한다. 따라서 내담자가 달성할 수 있는 작은 것을 목표로 정하도록 한다.

다섯째, 항상 일어나며 불가피한 것이다. 누구에게나 변화는 삶의 일부이기 때문에 변화를 막을 수는 없다. 문제가 발생하지 않는 예외 상황을 많이 찾아내어 긍정적인 변화를 증가시킨다. 상담에서 인간의 삶 속에서 끊임없이 일어나는 변화를 확인하고 그 변화를 해결책으로 활용할 필요가 있다.

여섯째, 현재에 초점을 맞추며 미래 지향적이다. 과거와 문제의 발달 배경에 관심을 두기보다는 현재 내담자가 희망하는 미래의 상황을 구축하는 데 초점을 둔다.

일곱째, 내담자와의 자율적인 협력관계를 중요시한다. 해결중심 상담에서는 상담자와 내담자가 상호 간의 협의된 상담목표를 설정하여 해결방안을 발견하고 구축하는 과정을 중요하게 여긴다.

5) 상담자와 내담자의 관계 유형

드 셰이저와 김인수는 내담자의 상담 동기, 상담에 임하는 자세와 태도, 변화의 의지 등에 따라 상담자와 내담자의 관계가 다름을 발견하였다. 그들은 상담자와 내담자의 관계 유형을 방문자형, 불평형, 고객형의 세 가지로 분류하고, 유형별로 상담 전략을 달리할 것을 제안하였다.

(1) 방문형과의 관계

방문형은 자발적인 동기에 의해서 상담에 온 것이 아니고, 일반적으로 주위 가족이나 친척, 교사, 검사, 보호관찰관, 직장 상사 등의 요구나 명령으로 상담에 의뢰된 경우가 많다. 그들은 자신의 의사와는 관계없이 상담에 참여하기 때문에 상담에 대한 저항이 강하고, 자기 문제에 관한 인식도 약하고, 문제해결에 대한 동기도 매우 희박하다. 방문형의 내담자에게는 그들의 말을 경청하고 내담자의 방어적인 태도 이면에 깔린 내담자의 지각에 동의하면서, 내담자 자신이 원하는 것이 무엇인지와 자신을 위한 최선의 길이 무엇인지를 질문하면서, 내담자가 상담자의 이해를 받고 있다는 느낌을 받으면서 상담을 시작할 수 있도록 관계를 형성하는 것이 중요하다.

(2) 불평형과의 관계

불평형은 자신 때문에 문제가 있는 것이 아니며 다른 사람의 문제 때문에 자신이 힘들다고 불평하는 유형이다. 그들은 문제의 심각함을 알고 문제해결의 필요성은 간절히 원하지만 자신이 아닌 문제를 지닌 다른 사람이 변화되어야 한다고 생각한다. 불평형의 경우는 자신의 불평을 토로하는 것만으로 또는 상담자가 자신의 불평을 들어 주는 것만으로도 만족한다. 상담자는 내담자의 문제와 해결에 대한 인식을 바꿔 내담자 자신이 문제해결의 주체임을 알아차리게 도와야 한다. 그러기 위해서는 내담자의 어려움을 이해해 주고, 내담자가 지금까지 노력해 온 것을 인정해 주며, 지금까지와는 다른 방법, 예를 들어 예외 상황을 발견하는 과제 등으로 내담자 자신이 원하는 결과를 얻을 수 있도록 돕는 것이 좋다.

(3) 고객형과의 관계

고객형은 자신이 문제를 지녔다는 것을 알고 자신의 문제해결을 위해 자발적으로 도움을 요청한 사람으로, 문제해결을 위해서는 무엇인가 행동을 변화시킬 준비가 된 유형이다. 고객형 내담자에게는 내담자가 지니고 있는 해결능력을 찾고, 실제 삶의 장면에서 문제가 아닌 예외 상황을 찾고 확인하도록 돕고, 그 예외가 계속해서 일어날 수 있도록 지지하고 강화하는 작업을 해야 한다.

4 상담의 목표와 과정

1) 상담목표

해결중심 상담에서는 내담자가 이미 문제해결의 자원과 강점을 지니고 있다고 믿기에 내담자가 가지고 있는 자원을 활용하여 상담목표를 이루어 나가도록 돕는다. 해결중심 상담에서는 내담자와 함께 내담자가 원하는 목표를 세우는 것을 중요하게 생각하는데, 내담자가 가지고 오는 목표가 윤리적이고 합리적이면 그것이 상담의 목표가 된다. 목표를 세울 때에는 다음과 같은 원칙이 있다(Walter & Peller, 1992).

- 내담자에게 중요한 것을 목표로 한다. 내담자에게 중요한 것일수록 목표를 성취하기 위해 훨씬 더 협조적이 된다.
- 작은 것을 목표로 한다. 일주일에 한 번만 스스로 아침에 일어나기 등과 같이 작은 목표를 설정하고 이를 성취하는 경험을 가지게 하여, 내담자에게 성공감

과 희망을 주고 변화되고자 하는 동기를 키워 준다.

- 구체적이고 명확하며 행동적인 것을 목표로 한다. 10시까지 집에 들어오지 못하면 전화하기 등과 같이 구체적이고 직접 관찰이 가능하고 누군가 인정할 수 있는 것을 목표로 한다.
- 문제를 없애는 것보다는 긍정적인 행동에 관심을 둔다. 동생과 싸우지 말기보다는 동생과 협동하기 등과 같이 문제시되는 것을 없애는 것보다는 해야 하는 것에 관심을 두고, 긍정적인 단어로 상담목표를 규정한다.
- 목표를 종식보다는 시작으로 간주한다. 목표를 설정할 때는 성취하기 원하는 최종의 결과보다는 처음의 작은 시작에 초점을 맞춘다. 처음 단계에서부터 필요한 것을 명확하고 구체적으로 잡아 상담목표를 설정해 나가는 것이 중요하다.
- 내담자의 생활에서 현실적이고 성취 가능한 것을 목표로 한다. 죽은 남편이 살아오기를 바라는 것은 비현실적이고 성취 불가능한 목표다. 남편 대신 아이들과 좀 더 많은 시간을 함께 보내고 자신이 남편의 자리를 채워 주도록 노력한다는 것이 보다 성취 가능한 목표가 될 것이다.
- 목표 수행을 힘든 일로 인식한다. 변화를 위한 노력은 아주 힘든 일임을 잘 인식시키는 것이 중요하다. 이러한 인식은 내담자가 목표를 성취할 수 없는 상황에서 내담자 자신을 보호해 주는 역할을 하며 실패에 대해 쓸데없이 자책하고 우울해 하지 않도록 만들어 준다. 그 결과가 어떠하든 내담자와 상담자는 그들의 노력을 성공으로 볼 수 있게 한다.

2) 상담과정

해결중심 상담자는 내담자가 가진 문제의 본질을 이해하거나 평가하지 않고 내담자 스스로가 문제를 해결할 수 있다는 믿음을 가지고 있다. 또한 상담자는 효과적인 질문, 격려, 피드백을 통해 내담자를 조력한다. 해결중심 상담은 단기상담이기에 다른 상담과는 다른 상담과정이 전개된다. 해결중심 상담과정은 첫 회기 상담과정과 첫 회기 이후의 상담과정으로 구별하여 제시할 수 있다. 해결중심 상담의 기본적인 상담과정은 다음과 같다(De Jong & Berg, 2001).

(1) 첫 회기 상담과정

첫 회기 상담과정에 대해서도 학자마다 4단계(De Jong & Berg, 2001) 또는 7단계(de Shazer et al., 1986)로 제시하고 있다. 여기에서는 드 셰이저가 제시한 7단계를 살펴보고자 한다.

① 1단계: 상담 구조와 절차 소개

해결중심 상담은 다른 상담과 달리 일방경, 인터폰 시스템을 사용한다. 상담과정도 상담자와 40~45분 정도 상담하고, 5~10분 정도 휴식을 취하게 한다. 이때 상담자는 동료팀과 함께 치료적 메시지를 작성한다. 휴식 후, 상담자는 다시 내담자에게 메시지를 전달하는 방식으로 상담을 진행한다. 이러한 상담의 구조와 절차를 소개하고 녹화에 관해 허락을 구한다.

② 2단계: 문제 진술

상담자는 내담자가 가져온 문제나 어려움에 관해 간단히 질문한다. 이때 하는 문제에 관한 질문은 문제를 탐색하려는 의도가 아니고, 문제와 관련된 도움을 주기 위한 것이다. 내담자가 제시한 문제를 좀 더 구체적이고 상세하게 질문하여 문제를 구체화시키고, 내담자에게 맞는 맞춤식 상담을 진행한다.

③ 3단계: 예외 탐색

3단계에서는 내담자에게 문제가 일어나지 않았을 때, 즉 예외 상황을 찾는다. 문제로 인해 고통당하지 않았을 때, 문제에 잘 대처했던 때, 문제 상황에서 효과적으로 반응할 수 있었던 때를 탐색해 봄으로써 문제해결의 가능성을 찾고 해결을 위한 개입계획을 세우게 된다.

④ 4단계: 상담목표 설정

해결중심 상담에서는 앞에서도 설명했듯이 내담자의 의견을 존중하면서 내담자와 협동하여 상담목표를 구체적이면서 명확히 할 것을 강조한다. 목표 설정을 매우 중요하게 생각하는 해결중심 상담자는 목표 설정에 많은 시간과 노력을 기울인다. 상담목표 설정은 내담자의 변화 정도를 평가하는 것은 물론 치료결과에 대한 만족도를 높이는 데에도 매우 중요하다.

⑤ 5단계: 해결책 정의

내담자와 함께 설정한 목표를 성취하기 위해 본격적으로 문제해결과 관련된 질문을 집중적으로 한다. "문제가 해결되면 뭐가 어떻게 달라질까요?" "목표를 달성하면 어떤 일이 일어날까요?" "문제가 발생하지 않았을 때가 있었나요?" 이와 같은 질문으로 문제가 해결된 상황에 대한 기대를 가지게 하고, 그 기대를 이루어 갈 수 있는 방안에 대해 생각해 보도록 한다.

⑥ 6단계: 메시지 작성

40분 정도의 상담 이후 휴식시간을 가질 때, 상담자는 상담팀이 있으면 상담팀의 자문을 받아서 메시지를 작성한다. 상담팀 없이 혼자 상담을 한 경우는 지금까지 한 상담을 정리하여 메시지를 작성한다. 메시지에는 내담자가 가진 자원과 장점에 관한 칭찬과 내담자의 문제해결 능력을 계속 이끌어 내고 유지시킬 수 있는 과제가 포함된다.

⑦ 7단계: 메시지 전달

상담자는 휴식시간에 작성한 메시지를 5분 이내로 짧은 시간에 내담자에게 전달한다. 이때 상담자는 '지금부터 다음 상담 때까지 당신이 삶에서 지속적으로 찾고자 하는 것들에 주목하고 다음 시간에 그에 대해 이야기해 달라'는 요청도 함께 한다.

(2) 첫 회기 이후의 상담과정

첫 회기 이후의 상담에서는 첫 회기 상담 후에 일어난 변화를 계속 유지시키고 강화하고 확대해 가는 것이 중요하다. 내담자에게 생긴 변화의 흔적들을 찾아내서 그 변화의 가능성을 확장시켜 나가는 작업이 2회기 이후의 주요 과제가 된다. 이러한 작업에서 요구되는 상담자의 주요 활동을 'EARS'라고 한다(정문자 외, 2008).

① 이끌어 내기(Eliciting): 지난번 치료 이후에 변한 것들에 대해서 질문한다.

- 지난번 치료 이후 아주 작은 점이라도 나아진 것은 무엇인가요?
- 배우자나 당신 가족은 당신에게서 무엇이 좋아졌다고 말할까요?

② 확장하기(Amplifying): 예외를 확대하기 위해서 긍정적인 변화에 대해 자세하고 구체적으로 질문한다.

- 언제: 변화가 언제 발생했나요? 또 다른 것은?
- 누가: 누가 변한 것을 알았나요? 그 사람들은 어떻게 다르게 반응했으며, 당신은 어떻게 말했나요?
- 어디서: 학교, 직장, 집에서 어떻게 다르게 행동했나요?
- 어떻게: 어떻게 그렇게 하였나요? 그렇게 하면 된다는 것을 어떻게 알았나요? 그렇게 한 것이 어떻게 도움이 되었나요? 어떻게 도움이 되었는지를 설명할 수 있습니까?

③ 강화하기(Reinforcing): 긍정적으로 변화된 성공과 강점을 언어적 · 비언어적으로 강화하는 것이다. 강화는 예외에 주목하여 예외를 신중히 탐색하거나 칭찬하는 것을 통해 이루어진다.

- 비언어적: 몸을 앞으로 숙이고, 눈을 치켜뜨고, 펜을 집어 들고, 기록하고, 놀라는 표정을 짓는다.
- 확인: 이야기를 중단하고 "다시 말해 줄래요?" "무엇을 했다고요?" "실시한 것에 대해 무엇이라고 했죠?" 와 같이 다시 확인하는 질문을 한다.
- 칭찬: 긍정적인 변화를 칭찬한다.

④ 다시 시작하기(Start again): "무엇이 나아졌나요?" 와 같은 질문을 통해서 상담자로 하여금 다시 시작해야 한다는 것을 기억하게 만드는 것이다. 또 다른 좋아진 것에 관해 질문하고 확신 동기, 희망 등을 척도로 질문하여 그들이 얼마나 실현 가능한지 척도를 사용하여 파악한다. 내담자가 긍정적인 변화에 대해 충분하게 말했다고 판단될 때까지 "또 좋아진 것이 없을까요?" 라고 계속 질문한다.

5 상담의 기법과 적용

1) 상담기법

해결중심 상담의 장점은 상담이론을 실제 상담 현장에서 간결하고 구체적이면서 쉽게 적용할 수 있는 상담기법을 개발한 것이다. 김인수는 해결중심 상담기법을 간결하게 하기 위해 오랜 기간 연구와 노력을 기울였다고 한다. 해결중심 상담기법들은 해결중심 상담자가 아닐지라도 많이 활용하고 있으며, 개인상담뿐 아니라 집단상담에서도 많이 활용하고 있다.

대표적인 기법으로는 해결중심 상담의 주요 개념을 상담 장면에서 사용하기 쉽게 만든 다양한 질문기법들과 메시지 전달기법이 있다(정문자 외, 2008; 정혜정 외, 2007; Berg & Miller, 1992; O'Connell, 2000).

(1) 질문기법

해결중심 상담에서는 내담자와의 대화를 해결중심으로 유도할 수 있는 방법을 구체화하는 방법으로 내담자가 지닌 문제해결의 힘과 능력을 찾아내서 확장시키고 강화시킬 수 있는 다양한 질문들을 개발하였다. 상담과정에서 상담자가 내담자에게 질문하는 방식에 따라 내담자의 문제와 그 해결에 대한 관점은 달라질 수 있다. 그리고 내담자의 잠재적 해결능력을 이끌어 낼 수도 있고, 문제 상황으로 들어가 문제를 더 깊이 탐색하게 될 수도 있다. 따라서 해결중심 상담에서는 상담자의 질문을 매우 중요하게 다룬다. 해결중심 상담자는 내담자가 해결방안을 찾아내도록 질문을 하고 과거의 성공 경험을 토대로 자신의 강점과 자원을 확인시켜 주며 치료과정에서 성취하고 성공하고 있는 것을 확인하게 하는 질문을 해야 한다. 대표적인 질문기법으로는 드 셰이저와 김인수가 만든 면접 전 질문(처음 상담면접 이전의 변화에 관한 질문), 예외질문, 기적질문, 척도질문, 대처질문의 다섯 가지가 있고, 이 외에도 다양한 질문이 만들어져 활용되고 있다.

① 상담 전 변화에 관한 질문

처음 상담을 약속했을 때와 오늘 상담을 받으러 오기 전까지 상황이 좀 나아진 사람들이 많았는데, 혹시 그런 일이 있으셨습니까? 전화로 약속하고 오늘 오기까지 어떤 변화가 있었나요?

상담 전 변화에 관한 질문은 변화는 계속해서 일어난다는 가정하에 한다. 일반적으로 상담을 받으려는 순간은 문제가 매우 심각하여 도움을 받지 않으면 안 되겠다는 결심이 설 때다. 상담을 받으러 간다는 사실만으로도 내담자는 자신의 문제해결에 대해 좀 더 진지하게 고민하게 되고 나아지려는 노력을 시작하게 된다. 이 질문을 통해 상담도 하기 전에 이미 변화가 있다고 하면, 상담자의 도움 없이도 내담자 스스로에게 일어난 변화이기에 내담자에게 변화의 능력에 대한 힘을 실어 주게 된다. 내담자는 이미 스스로 변화할 수 있는 해결능력이 있음을 알게 되는 것이다. 상담자는 상담 회기 전의 변화를 인정함으로써 내담자가 이미 시작한 변화를 계속 확장시켜 나갈 수 있다. 상담 전 변화에 대한 탐색은 문제해결에 매우 중요한 단서, 즉 해결책 구축으로 전이될 수 있는 전략, 신념, 가치와 기술들에 대한 명확한 단서들을 상담자에게 제시해 준다.

② 예외질문

최근 문제가 일어나지 않은 때는 언제였습니까? 문제가 해결되었다면 그것을 어떻게 알 수 있겠습니까? 문제가 발생하지 않았다는 것을 어떻게 압니까? 문제가 발생하는 상황과 발생하지 않는 상황에서 차이점은 무엇입니까?

예외란 문제라고 생각하는 행동이 일어나지 않은 상황이나 행동을 뜻한다. 예외질문은 문제해결을 위해 우연적이며 성공적으로 실시한 방법을 발견하여 의도적으로 실시하는 것이다. 이 접근방법은 내담자가 가지고 있는 자원을 활용하여 내담자의 자아존중감을 강화시킬 수 있다(Walter & Peller, 1992). 즉, 상담을 시작할 때 가졌던 불평불만 등의 부정적인 면이 긍정적인 면으로 바뀌게 되는 순간이다. 어떠한 문제에도 예외는 있다는 것이 해결중심 상담의 기본 전제다. 그러므로 문제가 일어나지 않았을 때 혹은 문제를 잘 해결했을 때 등 내담자가 우연히 성공한 것이라도 찾아내어 그것을 의도적으로 계속해 보도록 격려한다. 예외 상황에서는 누구도 다르게 행동할 수 있다는 것을 강조한다. 이것은 내담자의 삶의 다른 영역으로부터 전이될 수 있는 해결책 혹은 유사한 상황에서 사용된 과거의 해결책을 찾는 것을 포함한다. 계속해서 다음과 같은 질문을 할 수 있다. "보통 집에 안 들어오는 것은 큰 싸움을 일으키지요. 그런데 어떻게 어제는 큰 싸움이 일어나지 않을 수 있었지요? 지난밤에 평소와는 다르게 행동한 것이 무엇이었나요?" "어떻게 그것이 다시 일어나도록 할 수 있을까요?" "그런 일이 다시 일어나려면 무엇이 필요한가요?"

③ 기적질문

> 당신이 밤에 잠이 들었을 때 기적이 일어나서 당신이 상담을 받으러 온 문제들이 모두 사라졌다고 상상해 보세요. 당신이 잠든 사이에 일어난 일이기에 당신은 기적이 일어났는지 모릅니다. 그런데 당신이 아침에 일어나서 지난밤에 기적이 일어났다는 것을 알 수 있었어요. 그렇다면 무엇을 보면 기적이 일어났다는 것을 알 수 있을까요?

기적질문은 상담과정에서 한 내담자가 "기적이라도 일어난다면 모를까 해결될 것이라고 기대하진 않아요."라고 말하는 것을 듣고 드 세이저와 김인수가 개발한 질문이다. 기적질문은 문제 자체를 제거하거나 감소시키는 게 아니고, 문제와 분리하여 문제가 해결된 상태를 상상해 보게 하고, 해결하기 원하는 것들을 구체화하고 명료화하는 데 도움이 되고, 상담목표를 설정하는 데 도움이 된다. 내담자는 기적질문에 대해 생각하고 답하면서 성공적인 결과를 반복해서 언어로 표현하게 되면 그것이 현실화될 가능성이 더 높아질 수 있다. 이 질문에 답을 하면서 기적을 분명히 하는 것도 자신이고 그러한 기적을 만드는 사람도 자신이라는 사실을 알아차리게 된다. 기적질문은 다음과 같은 질문으로 계속 연장된다. “기적이 일어나서 모든 문제가 해결되었다면 당신은 무엇이 달라질 것이라고 생각하십니까?” “기적이 일어난 것같이 하려면 무엇을 먼저 해야 할까요?”

기적질문을 할 때는 내담자가 계속되는 질문에 긍정적으로 응답하도록 질문하는 것이 중요하며, 질문을 통해 내담자가 기적을 현실화하기 위해 새롭게 행동해야 한다는 것을 암시해야 한다. 그리고 현재 생활에서 내담자 자신이 실행할 수 있는 것이 무엇인가를 질문하여 실제 생활과 연결시켜 나가야 한다.

④ 척도질문

1점에서 10점까지 있는 척도에서 1점은 문제가 가장 심각했던 최악의 상태를 나타내는 점수이고, 10점은 당신이 가지고 있는 문제가 다 해결된 것을 나타내는 점수라고 가정한다면 지금의 상태는 몇 점이라고 생각하세요? 몇 점이 되면 만족하시겠어요?

척도질문은 내담자 자신의 문제, 문제의 우선순위, 변화에 대한 의지와 확신, 문제해결에 대한 희망, 정서적 친밀도, 자아존중감, 변화를 위해 투자할 수 있는 노력, 진행에 관한 평가, 문제가 해결된 정도 등을 수치로 나타내는 질문이다. 이 질문은 문제의 심각성 정도를 나타내고, 목표 성취 정도와 결과에 대한 평가를 수치로 명확히 하는 데 도움이 된다. 또한 척도질문은 이루지 못할 것 같은 큰 목표를 다루기보다는 다음 주까지 1점을 더 늘리기 위해서 어떤 것을 할 수 있겠는가와 같이 수행 가능한 작은 변화를 목표로 삼는 것을 구체화시키는 데 도움이 된다. 질문은 변화에 대한 동기를 강화하고 다음 단계로 전이하기 위한 탐색과정으로 내담자에게 문제해결에 대한 확신을 주고, 변화를 위해 스스로 할 수 있는 행동을 선택하는 것을 쉽게 하고, 변화 상태를 스스로 평가하는 데 매우 유용하다.

⑤ 대처질문

> 그 어려운 상황 속에서 어떻게 견딜 수 있었나요? 어떻게 해서 상황이 더 이상 나빠지지 않았나요? 어떻게 죽지 않고 살아남을 수 있게 되었습니까? 그런 악조건에서 어떻게 참고 견뎌 낼 수 있었습니까? 계속 술을 마시는 것이 어떻게 도움이 되는가요? 지금까지 해 온 것을 유지하기 위해 무엇을 해야 하는가요?

문제해결의 예외를 발견하지 못하고 문제해결의 어떠한 희망도 찾지 못해 절망하고 있는 내담자, 만성적인 어려움으로 비관적 상태에 있는 내담자에게 사용할 수 있는 질문이 대처질문이다. 내담자가 어떻게 문제가 더 심각한 상황 또는 최악의 상황이 되지 않게 했느냐는 질문은 내담자에게 아직도 문제를 심각한 상황으로 가져가지 않을 힘과 그 정도 선에서 버텨 낼 수 있는 힘이 남아 있다는 것을 알게 하고 자신에게 남아 있는 자원과 강점을 인정하게 한다.

⑥ 관계성 질문

> 너의 선생님이 여기 계시다고 생각해 보자. 너의 어떤 점이 변화되면 선생님께서 너의 학교생활이 나아졌다고 말씀하시겠니? 너의 선생님에게 너의 문제가 해결되면 무엇이 달라질까를 묻는다면 선생님은 뭐라고 말씀하실까? 네가 저녁에 컴퓨터를 하지 않고 공부하는 모습을 본다면 어머니는 어떻게 반응하실까?

관계성 질문은 내담자가 문제해결의 상황을 자기중심적 생각에서 벗어나 중요한 타인의 시각에서 보면서 문제해결에 관한 새로운 가능성을 찾아내는 데 도움을 주는 질문이다. 사람이 자신의 희망, 힘, 한계, 가능성 등을 지각하는 방식은 자신에게 중요한 타인이 자신을 어떻게 보고 있을까라는 생각과 밀접한 관계가 있다. 때때로 내담자는 문제가 해결되었을 때 자신의 생활에서 무엇이 달라질 것인지에 대해서는 전혀 예측하지 못하는 경우가 있다. 그러나 내담자가 자신을 자기 입장에서가 아닌 중요한 타인의 눈으로 보게 되면 이전에는 생각하지 못했던 새로운 해결의 가능성을 만들어 낼 수도 있다.

⑦ 악몽질문

오늘 밤에 잠자리에 들었다고 가정해 봅시다. 한밤중에 악몽을 꾸었습니다. 오늘 여기에 가져온 모든 문제가 갑자기 더 많이 나빠진 것입니다. 이것이 바로 악몽이겠죠. 그런데 이 악몽이 정말 실제로 일어난 것입니다. 내일 아침에 무엇을 보면 악몽 같은 인생을 살고 있다는 것을 알 수 있을까요?

예외질문이 효과가 없을 때 대처질문을 했던 것과 같이, 면담 전 변화에 대한 질문, 기적질문, 예외질문이 효과가 없을 때는 악몽질문을 한다. 악몽질문은 해결중심 상담에서 유일하게 문제중심적인 부정적인 질문이다. 이 질문은 내담자가 자신의 처지가 더 악화되어야만 문제에서 벗어나려는 의지를 보일 때 상담자가 사용해 볼 수 있는 질문이다. 역설적 질문이 신중하게 사용되어야 하는 것과 마찬가지로, 악몽질문도 내담자와의 관계가 잘 형성된 후에 부작용에 주의하여 사용해야 한다.

⑧ 간접적인 칭찬

아내가 소리를 지를 때 잠시 참으면 상황이 더 악화되지 않는다는 것을 어떻게 아셨나요? 그런 상황에서 화를 참기가 쉽지 않은데 어떻게 그렇게 조용히 참아 낼 수 있으셨나요? 자신의 형편도 많이 어려운데 어떻게 시부모님께 그 정도의 생활비를 도와 드릴 수 있었나요?

이와 같은 질문은 질문의 형식을 띠었지만 내담자의 긍정적인 삶의 대처방식에 대한 칭찬이다. 이러한 질문은 내담자의 강점이나 자원을 인정함으로써 내담자의 자원을 더욱 활성화하게 하고, 문제해결의 방법을 발견하게 하며, 이미 실행하고 있는 긍정적 해결 지향 행동을 더욱 강화시켜 준다.

⑨ '그 외에 또 무엇이 있습니까?' 질문

그 외에 또 무엇이 있습니까? 뭐가 더 있을까요? 더 좋은 생각이 없을까요? 이전에 말한 것과 연결시켜 또 다른 게 있을까요? 또 다른 좋은 생각이 없습니까?

이와 같은 질문은 위에서 제시한 질문을 통해 발견된 내담자의 장점과 자원, 해결능력, 성공적인 경험 등을 더욱 촉진시키고 유지시키기 위한 목적으로 사용된다. 자신이 이미 하고 있는 긍정적인 변화를 유지할 뿐 아니라 성장하고 발전하기 위해서 계속해서 성공적 해결책을 탐색하게 하여 예외적인 것을 더 많이 발견하도록 촉진시킨다.

(2) 메시지 전달기법

해결중심 상담에서는 상담을 종료하고 5~10분 휴식시간을 가진 후 상담 회기에 대한 피드백을 '메시지'라는 형태로 전달한다. 이때 전달되는 메시지는 교육적 기능, 정상화의 기능, 새로운 의미의 기능 그리고 과제의 기능을 가지고 있으며 (Walter & Peller, 1992), 칭찬(compliment), 연결문(bridge), 과제(task)로 구성된다 (De Jong & Berg, 2001).

메시지의 기능을 살펴보면, 먼저 교육적 기능을 하는 메시지는 어떤 것에 대한 의미에 차이가 있음을 시사하며 이것이 궁극적으로 행동의 차이를 만들게 된다. 메시지는 내담자에게 자신의 처지나 해결에 관해 다른 관점을 가지게 하며 내담자가 이미 믿고 있는 것을 인정하는 데 사용된다. 정상화의 목적을 위해 사용되는 메시지는 내담자에게 현재 겪고 있는 어려움은 누구나 겪을 수 있는 것이라는 내용을 전달하고, 그들을 지지해 줌으로써 자신의 노력을 인정할 수 있도록 한다. 메시지는 지금 일어나고 있는 행동에 대해 다른 의미를 제공할 수 있다는 뜻을 전하는 기능도 한다. 메시지를 전달하면서 과제를 주는데, 과제가 가지는 목적은 상담과정에서 나오며 문제의 해결책 구축을 확대시키는 데 있다.

메시지에는 칭찬과 과제의 내용이 포함되고, 칭찬과 과제를 연결하는 연결문이 포함된다. 칭찬은 내담자의 성공적인 변화를 위한 노력과 그러한 성공을 통해 나타나는 내담자의 강점을 지지하는 것이다. 칭찬의 기본 목적은 내담자가 하고 있는 것을 강화시켜 문제해결을 촉진시키는 데 있다. 월터와 펠러(Walter & Peller, 1992)는 칭찬이 긍정적 분위기 조성, 최근 변화과정의 조명, 판단에 대한 두려움의 완화, 변화에 대한 두려움의 완화, 정상화, 책임감 증진, 여러 가지 견해를 지지하는 기능을 한다고 하였다.

연결문은 칭찬과 과제를 연결시키는 것으로, 내담자의 목표, 예외, 강점, 성공적으로 실행한 것 등과 연결시킴으로써 과제를 부여하는 타당성을 설명하여 과제를 성공적으로 실시할 수 있도록 동기를 주고 격려하는 기능을 담당한다.

과제는 상담 상황 외에 일상생활에서 변화를 이끌어 내기 위한 것이다. 과제는 크게 관찰하는 것과 행동을 실시하는 것의 두 가지 형태로 나뉜다. 관찰과제는 해결 구축에 유용한 것을 주의 깊게 관찰하도록 하는 것이고, 행동과제는 잘하고 있는 것을 계속하도록 하거나 새로운 것을 시도하도록 제안하는 것이다. 과제는 내담자와 상담자 간의 관계 유형에 따라 다르다. 방문형의 내담자에게는 어려운 상황에서도 자신에게 도움이 되기 위해 상담을 받으러 온 것에 대해 칭찬하고 다음에 다시 한 번 상담에 오라는 초청을 과제로 줄 수 있다. 불평형의 내담자에게는 관찰과제 또는 생각과제를 준다. 그리고 고객형의 내담자에게는 행동과제를 주는 것이 보편적이다. 상담에서 유용하게 사용할 수 있는 과제로는 동전 던지기, 습관조절 의식, 편지 쓰기 등이 있다(정문자 외, 2008).

2) 상담사례

다음의 상담내용은 밀러와 김인수(Miller & Berg, 1995)가 음주문제와 식이장애를 가진 미셸을 상담한 사례다. 그녀는 밀러와 김인수를 만나러 오기 전에 식사장애로 다른 상담자를 만나 치료를 받은 적이 있다. 그녀는 과거에 해결하지 못한 문제가 있다고 했고, 특히 부모님 그리고 지난 몇 년간 소식을 끊고 살았던 두 명의 형제자매와의 관계를 어려워했다. 여기서는 해결중심 상담자가 미셸에게 기적질문을 하는 장면을 상세히 볼 수 있다.

상담자: 미셸, 좀 이상한 질문을 할게요.

미 셸: 좋습니다.

상담자: 당신의 가상적인 역할이 필요합니다. 이렇게 하는 거예요. 당신은 오늘 밤 집에 돌아가서는 침대로 직행하여 잠에 곯아떨어질 것 같습니다. 그리고 당신이 잠을 자는 사이에 기적이 일어날 것인데, 그 기적은 바로 당신이 여기에 온 이유인 문제들을 해결해 주는 겁니다. 그러나 미셸 당신이 잠을 자고 있기 때문에 당신은 무엇이 일어났는지를 모릅니다. 다음 날 당신이 잠에서 깨어났을 때 지난밤에 기적이 일어났다고 알려 줄 것으로 맨 먼저 무엇을 알아차릴 수 있을까요?

미 셸: 그런 질문을 하다니 재미있네요.

상담자: 음, 왜 그렇지요?

미 셸: 예. 저는 어린 시절이 정말, 정말 좋지 않았어요. 저는 제 방에서 많은 시간을 기적이 일어나길 빌면서 지냈어요. 그런데 기적은 결코 일어나지 않았지요.

상담자: 음, 미셸, 다시 한 번 일어날 것으로 가정해 봐요. 당신은 소망을 지녔고 드디어 그 기적이 지금 일어났습니다. 이후의 삶에서 무엇이 달라지면 기적이 일어난 것을 알 수 있을까요?

미 셸: 에, 제 추측으로는 만약 기적이 일어났다면 제 모습이 바뀔 것이고 그것을 맨 먼저 발견할 것 같네요.

상담자: 좋아요.

미 셸: 나 자신을 잘 돌보려고 해요. 다시 멋진 옷을 입기 시작할래요. 변장도 하고 싶고요. 머리를 가다듬고 손톱도 잘 다듬고. 올바른 식사를 해야지요.

상담자: 아하!

미 셸: 저는 지금 제가 먹고 싶은 것을 먹고 있어요. 그리고 기적이 일어난 후엔 제가 먹는 모습을 바라볼 것입니다. 앞으로 어떤 곳이건 패스트푸드 식당엔 가지 않으며, 과식을 하지 않으려고 해요.

상담자: 그러니까 당신 자신을 잘 돌보게 되는군요.

미　셸: 예, 그렇게 하는 것이 저 자신에 대해 더욱 좋게 느낄 수 있게 합니다. 왜냐하면 지금은 저 자신에 대한 자부심과 긍지가 정말, 정말 낮은 수준이거든요.

상담자: 당연합니다.

미　셸: 맞아요. 그리고 저는 더욱 긍정적인 사람이 될 거예요. 이렇게 표현하고 싶네요. 나 자신에 대해 의심을 가지지 않을 거예요. 제 직업이든, 가족들이든, 그들을 만나고 제가 꼭 해야 할 일을 하겠어요.

상담자: 그 외에도 더 있어요?

미　셸: 다른 사람들이 저를 짓밟도록 내버려 두지 않을래요.

상담자: 그럼 어떻게 하려고요?

미　셸: 저는 그들에게 그들이 함부로 절대 할 수 없다고 말할 거예요. 어떤 비열한 방법이나 어떤 짓도 안 돼요. 남들이 저를 더 이상 이용만 하려고 들지 못하게 할 거예요.

상담자: 그렇군요.

미　셸: 진짜 제 모습이 나오려고 해요.

상담자: 그 점에 관해 좀 더 얘기해 주세요. 당신의 진짜 본 모습이 더 많이 나오려는 것을 어떻게 알지요?

미　셸: 저는 정말 친근한 사람입니다. 그렇지만 아무도 몰라요.

상담자: 그리고 기적 이후에는?

미　셸: 밖으로 나가 사람들을 만나고 직장 동료들과 얘기를 하고 있잖아요. 때로는 외출도 하고요.

미셸은 몇 분간이나 자기 자신의 기적에 관해 계속해서 묘사했다. 그녀의 설명에는 자연적으로 그녀의 기적 후의 알코올 사용이 어떻게 달라졌는지의 내용도 있었다. 미셸에게 있어서 그녀의 기적은 바로 알코올을 완전히 끊는 것이었다. 그녀 부모의 음주에 대한 기억과 그녀 자신의 삶에서 알코올이 원인이 되어 생긴 문제에 대한 기억은 그녀의 삶에서 다른 선택의 여지를 남겨 주지 않았다. 이때 상담자는 그녀가 음주 대신 무엇을 해야 할 것인가를 구체화하도록 도와주었다.

또 하나의 상담사례는 김인수와 밀러가 음주에 문제를 가진 32세 안드레를 면담한 사례다. 안드레는 고객형 내담자로 음주에 대한 열망을 조절하는 것을 상담목표로 하여 면담을 하였다. 이 대화에 나오는 도로시는 안드레의 부인이다(Berg & Miller, 1992).

내담자: 저는 6월 4일에 일어났던 일에 대해 이야기해야겠어요.

상담자: 네. 무슨 일이 일어났는지 이야기해 보세요.

내담자: 저는 도로시 어머니의 피크닉에 갔어요. 알다시피 해마다 있는 일이지요. 그녀의 가족들은 정말 심한 술꾼들이라고 제가 말씀드렸지요. 저는 들어서자마자 그들 사이에 곧 끼어들곤 했어요. 그러나 제가 목욕탕을 고치느라 거기 늦게 도착했어요. 어쨌든 제가 오후에 거기 도착했을 때는 모두 술을 많이 마셔 버려서 이미 찬 맥주는 동이 나고 없었지요. 그래서 저는 뜨듯한 맥주를 한 잔 들고 잔디에 앉았지요. 아시겠어요? 저는 그 맥주조차 다 마시지 않았답니다. 저는 그 이후 어떤 술도, 맥주조차 마시지 않았습니다.

상담자: 와! 놀랄 일이군요. 그렇게 행동하는 것은 당신에겐 뭔가 다른 것이지요? 피크닉에 친척들이 모였을 때 첫 잔조차 비우지 않은 것을 말하는 거예요.

내담자: 네, 그럼요. (예전에는) 제가 너무 마셔서 다른 사람들과 도로시가 제게 화내고는 결국 싸움을 하게 됐지요.

상담자: 그런데 어떻게 그렇게 하셨지요? 그 6월 4일에는 뭐가 달랐나요?

내담자: 잘 모르겠습니다. (미소 지으며) 제겐 처음 있는 일이었어요.

상담자: 나도 놀랐습니다. 이번에 당신이 그렇게 다르게 행동하게 한 것은 무엇이라고 생각하십니까?

내담자: 저는 긴장을 풀고 있었어요. 도로시가 몇 달 동안 저를 괴롭히던 목욕탕 고치는 일을 끝냈고요. 그건 정말 기분 좋은 일이었어요. 아마 바로 그걸 거예요. 저는 내심 기분이 좋았거든요. 도로시는 제가 맥주를 들고 있는 것을 보고도 아무 얘기도 하지 않았어요. 그것도 도움이 되었어요.

내담자가 자기 자신에 대한 내부의 좋은 느낌과 더불어 도로시가 그의 음주에 대해서 잔소리를 하지 않은 것이 도움이 되었다고 했기 때문에 상담자는 도로시와 안드레의 관계 변화를 선택하기로 했다. 상담자는 도로시와의 관계에 영향을 미친 그의 성공적인 행동들이 어떻게 발견되었는지 궁금했다.

상담자: 그 6월 4일에 당신이 어떤 점에서 달랐다고 도로시가 이야기할 것 같습니까?
내담자: 최근에 그녀는 정말 좋았어요. 그녀는 제 음주에 대해 한마디도 말하지 않았어요. 이번에는 제가 상담에 대해 진지한 것을 그녀가 알고 있다고 생각해요. 이번엔 제 스스로 이 일을 하고 있다는 것을 그녀가 알아요.
상담자: 그러면 도로시는 당신이 스스로 이 일을 하고 있다는 것을 그녀가 알 수 있도록 한 것은 무엇이었다고 생각할까요?
내담자: 그녀는 제가 자기에게 좀 더 말을 많이 한다고 할 거예요. 최근에 우리는 얘기를 많이 하고 그녀는 그것을 좋아해요. 그녀는 저를 더 믿고 평상시 하듯 저를 검사하지는 않는다고 얘기할 수 있어요.
상담자: 당신을 더 믿도록 도와준 행동이 무엇이었다고 도로시가 이야기할까요?
내담자: 그녀는 더 이상 제게서 무엇을 끌어내지 않아도 됩니다. 제가 그녀에게 더 말을 많이 합니다. 저는 그게 주된 것이라 생각해요.
상담자: 그렇다면 당신이 그동안 해 온 것을 계속할 수 있으리라 얼마나 확신합니까? 다시 말해, 10은 당신이 계속할 수 있다는 데에 이미 당신 돈을 건 것을 의미하고, 1은 당신이 해 오고 있는 것을 지속할 수 있는 당신 능력에 대해 매우 불안하다는 것을 의미한다면, 당신은 이 척도 어디쯤에 당신 자신을 갖다놓을까요?
내담자: 저는 6 또는 7이라고 말할 수 있습니다. 전 지나치게 확신하고 싶지는 않아요.
상담자: 내가 생각하기에 당신은 현실적이시군요. 그럼 당신이 7이나 8이라고 이야기할 수 있으려면 어떻게 해야 할까요?

상담자는 안드레의 성공에 초점을 맞추어서 계속 질문한다. 무엇이 그로 하여금 목욕탕 일을 마치도록 하였는지, 어떻게 음주 무리에 끼지 않게 되었는지, 어떻게 편안한 채로 머무르도록 하였는지, 어떻게 도로시에게 더 이야기하기 시작했는지 등등. 이런 접근을 통해 상담자는 내담자가 그 자신의 성공 경험을 확장시키도록 돕고, 상담에 대한 책임감을 부추기며, 내담자 스스로 자신을 보살핀다는 개념을 주입시킬 수 있게 된다.

토/의/주/제

1. 문제중심 상담과 해결중심 상담의 관점과 상담 실제의 차이에 대해 논의하고, 어떤 관점이 더 바람직하다고 생각하는지 토의해 보시오.
2. 동료들과 함께 삼인조(상담자, 내담자, 관찰자)를 이뤄 여러분이 지닌 문제를 하나 선정하여 해결중심 상담의 질문기법을 적용해 보고, 그 결과를 공유해 보시오.
3. 일상생활에서 변화를 이끌어 내기 위한 방법으로 과제를 낼 수 있는데, 불평형 내담자에게는 어떠한 형태의 생각과제를 제시할 수 있는지 구체적인 과제를 제안해 보시오.

Chapter 16 수용전념치료

인지행동치료의 발달과정에는 크게 두 개의 주요 흐름이 있어 왔다. 하나는 고전적 조건형성과 조작적 조건형성의 원리와 관련된 기법을 특징으로 하는 행동치료이며, 다른 하나는 1970년 초 이후에 인지매개설이라는 구성개념에 기초하여 출현한 인지치료다. 그런데 지난 몇 년간에 걸쳐 인지행동치료의 전통 내에서 제3의 동향이 출현하고 있다. 리네한(Linehan, 1993)의 변증법적 행동치료(Dialectical Behavior Therapy: DBT), 시걸과 그의 동료들(Segal, Williams, & Teasdale, 2002)의 마음챙김에 기초한 인지치료(Mindfulness-Based Cognitive Therapy: MBCT), 그리고 헤이즈와 그의 동료들(Hayes, Strosahl, & Wilson, 1999)의 수용전념치료(Acceptance & Commitment Therapy: ACT)가 그 대표적인 예라 할 수 있다.

인지행동치료의 전통 내에서 제3의 동향을 형성하고 있는 이런 치료법들은 정서나 인지의 직접적인 변화보다는 사적 경험(private experience)의 수용이라는 맥락의 변화를 도모한다는 공통점을 갖고 있어서 헤이즈 등(Hayes, Wilson, Gifford, Follette, & Strosahl, 1996)과 뢰머와 오실로(Roemer & Orsillo, 2002)는 수용중심치료법(acceptance-based treatment)이라고 일컫기도 한다. 이러한 인지행동치료의 제3흐름 혹은 제3세대의 하나인 수용전념치료는 헤이즈에 의해 발전되었다. 헤이즈는 생각, 느낌, 감각 등을 있는 그대로 수용하고, 그것이 인지구조 틀 속에서의 생각이나 감정일 뿐임을 알게 하는 인지적 탈융합(cognitive defusion)과 마음챙김(mindfulness)을 통해 심리적 건강과 삶의 질을 향상시킬 수 있다고 보면서, 부정적인 정서나 행동을 회피하고 변화시키는 것이 아니라 그 자체를 경험하고 수용할 것을 강조한다.

수용전념치료는 수용과 마음챙김 과정, 전념(적극적 참여)과 행동변화 과정을 통해 심리적 수용과 유연성을 증진시키는 인지행동적인 치료 중재라 정의할 수 있다. 이러한 수용전념치료의 목표는 심리적 유연성의 증진에 있으며, 이는 마음챙김과 수용과정, 전념과 직접적 행동변화 과정의 두 가지 국면으로 구성된다(Hayes, Strosahl, & Wilson, 1999). 수용전념치료는 먼저 '정상성'의 가정에 대한 문제를 제기한다. 즉, 수용전념치료는 '인간에게 있어서 고통은 보편적이며 정상적이다'라는 가정을 하며, 고통을 만들어 내는 근원이 인간의 언어적 과정에 있다고 본다. 여기서 인간의 언어란 제스처, 그림, 소리, 필기 형태 등과 같은 상징적 활동이다. 인간의 고통은 언어적 맥락 내에서 이해될 수 있으며, 이러한 언어적 과정을 이해하고 바꾸는 것이 심리치료자가 해야 할 일이다.

수용전념치료의 철학적 배경은 기능적 맥락주의(functional contextualism)로서, 이는 사건 전체에 초점을 두면서 부정적인 생각과 감정이 일어나는 심리적 맥락을 중시하는 것이다. 즉, 내적 사건이 일어나는 심리적 맥락을 변화시킴으로써 내적 사건의 역할을 변화시키고자 하는 것이다. 정신병리에 대한 수용전념치료의 모델은 인간이 학습을 통해 구축한 '언어와 인지구조 틀에 의해 사고하고 행동한다'는 관계 구성틀 이론(relational frame theory)에 기반을 두고 있다. 관계 구성적으로 학습된 내용들이 인간의 행동을 조절할 수 있는 원천들을 지배해 버리는데 이것이 바로 인지적 융합(cognitive fusion)이다.

또한 수용전념치료는 인간의 언어가 지닌 속성 때문에 심리적 경직성이 일어나며, 대개의 정신질환 형태는 인지적 융합과 경험 회피(experiential avoidance)의 결과라고 본다. 여기서 경험 회피란 자신의 특정한 사적 경험에 접촉하지 않고 사적 사건들의 형태나 빈도 또는 그것이 발생된 상황들을 바꾸려고 할 때 생기는 현상으로, 사적 경험은 그 자체로 해롭지는 않으나 의도적인 통제 노력에 의해서 역설적으로 증가될 수 있다. 그러므로 수용전념치료의 개입은 융합과 회피를 와해시키는 것을 목표로 한다. 즉, 개인 내적 사건과 관계하는 방식을 변화시켜 스스로 소망하는 목표와 가치에로 움직이도록 돕는 것이 중요 목표다(문현미, 2006).

이처럼 수용전념치료는 생각이나 감정과 같은 사적 경험의 내용을 바꾸기보다 그에 대한 관계를 변화시키는 데에 역점을 두면서 경험의 수용이라는 맥락의 변화를 강조하며, 수용을 통해 생각을 생각으로, 감정을 감정으로 자각하여 탈중심화시키고 선택한 행동에 전념하도록 돕는다. 수용전념치료는 심리적 수용을 방해하는 관념에서 벗어나 내적 경험을 기꺼이 수용하면서 현재에 접촉하고, 개념화된 자기에서 벗어나 자신의 가치를 위해 전념할 수 있도록 돕는 요소들, 즉 수용과 마음챙김, 인지적 탈융합, 현재에 머무르기, 초월적 자기, 가치와 가치에의 전념 등을 중시한다. 이러한 치료적 과정은 순차적이고 선형적으로 이루어지는 것이 아니라 상호 연관되어 있으면서 유동적으로 이루어진다. 이전의 심리치료 이론들이 고통을 일으키는 심리적 문제를 직접적으로 다루면서 그것으로부터 이겨 내는 것을 목표로 했다면, 수용전념치료는 고통이 일어나는 과정을 알아차리고 수용한 후에 가치 있는 삶에 전념하면서 그 싸움을 멈추도록 하는 데에 목표를 두고 있다고 할 수 있다. 이 장에서는 이러한 수용전념치료의 관점에 대해서 보다 구체적으로 살펴보기로 한다.

1 헤이즈의 생애와 업적

Steven C. Hayes(1948~)

1948년에 출생한 스티븐 헤이즈(Steven C. Hayes)는 수용전념치료의 창시자이자 대표적인 인물로 꼽히고 있다. 헤이즈는 널리 존경받는 과학자 및 저자다. 미국의 대표적인 시사 주간지인 『타임(*Time*)』의 칼럼니스트 존 클라우드(John Cloud)는 2006년 기사에서 “헤이즈는 자신의 연구 분야의 최고 권위자다. 그는 과거 행동인지학회의 회장으로 탁월한 능력을 발휘했다. 300편의 논문을 발표하고

27권의 저서를 출간했다. 그처럼 많은 실적을 낸 심리학자는 드물다."라고 썼다.

헤이즈의 작품은 일부 논쟁과 함께 큰 관심을 불러일으켰다. 『마음에서 빠져나와 삶 속으로 들어가라: 새로운 수용전념치료(Get out of your mind and into your life: The new acceptance and commitment Therapy)』(Hayse & Smith, 2005)라는 책은 2006년 초 인터넷 서점인 아마존 닷컴(Amazon.com)의 모든 분야의 책을 통틀어 베스트셀러 상위 20위에 랭크되었고, 한 달 동안 미국에서 자기계발 분야의 베스트셀러 1위를 차지했다.

가장 논쟁이 되었던 것은 인기 있는 매체인 『타임』지에 '행복은 정상이 아니다(Happiness Isn't Normal)'라는 한 기사 제목이었다. 사람들은 행복하지 않을 때 괴로워하고, 마치 자신이 누려야 할 것을 빼앗긴 것 마냥 슬퍼하고, 남들은 행복한데 자신은 행복하지 않다면서 비관에 빠지며, 마치 행복이 당연한 것처럼 생각하지만, 헤이즈는 이 생각에 도전한다. 다시 말해, 우리가 너무나 당연하게 생각하고 있던 전제, 즉 행복한 것이 정상이라는 생각이 틀렸다는 것이다. 그는 행복은 정상이 아니라고 말한다. 사람은 누구나 행복을 원하지만, 이것은 역설적으로 사람은 누구나 행복하지 않다는 것을 의미할 뿐이라는 것이다. 물론 현재 행복에 겨운 사람도 행복을 갈구할 수도 있다. 하지만 이 역시 너무 오랜 시간 동안 행복하지 않았다는 경험을 했기 때문일 수 있다.

헤이즈는 심리적 문제와 고통에서 벗어나 행복해지기 위해서는 자신의 모든 상황을 있는 그대로 수용하라고 말한다. 행복이 정상이라고 가정하면 행복하지 않은 자신이 비정상이 되지만, 앞서 언급했던 것처럼 행복은 정상이 아니라고 가정하면 행복하지 않은 자신은 지극히 정상인 것이다. 이처럼 행복은 정상이 아니며, 자신이 겪는 고통과 괴로움이 어쩌면 정상일 수도 있음을 받아들이는 것을 '창조적 절망(creative hopelessness)'이라고 한다. 창조적으로 절망하라는 것은 인생에 별거 없으니 정말 자신이 원하는 것이 무엇인지를 선택해서 전념하라는 것까지 포함한다. 헤이즈는 과거나 미래가 아닌 지금 자신이 원하는 것이 무엇인지를 생각해 보라고 한다. 어떤 사람들은 '그때 이렇게 했어야 했는데'라며 과거를 후회하며 산다. 또 어떤 사람들은 '앞으로 이런 일이 생기면 어떡하지?'라며 미래를 걱정하며 산다. 하지만 과거로 돌아가 살 수 없으며, 미래를 당겨 살 수도 없다. 우리에게 주어진 시간은 오직 현재뿐이다. 당신이 지금 원하는 것은 무엇인지 그것에 전념하라는 것이다.

헤이즈는 어느 정도의 고통이나 불편은 어디에나 있는 아주 흔한 일이며, 비정상적인 것이라기보다는 정상적인 언어 과정과 밀접하게 관련되어 있다고 주장한다. 이것은 특히 수용전념치료가 행동인지치료의 한 형태라는 사실에도 불구하고 인지행동치료 및 경험적 임상심리학과 다소 입장을 달리하는 것이었다.

헤이즈는 미국심리학회(American Psychological Association)의 25분과 위원장을 비롯하여 미국응용예방심리학회(American Association of Applied and Preventive Psychology), 행동인지치료학회(Association for Behavioral and Cognitive Therapies), 맥락적 행동과학협회(Association for Contextual Behavioral Science)의 회장을 역임하였으며, 또한 미국심리과학협회(Association for Psychological Science)의 초대 사무총장을 역임하였다. 현재까지 560여 편의 논문과 40여 권의 책을 저술하였으며, 1992년에는 미국 과학정보연구소(Institute for Scientific Information)가 논문 인용 지수를 토대로 1986~1990년 중에 세계에서 가장 영향력 있는 30번째 심리학자로 선정하기도 했다. 그의 대표적인 논문으로는 「수용전념치료, 관계구성틀 이론, 그리고 행동치료의 제3동향(Acceptance and commitment therapy, relational frame theory, and the third wave of behavior therapy)」이 있고, 저서로는 동료들과 함께 공동으로 출간한 『수용전념치료: 행동변화에 대한 실험적 접근(Acceptance and commitment Therapy: An experiential approach to behavior chang)』(Hayes, Strosahl, & Wilson, 1999), 『마음에서 빠져나와 삶 속으로 들어가라』(Hayes & Smith, 2005), 『마음챙김과 수용: 인지행동 전통의 확장(Mindfulness and acceptance: expanding the cognitive-behavioral tradition)』(2011) 등이 있다.

현재 헤이즈는 미국 네바다 주(州) 리노에 위치한 네바다 대학교의 심리학과 교수로서, 인간의 언어와 인지를 분석하고 이를 토대로 여러 심리적 문제들을 도와주기 위해 노력하고 있다. 그는 세 번 결혼했으며 네 명의 자녀를 두고 있다.

2 인간관

고난을 겪지 않고 삶을 이끌어 가는 것은 불가능하다. 미국 시인인 에드윈 알링턴 로빈슨(Edwin Arlington Robinson, 1869~1935)의 유명한 「리처드 코리(Richard Cory)」란 제목의 시는 우리에게 모든 것을 가진 것으로 보이는 사람이, 최소한 겉으로는 그렇게 보일지라도 또 하나의 순간을 견디느니 차라리 목숨을 끊기를 원할 수도 있음을 상기시켜 준다.

리처드 코리가 시내로 나올 때면
길거리의 우리들은 늘 그를 바라봤어요.
깔끔하게 잘 생긴데다 아주 늘씬한 그 사람은
머리끝부터 발끝까지 신사였지요.

그 사람은 늘 수수하게 옷을 차려입고
항상 예의 바르게 말을 했지요.
그런데도 "안녕하십니까?" 하고 인사할 땐 가슴을 뛰게 했고
걸어가는 모습에서는 광채가 일었어요.

그 사람은 부자였어요. 정말이지 왕보다 더 큰 부자였지요.
그리고 다양한 방면에 교양을 쌓은 사람이었어요.
한마디로 그저 그 사람처럼만 되면
더 바랄 게 없겠다고 우리가 생각한 사람이었지요.

그래서 우리는 계속 일을 하며, 더 좋은 날을 기다렸지요,
고기도 못 먹고 빵만 타박하면서요.
그런데 어느 조용한 여름밤 리처드 코리는
집에 가더니 자기 머리에 그만 총을 쏘아 버렸답니다.

인간으로서 우리는 다른 종과 마찬가지로 많은 고통스러운 사건과 부닥친다. 인간과 동물은 모두 상실과 예기치 않은 곤경, 신체적으로 고통스러운 경험을 맞게 된다. 하지만 이러한 것에 대해 우리는 동물이 하지 않는 무엇인가를 한다. 즉, 우리는 그에 대해 '생각한다.' 그리고 이 과정을 통해 우리는 고통을 확대하며 지니고 산다.

인간의 생각하고 추론하는 능력은 매우 놀랍다. 인간의 언어체계는 다른 것과는

다르다. 그것은 지속적인 과정으로서 우리의 인식을 끊임없는 언어적 연결의 흐름을 채운다. 이 능력은 대단한 것이며 동시에 가혹한 것으로서 인간의 성취 능력을 유지하여 준다. 즉, 우리가 서로 소통하고, 창조하고, 계획하며, 문제를 해결해 가는 능력이다. 깊이 사랑하고, 타인에게 헌신하며, 미래에 대한 꿈을 꾸며, 그것의 실현을 향하여 일하는 것도 우리 능력의 일부다. 그렇지만 이러한 가능성을 제공하는 바로 그 인지적 · 언어적 요소가 한편으로는 우리로 하여금 풍요함 속에서도 허우적대도록 만든다. 다시 말해, 그것이 우리를 리처드 코리처럼 되게 만든다.

인간은 고통스러우며 삶을 바꿀 수도 있는 여러 방식으로 몸부림친다. 우리로 하여금 어려운 감정과 생각을 갖게 하는 사건이 일어날 때, 우리는 자주 이러한 경험을 없애기 위해서 열심히 노력한다. 즉, 이러한 감정이나 생각을 유발하는 사건을 피하려 하기도 하고, 그와 같은 경험에 수반되는 부정적인 감정이나 생각을 없애려고 시도하기도 한다. 예를 들어, 우리는 실패에 대한 불안 또는 상실에 대한 슬픔을 느끼고 싶어 하지 않는다. 따라서 이와 같은 감정을 유발할 수 있는 사건이 일어나면 그 사건과 그로 인한 감정적 반응을 피하려고 애쓴다.

우리가 이런 방법을 택하는 것은 이상한 일이 아니다. 무엇인가가 불쾌하다면, 그것을 어떻게 고칠 것인지를 생각하는 것은 당연하다. 이 전략에 문제가 있는 것은 언어(우리가 '마음'이라고 부르는 것을 구성하는 상징적 능력)의 역설적인 효과 때문인데, 이는 우리가 피할 수 없는 것을 피하기 위해 언어적 능력을 사용하려고 시도할 때 발생한다. 우리가 어떤 방식으로 생각하거나 느끼지 않으려고 애를 쓰는데도 자신이 그런 방식으로 생각하거나 느끼고 있음을 깨달을 때, 우리의 마음은 이러한 경험을 제거하기 위한 노력으로 소진될 수 있다. 하지만 이러한 경험을 제거하기 위해 집중적으로 노력하는 과정에서 실제로는 오히려 우리가 없애기를 원하는 그 괴물을 번식시키고 키우는 경향이 있다.

수용전념치료는 이러한 언어적 능력의 해로운 기능과 그것이 인간의 고뇌에 끼치는 역할에 대한 해독제를 제공한다. 수용전념치료는 우리를 고뇌 속에 가두는 언어적 문제를 약화하는 반면, 경험적 지혜에 대한 우리의 느낌에 더 가까이 접근하도록 도움으로써 심리적 유연성을 만들어 내도록 설계되는 맥락적 인지행동 중재다. 이처럼 수용전념치료는 인간의 인지 기능에 내재한 역설을 다루며, 내담자가 의미 있고 가치 있는 삶을 살도록 돕는 데 적극적인 역할을 한다(Luoma, Hayes, & Walser,

2007).

요컨대, 수용전념치료에서는 인간이란 학습을 통해 구축한 언어와 인지구조 틀에 의해 사고하고 행동하는 존재로 본다. 이러한 인간 조건을 구성하는 인지적이고 언어적인 과정은 인간으로 하여금 보이지 않는 세상을 상상할 수 있게 해 주고 자기지각을 유용하게 만들기도 하지만, 또한 심리적 고통과 불안을 일으킬 수도 있게 한다는 것이다. 이러한 수용전념치료의 인간관은 다음에 설명할 관계구성틀 이론에 잘 나타나 있다.

3 주요 개념

1) 기능적 맥락주의와 관계구성틀 이론

기능적 맥락주의(functional contextualism)란 이상행동은 그것이 발생한 상황적이고 역사적인 배경에서 가장 유용하게 이해될 수 있으며 실용적인 목표가 행동변화에 영향을 미친다는 관점이다. 수용전념치료의 철학적 기초가 되는 것이 바로 기능적 맥락주의다. 기능적 맥락주의에서의 핵심적인 분석 단위는 바로 맥락 내에서 '현재 진행 중인 행동'이다. 또한 전체적인 사건에 초점을 두고 사건의 속성과 기능에 대한 이해를 위해 맥락의 역할에 민감하며, 실용적인 진리와 구체적인 과학적 목표를 중시한다. 따라서 수용전념치료에서는 심리적 사건을 '역사적이고 상황적으로 규정된 맥락 및 그와 상호작용하는 전체로서의 유기체가 진행하고 있는 행동세트'로 개념화한다.

또한 수용전념치료에서는 전체적인 행동을 설명하기 위하여 부분적인 구성요소로 환원하거나 확장하려는 시도에 저항한다. 행위의 의미와 기능은 상호작용 내에서 발견될 수 있으므로 사건이 관여된 맥락 내에서 내담자의 문제행동을 떼 내면 문제의 속성과 해결방법을 놓치게 된다는 것이다. 그리고 맥락적 변인들만이 직접적으로 조작할 수 있으므로 맥락을 바꾸지 않고는 심리적 사건에 영향을 줄 수 없게 된다. 이에 수용전념치료 상담자는 맥락 내에서 현재 진행 중인 행동이 내포하고 있는 결과에 내담자가 초점을 맞추도록 함으로써 그 행동을 기능적 단위로 조직하려 한다. 이때 기능적 맥락주의에서는 모든 형태의 행동의 진리 기준이 성공적인 작동이므로 목표와 가치를 명료화하는 것이 필요하다(Hayes, Masuda, & De Mey, 2003). 즉, 수용전념치료에서 참이 되는 것은 실효성을 발휘하고 있는 것으로 행동의 효과는 그것이 내담자의 구체적 목표 또는 개별적 가치 실현에 도움이 되는 바로 그 만큼만 참이다.

수용전념치료가 이전의 행동치료와 다른 측면은 '나쁜 것은 버리고 좋은 것만 갖는' 기계적 접근이 아니라 '나쁜 생각은 그저 하나의 생각일 뿐 그 이상도 그 이하도 아니라고 그저 바라보기'를 강조하는 맥락주의적 관점이라는 것이다. 그러므로 수용전념치료 상담자는 사적인 경험의 형태를 바꾸려 노력하기보다 사적 경험의 기능을 변화시키려고 시도하는데, 이는 어떤 형태의 경험(예: 생각이나 느낌)이 다른 형태의 활동(예: 외현적 행동)과 전체적으로 관련되어 있는 그 맥락을 조작함으로써 이루어진다(김채순, 2012).

관계구성틀 이론(relational frame theory: RFT)이란 기능적 맥락주의의 관점에서 인간의 언어와 인지에 접근하고, 다른 심리적 기능 영역에 생각이 미치는 영향을 잠재적으로 변화시키는 방법뿐 아니라 생각이 전개되는 맥락적 요인을 강조하며, 인간은 학습을 통해 구축한 언어와 인지구조 틀에 의해 사고하고 행동한다는 관점이다. 정신병리에 대한 수용전념치료는 관계구성틀 이론에 기반을 두고 있다.

관계구성틀 이론에서는 임의적으로 유추한 관계가 인간 인지의 핵심이다. 인간은 다양한 자극 사건들 간의 관계를 유추해 내고 조합하며, 유추된 관계를 통해서 임의적으로 맥락을 통제할 수 있는 존재다. 그런데 유추된 관계는 자극 기능이 가능하며, 이 과정에서 경험 회피가 발생한다(Hayes, 2004). 인간의 언어와 인지는 임의적으로 유추하여 관계를 구성하는 관계구성과 학습에 의존하는데, 관계구성적 학습과정에서는 직접적인 경험 자극이 아니라 사건과 관계를 구성하는 언어적 활동과 같은 매우 간접적인 수단을 통해서 새로운 형태의 행동이 확립된다. 이러한 관계구성은 상호 수반적 특성을 지니므로 언어적 상징과 행동 간의 자극 기능이 전환 가능해진다. 예를 들어, '냄비'라는 단어를 배운 어린아이가 가스 불 위에 올려 있는 냄비를 만지게 되었다면, 이후에 냄비라는 단어를 들을 때마다 몸을 움츠러트릴 수도 있다. 이처럼 언어와 인지는 그것이 행위와 상호 교환될 때 심리적 의미를 창조하게 된다.

이러한 양방향적 특성은 인간의 자기 지각을 유용하게 만들긴 하지만, 동시에 이러한 인지적 특성으로 인하여 인간의 자기 지각은 고통을 초래하기도 한다. 그러므로 인간의 언어와 인지는 양날을 가진 칼과도 같다. 인간 인지의 양방향적 속성으로 인하여 인간은 이전에 고통스러웠던 사건에 대한 심리적이고 정서적인 반응을 현재로 회귀시킬 수 있다. 고통을 피하려고 애쓰는 동물은 그것이 발생한 상황을 피함으로써 고통을 피할 수 있지만, 인간의 경우에는 언어 및 인지 작용의 관계구성과 관련되어 생긴 고통이므로 상황을 피하는 것만으로는 고통을 피하는 것이 어렵게 된다. 그리하여 인간은 자기 방어적으로 고통스런 생각과 감정들을 피하려고 애쓰기 시작한다. 이것이 경험 회피인데, 실재와 접촉하지 못하므로 필요한 정보와 기술의 습득이 어려워져서 고통을 심화시키는 부적응적인 악순환을 초래하기 쉽다.

또한 관계구성적으로 학습된 내용들이 인간의 행동을 조절할 수 있는 다른 원천들을 지배해 버리는데, 이를 인지적 융합(cognitive fusion)이라고 한다. 따라서 인지적이고 언어적인 관계구성으로 습득된 것이 지배적일수록 개인은 지금-여기의 경험을 덜 알아차리게 되고, 언어적 법칙에 의해서만 더 지배를 받게 된다. 이와 같이 인간 조건을 구성하는 인지적이고 언어적인 과정은 인간으로 하여금 보이지 않는 세상을 상상할 수 있게 해 주지만, 또한 정신착란을 일으킬 수도 있게 한다. 예컨대, '나는 쓸모없어.'라는 생각과 융합되어서 이러한 생각을 자신의 역사 속에서 나오게 된 생각으로 관찰하기보다는 이 생각이 문자적인 사실처럼 되어 자극의 기능을 하게 되고, 또한 이에 대한 반응으로 수많은 문제를 야기할 가능성이 생긴다(문현미, 2006). 이와 같이 관계구성틀 이론은 언어와 인지가 행위와 결합되어 생길 수 있는 경험 회피와 인지적 융합 등의 문제점을 지적하며, 그것에 대한 해결방법을 수용전념치료에서 제시하고 있다.

2) 심리적 수용과 전념적 행동

수용전념치료에서 심리적 수용(psychological acceptance)이란 "사적 사건, 자기, 역사 등의 주요 영역에서 직접적인 변화 의제를 의식적으로 버리는 것을 가리키며, 생각과 감정이 말하는 대로가 아니라 생각과 감정을 있는 그대로 경험하도록 개방되는 것"(Hayes, 1994: 30-31)을 의미한다. 또한 심리적 수용은 생각과 감정을 단지 알아차리는 행동의 개념으로 생각할 수 있으며(Zettle, 1994), 이는 마음챙김(mindfulness, 알아차림)과 유사한 것이다. 그러므로 심리적 수용이란 상황과 사건 및 그 결과로 생기는 반응을 있는 그대로 소유하고, 허용하는 것이며, 생각이나 감정에 대하여 아무것도 하지 않는 것을 의미한다.

헤이즈(Hayes, 1994)에 따르면, 수용 행동에는 연속선상의 수준이 있다. 가장 낮은 수준은 물러남(resignation)과 견디기(tolerance)의 단계로, 변화라는 맥락에 여전히 영향을 많이 받고 있는 수준이다. 그다음 수준의 수용은 변화 의제가 작동하지 않는 상황에서 변화 의제를 의도적으로 버리는 행동을 내포한다. 좀 더 높은 수준의 수용 행동은 기꺼이 경험하기(willingness)를 내포하며, 이는 사적 경험에 대한 개방성을 의미한다. 보다 더 높은 수준의 수용은 문자적 인식에서 벗어나는 인지적 탈융합(cognitive defusion) 혹은 탈문자화(deliteralization)가 내포된다. 높은 수준이 될수록 이전에 투쟁하고 변화시키려고 애쓰던 심리적 사건들이 있어도 함께 행할 수 있게 되는 데, 이러한 극단적인 형태의 수용이 가능하기 위해서는 언어적 과정들을 조정할 필요가 있다. 그렇게 되면 가령 자신의 분노와 더불어도 온전히 함께 존재할 수 있게 된다. 이와 같이 높은 수용의 수준에서는 효율적으로 행동하면서 심리적 경험에 능동적이고 직접적으로, 충분히, 그리고 방어할 필요성이 없이 접촉하게 된다(Hayes, 1994). 심리적 수용의 정서적 결과로서는 내담자가 자신과 타인에 대해 보다 이해하고 동정적이 되며, 현재 순간에 통합적이고 온전한 존재가 되어, 내적인 응집성과 내면의 조화를 가져온다. 심리적 수용의 행동적 결과로는 감정이 충분히 자각되고 수용되면서 상황들에 잘 대처할 수 있게 되고, 개방적이 되며, 회피하느라 들었던 노력을 이용할 수 있게 되어 에너지가 넘치게 된다(Greenberg, 1994).

전념적 행동(committed action)이란 한 사람이 가장 깊고 간절하게 바라는 하나의 온전한 삶, 통합된 삶을 만들어 나가는 단계적인 행동과정으로, 그 자신이 선택한 가치의 방향으로 걸음을 내딛는 것을 말한다. 전념(commitment)은 그 사람의 가치에 따른 삶을 사는 데 필요한 바에 따라 지속과 변화 모두를 포함할 수 있다. 전념은 또한 광범위한 행동에 참여하는 것을 포함한다. 이것이 특히 중요한 이유는 가치 있는 방향을 유지한다는 것이 때로는 효과 없는 행동에 고집스럽게 전념하거나 의미 없이 반복하는 것이 아닌 유연함을 갖는 것을 의미하기 때문이다.

언제나 반응하는 능력이 있다는 관점에서 보면, 전념적 행동은 본질적으로 책임감을 의미한다. 여기서 반응하는 능력이란 어떤 상황에서든지 가치를 행동과 연결할 수 있는 능력을 의미한다. 예를 들면, 감옥에 있는 사람은 가족에 대한 전념을 드러나게 보여 주는 데에는 한계가 있을 것이다. 그러나 가석방될 가능성을 높이기 위해 감옥에서 모범적으로 지내거나 가족의 면회를 준비하는 것을 통해 이러한 전념이 드러날 수 있다. 실제로 전념은 모든 종류의 선택된 행동을 통해 드러날 수 있다. 주어진 상황에서 요구되는 전념적 행동의 구체적인 형태는 해당 상황에서 할 수 있는 것이 무엇인지와 가장 효과적인 행동이 어떤 것인지에 달려 있다(Luoma et al., 2007).

전념적 행동은 자신의 가치에 접촉하는 것, 가치의 방향으로 나아가가 위해서 목표를 개발하는 것, 목표 달성을 위해 구체적인 행동을 취하는 것, 행동에 따라오는 내적 장애물과 함께 나아가는 것의 네 부분으로 구분하여 생각할 수 있다. 장애물은 가치의 방향으로 나아가면서 직면하게 될 실제적인 문제로 다가오기도 하지만, 중요한 장애물은 회피하려고 애써 왔던 예전의 경험들이나 융합된 생각의 형태로 나타날 수도 있다. 오히려 장애물과 함께 걸어가는 것을 목표로 한다(Baer, 2006; Hayes & Smith, 2005). 심리적 유연성을 향상시키는 데에 목표를 둔 수용전념치료의 핵심 치료 과정은 수용, 인지적 탈융합, 맥락으로서의 자기, 현재에 머무르기, 가치, 전념적 행동이다. 이 중에서 수용전념치료의 마지막 치료 과정인 전념적 행동을 가장 잘 이해하는 방법은 수용하기(Accept), 선택하기(Choose), 행동을 취하기(Take Action)의 첫 세 글자의 ACT를 그대로 액트(행동하기)로 발음하는 것이다. 즉, 행동하기는 우리가 삶에서 가치를 두고 있는 목표를 향해 최선을 다해 걸음을 내딛는 것을 의미한다(Forsyth & Eifert, 2007).

또한 전념적 행동은 자신이 언어적으로 구체화한 가치와 실제 행동 사이의 일치에 초점을 맞추어 자신이 선택한 가치를 이루기 위해 지속적으로 행동을 발생시키는 것으로, 이것이 수용전념치료의 궁극적 목표다(Baruch, Kanter, Busch, & Juskiewicz, 2009). 전념적 행동을 실행하는 것은 전형적으로 가치 있는 방향을 정의하는 작업 후에 이루어진다. 이때 중요한 것은 내담자의 가치가 어떤 것인지에 대한 공감을 바탕으로 내담자와 상담자가 함께 전념적 행동 작업을 하는 것이다. 전념적 행동에 대한 작업은 상담이 활기 없어지거나 지루해질 때, 혹은 내담자가 가치에 대한 이야기만 하고 행동은 하지 않을 때 유용하다. 만약 내담자가 가치 있는 행동을 가로막는 장벽과 접촉하고 있지 않다면, 이 과정에 대한 작업을 시작하는 것이 그러한 장벽을 확실히 유발할 수 있을 것이다. 어떤 의미에서 전념적 행동은 다른 수용전념치료 과정을 통해 정서적 및 인지적 장벽을 다룰 수 있도록 해 주는 과정이다.

일단 상담자와 내담자 사이에 무엇이 중요한지에 대한 공감대가 형성되면 전념적 행동을 다음과 같은 네 단계로 나누어 볼 수 있다(Luoma et al., 2007). 첫째 단계는 최우선 순위의 가치 영역을 한두 가지 고르고 기능 분석이나 최대한의 증거 혹은 두 가지 모두에 근거하여 행동변화를 위한 활동 계획을 개발한다. 둘째 단계는 내담자가 가치와 연결된 행동에 전념하도록 돕는다. 이때 행동은 조합되어 가고 있는 더 큰 행동 패턴에 대해 마음챙김을 하면서 과제로 수행할 수 있는 것으로 설정하도록 한다. 셋째 단계는 수용, 탈융합, 마음챙김 기술을 통해 행동에 대한 장벽을 주의하고 극복한다. 넷째 단계는 1단계로 돌아가서 더 큰 행동 패턴, 다른 생활 영역, 두려움을 느끼거나 회피하는 사적 경험, 심리적 유연성이 결여된 다른 영역으로 일반화하는 작업을 한다. 이 작업은 내담자가 상담자의 도움 없이도 유연하고 지혜로운 전념적 행동을 유지할 수 있을 때까지 충분한 연습이 필요하다.

3) 심리적 유연성과 경직성

심리적 유연성(psychological flexibility)이란 순간의 경험에 온전히 접촉하며 자신의 가치에 부합하는 방식으로 행동을 지속하거나 변경시키는 능력을 말한다. 수용전념치료에서는 추구하는 가치에 기여하는 행동을 지속하는 능력인 심리적 유연성을 기르는 데에 그 목표를 두고 있다. 헤이즈 등(Hayes, Follette, & Linehan, 2004: 60)에 따르면 심리적 유연성이란 "자극을 일으키거나 유발하는 사적 내용에 융합되지 않고, 사적인 경험을 있는 그대로 수용하며, 현재 순간과의 접촉을 유지하고, 의식의 내용과 초월적인 자기를 구별하며, 가치를 둔 삶의 목적에 접촉하고, 그 목적으로 추구하기 위한 전념적 행동의 패턴을 구축하는 능력"을 의미한다. 수용전념치료의 핵심적인 목표는 생각이나 느낌이 '말하는 대로'가 아니라 생각과 느낌을 '있는 그대로' 생각하고 느끼도록 돕는 것이며, 내담자로 하여금 자신의 역사와 자동적 반응에도 불구하고 가치를 둔 방향으로 움직이도록 돕는 것이다. 수용전념치료에서 심리적 유연성을 획득하는 과정에는 여섯 개의 주요 국면이 있는데, 다음 절의 상담과정에서 제시되어 있다.

한편, 심리적 경직성(psychological inflexibility)이란 바라는 목적을 이루는 데 유용한 방식에 따라 행동을 조율하지 못하는 것을 말한다. 수용전념치료에서는 인간의 언어가 지닌 속성 때문에 조성되는 심리적 경직성이 정신병리나 심리적 고통의 기원이라고 설명한다. 인간은 관계구성을 통하여 존재하지 않는 사건에 대하여 이야기하거나 생각할 수 있고, 가능한 결과들을 비교하며, 사건의 기능을 바꿀 수 있다. 이로써 인간은 언어와 인지 덕분에 자극에 대한 반응들을 무수히 간접적으로 통제할 수 있는 유연성이 증가한다. 그러나 다음과 같은 언어적 과정을 통해서 반응이 협소해지고 경직성이 증가될 수 있다(문현미, 2005).

첫째, 언어적 존재인 인간은 어떤 맥락에서 경험한 것을 재구성하고 연합하는 능력으로 말미암아 혐오 자극을 확대한다. 혐오 자극이 확대되면 단순하게 상황적인 해결을 통해서 심리적 고통을 줄이는 일을 하지 못하게 된다.

둘째, 언어가 인간생활에 유용하므로 비언어적인 기능에까지도 지배적이 되면서 언어적 평가 규칙들에 의해 심리적 유연성과 창조성이 방해를 받게 된다. 언어적 법칙은 직접적인 경험과 접촉할 수 있는 행동 범위를 좁히는 경향이 있기 때문에 개인은 지금-여기에서의 경험과 그 결과에 덜 접촉하게 되고 언어적 규칙과 평가에 의해 더 지배를 받게 된다. 결과적으로 행동 조절에 있어서 덜 언어적이며 덜 판단적인 전략이 효과적일 때조차도 언어적이고 평가적인 전략의 지배를 받게 된다. 이를 앞에서 언급한 인지적 융합이라고 한다.

셋째, 평가적인 언어가 지배적이 되면 경험 회피가 발생한다. 언어적 능력이 진화될수록 더 많은 관계구성이 사적 사건에 적용되고, 사적 사건들이 평가적인 언어적 조절 전략 내에 융합된다. 문제해결 전략으로서의 언어와 인지는 긍정적인 상태를 만들고 부정적인 상태는 피하기 위하여 끊임없이 평가를 하는데, 사적 사건에 대해서도 평가 작용이 일어난다. 부정적으로 평가된 생각에 대해서는 그것을 해결하기 위하여 언어적 규칙에 따라 생각을 더 구체화한다. 그러므로 규칙으로 인해서 피하려던 생각은 더 많아진다. 해결이 성공했는지 여부를 점검하느라 규칙에 재접촉하고 규칙은 다시 생각을 낳는 악순환이 발생한다. 스트레스와 각성이 더 생기고 언어의 평가적인 비교 과정과 자기 초점적인 회피 전략이 더 발생하게 된다. 이와 같이 언어적 평가 과정을 통하여 고통은 증가되고 상황에 대한 적절한 해결은 감소하므로 역기능적이고 병리적이 될 수 있다(Hayes, 2004).

이처럼 수용전념치료에서는 언어가 주로 인지적 융합과 경험 회피라는 과정을 통해서 반응 범위를 좁힌 결과로 심리적 경직성이 초래되고, 이러한 심리적 경직성이 정신병리 혹은 심리적 고통의 원천이 된다고 본다.

4) 인지적 융합과 탈융합

수용전념치료의 관점에서 인지적 융합이란 인간이 사건과 직접적으로 관계하기보다는 언어적으로 구성한 관계틀에 기초하여 상호작용하는 경향을 말한다. 이 경우에 사건과 그것을 생각하는 사람이 융합되어서 분리될 수 없으며, 이로 인해서 언어적 구성틀이 전혀 존재하지 않는 듯이 보인다. 예를 들어, '나쁜 컵'은 누군가의 평가임에도 불구하고 실제로 나쁘게 보인다. '삶이란 살 가치가 없어'라는 생각은 지금 진행되는 언어적 평가 과정이 아니라 삶과 그 특성에 관한 결론처럼 보인다. 그리고 결과적으로 반응 범위가 좁아진다. 왜냐하면, 언어적 관계란 본질적으로 언어적인 연결망 자체를 유지하는 방식으로 사건에 대한 접촉을 재구성하기 때문이다. 따라서 '삶이란 살 가치가 없어'라는 데 기초해서 행동한다면 삶이 덜 활기차고, 덜 친밀하고, 덜 의미가 있으며, 덜 지지적일 것이다.

언어는 문화적 행위를 전달하는 우선적인 수단이기 때문에 언어적 사회의 구성원들이 문화적인 규준들을 배울 때, 이는 개인보다는 사회의 이익을 흔히 보호한다. 그리하여 좋은 삶의 기준이라고 믿는 대부분의 신념들이 흔히 개인의 삶을 억압하는 기준이 될 수 있다. 그러한 규준들에 의해 통제되는 행동은 직접적인 결과나 개인별 결과들에 대해서는 상대적으로 둔감하다. 그러므로 그 결과적인 국면들이 일관되게 나쁜 데도 불구하고 사람들이 규준에 얽매인 행동을 지속함으로써 고통이나 정신병을 초래하기도 한다. 인지행동치료자들은 이 점을 잘 인식하여 사람들이 그들의 생각을 알아차리고 검증하며 평가하도록 가르치기 위하여 비합리적이고 과도하며 검증되지 않았거나 과잉일반화된 생각의 내용들을 변화시키고자 하였다. 이 모델은 역기능적 사고로 인해서 좋지 않은 결과가 생기므로 이를 수정할 필요가 있다는 전제에 기초한다. 그렇지만 그 언어적인 해결책 자체가 반응 범위를 좁힐 수 있는 문제점이 있다. 언어를 통해 자극 기능의 전환이 가능해지므로 인간은 언어적으로 구성된 사건(예: 상상하거나 두려워하는 것)에 대하여 마치 그 사건이 구체적인 비언어적 사건(예: 실재하는 것)인 것처럼 상호작용을 하게 된다. 따라서 언어 자체가 생명력을 갖게 되고 인간은 생각의 산물들과 계속해서 상호작용을 하면서 비언어적이고 실제적인 행동에 관여하는 것이 어려워질 수 있다.

언어가 다른 방식에서는 유용함에도 불구하고, 이처럼 언어에 기초한 해결책은 언어의 속성과 존재가 드러나지 않으면서 언어 자체로만 반응 범위를 제한시키는 문제점이 있다. 언어적인 규준으로 인해 인간은 경직성이 매우 증가되고 심리적 유연성과 창조성이 떨어지게 된다. 언어적인 평가 법칙은 보다 직접적인 경험과 접촉할 수 있는 반응 범위를 좁히는 경향이 있기 때문이다. 결과적으로 인간 행동을 조절하기 위하여 문자적 의미가 적고 판단이 불필요한 전략이 더 효과적일 때조차도 문자적 의미와 평가적 전략이 지배적이게 된다. 이처럼 관계구성틀이 인간의 행동조절을 지배해 버리는 것이 인지적 융합인데, 이로써 개인은 지금-여기의 경험 및 직접적인 수반성에 덜 접촉하고 언어적 규칙과 평가에 더 지배를 받게 된다(문현미, 2006). 그러므로 인지적 융합은 우리를 현재 이 순간 밖으로 끄집어내는 경향이 있어서 개인 경험에 대한 지속적인 유연한 인식을 줄이고 현재 순간과의 접촉을 하지 못하게 하는 문제를 초래한다.

또한 인지적 융합은 경험 회피를 뒷받침하는 경향이 있다. 인간은 불편한 생각, 정서, 감각, 기억을 그냥 회피하는 것이 아니며, 스스로에게 이에 대해 계속해서 이야기한다. 왜 이를 회피해야 하는지에 대한 이야기를 창조해 내고(이유 대기), 설명하고, 정당화하며, 행동을 이러한 이유에 연결한다. 때때로 인간은 경험 회피에 부합하는 계획과 목표를 만들어 내기도 한다. 인간은 이러한 개념화된 세계에 사로잡힌 나머지 바로 지금의 경험을 놓치고 현재 상황이 제공하는 기회를 놓친다. 이것이 인지적 융합의 핵심이다(Luoma et al., 2007). 인지적 융합은 효과적이지 않은 통제 전략이 결국에는 효과가 있을 것이라는 강한 신념을 가진 내담자나 그것이 효과가 없다는 것을 알면서도 효과적이지 않은 전략을 지속하는 내담자, 그리고 매우 논리적이거나 경직된 사고 패턴에 사로잡혀 있는 내담자에게서 관찰된다.

한편, 인지적 탈융합이란 생각 등의 사적 사건의 형태나 빈도를 변화시키기보다는 생각과 관계를 맺고 상호작용하는 방식을 변화시키는 것을 말한다. 수용전념치료에서는 생각과 관련하여 고통 받고 있는 사람들이 가진 문제는 잘못된 생각을 해서가 아니라, 생각을 단순히 있는 그대로 바라보거나 관찰하기보다는 생각 '속에서' 혹은 생각을 '통해 보는 데' 너무 많은 시간을 낭비하기 때문이라고 본다. 인지적 탈융합은 다음과 같은 방법으로 이러한 문제점을 제거하려고 하는 과정이다. 즉, 내담자가 진행 중인 행동과정으로서 생각에 집중하고 생각을 그 자체로 바라보는 데 좀 더 많은 시간을 할애하게 해서 문자 그대로의 진리라기보다는 효율성의 측면에서 생각에 반응할 수 있도록 돕는다.

우리는 일반적으로 생각이나 느낌이 직접적으로 행동을 유발하는 것처럼 반응한다. 예를 들어, 파티에서 내내 구석에만 홀로 있는 사람에게 그 이유를 물었더니 '당황할 것 같은 생각이 들어 너무 걱정되기' 때문이라고 한다. 이렇게 생각하는 방식에서는 '당황할 것 같다'는 생각이 구석에 틀어박혀 있는 행동을 야기한 것이 된다. 그러나 우리는 이런 생각과 행동 간의 관계를 재빨리 바꿀 수 있는 맥락을 쉽게 떠올릴 수 있다. 가령, 파티에서 어떤 사람이 "불이야!"라고 소리친 상황이라면, 이때에는 '당황할 것 같다'는 생각은 더 이상 구석에 있어야 할 이유가 되지 않고 오히려 그 자리를 떠나야 할 이유가 된다. 수용전념치료에 따르면, 그 생각이 구석에 틀어박히게 만들었다는 이론은 그 상황에 대하여 설명하는 방식 중 하나일 뿐이다. 수용전념치료는 인간의 감정도 같은 관점으로 본다. 생각과 느낌은 언제나 맥락 속에 존재하며 특정 맥락에서만 특정 생각이나 느낌이 특정 행동과 연결된다. 생각이나 느낌의 특정 내용에서 주의를 돌려 개인의 대인관계 또는 그러한 생각과 느낌의 기능에 관심을 갖는다. 맥락을 바꾸면 우리는 생각이나 느낌의 기능을 바꿀 수 있다. 그러므로 상담자는 인지적 탈융합을 통하여 생각이나 정서의 형태나 빈도를 직접적으로 바꾸려 노력하기보다는 생각이나 느낌을 외현적으로 바람직하지 않은 행동과 관련짓는 '맥락'을 목표로 하여 훨씬 큰 반응의 유연성을 창조하는 것이다.

인지적 탈융합은 내담자가 생각의 문자적 의미보다는 그 가치에 따라 효율성의 측면에서 반응할 수 있게 하기 위해 생각을 있는 그대로 보도록 돕고, 일종의 진행 중인 행동과정으로서 생각과 경험에 집중하고 마음 내용의 문자적 의미에서 거리를 두도록 돕는 데에 그 핵심 목표를 둔다. 인지적 탈융합 기법은 내담자가 잠재적으로 문제가 되는 수많은 방식에 사로잡혀 있을 때 가장 유용하다. 내담자가 한 단어의 문자적 의미가 사실이라는 생각을 고수할 때, 생각을 통제하려 할 때, 행동에 대한 이유를 정당화하려고 변명을 늘어놓을 때, 심지어 자신을 소모하면서까지 자신이 옳다고 주장 할 때 등이 그 예다. 수용전념치료의 인지적 탈융합 기법에는 역설, 명상 훈련, 경험적 연습, 은유, 언어 습관이 포함된다. 일단 인지적 탈융합이 형성되기 시작하면, 내담자는 현재 주어진 상황에서 효과적인 행위에 집중하게 된다(Luoma et al., 2007). 문자적 의미에서 벗어나는 연습을 하기 위한 인지적 탈융합 기법들은 언어의 숨겨진 속성뿐만 아니라 인간이 내적 사건을 이해하고 그 사건들 간의 연관성이나 일치성을 만들려고 애쓰는 방식을 드러낸다. 그리하여 인지적 탈융합 기술이 확고해지면서 문자적인 언어가 보다 유용한 맥락의 통제를 받게 된다.

5) 현재에 머무르기와 기꺼이 경험하기

현재에 머무르기(being present, 혹은 현재에 존재하기)란 사적인 경험들에 대해서 새롭고 효과적인 반응들이 일어날 가능성을 높이기 위해 현재 순간에 머무르는 것이며, 현재에 일어나고 있는 심리적 사건들에 대해서 비판단적 접촉을 활성화시키는 것을 말한다. 수용전념치료에서는 효율적이고 개방적이며 비방어적으로 현재 순간에 접촉하도록 촉진하고자 한다. 헤이즈 등(Hayes, Luoma, Bond, Masuda, & Lillis, 2006)은 현재에 머무르기 혹은 현재에 존재하기로 표현하고, Baruch 등(Baruch et al., 2009)은 현재 순간에 접촉하기(contact with the present moment)로 표현하지만 동일한 의미다. 수용전념치료의 주요 목표 중 하나는 내담자가 과거에 일어났던 일이나 느낌, 생각, 감각과의 투쟁을 내려놓고, 지금 이 순간 진행되고 있는 삶과 마주할 수 있도록 도와주는 것이다. 지금 이 순간과 만나는 것은 내담자가 생각으로 인해 재구조화된 세계에서 벗어나 외부세계의 자극과 더불어 내면에서 일어나는 생각, 느낌, 기억 등의 내적 진행과정 모두에 계속해서 더욱 직접적인 주의를 기울이며 온전하게 지금-여기와 만나는 것을 의미한다.

현재에 머무르는 과정에는 두 가지가 있다. 하나는 내담자가 환경과 사적 경험의 존재를 관찰하고 알아차리도록 훈련하는 것이고, 다른 하나는 내담자가 과도한 판단이나 평가 없이 현재에 존재하는 것을 명명하거나 기술하도록 가르치는 것이다. 이들은 모두 '자각의 과정으로서의 자기' 감각을 확립하는 데 유용하다. 수용전념치료에서는 다양한 기법들을 사용하여 현재에 머무르기를 방해하는 두 가지 중요한 근원인 인지적 융합과 정서적 회피를 없애고자 한다. 그리고 생각의 산물에 의해 구성된 세계보다는 직접적으로 경험하는 세계를 지향하도록 마음챙김 연습을 흔히 사용한다. 마음챙김 연습에서 가장 중요한 것은 현재 시점이다. 대체로 사람들은 과거의 기억이나 미래의 계획에 몰두함으로써 현재를 놓치거나 왜곡시키는 경향이 있다. 또한 한 개인의 고통은 과거의 특정한 경험에서 빠져나오지 못하거나 미래에 대한 과도한 애착으로 인한 두려움에서 발생하는 경우가 많다. 따라서 수용전념치료의 목표는 개인의 역사에서 비롯된 감정이나 생각과 싸우는 것을 내려놓고 지금 현재의 순간에 주의를 집중하는 것이다(인경, 2009).

헤이즈 등(Hayes et al., 2006)은 현재에 머무르기에서 중요한 것이 관찰하는 자기(observing self) 혹은 관찰자 관점(observer perspective)이라고 하였다. 관찰하는 자기는 마음챙김과 명상을 통하여 자신의 내부와 외부에서 일어나는 경험들을 비판단적으로 관찰하고 알아차리는 역할을 한다. 또한 사람들은 관찰하는 자기를 통해 자신의 역사 속에서 과거부터 지금까지 자신의 경험을 관찰해 온 관찰하는 자기가 있었다는 것을 경험적으로 깨닫게 된다. 지금 이 순간으로 돌아와 마음을 충분히 기울여 비판단적으로 현재의 경험을 관찰하고 기술해 보는 것은 자신의 주변 환경과 만날 수 있게 하고 우리의 가치에 따라 행동할 수 있게 도와준다. 지금-여기와 만나는 것은 또한 삶에 대한 회피와 투쟁을 줄여 주며, 삶에서 어떤 일이 일어나게 또는 일어나지 않게 하려는 욕구를 내려놓고 삶에서 일어나는 일을 받아들일 수 있고 자신의 고통과 구속에서 자유로워질 수 있다. "기쁨의 순간만큼이나 고통의 순간에서 살아갈 일이 많다." (Strosahl, Hayes, Wilson, & Gifford, 2004: 43)

내담자는 마침내 자신이 더 좋게 느끼게 되면 그때서야 자신의 삶이 시작될 것이라는 태도를 갖고 있는 경우가 많다. 그러나 이러한 입장에 있을 때 흔히 놓치는 면은 삶이 바로 지금 일어나고 있다는 것이다. 모든 순간은 바로 지금 살아야만 하는 것이다. 현재 순간에 일어나고 있는 일에 대해 시간을 사용하는 것이 최선이며, 이러한 관점을 통해 상담자는 내담자가 자신의 가치를 삶으로 가져오도록 도울 수 있다. 개인 경험의 상당수는 고통스러울 수 있다. 그래서 우리는 종종 생각과 느낌,

반응에 대한 자각을 회피한다. 그러나 유연하고 유동적인 자기 인식은 바로 현재 속에서 형성되기 때문에 현재에 머무는 것을 통해 내담자는 자신과 자신의 반응이 어떠하고, 자신의 행동을 어떻게 조절하는지 등에 대해 더 많이 배울 수 있다.

기꺼이 경험하기(willingness)란 적극적이고 의도적으로 가치 있는 삶의 방향으로 나아가는 것을 경험하는 과정에서 개인의 경험 전체에 대해 개방적인 태도를 갖는 것을 말한다. 기꺼이 경험하기는 앞에서 살펴본 수용의 또 다른 용어로, 일상용어에서 수용이 수동적인 의미를 전달할 수 있기 때문에 상담자는 수용의 적극적인 자세를 전달하기 위해 기꺼이 경험하기란 용어를 사용하기도 한다. 예컨대, 수용전념치료에서 직면 연습은 종종 기꺼이 경험하기 연습으로 불린다. 기꺼이 경험하기는 그 순간에 사적 경험의 세계에 대해 '예'라고 대답하는 것으로, 내적 경험이 무엇이든지 그 자체로서 현재 순간을 만나면서 동시에 의도적으로 가치 있는 행동을 취하는 과정을 통해 발전한다. 기꺼이 경험하기는 쉽게 바꿀 수 있는 상황이나 사건 혹은 행동을 수용하라는 것이 아니다. 예컨대, 지금 누군가에게 학대를 당하고 있다면, 학대를 수용하라는 것이 아니라 고통 중에 있음을 수용하고, 이에 따라 상기된 힘든 기억을 수용하고, 학대를 멈추기 위해 필요한 절차를 밟는 데서 오는 두려움을 수용하라는 것이다. 중독 문제가 있다면, 물질남용을 수용하라는 것이 아니라 약물 사용의 충동을 수용하고, 선호하는 대처전략(즉, 약물 사용)을 포기하는 데서 오는 상실감을 수용하고, 감정 조절을 위해 약물에 의존하던 것을 중단할 때 나타나는 정서적 고통을 수용하라는 것이다(Hayes & Smith, 2005).

기꺼이 경험하기는 개방성과 허용, 그리고 그 순간 느껴지고 감지되고 보이는 것과 함께 현재에 존재하는 특성을 지닌다. 기꺼이 경험하기는 하나의 지속적인 과정으로서 경험되며, 충분히 인내하여 더 좋은 것으로 바꾸기 위해 무언가를 기다리는 것이 아니다. 기꺼이 경험하기는 원래 자극적인 것으로, 내담자의 가치에 따라 달라지지만 자신의 감정을 상하게 한 친구에게 전화를 하거나, 배우자와 대화를 할 기분이 아니어도 기꺼이 대화를 하고, 무언가 논쟁을 하고 싶을 때 방어적인 태도를 기꺼이 내려놓는 것, 말하기 두렵지만 기꺼이 '사랑해'라고 말을 하는 것 등에서 찾아볼 수 있다. 기꺼이 경험하기는 수용전념치료 개입의 핵심적인 기능적 목표 중 하나다. 수용전념치료에서 치료자는 내담자로 하여금 힘든 생각, 느낌, 감정 등을 경험하기 위한 선택을 할 가능성을 높이는 구체적인 활동에 참여하게 함으로써 수용의 행동을 구축하고자 시도한다. 심리적 수용은 맥락으로서의 자기, 인지적 탈융합, 현재에 머무르기와 더불어 마음챙김의 한 요소이기도 하다.

불쾌하고 원치 않는 힘든 내적 경험을 통제하고 관리할 때, 경직되고 잘못 적용된 시도는 최소 다음과 같은 두 가지 방식으로 부작용을 초래할 수 있다(Luoma et al., 2007).

첫째, 고통스러운 감정, 사고, 감각, 기억 등을 줄이거나 제거하고자 하는 시도는 종종 역효과를 초래하며, 심지어는 더 큰 고통을 가져올 수 있다. 고통을 느끼지 않으려는 시도에 의해 유발된 고통은 수용전념치료에서 '오염된 고통'으로 불린다. 반면, '순수한 고통'은 삶을 살아가는 데 있어 자연스럽고 자동적인 결과인 고통을 의미한다. 실제로 힘든 생각이나 감정을 억압하려는 시도는 반동 효과를 낳아 감정이나 생각이 오히려 더 힘들어지기도 한다. 외상후 스트레스 장애처럼 안 좋은 기억에 대해 생각하지 않으려는 노력은 종종 바로 그 기억을 유발해 내는 경향이 있다. 삶의 무의미함에서 벗어나고자 종일 누워 있는 우울한 사람은 자신의 삶의 무의미함에 대한 두려움을 더욱 확인하게 될 뿐이다. 공황은 적어도 부분적으로는 불안하지 않으려는 개인 투쟁의 결과다.

둘째, 좋은 감정만을 추구하며 사는 삶은 우리가 가장 깊숙이 믿고 있는 가치를 위해 살지 못하도록 한다. 중요한 일을 하는 것은 때로는 고통스럽거나 적어도 취약함을 느끼게 하는데, 그 이유는 신경 쓰는 것은 그 자체로 우리가 어느 곳에서 상처받을 수 있고 또 상처받아 왔는지를 보여 주기 때문이다. 이런 고통과 가치 간의 연결은 경험 회피가 왜 그러한 손실을 가져오는지 부분적으로 설명한다. 경험 회피는 우리가 어떠한 경험을 조절하거나 통제하거나 회피할 수 있도록 하기 위해 가치 있게 여기는 방향, 관계, 활동에서 이탈하게 할 수가 있다. 예컨대, 사회적 불안을 가진 사람은 창피함을 피하고자 하는 욕구 때문에 친구가 없을 수 있지만, 바로 그 불안이 그에게 사람이 얼마나 중요한지를 알려 주는 지표이기도 하다. 이와 유사하게 만성적이고 지속적으로 경험 회피를 하는 사람은 느끼지 않으려는 것에 지나치게 몰두하기 때문에 일상생활에서 자신이 무엇을 바라는지에 대한 인식을 결코 향상할 수 없을 것이다. 치료시간 중에 기꺼이 경험하기 요소를 사용해야 하는 때를 가장 명확하게 알려 주는 신호는 경험 회피다. 어떤 치료시간 내에서 어려운 내용을 다루게 되면, 내담자는 화제를 바꾸거나, 피상적이 되거나, 농담을 하거나, 문제가 있다는 것을 부인하거나, 자신의 감정과 일치하지 않는 단어를 사용하기도 한다. 치료시간의 초반에 내담자가 지나치게 소극적이거나, 애쓰는 느낌이 들거나, 똑같은 내용에만 집착하는 것 등은 기꺼이 경험하기를 사용해야 할 필요성을 반영하는 것이다. 치료의 후반에는 논쟁, 과도한 논리성, 동기 결여, 수동성, 상담자에게 책임을 미루고자 애쓰는 느낌이 들 경우 등이 기꺼이 경험하기 과정을 다시 해야 할 필요가 있다는 것을 알려 주는 지표가 될 수 있다.

수용전념치료에서는 기꺼이 경험하기를 돕기 위하여 다양한 자발성과 노출 훈련이 사용되는데, 이러한 훈련에서 중요한 것은 내담자가 사적 사건을 통제하려는 의제를 버리고 스스로 이러한 사건들에 자신을 노출시키는 것이다(Hayes, 2004).

6) 개념화된 자기와 맥락적 자기

개념화된 자기(conceptualized self, 혹은 내용적 자기)란 사회화 훈련 과정의 결과로 자신이 어떤 사람인지에 대해 스스로가 만들어 낸 이야기를 믿고 그에 따라 살아가는 자기를 말한다. 수용전념치료는 자기 이해에 대한 각각의 방식이 인간의 잠재력과 기능에 대해 폭넓은 함의를 갖는다고 보고, 인간의 생존에 유용하기도 하지만 엄청난 고통과 한계로 이끌기도 하는 개념화된 자기와 고통에서 자유롭게 하고 고통을 감소하는 길인 맥락적 자기(self as context, 맥락으로서의 자기)를 구분한다.

아동은 성장하고 배우게 되면서 의도적이지는 않아도 다양한 사회화 훈련 과정을 통해 자신이 누구인지, 자신이 왜 그런 행동을 하는지, 자신의 감정과 생활사가 어떻게 자신의 행동 원인이 되고 행동을 정당화하는지에 대한 그럴듯한 이야기를 제공할 수 있게 된다. 그리하여 아동은 성인처럼 설명하고 평가하고 탐구하며 질문하는 정교한 언어적 행위 레퍼토리를 개발하게 된다. 자신과 다른 사람에 대해 이야기할 때 마음이 활성화되어 작동하고, 마음의 창을 통해 자신과 세상에 대해 보다 많은 것을 이해하고 알기 때문에, 자신과 타인이 어떤 사람인지에 대해 스스로가 만들어 낸 이야기를 믿고 그에 따라 살아가기 시작한다. 이와 같은 사회화 훈련 과정의 결과로 개념화된 자기가 형성된다.

사람은 자신이 어떤 사람인지에 대해 스스로 개발한 믿음이나 또는 만들어 낸 자신의 존재를 잘 설명하는 것처럼 보이는 개념을 '나는 우울한 사람이다' '나는 똑똑하다' '나는 희생자다' '나는 고통을 받고 있는 사람이다'와 같이 '나는 ~이다'라는 식으로 다양한 방식으로 표현하고 이야기하는데, 이것을 개념화된 자기라고 할 수 있다. 이러한 자기개념이 진실인 것처럼 보이도록 하는 모든 심상, 생각, 행동은 이런 자기 내용과 관련이 있으며, 이러한 정신적 내용을 흔히 정체성이라고 부른다. 사회공동체의 관점에서 보면 개념화된 자기와의 융합은 대체로 긍정적이다. 왜냐하면 다른 사람이 그의 행동을 더 잘 이해하도록 해 줘서 그의 행동을 예측할 수 있게 해 주고, 그의 행동에 영향을 미칠 수 있게 해 주기 때문이다. 그러나 개인 차원에서는 문제가 될 수 있다. 정체성을 구성하고 상황을 평가하고 통제하며 문제를 해결하는 데 도움을 주는 바로 그 언어적 과정이 효과가 없고 파괴적인 행동을 야기할 수 있으며, 문제가 있는 생활 패턴에 갇히게 할 수 있다. 즉, 일관성을 추구하고 정당화하며 설명하고 평가하려는 마음의 성향으로 인해 삶을 제한하는 언어적 구속에 갇혀 버릴 수 있다. 이처럼 특정의 개념화된 자기는 고통과 투쟁을 일으킬 수 있으며, 그로 인해 그가 중요하게 생각하는 것이나 가치를 잃을 수 있다. 그리고 개념화된 자기의 언어적 지식에는 한계가 있어서 행동에 영향을 미쳤거나 미치고 있는 모든 과거 경험과 맥락을 완전히 알 수 없고, 대신에 삶에 대한 불완전한 이해로 말미암아 여러 가지 이야기, 정당화, 설명을 갖게 되며, 이러한 것은 많은 사실과 행동 양상을 설명해 주기도 하지만 삶을 돕는 데에 상당한 한계를 드러내기도 한다(Luoma et al., 2007).

맥락적 자기란 사적 사건들이 일어나는 맥락을 지켜보고 지금-여기의 경험을 조망하는 자기를 말한다. 수용전념치료의 핵심적 치료 과정의 하나가 맥락적 자기를 경험하도록 하는 과정이다. 수용전념치료에서는 개념화된 자기와의 과도한 융합이 심리적 유연성을 저해한다고 보고, 대안적인 유형의 자기를 경험하도록 의도적으로 시도한다. 대안적인 자기 유형 중 하나가 생각, 감정, 기억, 신체적 감각 등과 같은 사적 사건이 일어나는 '맥락으로서의 자기', 즉 맥락적 자기다. 맥락적 자기는 특별한 경험들이 일어난 상황에서 그들에 대한 애착이나 집중 없이 자신의 경험과 흐름에 대한 자각을 하는 것이다(Hayes et al., 2006). 개념화된 자기에 융합되는 것을 벗어나기 위해 자각하는 경험의 '나-여기-지금'에 기반한 자기의 감각과 접촉하는 것을 증진시킨다.

이러한 맥락적 자기는 자각하는 자기(noticing self), 관찰하는 자기(observing

self), 초월적 자기(transcendent sense of self)라고 일컬어지기도 한다. 수용전념치료의 관계구성틀 이론에 의하면, 인간은 언어적으로 자신을 타인과 구분하고 과거와 미래와 현재를 연결하는 자기 인식을 갖게 된다. 수용전념치료에서는 이때 자기 또한 다른 사적 경험과 마찬가지로 언어적으로 표현된 내용 그 자체가 아니라 각각의 경험을 관찰하고 관계를 맺는 맥락적 주체라고 본다. 즉, 다른 사람이 나에 대해서 생각하는 내용(예: 저 사람은 무능하다)도 내가 아니며, 내가 나 자신에 대해서 생각하는 내용(예: 나는 관대하다)도 자신은 아니라는 것이다. 결국 자기란 생각과 감정 등의 사적 경험을 관찰하는 동시에 미래의 가치를 맥락적으로 행동을 선택하는 변화무쌍한 주체다(이선영, 2009).

이러한 맥락적 자기는 개인에게 의식적으로 접촉될 수 없다는 한계가 있다. 그러나 수용전념치료에서는 자기에 대한 초월적인 의식이 언어적 존재로 구성될 수 있고, 탈융합과 마음챙김 과정을 통해서 근접될 수 있다고 본다. 수용전념치료에는 마음챙김 명상, 경험적 연습, 비유 등과 같은 맥락적 자기의 질적인 측면을 내담자가 체험하도록 돕기 위한 여러 가지 개입방법이 있다. 이와 같은 맥락적 자기는 수용을 촉진하게 된다.

7) 창조적 절망감과 경험 회피

창조적 절망감(creative hopelessness)이란 원치 않는 생각과 감정을 통제하려고 시도하는 것이 소용없음을 체험함으로써 나타나는 자연스러운 감정을 말한다. 수용전념치료의 단계에서 첫 번째 목표는 내담자가 이제까지 사용해 온 통제 전략이나 해결책이 효과적이지 못하고 부적절하게 사용된 것임을 깨닫도록 돕는 것이다. 상담자는 내담자가 문제를 해결하기 위해 이제까지 사용해 온 것을 자세히 검토하며, 변화 의제가 효과가 있었는가에 대하여 실제적으로 경험한 바를 조사한다. 이러한 과정을 통해서 내담자가 충분히 노력하지 않았거나 동기화가 안 된 것이 문제가 아니라, 문제를 해결하려는 노력과 투쟁 자체가 문제임을 깨닫도록 탐색해 간다. 즉, 사적 경험에 의해 내담자가 사용하는 해결적인 방법이 문제를 악화시키며, 그로 인해 실제로 내담자의 가치에 이르지 못하게 된다는 것을 알게 한다. 이는 자신의 고통을 다루는 방법이 지금까지 작동하지 않았음을 깨닫도록 돕기 위함이다.

이러한 종류의 절망감은 창조적이다. 왜냐하면 내담자로 하여금 새로운 것을 시도하도록 해 주며, 내담자의 고통을 정당화시켜 주는 타당한 요소들을 지니기 때문이다(문현미, 2006). 다시 말해서, 창조적 절망감에서 창조적이란 부분은 불필요한 경험 통제를 마침내 포기하고 선택한 가치에 어울리는 삶을 사는 것에 관심을 가질 때 오는 열린 마음을 언급하는 것이다. 절망감을 느끼는 것이나 절망감을 믿는 것이 목표가 아니며, 이런 과정은 대개 희망적으로 느껴진다. 효과적이지 않은 것을 포기하는 과정을 가속화하는 것이 목표다.

이처럼 수용전념치료에서는 내담자가 이전의 해결책이 효과적이지 않았고 개인적으로 많은 손실을 가져왔다는 것을 깨달음으로써 실제로 경험 통제나 회피의 노력을 내려놓은 것으로 옮겨 갈 수 있도록 돕기 위해 상담자는 이것을 통합하여 창조적 절망감을 촉진하고자 한다(Hayes et al., 1999). 창조적 절망감은 일종의 자기 타당화다. 치료적으로 이는 내담자가 그동안 해 왔던 투쟁의 무익함에 대한 자신의 경험을 타당화하고, 자기 타당화에서 오는 완전히 새로운 가능성에 마음을 열기 시작하는 과정을 의미한다. 내담자도 자신이 사용했던 방법이 효과적이지 않았다는 것을 안다. 상담자가 덧붙이는 것은 그 경험이 타당한 것일 수도 있지만 효과적일 수 없는 것일 수도 있다는 점이다. 일단 여러 가지 행동의 효용성에 대한 경험이 탐색되면 내담자와 상담자 모두 그 문제와 그것을 해결하려는 시도가 얼마나 광범위한지를 이해하게 되고, 상담자는 치료시간 내에서 창조적 절망감을 개발하고자 시도한다.

창조적 절망감의 유발에서 중요한 것은 수용전념치료 상담자의 목표가 내담자의 정서 반응이나 느낌을 유도하는 것이 아니라, 효과가 없는 감정 통제 의제에서 벗어나는 레퍼토리 확장 행동을 유도하는 것임을 이해하는 것이다(Zettle, 2007). 창조적 절망감을 개발하기 위한 상당히 많은 노력에도 불구하고 성과가 없을 때에는 그에 관한 다양한 이야기와 은유가 사용될 수 있다. 은유나 비유적 이야기는 내담자의 일상적인 언어적 방어를 불러일으킴 없이 영향을 미칠 수 있기 때문이다. 웅덩이에 빠진 사람에게 땅을 파도록 삽을 주는 꼴이라는 이야기(Hayes et al., 1999)는 수용전념치료에서 사용하는 핵심적인 은유로, 도구(삽)는 그 사람이 구멍에서 나오는 방법을 창조해 내지 못하게 하고 오히려 구멍을 더 크게 만들 뿐이며, 그렇기에 삽을 내려놓는 것이 목표라는 것을 제안한다. 내담자에게 효과적이지 않은 변화 계획을 검토하고, 자신이 웅덩이에 빠져 있다는 것을 알아차리도록 요청한다. 상담이 진행되면서 내담자가 또 다른 통제 전략에 휩싸일 때는 호랑이를 내쫓으려고 고기를 줬더니 호랑이가 더 크고 힘이 세고 더 굶주린 상태로 돌아왔다는 이야기(Eifert & Forsyth, 2005)와 같은 다른 은유를 다시 언급할 수도 있고, "다시 땅을 파고 계신 겁니까?" 라는 식으로 가볍게 질문을 던질 수 있다.

경험 회피(experiential avoidance)란 개인이 특정한 사적 경험들에 기꺼이 접촉하지 않고, 손해에도 불구하고 이러한 내적 사건들의 형태나 빈도 및 상황을 바꾸려고 하거나 이에서 벗어나려는 현상을 말한다. 대부분의 심리치료 이론에서는 여러 형태의 정신병리를 경험 회피라는 건강하지 못한 대처방법의 결과로 보고 있다. 여기서 경험이란 개인의 정서, 사고, 생리적 반응 등 모든 내적 · 사적 경험을 포함한다.

경험 회피에는 주로 억제와 상황적인 회피와 같은 두 가지 형태가 있다. 억제는 원치 않는 생각, 감정, 기억이나 신체적 감각과 같은 부정적인 사적 사건의 즉시적인 경험을 제거하거나 통제하려는 적극적인 시도이고, 상황적인 회피는 원치 않는 사적 경험이 일어나는 관련 상황을 바꾸려는 것이다. 수용전념치료에서는 특히 이러한 경험 회피가 발생하게 되는 원인으로 인간 언어의 양방향성을 꼽고 있다. 즉, 언어적 유기체인 인간에 있어 혐오적 사건은 그 사건에 대한 언어적 기술로 전달되고, 또 그러한 혐오적 속성과 연합된 반응들 또한 언어적으로 전달된다고 본다. 즉, 인간에게 있어 불안은 다른 비언어적 유기체의 경우에서처럼 단순히 반사적인 신체 상태와 행동 경향성의 분명한 조합은 아니다. 그것은 평가적이고 기술적인 언어적 범주다. 이에 혐오적 사건을 기술하였던 언어가 다시 동일한 정서 반응을 유발하며, 결국에는 실제 혐오적 사건뿐만 아니라 언어와 연합된 정서 반응 또한 이후에 회피하게 된다고 본다(Hayes et al., 1999).

경험 회피의 결과는 심리적 경직성이다. 인간은 단념할 필요가 있을 때 그릇된 수단을 이용하여, 그릇된 이유를 위하여 단념하거나 지속한다. 예를 들어, 인간이 깊은 상실을 경험했을 경우에 상실의 맥락에서 효과적이고 필요한 행동을 위하여 상실에 대한 단순한 접촉이 필요할 때조차 상실감을 피하려고 회피, 억제, 문제해결 및 분석을 지속한다. 인간은 자기통제를 위하여 바람직하지 않은 감정들에 초점을 맞추면서 정서적으로 빠져들거나, 견디기 위하여 그 감정들을 억제하거나 회피하려는 시도를 한다. 하지만 이러한 경우에는 정서적 둔감이나 스트레스와 같은 이차적 수준의 반응을 초래하게 된다.

요컨대, 수용전념치료의 관점에서 보면 경험 회피는 사건을 평가하고 예측하고 회피하는 능력에서 나오며, 비록 단기간에는 도움이 되는 경우도 있지만 장기적 측면에서는 도움이 되지 못하고 심리적 경직성을 가져오므로, 이를 상쇄하는 심리적 과정으로서 수용전념치료 치료 기법과 절차를 통해 수용과 유연성을 획득하도록 도와주어야 한다는 것이다.

4 상담의 목표와 과정

1) 상담목표

수용전념치료의 최종 목표는 내담자의 '심리적 유연성'을 증진시키는 데 있다. 수용전념치료에서는 인지적 탈융합의 반대 과정인 인지적 융합과 수용의 반대 과정인 경험 회피 등의 정신병리적 과정과 인간의 심리적 고통 및 심리적 경직성을 가져오는 과정을 약화시키기도 하지만, 오히려 그보다는 심리적 유연성을 촉진하는 긍정적인 과정을 강화하는 데 가장 중요한 상담목표를 둔다.

앞에서 설명했듯이 심리적 유연성이란 자극을 일으키거나 유발하는 사적 내용에 융합되지 않고, 사적인 경험을 있는 그대로 수용하며, 현재 순간과의 접촉을 유지하고, 의식의 내용과 초월적인 자기를 구별하며, 가치를 둔 삶의 목적에 접촉하고, 그 목적으로 추구하기 위한 전념적 행동의 패턴을 구축하는 능력이다(Hayes et al., 2004). 다시 말해서, 심리적 유연성이란 의식적인 한 인간으로서 충분히 현재 순간과 만나는 능력, 또한 가치 있는 목표를 추구하기 위해 주어진 상황에서 행동의 변화를 꾀하거나 지속하는 능력을 말한다. 수용전념치료의 핵심적인 목표는 생각이나 느낌이 '말하는 대로'가 아니라 생각과 느낌을 '있는 그대로' 생각하고 느끼도록 돕는 것이며, 내담자로 하여금 자신의 역사와 자동적 반응에도 불구하고 가치를 둔 방향으로 움직이도록 돕는 것이다.

수용전념치료에서는 내담자의 개인적 가치를 위해 심리적 고통을 수용하면서 가치 실현을 위한 전념을 지속하는 방식으로 심리적 고통을 다룬다. 그리고 수용전념치료에서 상담자는 심리적 유연성의 향상을 상담의 일반적인 목표로 삼고, 무엇을 수용하며 무엇에 전념할 것인가에 관심을 가진다. 불안이나 우울증을 비롯한 심리적 고통이나 삶의 다른 문제를 치료되어야 할 것으로 보는 관점과는 달리 수용전념치료에서는 이것을 맥락 내에서 진행되고 있는 역동적인 행동으로 본다. 또한 심리적 고통을 위한 수용전념치료의 주요 과제는 심리적 고통을 경험하는 내담자가 심리적 고통 없이 살 수 있도록 하는 것이라기보다 심리적 고통과의 투쟁에서 자유로워짐으로써 심리적 고통과 함께 의미 있고 설레는 삶으로 나아갈 수 있도록 돕는 것이다. 그러므로 심리적 고통을 위한 수용전념치료의 주된 목표는 증상의 감소가 아니라 가치 지향적인 삶을 영위할 수 있는 심리적 유연성의 증가이며, 그런 삶이 되면 심리적 고통의 수준 또한 감소한다는 것이다(Zettle & Hayes, 1986; Zettle & Rains, 1989)

이처럼 수용전념치료의 가장 중요한 목표는 내담자가 심리적 유연성 또는 활기 있고 의미 있는 삶을 주도하는 다양한 방식을 자유롭게 선택할 수 있도록 힘을 키우도록 하는 데 있다.

2) 상담과정

수용전념치료에서 심리적 유연성을 획득하는 과정에는 여섯 개의 주요 국면이 있다. 먼저, 내담자로 하여금 심리적 경직성으로 인해 치르는 대가에 접하도록 도운 후에, ① 심리적 수용 기술 습득하기, ② 인지적 탈융합 기술 습득하기, ③ 맥락적 자기와 개념화된 자기를 구별하기, ④ 현재에 머무르기 및 앎의 과정으로서의 자기를 확립하기, ⑤ 이유 붙인 행동과 선택을 구별하기, 가치 명료화하기, 그리고 목표와 행동 및 가치를 구별하기, ⑥ 전념적 행동을 지속시키고 선택한 가치와 관련된 행동 변화 전략을 가르치기 등과 같은 과정을 통하여 심리적 유연성과 효과적인 행동 패턴을 발달시키고자 한다(Hayes, 2004). 이러한 여섯 가지 과정은 선형적으로 이루어지는 것이 아니라 동시에 유동적으로 이루어지는 상호적인 과정이다. 각각의 과정은 정신병리를 회피하기 위한 방법이 아니라 긍정적인 심리적 기술로서 개념화되어 있다. 수용전념치료의 목표인 심리적 유연성은 이러한 여섯 가지의 상담(치료) 과정을 통해 얻어지는데, 이를 도식화하면 [그림 16-1]과 같다(Luoma et al., 2007).

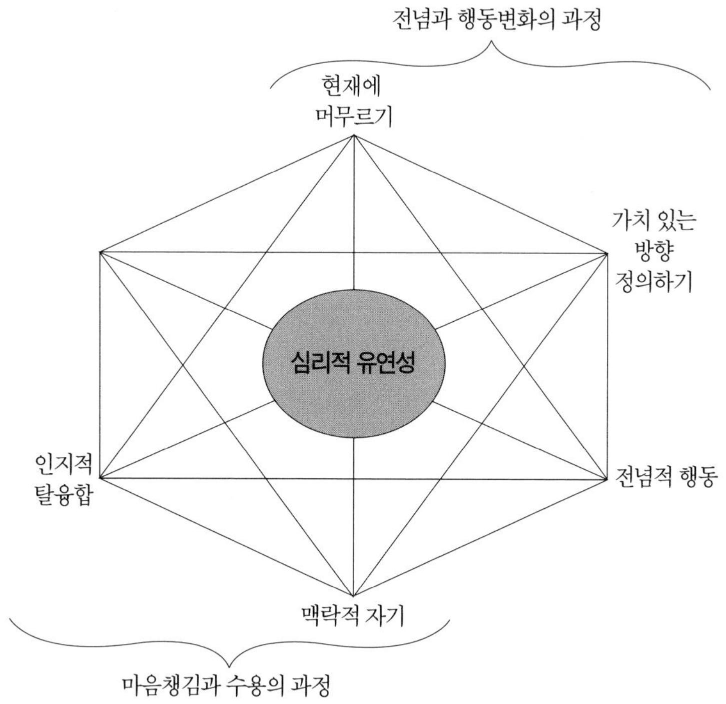

그림 16-1 수용전념치료의 여섯 가지 핵심 상담과정

- 수용: 수용은 경험 회피에 대한 대안적인 개념으로, 개인의 역사로부터 유래한 감정과 생각 등 사적 경험의 빈도나 내용을 변화시키려는 불필요한 노력 없이 있는 그대로 이를 감싸 안는 것을 말한다. 예를 들어, 불안장애 환자가 불안을 그저 정서적 경험으로부터 방어하지 않은 채 느끼도록 가르친다. 수용전념치료에 있어서 수용은 그 자체가 목적이 아니라 가치 지향적인 행동을 증가시키기 위한 단계다.
- 인지적 탈융합: 감정과 생각 등 사적 사건의 형태나 빈도를 변화시키기보다 감정이나 생각과 관계를 맺고 상호작용하는 방식을 변화시키는 것을 말한다. 예를 들어, '나는 아무 쓸모가 없다'라는 생각의 내용을 긍정적으로 변화시키려 하거나 억제하기보다는 이를 '나는 내 자신이 쓸모가 없다는 생각을 하고 있다'로 경험하게 한다. 이렇게 함으로써 언어적 의미와 자신을 융합하는 가운데 이러한 불쾌한 생각을 섣불리 감소시키려 노력하는 것에서 벗어나게 되며, 생각

등의 사적 경험을 지나치게 믿거나 이에 연연하지 않을 수 있게 된다.

- 현재에 머무르기(현재에 존재하기, 현재와 접촉하기): 수용전념치료에서는 있는 그대로의 심리적 사건 및 환경적 사건에 비판단적으로 접촉하도록 돕는다. 이렇게 하는 이유는 내담자가 자신을 둘러싼 환경에 보다 직접적으로 접촉할 때 행동이 보다 융통성을 갖게 되며, 그렇게 함으로써 자신의 가치에 일관되는 방식으로 행동을 선택할 수 있기 때문이다. 이때 언어는 현재 일어나는 일을 묘사하는 방식으로 사용되지 사건을 판단하거나 예측하는 방식으로 사용되지 않는다.
- 맥락적 자기(맥락으로서의 자기): 수용전념치료의 관계구성틀 이론의 관점은 언어 훈련이 경계가 없는 영역으로서 자기감을 확립한다고 주장한다. 이 관점에서 보면, 자기는 경험 그 자체가 같다기보다는 경험이 일어나는 맥락에 더 가깝다. 수용전념치료는 경험 훈련과 은유를 통해 맥락적 자기, 즉 사건 자체와는 거리를 두고 있으면서 사건의 경험이 일어나는 지속적이고 안정적인 자기와의 만남을 돕는다. 이 과정은 소위 '언어 기계'에 뒤엉켜 있는 것에서 우리를 벗어나게 해 준다. 그 순간의 특정한 경험에 관계없이 관찰자 혹은 경험자로서 좀 더 견고한 자기감을 개발하는 것이 목표다. 이와 함께 의식과 자각의 한계가 의식과 자각의 범위 안에서 접촉할 수 없기 때문에 정상적인 인간 경험의 영적 측면인 자기 초월감으로 이끈다. 자기 초월감의 확립은 내용에 대한 집착을 줄이는 데도 도움이 될 수 있다. 수용전념치료에서 자기 초월감이 중요한 것은 부분적으로는 우리가 자기 초월감의 관점에서 경험에 집착하지 않은 채 우리 자신의 경험의 흐름을 알아차릴 수 있기 때문이다.
- 가치 있는 방향 정의하기: 가치란 자신이 선택한 행동의 질적인 측면으로 삶의 여정에서 끊임없이 계속되는 과정이지 결코 완전하게 손에 넣을 수 있는 목표가 아니다. 수용전념치료에서는 내담자로 하여금 삶의 여러 영역과 관련해 자신의 삶의 방향을 명료화할 수 있도록 돕는다. 이때 내담자가 언어적 과정에 의해서 오도되지 않도록 주의가 필요하다. 즉, 회피 및 사회적 순응 또는 언어와의 융합에 의한 가치와 자신의 진정한 가치를 분별하여 명료화하는 과정이 필요하다.
- 전념적 행동: 회피와 융합이라는 장애들이 잘 인식되고 가치 방향과 이에 따른

구체적인 목표와 행동이 정해지면, 전념적 행동을 통해 내담자 자신이 원하는 삶을 살도록 돕는다. 수용전념치료에서는 거의 매 회기 단기, 중기, 장기의 행동변화 목표를 세우고 이를 회기 내에서 시도하며, 그 과정에는 노출 및 마음챙김 등의 새로운 기술 습득과 목표 설정하기 등이 포함된다.

이처럼 수용전념치료에서는 심리적 유연성을 길러 주기 위해 여섯 가지 핵심적인 상담과정을 거치게 된다. [그림 16-1]에서 보는 것처럼 수용전념치료의 각 상담과정은 서로 겹쳐지고 상호 연결되어 있으며, 크게 두 부분으로 나눌 수 있다. 하나는 마음챙김과 수용의 과정이고, 다른 하나는 전념과 행동변화의 과정이다. 마음챙김과 수용의 과정에서는 수용, 인지적 탈융합, 현재에 머무르기, 맥락적 자기라는 치유기제를 통해 수용과 마음챙김을 기술한다. 또한 전념과 행동변화의 과정에서는 현재에 머무르기, 맥락적 자기, 가치 있는 방향 정의하기, 전념적 행동이라는 치유기제를 통해 전념과 행동변화의 과정을 기술한다(Hayles et al., 2004). 여기서 현재에 머무르기와 맥락적 자기는 이 두 과정에 모두 포함되어 있는데, 그 이유는 심리적 유연성이란 결국 현재와 충분히 접촉할 때 얻어질 수 있기 때문이다. 수용전념치료의 여섯 가지 치유기제는 이러한 마음챙김과 수용, 전념과 행동변화의 두 가지 과정이 심리적 유연성을 획득하여 행동을 변화시키는 결과를 가져오도록 돕는다.

한편, 아이퍼트와 포사이스(Eifert & Forsyth, 2005)는 수용전념치료의 상담과정을 세 단계로 나누었다. 1단계는 생각과 감정을 수용하는 것이고, 2단계는 가치의 방향을 선택하는 것이며, 3단계는 행동으로 옮기는 것이다. 이는 수용전념치료의 상담 핵심이 수용, 가치 선택, 전념적 행동임을 나타낸다. 인경(2009)은 수용, 탈융합, 맥락적 자기의 세 가지 전략을 명상에 의한 수용과정의 1단계로 구분하였다. 그리고 현재에 머무르기, 가치 탐색, 전념적 행동의 세 가지 전략을 가치 선택에 의한 행동 변화의 2단계로 구분하였다. 즉, 1단계는 명상을 통한 자신과 세계에 대한 수용의 과정으로 보았고, 2단계는 전념에 의한 행동변화의 과정으로 보았다.

5 상담의 기법과 적용

1) 상담기법

사적 경험들을 통제하려는 의도적 시도는 역설적인 영향이 가능하므로 수용전념치료에서는 덜 직면적인 방식과 비유, 역설, 그리고 경험적 훈련과 같은 덜 지시적 형태의 언어적 상호작용을 사용해서 생각과 자기 간의 혼동에서 벗어나게 한다. 그리고 언어적 사건의 문자적 해석의 영향에서 탈피시킴으로써 내담자의 맥락을 바꾸어서 회피 행동이 일어나지 않게 하고, 가치 지향적인 행동이 가능하게 한다 (Hayes et al., 2003: 문현미, 2006 재인용).

수용전념치료의 차별점은 사적 경험의 형태를 바꾸려고 애쓰기보다는 사적 경험이 행동과 관련되는 맥락을 바꿈으로써 사적 경험의 기능을 바꾸려고 시도한다는 점이다. 즉, 단지 생각을 생각 그리고 감정을 감정으로 받아들일 때 생각하고 느끼는 과정을 알아차리게 되며 반응의 선택 범위가 넓어지기 시작한다. 수용전념치료의 다양한 기법들은 이러한 융합을 깨뜨리기 위해, 그리고 언어적 표상들을 탈언어화시키기 위해 고안된다. 역설법, 탈융합, 명상 훈련들이 기법들의 예라 할 수 있다. 수용전념치료 개입의 보다 구체적인 영역은 다음과 같고, 각 영역마다 구체적인 방법과 훈련, 과제 및 비유를 사용한다(문현미, 2006; Hayes et al., 1999).

(1) 현재 상황에 직면시키기: 창조적 절망감 유발하기

수용전념치료의 첫 번째 단계의 목표는 내담자로 하여금 지금까지 사용해 온 통제 전략들을 알아차리고 이러한 전략이 효과가 없으며 부적절하게 사용된 것임을 깨닫도록 돕는 것이다. 상담자는 내담자가 문제를 해결하기 위해 이제까지 사용해 온 것을 자세히 검토하며, 변화 의제가 효과가 있었는가에 대하여 실제적으로 경험한 바를 조사한다. 이러한 과정을 통해서 내담자가 충분히 노력하지 않았거나 동기화가 안 된 것이 문제가 아니라, 문제를 해결하려는 노력과 투쟁 자체가 문제임을 깨닫도록 탐색해 간다. 이는 자신의 고통을 다루는 방법이 지금까지 작동하지 않았음을 깨닫도록 돕기 위함이다. 상담 시작에서 상담자는 내담자가 원하는 것은 무엇이고, 어떤 시도들을 했으며, 그것이 작동하였는가를 탐색한다. 이러한 탐색 과정 중에 중요한 요소는 상담자의 소견이 아니라 내담자의 경험이다. 그리고 언어적으로 유도된 투쟁을 약화시키기 위해 비유나 비유적 언어를 사용하는 것이 특징이다. 비유는 내담자의 일상적인 언어적 방어를 불러일으킴 없이 영향을 미칠 수 있기 때문이다.

(2) 전형적인 변화 의제에 도전하기: 통제가 문제다

수용전념치료에서는 사적 경험들을 제거하거나 통제하려는 시도들이 문제다. 원치 않는 것이 인간에게는 상식적인 의제가 되었고, 의도적인 통제 노력이 삶의 대부분의 영역에서 매우 잘 작동하지만, 사적 경험들에 대해서는 잘 작동하지 않기 때문이다. 따라서 이 단계의 목표는 문화적으로 조건화된 기준체계가 작동하는 맥락을 바꾸는 것이다. 상담자는 반복적으로 심리적 회피를 깨뜨리며, 고통이 되는 생각이나 감정의 '내용'에서 이를 기꺼이 경험하지 않는 '과정'으로 돌리도록 한다. 내담자에게 통제 전략이 효과가 없음을 평가하도록 명령하거나 요구하지 않고, 다만 내담자 스스로 통제 전략이 효과가 없다는 것을 직접 부딪치면서 그 결과를 체험하도록 주의를 기울인다. 탐지기 비유는 사적 경험에 대한 통제 전략이 효과적이지 않다는 것을 경험하게 하는 핵심적인 개입 방법이다.

(3) 대안 제시하기: 기꺼이 경험하기와 수용

통제 의제가 파괴적임이 경험적으로 확고해진 후에 선택할 수 있는 새로운 대안으로서 기꺼이 경험하기와 수용을 제시한다. 어떤 사적 경험들이 있더라도 그것이 효율적인 행동을 유지하는 데에 필요한 경우에는 그것을 스스로 허용하는 것이다. 상담자는 내담자로 하여금 회피적으로 행동하려는 동기를 줄이고 이전에 혐오하던 내적 경험들에 대한 접근 반응을 강화하도록 한다. 이를 돕기 위하여 다양한 자발성과 노출 훈련이 사용되는데, 이러한 훈련에서 중요한 것은 내담자가 사적 사건을 통제하려는 의제를 버리고 스스로 이러한 사건에 자신을 노출시키는 것이다.

(4) 인지적 탈융합과 마음챙김

언어의 유추 기능이 지배적일 때, 인간은 언어적 사건과 그 심리적 내용을 혼동한다. 예를 들어, '나는 쓸모없어'라고 생각하면 그 생각과 사실이 융합되나 이를 알아차리지 못한다. 이에서 벗어나는 것이 인지적 탈융합이며, 인지적 탈융합의 최종 목표는 심리적 경험을 방해하는 언어적 과정을 중립화하는 것이다. 수용전념치료에서는 자극 기능을 가지게 된 언어적 구성에서 벗어나도록 돕는 언어 습관, 역설, 마음챙김 명상, 경험적 연습, 은유 등의 기법을 사용한다. 예를 들어, 언어 습관은 내담자와 그의 사적 사건들 간의 심리적 거리 두기를 증대하기 위해 고안된 것으로, 생각이 말하는 대로가 아니라 생각을 생각으로 볼 수 있게 하는 기법이다. 또한 자신의 생각이 떠다닐 때 이것을 마치 시냇물에 떠가는 나뭇잎처럼 관찰하는 것을 상상하는 연습과 같은 은유나 마음챙김 명상 훈련은 생각이나 감정과 같은 사적 경험들을 관찰하도록 하여 인지적 탈융합을 적극적으로 도와준다. 이러한 기법은 평가적이고 판단적인 언어를 사용하지 않고 보다 유연한 형태의 반응을 격려하면서 지금-여기에서의 사건에 접촉하도록 하는 기법들이다. 또한 수용전념치료에서 상담자는 순간순간 진행 중인 인지적 과정들을 명백히 드러냄으로써 인지적 영향에서 벗어나도록 돕는다. 내담자는 비판단적인 관찰자의 입장을 배워서 '경험 회피'라는 비효과적 통제 요구로부터 자유로워지며 원치 않는 생각, 감정, 기억, 신체적 상태를 기꺼이 경험할 수 있게 된다.

(5) 경험의 장(맥락)으로서의 자기: 자기에 대한 초월 의식

가장 두려워하는 감정과 생각에 노출하는 것이 자신의 생존에 위협이 되지 않는다는 것을 직접적으로 알 수 있을 때까지는 내담자에게 기꺼이 경험에 개방되라고 요청하는 것이 실제로는 쉽지 않다. 기꺼이 경험하기를 가능하게 하는 맥락이 있는데, 그것은 어려운 심리적 내용들에 의해 위협 당하지 않는 영속적인 자기가 있는 맥락이다. 인간에게 상당히 확고한 근거를 제공하는 경험의 한 측면이 바로 의식의 연속성이다. 영속적인 자신의 일부가 있음을 보는 것은 내담자에게 큰 위안을 주므로 피해 왔던 사적 경험을 하도록 요청할 수 있게 된다. 예를 들어, 장기판 비유나 관찰자 연습과 같이 자기와 회피했던 심리적 내용을 구별하도록 돕는 다양한 기법을 사용해서 변화하는 내적 경험들을 모두 관찰하고 수용하는 안정되고 일관된 시각인 자기 감각에 접촉하도록 돕는다.

(6) 가치의 선택

행동, 수용 그리고 탈융합이 모두 함께 의미 있는 전체가 되는 것은 오직 가치라는 맥락 내에서다. 그러므로 수용전념치료의 다른 요소들을 시행하기 전에 제일 먼저 가치 명료화 작업을 실시하기도 한다. 상담자는 내담자에게 "당신의 삶이 어떻게 실현되기를 원하는가?" 또는 "무엇으로 말미암아 당신 인생에 의미가 생기는가?"와 같은 질문을 한다. 그리고 가족, 인간관계, 건강, 영성 등 삶의 여러 영역에서 가치를 목록화하도록 요청한다. 자신의 묘비 문구나 장례식 추모사 내용 상상하기와 같은 다양한 방법을 사용하여 가치에 관련된 것을 보다 명료화한다. 가치들이 명료화되면 이들을 실현시킬 수 있는 달성 가능하고 명확한 목표들, 이 목표들을 달성할 수 있는 구체적인 행동들, 그리고 이 행동들을 수행하는 데 있어서의 구체적인 장애물들을 확인하도록 한다. 이처럼 가치가 분명해지면 고통스런 생각과 감정을 수용하고 그에 맞닥뜨리는 것이 수월해진다.

(7) 가치 행동에 대한 기꺼이 경험하기와 전념

수용전념치료의 마지막 단계는 내담자가 탈융합과 수용을 통하여 장애물들을 약화시키면서 가치를 부여하는 목적을 향해 전념적 행동을 하는 데 필요한 전략을 배우는 것이다. 이 시점에서는 관찰하거나 전념적 행동을 연습하는 것과 함께 노출 작업도 이루어진다. 이 단계에 이르면 내담자는 삶 자체가 던지는 다음과 같은 질문을 알기 시작한다. "한 인간으로서의 당신과 당신의 사적 경험이 구별된다면, 당신은 이러한 경험들에 대하여 방어하지 않고 충분히 그것들이 말하는 그대로가 아니라 있는 그대로 기꺼이 접촉할 수 있겠는가? 그리고 당신은 이 상황에서 선택한 가치 방향에 따라 움직이겠는가?" 내담자는 "예"라고 대답하면서 구체적인 행동변화 작업에 역점을 두게 된다.

(8) 치료관계

상담자(치료자)가 동정적이면서도 도전적인 접근을 하되 비판단적이고 비평가적인 태도를 유지하는 것이 중요하다. 이러한 태도는 내담자가 경험하기 어려워하는 어떤 정서를 경험하기 위한 맥락을 만든다. 치료관계에서 상담자가 유념해야 할 두 가지 위험 요소는 다음과 같다. 첫째, 내담자가 표현하는 고통스런 정서적·인지적 내용을 저지하려는 유혹을 흔히 느낀다. 예를 들어, 나쁜 감정으로부터 내담자를 구출해 내기 원할지 모른다. 그러나 수용전념치료의 치료관계에서는 경험이 그 내용에 관계없이 실행되어야 한다. 둘째, 내담자가 현실에 대해 구성한 것을 쉽게 채택하거나, 이와 반대로 현실에 대한 내담자의 해석을 거부하고 그에서 벗어나게 하려고 논쟁을 시도할 수 있다. 언어가 현실을 구성하는 힘은 언어적 존재인 상담자들도 그들 자신과 내담자가 구성한 현실에 융합되기 쉽다. 그리하여 내담자가 갖는 상황적인 절망감에 대한 생각을 그대로 받아들이거나 그러한 신념으로부터 벗어나게 해 주려고 시도하는 유혹을 받을 수 있다. 특히 상담자는 비효율적인 행동의 이유에 대한 암묵적 혹은 명시적 법칙들에 융합되는 위험을 자각해야 한다. 내담자가 이러한 구성을 자각하고 이에서 벗어나며 내용 수준에서 그것들과 싸우지 않도록 돕는 것이 목표다. 만일 상담자가 그러한 싸움이나 융합을 자각하지 못한다면 내담자에게 문제가 되는 인지를 확인하고 탈융합하도록 도울 수 있는 상담자의 능력이 감소하게 되며, 내담자는 자신의 가치와 부합하는 보다 창조적인 삶을 살 기회가 줄어들게 될 것이다.

2) 상담사례

내담자는 대부분의 성인기를 알코올 문제와 싸워 온 54세 남자로 여러 차례 술을 끊었지만 재발하곤 하였다. 이번 네 번째 치료시간이 있었던 당시에 그는 술을 입에 대지 않은 지 30일째였는데, 이는 그동안 술로 덮어 두었던 삶의 고통스러운 영역으로 다시 돌아오기 충분한 시간이었다. 상담자는 그가 재발에 가까워지고 있는 것 같아 걱정하고 있다. 이 면담기록은 상담자가 내담자의 가치에 대한 대화를 시작하는 부분에서 발췌하였다. 다음 상담사례는 수용전념치료의 인지적 탈융합, 수용/기꺼이 경험하기, 전념적 행동에 관한 작업을 한다면 어떻게 할 것인지를 보여주는 하나의 예시다(Luoma et al., 2007).

상담자: 당신은 술을 마시지 않는 삶을 원한다고 하셨는데요. 그 말에서 술을 마시지 않고 지내는 것이 당신에게 정말 중요한 무언가가 담겨 있는 것 같다는 생각

이 듭니다. 술을 마시지 않고 지내게 되면 무엇을 할 수 있게 될까요? 단주 상태를 유지할 수만 있다면 당신 삶이 어떻게 되길 희망하나요?

내담자: 지금 시점에서는 단지 단주 상태를 유지하는 것에만 집중하고 싶어요. 다른 것에 대해서는 생각하고 있지 않아요. 서두르지 않고 단주에 집중하지 않으면 1년도 못 가서 재발할 거예요. 제 감정을 이겨 내지 못할 것 같은 느낌이 들어요. 지금은 서두르지 않고 속도를 늦추는 데 집중하고 있어요. [멈춤] 지금은 그저 속도를 늦춰야 해요.

상담자: 지금은 마치 당신 삶이 너무 빨리 흘러가고 있다는 것 같다는 건가요? 당신이 원하는 방향으로 가고 있지 않은 것 같나요?

내담자: 제 삶보다는 마음이 더 그래요. 제 감정도 그렇고요. 전에는 이걸 몰랐기 때문에 그에 맞춰서 마음도 정신없이 바빠지다가 결국 술을 진탕 마시게 되곤 했어요. 다시 술을 끊을 수 있게 되기까지 몇 주 혹은 몇 년이 걸리기도 해요.

〈인지적 탈융합〉

상담자: 그러니까 마음이 정신없이 바빠질 때 마음이 말하는 것 중에 하나가 '속도를 늦춰라'군요. 꽤 갈등이 있을 것 같은데요……. 한편에서 보면 정신없이 바빠지게 하는 것도 당신의 마음인데, 다른 한편에서는 마음이 속도를 늦추라고 하는 거네요. 마치 당신의 두 부분이 당신 보고 이래라 저래라 하고 있고, 당신은 그 사이에서 이러지도 저러지도 못하고 있는 것 같군요.

내담자: 네. 맞는 것 같아요. 어떨 땐 이렇게 하고, 또 어떨 땐 저렇게 하고 있죠.

상담자: 마치 어떤 마음은 이렇게 말하고 어떤 마음은 다르게 말하고 하는 식으로 작동하는 프로그램이 있는 것 같겠네요. 그리고 그 안에는 당신이 원치 않는 것이 많이 있고요. 맞나요?

내담자: 네.

상담자: 그리고 다른 부분은 당신한테 속도를 늦추라고 말하고 있고요. 제가 제안하고 싶은 것은 그것과는 조금 다른 것인데요. 지금 우리에게 정말 필요한 것은 조금 뒤로 물러서서 마음속에서 두 가지 마음이 마치 탁구공처럼 왔다 갔다 하는 것을 바라보는 것이라면 어떨까요? 어느 한쪽에 얽매이지 않고 말이에요. 크게 심호흡을 합시다. (심호흡을 한다.) 그리고 당신의 마음이 가는 곳을 잠시 지켜봅시다. 당신 마음이 당신에게 이야기하는 것을 크게 말해 보세요……. 그렇지만 한쪽으로 빠져들지는 마세요.

〈수용/기꺼이 경험하기〉

상담자: '너무 바쁘게 서두르고 있어'라고 생각하기 바로 전에 떠오른 느낌으로 가 볼까요? 그 느낌은 얼마나 됐나요? 얼마나 친숙한가요?

내담자: 그건 불안이에요. 원래부터 있었던 것 같아요. 저 자신을 조절할 수 없을 것 같은 느낌이에요.

상담자: 맞아요. 그리고 바로 그 '조절할 수 없을 것 같은' 느낌에서 벗어나 다시 조절할 수 있는 상태가 되려고 노력하고 계시는 것 같네요. 하지만 조절할 수 없을 것 같은 느낌에 더 성장할 수 있는 길이 있는 것이라면 어떻겠습니까? 아마 그 느낌 속으로 들어가 봐야 할지도 모릅니다.

〈전념적 행동〉

상담자: 속도를 늦추려는 당신의 본능이 옳다고 생각해요. 그리고 단지 하나의 기법으로서 적절한 것이 아니라 보다 더 중요한 것일지도 모른다는 생각이 듭니다. 한번 해 보죠. 바로 지금 여기서 속도를 늦춰 보고, 여기서 일어난 일에 마음을 열 수 있는지 살펴봅시다. 한번 해 봅시다. (멈춤)

내담자: (스스로 숨을 깊이 들이쉰다.)

상담자: 방금 전에 당신 목소리에서 뭔가 다급한 느낌이 있었던 것을 알아차렸나요?

내담자: 사실대로 이야기하면 무서워요. 뭔가 해야 할 것 같은 느낌이 들어요.

상담자: 맞아요. 그런 식으로 작동하는 겁니다. 그럼 뭔가 해야 할 것 같은 느낌을 재빨리 알아차린 후에 속도를 늦추고 싶어 하는 마음 안에는 무언가 깊은 지혜가 담겨 있다고 가정합시다. 그리고 현재에 머물러 봅시다. 바로 여기에서 당신은 실제로 존재할 수 있습니다. 바로 여기에서 당신은 삶을 살 수 있습니다. 여전히 이곳은 가끔은 무서운 곳이기도 합니다. 여기에서 도망가려고 어떻게 했지요?

내담자: 저 자신을 멍해지게 만들었지요. 술을 마셨습니다. 많이요.

상담자: 네, "속도를 늦추고 현재에 머물러야 해."라는 말은 "서둘러 내 마음과 감정을 어떻게든 해야 돼."라는 말과 모두 섞여 버립니다. 자, 당신은 그렇게 할 수 있는 방법이 있었는데, 그렇게 하니까 어떤 손실이 있었는지 살펴봅시다. (멈춤) 제가 당신에게 들은 것은 당신은 제대로 된 삶을 살고 싶고, 진짜 당신이 되고 싶고, 바로 여기에 있고 싶다는 겁니다. 당신이 그렇게 할 수 있으려면 어떻게 해야 되는 거죠?

내담자: 술에 취해 있지 않아야 되죠. 술 때문에 제 삶을 허비하고 있었어요. 제가 술 때문에 잃게 된 것은 바로 저예요.

상담자: 그러니까 재빨리 도망치기 위한 새로운 방법을 찾으려 하지 맙시다. 단주 상태를 유지한다는 핑계로 도망치려고 하지 맙시다. 왜냐하면 그것 역시 진짜 당신이 되지 못하게 되는 길일뿐이니까요. 아마 단주 상태를 유지하는 것도 결국에는 다른 무언가를 위한 것일 거예요. 무엇을 위한 것이죠?

내담자: 제가 진짜 저 자신이 되는 것이죠……. (스스로 깊이 숨을 들이쉰다.) 전 도망가지 않아요. 이제는 그렇게 하지 않을 거예요. 바로 여기 이곳에서 살아갈 거예요.

토/의/주/제

1. 수용전념치료와 전통적 인지행동치료와의 공통점과 차이점이 무엇인지 설명해 보시오.
2. 수용전념치료의 여섯 가지 핵심 치료과정을 설명해 보시오.
3. 수용전념치료 사례 개념화의 수행을 구성하는 요소와 치료 개입을 알아보고, 사례 개념화의 서식(기록지)을 만들어 보시오.
4. 『마음에서 빠져나와 삶 속으로 들어가라: 새로운 수용전념치료』(Hayes & Smith, 2005)의 책을 참고하여 마음챙김 수행법 가운데 대표적인 '건포도 먹기'를 연습해 보시오.
5. 수용전념치료에서 사용하는 핵심적인 은유(메타포)에는 어떤 것들이 있는지 조사해 보시오.
6. 위의 상담사례에서 ① 현재에 머무르기, ② 맥락적 자기, ③ 가치 있는 방향 정의하기에 관한 작업을 한다면 상담자로서 어떻게 말할지 적어 보고, 어떤 생각 때문에 이러한 말을 하게 되었는지 동료들과 토의해 보시오.

부록

1. 상담의 기초 작업지
2. 분석 심리학적 상담 작업지
3. 실존주의적 상담 작업지
4. 행동주의 상담 작업지
5. 합리 · 정서 · 행동치료 작업지
6. 인지행동치료 작업지
7. 교류분석 작업지

1 상담의 기초 작업지

상담 대화에서 직면 반응하기

직면 반응이란 내담자가 못 보고 지나쳐서 내담자를 문제 상황에 그대로 있게 하는 불일치를 검토해 보도록 인도하는 기술이다. 아래에 있는 각 내담자의 반응에 대해 상담자가 어떻게 직면 반응을 해야 할 것인지 이야기체로 적어보시오.

내담자 1: 전 그동안 공부를 무척 열심히 했어요. 신나게 놀기도 하고 게으름도 많이 부렸지만요.

상담자: ______________________________

내담자 2: 전 중학교 때 성적이 반에서 중간 정도였는데, 고등학교 때는 어떻게 해서든지 3등 안에 들고야 말겠어요.

상담자: ______________________________

내담자 3: 지난번에 할머니가 돌아가셨을 때 무척 슬펐지만 왠지 피식피식 웃음이 나오데요.

상담자: ______________________________

내담자 4: 동생이 저보다 공부를 잘하면 자랑스럽기도 하고 얄밉기도 해요.

상담자: ______________________________

내담자 5: 저는 전공 공부를 모두 포기하려고 합니다. 도대체 전공 공부를 잘할 수가 없을 것 같아요. 저 나름대로는 열심히 노력을 했습니다만 제가 하고 싶은 만큼 그렇게 잘 되지는 않습니다. A학점을 받는 것으로 만족할 수가 없습니다. 저는 솔직히 학교를 졸업한 후에라도 써먹을 수 있는 것을 배우고 싶은데 제 전공으로는 그렇게 될 수가 없어요.

상담자: ______________________________

적극적 경청 연습지

학번: __________ 성명: ____________

공식 당신은 (①)에 대해서 (②)한 것 같군요.

①: 어떤 일에 대한 내용

②: 상대의 기분을 읊어 주는 내용(화가 난, 당황한 등)

보기 "나는 영숙이가 미워요. 그 애는 태어나지도 말았어야 했어요. 엄마가 나와 함께 놀 시간이 전혀 없습니다."

느낌: 고독감, 버림받음.

반응: "어머니가 전처럼 너에게 관심을 쏟지 않는다고 섭섭해하는 것 같구나."

1. "할머니는 왜 돌아가셨지요? 아직 살아 계셨으면 좋겠어요."

   느낌:

   반응: " ____________하기 때문에 ____________하다고 느끼는 것 같구나."

2. "친구들이 나를 돈까스라고 불러. 나는 그 별명은 듣기가 싫어!"

   느낌:

   반응: " ____________하기 때문에 ____________하다고 느끼는 것 같구나."

3. "정미는 나보다 예쁜 옷도 많고 얼굴도 예뻐서 친구들이 정미를 더 좋아하는 것 같아."

   느낌:

   반응: " ____________하기 때문에 ____________하다고 느끼는 것 같구나."

4. "저는 용돈에 대해 아버지와 이야기하기가 싫어요. 아버지는 1000원의 가치가 얼마나 되는지 모르시면서 늘 까다롭게 구세요."

   느낌:

   반응: " ________ 하기 때문에 ________ 하다고 느끼는 구나!"

5. "태권도장에 가기 싫어요. 실제 겨루기는 안 하고 매일 품세만 가르쳐요."

   느낌:

   반응: " ________ 하기 때문에 ________ 하다고 느끼는 구나!"

2 분석 심리학적 상담 작업지

좋아하는 사람과 싫어하는 사람의 특성

여러분이 가장 사랑하고 존경하는 사람들이 지니고 있는 특성들 중에서 여러분이 가장 좋아하는 특성은 무엇인가? 또한 여러분이 싫어하는 사람들이 지니고 있는 특성들 중에서 여러분이 가장 싫어하는 특성은 무엇인가?

좋아하는 특성	
싫어하는 특성	

☞ 융의 분석심리학적 관점에서 보면, 여러분이 적은 좋아하는 특성은 여러분의 아니마(anima) 혹은 아니무스(animus)의 투사 내용일 수 있고, 싫어하는 특성은 그림자(shadow)의 투사 내용일 수 있습니다. 전자는 여러분이 발달시킬 수 있는 내면의 자질일 수 있고, 후자는 여러분 스스로 직면해야만 하는 특성일 수 있습니다.

출처: Fadiman, J., & Frager, R. (1998). *Personality and personal growth* (4th ed.). New York: Longman, p. 76.

3 실존주의적 상담 작업지

유언장 쓰기

• 명상 음악을 틀고 '내가 만약 24시간 후에 죽는다면……' 이라고 가정해 보시오.

• 내가 곧 죽을 것이라는 소식을 처음 접했을 때의 느낌은 어떠했고, 지금 나는 어떻게 할 것인지, 어디로 가서 무엇을 할 것인지, 누굴 만날 것인지, 죽음이 임박해 옴에 따라 나타나는 생각, 행동, 느낌을 백지에 기술해 보시오.

• 이제 유언장을 쓴다고 생각하고 어떤 사람에게 어떤 내용으로 쓸 것인지 실제로 작성해 보시오.

• 자신이 죽었다고 가정할 때 누가, 어떤 조사를 쓰게 될지(됨됨이, 업적, 미덕, 특이한 점, 능력, 기념비적 사건 등) 생각해 보시오.

• 내가 다시 산다면 어떤 인생을 살 것인지 말해 보시오.

의미치료 diary 작업

• 1단계: 지난 하루의 나의 생활을 시간 단위로 적어 보세요.

• 2단계: 생활기록지 중 자신/타인/부모에게 의미/가치로웠던 부분을 밑줄 쳐 보세요.

• 3단계: 생활기록지 중 고치고 싶은 부분을 고쳐 보세요.

• 4단계: 생활기록지를 판단하는 자신의 의미/가치의 기준은 무엇인가요?

4 행동주의 상담 작업지

기초선 측정 및 행동수정 기록표

• 빈도 측정: 경우에 따라 횟수를 변경해서 사용할 것

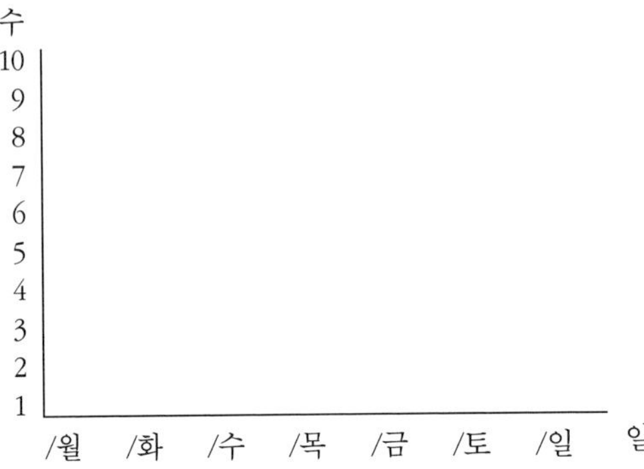

• 지속시간 측정

관찰일	기록	계
월 일		
월 일		
월 일		
월 일		
월 일		
월 일		
월 일		
		총계
		평균

• 시간 표집

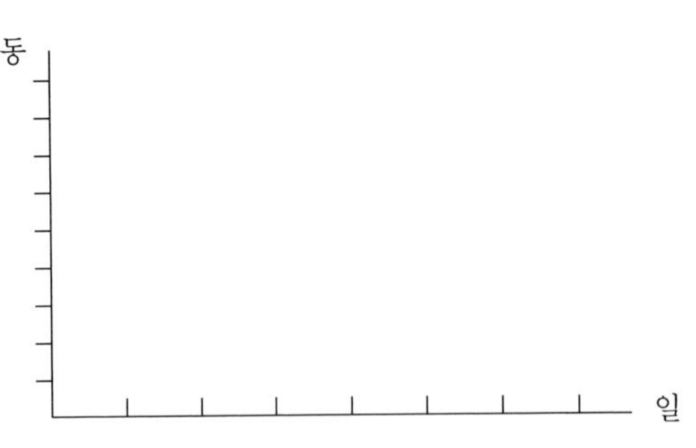

5 합리 · 정서 · 행동치료 작업지

1) 내가 가지고 있는 비합리적 생각을 찾기

• 당위적 사고

1. 나는 반드시 ________________ 해야만 한다.
2. 너는 반드시 ________________ 해야만 한다.
3. 세상은 반드시 ______________ 해야만 한다.

• 과장적 표현 (예) 그 사람이 내 부탁을 거절하면 끔찍한 일이다.

나는 뚱뚱해져서 큰일났다.

'~를 하지 않으면 큰일난다' 는 식의 생각을 찾아봅시다.

1. ____
2. ____

• 자기 꼬리표(자기비하)

예) 나는 말을 잘 못한다. 그래서 실패할 것이다.

나는 돈도 잘 못 벌고 쓸모없는 존재다.

1. ____
2. ____

• '나에게 ~은 절대로 일어나서는 안 된다' 는 식의 생각을 찾아봅시다.

1. ____
2. ____

2) 자기 언어와 핵심 비합리적 사고 찾기

당신이 정서적 격분이나 부적응적 행동을 할 때 떠오르는 자기 언어와 사고를 찾아봅시다.

〈자기 언어와 핵심 신념의 탐색방법〉

1. 사건의 내용을 구체적으로 적는다.
2. 그 상황에서 일어났던 정서를 자세히 적는다.
3. 그 상황에서 일어났던 생각들을 순서대로 적는다.
4. 가능하면 정서가 일어났던 상황이 끝난 뒤에 바로 적도록 하고, 어려울 경우에는 하루 중 적당한 시간을 내어 매일 적어 보도록 한다.
5. 처음에는 긍정적이든 부정적이든 아무 상황이라도 적어 보도록 하여 익숙하게 한다.
6. 점차 자신의 증상과 관련된 상황을 기록하도록 한다.
7. 반복되는 자기 언어 내용에 유의하여 그 기저의 핵심 비합리적 신념을 추론해 본다.

사건(A)	정서(C)	행동(C)

자기 언어	핵심 신념(B)

출처: 박경애(1997), p. 421.

3) A-B-C-D-E 기록지의 활용

당신이 속상하고 화가 날 때마다 ABC를 분석하고 자기 논박을 통해 정서적이고 행동적인 효과를 찾아봅시다.

A – 선행 사건(activating events)

B – 신념(beliefs)

C – 결과(consequences)

D – 논박(disputes/interventions)

E – 효과(effective emotional & behavioral responses): 행동적 효과/정서적 효과

행동적 효과	정서적 효과

숙제(homework)

출처: 박경애(1997), p. 425.

6 인지행동치료 작업지

혼자 해 보는 인지행동치료 단서 찾기

– 데니스 그린버거 & 크리스틴 페데스키, 『기분 다스리기』에서 일부 인용

1) 자신의 상황, 기분, 생각을 구별할 수 있을까?

많은 사람들은 일련의 연습과정을 통해 특정 기술을 배웠던 경험을 가지고 있습니다. 이와 마찬가지로 기분을 개선하거나 바람직한 행동변화를 유발하기 위해, 혹은 인간관계에 장애가 되는 생각을 바꾸는 데도 학습 가능한 구체적 기술들이 있습니다.

이러한 기술들을 익히기 위해 우선 다음과 같이 자신의 생각, 기분, 상황을 잘 구별하는 연습을 해 보는 것도 좋습니다. 오른쪽 빈칸에 왼쪽 항목의 질문이 생각, 기분 혹은 상황 중 어떤 것에 해당되는지 적어 봅시다.

	상황, 기분, 생각?
1. 불안하다.	________
2. 집에 있다.	________
3. 나는 이 일을 할 수 없을 것이다.	________
4. 슬프다.	________
5. 친구와 전화를 하고 있다.	________
6. 짜증이 난다.	________
7. 차를 몰고 있다.	________
8. 나는 항상 이런 방식으로 생각할 것이다.	________
9. 직장에 있다.	________
10. 나는 이성을 잃고 있다.	________
11. 화가 난다.	________
12. 나는 실력이 없다.	________
13. 오후 4시다.	________
14. 끔찍한 일이 일어날 것 같다.	________
15. 제대로 되는 일이 하나도 없다.	________
16. 실망된다.	________
17. 나는 이 일을 결코 극복하지 못할 것이다.	________
18. 식당에 앉아 있다.	________
19. 나는 자제력을 상실했다.	________
20. 나는 실패작이다.	________

어제나 오늘 중 우울이나 분노, 불안과 같은 강한 감정을 느꼈던 때를 떠올려 보세요. 아래 기록지에 이러한 경험을 적어 보고, 상황, 기분, 생각을 기억할 수 있는 한 자세하게 적어 보세요. 이 연습은 당신이 자신의 경험 안에 있는 서로 다른 부분을 알아내고, 분리 및 이해를 하도록 하여 기분을 통제하는 방법을 학습하는 데 중요합니다.

상황	기분	자동적 사고(생각)
• 누구와 함께 있었는가? • 무엇을 하고 있었는가? • 언제? • 어디서?	• 각각의 기분을 한 단어로 적어 보라. • 기분의 강도를 점수로 평가해 보라(0～100%).	* 다음 질문 중 몇 개 혹은 모두에 답해 보라. • 지금 기분처럼 느끼기 직전 어떤 생각이 떠올랐는가? • 이것이 사실이라면 나의 어떤 점을 말해 주는가? • 이것은 나 자신이 내 삶 혹은 내 미래가 어떻다는 것을 뜻하는가? • 나는 어떤 일이 일어날까 걱정하는가? • 이것이 사실일 때 일어날 수 있는 최악의 사태는 어떤 것일까? • 이것은 남들이 나에 대해 어떻게 느낀다는 것을 말해 주는가? • 이것은 남들이 일반적으로 어떻다는 것을 말해 주는가? • 이 상황에서 어떤 심상이나 기억이 떠오르는가?

2) 어떻게 하면 자동적 사고를 인식할 수 있을까?

일상생활에서 대부분의 사람들은 여러 유형의 자동적 사고를 합니다. 자동적 사고를 파악하려면 자신의 기분반응을 이해하게 만들어 주는 생각을 찾아낼 때까지 자동적 사고를 파악하는 데 도움이 되는 질문들을 스스로에게 던져 보는 것이 좋습니다. 자동적 사고를 파악하기 위해서 다음 질문들을 활용, 두세 번 반복하여 질문해 보고 마음속에 떠오르는 장면이 있는지 살펴보는 것이 좋습니다.

자동적 사고 파악에 도움이 되는 질문

☆ 지금 기분처럼 느끼기 직전 어떤 생각이 떠올랐는가?
☆ 이것이 사실이라면 나의 어떤 점을 말해 주는가?
☆ 이것은 나 자신이나 내 삶 혹은 내 미래가 어떻다는 것을 뜻하는가?
☆ 나는 어떤 일이 일어날까 걱정하는가?
☆ 이것이 사실일 때 일어날 수 있는 최악의 사태는 어떤 것일까?
☆ 이것은 남들이 나에 대해 어떻게 느낀다는 것을 말해 주는가?
☆ 이것은 다른 사람들이 일반적으로 어떻다는 것을 말해 주는가?
☆ 이 상황에서 어떤 심상이나 기억이 떠오르는가?

자동적 사고를 파악하는 방법을 연습하기 위해 다음 상황이 자신에게 일어났다고 상상하고, 나의 마음을 스치고 지나가는 생각을 적어 보세요.

상황 1. 쇼핑을 하러 나왔습니다. 얼마전 미리 점찍어 두었던 물건을 사려고 몇 주일 전부터 돈을 모았습니다. 그런데 가게의 점원은 그 물건이 다 떨어졌다고 말했습니다.

____

____

상황 2. 이웃집 파티에 가지고 가려고 케이크를 만들었습니다. 새로운 방법으로 만들어 본 것이라 신경이 좀 쓰입니다. 10분쯤 지나자 몇 사람이 당신에게 다가와 케이크가 맛있다고 말합니다.

____

____

3) 죄책감이나 수치심에 대한 책임 파이 그려보기

내게 책임이 있다고 느끼는(그래서 죄책감이나 수치심을 느끼는) 부정적 상황이나 사건을 한 가지 생각해 보세요. 그 결과에 영향을 미친 모든 사람이나 상황을 열거해 보고 당신 자신은 그 목록의 제일 끝에 두세요. 목록의 처음부터 시작해서 책임의 크기만큼 파이에 그려 넣어 보세요. 모두 그려 넣은 후 당신 자신의 책임이 상대적으로 얼마나 되는지 살펴보세요.

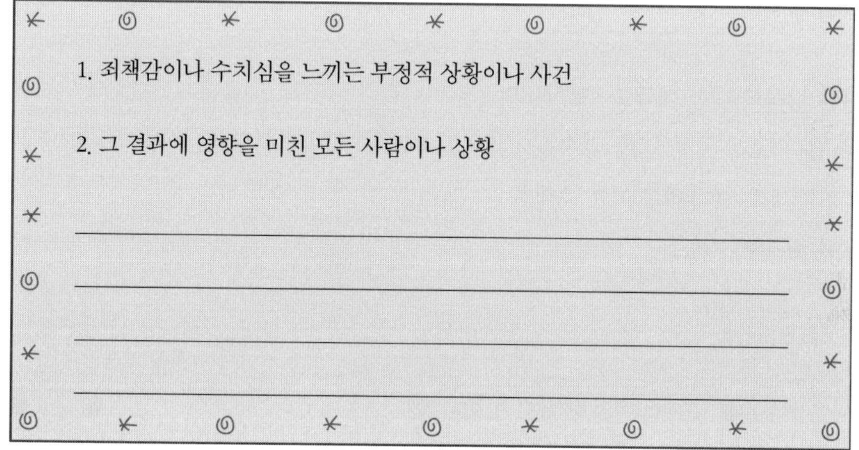

1. 죄책감이나 수치심을 느끼는 부정적 상황이나 사건

2. 그 결과에 영향을 미친 모든 사람이나 상황

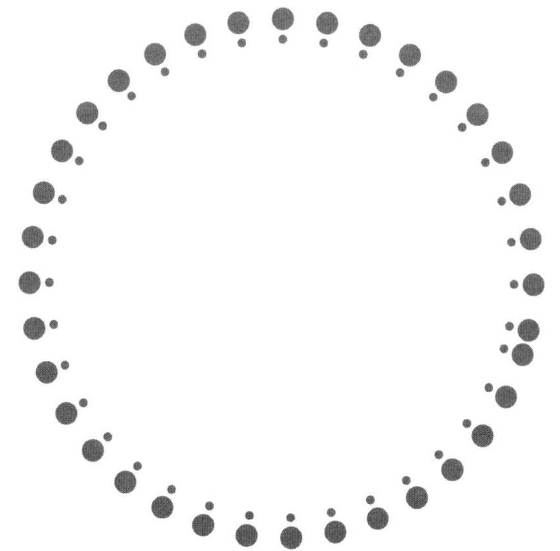

7 교류분석 작업지

이고그램 자아상태분석표(청소년용)(KTAA식)

학교명: ________ 학년/반: ________ 성별: (남 · 여) 연령: 만 ______세

성 명: ________________ 작성일: ______년 _____월 _____일

* 다음 항목에 대한 대답을 〈보기〉와 같이 골라 공란 □에 점수를 기입하세요. 현재 하고 있는 그대로를 체크해 주세요.

〈보기〉

언제나 그렇다 ··········· 3
자주 그렇다 ·············· 2
가끔 그렇다 ·············· 1
좀처럼 그렇다 ··········· 0

1. 다른 사람이 길을 물으면 친절히 가르쳐 줍니까? ■ □ ■ ■ ■
2. 당신은 무엇이든 당장 하지 않으면 마음이 내키지 않는 편입니까? □ ■ ■ ■ ■
3. 당신은 남의 표정을 보고 행동하는 버릇이 있습니까? ■ ■ ■ ■ □
4. 당신은 화려한 것을 좋아합니까? ■ ■ ■ □ ■
5. 당신은 여러 가지 책을 잘 보는 편입니까? ■ ■ □ ■ ■
6. 다른 사람이 잘못된 짓을 했을 때 좀처럼 용서하지 못합니까? □ ■ ■ ■ ■
7. 친구나 자신보다 나이가 적은 아이들을 칭찬하는 일이 흔히 있습니까? ■ □ ■ ■ ■
8. 모두 어울려 떠들어대거나 노는 것을 좋아합니까? ■ ■ ■ □ ■
9. 무엇이든 잘 되지 않아도 그다지 화를 내지 않습니까? ■ ■ □ ■ ■
10. '아!' '좋다!' '멋지다!' 등의 감탄사를 잘 쓰는 편입니까? ■ ■ ■ □ ■
11. 싫은 것은 싫다고 말하지 못하고 참는 일이 많습니까? ■ ■ ■ ■ □
12. 남을 돌보는 일을 좋아합니까? ■ □ ■ ■ ■
13. 무엇이든 착수하면 끝까지 하지 않고는 못 베기는 편입니까? □ ■ ■ ■ ■
14. 먹을 것, 입을 것이 없는 사람을 보면 도와줍니까? ■ □ ■ ■ ■
15. 미신이나 점치는 것 등은 절대로 믿지 않는 편입니까? ■ ■ □ ■ ■
16. 당신은 말하고 싶은 것을 사양하지 않고 말할 수 있습니까? ■ ■ ■ □ ■
17. 속으로는 불만이지만 겉으로는 만족한 것처럼 행동합니까? ■ ■ ■ ■ □
18. 부모의 비위를 맞추는 편입니까? ■ ■ ■ ■ □

19. 공부나 일을 명확히 잘 처리해 나가는 편입니까? ■ ■ □ ■ ■
20. 어머니나 아버지와 냉정하게 잘 대화를 합니까? ■ ■ □ ■ ■
21. 당신은 사양을 잘하고 소극적인 편입니까? ■ ■ ■ ■ □
22. 몸이 이상할 때 조심하거나 무리하지 않도록 합니까? ■ ■ □ ■ ■
23. 남의 나쁜 점보다는 좋은 점을 보도록 합니까? ■ □ ■ ■ ■
24. 자신을 책임감이 강한 사람이라고 생각합니까? □ ■ ■ ■ ■
25. 남동생, 여동생 또는 자신보다 나이가 적은 사람을 예뻐하는 편입니까? ■ □ ■ ■ ■
26. 낙담한 사람이 있다면 위로하거나 격려합니까? ■ □ ■ ■ ■
27. 당신은 싫은 것은 싫다고 말합니까? ■ ■ ■ □ ■
28. 자신의 생각을 양보하지 않고 끝까지 주장합니까? □ ■ ■ ■ ■
29. 슬픔이나 우울한 기분이 드는 일이 흔히 있습니까? ■ ■ ■ ■ □
30. 친구들에게 무엇이든 사 주기를 좋아합니까? ■ □ ■ ■ ■
31. 당신은 예의, 태도에 대해서 엄격한 훈련을 받았습니까? □ ■ ■ ■ ■
32. 그림을 그리거나 노래를 부르거나 하는 것을 좋아합니까? ■ ■ ■ □ ■
33. 무엇이든 모르는 것이 있으면 남에게 묻거나 상의합니까? ■ ■ □ ■ ■
34. 당신의 부모가 했던 것처럼 화내거나 지적하거나 합니까? □ ■ ■ ■ ■
35. 참된 자신의 생각보다는 부모나 남의 말에 영향 받기 쉬운 편입니까? ■ ■ ■ ■ □
36. 남에게 농담하거나 짓궂게 구는 것을 좋아합니까? ■ ■ ■ □ ■
37. 무엇이든 할 때 이해득실(利害得失)을 잘 생각합니까? ■ ■ □ ■ ■
38. 이성(異性)의 친구에게 자유롭게 말을 할 수 있습니까? ■ ■ ■ □ ■
39. 항상 무리를 해서라도 남에게 잘 보이려고 노력합니까? ■ ■ ■ ■ □
40. 도움을 요청받으면 '내게 맡겨라' 하고 그 일을 감당합니까? ■ □ ■ ■ ■
41. 처음 당하는 일이라면 잘 조사해 본 후에 합니까? ■ ■ □ ■ ■
42. 무엇이든 부탁받으면 곧 하지 않고 질질 끄는 버릇이 있습니까? ■ ■ ■ ■ □
43. '잘못 했다' '~하지 않으면 안 된다' 라는 표현을 합니까? □ ■ ■ ■ ■
44. 욕심나는 것은 갖지 않으면 마음이 언짢은 편입니까? ■ ■ ■ □ ■
45. 누가 실패하면 책망하지 않고 용서합니까? ■ □ ■ ■ ■
46. 무엇이든 결정할 때 여러 사람의 의견을 듣고 정합니까? ■ ■ □ ■ ■
47. 당신은 열등감이 강한 편입니까? ■ ■ ■ ■ □
48. 기쁘거나 슬플 때 표정이나 몸짓으로 자유롭게 나타냅니까? ■ ■ ■ □ ■
49. 당신은 시간이나 금전에 대해서 불확실한 것이 싫습니까? □ ■ ■ ■ ■
50. 당신이 부모가 되었을 때 아이를 엄격히 기르겠다고 생각합니까? □ ■ ■ ■ ■

합 계 □ □ □ □ □

CP NP A FC AC

OK그램 체크리스트(KTAA식)

작성일 __________ 년 ______ 월 ____ 일

학　교 __________ 학년/반 __________

성　명 __________ 연령 __________ 성별 (남 · 여)

＊다음 항목의 질문에 대하여 〈보기〉에서의 점수를 기입하세요. 현재 생각하고 있는 그대로를 체크하세요.

〈보기〉

언제나 그렇다 ………… 3
자주 그렇다 …………… 2
가끔 그렇다 …………… 1
좀처럼 그렇다 ………… 0

1. 나는 나 자신을 좋아한다. ■ ■ □ ■
2. 나는 타인으로부터 호감을 얻지 못한다. ■ ■ ■ □
3. 나는 태어나서부터 소중하게 길러졌다고 생각한다. ■ ■ □ ■
4. 나의 탄생은 그다지 환영받지 못했다고 생각한다. ■ ■ ■ □
5. 나는 근본적으로 인간을 신용하지 않고 스스로 한다. □ ■ ■ ■
6. 나는 지금 생활에서 필요로 되는 유익한 인간이라고 생각한다. ■ ■ □ ■
7. 나는 나 자신을 쓸모없는 인간이라고 생각하는 경우가 있다. ■ ■ ■ □
8. 다른 사람의 행동방식이나 사고방식이 나와 달리하고 있을지라도 특히 싫지 않는 기분이다. ■ □ ■ ■
9. 상대를 존중하는 것은 그 기분을 이해하는 것이라고 생각하기 때문에 힘써 실행하고 있다. ■ □ ■ ■
10. 다른 사람으로부터 신뢰받는 사람이라고 생각하고 있다. ■ ■ □ ■
11. 나는 적극적으로 행동을 취하는 편이다. ■ ■ □ ■
12. 나는 소극적인 성격이므로 실패가 두려워서 매사에 손을 대지 않으려고 한다. ■ ■ ■ □
13. 때때로 상대를 매도하거나 꼼짝못하게 하거나 한다. □ ■ ■ ■
14. 나는 자신이 한 언행에 대해 곧잘 후회한다. ■ ■ ■ □
15. 상대가 기대한 대로 해 주지 않으면 매우 화가 난다. □ ■ ■ ■
16. 다른 사람의 장점보다 단점을 지적하는 편이다. □ ■ ■ ■

17. 나는 기본적으로 다른 사람을 믿는다. ■ □ ■ ■

18. 아이들을 포함해서 누구에게도 자신의 견해를 가질 권리가 있다고 생각한다. ■ □ ■ ■

19. 자신이 결단하여 행동하는 것이 잘 되지 않는다. ■ ■ ■ □

20. 자신의 용모에 자신이 없다. ■ ■ ■ □

21. 자신의 얼굴이나 모습에 매력이 있다고 생각한다. ■ ■ □ ■

22. 매사에 자신이 없기 때문에 대체로 다른 사람들이 하는 대로 따라 한다. ■ ■ ■ □

23. 다른 사람을 돕는 일은 나쁜 버릇을 키우므로 하지 않는다. □ ■ ■ ■

24. 자신의 능력 중 어느 면에 자신을 갖고 있다. ■ ■ □ ■

25. 사람들이 자기주장을 하거나 경제적으로 풍요하게 되는 것은 좋은 것이라고 생각한다. ■ □ ■ ■

26. 생각이나 행동방식을 자신과 달리하고 있는 사람은 가능한 한 무리에서 배제해 버리고 싶다. □ ■ ■ ■

27. 나는 대부분의 사람들과의 관계를 훌륭하게 해 가고 있다. ■ □ ■ ■

28. 다른 사람의 일이 순조롭게 되고 있을 때 좋은 일이라고 기뻐해 준다. ■ □ ■ ■

29. 다른 사람들 앞에서 이야기할 때 그다지 불안하거나 긴장되지 않고 자연스럽게 말한다. ■ ■ □ ■

30. 친구나 동료와 함께 있는 것을 좋아하지 않으며 고독을 즐긴다. ■ ■ ■ □

31. 싫어하는 사람일지라도 함께 일을 잘해 낼 수 있다. ■ □ ■ ■

32. 후배나 부하가 나를 따르는 것은 당연한 것이라고 생각한다. □ ■ ■ ■

33. 사람들은 누구나 자신이 의사결정을 할 권리가 있다고 생각한다. ■ □ ■ ■

34. 동료가 실패해도 언제까지나 책망하지 않고 격려한다. ■ □ ■ ■

35. 나 자신을 그다지 존경할 수가 없다. ■ ■ ■ □

36. 동료에 비해 나의 타인에 대한 평가는 엄격하다. □ ■ ■ ■

37. 나는 그다지 다른 사람을 칭찬하지 않는 편이다. □ ■ ■ ■

38. 나는 대개 다른 사람이 하는 만큼은 할 수 있다. ■ ■ □ ■

39. 나는 다른 사람을 이용하여 자신의 입장이나 일을 잘 하려고 하는 경향이 있다. □ ■ ■ ■

40. 나는 잘못을 하거나 실망을 하는 경우에도 전향적(前向的)으로 생각할 수 있다. ■ ■ □ ■

합 계 □ □ □ □

U- U+ I+ I-

전부 쓰기를 끝냈으면 세로로 합계하여 그 합계점을 득점란에 써 주십시오. 그리고 그 득점을 아래 표에 점선으로 꺾은 선 그래프로 그려 주십시오.

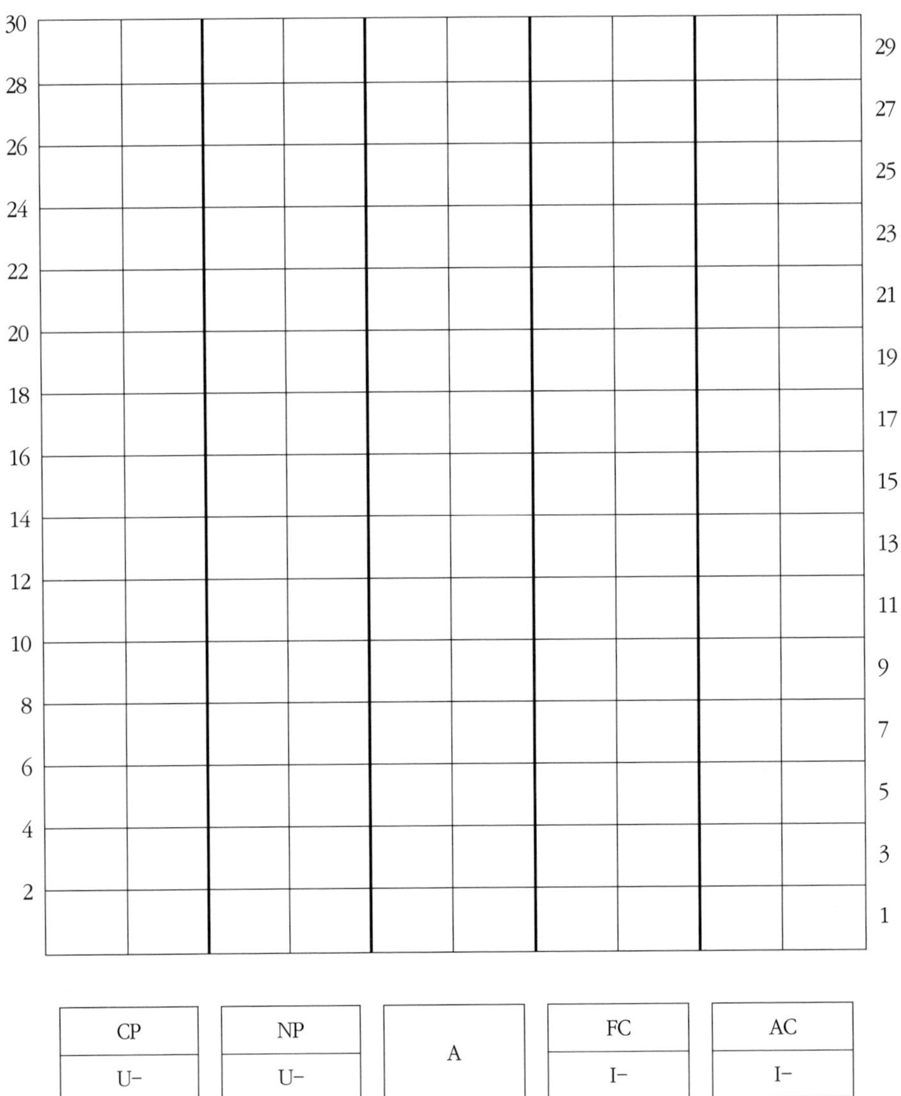

시간의 구조화 점검표

(한국교류분석학회)

작성일 ________ 년 ____ 월 ___ 일

학　교 ________ 학년/반 ________

성　명 ________ 연령 ________ 성별 (남 · 여)

〈보기〉
그렇다 …………… 2
그저 그렇다 ……… 1
그렇지 않다 ……… 0

* 다음 항목의 질문에 대하여 〈보기〉에서의 점수를 골라 흰 부분에 기입하세요.(단, 현재하고 있는 사실 그대로를 기입하세요.)

1. 당신은 아침에 일어나거나 귀가하여 가족들과 인사를 합니까? ■ ■ ■ □ ■ ■
2. 당신은 식사시간에 가족들과 친밀한 교류가 있습니까? ■ ■ ■ ■ ■ □
3. 당신은 긴장을 푸는 방법으로 현실생활을 떠나 자주 공상합니까? ■ □ ■ ■ ■ ■
4. 당신은 학교에서 공부를 시작하기 전에 자주 잡담합니까? ■ ■ □ ■ ■ ■
5. 당신은 학교나 기타 강의를 들을 때 곧잘 딴 생각을 합니까? ■ □ ■ ■ ■ ■
6. 당신은 결혼식, 장례식 등(관혼상제)에서 주례사, 축사, 조사 등이 머리(뇌리)에 잘 들어옵니까? ■ ■ ■ □ ■ ■
7. 당신은 버스나 택시, 전철 등에서 신문, 책 등을 읽습니까? ■ □ ■ ■ ■ ■
8. 당신은 누구와도 쉽게 인사하거나 악수합니까? ■ ■ ■ □ ■ ■
9. 당신은 공부하는 중에 주의집중이 잘됩니까? ■ ■ ■ ■ □ ■
10. 당신은 공부하는 중에 곧잘 딴 생각을 합니까? ■ □ ■ ■ ■ ■
11. 당신의 가정에서는 부모간, 자녀간에 갈등이 많습니까? □ ■ ■ ■ ■ ■
12. 당신은 공부벌레 등과 같은 말이나 현상을 긍정적으로 인정합니까? ■ ■ ■ ■ □ ■
13. 당신은 같은 학년이나 반의 친구들과 협동하여 일을 해 나갑니까? ■ ■ ■ ■ □ ■
14. 당신은 의식적 · 무의식적으로 상대방을 조작하는 말이나 행동을 합니까? □ ■ ■ ■ ■ ■
15. 당신은 남의 의견을 존중하고 친밀감 속에서 대화하는 편입니까? ■ ■ ■ ■ ■ □
16. 당신은 가정에서 쉬거나 독서하는 시간보다 집안일을 돌봅니까? ■ ■ ■ ■ ■ □

17. 당신은 각종 모임에 어울리는 것보다 조용히 혼자 지내기를 좋아 합니까? ■ □ ■ ■ ■ ■

18. 당신은 일상생활에 짜여진 시간이 자유로운 시간보다 더 좋습니까? ■ ■ ■ □ ■ ■

19. 당신은 일상 대화에 소문이나 신문기사를 화제로 삼습니까? ■ ■ □ ■ ■ ■

20. 당신은 '말 한마디로 천 냥 빚을 갚는다' 라는 속담에 대해 실감합니까? □ ■ ■ ■ ■ ■

21. 당신은 일상생활에서 친할수록 예의를 지키고 말조심을 합니까? ■ ■ ■ ■ ■ □

22. 당신은 지금까지 살아오면서 보람 있는 일을 열심히 하여 왔다고 생각합니까? ■ ■ ■ ■ □ ■

23. 당신은 남의 말을 그대로 진실한 것으로 받아들이기 어렵습니까? □ ■ ■ ■ ■ ■

24. 당신은 일상생활에서 곧잘 공상, 환상, 상상 등 현실을 떠난 경험을 합니까? ■ ■ ■ □ ■ ■

25. 일상 대화 시 상대에 따라 공부나 성격, 취미, 집안환경 등을 곧잘 화제로 합니까? ■ ■ □ ■ ■ ■

26. 당신은 불쾌한 감정을 쌓아가서 기회가 오면 상대와 부딪친 경험이 곧잘 있습니까? □ ■ ■ ■ ■ ■

27. 당신은 중요한 일을 친구나 가족 간에 충분히 논의합니까? ■ ■ ■ ■ ■ □

28. 당신은 익살을 잘 부리고 재치 있는 말로 분위기를 살립니까? ■ ■ □ ■ ■ ■

29. 당신은 학교에서 만점을 얻을 경우 당연하다고 생각합니까? ■ ■ ■ ■ □ ■

30. 당신은 가정에서 식사할 때나 저녁시간에 대화를 즐깁니까? ■ ■ □ ■ ■ ■

31. 당신은 가족과 함께 외식, 야외소풍, 여행 등의 기회를 갖는 편입니까? ■ ■ ■ ■ ■ □

32. 당신은 다른 사람으로부터 스트로크를 받지 않아서 자기자신이 자기를 긍정하거나 부정하는 경험이 있습니까? ■ ■ ■ □ ■ ■

33. 당신은 스포츠, 오락, 여행, 등산, 바둑 등도 기분을 새롭게 하기 위해 중요하다고 생각합니까? ■ ■ ■ ■ □ ■

34 . 당신은 강연, 설교, 훈화 등 대중적인 모임에서 옆 사람과 잡담을 하는 편입니까? ■ ■ □ ■ ■ ■

35. 당신은 어린이처럼 떠들거나 기뻐하거나 합니까? ■ ■ ■ ■ ■ □

36. 당신은 남을 아는 척하거나 남이 아는 척해 왔을 때 느낌이 좋습니까? ■ □ ■ ■ ■ ■

37. 당신은 일상 대화에서 날씨, 안부, 인사, 요리, 의상, 물가 등에 대해 곧잘 이야기합니까? ■ ■ □ ■ ■ ■

38. 당신은 공부시간, 약속시간, 모임 등에 규칙적인 시간관념을 갖습니까? ■ ■ ■ ■ □ ■
39. 당신은 친한 사람의 초대에 응하거나 상대를 초대하거나 합니까? ■ ■ ■ ■ ■ □
40. 당신은 일상대화에서 '지금-여기에' 이야기보다 과거의 이야기나 과거의 예를 듭니까? ■ ■ □ ■ ■ ■
41. 당신은 모임에서 남이 소개해 주거나 아니면 스스로 자기소개를 하는 편입니까? ■ □ ■ ■ ■ ■
42. 당신은 말을 잘못 해서 책망당하거나 스스로 조심해야 되겠다고 느낍니까? □ ■ ■ ■ ■ ■
43. 당신은 침실에 들어가서 자기 전에 그날을 반성하고 미래를 계획하는 편입니까? ■ □ ■ ■ ■ ■
44. 당신은 가족이나 가정도 중요하지만 공부가 중요하기 때문에 학교나 학원 등에서 늦게 집에 돌아오는 편입니까? ■ ■ ■ ■ □ ■
45. 당신은 길이나 버스, 전철 역에서 다른 사람과 쉽게 대화합니까? ■ ■ □ ■ ■ ■
46. 당신은 당신 집의 가풍(한 집안의 규율과 풍속)에 따르는 편입니까? ■ ■ ■ □ ■ ■
47. 당신은 상대가 나쁜 뜻이 있는 말장난을 걸어오면 곧 알아차릴 수 있습니까? □ ■ ■ ■ ■ ■
48. 당신은 학교나 여럿이 있는 집단에서 타인이 당신에 대해 칭찬, 인정, 사랑 등을 이야기할 때 받아들이기를 거부한 적이 있습니까? ■ □ ■ ■ ■ ■
49. 하굣길에 길거리에서 만난 친구와 빵집에서 가게에 곧잘 들립니까? ■ ■ ■ ■ ■ □
50. 당신은 공적 모임에서 개회식이나 국민의례에 대해 부담감을 갖습니까? ■ ■ ■ □ ■ ■
51. 당신은 어린 시절의 친구와 같은 감정으로 대하는 동료가 많은 편입니까? ■ ■ ■ ■ ■ □
52. 당신은 자신의 말투나 버릇 중에 고치고 싶은 표현이나 감정이 있습니까? □ ■ ■ ■ ■ ■
53. 당신은 부모, 스승, 선배의 설교나 훈화를 곧잘 머리 속에 새깁니까? ■ ■ ■ □ ■ ■
54. 당신은 원만하게 대화하는 도중에 자칫 감정적으로 되는 편입니까? □ ■ ■ ■ ■ ■
55. 당신은 먹고 싶은 음식, 입고 싶은 옷, 살고 싶은 집 등에 대해 곧잘 생각합니까? ■ □ ■ ■ ■ ■
56. 당신의 주변에 꼭 한번 따지고 싶거나 응수해 주고 싶은 사람이 있습니까? □ ■ ■ ■ ■ ■

57. 당신은 인격이나 취미, 개성도 중요하지만 그 사람의 참된 가치는 그 사람이 한 업적에 있다고 믿습니까? ■ ■ ■ ■ □ ■
58. 당신은 가족생활에서 다정한 인사나 대화를 하는 편입니까? ■ ■ ■ ■ ■ □
59. 당신은 학교나 모임에서 나이 많은 사람이 존중되어야 한다고 봅니까? ■ ■ ■ □ ■ ■
60. 당신은 일상대화에서 자신의 어린 시절의 사건이 화제가 됩니까? ■ ■ □ ■ ■ ■

합 계 □ □ □ □ □ □

G W P R A I

시간의 구조화 도표

20						
15						
10						
5						
0	게임(G)	폐쇄(W)	잡담(P)	의식(R)	활동(A)	친교(I)
점수						
합계	총점:			총점:		
판정						

참고문헌

강봉규(1999). 상담이론과 실제. 서울: 교육출판사.

강윤영 역(2008). 빅터 프랭클의 심리의 발견. 서울: 청아출판사.

강진령(2009). 상담과 심리치료. 서울: 양서원.

고병학 역(1999). 의미치료: 빅터 프랭클의 심리와 로고테라피. 서울: 하나의학사.

고은진 역(2003). 정신분석이라는 이름의 인간드라마. 서울: 이손.

곽형식(2001). 행동주의 상담과 인본주의 상담의 특성 비교. 경산대학교 학생생활연구, 6(1), 1-21.

권석만(2012). 현대 심리치료와 상담이론. 서울: 학지사.

김경희(2002). 게슈탈트 심리학. 서울: 학지사.

김계현(1997). 상담심리학 (개정증보판). 서울: 학지사.

김계현, 김동일, 김봉환, 김창대, 김혜숙, 남상인, 천성문(2009). 학교상담과 생활지도(제2판). 서울: 학지사.

김광웅, 유미숙, 유재령(2004). 놀이치료학. 서울: 학지사.

김규수, 류태보 편저(1994). 교류분석치료. 서울: 형설출판사.

김봉환, 정철영, 김병석(2000). 학교진로상담. 서울: 학지사.

김성이(1996). 청소년비행상담. 서울: 청소년대화의 광장.

김용배 편저(2008). 실황적 인지행동 치료. 서울: 하나의학사.

김유숙(2002). 가족치료: 이론과 실제. 서울: 학지사.

김인자(1997). 현실요법과 선택이론. 서울: 한국심리상담연구소.

김인자(1999). 현실치료와 선택이론 기초과정자료집. 서울: 한국심리상담연구소.

김인자 역(2003). 당신의 삶은 누가 통제하는가?. 서울: 한국심리상담연구소.

김인자, 우애령 역(1998). 행복의 심리, 선택이론: 자유를 위한 새로운 심리학. 서울: 한국심리상담연구소.

김정규(2009). 게슈탈트 심리치료. 서울: 학지사.

김진숙, 김창대, 이지연 역(2007). 대상관계이론과 실제: 자기와 타자. 서울: 학지사.

김창대, 권경인, 황매향, 이상민, 최한나, 서영석, 이윤주, 손은령, 김용태, 김봉환, 김인규, 김동민, 임은미(2011). 상담학개론. 서울: 학지사.

김채순(2102). 수용전념 및 인지행동 심리치료 프로그램이 청소년의 우울증, 심리적 수용 및 자기통제에 미치는 영향. 창원대학교 대학원. 박사학위논문.

김춘경(2006). 아들러 아동상담 이론과 실제. 서울: 학지사.

김춘경, 이수연, 이윤주, 정종진, 최웅용(2016). 상담학 사전 (1-5권). 서울: 학지사.

김충기, 강봉규(2001). 현대상담이론과 실제. 서울: 교육과학사.

김필진(2007). 아들러의 사회적 관심과 상담. 서울: 학지사.

김헌수, 김태호(2006). 상담 이론과 실제. 서울: 태영출판사.

김현희, 김세희, 강은주, 강은진, 김재숙, 신혜은, 정선혜, 김미령, 박연식, 배옥선, 신창호, 이송은, 이임숙, 전방실, 정순, 최경, 홍근민(2003). 독서치료의 실제. 서울: 학지사.

김형태(2003). 21세기를 위한 상담심리학. 서울: 동문사.

노안영(2002). 101가지 주제로 알아보는 상담심리. 서울: 학지사.

노안영(2005). 상담심리학의 이론과 실제. 서울: 학지사.

노안영, 강영신(2003). 성격심리학. 서울: 학지사.

문현미(2005). 인지행동치료의 제3동향. 한국심리학회지: 상담 및 심리치료, 17(1), 15-33.

문현미(2006). 심리적 수용 촉진 프로그램의 개발과 효과: 수용-전념 치료 모델을 중심으 로. 가톨릭대학교 대학원. 박사학위논문.

박경애(1997). 인지 · 정서 · 행동 치료. 서울: 학지사.

박경애(2005). 상담의 주요 이론과 실제. 서울: 교육아카데미.

박성희(1999). 상담실 밖 상담 이야기. 서울: 학지사.

박성희(2006). 초등학교 생활지도와 상담의 기초개념. 한국초등상담교육학회 편(2006). 초등학교 생활지도와 상담. 서울: 학지사.

서강훈(2013). 사회복지 용어사전. 경기: 이담북스.

송현정, 정수희 역(2005). 이야기 상담. 서울: 학지사.

어주경, 정문자, 송성자, 이영분, 김유순, 김은영(2006). 해결중심 가족상담사례집. 서울: 학지사.

연문희, 이영희 이장호(2007). 인간중심상담: 이론과 사례 실제. 서울: 학지사.

우재현 편저(1999). 임상 교류 분석(TA) 프로그램. 대구: 정암서원.

우재현 (2005). 심성개발을 위한 교류분석(TA)프로그램. 대구: 정암서원.

원호택, 박현순, 이민규, 김은정, 조용래, 권석만, 신현균, 이훈진, 이영호, 송종용, 신민섭(2000). 심리장애의 인지행동적 접근. 서울: 교육과학사.

윤순임, 이죽내, 김정희, 이형득, 이장호, 신희천, 이성진, 홍경자, 장혁표, 김정규, 김인자, 설기문, 전윤식, 김정택, 심혜숙(2000). 현대 상담 · 심리치료의 이론과 실제. 서울: 중앙적성출판사.

이기춘(1998). 교류분석으로 본 한국인의 의식구조. 서울: 감리교신학대학교 출판부.

이무석(2006). 정신분석에로의 초대. 서울: 이유.

이부영(2006). 분석심리학. 서울: 일조각.

이선영(2009). 수용-전념 치료에서 과정변인이 불안에 미치는 효과. 고려대학교 대학원 박사학위논문.

이시형 역(2005). 죽음의 수용소에서. 서울: 청아출판사.

이영선, 박정민, 최한나(2001). 사이버상담의 기법과 윤리. 서울: 한국청소년상담원.

이영희, 고향자, 김해란, 김수형 역(2005). 대상관계치료. 서울: 학지사.

이윤주, 양정국(2007). 은유와 최면. 서울: 학지사.

이장호(1995). 상담심리학(제3판). 서울: 박영사.

이장호(2000). 상담심리학(제4판). 서울: 박영사.

이장호, 정남운, 조성호(2005). 상담심리학의 기초. 서울: 학지사.

이재창(2005). 생활지도와 상담. 서울: 문음사.

이재훈 역(2004). 대상관계이론과 정신병리학. 서울: 한국심리치료연구소.

이현림(2008). 상담이론과 실제. 경기: 양서원.

이형득 편(1992). 상담이론. 서울: 교육과학사.

이형득, 김선남, 김성회, 이성태, 이수용, 전종국, 정욱호(1984). 상담의 이론적 접근. 서울: 형설출판사.

이형득, 김선남, 김성회, 이성태, 이수용, 전종국, 정욱호 (2005). 상담의 이론적 접근. 서울: 형설출판사.

인경(2009). 수용 및 전념치료(ACT)의 명상작업. 한국명상치료학회: 명상치료연구, 3, 6-32.

정문자, 송성자, 이영분, 김유순, 김은영(2008). 해결중심단기치료. 서울: 학지사.

정원식, 박성수, 김창대(1999). 카운슬링의 원리. 서울: 교육과학사.

정원철(2005). 사회복지실천과 상담. 경기: 양서원.

정혜정, 정문자, 이선혜, 전영주(2007). 가족치료의 이해. 서울: 학지사.

천성문, 박명숙, 박순득, 박원모, 이영순, 전은주, 정봉희(2006). 상담심리학의 이론과 실제. 서울: 학지사.

천성문, 박명숙, 박순득, 박원모, 이영순, 전은주, 정봉희(2009). 상담심리학의 이론과 실제 (제2판). 서울: 학지사.

최병철(2006). 음악치료학. 서울: 학지사.

최헌진(2003). 사이코드라마: 이론과 실제. 서울: 학지사.

한국미술치료학회(1995). 미술치료의 이론과 실제. 대구: 동화문화사.

한국심리상담연구소(2003). 현실요법-선택이론 워크북. 서울: 한국심리상담연구소

홍경자 역(1986). 이성을 통한 자기성장. 서울: 탐구당.

홍경자(1988). 실존주의적 상담사례보고. 광주: 전남대학교 학생생활연구소.

홍경자(2001). 상담의 과정. 서울: 학지사.

황응연, 윤희준(1983). 현대 생활지도론. 서울: 교육출판사.

Adler, A. (1928). Characteristics of the first, second, and third child. *Children: The Magazine For Parents, 5*(14), 52.

Adler, A. (1930). Das Problem der Homosexualitat. Leipzig.

Adler, A. (1956). Extracts from The science of living. In H. L. Ansbacher & R. R. Ansbacher (Eds.), *The individual psychology of Alfred Adler: A systematic presentation in selections from his writings* (pp. 357-358). New York: Harper Torchbooks.

Adler, A. (1958). *What life shoud mean to you?* New York: Capricorn.

Adler, A. (1965). *Praxis und Theorie der Individualpsycholgoie 2.* Frankfurt/M.

Adler, A. (1966). *Menschenkenntnis.* Frankfurt/M.

Adler, A. (1972). *Der nervose Charakter.* Frankfurt/M.

Adler, A. (1973a). *Der Sinn des Lebens.* Frankfurt/M.

Adler, A. (1973b). Individualpsychologie in der Schule. Vorlesungen für Lehrer und Schuler. Frankfurt/M.

Adler, A. (1974). *Die Technik der Individualpsychologie 2.* Frankfurt/M.

Adler, A. (1976). *Kindererziehung.* Frankfurt/M.

Adler, A. (1977). *Studie über minderwertigkeit von organen.* Wien.

Adler, A. (1981). *What life should mean to you.* 설영환 역(1981). 애들러 심리학해설. 서울: 선영사.

American Counseling Association (2005). *ACA code of ethics.* Alexandaria, VA: Author.

American Counseling Association(2009). *The ACA encyclopedia of counseling.* Alexandria, VA: American Counseling Association.

American Psychiatric Association. (2013). *Diagnostic and statistical manual of mental disorders*(5th ed). Washington, DC: Author.

Ansbacher, H. L., & Ansbacher, R. R. (Hg.) (1982). *Alfred Adlers Individualpsychologie.* Müchen/Basel.: Reinhardt

Antoni, M. H., Ironson, G., & Schneiderman, N. (2007). *Cognitive-Behavioral Stress Management: Workbook.* 최병휘, 김원 편역(2010). 스트레스의 인지행동치료. 서울: 학지사.

Arlow, J. A. (1989). Psychoanalysis. In R. J. Corsini (Ed.), *Current psychotherapies* (pp. 19-64). Itasca, IL: Peacock.

Baer, R. A. (2006). *Mindfulness-based treatment approaches: Clinician's guide to evidence base and applications.* 안희영, 김재성 역(2009). 마음챙김에 근거한 심리치료. 서울: 학지사.

Baker, E. L. (1985). Psychoanalysis and psychoanalytic psychotherapy. In J. L. Lynn & J. R. Garske (Eds.), *Contemporary psychotherapies* (pp. 19-67). Columbus, OH: Merrill/Prentice Hall.

Bandura, A. (1977). *Social learning theory.* Englewood Cliffs, NJ: Prentice-Hall.

Bandura, A. (1982). Self-efficacy mechanisms in human agency. *American Psychologist, 37,* 122-147.

Barlow, D. H., & Craske, M. G. (2000). *Mastery of Your Anxiety and Panic*(3rd ed.). 최병휘, 최영희 역(2006). 공황장애의 인지행동치료. 서울: 시그마프레스.

Baruch, D. E., Kanter, J. W., Busch, A. M., & Juskiewicz, K. L. (2009). Enhancing the therapy relationship in acceptance and commitment therapy for psychotic symptoms. *Clinical Case Studies, 8*(3), 241-257.

Bateman, A., & Holemes, J. (1995). *Introduction to psychoanalysis.* London: Routledge.

Beck, A. T. (1976). *Cognitive therapy and the emotional disorders.* New York: International Universities Press.

Beck, A. T. (1979). *Cognitive Therapy of Depression.* 원호택 역(1997). 우울증의 인지치료. 서울: 학지사.

Beck, A. T., Rush, A. J., Shaw, B. F., & Emery, G. (1979). *Cognitive therapy of depression.* New York: Guilford.

Berg, I. K. (1994a). *Family based services: A solution-focused approach.* New York: W. W. Norton.

Berg, I. K. (1994b). Psychotherapy and substance abuse. In A. M. Washton (Ed.), A *practitioner's handbook.* New York: The Guilford Press.

Berg, I. K., & Miller, S. D. (1992). *Working with the problem drinker: A solution-focused approach.* 가족치료연구모임 역(2001). 해결중심적 단기가족치료. 서울: 하나의학사.

Berne, E. (1958). Transactional analysis: A new and effective method of group therapy. *American Journal of Psychotherapy, 12,* 735-743.

Berne, E. (1961). *Transactional analysis in psychotherapy.* New York: Grove Press.

Berne, E. (1964). *Games People Play.* 조정혜 역(2009). 심리 게임. 서울: 교양인.

Berne, E. (1972). What do you say after you say hallo? New York: Grove Press.

Bolen, I. (2009). Perls, Friedrich. In G. Stumm & A. Pritz, *Wörterbuch der Psychotherapie* (pp. 902-904). Wien, New York: Springer.

Brammer, L. M., & & MacDonald, G. (2003). *The helping relationship: Process and skills* (8th ed.). Neeham Heights, MA: Allyn & Bacon.

Brome, V. (1981). *Jung: Man and myth.* Cornwall: House of Stratus.

Buber, M. (1957). *Pointing the way.* New York: Harper & Row.

Buber, M. (1970). *I and thou* (W. Kauffmann, Trans.). 표재명 역(1977). 나와 너. 서울: 문예출판사.

Cain, D. J. (1987). Carl R. Rogers: The man, his vision, his impact. *Person- Centered Review, 2*(3), 283-288.

Casey, J. M. (1996). Gail F. Farwell: A developmentalist who lives his ideas. *School Counselor, 43,* 174-180.

Clark, D. M. (1986). A cognitive approach to panic. *Behavior Research and Therapy, 24,* 461-470.

Clarke, K. M., & Greenberg, L. S. (1986). Differential effects of the Gestalt two-chair intervention and problem solving in resolving decisional conflict. *Journal of Counseling Psychology, 33,* 11-15.

Clarkson, P., & Mackewn, J. (1993). *Fritz Perls.* London: Sage.

Corey, G. (1991). *Theory and Practice of Counseling and Psychotherapy* (4th ed.). 조현춘, 조현재 역(1996). 서울: 시그마프레스.

Corey, G. (1996). *Theory and Practice of Counseling and Psychotherapy*(6th ed.). 조현춘, 조현재 역(2003). 심리상담과 치료의 이론과 실제. 서울: 시그마프레스.

Corey, G. (2001). The art of integrative counseling. 현명호, 유제호 역(2001). 상담 및 심리치료의 통합적 접근. 서울: 시그마프레스.

Corey, G. (2005). *Theory and practice of counseling and psychotherapy* (7th ed.). Belmont, CA: Brooks/Cole Publishing Company.

Corey, G. (2013). *Theory and practice of counseling and psychotherapy* (9th ed.). Belmont, CA: Brooks/Cole Publishing Company.

Cormier, S., Nurius, P. S., & Osborn, C. J. (2009). *Interviewing and change strategies for helpers: Fundamental skills and cognitive behavioral interventions* (6th ed.). Belmont, CA: Brooks/cole.

Corsini, R. J. (Ed.) (1973). *Current personality theories.* Itasca, IL: F. E. Peacock.

Corsini, R. J. & Wedding, D. (2008). *Current Psychotherapies* (8th ed.). Belmont, CA: Thomas Higher Education.

Crain, W. (2000). *Theories of development.* 송길연, 서봉연 역(2005). 발달의 이론. 서울: 시그마프레스.

Craske, M. G., & Barlow, D. H. (2006). *Mastery of your anxiety and* worry (2nd ed.). 최병휘, 곽욱환 역(2009). 범불안장애의 인지행동치료. 서울: 시그마프레스.

De Jong, P., & Berg, I. K. (2001). *Interviewing for solutions.* 노혜련, 허남순 역(2004). 해결을 위한 면접. 서울: 시그마프레스.

de Shazer, S. (1985). *Keys to solution in brief therapy*. New York: Norton.

de Shazer, S. (1988). *Clues: Investigating solutions in brief therapy*. New York: Norton.

de Shazer, S., Berg, K., Lipchik, E., Yunnally, E., Molnar, A., Gingerich, W., & Weiner-Davis, M. (1986). Brief therapy: Focused solution development. *Family Process, 25*(6), 214-218.

Dinkmeyer, D., Jr., & Sperry, L. (2002). *Counseling and psychotherapy: An integrated*, individual psychology approach. 김춘경 역(2004). 상담과 심리치료: 아들러 개인심리학의 통합적 접근. 서울: 시그마프레스.

Dobson, K. S. (1988). *Handbook of cognitive-behavioral therapies*. New York.: The Guilford Press.

Dougher, M. J. (1994). The act of acceptance. In S. C. Hayes, N. S. Jacobson, V. M. Follette, & M. J. Dougher (Eds.), *Acceptance and change: Content and context in psychotherapy* (pp. 37-45). Reno, NV: Context Press.

Dreikurs, R. (1932). Ueber Liebeswahl. *Internationale Zeitschrift für Individualpsychologie, 10*, Jg.

Dreikurs, R. (1967). *Psychodynamics, psychotherapy, and counseling: Collected papers*. Chicago: Alfred Adler Institute.

Dreikurs, R., & Soltz, V. (1964). *Children: The challenge*. New York: Hawthorn.

Dusay, J. (1972). Egograms and the constancy hypothesis. *Analysis Bulletin, 5*, 152.

Early, T., & Glen-Maye, L. (2000). Valuing families: Social work practice with families from a strengths perspective. *Social Work, 45*(2), 118-130.

Edgette, J. H., & Edgette, J. S. (1995). *The handbook of hypnotic phenomena in psychotherapy*. New York: Brunner/Mazel.

Egan, G. (2010). *The skilled helper: A problem management and opportunity development approach to helping* (9th ed.). Pacific Grove, CA: Brooks/Cole.

Eifert, G. H., & Forsyth, J. P. (2005). *Acceptance and commitment therapy for anxiety disorders: A practitioner's guide to using mindfulness, acceptance, and value-based behavior change strategies*. Oakland, CA: New Harbinger.

Ellenberger, H. F. (1970). *The discovery of the unconscious: The history and evolution of dynamic psychiatry*. New York: Basic Books.

Ellenwanger, W., & Groemminger, A. (1979). *Maerchen-Erziehungshilfe oder Gefahr?* Freiburg. Herder.

Ellis, A. (1980) *Growth Through Reason*. 홍경자 역(1986). 이성을 통한 자기성장. 서울: 탐구당.

Ellis, A. (1991). The philosophical basis of rational-emotive therapy. *Psychotherapy in Private Practice, 8*, 97-106.

Ellis, A. (1995a). *Better, deeper, and more enduring brief therapy*. New York: Brunner/Mazel.

Ellis, A. (1995b). Changing rational-emotive therapy (RET) to rational emotive behavioral therapy (REBT). *Journal of Rational-Emotive & Cognitive-Behavior Therapy, 13*(2), 85-89.

Ellis, A., & MacLaren, C. (2005). *Rational emotive behavior therapy: A therapist's guide* (2nd ed.). 서수균, 김윤희 역(2007). 합리적 정서행동치료. 서울: 학지사.

Elson, S. E. (1979). Recent approaches to counseling: Gestalt therapy, transactional analysis, and reality therapy. In H. M. Burks, Jr. & B. Stefflre (Eds.), *Theories of counseling* (3rd ed.). New York: McGraw-Hill.

Erickson, B. A. (2001). Storytelling. In B. B. Geary & J. K. Zeig (Eds.), *The handbook of Ericksonian psychotherapy* (pp. 112-121). Phoenix, AZ: The Milton Erickson Foundation Press.

Erickson, M. H. (1932). Possible detrimental effects from experimental hypnosis. *Journal of Abnormal and Social Psychology, 27*, 321-327.

Erickson, M. H., & Erickson E. M. (1958). Further considerations of time distortion: subjective time condensation as distinct from time expansion. *The American Journal of Clinical Hypnosis, 1*, 83-89.

Erickson, B. A. (2001). Storytelling. In Geary, B. B., & Zeig, J. K. (Eds.) *The handbook of Ericksonian psychotherapy* (pp. 112-121). Phoenix, AZ: The Milton Erickson Foundation Press.

Erickson, M. H., & Rossi, E. L. (1981). *Experiencing hypnosis*. New York: Irvington.

Fagan, J., & Shepherd, I. L. (1970). *Gestalt therapy now*. New York: Harper & Row.

Fairbairn, R. (1944). Endopsychic structure considered in terms of object-relationships. *Psychoanalytic studies of the personality* (pp. 82-136). London: Tavistock.

Fairbairn, R. (1949). Steps in the development of an object-relations theory of the personality. *Psychoanalytic studies of the personality* (pp. 152-161). London: Tavistock.

Fairbairn, R. (1951). A synopsis of the development of the author's views regarding the structure of the personality. *Psychoanalytic studies of the personality* (pp. 162-182). London: Tavistock.

Fairbairn, R. (1958). On the nature and aims of psycho-analytical treatment. *International Journal of Psycho-Analysis, 39*, 374-385.

Farber, B. A. (1985). The genesis, development, and implications of psychological-mindedness in psychotherapists. *Psychotherapy, 22*(2), 170-177.

Fernando, D. M. (2007). Existential theory and solution-focused strategies: Integration and application. *Journal of Mental Health Counseling, 29*, 226-241.

Fiebert, M. S. (1983). *Ways of growth*. Lexington, MA: Ginn.

Fishman, D. B., & Franks, C. M. (1997). The conceptual evolution of behavior therapy. In P. L. Wachtel & S. B. Messer (Eds.), *Theories of psychotherapy: Origins and evolution* (pp. 131-180). Washington, DC: American Psychological Association.

Forsyth, J. P., & Eifert, G. H. (2007). *The mindfulness and acceptance workbook for anxiety*. Oakland, CA: New Harbinger.

Frankl, V. (1967). *Psychotherapy and existentialism*. Harmondsworth: Penguin.

Frankl, V. (1986). *The doctor and the soul: From psychotherapy to logotherapy* (Revised and Expanded). New York: Random House.

Frankl, V. (1962). *Man's search for meaning*: An introduction to logotherapy. Boston: Beacon Press.

Frankl, V. (1969). *The will to meaning*. New York: Penguin Books.

Franklin, C. (1998). Distinction between social constructionism and cognitive constructivism: Practice applications. In C. Franklin & P. Nurius (Eds.), *Constructivism in practice: Methods and challenges* (pp. 57-94). Milwaukee, WI: Families International, Inc.

Franklin, C., & Jordan, C. (1999). Solution-focused brief family therapy. In Family *practice: Brief systems methods for social work* (pp. 105-141). Pacific Grove, CA: Brooks/Cole Publishing Company.

Freud, S. (1949). *An outline of psychoanalysis*. New York: Norton. (Originally published, 1920).

Freud, S. (1957). *On the history of the psycho-analytic movement*. Standard edition (Vol. 14). London: Hogarth Press. (Originally published, 1914).

Freud, S. (1967). A *general introduction to psychoanalysis*. New York: Washington Square Press. (Originally published, 1920).

Frosch, S. (1989). *Psychoanalysis and psychology*. Basingstoke: Macmillan.

Furman, B., & Ahola, T. (1994). Solution talk: The solution-oriented way of talking about problems. In M. F. Hoyt (Ed.), *Constructive therapies* (pp. 41-66). New York: Guilford Press.

Gabbard, G. O. (2005). *Psychodynamic psychiatry in clinical practice* (4th ed.). 이정태, 채영래 역(2008) 역동정신의학 (제4판). 서울: 하나의학사.

Galss, C. R., & Arnkoff, D. B. (1992). Behavior therapy. In D. K. Freedheim (Ed.), *History of psychotherapy: A century of change* (pp. 587-628). Washington, DC: American psychological Association.

Geary, B. B., & Zeig, J. K. (Eds.) (2001). The handbook of Ericksonian Psychotherapy. Phoenix, AZ: The Milton Erichkson Foundation Press.

George, R. L., & Cristiani, T. S. (1995). *Counseling: Theory and practice* (4th ed.). Boston: Allyn & Bacon.

Gfroerer, K. P., Gfroerer, C. A., Curlette, W. L., White, J., & Kern, R. M. (2003). Psychological Birth Order and the BASIS—A Inventory. *Journal of Individual psychology, 59* (1), 30-41.

Gilbert, M., & Evans, K. (2000). *Gestalt Counselling and Psychotherapy*. In S. Palmer, Introduction to Counselling and Psychotherapy. 김춘경, 이수연, 최웅용, 홍종관 역 (2004). 상담 및 심리치료의 이해. 서울: 학지사.

Gladding, S. T. (2014). *Counseling: A comprehensive profession* (7th ed.). Merill: Pearson Education Limited.

Glasser, W. (1961). *Mental health or mental illness*? New York: Harper & Row.

Glasser, W. (1964). Reality therapy, a realistic approach to the young offender. *Journal of Crime & Delinquency*, April, 135-144.

Glasser, W. (1969). *Schools without failure*. New York: Harper & Row.

Glasser, W. (1975). *The identity society*. New York: Harper & Row.

Glasser, W. (1976). *Positive addiction*. New York: Harper & Row.

Glasser, W. (1985). *Control theory: A new explanation of how we control our life*. New York: Harper & Row.

Glasser, W. (1986). *Control theory in the classroom*. New York: Harper & Row.

Glasser, W. (1990). *The quality school: Managing students without coersion*. New York: Harper & Row.

Glasser, W. (1992). Reality therapy. *New York State Journal for Counseling and Development, 7*(1), 5-13.

Glasser, W. (1999). *Choice theory: A new psychology of personal freedom*. New York: Harper Perennial.

Glasser, W., & Zunin, L. M. (1984). Reality therapy. In R. J. Corsini (Ed.), *Current psychotherapies* (3rd ed.). Itasca, IL: Peacock.

Goldner, V. (1998). The treatment of violence and victimization in intimate relationships. *Family Process, 37*, 263-286.

Gordon, D., & Myers-Anderson, M. (1981). *Phoenix: Therapeutic patterns of Milton H. Erickson*. Cupertino, CA: Meta

Publications.

Goulding, M., & Goulding, R. (1979). *Changing lives through redecision therapy*. New York: Brunner/Mazel.

Greenberg, J., & Mitchell, S. (1983). *Object relations in psychoanalytic theory*. Cambridge, MA: Harvard University Press.

Greenberg, L. (1994). acceptance in experiential therapy. In S. C. Hayes, N. S. Jacobson, V. M. Follette, & M. J. Dougher (Eds.), *Acceptance and change: Content and context in psychotherapy* (pp. 53-72). Reno, NV: Context Press.

Greenberg, L. S. (1980). The intensive analysis of recurring events from the practice of Gestalt therapy. *Psychotherapy: Theory, Research, and Practice, 17*, 143-152.

Greenberg, L. S. (1983). Toward a task analysis of conflict resolution in Gestalt therapy. *Psychotherapy: Theory, Research, and Practice, 20*, 190-201.

Greenberger, D. (1995). *Mind over mood*. 권정혜 역(2008). 기분 다스리기. 서울: 학지사.

Greene, R. L., & Clark, J. R. (1970). Adler' s theory of birth order. *Psychological Reports, 26*, 387-390.

Guterman, J. T. (2006). *Mastering the art of solution-focused counseling*. 김양현, 김유미 역(2008). 해결중심상담. 서울: 교육과학사.

Hall, C. S. (1954). *A primer of Freudian psychology*. New York: The New American Library.

Hall, C. S., & Lindzey, G. (1978). *Theories of personality* (3rd ed.). New York: John Wiley & Sons.

Hall, C. S., & Lindzey, G. (1970). *Theories of Personality*. 이지영 외 역(1977). 성격의 이론. 서울: 중앙적성출판사.

Hall, C. S., & Nordby, V. J. (1973). *Primer of Jungian psychology*. 최현 역(1985). 융 심리학 입문. 서울: 범우사.

Harris, R. (2009). *ACT made simple*. 김동구, 송향주 역(2014). 수용전념치료. 서울: 연세 대학교 출판문화원.

Harris, T. (1967). *I' m OK; You' re OK*. New York: Harper & Row.

Hayes, S. C. (1994). Content, context, and the types of psychological acceptance. In S. C. Hayes, N. S. Jacobson, V. M. Follette, & M. J. Dougher (Eds.), *Acceptance and change: Content and context in psychotherapy* (pp. 13-32). Reno, NV: Context Press.

Hayes, S. C. (2004). Acceptance and commitment therapy and the new behavior therapies. In S. C. Hayes, V. M. Follette, & M. M. Linehan (Eds.), *Mindfulness and acceptance* (pp. 1-29). New York: Guilford Press.

Hayes, S. C. (2005). Stability and change in cognitive behavior therapy: Considering the implications of ACT and RFT. *Journal of Rational-Emotive & Cognitive-Behavior Therapy, 23*(2), 131-151.

Hayes, S. C., Follette, V. M., & Linehan M. M. (2004). *Mindfulness and acceptance: Expanding the cognitive-behavioral traditions*. 인경스님, 고진하 역(2010). 알아차림과 수용. 서울: 명상상담연구원.

Hayes, S. C., Luoma, J. B., Bond, F. W., Masuda, A., & Lillis, J. (2006). Acceptance and commitment therapy: Model, processes and outcomes. *Behaviour Research and Therapy, 44*(1), 1-25.

Hayes, S. C., Masuda, A., & De Mey, H. (2003). Acceptance and commitment therapy and the third wave of behavior therapy. *Dutch Journal of Behavior Therapy, 2*, 69-96.

Hayes, S. C., & Smith, S. (2005). *Get out of your mind & into your life*. 문현미, 민병배 역(2010). 마음에서 빠져나와 삶 속으로 들어가라: 새로운 수용전념치료. 서울: 학지사.

Hayes, S. C., Strosahl, K. D., & Wilson, K. G. (1999). *Acceptance and commitment therapy: An experiential approach to behavior change*. New York: Guilford Press.

Hayes, S. C., Wilson, K. G., Gifford, E. V., Follette, V. M., & Strosahl, K. D. (1996). Emotional avoidance and behavioral disorders: A dimensional approach to diagnosis and treatment. *Journal of Consulting and Clinical Psychology, 64*, 1152-1168.

Heller, S., & Steele, T. (1986). *There is no such thing as hypnosis*. Phoenix, AZ: Falcon Press.

Herlihy, B., & Corey, C. (2015). *ACA ethical standards casebook* (7th ed.). Alexandria, VA: American Counseling Association.

Hizz, C. E. (2009). *Helping skills: Facizitating exploration, insight, and action* (3rd ed.). Washington, DC: American Psychological Association.

Hjelle, L. A., & Ziegler, D. J. (1981). *Personality theories* (2nd ed.). 이훈구 역(1998). 성격심리학. 서울: 법문사.

Hoffman, E. (Ed.) (2003). *The wisdom of Carl Jung*. New York: Kensington Publishing Corp.

Ivey, A. E., D'Andrea, M. J., & Ivey, M. B. (2012). *Theories of counseling and psychotherapy: A multicultural perspective* (7th ed.). 김병석, 김지헌, 최희철, 선혜연 역(2015). 상담이론과 실제: 다문화 관점의 통합적 접근. 서울: 학지사.

Ivey, A. E., & Simek-Downing, L. (1980). *Counseling and psychotherapy: Skills, theories, and practices*. Englewood Cliffs, NJ: Prentice Hall.

Jacobi, J. (1973). *The psychology of C. G. Jung*. New Haven: Yale University Press.

Jacobs, M. (1988). *Psychodynamic counselling in action*. London: Sage.

James, R. K., & Gilliland, B. E. (2003). *Theories and strategies in counseling and psychotherapy* (5th ed.). New York:

Pearson Education.

Jung, C. G. (1909). The association method. *The collected works of C. G. Jung*, Vol. 2, 442-444. Princeton, NJ: Princeton University Press.

Jung, C, G. (1921). *Psychologische typen*. Zürich: Rascher.

Jung, C. G. (1953). *Two essays on analytical psychology*. New York: Pantheon.

Jung, C. G. (1960). *Psychology and religion*. 이은봉 역(2001). 심리학과 종교. 서울: 창.

Jung, C. G. (1961). *Memories, dreams, reflections* (A. Jaffe, Ed., & R. G. Winston, Trans.). New York: Vintage Books.

Jung, C. G. (1978). *Man and his symbols*. 이부영 역(2000). 인간과 무의식의 상징. 서울: 집문당.

Jung, C. G., von Franz, M. L., Henderson, J. C., Jacobi, J., & Jaffe, A. (1964). *Man and his symbols*, New York: Dubleday.

Kabat-Zinn, J. (1994). *Wherever you go, there you are: Mindfulness meditation in everyday life*. New York: Hyperion.

Kanfer, F. H., & Goldstein, A. P. (1986). *Helping people change: A textbook of methods* (3rd ed.). New York: Pergamon Press.

Kaplan, H. B. (1991). Sex differences in social interest. *Journal of Individual Psychology, 47* (1), 120-124.

Kefir, N. (1971). Priorities: A different approach to life style. Paper presented at ICASSI, Tel Aviv, Israel.

Kefir, N., & Corsini, R. (1974). Dispositional sets: A contribution to typology. *Journal of Individual Psychology, 30*, 163-178.

Keifir, N. (1981). Inpasse/priority therapy. In. R. J. Corsini (Ed.), *Handbook of innovative psychologist*, 3, 31-40.

Kernberg, O. (1976). *Object relations theory and clinical psychoanalysis*. New York: Jason Aronson.

Klein, M. (1948). *The psychoanalysis of children*. London: Hogarth Press.

Klein, M. (1957). Envy and gratitude. In *Envy and gratitude, 1946-1963* (pp. 76-235). New York: Dell.

Knapp, H. (2015). *Therapeutic communication: Developing professional skills* (2nd ed.). Thousand Oaks: Sage.

Kohut, H. (1971). *The analysis of the self*. New York: International Universities Press.

Kohut, H. (1977). *The restoration of the self*. New York: International Universities Press.

Kohut, H., & Wolf, E. (1978). The disorders of the self and their treatment: An outline. *International Journal of Psychoanalysis, 59*, 413-425.

Korb, M. P., Gorrell, J., & Van de Riet, V. (1989). *Gestalt therapy: Practice and Theory* (2nd ed.). Boston: Allyn & Bacon.

Langenfeld, S. D. (1981). Personal Priorities: A factor analytic study. Unpublished doctoral dissertation, University of South Dakoia.

Leong, F. T., Tinsley, H. E. A., & Lease, S. H. (Eds.) (2008). *Encyclopedia of counseling: Personal and emotional counseling* (Vol. 2). Thousand Oaks, CA: SAGE Publications.

Linehan, M. M. (1993). *Cognitive behavioral treatment of borderline personality disorder*. New York: Guilford Press.

Lundin, L. (1989). *Alfred Adler's basic concepts and applications*. 노안영, 강만철, 오익수, 김광운, 송현종 역(2001). 애들러 상담이론—기본 개념 및 시사점. 서울: 학지사.

Luoma, J. B., Hayes, S. C., & Walser, R. D. (2007). *Learning ACT: An acceptance & commitment therapy skills-training manual for therapists*. 최영희, 유은승, 최지환 역(2012). 수용전념치료 배우기. 서울: 학지사.

Madanes, C. (1985). Finding a humorous Alternative. In J. K. Zeig (Ed.), *Ericksonian psychotherapy volume II: Clinical applications* (pp. 24-43). New York: Brunner/Mazel.

Martin, G., & Pear, J. (1992). *Behavior modification* (4th ed.). Englewood Cliffs: Prentice Hall.

Maslow, A. H. (1970) Motivation and Personality. New York: Harpen and Row.

Massay, R. F. (1989). The Philosophical compatability of Adler and Berne. *Individualpsychology, 45*(3), 332-334.

May, R. (1939). *The art of counseling*. Lake Worth, FL: Gardner Press.

May, R. (1950). *The meaning of anxiety*. New York: The Ronald Press.

May, R. (1953). *Man's search for himself*. New York: W. W. Norton & Company.

May, R. (1967). *Psychology and the human dilemma*. Princeton: D. Van Nostrand Company.

May, R. (1969). *Love & will*. 박종태 역(1981). 사랑과 의지. 서울: 한벗.

May, R. (1975). *The courage to create*. 안병무 역(1999). 창조와 용기. 서울: 범우사.

May, R. (1977). *The meaning of anxiety*. New York: W. W. Norton & Company.

May, R. (1979). *Psychology and the human dilemma*. New York: W. W. Norton & Company.

May, R. (1981). *Freedom and destiny*. New York: W. W. Norton & Company.

May, R. (1983). *The discovery of being*. New York: W. W. Norton & Company.

May, R. (1989). *The Art of counseling* (Revised ed.) 이봉우 역(1999). 카운슬링의 기술. 서울: 분도출판사.

McLoughlin, B. (1995). *Developing psychodynamic*

counselling. London: Sage.

Meichenbaum, D. H. (1977). *Cognitive-behavior modification: An interactive approach*. New York: Plenum Press.

Meichenbaum, D. H. (1985). *Stress-inoculation training*. New York: Plergamon.

Metcaif, L. (1998). *Solution focused group therapy*. 김성천, 이소영, 장혜림 역(2002). 해결중심집단치료. 서울: 청목출판사.

Miller, S. D., & Berg, I. K. (1995). *The miracle method. A radically new approach to problem drinking*. New York: W. W. Norton & Company.

Miltenberger, R. G. (2008). *Behavior modification: Principles and procedures* (4th ed.). Belmont, CA: Thomson Wadsworth

Mosak, H. (1989). Adlerian Psychotherapy. In R. J. Corsini (Ed.), *Current Psychotherapies*. 김정희, 이장희 역(1998). 현대심리치료. 서울: 중앙적성출판사.

Mosak, H. H. (2000). Adlerian psychotherapy. In R. J. Corsini & D. Wedding (Eds.), *Current psychotherapies*. Itasca, IL: Peacock.

Mozdzierz, G., Macchitelli, F., & Lisiecki, J. (1976). The paradox in psychotherapy: An Adlerian perspective. *Journal of Individual Psychology, 42*(3), 339-349.

Nichols, M. P., & Schwartz, R. C. (2007). *The essentials of family therapy*. 김영애, 김정택, 심혜숙, 제석봉 역(2007). 가족치료: 핵심개념과 실제적용. 서울: 시그마프레스.

Norby, V. J., & Hall, C. S. (1974). *A guide to psychologists and their concepts*. San Francisco: W. H. Freeman.

O'Hanlon, W. H. (1987). *Taproots: Underlying principles of Milton Erickson's therapy and hypnosis*. New York: Norton.

O' Connell, B. (1998). *Solution focused therapy*. London: Sage.

O' Connell, B. (2000). Solution focused therapy. In S. Palmer (Ed.), *Introduction to counselling and psychotherapy*. 김춘경, 이수연, 최웅용, 홍종관 역(2004). 상담 및 심리치료의 이해. 서울: 학지사.

O' Connor, K. J. (1991). *The play therapy primer: An integration of theories* and *techniques*. New York: Wiley.

O' Hanlon, S., & O' Hanlon, B. (2002). Solution-oriented therapy with families. In J. Carlson & D. Kjos, *Theories and strategies of family therapy*. Boston: Allyn & Bacon.

Paivio, S. C., & Greenberg, L. S. (1995). Resolving "unfinished business": Efficacy of experiential therapy using empty-chair dialogue. *Journal of Consulting and Clinical Psychology, 63*, 419-425.

Palmer, S. (2000). *Introduction to Counselling and Psychotherapy*. 김춘경, 이수연, 최웅용, 홍종관 역(2004). 상담 및 심리치료의 이해. 서울: 학지사.

Papanek, H. (1997). The Use of Early Recollections in Psychotherapy. In: J, Carlson & S. Slavik (Ed.), *Techniques in Adlerian psychology*. Washington: Taylor & Francis Ltd.

Passons, W. R. (1975). *Gestalt approaches to counseling*. New York: Holt, Rinehart, & Winston.

Paton, M., & O' Meara, N. (1994). *Psychoanalytic counselling*. Chichester: Wiley.

Patterson, C. H. (1973). *Theories of counseling and psychotherapy*. New York: Harper & Row.

Patterson, C. H. (1986). *Theories of counseling and psychotherapy* (4th ed.). New York: Harper & Row.

Patterson, C. H., & Watkins, C. E. (1996). *Theories of psychotherapy* (5th ed.). New York: HarperCollins Publishers.

Perls, F. (1970). Four lectures. In J. Fagan & I. L. Shepherd (Eds.), *Gestalt therapy now*. New York: Harper & Row.

Perls, F. (1973). *The gestalt approach and eye witness to therapy*. New York: Science and Behavior Books Inc.

Perls, F. (1976). *Gestalt therapy verbatim*. Lafayette, CA: Real People Press.

Perls, F., Hefferline, R. F., & Goodman, P. (1951). *Gestalt therapy: Excitement and growth in the human personality*. New York: Julian Press.

Phares, E. J. (1984). *Introduction to personality*. 홍숙기 역(1987). 성격심리학. 서울: 박영사.

Polster, E., & Polster, M. (1974). *Gestalt therapy integrated*. New York: Brunner/Mazel.

Polster, M. (1987). Gestalt therapy: Evolution and application. In J. K. Zeig (Ed.), *The Evolution of psychotherapy* (pp. 312-325). New york: Brunner/Mazel.

Powwrs, w. (1973). Behavior: The control of preception. New York: Aldine Press.

Prout, H. T., & Brown, D. T. (1999). *Counseling and psychotherapy with children and adolescents* (3rd ed.). New York: Wiley

Rattner, J. (1963). *Individual psychologie*. Muenchen/Basel.

Redsand, A. S. (2006). *Viktor Frankl: A life worth living*. New York: Clarion Books.

Robertson, R. (1992). *Beginner's guide to Jungian psychology*. York Beach: Nicolas-Hays, Inc.

Roemer, L., & Orsillo, S. M. (2002). Expanding our conceptualization of and treatment for generalized anxiety disorder: Integrating mindfulness/acceptance-based approaches with existing cognitive-behavioral models. *Clinical Psychology: Science and Practice, 9*, 54-68.

Rogers, C. R. (1951). *Client-centered therapy: Its current practice, implications, and theory*. Boston: Houghton Mifflin Company.

Rogers, C. R. (1961). *On becoming a person: A therapist's view of psychotherary.* 주은선 역(2009). 진정한 사람되: 칼 로저스 상담의 원리와 실제. 서울: 학지사.

Rogers, C. R. (1961). *On becoming a person: A therapist's view of psychotherary.* 한승호, 한성열 역(1998). 칼 로저스의 카운슬링의 이론과 실제. 서울: 학지사.

Rogers, C. R. (1975). The emerging person: A new revolution. In R. I. Evans (Ed.), *Carl Rogers: The man and his ideas.* New York: E. P. Dutton.

Rogers, C. R. (1980). *A way of being.* Houghton Mifflin Company.

Rogers, C. R. (1986). Client-centered therapy. In I. L. Kutash & A. Wolf (Eds.), *Psychotherapist's case book* (pp.197-208). San Francisco: Jossey-Bass.

Rossi, E. L. (Ed.) (1980a). *The collected papers of Milton H. Erickson on Hypnosis. Vol. III: Hypnotic investigation of psychodynamic processes.* New York: Irvington.

Rossi, E. L. (Ed.) (1980b). *The collected papers of Milton H. Erickson on hypnosis. Vol. IV: Innovative hypnotherapy.* New York: Irvington.

Rychalk, J. F. (1981). *Introduction to personality and psychotherapy* (2nd ed.). Boston: Houghton Mifflin.

Ryckman, R. M. (2013). *Theories of personality* (10th ed.). Belmont, CA: Wadsworth.

Sahakian, W. S. (1970). *Psychotherapy and counseling: Studies in technique.* 서봉연, 이관용 역(1984). 심리치료와 카운슬링: 기법의 연구. 서울: 중앙적성출판사.

Saleebey, D. (1996). The strengths perspective in social work practice: Extensions and cautions. *Social Work, 41*(3), 296-305.

Saleebey, D. (2002). *The strengths perspective in social work practice* (3rd ed.). Boston: Allyn and Bacon.

Sanford, H. (1990). Client-centered psychotherapy. In J. K. Zeig & W. M. Munion (Eds.), *What is psychotherapy? Contemporary perspectives* (pp.81-86). San Francisco: Jossey-Bass.

Schachter, S., & Singer, J. E. (1962). Cognitive, Social, and Physiological Determinants of Emotional State. *Psychological Review, 69*(5), 379-399.

Schmit, J. J. (2007). *Counseling in schools: Essential services and comprehensive programs* (5th ed.). Boston: Allyn & Bacon.

Schultz, D. P. (1977). *Growth psychbology: Models of the healthy personality.* 이상우, 정종진 역(1984). 인간성격의 이해: 건강한 성격에 대한 제 접근. 서울: 중앙적성출판사.

Schultz, D. P., & Schultz, S. E. (2013). *Theories of personality* (10th ed.). Belmont, CA: Wadsworth.

Schulz, O. (1990). *Theory of Personality.* Pacific Grove, CA: Brook/Cole.

Segal, Z. V., Williams, J. M., & Teasdale, J. D. (2002). *Mindfulness-based cognitive therapy for depression: A new approach to preventing relapse.* New York: Guilford Press.

Seligman, L. (2001). *Systems, strategies, and skills of counseling and psychotherapy.* Upper Saddle River, NJ: Merrill Prentice-Hall.

Sharf, R. S. (2016). *Theories of psychotherapy and counseling: Concepts and cases* (6th ed.). Boston, MA: Cengage Learning.

Shulman, B. H. (1997). Confrontation Techniques. In J. Carlson & S. Slavik (Eds.), *Techniques in Adlerian psychology.* Washington: Taylor & Francis.

Spiegler, M. D., & Guevremont, D. C. (1998). *Contemporary behavior therapy* (3rd ed.). Pacific Grove, CA: Brooks/Cole.

Stein, H. T., & Edwards, M. E. (1998). Classical Adlerian theory and practice. In P. Marcus & A. Rosenberg (Eds.), *Psychoanalytic versions of the human condition: Philosophies of life and their impact on practice* (pp. 64-93). New York University Press.

Steiner, C. (1966). Script and counterscript. *Transactional Analysis Bulletin, 5*(18), 133-135.

Steiner, C. (1974). *Script people live: Transactional analysis of life scripts.* New York: Grove Press.

Stevens, A. (1994). *Jung: A very short introduction.* New York: Oxford University Press.

Stewart, I. (1992). *Eric Berne.* 박현주 역(2009). 에릭 번 (교류분석의 창시자). 서울: 학지사.

Stewart, I. (2007). *Transactional Analysis Counselling in Action* (3rd ed.). 최외선, 최웅용, 김갑숙, 제석봉 역(2013). TA상담의 실제. 서울: 학지사.

Stewart, I., & Johnes, V. (1987). *TA Today: A New Introduction to Transactional Analysis.* 제석봉, 최외선, 김갑숙, 윤대영 역(2010). 현대의 교류분석. 서울: 학지사.

Stoddard, J. A., Afari, N., & Hayes, S. C. (2014). *The big book of ACT metaphors: A practitioner's guide to experiential exercises and metaphors in acceptance and commitment therapy.* 손정락 역(2016). 수용전념치료(ACT) 은유(메타포) 모음집. 서울: 시그마프레스.

Strosahl, K. D., Hayes, S. C., Wilson, K. G., & Gifford, E. V. (2004). An ACT primer: Core therapy processes, intervention strategies, and therapist competencies. In S. C. Hayes & K. D. Strosahl (Eds.), *A practical guide to acceptance and commitment therapy* (pp. 31-58). New York: Springer-Verlag.

Sweeney, T. (1998). *Adlerian Counseling: A practitioner's approach.* 노안영, 강만철, 오익수, 김광운, 송현중, 강영신, 오명자 역(2005). 아들러 상담이론과 실제. 서울: 학지사.

Tillich, P., & Cox, H. (2014). *The courage to be* (3rd ed.). New

Haven, CT: Yale University Press.

Vontress, C. E. (1986). Existential anxiety: Implications for counseling. *Journal of Mental Health Counseling, 8*, 100-109.

Walter, J. L., & Peller, J. E. (1992). *Becoming solution-focused in brief therapy.* 가족치료연구모임 역(2000). 단기가족치료: 해결중심으로 되어가기. 서울: 하나의학사.

Wardetzki, B. (2000). *Ohrfeige für die Seele.* 장현숙 역(2005). 따귀 맞은 영혼. 서울: 궁리출판.

Watts, R. E., & Pietrzak, D. (2000). Adlerian "encouragement" and the therapeutic process of solution-focused brief therapy. *Journal of Counseling and Development, 78*, 442-447.

Wedding, D., & Corsini, R. J. (2014). *Current psychotherapies* (10th ed.). Belmont, CA: Thomson Brooks/Cole.

Wehr, G. (1969). *C. G. Jung.* 김현진 역(1999). 융. 서울: 한길사.

Weishaar, M. E. (1993). *Aaron T. Beck.* 권석만 역(2007). 아론 벡. 서울: 학지사.

Wexberg, E. (1974). *Individualpsychologie.* Stuttgart.

White, M. (1995). *Re-authoring lives: Interviews & essays.* Adelaide, South Australia: Dulwich Centre Publications.

White, M., & Epston, D. (1990). *Narrative means to therapeutic ends.* Adelaide: Dulwich Centre.

Wright, J. H., Basco, M. R., & Thase, M. E. (2006). *Learning Cognitive-Behavior Therapy.* 김정민 역(2009). 인지행동치료. 서울: 학지사.

Wubbolding, R. E. (1981). Balancing the chart: "Do it person" and "positive symptom person". *Journal of Reality Therapy, 1*(1), 4-7.

Wubbolding, R. E. (1991). *Understanding reality therapy.* New York: Harper & Row.

Wubbolding, R. E. (2000). *Reality therapy for the 21st century.* Philadelphia, PA: Brunner-Routledge.

Wubbolding, R. E. (2011). *Reality therapy.* 박재황, 김은진 역(2013). 현실치료의 적용 II. 서울: 한국심리상담연구소.

Yalom, I. D. (1980). *Existential psychotherapy.* 임경수 역(2007). 실존주의 심리치료. 서울: 학지사.

Yalom, I. D. (1983). *The discovery of being.* New York: Basic Books.

Yalom, I. D. (1989). *Love's executioner: Other tales of psychotherapy.* 최윤미 역(2005). 나는 사랑의 처형자가 되기 싫다. 서울: 시그마프레스.

Yalom, I. D. (1992). *When Nietzsche wept.* 임옥희 역(2005). 니체가 눈물을 흘릴 때. 서울: 리더스북.

Yalom, I. D. (1996). *Lying on the couch.* 이혜성 역(2007). 카우치에 누워서. 서울: 시그마프레스.

Yalom, I. D. (1999). *Momma and the meaning of life: Tales of psychotherapy.* 이혜성 역(2006). 폴라와의 여행. 서울: 시그마프레스.

Yalom, I. D. (2002). *The gift of therapy.* 최웅용, 천성문, 김창대, 최한나 역(2006). 치료의 선물. 서울: 시그마프레스.

Yalom, I. D. (2005a). *The Schopenhauer cure.* 이혜성 역(2006). 쇼펜하우어의 집단심리치료. 서울: 시그마프레스.

Yalom, I. D. (2005b). *Theory and practice of group psychotherapy* (5th ed.). 최해림 역(2008). 집단정신치료의 이론과 실제. 서울: 하나의학사.

Yalom, I. D. (2008). *Staring at the sun: Overcoming the terror of death.* San Francisco, CA: Jossey-Bass.

Yapko, M. D. (1992). *Hypnosis and the treatment of depressions: Strategic for change.* New York: Brunner/Mazel.

Yontef, G. (1993). *Awareness, dialogue & process.* 김정규, 김영주, 심정아 역(2008). 알아차림, 대화 그리고 과정. 서울: 학지사.

Yontef, G., & Jacobs, L. (2000). Gestalt therapy. In R. J. Corsini & D. Wedding (Eds.), *Current psychotherapies* (6th ed., pp. 303-339). Itasca, IL: Peacock.

Zeig, J. K. (1980). *A teaching seminar with Milton H. Erickson.* New York: Brunner/ Mazel.

Zeig, J. K. (1985). *Experiencing Erickson: An introduction to the man and his work.* New York: Brunner/Mazel.

Zeig, J. K. (1992). The virtues of our faults: A key concept of Ericksonian therapy. In J. K. Zeig (Ed.), *The evolution of psychotherapy, second conference* (pp. 252-266). New York: Brunner/Mazel.

Zeig, J. K., & Munion, W. M. (1999). *Milton H. Erickson.* Thousand Oaks, CA: Sage Publications.

Zettle, R. D. (1994). Discussion of Dougher: On the use of acceptable language. In S. C. Hayes, N. S. Jacobson, V. M. Follette, & M. J. Dougher (Eds.), *Acceptance and change: Content and context in psychotherapy* (pp. 46-50). Reno, NV: Context Press.

Zettle, R. D. (2007). *ACT for depression: A clinician's guide to using acceptance and commitment therapy in treating depression.* 문현미 역(2013). 우울증을 위한 ACT: 우울증 치료에 활용하는 수용전념치료 지침서. 서울: 학지사.

Zettle, R. D., & Hayes, S. C. (1986). Dysfunctional control by client verval behavior: The context of reason-giving. *The Analysis of Verbal Behavior, 4*, 30-38.

Zettle, R. D., & Rains, J. C. (1989). Group cognitive and contextual therapies in treatment of depression. *Journal of Clinical Psychology, 45*, 438-445.

Zinker, J. (1997). *Creative process in Gestalt therapy.* New York: Vintage Books, Random House.

찾아보기

〈내용〉

| 저자 소개 |

■ **김춘경(Kim Choonkyung)**

독일 Aachen 대학교 철학박사(교육상담)

현) 경북대학교 아동학부 문학치료학과 교수

저 · 역서: 『상담학 사전』『아동상담: 이론과 실제』『아들러 아동상담』『청소년 상담』『상호작용놀이를 통한 집단상담』『삶의 기술』『 집단상담 기술』『Adler 상담과 심리치료』『집단상담: 전략과 기술』『상담 및 심리치료의 이해』『가족치료』『이야기로 치유하기』『마음을 치유하는 101가지 이야기』 등

E-mail: kckyung@knu.ac.kr

■ **이수연(Lee Sooyeon)**

미국 Florida 대학교 철학박사(상담자교육)

현) 대구한의대학교 청소년교육상담학과 교수

저 · 역서: 『교류분석: 이론과 실제』『아동들의 심리게임』『학생들의 심리게임』『 상담 및 심리치료의 이해』『아동상담』『청소년 상담; 성격의 이해와 상담』『상담학 사전』 등

E-mail: sylee@dhu.ac.kr

■ **이윤주(Lee Yoonjoo)**

서울대학교 교육학박사(교육상담)

현) 영남대학교 교육학과 부교수

저 · 역서: 『초심상담자를 위한 집단상담기법』『건강한 상담자만이 남을 도울 수 있다』『죽음학서설』『은유와 최면』『사례개념화의 이론과 실제』『청소년자살상담』『상담학 사전』 등

E-mail: leeyj@ynu.ac.kr